Horst Klaus Berg

EIN WORT
WIE FEUER

Wege lebendiger
Bibelauslegung

W0235702

Kösel · Calwer

Handbuch des Biblischen Unterrichts: Band 1

ISBN 3-466-36196-6 (Kösel)
ISBN 3-7668-3121-6 (Calwer)

© 1991 by Kösel-Verlag GmbH & Co., München,
und Calwer Verlag, Stuttgart
Printed in Germany. Alle Rechte vorbehalten
Druck und Bindung: Kösel, Kempten
Umschlaggestaltung: Bine Cordes, Weyarn

1 2 3 4 5 6 · 96 95 94 93 92 91

Inhalt

III. Neue Lektüre

Anhang

Vorwort

Die Stadt auf dem Berg

Ich habe den wissenschaftlichen Umgang mit biblischen Texten gelernt und bin beruflich damit beschäftigt, diese Kenntnisse Studenten zu vermitteln. Aber wenn ich mir anschaue, was eigentlich bei dieser wissenschaftlichen Anstrengung herauskam, werde ich oft unsicher: Lohnt der methodische Aufwand überhaupt? Bringt die Auslegung den Text zum Sprechen? Kommen meine eigenen Erfahrungen, Hoffnungen, Ängste zum Schwingen – oder bleibt es bei einer Information über längst verwehte Erfahrungen der biblischen Generationen? Brennt das Feuer der biblischen Überlieferung noch (Jer 23,29) – oder ist die Beschäftigung mit der Bibel nur noch eine Warmhalteplatte für christliche Tradition?
Das kann doch aber nicht alles sein?
Ich weiß doch, daß die Bibel nicht nur Nachrichten über Vergangenes enthält, nicht nur abstrakte Lehren hergibt, sondern Angebote zum gelingenden Leben und Glauben einschließt, daß sie erneuernde und heilende Kräfte in sich birgt, auf die wir angewiesen sind … Aber die traditionellen Zugangswege führen nicht mehr zum Ziel, neue sind erst im Entstehen.
Manchmal vergleiche ich die Bibel mit jenem überlieferten Bild von der Stadt auf dem Berg: Sie ist deutlich zu sehen, wunderbar anzuschauen… wie schön muß es sein, da zu wohnen … aber wir wissen nicht, wie wir hinkommen und hineingelangen können.
Es gibt auch Hinweise auf neue Wege: Von Verstehens-Ansätzen wie der Feministischen oder auch der Tiefenpsychologischen Exegese geht in den letzten Jahren eine beträchtliche Anziehungskraft aus.
Als ich diesen Hinweisen nachging, fand ich eine ganze Reihe solcher Neu-Ansätze, die hier und da veröffentlicht waren und teilweise auch schon praktiziert wurden.
Damit war der Plan entstanden, neue, aber auch die schon bekannten Wege zur Bibel kritisch zu sichten und praktisch zu erproben.
Dreizehn solcher Ansätze habe ich verfolgt; der zweite Teil *(Wege)* berichtet darüber. Ich will nicht neue methodische Kunstgriffe beschreiben, die nur dazu anleiten, einen Text attraktiv aufzubereiten. Mit der Darstellung der Konzepte

verfolge ich ein ganz anderes Ziel: Ich will wissen, was sie zum Verständnis der biblischen Überlieferung beitragen. Daher habe ich die Wege nach vier Gesichtspunkten befragt:

- Von welchen Voraussetzungen geht er aus?
- Welche Methoden wendet er an?
- Welches sind seine spezifischen Möglichkeiten?
- Wo liegen seine Grenzen?

Dies sind Grundfragen der Hermeneutik, der Lehre vom Verstehen; sie versucht, Prinzipien, Regeln und Methoden zu beschreiben, zu ordnen und zu bewerten, die zum Verstehen (eines Textes, eines Kunstwerks) wichtig sind. – Ich bezeichne darum die Wege zur Bibel als »hermeneutische Konzepte«.

Die Arbeit war spannend, das Ergebnis ermutigend: Es eröffnen sich viele Chancen, die alten Texte neu zu verstehen, sie so aufzuschließen, daß sie heute neue Erfahrungen anstoßen.

Es zeigte sich, daß jedes dieser hermeneutischen Konzepte einen ganz spezifischen Zugang zur Überlieferung eröffnet, aber daß keines beanspruchen kann, der einzige oder der maßgebliche Weg zu sein. Darum habe ich gefragt, wie sich die einzelnen Ansätze aufeinander beziehen lassen, wie sie sich ergänzen, aber auch gegenseitig in Frage stellen und damit produktives Nach-Fragen anstoßen. So kam ich zur Entwicklung eines integrativen hermeneutischen Konzepts. (Teil III)

Für wen dieses Buch geschrieben wurde

Ich stelle mir Leser vor, die in irgendeiner Weise mit der Vermittlung biblischer Überlieferung beschäftigt sind: ReligionslehrerInnen, PfarrerInnen, ErwachsenenbildnerInnen, MitarbeiterInnen in der Gemeinde; ich will auch die Kolleginnen und Kollegen ansprechen, die mit der Aus- und Fortbildung zu tun haben – und nicht zuletzt diejenigen, die sich im Studium oder im Referendariat/Vikariat auf einen Beruf vorbereiten, in dem sie an und mit der Bibel arbeiten.

Ich setze also voraus, daß sie bereits mit methodisch geordneter Auslegung biblischer Texte in Berührung gekommen sind, sie bringen Grundkenntnisse mit. Darum verzichte ich darauf, Fragen der Entstehung des Alten und Neuen Testaments, der Geschichte Israels und des Urchristentums, elementare Grundsätze der Textinterpretation darzustellen. Das würde den Rahmen dieses Buchs völlig sprengen.

Ich stelle mir vor, daß sie alle ähnliche Erfahrungen machen wie ich selbst: eine Ahnung, daß es sich lohnt, die alten Traditionen zu bearbeiten, aber auch die Unsicherheit über die richtigen Wege.

Ich denke, daß solche Erfahrungen drei mögliche Einstellungen gegenüber der wissenschaftlichen Auslegung hervorrufen können:

Da gibt es einmal diejenigen, die die Funktion der gelernten Verfahren für ihre praktische Tätigkeit nicht (mehr) erkennen können; sie werden die wissenschaftlichen Methoden als unergiebig und irrelevant abtun und bald verlernen (dieser Prozeß setzt nach meiner Erfahrung oft schon im Studium ein). Ich möchte ihnen zeigen, daß es sich lohnt, methodisch geordnet an der Bibel zu arbeiten, und hoffe, neue Plausibilität aufbauen zu können.

Eine zweite Einstellung erkenne ich bei solchen Bibellesern, die eine wissenschaftliche Erschließung als Eingriff in die Unverfügbarkeit des Wortes Gottes oder sogar als Angriff auf seine Wahrheit ansehen. – Ich hoffe, ihnen zeigen zu können, daß methodisch sicherer Umgang mit biblischen Texten diese nicht verkürzt oder um ihr Geheimnis bringt, sondern ihren Reichtum an Glaubenserfahrungen erschließen kann.

Schließlich denke ich auch an solche Leser, die schon erfahrungsbezogene Bibelarbeit in Gruppen kennengelernt haben und denen jetzt die wissenschaftliche Reflexion die Unmittelbarkeit und Spontaneität zu verstellen scheint. Ihnen will ich verdeutlichen, daß viele der neuen Ansätze spontane und kommunikative Elemente einschließen und dennoch methodisch geordnet vorgehen können.

Allen soll die textbezogene Darstellung und Anwendung hermeneutischer Konzepte einleuchtend und nachprüfbar zeigen, daß diese neue Wege zum Verstehen erschließen und das bisherige Verständnis produktiv erweitern können.

Ich denke mir, daß die Leser zunächst einmal Klärung und Angebote zur Neu-Orientierung für sich selbst suchen. Darum verzichtet dies Buch darauf, Fragen der Vermittlung anzusprechen, etwa im Blick auf den Religionsunterricht. Diese sollen sehr praxisbezogen in einem zweiten Band bearbeitet werden, den ich in nicht zu ferner Zeit vorlegen will.

Zum Aufbau des Buchs

In einem *ersten Teil* gehe ich der Frage nach, warum die Bibel für viele Zeitgenossen zu einem (fast) vergessenen Buch geworden ist. Alle Beobachtungen deuten auf »Erfahrungsverlust« als eine wichtige Ursache hin. Darum habe ich »Erfahrung« als Grundkriterium für neue Erschließungswege gewählt; ich versuche, den Begriff der Erfahrung zunächst einmal theoretisch zu klären (Kapitel I.2).

Der *zweite Teil* des Buchs prüft dreizehn Wege zur Überlieferung unter den genannten Fragestellungen.

Alle »Wege« werden durchgehend anhand von zwei Bibeltexten konkretisiert. Es handelt sich um die Erzählung von Kain und Abel (Gen 4, 1-16) und die Geschichte von der Heilung des Besessenen von Gergesa (Mk 5,1-20). Dies Verfahren hat für sich, daß es die Vergleichbarkeit der vorgestellten Ansätze erleichtert und damit auch die eigenen Versuche mit neuen Verstehenswegen unterstützt; es hat gegen sich, daß nur ein sehr schmaler Ausschnitt aus der Fülle der biblischen Überlieferung zur Verdeutlichung und Verifikation der hermeneutischen Konzepte gewählt wird. In den Beispielen des geplanten 2. Bandes werden dann zahlreiche verschiedene Textsorten und Überlieferungszusammenhänge bearbeitet.

Im *dritten Teil* entwickle ich Grundzüge eines integrativen Konzepts erfahrungsbezogener Auslegung, das die einzelnen Konzepte aufeinander bezieht und miteinander verknüpft. Den Abschluß bilden einige Überlegungen zur Einheit der Schrift.

Im Anhang habe ich die dreizehn vorgestellten hermeneutischen Konzepte noch einmal mit kurzen »Steckbriefen« vorgestellt, die zum schnellen Nachschlagen gedacht sind.

Die grundlegende Literatur zur Hermeneutik und zur Exegese ist am Schluß des Buchs zusammengestellt; die Literatur zu den einzelnen Auslegungskonzepten findet sich jeweils am Schluß der Kapitel.

Wissenschaft und Praxis

Dies Buch ist vor allem für Praktiker geschrieben worden, aber es verpflichtet sich dem Anspruch wissenschaftlicher Grundsätze und methodischer Pünktlichkeit.

Ich folge einem praktisch-theologischen Konzept, das die Engführungen des einseitigen Spezialistentums vermeiden und Wissenschaft funktional stimmig auf Praxis beziehen will.

Drei Aspekte sind mir wichtig:

Erstens: Das Buch spricht eine Vielzahl von Problemen an, die natürlich nicht in der Breite und Differenzierung bearbeitet werden können wie in speziellen Untersuchungen. Das betrifft mehr systematische Aspekte wie beispielsweise das Problem der Erfahrung oder auch die differenzierten historischen und exegetischen Probleme, die sich bei der Auslegung biblischer Texte ergeben.

Ich habe versucht, eine Ebene zu finden, die wissenschaftliche Sorgfalt und Praxisnähe plausibel verbindet. Vor allem habe ich mich um eine Sprache bemüht, die nicht ausgrenzt, sondern einlädt.

Zweitens: Mein wissenschftliches Arbeitsfeld ist der Praxis-Theorie-Bezug. Die leitende Fragestellung lasse ich mir aus der Praxis vorgeben: Es geht um den Erfahrungs- und Lebensbezug der Bibel (Kapitel I.1). »Erfahrung« wird dann in einem ersten Durchgang theoretisch reflektiert (Kapitel I.2).

Auch die Darstellung der einzelnen hermeneutischen Konzepte untersucht sie nicht nur auf ihre theoretische Stimmigkeit und wissenschaftliche Reichweite, sondern bereitet auch die Frage nach ihrer Erfahrungsrelevanz vor. Diese wird im ersten Teil von Kapitel III.1 untersucht. Dieser Arbeitsgang mündet dann wieder in einige praktische Vorschläge für eine neue, erfahrungsbezogene Lektüre biblischer Texte ein. So kommt es zu einem ständigen Pulsieren zwischen mehr praktischen und mehr theoretischen Fragen.

Drittens: Ich möchte versuchen, die Bibel-Arbeiter, die ein wenig theorie-müde geworden sind, davon zu überzeugen, daß es lohnt, sich Texten des Alten und Neuen Testaments mit wissenschaftlichen Verfahren zu nähern, daß diese Arbeit die Perspektivenfülle und den Erfahrungsreichtum der Überlieferung wieder zum Vorschein bringen kann. Ich will zeigen, daß die vorgestellten Methoden nicht im Besitz der Spezialisten bleiben müssen; jeder kann mit ihnen arbeiten und sich anregen lassen, neue Wege zur »Stadt auf dem Berg« zu gehen.

I. Fragen

Kapitel 1
Die Bibel – ein vergessenes Buch?

Wenn es um das Thema Bibel geht, springen merkwürdige Widersprüche ins Auge. Die Bibel wird jährlich in über 200 Millionen Exemplaren gedruckt und verkauft – aber sie wird immer mehr zum unbekannten Buch: Welchem Erwachsenen sind hierzulande noch Geschichten aus dem Alten und Neuen Testament vertraut? – Jedes Kaufhaus führt Prachtausgaben der »Heiligen Schrift«, jedes Versandgeschäft bietet luxuriös ausgestattete »Familienbibeln« in seinem Katalog an – aber ganz offensichtlich hat die Bibel für die meisten Zeitgenossen schon längst ihren einst selbstverständlichen Rang als »Hausbuch« eingebüßt, in dem sie Rat, Trost und Lebensorientierung für den Tag suchen. – Die Bibelgesellschaften geben detaillierte Pläne für die tägliche häusliche Lesung heraus – aber wen erreichen sie noch?

Es sieht so aus, als sei die Bibel dabei, aus dem Bewußtsein und der Lebenspraxis der Zeitgenossen zu verschwinden.

Welche Ursachen lassen sich dafür erkennen?

1 Sprachverfall

Ganz allgemein ist zu beobachten, daß viele wichtige Informationen uns nicht mehr über das gelesene oder gehörte Wort erreichen, sondern über das Bild – der steigende Fernsehkonsum hat die Wahrnehmungsgewohnheiten radikal verändert. Das hat Konsequenzen für das Christentum als »Buchreligion«! Nicht nur die Kenntnis der biblischen Inhalte nimmt ab, sondern vor allem auch die Fähigkeit, die Sprache der Überlieferung aufzunehmen.

Dazu kommt eine Überschwemmung mit ebenso aufgedonnerter wie inhaltsloser Sprache, die tagtäglich über Zeitungsleser und Fernsehzuschauer schwappt. Es beginnt mit der Werbung, die beim Kauf gewisser Produkte Freiheit, Glück und Liebe verspricht, und endet mit den Reden von Politikern, die den Frieden beschwören, ohne ernsthaft für ihn einzutreten. Wen wundert es, wenn die Zeitgenossen kaum noch bereit sind, die christliche Rede von der Versöhnung, der Gnade, der Liebe als eine sie betreffende gute Nachricht aufzunehmen?

Diese ersten Eindrücke will ich weiterverfolgen, weitere Beobachtungen sammeln, eine Interpretation versuchen.

Bei der Beschreibung und Bewertung der Beobachtungen empfiehlt sich eine Differenzierung zwischen Personen, die sich der christlichen Tradition nicht mehr oder kaum noch verbunden fühlen, und solchen, die (noch) in und mit den Kirchen und ihren Traditionen leben.

2 Für »Kirchenferne« ist die Bibel kein Thema

Die Anekdote ist bekannt und verbürgt: Als Bertolt Brecht nach seiner Lieblingslektüre gefragt wurde, gab er zur Antwort: »Sie werden lachen, die Bibel«. Dies Aperçu gab den Titel zu einer interessanten Sendereihe im Rundfunk, in der Christen ebenso wie Atheisten sich zur Bibel äußerten (Schultz, 1975). Die vielfach überraschend positiven und produktiven Stellungnahmen dürfen aber nicht darüber hinwegtäuschen, daß durchweg die Bibel im öffentlichen Bewußtsein keine Rolle mehr spielt. Drei Gründe könnten dafür maßgebend sein:

2.1 Relevanzverlust

Für den biblischen Menschen ist das göttliche Wort, die Überlieferung des Glaubens, von lebensbestimmender Bedeutung. Das bezeugen viele Bilder und Hinweise: Wie Feuer ist das Wort oder wie ein mächtiger Hammer (Jer 23,29). Oder es erscheint wie ein belebender Regen, der für Leben und Nahrung sorgt (Jes 55,10). Die Rede Jesu löst aber auch Entsetzen aus; »denn er lehrte mit Vollmacht und nicht wie ihre Schriftgelehrten« (Mt 7,28 f).

Davon ist nicht viel geblieben. Viele Zeitgenossen erreicht die biblische Rede eigentlich nur als Konserve von Vergangenem, das heute noch Geltung beansprucht, ohne daß der Anspruch sich erkennbar einlöst.

Die biblische Überlieferung kommt nicht mehr als Nachricht an, die Neues mitteilt, etwas bewirkt und verändert – und darum wird sie auch nicht mehr als re levant, als lebensbedeutend und lebensbestimmend erfahren und akzeptiert.

Der Schriftsteller Paul Konrad Kurz bemerkt einmal treffend, daß der christliche Glaube das neue Leben verkünde; »aber das neue Leben wird nicht glaubhaft, weil es sprachlich und stilistisch als Greis daherkommt« (Kurz, 1984, S. 265).

Wie müßte sich heute die christliche Tradition zu Wort melden, wenn sie den Zeitgenossen (wieder) wichtig werden soll?

2.2 Evidenzverlust

Überzeugend, evident ist etwas, was unmittelbar einleuchtet. Wenn es um das Verstehen von Texten geht, kann Evidenz nur dann aufkommen, wenn Text und Erfahrung des Lesers korrespondieren; der Neutestamentler Klaus Berger wählt hierfür den Begriff der »Evidenzerfahrung« (Berger, 1977, S.102; 244 f u.ö.). Diese Korrespondenz aber ist heute kaum noch gegeben – zumindest dann nicht, wenn es um Menschen geht, die den Kirchen und ihren Traditionen entfremdet sind. Da stellt sich zunächst einmal als Barriere das antike Weltbild auf: Es ist unvereinbar mit dem Denken der Neuzeit. Aber der Evidenzverlust greift viel tiefer; denn »die biblischen Texte setzen eine Reihe von Erfahrungen voraus, die die Menschen heute nicht mehr zu haben meinen: Gott als Person, Sünde, Gnade, Vergebung« (Berger, 1977, S. 245).

Ohne Zweifel ist diese Analyse zutreffend: Wer quält sich heute noch mit der Frage, die Luther bedrängte: »Wie bekomme ich einen gnädigen Gott«?

Aber ist mit dem Verschwinden dieses Sündenbewußtseins auch die entsprechende Existenzerfahrung zerfallen? Wer heute von ständigen Todesdrohungen durch ausuferndem Straßenverkehr, atomare Verseuchung und andere Erscheinungen umstellt ist, fragt sich vielleicht: »Wie kann es gelingen, auch nur ansatzweise in Freiheit und Selbstbestimmung zu leben?«

Woraufhin müßten Menschen mit solchen Erfahrungen angesprochen werden, damit sie die biblische Botschaft als mögliches Orientierungsangebot wahrnehmen können?

2.3 Realitätsverlust

Als dritte Barriere kommt hinzu, daß in der Sicht der »Kirchenfernen« die Beschäftigung mit der Bibel fast gänzlich im Binnenraum traditioneller Frömmigkeit geschieht; sie erscheint ihnen wohl oft wie ein aus der Realität ausgesparter Bereich, ein Schrebergarten der Erbaulichkeit. Ein typisches Beispiel ist die Unterscheidung von »Gesinnungsethik« und »Verantwortungsethik«, die in der Friedensdiskussion der letzten Jahre vorgenommen wurde: Die Aussagen der Bergpredigt zum Gewaltverzicht wurden häufig nur für den Binnenraum privater Frömmigkeit und guter Gesinnung akzeptiert; in der Realität, vor allem im Bereich politischer Verantwortung, hat man sich an ganz anderen Gesetzen zu orientieren. Wenn solche Sichtweisen vorherrschen, muß sich niemand wundern, daß die Bibel insgesamt als ein überliefertes heiliges Buch angesehen wird, das zur praktischen Lebensorientierung keinerlei Wert und Verbindlichkeit besitzt.

Realitätsverlust zeigt sich aber auch, wenn vielen Zeitgenossen »Glauben« nur als Forderung begegnet, Vorstellungen und Ereignisse für »wahr« zu halten, die sie in die neuzeitliche Weltsicht nicht integrieren können. Beispiele: Viele Christen machen die buchstäbliche Verbindlichkeit der biblischen Schöpfungstexte zu einer entscheidenden Glaubensfrage; andere verlangen, daß man die Wundererzählungen als Dokumentationen von Ereignissen liest, die »Jungfrauengeburt« als biologisches Faktum anerkennt usw.

3 Aber auch die Bibelleser haben ihre Probleme

Zweifellos ist in den Kreisen derer, die in irgendeiner Weise im institutionalisierten Kontakt mit den Kirchen stehen, die Situation eine ganz andere: Im Gottesdienst wird die Heilige Schrift gelesen und ausgelegt – genaue Lesepläne für jedes Jahr erschließen das Alte und Neue Testament für die häusliche Lesung – zahlreiche Bibeltexte werden im Religionsunterricht bearbeitet. Aber viele Anzeichen deuten darauf hin, daß auch hier die Bibel zwar noch als »Lese-Wort« verbreitet ist – so formulierte bereits Martin Luther – aber daß ihre Kraft als »Lebens-Wort« zunehmend schwindet.

Auch in diesen Gruppen macht sich natürlich der oben angesprochene Sprachverfall bemerkbar; aber es lassen sich auch noch einige spezifische Ursachen erkennen (vgl. dazu im ganzen: Berg, 1986 – vgl. Kapitel II.12).

3.1 Ist die Bibel noch ein »newspaper«?

Von der manchmal bestürzenden, manchmal erfrischenden Dynamik des Wortes, das die Überlieferung bezeugt, ist auch für Christen, die regelmäßig die Bibel lesen, wohl nicht allzuviel übriggeblieben.

Daran ist vor allem die Gewöhnung schuld: Es sind im Grunde ja immer die gleichen Texte, die am heutigen Bibelleser vorüberziehen – man grüßt sie wie alte Bekannte – aber sie regen nicht mehr auf: »Overfamiliar« nennt man im Englischen ein Verhältnis, in dem übergroße Vertrautheit eine wirkliche Begegnung nicht mehr aufkommen läßt. Das allzu Bekannte erkennt man nicht mehr. Dazu kommt, daß Predigt und Unterricht die Texte vielfach auf einen »Kerngedanken« verdichten: »23. Psalm – Gottvertrauen in der Not« – »Die Erzählung von Kain und Abel – der erste Brudermord als Folge der Sünde« usw. – Überhaupt hat sich ein merkwürdig eindimensionales Lesen der Bibel breitgemacht. Man geht davon aus, daß der Text eine Botschaft enthält, die die Auslegung entdecken und freisetzen muß. Ein solcher Ansatz unterstellt, daß es dabei eine richtige und viele falsche Antworten gibt. Dazu notiert G.M. Martin im Vorwort zu dem wichtigen Werk von Walter Wink: »Das Grundmodell dieses Verständnisses ist das Rätsel. Da gibt es, etwa schon im Gegensatz zum Geheimnis, eine Frage und entsprechend eine richtige Antwort« (Martin in Wink, 1982, S. 10). Ein solcher Verstehensansatz aber wird der Vielschichtigkeit und Tiefe biblischer Texte kaum gerecht. Er führt dazu, daß das genaue Lesen verlorengeht und der Leser das Gehörte oder Gelesene nur noch in die fertigen Schubladen unseres geordneten religiösen Wissens ablegt. – Auch das situative Umfeld, in dem uns biblische Texte begegnen, sorgt für ihre Neutralisierung: Im Gottesdienst sind sie ein Teil der Liturgie bzw. des Predigtdienstes, im Religionsunterricht erscheinen sie als »Stoffe«, in der Bibellesung als ein Element der geordneten christlichen Lebensgestaltung. Damit sind die Texte hantierbar gemacht, in gewohnte, vorhersehbare Wahrnehmungsmuster eingepaßt. Ruhigstellung des Textes und des Lesers sind die Folgen.

3.2 Verändert die Bibel das Leben?

Von Anfang an stand die biblische Botschaft im Widerspruch zu den Gesetzen dieser Welt. In diesem Sinn hat der Schweizer Bibeltheologe Theophil Vogt die These formuliert: Biblische Texte sind immer auch Gegen-Texte zu unseren gewohnten Erfahrungen, Sichtweisen und Verhaltensmustern und bauen Gegen-Welten zu ihnen auf, die kritisch in Frage stellen und befreien. Diese kritische Sicht ist nur allzu oft einer milden Erbaulichkeit gewichen: Sie tut wohl und beruhigt, aber sie fordert nicht mehr heraus, sondern bestätigt eine Haltung, die Ingeborg Drewitz einmal als die Gewohnheit des »selbstverständlichen Weitermachens« kritisiert hat (im Vorwort zu: Marti, 1984, S. 5 f). Ein solches folgenloses, alltagsloses, bloß rituelles Wiederholen der überlieferten Worte verdeckt, ja verfälscht ihre Botschaft. Wir entdecken erst jetzt wieder die kräftige Dynamik des Alten und Neuen Testaments. Walter Jens fordert nachdrücklich: »Ich glaube, daß es heute mehr denn je darauf ankommt, den revolutionären Gehalt dessen, was sich christliche Botschaft nennt, durch eine radikale Umakzentuierung bisheriger Übersetzungsmuster sichtbar zu machen und damit das dem Evangelium aufgesetzte konservative Verständnis zu denunzieren« (Jens, 1972, S. 13).

3.3 Gibt die Bibel eine klare Lebensrichtung an?

Vor nicht allzu langer Zeit wäre diese Frage wohl von den meisten Bibellesern mit einem überzeugten »Ja« beantwortet worden. Inzwischen ist es zu einer tiefen Verunsicherung gekommen. Dafür ist zunächst einmal ein Wandel im Bewußtsein verantwortlich, der ganz allgemein als Traditionsabbruch bezeichnet wird: Die Berufung auf die (biblische) Tradition reicht zur Begründung von Lehrsätzen oder ethischen Normen nicht mehr aus; es muß die Klärung und Bewährung angesichts der Herausforderungen der Gegenwart und Zukunft hinzutreten. Und eben an diesem Punkt ist Eindeutigkeit nicht mehr möglich. Das beste Beispiel ist wieder die Friedensdiskussion der letzten Jahre: Die einen berufen sich auf die Überlieferung, um jede Bedrohung eines möglichen Gegners mit Massenvernichtungsmitteln als Unglauben zu brandmarken; die anderen verweisen auf die Schrift, um die militärische Sicherung auch unter Androhung der Massenvernichtung als christlich angemessen zu verteidigen. Es zeigt sich, daß eine eindeutige Lebensorientierung im Detail nicht aus der Bibel abzuleiten ist.

Wie aber sind die überlieferten Schriften zu lesen, damit sich orientierende Leitlinien zeigen?

4 Neue Richtungen

Es scheint sich tatsächlich zu bestätigen, daß die Bibel für viele ein »vergessenes Buch« ist.

Aber es gibt auch andere Beobachtungen.

4.1 Auf dem Weg zu einer erfahrungsorientierten Auslegung

Hier ist zunächst einmal an die neue Bibel-Praxis in den Gemeinden der Dritten Welt zu denken. Vor allem in Lateinamerika kam es in den letzten Jahren zu einer erstaunlichen Neubelebung der Bibellektüre. »Relectura«, Neu-Lesen nennen sie diesen Umgang mit der Schrift. – Was ist das Besondere daran?

In diesen Gemeinden werden die Bibeltexte in einem Kontext von Berichten über das Elend der Campesinos, von Gesprächsimpulsen, Gebeten und Liedern aufgenommen. Die Armen nehmen die biblische Überlieferung als das Buch der Befreiung in Gebrauch, das für sie geschrieben wurde: »… denn ihnen gehört das Reich Gottes!« (Mt 5,3). In einem spannungsvollen Geflecht von Situation und Tradition, von Reflexion und Kontemplation, von Anbetung und Aktion bekommen in diesen Gemeinden die oft abgenutzten Texte eine überraschend neue lebensbezogene Qualität.

Aber auch hierzulande gibt es neue Aufbrüche zur Bibel hin. Ich denke vor allem an die Tiefenpsychologische und die Feministische Auslegung, die viele anzieht, die sich von traditionellen Sichtweisen nicht mehr angesprochen fühlen.

Starke Zustimmung hat auch die erfahrungsbezogene Bibelarbeit in Gruppen gefunden, die seit einigen Jahren in Gang gekommen ist – auch als »Interaktionale Bibelarbeit« bekannt. Wo beispielsweise im Rahmen dieser Bibelarbeit bei der Erzählung von der Heilung eines Gelähmten (Mk 2, 1-12) nicht länger nur die vergangene Wundertat thematisiert, sondern der Text zum Gesprächsanlaß darüber wird, was in uns selbst gelähmt ist und der Heilung bedarf, kommt es zu einer lebhaften Auseinandersetzung mit der Überlieferung.

Die Faszination, die von solchen neuen Auslegungsmethoden ausgeht, wird vermutlich nicht nur dadurch ausgelöst, daß traditionelle Sichtweisen aufgebrochen werden; hier wird der Leser ganz unmittelbar in seiner Erfahrung angesprochen.

Diese Beobachtungen spiegeln natürlich noch einmal den Erfahrungs- und Relevanzverlust, dem die Bibel in den gebräuchlichen Umgangsformen ausgesetzt ist, aber sie geben in meiner Sicht auch die Richtung an, in der nach neuen Wegen zu suchen ist: Erfahrung ist neu und verstärkt in die Auslegung biblischer Texte einzubeziehen.

Ich denke, daß sich im Blick auf den Umgang mit der Bibel bei uns tatsächlich so etwas wie ein Paradigmen-Wechsel anbahnt, eine Umkehr der Sichtweisen und Interessen: Nicht zuerst die Glaubenswahrheit ist gefragt, sondern die Lebens-Orientierung, nicht der Lehrsatz, sondern der Erfahrungsschatz.

Wer heute die Bibel liest, will keine Buchstaben lesen, die ihm Aufschluß über vergangene Glaubensweisen geben, er will eine Stimme hören, die ihn anspricht, zum Hören herausfordert, zur Neuorientierung ruft. Martin Buber: »Es gilt nicht eine Rückkehr zur Bibel… Meinen wir ein Buch? Wir meinen die Stimme. Meinen wir, daß man lesen lernen soll? Wir meinen, daß man hören soll. Kein anderes Zurück als das der Umkehr, die uns um die eigene Achse dreht, bis wir nicht etwa auf eine frühere Strecke unsres Wegs, sondern auf den Weg geraten, wo die Stimme zu hören ist« (Buber, [1936] 1964, S. 869).

Aber ist dies Interesse einlösbar?

4.2 Ist die Bibel bei uns an der richtigen Adresse?

Diese Frage zielt ins Zentrum der kritischen Fragen an den Bibelgebrauch in unserem Lebensbereich. Sie ist im Zusammenhang mit der Erneuerung der Bibellektüre in den Gemeinden der Dritten Welt aufgekommen. Dort beginnt die biblische Überlieferung neu zu sprechen, weil ihre Leser eben die Armen und Entrechteten sind, an die die Heilsbotschaft der Befreiung und des Neuen Lebens gerichtet ist; sie sind offensichtlich die Adressaten des Evangeliums, wie es im Alten und Neuen Testament überliefert ist.

Und wer sind wir?

Die Auseinandersetzung um diese Frage ist noch ganz am Anfang. Ebenso unmißverständlich wie radikal hat der Theologe Ottmar Fuchs seine Antwort formuliert (Fuchs; 1983, S. 413 ff; vgl. Kapitel II.8): »Wir sind … innerhalb dieser sogenannten Ersten Welt die Reichen, Mächtigen und die Ausbeuter im globalen strukturellen Vergleich mit den meisten und größten Völkern der Erde. Wir brauchen uns … nicht einzubilden, wir seien alle irgendwie auch arm: psychisch … und geistig … Wer in der Villa sitzt ist niemals arm, auch wenn er noch so viele Neurosen hat« (420). Damit ist es den europäischen Bibellesern verboten, sich als Empfänger der

Frohen Botschaft anzusehen; sie trifft sie vielmehr als prophetische Kritik und als Ruf zur radikalen realen Umkehr aus ungerechten Lebensverhältnissen.

Auch wer die Frage nach den Adressaten der biblischen Botschaft so radikal nicht beantworten mag, wird ihr nicht ausweichen können. Wo sie verdrängt wird, bleibt die Bibel stumm – vielleicht sind wir hier auf den tiefsten Grund der Bibelkrise gestoßen: Weil sie bei uns, den gedankenlos unbußfertigen Reichen, nicht als Bußruf gehört wird, ist sie an der falschen Adresse: Ihre Botschaft ist unzustellbar geworden.

5 Die Bibel – ein Buch im luftleeren Raum?

Die bisher zusammengetragenen Beobachtungen und Schlußfolgerungen laufen für mich auf ein entscheidendes Stichwort zu: Erfahrungsverlust. Die Bibel ist stumm geworden, weil sie unsere Erfahrungen nicht mehr trifft; sie scheint im luftleeren Raum erfahrungsferner Theologie und binnenkirchlicher Frömmigkeit zu verkümmern.

Die Suche nach neuen Wegen muß damit beginnen, offen und kritisch das Erfahrungsdefizit und den damit verbundenen Relevanzverlust der Bibel aufzudecken und nach Möglichkeiten zu ihrer Überwindung zu suchen.

Bei dem geplanten Durchgang durch heute diskutierte und angewendete Auslegungsmethoden und ihre hermeneutischen Vorentscheidungen werde ich im Auge behalten, welche Bedeutung und Funktion Erfahrung in diesen Konzepten wahrnimmt. Allerdings ist darauf zu achten, daß die Kategorie der Erfahrung nicht voreilig und unbesehen an die Auslegung der biblischen Überlieferung herangetragen wird; darum werde ich zunächst im folgenden Kapitel eine Klärung versuchen: Was heißt Erfahrung? – Was ist mit religiöser Erfahrung gemeint? Gibt es spezifisch christliche Erfahrung?

Kapitel 2
Erfahrung und Glaube

1 Das neue Interesse an der Erfahrung

Seit einigen Jahren ist »Erfahrung« zu einem Schlüsselbegriff geworden, der für viele den Versuch umschreibt, das dichte Geflecht von Entfremdung und Zwang, das weithin unsere Lebenssituation charakterisiert, wenigstens partiell zu zerreißen, die eigene Sicht auf die Wirklichkeit zu behaupten, die eigene Entscheidung für sich selbst zu begründen.

Es ist sicher kein Zufall, daß der Begriff der Erfahrung in einer Zeit ins Zentrum rückt, die sich so deutlich und umfassend von Fremdbestimmung beengt und bedroht sieht wie unsere. Eine interessante historische Parallele eröffnet sich bei einem Rückblick zum Beginn der Neuzeit: Hier zeigt sich gleichsam die Geburtsstunde der Rede von der Erfahrung. Sie kam als Parole für die Befreiung des Menschen von der Bevormundung durch fremde Autorität auf: »Erfahrung« stand für die Lösung von der scholastischen Priorität des bloß Gedachten, für das Recht auf die eigene Wahrnehmung gegenüber der unbefragten Autorität der Überlieferung. Heute sehen wir uns anderen Zwängen ausgesetzt, aber die Fremdbestimmung unterscheidet sich offenbar strukturell und tendenziell nicht grundlegend. Heute beanspruchen vorgedachte Wahrnehmungsmuster und abstrakte Strukturen den Vorrang vor dem unmittelbar Erfahrenen, und einflußreiche gesellschaftliche Gruppen setzen ihre politisch-ökonomischen Interessen mit Hilfe propagierter Erfahrungsmuster und Deutungsraster durch. So haben wir für alle Erscheinungen bereits Erklärungen und Regeln gelernt, die rasch und effektiv unsere Wahrnehmungen deuten und einordnen, ohne daß wir sie noch bewußt aufnehmen und verarbeiten müssen – und das heißt ja: erfahren. Als Beispiele denke ich an den Straßenverkehr mit seinen mechanisierten Wahrnehmungs- und Reaktionsmustern und die Kommunikationstechnologie, die die Informationen in kleinste fixierte Einheiten preßt. In diesem Zusammenhang ist die Beobachtung von Interesse, daß die mechanisierte und entpersonalisierte Informationsaufnahme mit Hilfe der Datenverarbeitung in der Werbung häufig Begriffe und Vorstellungen aus dem Bereich der personalen Kommunikation verwendet, etwa in dem Slogan: »jeder braucht einen Freund wie APPLE« – ein aufschlußreiches Indiz dafür, wie stark Kommunikation entfremdet ist. – Ein Beleg für den Zusammenhang von interessegeleiteter Erfahrungsverkümmerung und ökonomischen Zielen ist die Reklame: Da sie ständig Grunderfahrungen wie Glück, Liebe, Freiheit mit dem Konsum bestimmter Waren verknüpft, zerstört sie auf Dauer die Fähigkeit, diese Grunderfahrungen für sich authentisch, das heißt: personal zu machen.

Schon dieser erste Blick auf das Phänomen der Erfahrung zeigt die Komplexität des Problems; es bedarf weiterer Differenzierung und Klärung. Dafür ist ein interdisziplinärer Ansatz zu wählen; erst im Zusammenspiel erfahrungswissenschaftlicher, philosophischer und theologischer Methoden und Ergebnisse ist das vielschichtige Problemfeld angemessen zu erschließen (vgl. die grundlegende Studie von W.H. Ritter, 1989). Für dies einführende Kapitel in die hermeneutische Fragestellung muß es allerdings genügen, einige entscheidende Aspekte hervorzuheben.

Bei diesen Überlegungen kann ich mich auf wichtige Untersuchungen stützen, die die Diskussion in Theologie und Religionspädagogik in den letzten Jahren stark vorangebracht haben (vor allem: Sölle, 1975; Betz, 1977; 1987; Nipkow, 1982; Biehl, 1980, 1983 und 1989; Baudler, 1980 und 1984; Ritter, 1989).

2 Alltags-Erfahrung, religiöse Erfahrung, christliche Erfahrung: Phänomene und Strukturen

2.1 Was ist eigentlich Erfahrung?

Der Begriff »Erfahrung« benennt in unserem Sprachgebrauch stets ein Doppeltes: Er meint Erfahrung als *Vorgang*, in dem ein Subjekt sich mit bestimmten Ereignissen konfrontiert sieht; und er bezeichnet das *Resultat* verarbeiteter Erfahrungen, die auch als Erfahrenheit bezeichnet wird.

Diese beiden Aspekte sind eigentümlich aufeinander bezogen: Einerseits gibt Erfahrenheit als Summe von Erfahrungen das Material für einen Deutungs- oder Referenzrahmen her, der andererseits dazu dient, die aktuellen Erfahrungen einzuordnen und zu interpretieren.

Im Vorgang der Erfahrung sind Subjekt und Objekt in einer spezifischen Beziehung aufeinander bezogen: Das Subjekt wird in der Konfrontation mit dem Objekt herausgefordert, seine bisherigen Einstellungen zu überprüfen und wenn nötig zu revidieren; es verändert sich im Prozeß der Erfahrung. Aber auch das Objekt verändert sich, erscheint in neuer Perspektive, gewinnt neue Inhaltsaspekte und Bedeutungsnuancen hinzu.

Die Frage ist dabei, ob das Subjekt auf die Herausforderung zur Veränderung eingeht oder sich verschließt, indem es auf seiner »Erfahrenheit« beharrt; diese hat aber die Tendenz, zur Routine zu erstarren, die keine neuen Erfahrungen mehr zuläßt. Zur produktiven Weiterentwicklung, anders gesagt: zum Erfahrungs-Lernen kommt es nur, wenn das Subjekt den Widerspruch neuer Erfahrungen gegen die bisher gemachten und verarbeiteten Erfahrungen wahrnimmt und annimmt. Das kann oft ein recht schmerzhafter Prozeß sein – erfahrungsbezogenes Lernen schließt wohl immer auch die Negation des bisher Vertrauten und Verläßlichen ein – aber nur so kann Erfahrung als offener Prozeß in Gang gehalten werden.

Wie kommt nun in diesem Zusammenhang religiöse Erfahrung zu stehen? In der Religionsgeschichte haben sich zwei Typen von Antworten herauskristallisiert (vgl. Betz, 1977, S. 33 f):

Die einen gehen davon aus, daß Religion nur im ausgegrenzten Raum des *Heiligen* erfahren wird, sei es der Sakralraum, der geweihte Ort, die geheiligte Zeit, der meditative Raum, etwa auch die Wüste.

Die anderen wollen dieser Trennung der Wirklichkeit in einen sakralen und einen heiligen Bereich nicht zustimmen, sie öffnen sich für die Erfahrung von Religion »in, mit und unter« (Ebeling) dem oft diffusen und undurchschaubaren Geflecht banaler Alltagserfahrungen.

In der gegenwärtigen Diskussion in verschiedenen Disziplinen der Theologie hat sich überwiegend der zweite Ansatz durchgesetzt; auch ich orientiere mich an diesem Verständnis. Es stellt sich also die Aufgabe, den spezifischen Merkmalen von Alltags-Erfahrung, religiöser Erfahrung und christlicher Erfahrung nachzugehen und ihre Beziehung zueinander zu klären.

2.2 Alltags-Erfahrung

Alltags-Erfahrungen sind jedermanns Erfahrungen, das, was tagtäglich widerfährt, ohne daß sich etwas Besonderes, Hervorgehobenes ereignet. In der Tat sind die charakteristischen Merkmale von Alltags-Erfahrungen: die stets sich wiederholenden Abläufe – das Selbstverständliche – die Routine. Diese Merkmale weisen darauf hin, wie Erfahrungen im Alltag verarbeitet werden: Die Komplexität der Eindrücke, die Fülle der Widerfahrnisse, mit denen wir tagtäglich konfrontiert werden, die Notwendigkeit, rasch die zweckmäßigen Entscheidungen zu treffen (z.B. im Straßenverkehr), müßten uns restlos überfordern, wenn wir nicht Techniken erfunden hätten, die das verwirrende Spiel vereinfachen, hantierbar machen. Solche Techniken sind u.a.: Verallgemeinerungen – Orientierung an Faustregeln – Einordnung der Erfahrungen in stets wiederkehrende Referenz-Schemata. Diese Entlastungstechniken sind zwar notwendig, um die alltäglichen Lebensabläufe bewältigen zu können; sie markieren aber auch die Gefahren und Defizite, die mit dem Stichwort »Alltags-Erfahrung« zusammenhängen:

– Die Verallgemeinerung läßt das Singuläre, Besondere verschwinden; differenziertere Wahrnehmungen und Gefühle fallen durch die groben Raster; »Poetik wird im Alltag destruiert«, notiert Peter Biehl (Biehl, 1983, S. 20).

25

– Routine und Wiederholung führen leicht zur Klischee-Bildung und zur Verfestigung von Vorurteilen.

Diese schematische Verarbeitung von Alltags-Erfahrung läßt sie zum geschlossenen Kreis von Selbstverständlichkeiten versteinern, der keine Fragen nach Sinn und Orientierung mehr durchläßt und die für neue Erfahrungen lebensnotwendige Offenheit verstellt. B. Casper bemerkt: »Das Alltagsbewußtsein macht blind dafür, daß es womöglich schlechthin Neues und anderes geben könnte, wenngleich es sich zuweilen von einer geheimen Angst vor solchem Neuen gekennzeichnet findet« (Casper, 1980, S. 51).

Wie kann eine so verkrustete Alltags-Erfahrung aufgebrochen werden? Diese Frage regt weitere Überlegungen an:

2.3 Religiöse Erfahrung

Folgen wir dem oben gewählten Ansatz, dann markiert das Stichwort »religiöse Erfahrung« keinen inhaltlich abgegrenzten Bereich, sondern eine spezifische Sichtweise auf Alltags-Erfahrung, die neue Dimensionen erschließt. Vielleicht ist der von manchen Autoren gewählte Begriff der »Grund-Erfahrung« (z.B. Nipkow, 1982, passim) besser zur Kennzeichnung dieser anderen Dimension geeignet als der ein wenig mißverständliche Terminus »religiöse Erfahrung«; denn es geht um grundlegende Qualitäten wie Glück und Heil, Angst und Schuld, Freude und Versagen, die in den Alltags-Erfahrungen aufscheinen können. Als »religiös« lassen sich solche Erfahrungen bezeichnen, wenn man sich an einem offenen Begriff von »Religion« orientiert, etwa im Sinne dessen, »was uns unbedingt angeht« (Paul Tillich). Weil diese religiösen Erfahrungen oder Grund-Erfahrungen dann manifest werden, wenn jemand in den Alltagssituationen die Grenzen der banalen Wahrnehmung erfährt und überschreitet, werden die Grund-Erfahrungen auch als Grenz-Erfahrungen bezeichnet (vgl. Biehl, 1983, S. 23 f).

Welches sind nun die Merkmale der Erfahrungen, die als »religiöse«, als Grund- oder Grenz-Erfahrungen bezeichnet werden? Im Anschluß an die Diskussion in der Literatur, vor allem an die einleuchtenden Analysen von Peter Biehl, sind vier besonders hervorzuheben:

– Religiöse Erfahrungen sind, wie bereits angedeutet, Grenz-Erfahrungen. Dieser Terminus umgreift nicht nur die von Karl Jaspers eindringlich beschriebenen »Grenzsituationen« wie Tod, Schuld, Angst, sondern auch verdichtete Erfahrungen von Freude, Glück, Ekstase.

– Religiöse Erfahrungen sind eng auf Alltags-Erfahrungen bezogen, sie »konzentrieren die Lebenserfahrung auf bestimmte Grunderfahrungen hin« (Biehl, 1983, S. 31). Diese Bewegung geht von der Annahme aus, daß in den Alltags-Erfahrungen bereits Ahnungen vom ganz Anderen verschlossen sind, ein geheimes Wissen der wahren Bedürfnisse sich verbirgt. Otto Betz spricht in diesem

Zusammenhang davon (Betz, 1977, S. 30 ff), daß beobachtete Dinge auf einmal »diaphan« werden, durchscheinend für neue tiefere Erfahrungen ... vielleicht, daß ein lange bekannter Kollege zum Gegenüber wird ... mir an einem Naturerlebnis aufgeht, daß ich in der Schöpfung gut aufgehoben bin ... Etwas anders formuliert Karl Ernst Nipkow (Nipkow, 1982, S. 94); er denkt an eine »Schicht der Grunderfahrungen«, die sich unter der Oberfläche der Alltags-Erfahrungen abgesetzt haben und durch diese hindurch scheinen. Religiöse Erfahrungen haben gegenüber der Alltagserfahrung gleichsam einen »Mehrwert« (Ritter, 1989, S. 191 ff u.ö.).

– Religiöse Erfahrungen kommen in »Erschließungssituationen« auf. Der englische Theologe J.T. Ramsey (1963) hat dafür den Begriff »disclosure« geprägt – am ehesten vielleicht mit »Enthüllung« zu übersetzen. (Die Thesen Ramseys sind in der deutschsprachigen Religionspädagogik von allem von Georg Baudler aufgegriffen und weitergeführt worden.) Gemeint ist jedenfalls die Erfahrung, daß plötzlich »jemand ein Licht aufgeht«, oder daß in einer Situation auf einmal »das Eis bricht« – überraschende, blitzartig aufleuchtende neue Perspektiven aufkommen, die das bisher Wahrgenommene qualitativ verändern, vertiefen, bereichern.

– Religiöse Erfahrungen sind unverfügbar. Sie sind Widerfahrnisse, die methodisch zwar vorzubereiten und anzubahnen, aber nicht herstellbar sind.

Religiöse Erfahrungen im Sinne von Grund- oder Grenzerfahrungen sind noch keine christlichen Erfahrungen. Deren spezifische Merkmale sind jetzt zu klären.

2.4 Christliche Erfahrung

Auch dieser Begriff – in der Literatur werden auch die Bezeichnungen »Glaubens- oder Gottes-Erfahrung« verwendet – führt nicht in eine ausgegrenzte Welt spezieller Erfahrungen, sondern umschreibt eine bestimmte Deutungsperspektive, mit der Alltagserfahrungen und religiöse Erfahrungen qualifiziert werden. Christliche Erfahrungen entstehen in der wechselseitigen Erschließung heutiger Erfahrungen mit der christlichen Überlieferung.

Auch für die christliche Erfahrung lassen sich einige grundlegende Merkmale benennen, die ich im Kontext der religiösen Erfahrung beschreibe (vgl. vor allem Biehl, 1983, S. 28 ff):

– Christliche Erfahrung ist Geschenk. Was sich bereits im Blick auf die religiöse Erfahrung andeutete, ist jetzt noch entschiedener zu formulieren: Ob jemand eine christliche »disclosure-Erfahrung« macht, ob ihm beispielsweise aufgeht, was ihm die brüderliche Solidarität Jesu bedeutet, können weder Predigt noch Religionsunterricht bewirken ... das bleibt unverfügbar.

– Wie in der religiösen Erfahrung wird der »Mehrwert« auch in der christlichen Erfahrung am Vertrauten, Alltäglichen zugänglich, aber sie übersteigt sie grundsätzlich. Was beispielsweise Glauben an Gott im Sinne vertrauensvoller Zuwendung bedeutet, wird am ehesten jemand erfahren, der als Kind »Ur-Vertrauen« erlebt hat; aber biblischer Glaube entzieht sich allen psychologischen und pädagogischen Einordnungen und Methoden: »Das Neue geht an den Lebenserfahrungen auf, nicht in ihnen« (Nipkow, 1982, S. 95).

– Christliche Erfahrung als existentielle Deutungsperspektive greift »Grunderfahrungen« auf, radikalisiert sie aber, indem sie sie auf Gott bezieht: Versagen und Gelingen werden im Zusammenhang der biblischen Rede von Gericht und Gnade aufgefaßt und erhalten damit Tiefe und Dynamik. Wird beispielsweise die biblische Exodus-Überlieferung als Gegen-Erfahrung zur heutigen Beobachtung gelesen, daß das »Recht des Stärkeren« immer das letzte Wort behält, dann entlarvt diese Gegenüberstellung heute geltende Maßstäbe als gegen-göttlich. Diese Kritik setzt gleichzeitig eine Handlungsdynamik der Veränderung gegen-menschlicher und damit gegen-göttlicher Verhältnisse frei. So ist gerade der Widerspruch der in den biblischen Schriften aufgehobenen Erfahrungen zu heutigen Erfahrungen äußerst produktiv; erst im ausgehaltenen Schmerz der Destruktion kann vielleicht aufgehen, was B.Casper mit der »Segnung der Alltagserfahrung« in christlicher Perspektive meint (Casper, 1980, S. 70). Christliche Erfahrung ist in der Regel keineswegs eine Bestätigung und feierliche Überhöhung des Bestehenden, sondern bietet menschliche Alternativen an.

– Die Offenheit für Neuorientierung, die als grundlegendes Merkmal von Erfahrung überhaupt gelten kann, ist in der Perspektive christlicher Erfahrung weiterzuführen zum »Prinzip Hoffnung«, dem Vertrauen, daß die größere Zukunft immer noch als Verheißung vor uns liegt. Das Neue Testament hat diese Zukunft mit der Rede von der Gottesherrschaft symbolisiert.

2.5 Drei Dimensionen von Erfahrung: Beziehungen und Differenzen (Zusammenfassung)

Ich versuche noch einmal, die Beobachtungen zum Verhältnis von Alltags-Erfahrung, religiöser und christlicher Erfahrung im Überblick zusammenzufassen und noch etwas weiterzuführen.

a. Gemeinsame Merkmale

Drei grundlegende Strukturmomente gelten für alle Dimensionen von Erfahrung:
– Das Zusammenspiel von aktueller Erfahrung und der *Entstehung von Referenz-Rahmen* aus Erfahrung;
– die *Offenheit*, die aber ständig durch die Tendenz zur Routine und Erstarrung gefährdet ist;

– die Beobachtung, daß (neue) Erfahrungen nur durch den Widerspruch zum bisher Erfahrenen und Vertrauten entstehen (*Negativität*).

b. Zum Verhältnis der drei Dimensionen von Erfahrung

Alltagserfahrung, religiöse und christliche Erfahrung beziehen sich nicht auf *unterschiedliche Gegenstände* der Wahrnehmung, sondern bezeichnen *verschiedene Sichtweisen* auf die gleichen Inhalte, Sachverhalte, Ereignisse. Jede bringt spezifische Aspekte an den Gegenständen zum Vorschein. Wirklichkeit ist nicht eindimensional, sondern komplex und kann darum nur in mehreren Dimensionen erschlossen werden – Erfahrung ist immer mehrdimensional.

Die Beziehung der drei Dimensionen von Erfahrung darf nicht statisch gedacht werden, sondern als hin- und herschwingende Bewegung, die Nipkow treffend als »Zirkel der Erfahrung« kennzeichnet (Nipkow, 1982, S. 92 u.ö.). So können sich beispielsweise schon in den Alltags-Erfahrungen Spuren des »ganz anderen« zeigen, vielleicht in Langeweile und Überdruß, die die Frage auslösen, ob denn die banalen Abläufe und Wahrnehmungen tatsächlich schon die ganze Wirklichkeit ausmachen. Auch Spiel und Humor können als Erscheinungen des Alltags schon »Zeichen der Transzendenz« sein (dazu vor allem Berger, 1970, S. 75 ff).

Es ist noch einmal zu unterstreichen, daß christliche Erfahrung nicht nur an alltäglicher und religiöser Erfahrung anknüpft, sondern ihr auch grundsätzlich widerspricht; das hatte ich unter dem Stichwort »Christliche Erfahrung als Gegenerfahrung« im vorigen Abschnitt notiert. Nur wenn sie uns mit der »Gegenwelt« zu unserer Welt konfrontiert, kann sie ihre Dynamik kritisch und heilend entfalten.

– Es kann daher leicht zu Mißverständnissen kommen, wenn Biehl (eigentlich entgegen den Grundlinien seiner Arbeit) formuliert: »Christliche Erfahrung bringt einen Komparativ in menschliche Lebenserfahrung...« (Biehl, 1983, S. 31). Nachdrücklich ist die Vorstellung zurückzuweisen, daß die drei genannten Dimensionen von Erfahrung aufeinander aufbauen, die der einzelne auf dem Weg zu Gott nur nacheinander wie Stufen erklimmen müsse. Eine solche Anschauung der »mitwachsenden Transzendenz nach oben« verfehlt das biblische Verständnis der Selbstmitteilung Gottes und des darauf gegründeten Glaubens. (Eine differenzierte Auseinandersetzung mit einer solchen »gradualistischen Kontinuitätsvorstellung«, wie sie in der gegenwärtigen religionspädagogischen Diskussion in verschiedenen Ausarbeitungen vertreten wird, führt Nipkow (Nipkow, 1975, S. 129-168; Zitate: S. 160.)

Nun stellt sich die Frage, wie denn dieser »Zirkel der Erfahrung« in Gang gesetzt und in Bewegung gehalten werden kann.

3 Kann man Erfahrung lernen?

Auf den ersten Blick scheint die Frage banal – denn zu den wichtigsten Funktionen von Erfahrung gehört doch die Weitergabe an die Un-Erfahrenen. Legen wir aber das bisher entwickelte qualifizierte Verständnis von Erfahrung zugrunde, dann zeigt sich rasch, daß die Aufgabe nicht darin bestehen kann, bestimmte Erfahrungsinhalte weiterzugeben oder aufzunehmen – so wie die Mutter der Tochter ihre Erfahrungen im Kochen übermittelt –, sondern es geht um die Fähigkeit, neue gute Erfahrungen mit der Erfahrung zu machen, also um die Verstärkung der »Erfahrungsfähigkeit« (Th.W. Adorno).
Diese These klingt banal – aber:
– Wie kann man jemand lehren, in den »Erfahrungszirkel« hineinzukommen?
– Wie kann einer lernen, »disclosure«-Erfahrungen zu machen?
Und schließlich:
– Gerät nicht jeder Plan, Glaubenserfahrungen zu vermitteln, zum Versuch, »Offenbarung« methodisch hantierbar zu machen?
Trotz dieser Schwierigkeiten und Bedenken lassen sich einige Möglichkeiten zum »Lernprozeß Erfahrung« beschreiben.

3.1 Sensibilität verstärken

Diese Aufforderung ist zunächst einmal ganz wörtlich zu verstehen: Es geht um eine Verstärkung der sinnlichen Wahrnehmungsfähigkeit. Otto Betz notiert: »Vorübung religiöser Erfahrung ist ganz sicher die Einübung der Sinne. Verblendete Augen, verstopfte Ohren, ein verkümmertes Tastgefühl, sie können nur belanglose Bruchstücke eines unbegriffenen Ganzen aufnehmen, alles bleibt zugesperrt, beziehungslos. Aber wenn sich erst einmal ein Fenster geöffnet hat, den Blick in ungeahnte Weite freigab, ist ein Ansatz gewonnen, der immer neue Abenteuer des Geistes eröffnet« (Betz, 1977, S. 31). In unserem Lebenszusammenhang, in dem wir immer stärker Wirklichkeit nur über die technischen Medien wahrnehmen und damit auf »Erfahrung zweiter Hand« (Arnold Gehlen) angewiesen sind, müssen wir mit allen Sinnen neue unverstellbare Zugänge zur Wirklichkeit suchen. Ein zweiter Schritt wäre die Vertiefung der Sensibilität gegenüber sich selbst – etwa angeleitet von den Fragen, die die Gestalt-Therapie zur Selbst-Erkundung und Selbst-Erfahrung vorschlägt: »Was tust du? – Was fühlst du? – Was möchtest du? – Was vermeidest du? – Was erwartest du?« (Perls, 1976, S. 94).

3.2 Erfahrungsfähigkeit verstärken

Hier geht es darum, die Selbstverschlossenheit der Alltagswelt aufzubrechen, die Alltags-Erfahrungen durchlässig zu machen für Grunderfahrungen. Dafür bieten sich mehrere Wege an:

– Die Beschäftigung mit Kunst und Literatur kann die Fähigkeit fördern, die Mehrdimensionalität von Wirklichkeit wahrzunehmen; spielende Auseinandersetzung mit Alltagserfahrungen (etwa in Rollenspielen) kann für die Komplexität und Hintergründigkeit scheinbar banaler Zusammenhänge und Ereignisse aufschließen. Auf den Zusammenhang von Erfahrungslernen und einer »Rekonstruktion der verborgenen Poesie des Alltags« hat besonders Peter Biehl aufmerksam gemacht (Biehl, 1983, S. 38 u.ö.).

– Unumgänglich ist wohl, die Begrenztheit und Defizite der Alltags-Erfahrung zu reflektieren; dazu gehört auch Einsicht in die Einflüsse wirtschaftlicher und politischer Interessengruppen auf das alltägliche Wahrnehmungsverhalten (Beispiel: Werbung).

– Im Feld der »Korrelationsdidaktik« gibt es zahlreiche Vorschläge, methodisch gesichert und planvoll vorgehend Alltags-Erfahrungen mit religiösen und christlichen Erfahrungen zusammenzubringen, die sicher die Fähigkeit verstärken, die »Diaphanie« der Alltagswelt wahrzunehmen (besonders kreativ: Georg Baudler in zahlreichen Veröffentlichungen; vgl. Baudler, 1984). Diese Vorschläge sind nicht nur für den Unterricht von Interesse.
So können durchaus durch entsprechende Arrangements Situationen angebahnt werden, in denen »disclosure-Erfahrungen« möglich sind – wenn diese auch, gemäß dem Widerfahrnis-Charakter von Grund-Erfahrungen, nicht verfügbar und herstellbar sind.

– Mit bloß methodischen Handgriffen ist es freilich nicht getan; sie werden letztlich nur wirksam, wenn sich eine neue Erwartungshaltung aufbaut, die sich mit dem Vorfindlichen nicht begnügt; Otto Betz spricht von einer »hoffenden und horchenden« Grundeinstellung, die sicher ist: »es kommt noch vieles herauf, was noch gar keine Gestalt gewonnen hat. Wir stehen nicht am Ende, sondern sind mitten auf dem Weg. Diese Erwartungshaltung führt zu einer Offenheit, die unsere Sinne schärft« (Betz, 1977, S. 77).

3.3 Symbole geben der Erfahrung Sprache

Eindrücke, Wahrnehmungen werden erst zur Erfahrung, wenn sie durch einen Referenzrahmen gedeutet, eingeordnet und verarbeitet werden. Dies geschieht vor allem im Medium der Sprache. Wenn eine Erfahrung sprachlich geworden ist, verstehe ich sie und kann sie mitteilen.

Eine fast unübersteigbare Barriere ist aber die Scheu, Erfahrungen preiszugeben. Dorothee Sölle schreibt:« Wir haben Angst davor, unsere eigenen Erfahrungen auszusprechen, und vor allem haben wir Angst, die wichtigste Sprache menschlicher Erfahrungen, die religiöse Sprache, zu gebrauchen. Lieber verleugnen und verdrängen wir uns selber und vervielfältigen die eigene Sprachlosigkeit, als daß wir uns ausgerechnet von der Religion das Hemd ausziehen ließen« (Sölle, 1976, S. 39).

Für den notwendigen Prozeß der sprachlichen Bearbeitung von Erfahrung bietet sich vorzüglich der Begriff des *Symbols* an, weil es kognitive und nichtkognitive Elemente einschließt, mehrere Sinnebenen anspricht und eine Tendenz zur Transzendierung der Alltagswelt aufweist. Die Bearbeitung des Symbolbegriffs hat in den letzten Jahren in verschiedenen Wissenschaften, nicht zuletzt in der Theologie, eine Fülle von Analysen und Konzepten hervorgebracht – es sei nur an die zahllosen Veröffentlichungen im Bereich der Religionspädagogik erinnert, die sich dem Stichwort »Symboldidaktik« zuordnen. Aus diesem komplexen Feld kann ich nur einige für das Problem des Erfahrung-Lernens besonders wichtige Stichworte hervorheben.

Symbole sind zunächst einmal Phänomene der sinnlichen Wahrnehmung, die zwar in sich verständlich sind, aber zugleich noch auf eine *andere Sinn-Dimension verweisen*; so kann beispielsweise die Sonne durchaus als Gegenstand der realen Welt betrachtet und erforscht werden; gebrauche ich »Sonne« aber symbolisch, etwa in der Redewendung: »Wenn du bei mir bist, geht die Sonne auf«, dann verweise ich auf eine andere Dimension von Erfahrung; ich will ausdrücken, daß ich in der Gegenwart eines Menschen, der mir nahe ist, Freude, Wärme, Glück fühle. Im Umgang mit Symbolen treten wir in eine »Region des Doppelsinns« ein, wie Paul Ricoeur einmal bemerkt (Zitiert bei Biehl, 1980, S. 71).

Damit können Symbole eine *Vermittlungsfunktion* zwischen ganz unterschiedlichen Dimensionen wahrnehmen (vgl. Halbfas, 1982, S. 122f). Sie vermitteln zwischen äußerer und innerer Wirklichkeit, wie das Beispiel des Sonnen-Symbols verdeutlicht. Dies ist für den Prozeß der Erfahrung unabdingbar. Darauf weist vor allem der englische Psychiater Ronald D. Laing in seiner Studie hin (1967, S. 113 ff). Er vertritt die These, daß die Aufspaltung der Erfahrung in eine innere und eine äußere Welt unter Vernachlässigung der Innenwelt unfähig macht, Realität wirklich personbezogen wahrzunehmen, zu »erfahren«.

Die *Hintersinnigkeit* eines Symbols läßt sich durchaus kognitiv entschlüsseln; aber seine Bedeutung geht in der Interpretation nicht auf. Es bleibt ein Überschuß an Grunderfahrung, der kognitiv und verbal nicht verrechenbar ist. Die ins Symbol gefaßte Grund-Erfahrung kann auch nicht einfach begrifflich übermittelt werden – Glück und Wärme, die ich bei der Begegnung mit dem oder der Geliebten erfahre, werden nicht in Begriffen, sondern eben im Symbol der Sonne präsent – es ist ein »Wirkwort«; darum sprechen wir auch von »*präsentativen*« Symbolen, die eine Grunderfahrung ganzheitlich vergegenwärtigen (Lorenzer, 1984, S. 137 ff).

Eben diese Merkmale der Symbole geben Anlaß zu einer Warnung: Weil sie ihre »Botschaft« auch außerhalb der kognitiv-sprachlichen Dimension transportieren, können sie *manipulativ für alle Zwecke mißbraucht werden*, was etwa der Umgang mit sogenannten nationalen Symbolen (Fahne; Hymne …) aufs deutlichste belegt. Biehl tritt darum nachdrücklich dafür ein, Symbollernen als »kritische Symbolkunde« anzulegen (zuletzt in: Biehl, 1989, 166 ff). Sie soll nicht nur ganzheitlich in den Symbolgebrauch einüben, sondern auch ihre Bedeutung, Funktion und Tragfähigkeit reflektieren.

Symbole können über drei Klassen von *Bedeutungsträgern* wirksam werden (vgl. Lorenzer, 1984, S. 165):
– gegenständliche Bedeutungsträger: Gegenstände; Kunstwerke;
– textuelle Bedeutungsträger: Poesie, Mythen, Märchen, Erzählungen …;
– personelle Bedeutungsträger: Tanz, Musik, Ritual …

Die Bedeutung der *religiösen* Symbole hat Biehl so zusammengefaßt:
»Religiöse Symbole sind konzentrierte Verdichtungen fundamentaler Erfahrungen und Sinngebungen. Sie haben wie andere Symbole die Funktion, das Handeln zu motivieren und zu orientieren … Sie erinnern an vorgängige Sinnerfahrungen und entwerfen zukünftige Möglichkeiten.«

Die *Tiefenpsychologie* hat schon längst – grundlegend angeregt und geprägt durch C.G.Jung – die therapeutische Bedeutung der Symbole erkannt und in ihr Methodenrepertoire einbezogen. Sie geht davon aus, daß viele archaische Symbole nicht nur Ur-Kunden der Menschheit in sich schließen, sondern auch heilsame Erfahrungen mit einem Leben, das ganzheitlich alle Kräfte aufnimmt und seine Basis in einem religiös verstandenen Ur-Vertrauen hat. Diese Kräfte sind heute im Umgang mit Symbolen wieder zu erschließen und in die Bearbeitung seelischer Konflikte und Schäden einzubeziehen.

Im Blick auf die *biblische Überlieferung* ist noch einmal die Vermittlungs-Funktion (Biehl: »Brückenfunktion« – 1989, S. 182 ff) wichtig: Sie verbinden nicht nur äußere und innere Wirklichkeit, sondern auch Vergangenheit und Gegenwart, indem sie die Grunderfahrungen erschließen, die Menschen in biblischer Zeit und in der Gegenwart widerfahren. »Theologisch sind diese Symbole zu messen an Verkündigung, Verhalten und Geschick Jesu von Nazareth« (Biehl, 1980, 74).

Für die symbolische Erschließung der *biblischen Überlieferung* hat Paul Tillich den einleuchtenden Vorschlag gemacht, den Symbolbegriff nicht nur für Phänomene wie Kreuz, Licht/Finsternis usw. zu verwenden, sondern ihn auf grundlegende Begriffe zu erweitern, in denen sich (geschichtliche) Grund-Erfahrungen verdichtet haben, wie z.B. Schöpfung, Exodus, Reich Gottes, Glaube, Liebe, Hoffnung. Welche Bedeutung eine so angelegte Interpretation biblischer Überlieferung haben kann, soll sich im Verlauf der Untersuchungen in diesem Buch weiter klären und differenzieren (vgl. vor allem die Ausführungen über die biblischen »Grundbescheide« in Kapitel III.1).

3.4 Erfahrung üben

Religiöse oder christliche Erfahrungen kann man nicht herstellen – aber man kann sie lernen. Dazu gehört nicht nur die Aufgabe, disclosure-fähige Situationen anzubahnen und eine erfahrungsfähige Sprache zu (er-)finden, sondern auch, solche Entdeckungen oder Erfindungen durch Übung festzuhalten. Vier Übungsfelder bieten sich an:

a. Bewußter wahrnehmen

Hier geht es darum, die sinnliche Wahrnehmung in der oben beschriebenen Weise zu verfeinern, und zwar in bewußten Übungen: (Zu-)Hören lernen – empfindlich werden für das, was man ertasten kann – sensibler sehen – darauf achten, was man riechen kann. Vielleicht wäre das oftmals abgestandene, zur Gewohnheit gewordene Dankgebet ein guter Anlaß, die Gegenstände des Danks beim Beten sinnlich zu erfassen: Das Brot in die Hand nehmen – das schöne Bild bewußt anschauen – den Geliebten umarmen ... Möglicherweise bekommen viele alte religiöse Gesten und Riten hier eine ganz neue Erfahrungsdimension, das Kreuzschlagen beispielsweise, der Segen, die Sakramente.

b. Mit Symbolen leben

Es ist ein dringendes Desiderat kirchlicher Bildungsangebote, den sinnvollen, erschließenden Umgang mit Symbolen zu erlernen. Den Anfang müßten Übungen zur allgemeinen Verbesserung der Symbolfähigkeit machen: Malen, Tonen, Spielen, Musizieren, auch im Zusammenhang mit biblischen Texten, könnten viel bewirken. Dazu käme dann die erfahrungsbezogene Auslegung der christlichen Symbole und schließlich die kreativ-gestaltende Arbeit der Erfindung neuer Bilder, Symbole, Rituale.

c. Erfahrungen in Aktionen machen

Viele Christen haben nie gelernt, Erfahrungen mit dem tätigen Christsein zu machen und bewußt zu verarbeiten: Die älteren hatten meist wenig Gelegenheit, die jüngeren haben oft resigniert. Hier könnte die Beschäftigung mit Gruppen und Initiativen anregen, die aus christlicher Inspiration heraus neue Gestaltungsversuche des persönlichen und kommunikativen Lebens versuchen. Im Vorgriff auf die ausführliche Darstellung in Kapitel II.9 weise ich auf die schon genannten lateinamerikanischen Basis-Gemeinden hin. Diese nehmen die biblische Überlieferung ganz unbefangen als Wort des Herrn in Anspruch, das ihnen das Heil zusagt, sie ermutigt und zu befreiender Tat bewegt. Damit wird die biblische Überlieferung für sie zu einem starken Erfahrungs-Buch. Natürlich können wir diese Praxis nicht einfach übernehmen, aber die Bewegung vom Bibelwort zur erneuernden Aktivität, die von den Christen der Dritten Welt zu lernen ist, könnte ganz neue Erfahrungsdimensionen erschließen.

d. Erfahrungen in der Gruppe machen

Natürlich gibt es die Gruppen in den Gemeinden schon längst. Aber viele verstehen sich entweder als Vereinigung zur kollektiven Entgegennahme pastoraler Betreuung oder als Aktionsgruppe. Beide Formen sind sicher aus dem Gemeindeleben nicht wegzudenken; aber es müßte ein dritter Typ hinzukommen: Die *Erfahrungsgruppe*. Denn Erfahrungen vertiefen sich im Gespräch, gewinnen Leben im Erfahrungsaustausch. Bei diesem Vorschlag ist nicht so sehr an die bekannte »Selbsterfahrungsgruppe« mit spezifischen Intentionen und Methoden zu denken, vielleicht eher an eine zahlenmäßig und im Blick auf die zeitliche Beanspruchung begrenzte Gruppe, die bereit ist, Erfahrung zu lernen. Von solchen Erfahrungsgruppen könnten dann weitere Anstöße ausgehen.

4 Erfahrung und Bibel – ein Widerspruch?

Wie kommt in den Zusammenhang der vielfältigen Erscheinungsformen und Wirkungsweisen von Erfahrung nun die biblische Überlieferung zu stehen? Findet sie einen Ort darin?
Ich erinnere noch einmal an den in Kapitel II.1 erwähnten »Paradigmenwechsel«, das neue Interesse an einem erfahrungsorientierten, lebensbezogenen Verständnis der Bibel.
Dieser Paradigmenwechsel bahnt sich seit einigen Jahren auch in der theologischen Wissenschaft an (vgl. die Darstellung bei Ritter, 1989, S. 33 ff): Theologie soll ihre Sätze so formulieren, »daß sie als Gegenstände möglicher Erfahrung ausgewiesen werden« (Theißen, 1978, S. 32).
Das Bedürfnis nach einer erfahrungsnahen Auslegung der Überlieferung wächst und die wissenschaftliche Theologie ist im Begriff, »Erfahrung« als eine Basis-Kategorie ihrer Arbeit zu begreifen … aber setzt sich das in Praxis um?
Kann ein heutiger Bibelleser in den alten Texten noch Leben wahrnehmen: Angst und Hoffnung, Leidenschaft und Wut, Vertrauen und Hingabe … Erfahrungen, die auch seine werden könnten?
Die Darstellung der hermeneutischen Konzepte und die Entwicklung des integrativen Konzepts in Teil II und III dieses Buchs versucht, eine Antwort auf diese Frage zu finden.

II. Wege

Vorbemerkungen zum Aufbau von Teil II

In diesem Teil werden dreizehn zum Teil ganz unterschiedliche Wege vorgestellt, die heute begangen werden, um einem Bibeltext näherzukommen und ihn für heutiges Verstehen aufzuschließen. Diese Wege zum Verstehen – teils vertraute Straßen, teils wohl bisher recht wenig begangene Pfade – werden als hermeneutische Modelle beschrieben; es geht also nicht nur um die Darstellung von Auslegungsmethoden, sondern um die Reflexion ihrer Voraussetzungen und die kritische Prüfung ihrer Reichweite.

Die 13 Kapitel bauen sich jeweils aus 4 (5) Elementen auf: Einige setzen mit einem kurzen Überblick über die Herkunft und die Entwicklung des hermeneutischen Konzepts ein; sonst steht eine Aufstellung von »Optionen« am Anfang, eine thesenartige Beschreibung der hermeneutischen und methodischen Vorentscheidungen, auf denen das Konzept basiert. Es folgt eine Darstellung der Methoden, die im Rahmen des Konzepts Verwendung finden. Alle Optionen und Methoden werden in einem 3. bzw. 4. Abschnitt durchgehend an zwei biblischen Texten geprüft: der Geschichte von Kain und Abel (Gen 4,1-16) aus dem Alten Testament, der Erzählung von der Heilung des Besessenen von Gergesa (Mk 5,1-20) aus dem Neuen. Am Schluß eines jeden Kapitels werden »Chancen und Grenzen« des dargestellten Konzepts diskutiert: Was kann es auf dem Weg zum Verstehen leisten? Welche Fragen bleiben offen? Welche Einwände werden vorgetragen? Wie stichhaltig erscheinen sie? – Am Schluß der einzelnen Kapitel ist die verwendete Literatur zusammengestellt. Titel, die dort nicht zu finden sind, habe ich in den umfangreicheren Listen zur Exegese und zur Hermeneutik am Schluß des Buches notiert.

Sicher ist bei manchen Konzepten eine andere Darstellung, Methodenauswahl und Einschätzung möglich als die hier vorgelegte. Das hat unterschiedliche Gründe: *Einmal* sind bestimmte Bereiche sehr komplex, z.B. die Linguistische Auslegung. Ich mußte aus der großen Zahl unterschiedlicher Arbeitsfelder und Methoden auswählen, was mir für den Zweck erfahrungsbezogener Auslegung dienlich erschien. – *Andere Konzepte* sind noch sehr im Fluß, umstritten, in sich widersprüchlich, z.B. die Tiefenpsychologische Auslegung oder die Feministische Interpretation; auch hier mußte ich eine eigene Auswahl und Gewichtung vornehmen. – *Schließlich* gibt es hermeneutische Ansätze, die kein klar beschriebenes Methoden-Ensemble vorgelegt haben wie beispielsweise die Existentiale Auslegung; hier mußte ich versuchen, anhand der Literatur solche Methodenbeschreibungen zu entwerfen.

Die Abfolge der 13 Kapitel orientiert sich an den beiden Grundrichtungen der hermeneutischen Arbeit, die mit den Begriffen »diachron« und »synchron« umschrieben werden. Als »diachron« werden Auslegungswege bezeichnet, die von der zeitlichen Differenz zwischen Text und Gegenwart ausgehen, den Text also in seinen historischen Zusammenhängen auslegen; »synchron« werden solche hermeneutischen Konzepte genannt, die die zeitliche Differenz außer acht lassen und sich von einer unmittelbaren Beziehung des heutigen Lesers zum Text leiten lassen. – Nur die wenigsten Ansätze lassen sich ganz eindeutig einem der beiden Wege zuordnen; unter diesem Vorbehalt ist folgende Aufteilung sinnvoll:

Eher den *diachronen* Weg gehen:	Eher dem *synchronen* Weg sind zuzuordnen:
1. Historisch-Kritische Auslegung;	2. Existentiale Auslegung;
6. Ursprungsgeschichtliche Auslegung;	3. Linguistische Auslegung;
7. Materialistische Auslegung;	4. Tiefenpsychologische Auslegung;
8. Feministische Auslegung;	5. Interaktionale Auslegung;
10. Intertextuelle Auslegung;	9. Auslegung der Relectura;
11. Wirkungsgeschichtliche Auslegung.	12. Auslegung durch Verfremdung;
	13. Jüdische Auslegung.

Die Darstellung der Konzepte setzt mit der Historisch-Kritischen Methode ein, die am Anfang der neuzeitlichen Exegese biblischer Texte steht. Sachlogische Gründe hätten nahegelegt, mit den diachronen Ansätzen fortzufahren; aber die forschungsgeschichtliche Entwicklung spricht dafür, mit der Existentialen Auslegung weiterzugehen, die in zeitlicher und sachlicher Folge zur Historischen Exegese entstand. Der weitere Gang der Darstellung orientiert sich dann mehr an der Systematik der sychronen bzw. diachronen Wege.

Bei aller Sorgfalt, die ich auf die möglichst genaue und plausible Darstellung der Methoden und die Deutlichkeit der Argumentation verwenden will, darf nicht vergessen werden, daß der biblische Text letztlich unverfügbar bleibt, seine Fremdheit und sein Geheimnis wohl zu wahren weiß. Darum sollen einige Sätze von John Steinbeck aus seinem großen Kain-und-Abel-Roman »Jenseits von Eden« diesem Teil als Wahlspruch voranstehen:

> Samuel klappte fast müde den lockeren Deckel des Buches zu. »Da ist es,«
> sagte er, »sechzehn Verse, mehr nicht. Aber, o Gott! Ich hatte vergessen, wie
> entsetzlich es ist … nicht eine Silbe der Ermutigung. Vielleicht hat Liza recht.
> Da gibt es nichts zu verstehen«.
> (Jenseits von Eden, S. 259).

Kapitel 1
Historisch-Kritische Auslegung

1 Optionen

Die am häufigsten verwendete Interpretationsmethode wird als »Historisch-Kritische Exegese« bezeichnet.

Sie gilt als Basis aller anderen Verfahren; das zeigt sich in diesem Band u.a. daran, daß die einzelnen Kapitel immer wieder auf die Methoden und Ergebnisse dieser Grundlagen zurückgreifen. Ich habe mich darum bemüht, sie möglichst vollständig und verständlich zu beschreiben; das hat den ziemlich großen Umfang dieses Kapitels zur Folge. Dem Leser wird daher ein wenig Geduld und Standhaftigkeit abverlangt; zur weiterführenden Information wird empfohlen: Steck, 1989; Conzelmann/Lindemann, 1988; Egger, 1987; Fohrer, 1976; Stenger, 1987. Einige grundlegende Überlegungen zur Bedeutung und Ausrichtung der Historisch-Kritischen Auslegung habe ich in Teil 5 dieses Kapitels zusammengestellt.

Eine allererste Klärung des Begriffs: »Historisch-Kritisch« bezeichnet einen Zugriff auf biblische Texte, der sie als Dokumente der Geschichte versteht und sie mit den Methoden kritisch untersucht, die auch von anderen Wissenschaften verwendet werden, die sich mit dem Verstehen geschichtlicher Texte beschäftigen. Die Vorentscheidungen und Optionen, die sich mit diesem Verstehensansatz verbinden, erschließen sich am besten aus einem kurzen Rückblick auf seine Geschichte. Die komplexen Ursachen und verzweigten Entwicklungen können hier allerdings nur knapp skizziert werden (für das AT vgl. vor allem Kraus, 1969; für das NT: Kümmel, 1970).

Eine wichtige Wurzel für die Historisch-Kritische Erforschung der Bibel liegt sicher im Schriftverständnis der *Reformatoren*. Sie befreiten die Frage nach der christlichen Wahrheit von der Überfremdung durch die kirchliche Tradition und die Autorität des Lehramts und ließen nur noch das Zeugnis der Schrift gelten. Das löste eine intensive Beschäftigung mit Sprache und Geschichte aus; denn nach ihrer Überzeugung erschloß sich der Sinn der Schrift als Frage nach ihrem sprachlichen und geschichtlichen Gehalt (»sensus grammaticus et historicus«).

Bereits hier zeigten sich die Grundzüge »Historisch-Kritischer« Auslegung: »Historisch« war dies Verständnis, weil es sich auf die Erkenntnis des geschichtlichen

Weges Gottes mit seinem Volk ausrichtete, »kritisch« war es gegen den Anspruch menschlicher Autorität, die sich vor und über die Autorität der Schrift stellte. Rund 250 Jahre dauerte es, bis ein neues Kapitel der Hermeneutik aufgeschlagen wurde. Eine *erste Phase* war die *Aufklärung*. Hier machte sich die kritische Vernunft frei von kirchlich-dogmatischer Bevormundung, bestimmte ihre eigenen Denk-Gesetze und ließ nur noch gelten, was dem Anspruch der aufgeklärten Vernunft standhalten konnte. Sie allein war in der Lage, die ewig gültigen Vernunft-Wahrheiten festzustellen und zu begründen. Diesem Anspruch mußte sich nun auch die Bibel stellen: Konnten überzeitliche Wahrheitssätze aus den Überlieferungen aus der Geschichte Israels und des Urchristentums gewonnen werden? Lessing beantwortete diese Frage mit seiner berühmten Formel: »Zufällige Geschichtswahrheiten können der Beweis von nothwendigen Vernunftswahrheiten nie werden« (»Beweis des Geistes und der Kraft«, 1777). Die »zufälligen Geschichtswahrheiten«, wie die Bibel sie überliefert, konnten nur noch Geltung beanspruchen als eine frühe Stufe in dem Erziehungs-Prozeß, in dem Gott die Menschen zu voller Erkenntnis führt, eine Stufe, in der er sich dem schwach entwickelten Denkvermögen der Menschen anpaßt. Diese Prinzipien der Entwicklung und der Akkomodation stuften die biblischen Texte als Dokumente einer schon überwundenen Epoche in der Entwicklung des Menschengeschlechts herab.

In einer *zweiten Phase* kam es zum Protest gegen den Versuch, die Offenbarung in die Form übergeschichtlicher Vernunftwahrheiten zu pressen und sie damit letztlich verfügbar zu machen. Dieser im ausgehenden 18. Jahrhundert einsetzende Protest – als wichtige Vertreter können wir Herder und Schleiermacher nennen – betrachtete die Geschichte nicht als etwas, was die Wahrheit verdunkelt, sondern als den eigentlichen Nährboden für die Selbstentfaltung des Geistes und damit einhergehend des religiösen Bewußtseins. Diesen Prozeß muß die Wissenschaft nachzeichnen und für die Entwicklung des religiösen Bewußtseins der eigenen Gegenwart fruchtbar machen.

Gänzlichen Verzicht auf geschichtsphilosophische Spekulation und Neubestimmung der historischen Arbeit als reine Tatsachenforschung kennzeichnen die *dritte Phase* der Entwicklung; wissenschaftsgeschichtlich wird dieser Ansatz auch als *Historismus* oder Historischer Positivismus charakterisiert.

Zweifellos hat hier eine Übernahme des damals beherrschenden wissenschaftlichen Denkmodells der Naturwissenschaften stattgefunden: Wenn wissenschaftliche Forschung alle ihr fremden Voraussetzungen wie dogmatische Bindungen, Vorurteile usw. ausklammert und methodisch exakt vorgeht, kommt sie zu objektiv gesicherten Ergebnissen. Die Übernahme dieses Ansatzes in die Geisteswissenschaften und die Theologie sicherte zwar ihren Anspruch auf Wissenschaftlichkeit (im Rahmen der damaligen Normen) und löste auch einen gewaltigen Energieschub für die exegetische Arbeit aus, aber die Bibelwissenschaft hatte auch einen hohen Preis zu zahlen, indem sie die Prinzipien des Historismus zu ihren eigenen machte. In seinem berühmten Aufsatz »Über historische und dogmatische Methode in der Theologie«

hat Ernst Troeltsch am Ende des 19. Jahrhunderts diese Prinzipien formuliert (Troeltsch, 1898):

– *Kritik:* Die biblische Überlieferung ist mit den gleichen kritischen Methoden zu bearbeiten und nach den gleichen Maßstäben zu beurteilen wie jedes andere geschichtliche Dokument auch.

– *Analogie:* Alles Geschehen läuft nach analogen Gesetzen ab: »Die Analogie des vor unseren Augen Geschehenden und in uns sich Begebenden ist der Schlüssel zur Kritik. Die Übereinstimmung mit normalen, gewöhnlich oder doch mehrfach bezeugten Vorgangsweisen und Zuständen, wie wir sie kennen, ist das Kennzeichen der Wahrscheinlichkeit für die Vorgänge, die die Kritik als wirklich geschehen anerkennen oder übriglassen kann.« Dies bedeutet keine Einebnung der historischen Komplexität, setzt aber doch in allem »einen Kern gemeinsamer Gleichartigkeit «voraus(108).

– *Kausalität und Korrelation:* Alle Erscheinungen und Ereignisse stehen in einem dichten Geflecht vielfältiger gegenseitiger Abhängigkeiten (Korrelation); zwar wird man diese nicht im Sinne strenger naturwissenschaftlich definierter Kausalität verstehen können; aber es gilt doch: Es kann »keine Veränderung an einem Punkte eintreten, ohne vorausgegangene und folgende Änderung an einem anderen, so daß alles Geschehen in einem beständigen korrelativen Zusammenhange steht und notwendig einen Fluß bilden muß, indem alles und jedes zusammenhängt und jeder Vorgang in Relation zu anderen steht« (108f).

– *Immanenz:* Die bisher genannten Grundsätze schließen ein, daß die Geschichte nach immanenten Gesetzen verläuft und eine historische und kritische Interpretation der Vorstellung eines unmittelbar in diese Geschichte hineinwirkenden göttlichen Wesens keinen Raum läßt.

Natürlich löste dies Konzept heftige Kontroversen aus, weil es tief in das gewohnte Verhältnis zu biblischen Texten einschnitt; Troeltsch selbst hatte erkannt: »Es liegt auf der Hand, daß mit der Anwendung historischer Kritik auf die religiöse Überlieferung die innere Stellung zu ihr und ihre Auffassung tiefgreifend verändert werden mußte und tatsächlich auch verändert worden ist« (107). Vor allem konnte die Autorität der Bibel nicht länger im vornhinein postuliert werden, sondern mußte sich in Auseinandersetzung mit anderen Dokumenten erweisen; dies Problem wurde seinerzeit unter dem Stichwort »Relativierung der Bibel« diskutiert.

Tatsächlich hat die Anwendung historischer Methoden auf die Bibelinterpretation die Möglichkeiten sachlichen und genauen Verstehens so kräftig verstärkt und nachhaltig erweitert, daß bis heute die wissenschaftliche Erforschung des Alten und Neuen Testaments ohne die Anwendung der Historisch-Kritischen Exegese nicht mehr denkbar ist. Selbstverständlich ist die Diskussion über die Bedeutung und Reichweite der Historisch-Kritischen Auslegung nicht bei der Historismus-Debatte stehengeblieben; die Frage nach der historischen Stimmigkeit der Fakten steht nicht mehr so im Zentrum.

Zusammenfassend:
1. Die Historisch-Kritische Auslegung setzt sich zum Ziel, einen Bibeltext geschichtlich zu verstehen.

Sie untersucht:
– die historische Stimmigkeit der berichteten Ereignisse;
– die historischen Bedingungen der Entstehung des Textes;
– die historischen Entwicklungen, die ein Text durchlaufen hat;
– die Bedeutung, die der Text in der geschichtlichen Situation hatte.

2. Die Historisch-Kritische Auslegung stützt sich auf kritische Prinzipien und Methoden.
– Sie versucht, den Auslegungsprozeß von Vor-Urteilen und dogmatischen Voraus-Setzungen freizuhalten;
– sie wendet die Erklärungsmethoden an, die sich auch in nicht-theologischen historischen und philologischen Wissenschaften bewährt haben;
– sie geht davon aus, daß historische Erkenntnisse nicht endgültig, sondern prinzipiell revidierbar sind.

Diese Hinweise lassen schon erkennen, daß die Historisch-Kritische Auslegung nicht alle Fragen im Zusammenhang mit dem Verstehen eines Textes beantworten kann. Nach der Darstellung der Methoden und der Erarbeitung der beiden Textbeispiele ist darum die Funktion und Reichweite dieses Ansatzes noch einmal zu diskutieren.

Die Historisch-Kritische Interpretation baut sich aus einer Anzahl methodischer Schritte auf, die im Lauf der Wissenschaftsgeschichte entwickelt wurden. Die Abgrenzung und Reihenfolge dieser Schritte ist heute durchaus nicht unumstritten. Aus praktischen Gründen schließe ich mich im großen und ganzen dem von Fohrer vorgeschlagenen Arbeitsgang an (Fohrer 1976).

2 Methoden

Vorbemerkung

In den folgenden Abschnitten wird häufig von »Kritik« die Rede sein: Textkritik, Literarkritik, Redaktionskritik usw. Dieser Sprachgebrauch geht auf das griechische Verb ›krinein‹ (»unterscheiden«) zurück und deutet an, daß es bei den folgenden Arbeitsgängen der Auslegung darum geht, durch geeignete Methoden verschiedene Versionen von Texten herauszuarbeiten und zu erklären.

Vor der Erläuterung der einzelnen Arbeitsschritte stelle ich sie in einem Übersichtsschema zusammen, vgl.S. 46f.

2.1 Textkritik

Die Textkritik gehört zu den ältesten kritischen Methoden der Textanalyse. Sie bezeichnet den Versuch, einen Text zu sichern, der der ursprünglichen Textgestalt möglichst genau entspricht. Das ist keine leichte Aufgabe, denn das Material ist ebenso reichhaltig wie diffus.

Vom hebräischen Urtext des Alten Testaments (Ausnahmen: aramäische Texte in Dan 2,4b-7,28; und Esra 4,8-6,16; Esra 7,12-26) existiert eine große Zahl von Handschriften; die älteste stammt etwa aus der Mitte des 2. vorchristlichen Jahrhunderts (Handschriftenfunde von Qumran), die jüngste aus dem 14. Jahrhundert. Ähnlich ist die Situation im Blick auf das Neue Testament. Die ältesten zusammenhängenden Kodices stammen aus dem 4. Jahrhundert. Bis ins 15. Jahrhundert entstand eine Fülle von Handschriften; erst 1516 wurde das erste Neue Testament gedruckt.

Es ist also mit einem sehr langen Prozeß der handschriftlichen Weitergabe des Alten und Neuen Testaments zu rechnen. Wie ein Vergleich der Handschriften aus den verschiedenen Jahrhunderten belegt, ist der Umfang von substantiellen Veränderungen erstaunlich gering. Dennoch ist es natürlich in diesem langen Zeitraum zu zahlreichen Abweichungen gekommen. Die Gründe dafür sind schnell genannt: Einmal handelt es sich um *Versehen,* Hör- bzw. Abschreibfehler. Daneben haben wir auch mit *absichtlichen* Änderungen der Vorlage zu rechnen: Versuch der Glättung einer Vorlage, Einfügung erklärender und verdeutlichender Glossen, Beseitigung von anstößigen Ausdrücken.

Die Verfahren, den Weg eines Textes durch seine Geschichte zu rekonstruieren, um möglichst an seine Urgestalt heranzukommen, sind oftmals äußerst kompliziert. Vier Kriterien werden meist herangezogen, wenn es darum geht, zwischen mehreren Lesarten zu unterscheiden, welche die ältere sei:

- Das Kriterium der *besten Bezeugung:* Die textkritische Forschung hält in der Regel die Textfassung für die älteste, die in den meisten und wichtigsten Handschriften angeboten wird.
- Das Kriterium der *kürzeren Lesart:* Man kann davon ausgehen, daß ein Schreiber in der Regel eher Zusätze vorgenommen als Streichungen durchgeführt hat.
- Das Kriterium der *schwierigeren Lesart:* Meistens geht man davon aus, die schwierigere Version sei die ältere, weil ein Schreiber vermutlich eher eine komplizierte Formulierung vereinfacht als eine einfach verkompliziert.
- Das Kriterium des *Zusammenhangs:* Die für ursprünglich gehaltene Textversion muß sich plausibel in den Sinnzusammenhang des übrigen Textes fügen, und es muß auch einleuchtend gezeigt werden können, daß und wie die anderen Lesarten durch Änderungen der ersten entstanden sein könnten.

Der Bibelleser, der sich nicht durch Studium der Urtextausgaben ein eigenes Bild machen kann, bleibt auf eine möglichst textgetreue Übersetzung angewiesen. Neben den durchweg sehr genauen Übersetzungen, die die meisten Kommentare

Historisch-Kritische Interpretation

Methoden

2.1 Textkritik   **2.2 Entstehungsgeschichte des Textes**

Versuch, die ur-
sprüngliche Lesart
eines Textes zu
sichern

Versuch, die Vorgeschichte eines Textes zu rekonstruieren

Methoden:

Untersuchung auf:
- beste Bezeugung;
- kürzeste Lesart;
- schwierigste
  Lesart;
- Zusammenhang.

·a) Literarkritik

Beobachtung von Unstimmigkeiten im
Text

**b) Überliefe-
rungskritik**

Versuch, das vor-
schriftliche Sta-
dium des Textes zu
klären

**c) Quellen- und
Redaktions-
kritik**

Versuch, verschie-
dene Phasen der
Verschriftlichung
zu unterscheiden
und zu klären

1) Kontextkritik

Beobachtungen zur
Abgrenzung des
Textes

2) Kohärenzkritik

Beobachtungen
zur inneren Ge-
schlossenheit
und Stimmigkeit
des Textes

Methoden:

Untersuchung auf:
- ätiologische Ele-
  mente;
- Differenz zwi-
  schen »berichte-
  ter Zeit« und
  »Berichtszeit«
  . . .

Methoden:
- Untersuchung der
  Vorlagen
- Erfassung der Ar-
  beit der Textpro-
  duzenten
  . . .

Anwendung auf:

- Einzeltexte
- Komposition
  größerer Text-
  einheiten

Methoden:

Untersuchung auf:
- Bezug zu voraus-
  gehendem bzw.
  folgendem Text
- Bezugnahme auf
  bereits Darge-
  stelltes
- Voraussetzung
  des Textes für
  spätere Texte

Methoden:

Untersuchung auf:
- inhaltliche Un-
  stimmigkeiten
- stilistische Un-
  stimmigkeiten
- Brüche in der
  Textstruktur
- Wechsel in der
  Wortwahl
- Änderung der
  Namen . . .

Diese Beobachtungen aus vielen Texten
ergeben das Profil einer größeren Einheit
(Quellenschrift, Evangelium, . . .)

biblischer Texte

2.3 Formales und inhaltliches Vorgaben-Repertoire des Textes

Versuch, allgemeine sprachlich-formale und inhaltliche Muster zu bestimmen, die ein Textproduzent verwendet hat

a) Form- und Gattungskritik

Versuch, formale Merkmale eines Einzeltextes zu bestimmen und ihn dadurch einer literarischen Gattung zuzuweisen

Methoden:
Formkritik:

- Erstellung einer Gliederung
- Bestimmung des Formrepertoires
- Untersuchung der Sprachebene

Gattungskritik:

- Bestimmung der Merkmale (Inhalt, Form, Intention, Sitz im Leben)
- Zuweisung zur Gattung

b) Traditionskritik

Versuch, inhaltliche Vorprägungen des Textes zu identifizieren

Methoden:
Bestimmung von vorgeprägten
- Bildern
- Themen
- Vorstellungen
- Motiven
- Schemata

2.4 Bestimmung des historischen Orts

Versuch, einen Text in eine bestimmte historische Situation einzuordnen

Methoden:
- Verknüpfung mit historischen Ereignissen
- Identifizierung von gesellschaftlichen bzw. kulturellen Verhältnissen
- Beziehung zu anderen, bereits datierten Texten
- Einordnung in die Geschichte einer Gattung bzw. einer Vorstellung

2.5 Klärung von Einzelaspekten

Versuch, durch die Klärung weiterer Einzelaspekte das Verständnis des Textes zu vertiefen

a) Begriffe

Methoden:
- philologische
- inhaltliche Erschließung von wichtigen Begriffen

b) Sachfragen

Methoden:
Klärung von Sachproblemen (Personen, Orten, Handlungen; Namen...)

2.6 Deutende Zusammenfassung der Ergebnisse der Exegese (»Historische Sinnbestimmung«)

Versuch, die bisherigen Arbeitsergebnisse theologisch zu interpretieren

a) Bestimmung der grundlegenden inhaltlichen Aussagen
b) Bestimmung der Intention des Textes

zum Alten und Neuen Testament mit wissenschaftlichem Anspruch anbieten, wird man in der Regel zur »Einheitsübersetzung« greifen, vielleicht in der Verbindung mit der »Neuen Jerusalemer Bibel« (1985), die neben vielen Sacherklärungen und theologischen Interpretationen auch manche Hinweise zur Textkritik gibt.

2.2 Entstehungsgeschichte des Textes

Die meisten Texte der Bibel sind nicht als Werk eines Autors sozusagen in einem Guß geschrieben worden; in der Regel wird man davon ausgehen müssen, daß biblische Texte in einem mehr oder weniger langen Prozeß entstanden sind, an dem mehrere »Autoren« beteiligt waren. Viele Texte schließen also in sich eine geschichtliche Entwicklung ein; dies wird auch als innertextliche Diachronie bezeichnet.

Ihre Untersuchung erfordert mehrere Arbeitsgänge. Ich benenne zunächst ihre Aufgabenstellungen und erläutere sie in den folgenden Abschnitten. (Die verwendete Begrifflichkeit für die einzelnen methodischen Gänge ist in der exegetischen Literatur keineswegs einheitlich; teilweise werden ganz unterschiedliche Bezeichnungen für die gleiche Arbeit gebraucht; ich habe mich für eine bestimmte Terminologie entscheiden, die ich durchgehend in diesem Buch verwende; gelegentlich grenze ich sie gegen andere Begriffe bzw. Definitionen ab.)

Die *Literarkritik* untersucht gleichsam mit dem Mikroskop die Oberfläche von Texten auf feine Haarrisse und Bruchstellen; dabei kommt sie zu dem Ergebnis, daß viele Texte keineswegs aus einem Guß sind, sondern offenbar aus mehreren Teilstücken zusammengesetzt wurden.

Die Erklärung dieser Beobachtungen leistet nicht mehr die Literarkritik; es kommen andere Methoden zur Anwendung, die versuchen, von der Oberfläche in die Tiefe der Texte vorzudringen, wie mit Hilfe einer Röntgenaufnahme die Konturen der festgestellten Teilstücke zu identifizieren und vielleicht auch den Prozeß des Zusammenfügens dieser Teilstücke aufzuhellen.

Das geschieht in zwei Schritten.

In einem ersten Schritt wird untersucht, welche *mündlichen Vorlagen* der Text benutzt haben könnte. Die Historisch-kritische Analyse geht davon aus, daß der schriftlichen Fixierung eines Textes oft ein längeres Stadium mündlicher Überlieferung vorausging; häufig schimmern solche frühen Erzähl-Versionen noch als umrißhafte Schemen durch die Oberfläche des schriftlichen Textes hindurch. Diese Untersuchungen im vor-literarischen Bereich der Geschichte eines Textes werden als *Überlieferungskritik* bezeichnet.

Die Untersuchung der Vorgeschichte eines Textes fragt aber auch nach möglichen schriftlichen Vorstufen. Hier müssen wir noch einmal differenzieren: Die *Quellenkritik* untersucht die schriftlichen Vorlagen, auf die sich ein biblischer »Autor« bei der Abfassung seines Werks stützte. Wichtige Arbeitsfelder sind die Erforschung der Quellen des Pentateuch und der synoptischen Evangelien. – Die Tätigkeit der biblischen Textproduzenten bestand oft in der Sammlung, Komposition und Bearbeitung vorgegebenen mündlichen und schriftlichen Materials. Darum werden sie meistens als »Redaktoren« bezeichnet. Die Untersuchung ihrer Eigenart, ihres Anteils an der Abfassung der fertigen Texte usw. wird als *Redaktionskritik* bezeichnet. – Gehen wir nun die einzelnen Schritte durch!

a. Literarkritik

Die Literarkritik gehört forschungsgeschichtlich zum Grundbestand der Historisch-Kritischen Arbeit; sie untersucht einen Text auf Einheitlichkeit und Stimmigkeit. Am Anfang der Forschungsgeschichte standen Beobachtungen zum uneinheitlichen Charakter der Bücher des Pentateuch. Rekonstruktionen der Entstehungsgeschichte des Pentateuch führten schließlich zur Hypothese von vier Quellenschriften, die in den nächsten Abschnitten noch weiter beschrieben werden.
Im praktischen Arbeitsgang der Exegese geht die Literarkritik heute zwei Fragen nach:
Wie kann eine Texteinheit abgegrenzt werden? (Beginn und Ende eines Textes: *Kontextkritik*);
Ist der Text eine Einheit? Gegen die Einheitlichkeit *(Kohärenz)* eines Textes sprechen u.a.:
– Auffällige Doppelungen oder Wiederholungen;
– deutliche Widersprüche oder Spannungen;
– Brüche im Satzbau und/oder Handlungsverlauf;
– unterschiedlicher Sprachgebrauch;
– unverkennbare inhaltliche Widersprüche.
(Vgl. u.a. Strecker/Schnelle, 1983, S. 41.) Mit dem Urteil über die Abgrenzung und Einheitlichkeit (Kontext- und Kohärenzkritik) eines Textes hat die Literarkritik ihre Arbeit geleistet.
(Das Verständnis der Literarkritik, wie es dieser Darstellung zugrundeliegt, ist ziemlich eng gefaßt; andere Autoren untersuchen in diesem Arbeitsfeld bereits Fragen nach den Quellen, deren Abgrenzung und Charakterisierung. Im Interesse der methodischen Klarheit ziehe ich diese enge Definition vor; so auch z.B. Stenger, 1987, S. 65 ff.)

b. Überlieferungskritik

In diesem Auslegungsschritt versucht die Exegese, die Entwicklung des vorliegenden Textes im Stadium der mündlichen Überlieferung zu klären. Das scheint auf den ersten Blick außerordentlich schwierig zu sein, kann aber doch zu begründeten Vermutungen führen. Diese Rekonstruktionsarbeit ist durchaus nicht auf Texte der Bibel oder der Antike beschränkt, wie man aufgrund der oft im Dunkel verschwimmenden geschichtlichen Zusammenhänge vermuten könnte. Dies belegt das folgende Beispiel: Jeder weiß, daß sich Goethe bei der Abfassung des »Faust«

auf mündliche Überlieferungen stützte, die bis ins 15. Jahrhundert zurückgehen. Dies Beispiel zeigt nicht nur die Notwendigkeit überlieferungskritischer Arbeit auch im Bereich der Neuzeit, sondern deutet gleichzeitig die Funktion dieser Methode an: Es geht ja weder darum, die Zweitklassigkeit aller älteren Gestaltungsversuche im Vergleich mit Goethes Meisterwerk zu belegen, noch darum, Goethe eine Abhängigkeit von älteren Vorlagen anzukreiden; das Interesse ist vielmehr, Überlieferungsvorgänge sichtbar zu machen und das spezifische, einmalige Profil des Textes auf der Folie seiner Vorgeschichte herauszuarbeiten. So verhält es sich auch mit der Überlieferungskritik an biblischen Texten.

Das Interesse ist, die ursprünglich als selbständige Einheiten umlaufenden Texte in ihrer vermutlich ältesten Fassung zu rekonstruieren und mutmaßliche Stationen ihrer mündlichen Weitergabe zu erfassen.

Die überlieferungskritische Analyse fragt beispielsweise danach, welche Ur-Fassung eine Sage der Genesis einmal gehabt hatte, wie und unter welchen Bedingungen sie sich verändert haben könnte. Oder sie stellt Vermutungen darüber an, welche Form und Intention ein neutestamentliches Gleichnis wohl ursprünglich hatte und in welcher Weise und mit welcher Absicht neue Versionen entstanden.

Wie geht nun die Überlieferungskritik methodisch vor?

Ausgangspunkt ist die Analyse und die Interpretation ihrer Ergebnisse: Wie lassen sich die dort ermittelten Spannungen im Text überlieferungskritisch interpretieren? Bei dieser Analyse sind folgende Fragen von Nutzen:

– (Für Sagen des Alten Testaments:) *Enthält der Text ätiologische Elemente?*
  Die Ätiologie gehört zu den wichtigsten Merkmalen der Sagen; darum ist eine kurze Erklärung angezeigt: Eine Ätiologie ist eine Erzählung, die einen Sachverhalt aus der Gegenwart des Erzählers mit einem Ereignis der Vergangenheit erklären will. Das Alte Testament enthält zahllose solcher ätiologischer Sagen. Einige Beispiele: »Warum gibt es eine Kultstätte in Bethel?« (»Weil dem Erzvater Jakob dort im Traum die Gottesboten erschienen«: Gen 35,7) – »Warum ist die Landschaft am Toten Meer so wüst?« (»Weil sich die neugierige Frau Lots dort umdrehte und zur Salzsäule erstarrte«: Gen 19). Oft kann man eine Ätiologie an charakteristischen Formeln erkennen, vor allem am Schlußsatz: »…bis zum heutigen Tag« (z.B. Jos 4,9) oder an der Weitergabeformel »Wenn eure Kinder künftig fragen werden…« (z.B. Ex 13,14ff u.ö.) Aber auch ohne diese deutlichen Merkmale lassen sich viele ätiologische Züge in alttestamentlichen Texten erkennen. Sie sind meist ein klares Indiz dafür, daß ein Text eine längere vorliterarische Geschichte hatte; denn in der Regel haften solche Ätiologien zunächst an bestimmten Orten und Erscheinungen und werden erst sekundär mit bekannten Personen in Verbindung gebracht, wie es in den biblischen Texten der Fall ist.
– *Welche Schlüsse lassen sich aus dem Alter des Textes ziehen?*
  Oft ist erkennbar der Zeitraum zwischen den dargestellten Ereignissen (»berichteter Zeit«) und der Abfassung des Textes (»Berichtzeit«) so groß, daß eine mündliche Vorgeschichte vorauszusetzen ist.

Dies ist vor allem für den ganzen Pentateuch anzunehmen, dessen erste schriftliche Quelle der Jahwist im 11. Jahrhundert ist.

Aber auch im Blick auf die Evangelien des Neuen Testaments kommt dies Kriterium zum Zug; denn zwischen »berichteter Zeit« (um 30 n.Chr.) und »Berichtszeit« (frühester Termin für die Abfassung eines schriftlichen Evangeliums ca. 70 n.Chr.) ist so viel Zeit verstrichen, daß eine jahrzehntelange mündliche Überlieferung anzunehmen ist, in der die ursprünglichen Texte verändert wurden. – In der Regel geht man davon aus, daß anfänglich kurze Texte formuliert und erst im Verlauf ihrer Geschichte ausgestaltet, differenziert und entfaltet wurden (vgl. Egger, 1987, S. 170 ff).

Lassen sich bestimmte Abschnitte oder Züge des Textes »aus theologischen, historischen, sprachlichen oder religionsgeschichtlichen Gründen einer bestimmten Überlieferungsstufe zuordnen?« (Steck, 1989, S. 68)

c. Quellen- und Redaktionskritik

Die *Quellenkritik* untersucht, ob ein Text wohl eine größere, zusammenhängende (schriftliche) Quelle benutzt hat.

Diese Analyse gehört zu den klassischen Arbeitsfeldern der Historisch-Kritischen Exegese.

Als Pionier der quellenkritischen Erforschung der fünf Mosebücher gilt de Wette (1780-1849 – vgl. Kraus, 1969, S. 160ff). Die intensiven Bemühungen um die Rekonstruktion der Entstehungsgeschichte des *Pentateuch* führten schließlich zur Hypothese der vier Quellenschriften, aus denen sich dieser Teil des Alten Testaments zusammensetzt: Jahwist (Siglum: J) – Elohist (E) – Deuteronomiker (D) – Priesterschrift (P).

Die quellenkritische Untersuchung der *Prophetenbücher* zeigt, daß wir es hier durchweg nicht mit dem schriftstellerischen Werk einzelner prophetischer Autoren zu tun haben, sondern daß uns Sammlungen oder Teilsammlungen vorliegen, die auf verschiedenen Quellen fußen und sich nur begrenzt auf die Propheten selbst zurückführen lassen.

Die quellenkritische Erforschung des *Neuen Testaments* setzte ebenfalls im 18. Jahrhundert ein. Wichtige Arbeitsfelder waren die *synoptischen Evangelien* und die Briefe. Zur Erklärung des Verhältnisses der ersten drei Evangelien und ihrer Quellen wurden zahlreiche Hypothesen entwickelt; am Ende setzte sich die »Zweiquellen-Theorie« durch: Markus (oder eine Vorstufe seiner Schrift) lag als ältestes Evangelium Matthäus und Lukas vor und wurde von ihnen als Quelle benutzt; als zweite Quelle für Matthäus und Lukas wird eine Reden- (»Logien«-) Quelle (Q) angenommen; schließlich finden sich bei allen Synoptikern Stücke, die nur in einem Evangelium vorkommen; man bezeichnet sie als Sondergut. Der synoptische Vergleich bietet unter quellenkritischem Aspekt einen Einblick in die Entstehungsgeschichte der drei ersten Evangelien, zeigt Abhängigkeiten und läßt das spezifische Profil der einzelnen Bücher deutlicher hervortreten.

Bei der Untersuchung der *Briefe des Neuen Testaments* zeigte sich, daß die als paulinisch bezeichneten Schriften nur zum Teil auf den Apostel selbst zurückgehen; und auch die »echten« Paulusbriefe sind teilweise aus mehreren ursprünglich selbständigen Episteln zusammengefügt.

Die Quellenkritik ist besonders einleuchtend und reizvoll bei den Pentateuch-Quellen durchzuführen. Ein bekanntes Beispiel ist der Vergleich von J und P bei den Schöpfungstexten Gen 1 und 2: Die charakteristischen Merkmale sind deutlich zu erkennen, die theologischen Leitlinien klar zu bestimmen, Rückschlüsse auf die Bedingungen der Textproduktion verhältnismäßig eindeutig möglich. (Bei *J:* Das Paradies als Garten; Erschaffung des Menschen aus Staub; Schwerpunkt: »Bebauen und Bewahren«. Zusammenhang mit Gen 3 und 4: Der Mensch entzieht sich Gott und verspielt damit den guten Lebensraum. Entstehung in der frühen Königszeit mit Tendenzen zur menschlichen Selbstüberschätzung und Entleerung des Glaubens; Funktion des Textes: Mahnrede. – Bei *P:* Universalität der Schöpfung; Betonung der Macht Gottes. Entstehung im babylonischen Exil mit der Erfahrung der Übermacht der babylonischen Götter; Funktion des Textes: Ermutigung durch Bezeugung von Jahwes Überlegenheit. – Vgl. auch die Anmerkungen zur Eigenart von J und P auf S. 54 in diesem Kapitel.)

Auf die spezifischen Methoden und Chancen einer Auslegung, die sich auf die Klärung der Lebensverhältnisse konzentriert, in denen ein Text (eine Quelle) entstanden ist, werde ich in Kapitel II.6 (Ursprungsgeschichtliche Auslegung) näher eingehen.

Die R*edaktionskritik* versucht, das Wachstum eines Textes von der ersten schriftlichen Fassung bis zu seiner Endgestalt zu rekonstruieren

Die *Redaktionskritik* eines Einzeltextes versucht, die – von der Literarkritik ermittelten – Spannungen und Brüche innerhalb einer Texteinheit auch als Bearbeitung seiner ersten schriftlichen Gestalt durch Erweiterungen, kommentierende Zusätze usw. zu interpretieren. Das ist natürlich nur möglich, wenn es gelungen ist, die »Erstverschriftlichung« einigermaßen sicher abzugrenzen und zeitlich zu orten. Erst dann können mögliche Zusätze identifiziert und zugeordnet werden.

Die Arbeitsfelder der redaktionskritischen Analyse sind im Alten und Neuen Testament durchaus unterschiedlich:

Im *Alten Testament* ist – im Hinblick auf das »klassische« Gebiet des Pentateuch – als Erstverschriftlichung die Arbeit der Quellenschriften anzunehmen. Die redaktionsgeschichtliche Analyse konzentriert sich auf die Quellenschriften sowie die deuteronomistische Überarbeitung in dem großen Komplex Dt bis 2Kön.

Im *Neuen Testament* dagegen ist davon auszugehen, daß die Erstverschriftlichung der Überlieferung in den »Quellen« »Markus« und »Q« vorgenommen wurde; die Arbeit der Evangelisten Matthäus und Lukas ist dann redaktionskritisch zu untersuchen.

Ein interessantes Beispiel ist die Ausgestaltung der »Seligpreisungen« bei Matthäus und Lukas.

Matthäus formuliert:

– »Selig sind die Armen im Geist, denn ihnen gehört das Himmelreich« (Mt 5, 3).

Bei Lukas heißt es:

– »Selig seid ihr Armen, denn euch gehört das Reich Gottes« (Lk 6,20).

Es spricht viel dafür, daß die kurze lukanische Version, die die Adressaten direkt anredet, die Quelle genauer aufbewahrt hat, während Matthäus stärker redigierte. Dieser Auslegungsschritt arbeitet das spezifische Profil einer Schrift klarer heraus; beispielsweise zeigt sich an den Seligpreisungen die Tendenz des Matthäusevangeliums zu lehrhafter Ausformung der Überlieferung: Aus der direkten Anrede wird ein Lehr-Satz.

Methodisch geht die quellen- und redaktionskritische Analyse eines Einzeltextes so vor, daß sie zunächst versucht, die Texteinheiten zu »isolieren«, sie aus dem Zusammenhang, in den sie eingebaut wurden, herauszulösen. Es ist also zu untersuchen, wie stark Ein und Ausleitungen eines Textes sich von dem vorausgehenden und dem folgenden Textmaterial abheben. Es ist zu prüfen, ob solche Ein- und Ausleitungen charakteristische Sprachmuster oder inhaltliche Auffassungen erkennen lassen; das Gleiche gilt für eingeschaltete Passagen, die das Berichtete kommentieren oder reflektieren.

Die quellen- und die redaktionskritische Analyse führt aber auch über die Untersuchung eines Einzeltextes hinaus; hier haben wir es vor allem mit der Sammlung, Bearbeitung und Zusammenfügung (»Komposition«) von überlieferten Texten zu Gesamtwerken zu tun. Auch die Komposition bietet dem Bearbeiter einer Quelle oder dem Redaktor einer Schrift ja erhebliche Möglichkeiten der gedanklichen Verarbeitung und Interpretation des Überkommenen; Beispiel: Matthäus notiert in einer zusammenfassenden Notiz am Ende des 4. Kapitels, Jesus sei lehrend und heilend durch ganz Galiläa gezogen (Mt 4, 23-25). Es folgen dann die großen Textkomplexe »Bergpredigt« (Mt 5-7) und »Wundererzählungen« (Mt 8-9). Mit dieser Kompositionstechnik vertritt Matthäus eine theologische These: Die Gottesherrschaft ereignet sich in Wort und Tat Jesu.

Die Untersuchung dieser Tätigkeiten bezeichnet man auch als *Kompositionskritik*; ebenso wie die Analyse eines Einzeltextes kann sie unter quellen- oder redaktionskritischem Aspekt vorgenommen werden.

So wird deutlich, wie die Bearbeiter der Überlieferung es durchaus verstanden, am Überkommenen festzuhalten und ihm dennoch ein spezifisches Profil zu geben. Diese Profilierung kann dann dazu führen, daß die überlieferten Stoffe und Texte nicht nur zu einer Quellenschrift zusammengefügt bzw. »redigiert«, sondern unter Umständen auch einer rigorosen Neu-Interpretation unter einer ganz anderen oder sogar konträren Perspektive unterworfen werden, wie beispielsweise die deuteronomistische Überarbeitung der Königs-Geschichten im Alten Testament.

Am Ende kann dann der Versuch unternommen werden, alle Beobachtungen an

Einzeltexten und an der Komposition zu einem sprachlichen und theologischen Profil eines Gesamtwerks zusammenzutragen.

Es ist zu fragen:
– Welche sprachlichen Eigentümlichkeiten sind zu erkennen?
– Welche theologischen Grundgedanken treten hervor?
– Welche Absichten lagen der Gestaltung möglicherweise zugrunde?
– Welche Funktion/Wirkung könnte der Text einmal wahrgenommen haben?
– Welche Personen bzw. Gruppen haben möglicherweise die Tradition getragen?
(Die drei letzten Fragen können vorerst nur hypothetisch angegangen werden, da die historische Einordnung der Quellen bzw. Texte erst in Abschnitt 2.5 vorgenommen wird.)

Vielleicht treten dann die Umrisse der Gestalt eines »Autors« oder einer Gruppe hervor, die ihr Werk gestalteten. So vermutet man beispielsweise begründet, daß der Jahwist in seiner Zeit als prophetischer Mahner auftrat, der Israel an seine Bestimmung erinnerte: Ein Segen sollte es sein (Gen 12,1-3) – und nicht eine imperialistische Nation, von ihren Opfern verflucht.

Oder wir können sehen, daß die Priesterschrift in der Zeit des babylonischen Exils als eine Ermutigungs- und Hoffnungspredigt konzipiert wurde.

Anhang: Der synoptische Vergleich

Der Vergleich der synoptischen Evangelien gehört – streng genommen – nicht mehr zum Arbeitsfeld der textgeschichtlichen Analyse; denn es liegt ja keine Abhängigkeit vor – außer bei der »Quelle« Markus, die sich textgeschichtlich interpretieren ließe. Dennoch ist der synoptische Vergleich auch für die Textgeschichte von Nutzen, da er das spezifische Profil der Evangelien deutlicher hervortreten läßt – darauf macht die quellen- und redaktionsgeschichtliche Untersuchung aufmerksam.

Die bisherigen Arbeitsschritte lassen sich in einer Schemazeichnung zusammenfassen (VL 1: Erstes vorliterarisches Stadium; S 1: Erste schriftliche Version des Textes; S-B 1: Erste Bearbeitung der schriftlichen Version; S-E: Endfassung des schriftlichen Textes).

Wachstum eines Bibeltextes						
Mündliche Textgeschichte			*Schriftliche Textgeschichte*			
Überlieferungs-Kritik untersucht:			Quellen- und Redaktions-Kritik untersucht:			
VL 1	**VL 2**	**VL...X**	**S 1**	**S-B 1**	**S-B 2**	**S E**

2.3 Formales und inhaltliches Vorgaben-Repertoire

Die bisher vorgestellten Untersuchungen zur Entstehungsgeschichte eines Bibeltextes haben gezeigt, daß der Text in seiner Endgestalt unter Umständen aus einer
langen Reihe verschiedener mündlicher und schriftlicher Vorstufen hervorging.
Im Blick auf die biblische Überlieferung ist aber noch mit einer ganz anderen Art
von Vorgaben zu rechnen, die dem einzelnen Tradenten oder Verfasser eines Textes
nicht als vor-formulierte »Quellen zur Hand waren, sondern die letztlich jedem
biblischen Autor als vorgeformte Sprachmuster oder als inhaltliche Muster wie
beispielsweise immer wiederkehrende Erzählmotive vorlagen. Man kann davon
ausgehen, daß die Texte des Alten und Neuen Testaments nicht einfach Ausdruck
des spontanen Gestaltungswillens des jeweiligen Textproduzenten sind, sondern
unter dem Einfluß von Gestaltungsmitteln entstanden, die jedem einzelnen Verfasser vorgegeben waren.
Diese Vorgaben zeigen sich, wie gesagt, als geprägte Sprache und als geprägte
Inhalte; ihre Erforschung wird durch die *Form- und Gattungskritik* bzw. die
Traditionskritik geleistet.
Wir müssen also unser Schema zur Erschließung biblischer Texte noch ergänzen:
Die Bestimmung der Geschichte eines Bibeltextes ist zu erweitern durch eine
Analyse der Vorgaben:

Wachstum eines Bibeltextes	
Überlieferungs- Kritik untersucht:	Quellen- und Redaktions- Kritik untersucht:
VL 1 VL2 VL X	S 1 S-B 1 S-B 2 S E

beeinflußt

Formales und inhaltliches Vorgaben-Repertoire des Textes	
Geprägte Sprache	**Geprägte Inhalte**
untersucht von: Form- und Gattungskritik	untersucht von: Traditions- kritik

a. Form- und Gattungskritik

Dieser Arbeitsgang der Exegese geht von der Beobachtung aus, daß in biblischer Zeit sprachliche Äußerungen an vorgeprägte Sprachmuster gebunden waren. Solche Vor-Prägungen gibt es auch noch in unserer Gegenwart: Jeder weiß beispielsweise, daß ein Geschäftsbrief eine andere Form wählt als ein Liebesbrief, der Bericht eines Konkursverwalters orientiert sich an einem anderen Gestaltungsmuster als eine Todesanzeige… Bestimmte Inhalte und Anlässe verbinden sich mit typischen Sprachformen.

In der Antike ist die Beziehung zwischen Form und Inhalt fast unlösbar; es gibt eine Vielzahl vorgeprägter sprachlicher Muster wie Sage, Gebot, Weisheitsspruch, Klagelied, Prophetenspruch usw. (vgl. vor allem Koch, 1964; Lohfink, 1983; Ohler, 1972f). Diese Muster bezeichnen wir als *Gattungen*. Sie sind an gemeinsamen, unverwechselbaren sprachlichen Merkmalen zu erkennen.

Um zu bestimmen, welcher dieser vorgegebenen Gattungen ein Bibeltext zuzuordnen ist, muß zuerst seine eigene sprachliche Struktur bestimmt werden; diese Sprachgestalt des einzelnen Textes bezeichnen wir als *Form* (diese Terminologie verwenden u.a. Fohrer, 1976 und Steck, 1989, 1984). – Häufig wird auch der Begriff »Formgeschichte« für den ganzen Bereich der Zuordnung eines Textes zu vorgeprägten Formen verwendet (z.B. bei Lohfink), was aber ein wenig mißverständlich ist. Die Linguistik verwendet für Gattungen und Formen den Begriff Textsorten.

In diesem Feld der exegetischen Arbeit geht die Analyse in zwei Teilschritten vor: Sie setzt mit der *Formkritik* (Sprachgestalt des zu erklärenden Bibeltextes) ein; denn sie ist die Voraussetzung der *Gattungskritik* (Einordnung des Bibeltextes in ein Ensemble vorgeprägter Gattungen).

(1) Formkritik

Sie untersucht einen Text hinsichtlich seiner formalen Gestaltung, seiner sprachlich-stilistischen Mittel und der gewählten Sprachebene(n).

Zunächst einmal geht es darum, den Text mit Hilfe seiner Formensprache zu gliedern. Typische Gliederungsmerkmale (vgl. Berger, 1977, S. 17 ff) sind:

– Einleitungs- und Schlußformeln;
– Überleitungspartikel (Und… jetzt… aber… ferner…);
– Zeitadverbien (dann… zu jeder Zeit… an jenem Tag…);
– Änderung der Darstellungsweise (Bericht; Gespräch…);
– Änderung der Personen;
– Änderung der Szene.

Sodann ist der Text auf seine stilistischen Merkmale zu untersuchen (etwa: ist die Sprache persönlich gefärbt oder verwendet sie Formeln? Gebraucht der Verfasser eher Nominal- oder eher Verbalsätze? Ist die Sprache eher bildhaft oder eher abstrakt? Sind typische Kennzeichen poetischer Sprache zu beobachten, z.B. parallelismus membrorum?)

Schließlich ist zu klären, welche Sprachebene der Verfasser wählt: (Steck, 1989, S. 98 ff bezeichnet dies als Aussagehinsicht): Ist es die Sprache des Berichtens, des Betens, des Klagens, des Fluchens usw? – Die gewählte Sprachebene hat natürlich erheblichen Einfluß auf die Formsprache eines Textes und gibt zugleich Hinweise auf die Intention des Textes (Steck, 1989, S. 98: »Aussageabsicht«).

(2) Gattungskritik

Von einer Gattung sprechen wir, wenn wir mehrere Texte kennen, die die gleichen Form-Merkmale aufweisen, gemeinsame typische Inhalte und Vorstellungen haben und durch ähnliche Perspektiven und Intentionen verbunden sind; diese Bedingung ist natürlich nur erfüllt, wenn diese Texte nicht literarisch voneinander abhängig sind.

Wichtige Kriterien zur Bestimmung der Gattung eines Textes sind:
– Form (s.o.);
– Inhalt;
– sprachliche Ebene und »Aussageabsicht«.
Weisen alle drei Merkmale in die gleiche Richtung, kann ein Text einer literarischen Gattung zugeordnet werden.

Um noch näheren Aufschluß über seine Intention zu erhalten, ist noch ein vierter Gesichtspunkt zu erörtern, der sogenannte »Sitz im Leben«:

Dies Merkmal basiert auf der Erkenntnis, daß in der Antike bestimmte Gattungen in einem unverwechselbaren sozio-kulturellen Zusammenhang verwurzelt sind; diesen bezeichnet man seit Hermann Gunkel als »Sitz im Leben«. Die bisher genannten literatur-ästhetischen Methoden sind also zu ergänzen durch literatursoziologische Fragestellungen.

Oft ist die Bestimmung des »Sitzes im Leben« verhältnismäßig einfach – vor allem im Alten Testament. So liegt beispielsweise auf der Hand, daß die Gattung »Klagelied des Volkes« ihren Sitz im Leben im Gottesdienst hat, das Leichenlied in der Begehung der Trauer, das Formular eines Reinigungsritus im Kult usw. Diese Zuordnung zu einem stets wiederkehrenden Sprechanlaß – und eben das bedeutet ja der Begriff »Sitz im Leben« – ermöglicht eine verläßlich Bestimmung von Perspektive und Intention eines Textes (erste Überlegungen dazu hatten wir ja bereits bei der Formkritik angestellt), weil der vorgegebene Rahmen nicht nur die Sprachform prägt, sondern auch das Ziel des Sprechens: Im Gottesdienst geht es eben nicht um theoretische Diskussionen über Gott, sondern um die Anrede Gottes – sei es als Lob, Dank, Klage oder Bitte. – Auch die am Sprechakt beteiligten Personen sind durch die Bestimmung »Sitz im Leben« weitgehend vorgegeben: Beim Trauerkult sind es die Leidtragenden – die Mit-Leidenden – vielleicht auch noch Kultpersonen usw. Dieser Zusammenhang zwischen den Gattungen und ihrem »Sitz im Leben« ist natürlich ein wechselseitiger: Einerseits gibt die Analyse der Gattung Aufschluß über die Lebenszusammenhänge, in denen sie lebendig war; andererseits gibt die bessere Kenntnis des »Sitz im Leben« Kriterien für die Interpretation des Textes her.

Bei der Durchführung der gattungskritischen Analyse sind einige wichtige Aspekte zu beachten:

1. »Gattungen« gibt es in der Realität nicht; sie sind methodische Konstrukte, mit denen die exegetische Forschung versucht, bestimmte Merkmale von Texten in Gruppen zu ordnen. Darum wundert es nicht, wenn in der Literatur eine Vielzahl von Gattungsbezeichnungen mit durchaus unterschiedlichen Merkmalen verwendet wird.

Mit der gebotenen Vorsicht schlage ich folgende Bestimmung von Gattungsgruppen vor:

Für das *Alte Testament* (vgl. Ohler, 1972, 1973):
– Erzählende Texte (Sage…);
– Gattungen der Gesetzesüberlieferung (Dekalog…);
– Dichterische Gattungen (Psalmen…);
– Prophetische Gattungen (»Botenspruchformel«…).

Für das *Neue Testament* gehe ich im Anschluß an Theißen (vgl. Theißen, 1974, S. 126 ff) von einer Zweiteilung aus:
– Erzählungen:
  Wundergeschichten;
  legendarische (»biographische«) Erzählungen.
– Lehre:
  Normierende Lehre (Allgemeingültig);
  kerygmatische Lehre (Verkündigung einer singulären Botschaft).

2. Man muß davon ausgehen, daß viele Gattungen des Alten und Neuen Testaments sich längst aus ihrem ursprünglichen »Sitz im Leben« gelöst haben und von den biblischen Autoren als literarische Gestaltungsmittel verwendet werden. Das zeigt sich deutlich bei bewußten Umgestaltungen und Veränderungen im Blick auf die Verwendungssituation. Zu den bekanntesten Beispielen gehört wohl die Verwendung der Gattung »Totenklage« in der Prophetie. Propheten setzen die Gattung verfremdend als Totenklage über Israel ein, um drastisch und schockierend zu demonstrieren: So unausweichlich bricht das Unheil als Gericht Jahwes über sein Volk herein, daß es schon jetzt »tot« ist, man muß die Totenklage anstimmen (z.B. Am 5,2;Jes 1, 21 ff; Jes 14,4b-21)!

3. Schließlich ist noch ein Gesichtspunkt wichtig, der die exegetische Fragestellung überschreitet:
Der nähere Aufschluß über Perspektive und Intention eines biblischen Textes, den uns die Gattungskritik verschafft, ist nicht nur für die Erschließung des Textsinns in seiner Welt wichtig, sondern auch für das heutige Verständnis. Denn die meisten Mißverständnisse im Blick auf die biblische Überlieferung kommen durch eine Fehleinschätzung im Blick auf die mit der sprachlichen Form verbundene Intention zustande. Auf diesen Zusammenhang macht vor allem Lohfink aufmerksam: »In

der Geschichte der Kirche entstand unendlich viel Verwirrung und unübersehbares Leid nur dadurch, daß man sich über die Grundintention bestimmter Gattungen und Formen keine Rechenschaft ablegte. Man hielt biblische Texte, die verkünden wollen, für Berichte. Man hielt neutestamentliche Texte, die ermahnen wollen, für Gesetze, und man hielt kirchliche Texte, die bekennen wollen, für Informationen« (Lohfink, 1983, S. 37).

Praktisch geht man bei der Gattungsbestimmung so vor, daß man die erkannten Merkmale des Textes mit dem Ensemble biblischer Gattungen vergleicht, die bereits bekannt sind, und so seine spezifische sprachliche Prägung festlegen kann. Bei der Frage nach dem »Sitz im Leben« ist zu prüfen, ob der Text im ursprünglichen »Sitz im Leben« angesiedelt ist oder ob es sich um eine literarische Gestaltung oder sogar – wie am Beispiel der Totenklage in der Prophetie gezeigt – um eine Verfremdung oder eine andere Veränderung handelt.

b. Traditionskritik

Der zweite Bereich der Vorgaben, die die Abfassung eines biblischen Textes entscheidend beeinflussen, betrifft die *inhaltlichen* Vorprägungen. Er wird mit Hilfe der traditionskritischen Methode bearbeitet. Im Blick auf einen bestimmten Text erhebt sie »die von ihm vorausgesetzten, in ihn aufgenommenen, von seinem Verfasser verarbeiteten Denkstrukturen, Stoffe, Vorstellungen oder Vorstellungskomplexe sowie deren Abwandlung« (Steck, 1989, S. 126).

Wie bei der Gattungskritik ist zunächst einmal ganz allgemein davon auszugehen, daß von vorgeprägten Inhalten, die einem Text zugrundeliegen, nur dann zu sprechen ist, wenn diese Inhalte in mehreren, literarisch voneinander unabhängigen Texten vorkommen.

Es liegt auf der Hand, daß in dem riesigen, in großen Zeiträumen gewachsenen Literaturkomplex »Bibel« eine unübersehbare Fülle von Stoffen, Bildern, Vorstellungen und Anschauungen verarbeitet worden ist. Wie läßt sich diese gliedern und differenzieren?

1. Steck (1989 S. 128 f) schlägt einleuchtend vor, zunächst einmal ganz allgemein den geistige Raum der Alten Welt in den Blick zu nehmen, ihre spezifische Art, zu denken, ihre Ausprägungen des Selbst- und Weltverständnisses. Besonders auffällig ist wohl das mythische Denken; sein Verständnis und seine Bedeutung für die Auslegung wird Kapitel II.2 ausführlicher erörtert. Dieser Hinweis auf den »geistigen Raum« mag zunächst sehr vage erscheinen, ist aber wichtig für das Verständnis vieler geschichtlicher und religiöser Inhalte, die in die Texte eingegangen sind.

2. Sodann ist die spezifische geistige und sprachliche Welt zu erfassen, in der ein biblischer Autor lebt (dies greift schon stark auf den nächsten Schritt der Exegese hinüber, die Frage nach dem historischen Ort).

3. Besonders interessant ist dann die Suche nach allgemeinen geprägten Inhalten, die sich in der Welt des Alten und Neuen Testaments ausgebildet hatten und die durch eine gewisse thematische Geschlossenheit und sprachliche Einheitlichkeit gekennzeichnet sind. Diesen gilt die Traditionskritik im engeren Sinn.
Hier gibt es nun verschiedene Differenzierungsvorschläge (vgl. vor allem: Steck, 1989; Fohrer, 1976; Stenger, 1987). Praktikabel scheint folgendes Ensemble traditionsgeschichtlicher Begriffe:

– *Geprägte Bilder* sind immer wiederkehrende Metaphern wie beispielsweise im Alten Testament der Vergleich des Menschen mit einer welkenden Blume oder dem flüchtigen Windhauch oder auch das Bild Jahwes als Fels. Im Neuen Testament tauchen solche geprägten Bilder beispielsweise im Zusammenhang der Anschauung auf, daß Reich Gottes und Glaube mit dem Wachstum in der Natur zu vergleichen sind (»Wachstumsgleichnisse«).

– *Geprägte Themen* sind immer wiederkehrende inhaltliche Komplexe; Beispiele: »Exodus«; »Landnahme«; »Umkehr« in der prophetischen Literatur; im Neuen Testament wäre an grundlegende thematische Komplexe wie »Gottesherrschaft« oder »Rechtfertigung« zu denken.

– Als *geprägte Vorstellungen* in der Hebräischen Bibel könnten z.B. gelten: Die Vorstellung vom Völkerkampf; die Anschauung der schutzgewährenden Gegenwart Jahwes auf dem Zion usw. Ein neutestamentliches Beispiel wäre die Vorstellung, daß Berge Orte der Offenbarung sind (»Bergpredigt«; »Verklärung«).

– Als *Motive* bezeichnen wir typische Situationen oder Konstellationen, die als Handlungsmotivation in verschiedenen Zusammenhängen wirksam werden können, z.B. das Motiv der feindlichen Brüder.

– Schließlich sind die *Schemata* zu nennen, relativ abstrakte Bildungen wie beispielsweise die Rede von den »beiden Wegen«, die häufig in der Weisheitsliteratur benutzt wird (Der Fromme – der Sünder; der Kluge – der Dummkopf…). Dies Schema greift beispielsweise auch der Schluß der Bergpredigt auf (Mt 7, 13-27).

4. Wie bei der Gattungskritik, so ist auch bei der Traditionskritik nach dem geschichtlichen Ort solcher geprägten »Vorgaben« zu fragen:
– Wer sind die Träger solcher Gedankengehalte?
– Welches Interesse haben sie an ihnen?
– Wo haben die Träger ihren historischen Ort?
(vgl. Steck, 1989, S. 138 f)
Als Ergebnis der traditionsgeschichtlichen Analyse eines Textes können wir erwarten, daß – auf dem Hintergrund seiner geprägten inhaltlichen Vorgaben – sein spezifisches Vorstellungs- und Aussageprofil deutlicher hervortritt: Welche Vorstellungen wählt er aus? Welche Einstellungen verbinden sich damit (z.B. Gott als Richter oder als Mutter)? – Wie verändert er überkommene Themen? Welche Absichten könnten ihn dabei leiten?

2.4 Bestimmung des historischen Orts

In diesem Schritt geht es darum, den Text historisch einzuordnen, den »Verfasser« zu bestimmen und damit das Profil des Textes noch deutlicher zu umreißen.

Natürlich ist die Aufgabe ziemlich schwierig und kann in der Regel nur zu Hypothesen führen.

Anhaltspunkte für die historische Einordnung eines Textes sind:

– Voraussetzung oder Erwähnung zeitgenössischer oder früherer Ereignisse.
– Identifizierung von gesellschaftlichen oder kulturgeschichtlichen Verhältnissen, die der Text erwähnt oder voraussetzt.
– Beobachtung, daß der Text andere, bereits datierte Texte benutzt oder voraussetzt.
– Möglichkeit der Einordnung in die Geschichte einer Gattung oder einer Vorstellung (etwa: verwendet der Text sehr urtümliche Vorstellungen oder ist eine reflektierte Auseinander setzung erkennbar?)

Mit solchen Überlegungen kann es im Alten und Neuen Testament allerdings nicht gelingen, bestimmte Verfasser eindeutig zu identifizieren (mit Ausnahme einiger prophetischer Texte oder paulinischer Briefe), aber die Zuordnung zu bestimmten geistig-religiösen oder sozialen Standorten wird möglich, die zeitliche Eingrenzung ist oftmals plausibel vorzunehmen.

2.5 Klärung von Einzelaspekten

In diesem Schritt geht es darum, durch Klärung weiterer Einzelaspekte das Verständnis des Textes zu vertiefen.

a. Klärung wichtiger Begriffe

Geeignete Hilfsmittel sind neben der Konkordanz Begriffswörterbücher zum Alten und Neuen Testament (Jenni/Westermann, 1984; Balz/Schneider, 1980; Léon-Dufour, 1977) sowie die Kommentare.

b. Klärung von Sachfragen (Personen, Orte, Handlungen, Namen...)

Hier bietet sich neben den Kommentaren Literatur zur biblischen Zeitgeschichte an, z.B. Reicke-Rost, 1962 ff (grundlegend); Leipoldt/Grundmann, 1975 ff.

2.6 Deutende Zusammenfassung der Ergebnisse der Exegese (»Historische Sinnbestimmung«)

Wir stehen am Ende des Wegs durch die Historisch-Kritische Exegese und ihre Methoden. Es verbietet sich fast, diesen letzten Schritt noch mit dem Begriff Methode zu bezeichnen; denn er legt das Mißverständnis nahe, als ginge es jetzt noch um einen neuen methodischen Schritt in Ergänzung der bisher gegangenen. Tatsächlich aber stehen wir jetzt vor der Aufgabe, die Ergebnisse der Historisch-Kritischen Arbeit noch einmal im Zusammenhang zu erfassen: Gingen wir bisher durch einen Text wie durch ein vielräumiges Haus mit Durchblicken durch Zeit-Fluchten, mit Einsichten in Umgestaltungen und produktive Veränderungen – so gehen wir nun gleichsam ins Freie und versuchen, das Haus im ganzen wahrzunehmen.

Dabei ist streng darauf zu achten, daß es nicht zur Formulierung allgemeiner theologischer Sätze kommt, die in den Text hineingelesen werden. Sondern auch die zusammenfassende Interpretation darf den Raum der Geschichte nicht verlassen, wenn sie bei ihrer Sache bleiben will. Ganz zu Recht bezeichnet daher Steck diesen Schritt als »historische Sinnbestimmung des Textes« (Steck, 1989, S. 157 ff).

a. Bestimmung der grundlegenden inhaltlichen Aussage des Textes

Hier ist vor allem zu berücksichtigen, ob die zusammengetragenen Beobachtungen sich stimmig zu einer Gesamtaussage fügen.

b. Bestimmung der Intention des Textes

Hier wird es noch einmal darauf ankommen, die Kenntnisse und Vermutungen im Blick auf die Entstehungssituation und auch den »Sitz im Leben« des Textes heranzuziehen und weiterzuführen; denn erst aus diesem Zusammenhang ist die »historische Sinnbestimmung« möglich.

3 Das Beispiel: Gen 4, 1-16

3.1 Textkritik

Zunächst sehen wir uns eine genaue Übersetzung des Textes an (Westermann, 1974, S. 383 f):

1 Und der Mensch erkannte seine Frau Hawwa, und sie wurde schwanger und gebar den Kain. Und sie sagte: Ich habe einen Mann gewonnen, mit Jahwe!

2 Und sie gebar noch einmal (einen Sohn), Abel, seinen Bruder. Abel wurde ein Kleinviehhirt und Kain wurde Ackerbauer.

3 Nach einiger Zeit brachte Kain Jahwe eine (Opfer)Gabe dar vom Ertrag des Ackers.

4 Und auch Abel brachte dar von den Erstlingen seiner Herde und von ihren fetten Stücken,
und Jahwe sah Abel und sein Opfer an,

5 Kain aber und sein Opfer sah er nicht an.
Da erzürnte Kain sehr und senkte sein Gesicht.

6 Da sagt Jahwe zu Kain:
Warum bist du erzürnt? Und warum ist dein Gesicht gesenkt?

7 Nicht wahr: Wenn du gut machst, ist Erheben,
und wenn du nicht gutmachst,
zur Tür hin lagert die Sünde,
und auf dich geht ihre Gier,
du aber sollst über sie herrschen.

8 Und Kain sagte zu seinem Bruder Abel [...]
Und als sie auf dem Feld waren,
da erhob sich Kain gegen seinen Bruder Abel
und erschlug ihn.

9 Und Jahwe sagte zu Kain:
Wo ist dein Bruder Abel?
Und er sagte:
Ich weiß es nicht.
Bin ich der Hüter meines Bruders?

10 Und er sagte:
Was hast du getan?
Die Stimme des Blutes deines Bruders
schreit zu mir vom Ackerboden her!

11 Nun aber: Verflucht du vom Ackerboden fort,
er sich geöffnet hat, das Blut deines Bruders
zu empfangen,
der von deiner Hand fiel!

12 Wenn du den Ackerboden bebaust,
soll er dir fortan seine Kraft nicht mehr geben.
Unstet und flüchtig sollst du sein im Land.

13 Und Kain sagte zu Jahwe:
Zu schwer ist meine Strafe zu tragen.

14 Siehe: Du hast mich jetzt vom Ackerboden vertrieben.
Und vor dir muß ich mich verstecken.
Und ich muß unstet und flüchtig sein im Lande.
Jeder, der mich trifft, kann mich töten.

15 Und Jahwe sagt zu Kain:
   Nicht so! Jeder, der Kain tötet, [das] soll
   siebenfach gerächt werden.
   Und Jahwe setzte dem Kain ein Zeichen,
   damit ihn nicht jeder töte, der ihn träfe.
16 Und Kain ging vom Angesicht Jahwes fort,
   und wohnte im Lande Nod, östlich von Eden.

Da die detaillierte textkritische Arbeit nur am Urtext zu leisten ist, hier nur einige Hinweise aus den Anmerkungen von Westermann zu seiner Übersetzung:

Zu V 8: Viele Handschriften ergänzen: »Laßt uns aufs Feld gehen«.

Zu V 15: Gegenüber dem gut bezeugten hebr. ›lakhen‹, was die Übersetzungen richtig mit »darum« wiedergeben, lesen wichtige Handschriften hebr. ›lokhen‹, was mit »nicht so« zu übersetzen ist; das Kriterium des Zusammenhangs spricht für die zweite Version; denn sie knüpft folgerichtiger an V 14 an.

3.2 Entstehungsgeschichte des Textes

a. Literarkritik

(1) Kontext-Kritik

Zunächst geht es um die Abgrenzung des vorläufig bestimmten Textes Gen 4, 1-16. Dabei können wir von drei Beobachtungsfragen ausgehen:
– Nehmen Ein- bzw. Ausleitungen auf Vorangegangenes bzw. Folgendes Bezug?
– Was setzt der Text an zuvor Dargestelltem voraus?
– Welche im Text berichteten Ereignisse setzen die ihm folgenden voraus?
V 1 knüpft als Einleitungssatz zwar durch die Nennung der beiden Ur-Menschen an den vorangegangenen Text an, setzt aber deutlich neu ein. Es handelt sich am Anfang des Textes um den typischen Beginn einer Genealogie durch den Hinweis, daß die von Gott geschaffenen Menschen ein Kind zeugen (ganz analog ist der Zusammenhang von Gen 1-2,4a und Gen 5,1ff).
Im gesamten Inhalt und Aufbau ist Gen 4,1-16 eng mit dem vorangegangenen Kapitel verzahnt:
Hier wie dort geht es um ein Vergehen. Dies wird in einem Verhör ermittelt; das Verfahren endet mit einem Fluchspruch. Die fällige Strafe wird von Gott selbst abgemildert; sie besteht in einer Vertreibung.
Das Ende des Textes ist gut markiert: Einmal durch die den Gang der Erzählung deutlich abschließende Notiz in 4,16, aber auch durch den Neueinsatz in V 17, der das genealogische Thema aufnimmt.

(2) Kohärenzkritik

Hier geht es um die innere Geschlossenheit und Stimmigkeit. Auch hierzu einige Beobachtungshinweise:

Im Blick auf den *ganzen Text* ist zu prüfen, ob er inhaltliche oder stilistische Unstimmigkeiten enthält. Hier fällt zunächst einmal auf, daß die beiden ersten VV sehr summarisch mitteilen, daß die ersten Menschen Nachkommen hervorgebracht haben, während der übrige Text ein einzelnes Geschehen detailliert erzählt. Die VV 1 und 2 passen sehr viel besser zur Genealogie von VV 17 ff – möglicherweise handelt es sich um die Einleitung dazu, während die Erzählung wie eine eingeschobene Entfaltung von V 2 wirkt.

Im übrigen zeigen sich keine auffallenden inhaltlichen Widersprüche; auch formal stellt sich der Text recht einheitlich dar, er enthält keine verschiedenen Textsorten wie beispielsweise Prosa oder Poesie, Bericht oder Lyrik usw.; der Wechsel von Bericht und Dialog ergibt sich zwanglos aus dem Gang der Handlung.

Auch im Blick auf die *detaillierte Struktur* des Textes ist nach Brüchen zu fragen. Hier fällt nun auf, daß VV 6 und 7 nicht recht in den Zusammenhang passen; einerseits besteht das Stück in erheblichem Umfang aus Wiederholungen, andererseits scheint es merkwürdig entbehrlich. V 6 wiederholt V 5b in Frageform; V 7b greift auf Gen 3,16 zurück, verändert aber den Sinn. Auch die Binnenstruktur von VV 6 und 7 ist recht unklar, vor allem V 7 setzt den Gedankengang nicht fort, sondern läuft etwas unvermutet auf die am Schluß formulierte allgemeine Sentenz über die Sünde zu. Es spricht manches dafür, daß das Stück ursprünglich nicht zum Textbestand von Gen 4,1-16 gehörte, doch Sicheres ist nicht mehr auszumachen.

Eine dritte Gruppe von Beobachtungen zur Literarkritik bezieht sich mehr auf die sprachlichen Eigenarten des Textes wie z.B. Wechsel in der Wortwahl, Änderungen von Namen, grammatische Unterschiede usw. Unter dieser Rücksicht bietet unser Text keine besonderen Anhaltspunkte für Brüche und Spannungen.

b. Überlieferungskritik

Zunächst ist nach *ätiologischen Zügen* in Gen 4 zu fragen. Da fällt gleich V 15b ins Auge:

Und Jahwe setzte dem Kain ein Zeichen, damit ihn nicht jeder töte, der ihn träfe.

Diese Angabe macht eigentlich nur Sinn, wenn es in der Gegenwart des Erzählers Leute gab, die ein solches Zeichen an sich trugen. Und – sind wir erst einmal ätiologisch aufmerksam geworden, kämen gleich noch zwei weitere Merkmale ins Spiel: Diese Leute müßten in einer engeren Beziehung zu Jahwe stehen (oder gestanden sein: vgl. V 16!) und sie müßten »unstet und flüchtig« leben (V 12 und 14).

Tatsächlich gab es zur Zeit der ersten schriftlichen Abfassung des Textes im 11. Jahrhundert (Näheres dazu unten) den Stamm der *Keniter*, auf den diese Merkmale zutrafen: Nach der Überlieferung waren sie einst zu Genossen der Israeliten in der

Wüstenwanderung geworden, weil sie mit Mose verwandt waren (Num 10,29 ff; vgl. Ri 4,11). Dennoch waren sie wohl nie richtig seßhaft geworden, sondern führten ein unruhiges Nomadenleben am Rand des Kulturlandes (vgl. Ri 4,17; 5,24;). Bei dem Kainszeichen dürfte es sich »um ein auf die Haut tätowiertes Stammeszeichen handeln, an dem die *Keniter* erkennbar waren« (Reicke/Rost, 1964, Band 2, S. 918).

Auch der Name gewinnt dann ätiologische Qualität: Die Keniter tragen ihren Stammesnamen nach ihrem Stammvater Kain, der einst in enger Beziehung zu Jahwe lebend, von »seinem Angesicht« fortging, von ihm zu einem unsteten Leben verflucht und mit einem »Zeichen« versehen wurde.

So deuten diese ätiologischen Züge auf eine frühe mündliche Tradition hin, die die Besonderheiten des Keniter-Stamms erklärte und augenscheinlich dem Verfasser der ersten Niederschrift von Gen 4 bekannt war.

Diese – als Keniter-Hypothese bekannte – Erklärung hat lange Zeit das Verständnis von Gen 4 beherrscht (sie wird auch als kollektive Deutung bezeichnet, weil sie sich nicht auf ein Individuum – den Ur-Menschen Kain – bezieht, sondern auf einen Stamm. Vgl. den forschungsgeschichtlichen Überblick bei Westermann, 1974, S. 385ff). Doch hat sich gezeigt, daß die Keniter-Hypothese als alleiniger Interpretationsansatz zum Verständnis von Gen 3 und 4 nicht ausreicht. Man wird wohl davon ausgehen können, daß das alte Sagenmaterial mit ätiologischer Spitze schon in der vorliterarischen Überlieferung mit einem anderen Typ von Erzählungen verschmolzen wurde, die viel grundlegendere Fragen klären wollten: Warum gibt es Zuneigung zwischen Mann und Frau? Warum ist die Arbeit so mühsam? Warum gibt es Feindschaft zwischen Mensch und Schlange? Warum findet man Haß zwischen Brüdern? Solche und andere Fragen versuchen Erzählungen der Urgeschichte zu beantworten. So ist es wohl schon vor der mündlichen Tradition zu einer Verflechtung der beiden Erzähl- Ansätze gekommen.

Mit diesem Verständnis der überlieferungsgeschichtlichen Entwicklung schließe ich mich den Erklärungen G. von Rads an; erheblich zurückhaltender äußert sich Westermann, 1974. Die hier vertretene Auffassung hätte aber für sich, daß sie die Spannungen im Text plausibel als Spuren unterschiedlicher Erzählansätze in der vor-literarischen Textgeschichte erklärt und auch die heftig umstrittenen Interpretationsmuster einer »kollektiven« Deutung (Stammesätiologie) und eines individuellen Verständnisses (Urgeschichtliche Deutung) in einen einleuchtenden Zusammenhang bringt.

c. Quellen- und Redaktionskritik

Die soeben unter überlieferungskritischem Aspekt reflektierte Frage nach dem Verhältnis von Stammesätiologie und individueller Urgeschichte ist auch im Rahmen der Quellenkritik noch einmal von Interesse. Hier kommt uns nun die bereits besprochene Beobachtung aus der literarkritischen Analyse zustatten, die

Struktur des Textes betreffend: Kapitel 3 und 4 sind so streng parallel gebaut, daß es sich um keinen Zufall handeln kann. Vielmehr ist davon auszugehen, daß der Verfasser von S-1 (vgl. das Schema auf S. 54) den vorliegenden Stoff nun vollends zu einem Text formte, der im Rahmen seiner Urgeschichte grundlegende Aussagen über Gott und Mensch zur Sprache brachte – wie noch im einzelnen zu klären sein wird (s.u.)

Eine weitere Beobachtung zur Struktur des Textes ist noch quellenkritisch zu besprechen: Wir hatten vermutet, daß VV 1 und 2 ihre Fortsetzung im genealogischen Register von V 17 ff finden; V 3-16, die eigentliche Erzählung, wirkt wie ein Einschub in die Liste. Westermann erklärt dies als eine Form der Textsorte »Erweiterung einer genealogischen Angabe«; doch bleibt fraglich, ob tatsächlich »die Erzählung aus einer genealogischen Angabe herausgewachsen ist« (Westermann, 1974, S.388), oder ob hier eine in der mündlichen Überlieferung vorgegebene Erzählung planvoll in die Genealogie eingeschoben wurde, um zwei theologisch wichtige Aufgaben miteinander zu verknüpfen:

– die Herleitung des Menschengeschlechts aus den von Jahwe geschaffenen Urmenschen;
– die spezifische inhaltliche Ausgestaltung der »Urgeschichte« dieser Menschheit als eine Geschichte der wachsenden Entfremdung von Gott.

Schließlich ist noch die Beobachtung zu besprechen, daß unter literarkritischem Aspekt V 6 und 7 sich nicht nahtlos in den Zusammenhang fügen. Vielleicht haben wir es hier mit dem Versuch zu tun, in einem späteren Stadium der Redaktion der Quelle eine gewisse Quintessenz der Erzählung in Form einer Lehr-Sentenz zusammenzufassen; eine pädagogische Tendenz ist dem Abschnitt doch deutlich abzuspüren.

3.3 Formales und inhaltliches Vorgaben-Repertoire

a. Form- und Gattungskritik

(1) Formkritik

Versuchen wir zunächst eine Gliederung des Textes nach formalen Merkmalen:

V 1-2   Exposition: Genealogie
V 3-5   Erzählung: Der Anlaß zur Tat
V 6-7   Reflexion: Warnung vor der Sünde
V 8   Erzählung: Der Totschlag
V 9-10   Dialog: Das Verhör
V 11-12   Der Fluchspruch
V 13-14   (Klagespruch): Kains Einwand
V 15   Urteilsspruch und Zeichensetzung
V 16   Bericht: Kain geht fort

67

Wie schon in der literarkritischen Analyse beobachtet, setzt V 3 neu ein (Zeitbestimmung als Gliederungselement); die beiden ersten Verse zählen in lapidarer Kürze die genealogische Entwicklung auf, während in V 3 die eigentliche Handlung beginnt; der Einsatz erfolgt recht unvermittelt.
Die Handlung gliedert sich in 5 einfache Szenen:

1. Szene: Das Opfer und seine Folgen (3-4)
2. Szene: Gespräch Jahwes mit Kain: (5-6)
3. Szene: Gang auf das Feld: Der Totschlag (8)
4. Szene: Gespräch Jahwes mit Kain (9-15)
5. Szene: Weggang Kains (16).

In der Ausgestaltung der Szenen ist eine deutliche Differenzierung zu beobachten: In den ersten dominieren die erzählenden Elemente, in den letzten die dialogischen. Dabei behalten wir im Auge, daß es sich bei der 2. Szene wahrscheinlich um eine spätere Einfügung handelt.

(2) Gattungskritik

Die Beobachtungen zur Form zeigen deutlich auf die Gattung, die als Vorgabe von Gen 4,1-16 anzunehmen ist: Die Sage. Typische Merkmale der Sage sind: (vgl. vor allem Koch, 1964, S. 131 ff und 167 ff):
– Unvermittelter Einsatz;
– lapidarer (»abrupter«) Erzählstil;
– Gefälle von der Handlungsorientierung zur Redeorientierung am Schluß;
– Konzentration auf ganz wenige Personen, oft nur 2-3;
– Einlinigkeit: Beschränkung auf einen durchgehenden Erzählstrang;
– Lokalisierung der erzählten Ereignisse auf einen eng begrenzten Lebensraum, in der Regel die Familie.
Diese Gattungsmerkmale der Sage treffen alle auf unseren Text zu. Als »Sitz im Leben« ist die »Erzählgemeinschaft« der nomadischen Familie und Sippe anzunehmen (Koch, 1964, S. 141 ff).
Nun ist zu beachten, daß »Sage« als Gattungsbegriff noch zu unscharf ist und weiterer Differenzierung bedarf; meistens werden unterschieden:
– Familiensagen;
– ätiologische Sagen (bemerkenswerte Erscheinungen der Gegenwart werden mit Ereignissen der Vergangenheit erklärt);
– ethnologische Sagen (z.B. Israel in bezug zu anderen Völkern);
– Menschheitssagen (handeln von der Gesamtheit der Menschen und verdichten grundlegende Erfahrungen in Einzelpersonen und ihrem Schicksal);
– Heiligtums- und Ortssagen;
– Prophetensagen.
In Gen 4 haben sich augenscheinlich im Prozeß seiner Überlieferungsgeschichte mehrere Sagen-Typen ineinandergeschoben: Zum ältesten Bestand gehört wohl

doch die Stammesätiologie der Keniter, die sich dann in einer weiteren Überlieferungsstufe mit der *Menschheitssage* über den Brudermord verband.

Exkurs:
Zum Verständnis und zur Bedeutung der Sage

An dieser Stelle ist es angezeigt, kurz über die Bedeutung der Gattung Sage für
das Verständnis des Alten Testaments zu informieren (vgl. vor allem: Koch,
1964, S. 170 ff; Stolz, 1974, S. 55 f; Ohler, 1972, S. 98 ff; vgl. auch die
ausführlichen Hinweise bei K. Barth, 1957, S.88 ff). Geht die Auslegung einseitig
vom oben skizzierten Geschichtsverständnis des Historismus aus, dann kann die
Sage seinem Wahrheitsanspruch nicht genügen und damit letztlich als irrelevant
gelten. Eine solche Einschätzung verkennt aber die Bedeutung der Sage und die
mit dieser Gattung verbundenen Chancen der Wahrheitsfindung und Überlieferung
gründlich. Denn ihr Hauptinteresse gilt nicht der Dokumentation der Vergangenheit, sondern sie ist darauf aus, den zur Gegenwart des Erzählers in der
Gemeinschaft Lebenden Orientierung zu ermöglichen, indem sie Vergewisserung
über ihre Herkunft und Bestimmung anbietet: »Erzähler wie Zuhörer finden sich
im Tun und Leiden der Vorfahren selbst wieder. Göttliches Handeln an den
Ahnen ist göttliches Handeln an ihnen selbst.« Und: »Die Sage ist immer ein
Lagerplatz wirtschaftlicher, geistiger und religiöser Erfahrungen unzähliger Generationen. Sie kontrahiert souverän die Zeiten, verdichtet die Ereignisse zu
symbolträchtigen Sprachgebärden... Gott und die Geschichte in ihrem Zusammenhang zu erfassen, ist der israelitischen und später der christlichen Geschichtsschreibung längst nicht so eindrücklich gelungen wie der frühen Sage« (Koch,
1964, S. 176f).
Dies Verständnis der biblischen Gattung »Sage« als Textsorte, die in der Form einer
volkstümlichen Erzählung grundlegende Erfahrungen über Gott und Mensch zur
Sprache bringt, hat nun auch Konsequenzen für das heutige Verständnis: Erst wenn
die Sage auf dieser Ebene befragt und gehört wird, kann sie ihre spezifische Art
von Wahrheit freisetzen.
In Gen 4 allerdings ist die Ebene der »volkstümlichen Erzählung« längst verlassen;
mit dieser Feststellung kommen wir zur dritten erkennbaren Stufe in der Überlieferung der Erzählung von Kain und Abel, zur Verschriftlichung der mündlichen
Überlieferung. Ganz offensichtlich hat der Verfasser die ihm vorliegende Erzählung planvoll unter theologischem Aspekt als Teil seiner Urgeschichte gestaltet.
Das beweist vor allem der mit dem vorhergehenden Kapitel Gen 3 analoge Aufbau,
den wir oben skizzierten. Westermann hat sehr einleuchtend gezeigt (Westermann,
1964, S. 51 ff), daß es in der jahwistischen Urgeschichte insgesamt fünf (bzw.
sechs) solcher Erzählungen gibt, die alle nach der gleichen Struktur gebaut sind
(Gen 2+3; Gen 4,1-16; Gen 6,1-4; Gen 6-9; Gen 11,1-9;[9,20-27]). Er bezeichnet
sie als »Schuld-Strafe-Erzählungen«, die wohl insgesamt so zu verstehen sind, daß
sie Antworten auf die Fragen nach dem Grund von Mängeln oder auch von

Katastrophen im Leben und der Geschichte der Menschheit geben wollen. So behält der Verfasser das alte ätiologische Sagen-Motiv bei, aber er wendet es zu einer anspruchsvollen theologischen Fragestellung.

Insgesamt läßt sich an diesem Text gut studieren, daß es letztlich im Augenblick der Verschriftlichung zum »Tod der Sagengattungen« kommt (Koch, 1964, S. 174), weil ihr ursprünglicher »Sitz im Leben« der Erzählgemeinschaft verloren ist; zugespitzt könnte man sagen: Die Gattung Sage lebt nach der Verschriftlichung als Kunstform weiter, die die formalen Merkmale der Gattung weitgehend beibehält, aber – nach Verlust der ursprünglichen Kommunikations-Situation – in Perspektive und Intention erheblichen Veränderungen ausgesetzt ist.

b. Traditionskritik

Bei der Frage nach vorgeprägten Inhalten, die in die verschiedenen Überlieferungs-stufen in Gen 4,1-16 eingegangen sind, kommt zunächst einmal die religionsge-schichtliche Analyse zum Zug. Zu unserem Text gibt es überaus reiches Material aus verschiedenen Kulturen und Religionen, das die Forschung seit langem zusam-mengetragen hat. Eine übersichtliche Zusammenstellung und Bewertung findet sich bei Westermann (1974, S. 428 ff). Er gliedert das Material in drei Themenkreise auf:

– Die meisten Belege finden sich für die auch in Gen 4 beschriebene Konstellation: Die Urmenschen bringen ein Brüderpaar hervor, das in Konflikt gerät. Häufig endet dieser Konflikt mit einem Brudermord (bekannte Beispiele: Set und Osiris aus Ägypten, Romulus und Remus).
– Ein Teilmotiv verbindet die Rivalität der Brüder mit einer Differenzierung der Berufe; in Gen 4 handelt es sich, wie in analogen Erzählungen aus dem Alten Orient, um die beiden Grund-Berufe, die in diesem Lebenskreis die Basis des sozialen Lebens bilden. Im Lebenszusammenhang und aus der Perspektive des nomadischen Lebens verbindet sich diese Aufteilung mit den beiden Lebensbe-reichen, in und zwischen denen er sich bewegt: Steppe (Wüste) und Kulturland. (In der Fortführung der Kain-Genealogie kommt es dann noch zu weiteren beruflichen Differenzierungen: Gen 4, 17 ff.)
– Schließlich gibt es auch für den Schluß der Kain-Erzählung zahlreiche Parallelen, die belegen, daß in vielen frühzeitlichen Kulturen die Bestrafung des Totschlags nicht die Hinrichtung war, sondern der Ausschluß aus der Gemeinschaft.

Soweit der religionsgeschichtliche Befund.

Wie sind diese Informationen zu bewerten?

In der zweiten Hälfte des 19. Jahrhunderts kam es unter dem Eindruck der archäologischen Entdeckungen in Ägypten und im Zweistromland und unter dem Einfluß des Historismus zur Ausbildung einer Richtung in der Erforschung des Alten Testaments, die als *Religionsgeschichtliche Schule* bezeichnet wird. Sie zielte darauf, die Hebräische Bibel im Kontext des Alten Orients genauer zu verstehen. Allerdings konnten sich die beteiligten Forscher, aber auch ihre Gegner, die Klärung dieser Beziehung nur als Frage nach der Abhängigkeit biblischer Texte von außerbiblischen Vorlagen und damit – im Rahmen der Denkvoraussetzungen des Historismus – der Echtheit und Wahrheit der biblischen Überlieferung vorstellen. Die damit verbundene Relativierung des Alten Testaments löste in der Kirche heftige Ängste und Aversionen aus, die sich im berühmten »Babel- Bibel-Streit« niederschlugen.

Heute geht die alttestamentliche Wissenschaft die religionsgeschichtliche Fragestellung differenzierter und besonnener an: Sie erkennt – wie im Blick auf Gen 4 – die Fülle der religions- und kulturgeschichtlichen Parallelen, aber verzichtet meist auf einen (ohnehin wissenschaftlich kaum belegbaren) Nachweis direkter Abhängigkeit. Sie versucht vielmehr, auf dem Hintergrund des allgemeinen kulturellen und religiösen Umfelds, in dem Israel lebte, das spezifische Profil eines Textes zu erkennen.

Ein Detail ist in Gen 4, 1-16 unter traditionskritischem Aspekt noch von Interesse: Der *Urteilsspruch* über Kain V 10-12. Hier fällt die gehäufte Verwendung des Begriffs »Ackerboden« (hebr. adamah) auf. *»Die Stimme des Blutes deines Bruders schreit zu mir vom Ackerboden«, hält Jahwe Kain vor und spricht das Urteil: »Verflucht seist du vom Ackerboden fort... Wenn du den Ackerboden bebaust, soll er dir fortan seine Kraft nicht mehr geben...«*

Kain erfährt: eben an dem Ort des Unrechts trifft ihn auch die Strafe.

Wir stoßen hier auf eine Vorstellung, die im Alten Israel verbreitet war und die als inhaltliche Vorgabe auch unserem Text zugrundeliegt: Den Zusammenhang von Schuld und Schicksal. *Sünde* ist im Alten Testament nicht als ein quasi juristischer Begriff zu verstehen, einen Tatbestand festmachend, der eine nachträgliche Bestrafung erfordert. Sünde und ihre Folgen, Schuld und Schicksal liegen ineinander. Mit dem bösen Tun gerät der Mensch in eine schicksalwirkende Tatsphäre (v. Rad, 1987, S. 278 f u.ö.). Die hebräische Sprache bringt das Ineinanderliegen des Sachverhalts, den wir durch die beiden Begriffe »Sünde« und »Strafe« auseinanderhalten, dadurch zum Ausdruck, daß es dafür nur einen Begriff (›awon‹) verwendet. Dies erklärt die unterschiedlichen Übersetzungen von V 13. Manche übersetzen »Sünde«, andere »Strafe«; die Schwierigkeit entsteht eben dadurch, daß wir im Deutschen keinen Begriff zur Verfügung haben, um die im hebräischen Lebensgefühl untrennbar verbundene Einheit von Schuld und Schicksal auszudrücken. Vor allem die vorexilischen Gerichtspropheten haben diesen Zusammenhang immer wieder betont (vgl. die näheren Ausführungen dazu S. 73 f).

Wenn der Verfasser von Gen 4, 1-16 diese geprägte Vorstellung aufgreift, will er offenbar zum Ausdruck bringen, daß die Menschen von Anfang an den guten Lebensraum, den Jahwe ihnen anvertraut hatte, mißbraucht und damit ihre Lebensgrundlagen zerstört haben.

3.4 Bestimmung des historischen Orts

Nach einhelliger Meinung der alttestamentlichen Forschung wird Gen 4, 1-16 jenem Kreis von Theologen zugeordnet, die wir als Verfasser einer der Quellenschriften des Pentateuch unter dem Siglum »J« (Jahwist) bezeichnen. Einige Alttestamentler, vor allem Gerhard v. Rad (1938; 1987), Hans-Walter Wolff (1964) und aus den letzten Jahren Peter Weimar und Erich Zenger (1975), sind der Überzeugung, daß sich der Jahwist historisch so weit eingrenzen läßt, daß ein klares Profil seiner Anschauungen (Wolff: »Das Kerygma des Jahwisten!«) hervortritt. Doch mehren sich die Stimmen, die eher zur Vorsicht raten (z.B. Rendtorff, 1983, vor allem S. 169 ff). Mit aller Zurückhaltung können wir aber doch einige Hinweise notieren, die teilweise im nächsten Abschnitt und vor allem im 6. Kapitel »Ursprungsgeschichtliche Auslegung« näher zu konkretisieren sind:

Der Jahwist ist in die frühe Königszeit einzuordnen; dabei ist durchaus mit mehreren Schüben und Stufen der Entstehung zu rechnen, wie Weimar/Zenger (1975) plausibel am Beispiel der Exodus-Überlieferung gezeigt haben.

Diese Entstehungszeit ist durch erhebliche Spannungen in Israel gekennzeichnet: Auf der einen Seite haben wir sicher mit Freude und Dankbarkeit darüber zu rechnen, daß Jahwe nun sein Volk endgültig im versprochenen Land in Sicherheit wohnen läßt – nicht zuletzt die Einführung des Königtums erwies sich als stabilisierender Faktor. Andererseits tauchen schon jetzt Gefahren auf:

– Von Anfang an haben bestimmte Kreise die Einführung des Königtums nicht nur als Glück für Israel angesehen, sondern als Abfall von Jahwe, als Verrat an seiner Gnade.

– Auch die Auswirkungen des Königtums erwiesen sich schon bald als problematisch: Außen- und innenpolitisch entwickelten sich Herrschaftsstrukturen, die Mächtigen gebärdeten sich wohl oftmals als »Herrenmenschen«, die Verfügungsgewalt über das Leben anderer hatten.

– Schließlich ist auch durchaus damit zu rechnen, daß der Abfall von Jahwe zu Baal zur akuten Gefahr wurde. (Besonders deutlich ist die Auseinandersetzung in 1 Sam 8 erkennbar; das Kapitel hat sicher die Grundzüge der Kontroversen in der frühen Königszeit festgehalten, auch wenn es in seiner jetzigen Gestalt im Exil stark deuteronomistisch überarbeitet wurde.)

Es spricht manches dafür, daß die Kreise, für die »J« steht, sich als prophetische Mahner und Warner verstanden haben: Die »an der Tür lauernde Sünde« (Gen 4,7) könnte im Blick auf die skizzierten Gefahren in der Zeit der ersten Könige durchaus sehr konkret verstanden worden sein!

3.5 Klärung von Einzelaspekten

a. Begriffe

In diesem Abschnitt kann es nicht um eine ausgeführte Begriffsexegese gehen; wir greifen nur einige wenige besonders bedeutsame oder schwierige Begriffe heraus. Gleich in V 1 fällt *erkennen* auf. Es bezeichnet im ganzen Alten Testament die sexuelle Gemeinschaft zwischen Mann und Frau. Erkennen ist in diesem Zusammenhang nicht als ein kognitiver, sondern als ein personaler Begriff verstanden, im Sinne von wahrnehmen, begegnen. Damit zeigt sich, daß die Sexualität in der hebräischen Bibel nicht primär biologisch, sondern ganzheitlich-personal gedacht ist.

Im gleichen Vers bereitet die Aussage *Ich habe einen Mann gewonnen, mit Jahwe* Schwierigkeiten. Eine eindeutige Übersetzung ist aufgrund des lexikalischen Befunds nicht möglich; die von Westermann vorgeschlagene ist aber gut begründet: die Mutter freut sich, weil sie am Schöpfungswerk Gottes beteiligt ist (»mit Jahwe«).

Ansehen« (V 4+5), meint soviel wie »beachten«. Wenn es nun heißt, daß Jahwe Abels Opfer ansah und Kains nicht, so gibt der Begriff überhaupt nichts zur Begründung dieses Sachverhalts her; »daß Gott das Opfer Kains nicht ansah, ist also weder auf seine Gesinnung noch auf ein falsches Opfer zurückzuführen«, erklärt Westermann (1974, S. 403). Die Interpretation muß vielmehr bei der Erfahrung einsetzen, daß der eine »angesehen« ist, der andere nicht – daß dem einen alles gelingt, daß er alles hat und bekommt, während dem anderen alles mißlingt. Wenn der Text dies auf Jahwe zurückführt, sucht er nicht einen Grund für das Gelingen oder das Scheitern, sondern »es ist vielmehr das Unabänderliche damit ausgesagt, daß so etwas geschieht« (Westermann).

In V 7 geht es dann um den Begriff *Sünde*, mit dem wir uns schon beschäftigten. Es zeigte sich, daß Sünde und Strafe, Schuld und Schicksal durch den gleichen Begriff ausgedrückt werden; inhaltlich ergibt sich aus dem weiteren Zusammenhang, was Sünde in diesem Text meint: Den Zugriff auf das von Gott geschenkte Leben, das Verfügen über das Leben des Bruders.

Schließlich wäre noch auf den Begriff »verflucht« (V 11) hinzuweisen. Der Fluch deckt sich in der Wortwahl übrigens weitgehend mit der Verfluchung der Schlange in Gen 3, 14 f. Bemerkenswert ist, daß in Gen 3 nicht der »sündige« Adam, sondern aber ein Tier verflucht wird; erst in Gen 4 trifft der Fluch einen Menschen – zum erstenmal in der »Geschichte« der Menschheit aus der Sicht des Jahwisten! Dies ist sicher höchst bedeutsam im Blick auf die traditionelle dogmatische Setzung, nach der eben *Adam* der »gefallene Mensch« sei (hierauf macht Westermann, 1974, S. 417 aufmerksam). Der Fluch wirkt sich nicht als Vernichtung, sondern als Absonderung aus der menschlichen Gemeinschaft aus. Dies entspricht auch dem religionsgeschichtlichen Befund (s.o.).

b. Sachfragen

Die *Namen* der beiden Brüder wurden augenscheinlich, wie oft im Alten Testament, bewußt als Symbol-Namen gewählt, deren Bedeutung sich aus einer etymologischen Assoziation ergibt.

Bei *Kain* schwingt das hebräische Verb »kanah« mit, das entweder mit »erwerben« oder mit »schaffen« zu übersetzen ist; dementsprechend differieren die Übersetzungen von V 1. – *Abel* bedeutet soviel wie »Hauch, Nichtigkeit«: Abel kommt ja in der Erzählung auch kaum als Person in den Blick, sondern nur als der beneidete und erschlagene Bruder.

Beim *Opfer* (V 3) handelt es sich offensichtlich um ein Erstlingsopfer (Primitialopfer): Bei der Gewinnung der Nahrung wird der göttliche Geber anerkannt; damit verbindet sich die Erwartung, daß der Segen auch weiterhin gewährt wird.

Der Ackerboden spielt gerade in den ersten Kapiteln der Urgeschichte eine wichtige Rolle: Der Name des Urmenschen ›adam‹ leitet sich von ›adama‹: Ackerboden her und soll die Verbundenheit des Menschen mit der Erde symbolisieren: Er ist von Erde gemacht, soll den Acker bearbeiten und wird einmal wieder zur Erde werden. In Gen 4, 10-12 dient der Begriff Ackerboden, wie oben ausgeführt, dazu, die Verflechtung von Schuld und Schicksal auszudrücken. In diesen Versen könnte auch noch eine urtümliche Vorstellung durchschimmern, nach der der Erdboden das Blut des Ermordeten wie durch einen Rachen in sich aufnimmt und dem Mörder dann seine »Kraft«, d.h. die Fruchtbarkeit, verweigert.

Im vorliegenden Text ist diese Anschauung in das Wort Jahwes eingebunden. – Für einen antiken Menschen ist jedenfalls etwas zutiefst Beunruhigendes geschehen: »die Erde, die mütterliche Lebensgrundlage des Menschen, hatte Bruderblut getrunken« (v. Rad, 1961, S. 86).

Schließlich ist noch das *Kainszeichen* anzusprechen: Vielfach wird die These vertreten, es handele sich um eine Tätowierung, die die Israeliten bei den Kenitern beobachtet hätten. Dagegen bevorzugt Westermann (1974, S. 424 ff) die Auffassung, es handele sich im Duktus der Erzählung um ein außerhalb geschichtlicher Zeiterfahrung liegendes Geschehen; darum sei wohl auch für den Erzähler die Form des Kainszeichens nicht von Bedeutung gewesen.

3.6 Deutende Zusammenfassung der Ergebnisse

a. Bestimmung der grundlegenden inhaltlichen Aussagen

Ich greife noch einmal auf den in der textgeschichtlichen Analyse erhobenen Befund zurück, daß Gen 4, 1-16 in seiner jetzt vorliegenden Fassung nicht (mehr) als Stammesätiologie zu deuten ist (kollektive Interpretation), sondern als erzählende Reflexion über Schicksal und Verhalten der Urmenschen verstanden werden muß (»individuelle Interpretation«). Damit kann die Aussage von Gen 4 nur im Zusammenhang der ganzen jahwistischen Urgeschichte (Gen 2-11) erarbeitet werden. Diese ist ja außerordentlich stark von der Auseinandersetzung mit der Sünde geprägt, so sehr, daß man diese Kapitel geradezu als »hamartiologischen (= sündentheologischen) Traktat in Form von Erzählungen« bezeichnen könnte. In Gen 3 berichtet J, daß die Urmenschen die Autorität ihres Schöpfers, der ihnen nichts als Gutes erweist, nicht anerkennen wollen, sondern »sein wollen wie Gott« (Gen 3,5). In den weiteren Kapiteln seiner Urgeschichte zeigt nun der Jahwist, wie das Böse sich unheimlich rasch verbreitet – »wie ein Ölfleck auf dem Wasser« (Zimmerli). Die auf die Erzählung Gen 3 folgenden Kapitel zeigen , wie sich die Sünde auf immer weitere Bereiche ausdehnt: In Gen 4 die soziale Dimension; in der eigenartigen Geschichte von den »Engelchen« (Gen 6,1-4) beginnt der Mensch, die Grenzen zwischen dem ihm zugewiesenen Lebensraum und der Welt Gottes niederzulegen – bis es schließlich zur Erhebung der Menschheit gegen ihren Schöpfer kommt (Gen 11, 1-9).

In Gen 4, 1-16 sind folgende Züge hervorzuheben: In dem reflektierenden Einschub V 6+7 liegt offenbar der Versuch vor, in Verklammerung mit Kapitel 3 (formale Analogie!) deutlicher das Wesen der Sünde herauszuarbeiten.

Im traditionellen Verständnis kommt »Sünde in der Urgeschichte im Sündenfall ins Spiel (Gen 3), dem Ungehorsam des Menschen (wobei sich auch immer Sünde mit Sexualität verbindet!); es ist hochbedeutsam, daß der Jahwist den Begriff der Sünde erst in Kapitel 4 einführt. Die tötende Gewalt ist der Sündenfall! Allerdings hat das schuldhafte Verhalten wohl in Gen 4 die gleiche inhaltliche Qualität wie im vorhergehenden Kapitel. Sünde heißt letztlich: Gott nicht Gott sein lassen, sich selbst nehmen, was ihm zukommt. Dies ergibt sich nicht nur aus der engen formalen Analogie beider Kapitel, sondern auch aus einer inhaltlichen Beobachtung. Kain maßt sich das Recht über das Leben des Bruders an und nimmt damit für sich in Anspruch, was dem Schöpfer und Herrn vorbehalten bleiben muß! – Aber es wird auch klar: Wer sich der Herrschaft Gottes entzieht und sich selbst zum Herrn aufschwingt, gerät unter das Diktat fremder Mächte! Weiterhin fällt gerade in diesen beiden Versen auf, daß dem Menschen die Möglichkeit genommen wird, sich der Verantwortung für sein Tun zu entziehen: Er hätte die Möglichkeit, der Sünde nicht zu verfallen, sondern über sie zu herrschen.

Wie kommt es nun zur Gewalttat? Gegenüber vielen Deutungen in der jüdischen und christlichen Auslegungstradition, die Kain als den von Anfang an Bösen und Abel als den Prototyp des Gerechten verstehen will, ist festzustellen: Von all dem sagt der Text nichts. Sondern die mörderischen Gedanken entstehen aus der Frustration darüber, daß Jahwe Kains Opfer nicht anerkennt. Wie schon erwähnt, ist in diesem Zusammenhang wohl nicht die Frage des Verhältnisses Gottes zum Bösen in der Welt gestellt. Der Hinweis, daß Gott das eine Opfer »ansieht« und das andere nicht, hat hier wohl eher die Funktion, die Unerklärbarkeit und Unabänder-lichkeit bedrückender Erfahrungen zur Sprache zu bringen. Jedenfalls wird man auch nicht übersehen dürfen, daß nicht nur Neid auf das besser gelingende Leben Abels als Motiv für den Brudermord erkennbar wird, sondern wohl auch enttäuschte

Liebe. Und sicher ist auch zu beachten, daß der Brudermord im Zusammenhang mit einem Gottesdienst geschieht: Wo es um die religiöse Dimension geht, ist oft tödlicher Fanatismus nicht weit!

b. Bestimmung der Intention des Textes

Wenn das inhaltliche Verständnis von Gen 4, 1-16 aus dem Zusammenhang der jahwistischen Urgeschichte zu bestimmen war, dann gilt dies um so mehr für die Intention des Textes. Zur Bedeutung des Urgeschichte als ganzer im Werk des Jahwisten erklärt Westermann (1974, S. 89 ff), daß sie einerseits wohl bewußt das Bekenntnis Israels in den Kontext der dem Jahweglauben vorangegangenen und vorgegebenen Menschheitstraditionen stellt. Gleichzeitig aber wird auch diese universale Menschheitsgeschichte als Geschichte Jahwes mit den Menschen gedeutet und in die Rettungs- und Heilsgeschichte mit seinem Volk Israel verflochten. V. Rad unterstreicht den harmatiologischen Aspekt: der Jahwist will zeigen, daß nicht nur die Sünde sich immer weiter unter den Menschen ausbreitet, sondern daß damit auch »ein heimliches Mächtigwerden der Gnade« einhergeht, das dann im heilsgeschichtlichen Neueinsatz in Gen 12 gipfelt.

Im Blick auf die spezifische Intention von Gen 4 wird man vielleicht zwei Absichten annehmen können: Einmal die schon erwähnte Warnung vor Hybris und sündhaftem Herrschaftsanspruch in der Zeit der frühen Könige: Wo Israel verleugnet, daß Jahwe sein König ist (1 Sam 8,7!), hält der Verfasser von Gen 3 und 4 ihnen den Spiegel vor: Wer »sein will wie Gott«, verspielt den von Gott geschenkten Lebensraum, verliert die Achtung vor dem Mitmenschen und gerät unter fremde Herrschaft. – Dazu kommt wohl noch die oben gezeigte Neu-Fassung des ätiologischen Motivs in Gen 4. Israel erfährt, daß auch das Leben im »gelobten Land« keineswegs nur paradiesisch ist, sondern von Leid und Enttäuschung, Krankheit und Tod, Haß und Krieg geprägt ist. Die Antwort des Jahwisten für die Menschen seiner Zeit: Dies entspricht nicht dem guten Willen Jahwes mit seiner Schöpfung, sondern wurzelt in der Sünde der Menschen.

Der Jahwist hat in seiner Urgeschichte gezeigt, wie die Menschen auf der von Adam und Kain eingeschlagenen Linie Stück um Stück das von Gott geschenkte Leben verspielen. Aber das ist nicht das letzte Wort – das zeigt der Neu-Einsatz in Gen 12,1-3: In Abraham eröffnet sich eine neue Geschichte, in der der Gesegnete auch den Bruderkonflikt brüderlich austragen kann: Gen 13, 1-18, vor allem V 8 (»Wir sind doch Brüder!«).

Damit stellt er seine Zeitgenossen vor die Entscheidung, ob sie sich auf der Linie Adam-Kain oder in der »Nachfolge Abrahams« (Zenger, 1983, S. 25) verstehen wollen.

Die formgeschichtliche Beobachtung, daß wir es in Gen 4,1-16 mit einer Menschheitssage zu tun haben, führt noch einen Schritt weiter; solche Texte »erzählen nicht Einmaliges, sondern Erstmaliges als Allmaliges. Sie erzählen, was niemals war und immer ist,… sie wollen helfen, mit diesem vorgegebenen Wissen und Wesen das Leben zu bestehen« (Zenger, 1983, S. 11). Damit läuft die Geschichte auf ihre Hörer und Leser zu allen Zeiten zu und erzählt von der Kain-Perspektive als Möglichkeit zum Sterben und der Abraham-Perspektive als Möglichkeit zum Leben.

4 Das Beispiel: Mk 5,1-20

4.1 Textkritik

Auch bei diesem Text gehen wir zunächst von einer möglichst genauen Übersetzung aus (Gnilka, 1978, S. 199 f):

1 Sie kamen an das gegenüberliegende Ufer des Meeres in die Landschaft der Gergesener.
2 Und als er aus dem Boot ausstieg, kam ihm sogleich aus den Grabhöhlen ein Mensch mit einem unreinen Geist entgegen,
3 der seine Behausung in den Grabhöhlen hatte. Und keiner konnte ihn bisher mit einer Fessel binden.
4 Denn oft schon war er mit Fuß- und Handfesseln gebunden worden, und die Handfesseln waren von ihm zerrissen und die Fußfesseln zerrieben worden.
5 Und ständig, nachts und tags, in den Grabhöhlen und auf den Bergen schrie er und warf sich selbst mit Steinen.
6 Und als er Jesus von weitem sah, lief er herbei und warf sich vor ihm nieder
7 und schrie mit lauter Stimme: Was habe ich mit dir zu schaffen, Jesus, Sohn des höchsten Gottes? Ich beschwöre dich bei Gott, quäle mich nicht!
8 Denn er hatte zu ihm gesagt: Fahre aus, unreiner Geist, aus dem Menschen!
9 Und er fragte ihn: Was ist dein Name? Und er sagte ihm: Legion (ist) mein Name, denn wir sind viele.
10 Und er bat ihn inständig, daß er sie nicht aus der Gegend verjage.
11 Dort beim Berg befand sich aber gerade eine große Schweineherde, die weidete.
12 Und sie baten ihn: Banne uns in die Schweine, daß wir in sie einziehen.
13 Und er gewährte es ihnen. Und die ausgetriebenen unreinen Geister fuhren in die Schweine. Und die Herde stürmte den Abhang hinab in das Meer, an die zweitausend, und sie ertranken im Meer.
14 Und ihre Hirten flohen und meldeten es in der Stadt und in den Gehöften. Und sie kamen, um zu sehen, was geschehen war.
15 Und sie kommen zu Jesus. Und sie sehen den Besessenen dasitzen, bekleidet und vernünftig, ihn, der die Legion gehabt hatte.
Und sie fürchteten sich.
16 Und die es gesehen hatten, erzählten ihnen, wie es dem Besessenen ergangen war, und von den Schweinen.

17 Und sie begannen, ihn zu bitten, aus ihrer Gegend wegzugehen.

18 Und als er in das Boot stieg, bat ihn der Mann, der besessen gewesen war, er möchte mit ihm gehen.

19 Und er gestattete es ihm nicht, sondern spricht zu ihm: Geh in dein Haus zu den Deinen und melde ihnen, was der Herr Großes an dir getan und welche Barmherzigkeit er dir erwiesen hat.

20 Und er ging fort und begann in der Dekapolis zu verkünden, was Jesus Großes an ihm getan hatte. Und alle waren voll Staunen.

Zwei Beobachtungen sind textkritisch von Interesse

Einmal die Ortsangabe in V 1: Die Stadt Gerasa liegt zwei Tagesreisen vom See Genezaret entfernt und kommt als Schauplatz der Geschichte (in ihrem jetzigen Bestand) nicht in Frage. Einige Handschriften bieten (wie Mt 8,38) als Ortsangabe *Gebiet der Gadarener* an; der Ort Gadara liegt zwei Wegstunden vom See entfernt; andere Textüberlieferungen lesen *Gebiet der Gergesener* und denken dabei wohl an den – heute zur Ruine verfallenen – Ort *Kurse* am Ostufer des Sees, auf den auch die Ortsbeschreibung des Textes zutrifft (eine differenzierte Diskussion der verschiedenen Möglichkeiten legt Theißen, 1989, S. 254 ff vor).

Dieser Befund zeigt, wie die fehlerhafte Angabe eines augenscheinlich ortsunkundigen Schreibers einige Verwirrung im Textbestand auslöst.

In V 15 lassen einige Handschriften die Angabe »ihn, der die Legion gehabt hatte« fort – offensichtlich ein Versuch, den durch die Satzstellung etwas holprigen Text zu glätten.

4.2 Entstehungsgeschichte des Textes

a. Literarkritik

(1) Kontextkritik

V 1 verknüpft den Text durch die Notiz »ans jenseitige Ufer des Sees« mit der vorangehenden Erzählung von der Stillung des Sturms (4,35-41). Der Neu-Einsatz ist aber deutlich zu erkennen (u.a. durch folgende Beobachtungen: Die Abendsituation der Sturmstillung ist vergessen; auch von anderen Schiffen oder den Jüngern ist nicht mehr die Rede; vgl. Schenke, 1974, S. 273 f).

Das Ende des Bibeltextes in V 20 ist durch den für die Wundererzählungen typische Schlußwendung (s.u.) ebenfalls klar bezeichnet.

(2) Kohärenzkritik

Gibt es nun sprachliche bzw. inhaltliche Unstimmigkeiten und Brüche im Text oder ist er in sich stimmig (kohärent)?

Die Ansichten der neutestamentlichen Exegeten zu dieser Frage differieren stark.

Die einen gehen sehr kritisch an den Text heran und wollen zahlreiche Unebenheiten und Risse erkennen (vor allem: Kertelge, 1970; Schenke, 1974; Gnilka, 1978). Besonders auffällig ist V 8: Er setzt einen exorzistischen Befehl Jesu voraus, der aber offenbar wirkungslos blieb (der Dämon ist ja nicht ausgefahren!), und stört damit den Fluß der Erzählung. – Ein wenig unstimmig wirkt auch, daß gleich in V 2 erzählt wird, der Besessene sei Jesus entgegengekommen, während V 6 schildert, daß er den Herrn von weitem sieht und herbeieilt. – Ein weiterer Riß könnte sich in V 16 zeigen, wo die »Augenzeugen«sich nicht besonders plausibel aus dem bisherigen Gang der Geschichte ergeben.

Auch stilistische Unebenheiten und Eigenheiten weist Mk 5, 1-20 auf, die sich aber nur im griechischen Urtext erkennen lassen. Einzelne Merkmale werden in der redaktionskritischen Analyse besprochen.

Andere Exegeten urteilen, daß die Erzählung – mit Ausnahme von V 8 – »aus einem Guß«sei (Schmithals, 1979, S. 79). Doch sind insgesamt die Unebenheiten im Text nicht zu übersehen.

Wie sind nun die literarkritischen Beobachtungen und Vermutungen zu interpretieren?

Die Systematik der textgeschichtlichen Analyse erfordert eine Differenzierung nach vor-literarischen und literarischen Phasen. In dieser Frage gibt es aber keinen Konsens in der neutestamentlichen Forschung. Die Ansichten zur Textgeschichte von Mk 5,1-20 sind so komplex und widersprüchlich, daß sie sich nicht zu einem einheitlichen Interpretationsansatz fügen. Wir können nur wenige einigermaßen gesicherte Vorschläge aufgreifen und müssen dabei auf eine Differenzierung nach Überlieferungskritik verzichten.

b. Überlieferungs-, Quellen- und Redaktionskritik

Als älteste Stufe der Überlieferung nehmen einige Exegeten eine sehr einfache Exorzismus-Erzählung an, wie sie etwa auch in Mk 1,23 ff vorliegt. Pesch (1972, S. 41 ff) denkt an eine Geschichte, die noch in den Versen 1.2.7. (Ausfahrbefehl analog 8,8). 13.11.14.15.16.20 durchschimmere. Schweizer (1989, S. 57 f) orientiert sich am Bestand der Verse 1.2.7.8. Gnilka (1978, S. 200) vertritt dagegen die Ansicht, die Lokalisierung der Erzählung im (vorwiegend) heidnischen Gebiet der Dekapolis (Verband von 10 hellenistischen Städten) habe von vornherein eine differenziertere Ausarbeitung erfordert.

Verbreitet ist die These, daß Mk 5,1-20 Teil einer vormarkinischen kleinen Sammlung von Wundererzählungen sei (Mk 4,35 – 5,43; vgl die Übersicht bei Schenke, 1974, S. 17 ff). Markus sei dann an der Ausformung des vorliegenden Textes kaum beteiligt gewesen, sondern habe sie fast unverändert übernommen. Tatsächlich kommt die redaktionskritische Analyse in unserem Text kaum zu sicheren Ergebnissen: die meisten Kommentare gehen davon aus, daß Anfang und Schluß (V 1 und 20) von der Hand des Evangelisten stammen, vielleicht auch V 16. Wieweit sich in den Abschlußversen 17-20 noch eindeutige Merkmale markinischen Stils und Denkens nachweisen lassen, muß offenbleiben. Hier wird das für ihn zentrale Thema der Verkündigung und der Mission pointiert angesprochen: Der Geheilte wird zum Zeugen der hilfreichen Macht Jesu im Heidenland. Theißen (1989, S. 105f u.ö.) versucht die Spannungen im Text mit der Konkurrenz von zwei Überlieferungstendenzen zu erklären: einer »volkstümlichen«Überlieferung vom Wundertäter Jesu wären die Reaktionen der Hirten sowie die Verkündigung des Geheilten zuzuordnen; ihr stünde die Ausrufung des rettenden Erbarmens Gottes gegenüber, wie es sich im Auftrag Jesu an den Geheilten zeigt (V 19).

Zusammenfassend können wir festhalten, daß Mk 5, 1-10 offenbar eine verzweigte Textgeschichte hinter sich hat, die im einzelnen nicht mehr sicher aufzuhellen ist. Aber es zeigt sich deutlich, daß aus einer relativ einfachen Exorzismus-Geschichte nun eine Missions-Erzählung geworden ist. Das ergibt sich vor allem aus dem Schluß: »damit wird alles, was vorher erzählt wurde, nämlich die heilende Begegnung Jesu mit dem Besessenen, zum Inhalt des Kerygmas, das der erste Zeuge Jesu in der Dekapolis jetzt zu verkündigen beginnt« (Kertelge, 1970, S. 107).

Anhang: Der synoptische Vergleich

Schon auf den ersten Blick zeigt die Synopse, daß Lukas die markinische Vorlage nur geringfügig verändert hat; der Textbestand ist im wesentlichen gleich – die Abweichungen fallen sachlich kaum ins Gewicht. Der Ablauf ist geglättet, vor allem hat Lk das Nachklappen des Ausfahrbefehls in Mk 5,8 vermieden.

Deutlicher hat *Matthäus* (Mt 8,28-34) in die Markus-Vorlage eingegriffen. Zunächst fallen die Kürzungen ins Auge: Matthäus hat die Schilderung der Besessenheit fortgelassen; auch die Gespräche zwischen Jesus und den Dämonen über ihren Namen und zwischen Jesus und dem Befreiten. – Außerdem hat Matthäus aus dem einen Besessenen zwei gemacht, wahrscheinlich, um das Wunder zu steigern.

Im Vergleich mit Matthäus tritt das besondere Profil des Markus-Textes deutlicher hervor. Es liegt nicht in der Ausmalung des Geschehens, sondern im Schluß: Während bei Matthäus die Geschichte mit der abwehrenden Reaktion der Bevölkerung endet, läuft sie bei Markus auf die Verkündigung zu: Das Wunder der Befreiung soll allen weitergesagt werden.

4.3 Formales und inhaltliches Vorgaben-Repertoire

a. Form- und Gattungskritik

(1) Formkritik

Zunächst wieder eine Gliederung des Texts nach formalen Gesichtspunkten:

V 1-3a   Erste Situationsschilderung
V 3b-5   Darstellung der Lage des Besessenen
V 6a   Annäherung des Dämons an Jesus

V 6b-12   Gespräch des Dämons mit Jesus
          a) Beschwörende Bitte (7b)
          b) Nachgetragener Bericht über den Ausfahrbefehl (8)
          c) Verhandlung (9-12a)
V 13   Bericht über die Austreibung der Dämonen
V 14-17   Schilderung der Reaktionen der »Augenzeugen«
V 18-19   Dialog: Bitte des Geheilten; Missionsauftrag
V 20   Bericht über die Verkündigung und die Mission.

Bemerkenswert ist der verhältnismäßig hohe Anteil an Redeformen: Verhandlung mit den Dämonen – Dialog mit den »Augenzeugen« – Dialog mit dem Geheilten. Trotz der Vielgestaltigkeit ist der Text sehr klar in drei Szenen gegliedert:
– (Exposition);
– 1: Schilderung der Not;
– 2: Befreiung;
– 3: Reaktionen.

Viele Exegeten betonen den »volkstümlichen, fast schwankhaften Charakter« (Schenke 1974, S. 187) des Textes; er zeigt sich insgesamt an der detaillierten Ausschmückung der Handlung und vor allem an der Ausgestaltung der »Konzessionsbitte«der Dämonen: Das Zugeständnis, in die Schweine (für jüdische Hörer/Leser von vornherein eine »Sauerei«!) fahren zu dürfen, kehrt sich im »Schweinsgalopp« jählings in den Untergang.

(2) Gattungskritik

Alle Beobachtungen weisen eindeutig auf die Gattung »Wundererzählung« hin. Diese Gattung ist in der Umwelt des Neuen Testaments weit verbreitet; besonders gutes Material haben wir aus dem Heiligtum des griechischen Heilgottes Asklepios in Epidauros (vgl. z.B. Weiser, 1975, S. 36 ff). Die erhaltenen Schilderungen der Heilungen sind nach einem einfachen Schema gebaut:
1. Schilderung der Art des Leidens
2. Schilderung des heilenden Eingriffs
3. Feststellung des Heilerfolgs.
Häufig kommt noch hinzu:
4. Reaktion der Zuschauer (Staunen…)
Auch Exorzismus-Erzählungen gibt es in der Umwelt des Neuen Testaments; sie folgen dem gleichen Grundschema, das leicht abgewandelt wird:
1. Situationsangabe; Schilderung der Krankheit;
2. Begegnung zwischen Exorzist und Besessenem;
3. Gegenwehr des Dämons;
4. Ausfahrt des Dämons (mit Demonstration);
5. Reaktion der Zuschauer.
Die Wundererzählungen der synoptischen Evangelien übernehmen diese Gattungen recht unbefangen zu Darstellung der Wunder Jesu; sie greifen auf das reiche

Repertoire geprägter Sprache und Motive zurück und bauen es teilweise noch aus. Auch das Personeninventar ist in den synoptischen Wundergeschichten fest geprägt. Theißen (1974, S. 53 ff) unterscheidet 7 Personen bzw. Personengruppen:

- Wundertäter;
- Kranker;
- Dämon;
- Begleiter (Vater; Mutter; Träger des Kranken);
- Menge;
- Gegner;
- Jünger.

Wenn die Evangelisten ihr sprachliches Material zur Gestaltung der Wunder Jesu in enger Korrespondenz zu den geprägten Formen ihrer Umwelt entwickelten, bedeutet das keineswegs, daß sie einfach Christus in die Reihe antiker Wundertäter eingliederten; vielmehr haben sie dies Material planvoll in ihr Christuszeugnis integriert. Durch die Einbeziehung in die Gesamtkomposition und Intention ihrer Evangelien sind die Wundergeschichten unlösbar mit der *ganzen* Praxis und Geschichte Jesu verbunden; das wird ein Exkurs zum Verständnis der Wundergeschichten am Ende des Kapitels verdeutlichen. Diese Verknüpfung zeigt sich in Mk 5, 1-12 deutlich in der konsequenten Ausrichtung des Geschehens auf Christus hin; Schmithals (1979, spricht sogar von einer »christologischen Konzentration« in diesem Kapitel (S. 266). Der ganze Text hat sein Gefälle auf V 20 hin: Der Geheilte verkündet das Christusgeschehen; dies ist ein für Mk besonders typischer Begriff, der die Verbreitung der Botschaft von Jesus bezeichnet (z.B. Mk 3,14; Mk 6,12; vgl. dazu Schenke, 1974, S. 176).

Damit kommt die gattungskritische Frage nach dem *Sitz im Leben* der Wundererzählungen in den Blick. Die neutestamentliche Forschung ist sich weitgehend darin einig, daß die urchristliche *Mission* der Ort ist, an dem die Geschichten vom Wunder-Wirken Jesu regelmäßig erzählt wurden (vgl. Theißen, 1974, S. 257 ff). Die Glaubenden verkündigten Christus als rettenden und heilenden Herrn über alle Gewalten, die das Leben gefährden: zerstörerische Naturkräfte – Kräfte psychischer Verwüstung – selbst die Gewalt des Todes. Diese zentralen Themen der synoptischen Wundererzählungen faßt der kleine Wunderzyklus Mk 4,35-5,43 exemplarisch zusammen.

So kommt es bei den synoptischen Evangelien zu einer grundlegenden Um-Interpretation der geprägten Form der antiken Wundererzählung.

b. Traditionskritik

Die Frage nach geprägten inhaltlichen Vorgaben von Mk 5,1-20 wird zunächst noch einmal die religionsgeschichtlichen Parallelen zu den Wundern bzw. Exorzismen Jesu in den Blick nehmen, wie sie bereits in der gattungskritischen Analyse besprochen wurden (die Gattung schließt ja auch immer inhaltliche Momente ein).

Wichtig ist nun, in welcher Weise, mit welchen Absichten die neutestamentlichen Schriftsteller diese Vorstellungen aufgreifen. Wie bereits im Blick auf die Gattungen bemerkt, erhalten die Wundererzählungen ihre entscheidende Neu-Akzentuierung dadurch, daß die Evangelisten sie in den Gesamtzusammenhang der heilvollen Praxis und Geschichte Jesu einbeziehen. Wie sich dies auswirkt, zeigt sich u.a. an folgenden Merkmalen der neutestamentlichen Wundergeschichten:

- Sie dienen niemals der Verherrlichung des Wundertäters, wie es in der Umwelt des Neuen Testaments immer wieder zu beobachten ist; Jesus hat stets die Forderung nach einem »Zeichen« als Machterweis strikt zurückgewiesen (z.B. Mt 12,38 ff), ja, darin die Stimme des gegengöttlichen Versuchers gehört (Mt 4,1-11).
- Auch das in den religionsgeschichtlichen Parallelen nicht selten erwähnte Strafwunder (der Ungläubige wird durch ein schädliches Wunder bestraft) fehlt bei Jesus völlig.
- Die Wunder Jesu stehen ganz im Dienst der befreienden und heilenden Gottesherrschaft, in der die Demonstration der Macht keinen Ort hat; diesem Gedanken werden wir im letzten Teil dieses Kapitels noch etwas genauer nachgehen.

In der älteren Exegese wurde gelegentlich die Ansicht vertreten, hinter Mk 5,1-20 stecke das schwankhafte Märchenmotiv vom betrogenen Teufel, der aus dummer Prahlsucht seinen Namen verrät und damit angreifbar wird, der die Schweineherde für einen guten Zufluchtsort hält und dann mit ihr zugrunde geht – aber diese traditionsgeschichtliche These scheint doch recht weit hergeholt.

Interessant ist noch der Hinweis, daß alttestamentliche Vorstellungen von den Abtrünnigen und Götzendienern unseren Text beeinflußt hätten. Es wird Jes 65,1-7 herangezogen, wo von diesen Leuten erzählt wird, daß sie »in Gräbern sitzen und in Höhlen nächtigen, Fleisch von Schweinen essen und Brühe von Unreinem ist in ihren Töpfen«. Dieser prophetische Text spricht auch die Zusage Gottes aus: »Ich bin zu erreichen für die, die nicht nach mir fragen, und lasse mich finden von denen, die mich nicht suchten … Den ganzen Tag streckte ich die Hände aus nach einem abtrünnigen Volk, das einen Weg ging, der nicht gut war.«

Auch Psalm 67,7 könnte in der Textgeschichte von Mk 5,1-20 eine Rolle gespielt haben: »Gott läßt Einsame im Hause wohnen, führt Gefesselte in Kraft heraus, ebenso die Rebellierenden, die in Gräbern wohnen.«

4.4 Bestimmung des historischen Orts

Wie die Analyse zeigte, ist die Textgeschichte von Mk 5, 1-20 ebenso vielschichtig wie im einzelnen schwer aufzuhellen. Darum sind sichere historische Einordnungen kaum möglich. Man wird sich die Ausformung der Überlieferung in Kreisen von Christen denken müssen, die stark vom exorzistischen Kampf Jesu beeindruckt waren, die die hellenistischen Exorzismen ebenso kannten wie die Tradition der

Hebräischen Bibel, die bewußt in der Nachfolge standen und sich in der Verkündigung engagierten.

Die Endfassung des Textes stammt von Markus, jenem unbekannten Verfasser des ältesten Evangeliums. Die neutestamentliche Forschung geht von einer Abfassungszeit um das Ende des Jüdischen Krieges (70 n.Chr.) aus. Markus hat diesem Text seinen unverwechselbaren Stempel aufgedrückt, indem er eine überkommene Exorzismus-Erzählung durch die thematischen Aspekte der Nachfolge und der Verkündigung der Gottesherrschaft prägte.

4.5 Klärung von Einzelaspekten – Begriffe und Sachfragen

Bei diesem Text empfiehlt sich die Differenzierung nach Begriffen und Sachen nicht, ich fasse beide Punkte zusammen.

Die verschiedenen Möglichkeiten der *Ortsangabe (Gerasa, Gadara, Gergesa)* wurden bereits im Rahmen der Textkritik besprochen.

Die *Dekapolis* (»Zehnstadtgebiet«) ist ein Verband von Städten südöstlich des Sees Genezaret, vorwiegend im Ostjordanland gelegen. Sie wurden als griechische Ortschaften in frühhellenistischer Zeit gegründet. Die meisten Städte der Dekapolis hatten wohl auch einen – zur sozialen Unterschicht zählenden – jüdischen Bevölkerungsanteil.

In Mk 5,1-20 hat die Dekapolis vor allem symbolische Funktion: Sie steht für das Gebiet der »Heiden«. Hier sind Unreinheit (Dämonen; Schweine) und zerstörerische Kräfte zuhause. Und hier zeigt sich die befreiende Macht der Gottesherrschaft, hier wird die rettende Tat ausgerufen; letztlich symbolisiert die Dekapolis wohl den nicht mehr auf Israel begrenzten universalen Heilswillen Gottes.

Daß Menschen *besessen* sind, ist im Altertum eine verbreitete Vorstellung. Sie besagt, daß außer- und übermenschliche Kräfte von jemand Besitz ergriffen haben, so daß er nicht mehr Herr seiner selbst ist. Meistens ist die unheimliche Macht als personales Wesen gedacht, vielfach wird der Begriff *Dämon* gebraucht. Dämonen sind in der Sicht des antiken Menschen zerstörerische Mächte, die den Menschen quälen, ihm seine humane Identität rauben (in unserem Text drastisch geschildert!), die ihn epileptisch machen (Mk 9,14-27) oder stumm (Mt 9,32-34). – Die Bezeichnung der Dämonen als »unreine Geister« ist eine typisch jüdische Prägung; sie hat ihre Bedeutung darin, daß die Plagegeister sich vorzugsweise an Orten aufhalten, die als kultisch unrein gelten, wie etwa Gräber und Friedhöfe. – In unserem Text träg der Dämon den Namen *Legion*. Er kommt in keiner anderen antiken Exorzismus-Erzählung vor. Er soll augenscheinlich die besondere Gefährlichkeit des Dämons (die Vielzahl!) unterstreichen, schließt wohl aber auch eine Anspielung auf die römische Besatzungsmacht ein (so v.a. Theißen, 1989. S. 116 f). – Wer den Namen eines Dämons kennt, gewinnt Macht über ihn (vgl. das Märchen vom

Rumpelstilzchen!). Darum hütet er sich, ihn preiszugeben. Daß er in unserer Erzählung sich freiwillig benennt, soll wohl die eindeutige Überlegenheit der göttlichen über die zerstörerische Macht andeuten (Differenzierte Analysen der Exorzismen bietet Theißen, 1974, S. 94 ff.)

Die Bezeichnung Jesu als *Sohn des höchsten Gottes* kommt im Neuen Testament sehr selten vor. Sie wurzelt im Alten Testament und wird dort Nicht-Juden in den Mund gelegt. Hier hat sie offenbar die Funktion, das heidnische Umfeld des Geschehens zu verdeutlichen.

Die *Reaktion* der Zuschauer (die »Menge«im Personeninventar der Wundererzählung) entspricht dem Schema der Gattung: Die Hirten geraten in Schrecken; sie fliehen zu den Gehöften und in die Stadt und berichten. Auch die Bewohner werden – nachdem sie den Geheilten gesehen haben – in Furcht versetzt. Es handelt sich hier um die aus vielen Wundererzählungen bekannte »Epiphanie-Furcht«: Wo das Göttliche machtvoll aufscheint, ergreift Angst die Menschen. Weil Jesus ihnen unheimlich ist, bitten sie ihn, sich aus ihrem Lebenskreis zu entfernen. Ob auch die Furcht vor weiteren wirtschaftlichen Schäden ihre Bitte lenkt, ist unklar; Schmithals (1979, S. 278) lehnt diese Deutung ab; aber die ausdrückliche Erwähnung der Schweine in V 16 könnte doch ein Indiz dafür sein, daß auch wirtschaftliche Motive im Spiel sind.

Genau entgegengesetzt zur Reaktion der Menge schildert der Text das *Verhalten des Geheilten.* Wo die Hirten »melden«, beginnt er zu verkündigen, wo die Menge sich zwar fürchtet, aber nicht glaubt, wendet er sich Jesus vertrauensvoll zu; wo die Leute Jesus loswerden wollen, sucht er die Nähe des Herrn. Sicher hat Markus hier seinen Gemeinden vor Augen stellen wollen, was Glaube und Nachfolge bedeuten: Personale Bindung an Christus – Ausrufen der Befreiungstaten – sich von Christus den Ort der Verkündigung anweisen lassen. Nachfolge ist also nicht nur, wie bei den Jüngern, als Verlassen des Bisherigen denkbar, sondern genau so als Dienst im gewohnten Lebenszusammenhang. Dabei ist bemerkenswert, daß der Geheilte die Weisung Jesu nicht genau befolgt: Er erzählt nicht nur »in seinem Haus«vom Wunder, das an ihm geschah, sondern »in der Dekapolis«.

4.6 Deutende Zusammenfassung der Ergebnisse

a. Bestimmung der grundlegenden inhaltlichen Aussagen

Als ein wichtiges Ergebnis des gattungskritischen Arbeitsgangs zeigte sich: Die Synoptiker verwenden für die Formung der Wundergeschichten sprachliches und inhaltliches Material aus der Umwelt; aber sie prägen es neu durch die Einbeziehung in den Gesamtzusammenhang ihrer Evangelien. Darum scheint es sinnvoll, diesem Zusammenhang abschließend noch einmal nachzugehen und damit den Rahmen für das Verständnis von Mk 5, 1-20 zu bestimmen.

Eine zentrale Aussage ist Lk 11,20: Jesus erklärt im Streitgespräch über seine Vollmacht:
»Wenn ich aber die Dämonen durch den Finger Gottes austreibe, dann ist doch das Reich Gottes zu euch gekommen«.
Dieser Satz gibt einige wichtige Hinweise:
– Die Austreibung von Dämonen ist im Zusammenhang der *Gottesherrschaft* zu sehen.
– Das Reich Gottes ist kein Zustand, der einmal in ferner Zukunft eintreten wird, sondern ein *Prozeß*, der schon jetzt in der Praxis und Geschichte Jesu angefangen hat.
– Er wirkt sich als *befreiender Kampf* gegen die Kräfte aus, die den Menschen zerstören.
– Die wunderbare Befreiung ist das Werk *Gottes*.
– Die Herrschaft Gottes kommt noch nicht umfassend für alle zur Geltung, sondern verwirklicht sich *zeichenhaft* an einzelnen.
Die von Jesus berichteten Wunder sind also nicht isoliert zu sehen, sondern im Zusammenhang der Rede vom Reich Gottes zu verstehen.
Ein zentraler Text für das Verständnis der Gottesherrschaft ist Mt 11, 2-6: Johannes der Täufer fragt Jesus: »Bist du, der kommen soll, oder sollen wir auf einen anderen warten?«. Jesus antwortet mit einem Zitat aus Jes 35,5 f: *Gott selbst kommt* (in Christus), um sein Volk zu befreien. Jesus fügt hinzu: …» und den Armen wird die frohe Botschaft verkündigt«.
Dieser Abschnitt zeigt charakteristische Merkmale der Gottesherrschaft:
– Sie ist ein *ganzheitlicher* Prozeß: Befreiende Tat und zusprechendes Wort gehören zusammen;
– sie wird denen zugesprochen, die am meisten auf die Befreiung angewiesen sind: Den *Armen* (vgl. Mt 5,3), den *Kindern* (Mk 10,14) und eben – in den Wundern – *den Beschädigten und Beladenen*.
Wichtig ist auch:
– Die Gottesherrschaft geht weiter. Sie wird durch die Jünger und die Gemeinde vorangetragen. Das zeigt vor allem die »Aussendungsrede« (»Verkündet und heilt«! vgl. Mt 10, 7f).
Im ganzheitlichen Prozeß der Gottesherrschaft sind verschiedene Aspekte miteinander verbunden und aufeinander bezogen:
– Die Heilungswunder und Exorzismen zielen auf die Befreiung von Verkümmerung und Entstellung des Menschen im vitalen und auch im psychischen Bereich.
– Das vergebende Wort zielt auf die Verkümmerung und Entstellung des Menschen im religiösen und sozialen Bereich (Beispiele: Lk 19, 1-10; vgl. Joh 8, 1-11).

Immer geht es darum, daß sich die befreiende und heilende Gottesherrschaft gegen Barrieren und Widerstände durchsetzt; Jesu Wirken im Zusammenhang der Gottesherrschaft ist grundsätzlich wunderbar *grenzüberschreitendes Handeln.*

Natürlich stellt sich für den antiken Menschen die Frage nach der Historizität der Wunder Jesu nicht, die heute oft die Auseinandersetzung beherrscht. Für einen Zeitgenossen Jesu ist vielmehr wichtig, woher die Kräfte kommen, die durch Jesus hindurchgehen: von Gott oder dem Widersacher. Dies ist das Thema heftiger Auseinandersetzungen Jesu mit seinen Gegnern (Lk 11, 14 ff par u.ö.).

Die grundlegenden Aspekte der Gottesherrschaft treten auch in Mk 5, 1-20 deutlich hervor: Die Austreibung ist ein Befreiungsprozeß (den die dramatische Schilderung noch verstärkt) – er kommt einem Menschen zugute, der sich selbst nicht mehr helfen kann – er ermöglicht dem sozial Ausgegrenzten ein neues Leben in der Gemeinschaft – er verbindet wunderbare Befreiung und Verkündigung.

b. Bestimmung der Intention des Textes

Nachdem die wesentlichen Aspekte des Textes herausgearbeitet sind, können wenige Hinweise zur Intention genügen:

Der Text will bezeugen, daß im Wirken Jesu die befreiende Gottesherrschaft zur Geltung kommt; sie wirkt bis ins Konkret-Leibliche hinein.

Die Befreiung bezieht sich nicht nur auf einen Menschen, sondern auf einen ganzen Lebensbereich: Die quälenden und zerstörenden Mächte mußten das Gebiet freigeben.

Der Text legt einen starken Akzent auf den Glauben und will zeigen, daß der Glaube als personale Beziehung zu Jesus nicht durch das Wunder bewirkt wird (vgl. Unverständnis und Unglauben bei der »Menge«), aber aus ihm erwächst.

Der Text bezieht die Wundertat in die Verkündigung der Güte Gottes ein; auch sie ist »grenzüberschreitend«; sie springt über die nationalen und religiösen Schranken und ist universal.

5 Chancen und Grenzen der Historisch-Kritischen Auslegung

Nach dem Gang durch die Texte Gen 4, 1-16 und Mk 5, 1-20 dürften wir tatsächlich der biblischen Überlieferung ein gutes Stück nähergekommen sein: Es zeigt sich ein klareres Bild von der Eigenart dieser Texte, ihre zentralen Aussagen lassen sich nun besser umschreiben und die Absichten ihrer Verfasser deutlicher benennen.

Die Historisch-Kritische Auslegung beschäftigt sich ja größtenteils mit der Freilegung und Erklärung der Prozesse, die als »innertextliche Diachronie« bezeichnet werden, also mit den verschiedenen Stadien der Entstehung eines Textes.

Möglicherweise erscheint diese Arbeit recht trocken. Vielleicht kommt als Frage auf, ob hier nicht ab und zu die wissenschaftliche Arbeit um sich selbst kreist. Hans-Joachim Kraus sprach in diesem Zusammenhang von einer möglichen Entartung der Exegese »zu einem technischen und feinmechanischen Prozeß« (Kraus, 1983, S. 30)

Aber: Es sollte deutlich geworden sein, daß die textgeschichtliche Arbeit eine Fülle von interessanten Beobachtungen hervorbringen kann, die die Entstehung und Weitergabe der biblischen Überlieferung als einen höchst differenzierten und spannungsvollen Prozeß erscheinen lassen. Dabei geht es nicht um die Bewertung einzelner Bearbeitungsstufen als »überholt« oder »sekundär«; jede Stufe gräbt ihre Spuren in den Text und zeigt, daß die Bearbeiter nie »fertig waren« mit dem Überkommenen, sondern es ausgestalteten – als Antworten des Glaubens auf Fragen, die sie bewegten.

Allerdings wird sich die Einsicht in diesen Prozeß nur dann produktiv für das Verständnis auswirken, wenn die Historisch-Kritische Arbeit aus einer bestimmten Perspektive vorgenommen wird. Diese ist jetzt noch zu erläutern.

Voraussetzung für das Verständnis solcher Prozesse ist, daß der Exeget bereit ist, ein traditionelles Denkmuster historischer Analyse aufzugeben, das die Untersuchung nach der Analogie der Archäologie (»Archäologie-Modell der Exegese«) begreift. Nach diesem Denkmodell geht es darum, die in Jahrhunderten abgelagerten Schichten abzutragen, um das Ursprüngliche freizulegen. So sollen auch Texte interpretiert werden: die Erweiterungen und Umgestaltungen sind zu identifizieren und als Überlagerungen des ursprünglichen Textes beiseite zu legen. – Ein solches Verständnis wird der Entstehung der biblischen Überlieferung nicht gerecht. Hier macht sich der historisch arbeitende Exeget zum Herren der Überlieferung, der nach dem ebenso einseitigen wie problematischen Kriterium der »Echtheit« über Wert und Unwert der Überlieferungselemente entscheidet. Besser ist es, den Prozeß der Tradierung nach dem Modell des Wachstums (»Wachstums-Modell der Exegese«) zu begreifen. Dann sind die Umgestaltungen der Texte nicht antiker Schutt, der wegzuschaffen ist, sondern Dokumente eines vielschichtigen Wachstumsprozesses.

Theißen schlägt vor, die einzelnen Stadien der Textgeschichte als jeweils selbständige Realisierungen des vorgegebenen Repertoires einer Gattung an Formelementen und Motiven (»virtuelle Gattungsstruktur«) aufzufassen; er verwendet dafür das Bild des musikalischen Themas, das sich in immer neuen Variationen entwickelt. Die bei der Variation wirksamen Gestaltungsprinzipien und auslösenden Faktoren bezeichnet er mit den Begriffen: Entfaltung der in der Überlieferung verschlossenen Möglichkeiten – Umformung – Verschmelzung von Typen und Formelementen zu einem neuen Text.

Diese Erklärungen beziehen sich mehr auf die ästhetischen Aspekte des Überlieferungsprozesses; sie müßten ergänzt werden durch den Erfahrungsbegriff, so daß die Untersuchungsfrage jetzt lauten müßte: Welche Erfahrungen haben die Anstöße zur Ausarbeitung der verschiedenen Variationen des Grundthemas eines Textes gegeben, die sich in den verschiedenen Stadien der Textgeschichte zeigen? Welche Formgesetze waren dabei wirksam?

Unter dieser Perspektive bietet sich als bildhafte Vorstellung der textimmanenten Diachronie das organische Wachsen einer Siedlung an: Welche neuen Erfahrungen und Bedürfnisse kamen in den einzelnen Zeitepochen auf? Welche Herausforderungen wurden formuliert? Welche neuen Fähigkeiten entwickelten sich?... Lauter Impulse, das Überkommene weiterzuführen, neue »Häuser« zu bauen, sie zu beziehen und mit Leben zu füllen – ohne daß die alten Gebäude abgerissen werden mußten und zerfielen. So gewannen die alten Texte immer neue Räume hinzu, entwickelten sich ins Weite. Ein Verstehensvorgang, der dieser Weite gerecht werden will, müßte versuchen, die unterschiedlichen Erfahrungen aufleuchten zu lassen, die Sprache der Formen und Motive zu erspüren, die zu ihnen gehören, und die herauszuheben, die unserer Situation besonders nahe sind. Dazu merkt Gerhard Marcel Martin an: »In solchem Umgang werden Texte nicht verbraucht oder aufgezehrt (das wäre Konsumlogik kapitalistischer Produktionsweise), sondern im Gegenteil: Sie werden reicher und machen reicher« (Martin in: Wink, 1982, S. 10).

Wieweit trägt dieser Verstehensansatz? Wo liegen seine Grenzen? Diese Fragen sollen in einem abschließenden Reflexionsgang diskutiert werden.

5.1 Sechs Argumente für die Historisch-Kritische Exegese

a. Die Historisch-Kritische Methode schützt vor dogmatischer Bevormundung.

Das erste und wichtigste Argument ist der Hinweis auf den geschichtlichen Prozeß, in dem aufgeklärtes Denken gegen den Druck kirchlich normierter Dogmatik den Freiraum wissenschaftlicher Selbstverantwortung erkämpfte. Die Gefahr der normativen Vorgaben ist damit allerdings nicht ein für allemal überwunden, sondern muß immer wieder erkannt und bekämpft werden. Hans-Joachim Kraus notiert: »Kritik löst und scheidet von der Voreingenommenheit der Konfessionen, vom Vorurteil der Gruppeninteressen, aber auch von der Befangenheit in Eindrücken, die eine die Urbotschaft verdeckende Erscheinungsart des Christentums hervorgerufen haben könnte« (Kraus, 1983, S. 15).

b. Die Historisch-Kritische Methode schützt die Fremdheit der biblischen Überlieferung vor unangemessener Vertrautheit.

Auch subjektive Willkür des einzelnen Interpreten bzw. der Gruppe, der er sich zugehörig fühlt, kann sich wie eine normative Instanz vor ein offenes Hören des Textes schieben. »Unerhört schwierig ist es, wirklich zu hören«, bemerkt Kraus (Kraus, 1983, S. 41). Darum brauchen wir die historische Kritik, die den Text in die Distanz stellt und sein Geheimnis gegen vorschnelle Vertraulichkeit wahrt, die meint, schon alles zu wissen. Er ist auf Schutz angewiesen gegen subjektive Beliebigkeit, ideologische Ausbeutung, gegen mitgebrachte Sichtweisen, die auf ihn projiziert werden… also gegen alle Versuche, ihn in ein vorgegebenes Schema zu pressen. Denn erst ein Text, der dem heutigen Hörer gegenübersteht und seine Eigenständigkeit und sein Geheimnis behält, kann seine Sache sagen.

Aber: Alle Ergebnisse der Historisch-Kritischen Exegese können nicht über die Formulierung begründeter Hypothesen hinausführen. Dies ist gegen jede Euphorie, die sich anmaßt, den historischen Sinn eines Textes »objektiv« festzustellen, nachdrücklich festzuhalten.

Weiter ist zu beachten: Auch eine noch so differenzierte und pünktliche Historisch-Kritische Exegese kann den Raum der geschichtlichen Vergangenheit nicht verlassen; ihre Methoden reichen nicht aus, um einen Bezug des untersuchten Textes zu unserer Gegenwart herbeizuführen. Wo dies als letzter Schritt der Interpretation versucht wird, kommen andere Auslegungsmethoden ins Spiel, die nicht mehr den Anspruch historischer und kritischer Prägnanz erheben dürfen. Dies ist gegen jeden Versuch der methodischen Grenzüberschreitung nachdrücklich festzuhalten.

c. Die Historisch-Kritische Methode nimmt die Menschlichkeit der Offenbarung ernst.

Historisches Arbeiten geht davon aus, daß die Überlieferung in ihrer Ausformung durch die Umstände und Bedingungen ihrer geschichtlichen Entstehungssituation geprägt ist. Dazu gehört ebenso die unbefangene Verarbeitung von Vorstellungen aus der religiösen Umwelt des Alten und Neuen Testaments wie die Anerkennung zeitbedingter Anschauungen und das Ernstnehmen der Subjektivität der jeweiligen Verfasser.

d. Die Historisch-Kritische Methode erkennt die biblische Überlieferung als Ergebnis eines langen Wachstumsprozesses.

Gerade die Einsicht in die oft langen und verzweigten Wachstumsvorgänge biblischer Texte, die die einzelnen Schritte der Historisch-Kritischen Exegese aufzuhellen versuchen, ist für das Verständnis außerordentlich fruchtbar. Gegen den Wahrheitsanspruch des Historismus, der nur anerkennen will, was »echt« oder »originär« ist, kann deutlich werden, daß das Volk Gottes mit seinem Glauben nie fertig geworden ist, ihn nie in die Form feststellbarer Sätze gepreßt hat, sondern in jeder neuen geschichtlichen Erfahrungssituation in kreativer Freiheit versuchte, die Stimme seines Gottes neu zu hören und zur Geltung zu bringen.

e. Die Historisch-Kritische Methode ist von ihrem Gegenstand und von ihrer Methode her prinzipiell auch gegen sich selbst kritisch.

Jede Methode ist der Gefahr ausgesetzt, ihre Voraussetzungen nicht mehr kritisch zu reflektieren und damit sich selbst zum alleinigen Kriterium des Verstehens zu machen. Wenn die Historisch-Kritische Auslegung aber ihrem Gegenstand und ihrer Methode treu bleibt, muß sie auch gegen sich selbst kritisch bleiben. Denn sie erkennt in der biblischen Überlieferung selbst die Zeitbedingtheit von Erkenntnis und wendet diese Einsicht auch gegen sich selbst.

Und sie muß akzeptieren, daß die Methode historischer Kritik nicht da suspendiert werden darf, wo es um die Aufklärung ihrer eigenen Denkvoraussetzungen geht. Insgesamt setzt die kritische Arbeit an der Bibel die Bereitschaft des Exegeten voraus, sein erworbenes theologisches Wissen immer wieder aufs Spiel zu setzen, um neu zu hören. Die Notwendigkeit der kritischen Überprüfung der eigenen Voraussetzungen hat Gerhard Ebeling in seinem wichtigen Aufsatz über »Die Bedeutung der Historisch-Kritischen Methode« begründet: »Es führt nur zur Verschleierung der Problemlage, wenn man die Historisch-Kritische Methode für eine rein formale, voraussetzungslose wissenschaftliche Technik hält, deren Anwendung auf die historischen Gegenstände im Bereich der Theologie keine Konflikte hervorruft und das Gefüge der Dogmatik nicht antastet... Historisch-Kritische Methode ist erst hervorgewachsen aus dem geistesgeschichtlichen Umbruch der Neuzeit. Sie ist nicht nur dort, wo sie etwa ihre legitimen Grenzen überschreitet, sondern wesenhaft verbunden mit Sachkritik« (Ebeling, 1950, S. 27). Diese Einsicht verhindert nicht die Anwendung der historischen Kritik auf die Texte des Alten und Neuen Testaments, aber sie dehnt die kritische Fragestellung auch auf die historischen und weltanschaulichen Voraussetzungen der Methode selbst aus.

f. Die Historisch-Kritische Methode trägt zum offenen Dialog über die Bibel bei.

Wissenschaftliche Arbeit und damit auch die kritische Exegese biblischer Texte »muß in ihrer Methodik mitteilbar und nachvollziehbar sowie in ihren Ergebnissen überprüfbar sein« (Fohrer, 1976, S. 12). Das schließt nicht ein, daß jedermann von ihren Ergebnissen überzeugt sein muß; aber die Anwendung wissenschaftlicher Methoden bei der Auslegung der christlichen Überlieferung bedeutet, sie so zu interpretieren, daß ihre Aussage jedermann zugänglich ist, auch wenn diese Überlieferung für ihn keinerlei Verbindlichkeit besitzt.

Die Forderung intersubjektiv zugänglicher und überprüfbarer Methoden in bezug auf die Schriftauslegung entspricht letztlich dem reformatorischen Grundsatz der öffentlich verantworteten Verkündigung (publice docere: Confessio Augustana XIV).

5.2 Kritische Rückfragen

Natürlich gibt es auch viele Einwände gegen die Historisch-Kritische Methode. Der grundsätzliche Streit um die Berechtigung historischer Kritik soll erst am Schluß des nächsten Kapitels diskutiert werden, weil diese sich eng mit dem Namen und der Theologie Rudolf Bultmanns verbindet. Jetzt soll es vorerst um einige Rückfragen gehen, die aber die Notwendigkeit und das Recht kritischer Exegese nicht in Frage stellen.

Auch für die katholische Exegese ist die Anwendung Historisch-Kritischer Methoden nicht umstritten. Den ersten Schritt tat Pius XII. mit seiner Enzyklika »Divinu afflante Spiritu« (1943), in der er die Bedeutung der literarkritischen Analyse für die Auslegung der Bibel unterstrich. Die formgeschichtliche Methode wird in der während des Konzils (1964) veröffentlichten Instruktion der Päpstlichen Bibelkommission »Sancta Mater Ecclesia« hervorgehoben. Die Konzilskonstitution »Dei verbum« (»Die göttliche Offenbarung und die Auslegung der Heiligen Schrift«) verpflichtet auf die Anwendung kritischer Methoden: »Da Gott in der Heiligen Schrift durch Menschen nach Menschenart gesprochen hat, muß der Schrifterklärer, um zu erfassen, was Gott uns mitteilen wollte, sorgfältig erforschen, was die heiligen Schriftsteller wirklich zu sagen beabsichtigten und was Gott mit ihren Schriften kundtun wollte.« (Eine Zusammenstellung der wichtigsten Dokumente bei Müller, 1990, S. 185 ff)

a. Es besteht die Gefahr, daß die Historisch-Kritische Methode faktisch ihre Voraussetzungen nicht konsequent genug aufklärt.

Tatsächlich ist in der Praxis Historisch-Kritischer Auslegung immer wieder zu beobachten, daß die Bedingungen, unter denen die biblische Überlieferung erklärt wird, nicht kritisch reflektiert werden , z.B. die Unabgeschlossenheit und damit die begrenzte Gültigkeit ihrer Ergebnisse.

Die historische Kritik muß also darauf achten, daß sie gegen sich selbst kritisch bleibt und nicht »schleichend positivistisch« wird (G.M. Martin in: Wink, 1982, S. 9).

b. Die Historisch-Kritische Methode kann die biblischen Texte zum Schweigen bringen.

Diese kritische Anfrage macht darauf aufmerksam, daß die obengenannte positive Funktion der historischen Methode, vorschnelle Vertrautheit mit der Überlieferung zu verhindern, auch ihre Kehrseite hat: Ein Verstehensprozeß, der sich mit der Beschreibung der »historischen Sinnbestimmung« eines Textes zufriedengibt – der also *allein* auf die Historisch-Kritische Interpretation setzt –, bringt die Bibel um ihre Chance, zur Anrede an die heutigen Leser und Hörer zu werden; die notwendige kritische Distanz wird, auf Dauer gestellt, zur »Zuschauerhermeneutik« (Wink) verleiten. – Diese Bemerkungen belegen, daß die kritische Exegese durch andere Verstehenswege ergänzt werden muß.

c. Die Historisch-Kritische Methode steht in der Gefahr der Selbstüberschätzung und damit der Neophobie.

Eine so lange gewachsene Methode, die immer wieder reflektiert und immer weiter ausdifferenziert wurde, unterliegt leicht der Gefahr, sich selbst für den einzigen Zugang zu ihrem Gegenstand zu halten, sich damit gegen Neuentwicklungen abzuschließen und nur noch im Binnenraum weiterer Methodenverfeinerung zu agieren. Für solche Verengungen wählte Alex Stock den treffenden Ausdruck »Neophobie«: Neuerungsfurcht (Stock, 1974, S. 71). Nach seiner Meinung wird historische Exegese da fragwürdig, »wo aus ihrer analytischen Genauigkeit ein wissenschaftlicher Sauberkeitszwang entsteht«; und Hans-Joachim Kraus warnt nachdrücklich: »Das reine Auslegen kann ja doch – mit all seinen Subtilitäten und Delikatessen – zu einem technischen und feinmechanischen Prozeß entarten« (Kraus,1983, S. 40).
So drängen die kritischen Rückfragen an die Historisch-Kritische Auslegung wie von selbst zu weiteren Verstehensschritten. Diese sollen in den folgenden Kapiteln dargestellt und geprüft werden.

Literatur

Barth, Karl, Die kirchliche Dogmatik. Die Lehre von der Schöpfung. Erster Teil. (Band III.1). Zollikon: Evangelischer Verlag. 3. Aufl. 1957.

Ebeling, Gerhard, Die Bedeutung der historisch-kritischen Methode für die protestantische Theologie und Kirche. In: ZThK 1950. S. 1-46.

Rad, Gerhard von, Das formgeschichtliche Problem des Hexateuch. In: ders., Gesammelte Studien zum Alten Testament (Theologische Bücherei 8). München: Chr. Kaiser Verlag. 1958. S. 9-86.

Westermann, Claus, Arten der Erzählung in der Genesis. In: ders., Gesammelte Studien zum Alten Testament (Theologische Bücherei 8). München: Chr. Kaiser Verlag. 1964. S. 9-91.

Zenger, Erich, Das Blut deines Bruders schreit zu mir (Gen 4,10) – Gestalt und Aussageabsicht der Erzählung von Kain und Abel. In: D. Bader (Hg), Kain und Abel. Rivalität und Brudermord in der Geschichte des Menschen (Schriftenreihe der Katholischen Akademie Freiburg). München/Zürich: Verlag Schnell & Steiner. 1983. S. 9-28.

Kapitel 2
Existentiale Auslegung

Vorbemerkung

Mit der Existentialen Auslegung, oft auch als Existentiale Interpretation bezeichnet, beginnt die Darstellung einer Reihe von hermeneutischen Ansätzen, die den »garstigen Graben« (Lessing) der geschichtlichen Distanz so zu überwinden versuchen, daß sie grundsätzlich von der »Gleichzeitigkeit« (Kierkegaard) der Überlieferung und des heute um Verstehen Bemühten ausgehen.

In der Literaturwissenschaft werden solche Interpretationsansätze, die die zeitliche Differenz zwischen Quelle und Gegen-wart im Verstehensprozeß vernachlässigen, als »synchron« bezeichnet – im Gegensatz zu »diachronen« Konzepten, deren Interpretation darauf basiert, daß sie den Text als historisches Dokument bearbeiten; klassisches Beispiel: Die Historisch-Kritische Auslegung.

Als synchron orientierter Ansatz vernachlässigt die Existentiale Interpretation aber keineswegs die historische Differenz; sie greift sie jedoch in einer spezifischen Weise auf, die noch im einzelnen dargestellt wird.

1 Optionen

1.1 Entmythologisierung?

Die Existentiale Interpretation der Bibel ist auf engste mit dem Namen, dem Denken und dem Werk des evangelischen Neutestamentlers Rudolf Bultmann verknüpft. Nun wird er allerdings meistens mit einem ganz anderen Stichwort in Verbindung gebracht, dem Programm der Entmythologisierung; dies löste manchmal die Befürchtung aus, das Evangelium werde dem Zeitgeist angepaßt und ihm am Ende geopfert. In diesem Zusammenhang kommt dann häufig das folgende Zitat Bultmanns zur Sprache: »Man kann nicht elektrisches Licht und Radioapparat benutzen, in Krankheitsfällen moderne medizinische und klinische Mittel in Anspruch nehmen und gleichzeitig an die Geister- und Wunderwelt des Neuen Testaments glauben« (Bultmann, 1948, S. 18). Dies Zitat erweckt den Eindruck, der platte Rationalismus werde zum Maß des heutigen Bibelverständnisses.

Sicher spielt die Entmythologisierung eine gewichtige Rolle im Denken Rudolf Bultmanns; aber der Begriff zeigt sozusagen nur die negative Seite eines Vorgangs, den wir mit Bultmann selbst besser als die Existentiale Interpretation des Neuen Testaments bezeichnen. Die Annäherung von der Begrifflichkeit der Entmythologisierung her führt leicht zu Verzerrungen und dann zur Errichtung von Barrieren; sie wird dem Interesse der Arbeit Bultmanns weder historisch noch systematisch gerecht. (Leider leisten auch manche im übrigen solide Darstellungen zur Bibeltheologie durch stark verkürzende Zusammenfassungen der Arbeit Bultmanns dem Mißverstehen Vorschub; z.B. Lang, 1980, S. 199 ff.) Ich werde darum etwas anders ansetzen und den Begriff der Entmythologisierung später zu klären versuchen.

1.2 Das neue Geschichtsverständnis

Bultmanns Ausgangspunkt ist – übrigens etwa gleichzeitig mit Karl Barth – bereits in den zwanziger Jahren die kritische Auseinandersetzung mit dem Historismus. Das ständig wachsende Unbehagen hat Jahrzehnte später der Göttinger Historiker Reinhard Wittram recht drastisch formuliert: »Mir erscheinen die großen geschichtlichen Begebenheiten der Vergangenheit immer als gefrorene Katarakte: in der Kälte des entflohenen Lebens erstarrte Bilder, die uns in Distanz halten… Wir frieren im Anschauen der Größe gefallener Reiche, untergegangener Kulturen, ausgebrannter Leidenschaften… Wenn wir das ernstnehmen, kann es uns durchfahren, daß wir Historiker ein sonderbares Geschäft treiben: wir hausen in den Totenstädten, umfangen die Schatten, zensieren die Abgeschiedenen« (Wittram, 1958, S. 15 f).

Ein solches Urteil mußte die Historisch-Kritische Beschäftigung mit der Bibel besonders empfindlich treffen; denn es besagt, daß das distanzierende Denken des Historismus die Überlieferung des Alten und Neuen Testaments am Ende tötet, den Exegeten in die Rolle des Archäologen drängt.

Bultmanns Frage war: Wie kann ein Text der Vergangenheit angesichts seiner Geschichtlichkeit eine mich betreffende Anrede werden? In der Einleitung seines 1926 erschienenen Jesus-Buchs (Bultmann, [1926] 1964, S. 12f) gab er die Antwort: Eine Auseinandersetzung mit Geschichte kann »keine neutrale Orientierung über objektiv feststellbare Vorgänge in der Vergangenheit sein«; sie wird fruchtbar, wenn sie »von der Frage bewegt ist, wie wir selbst, die wir in der Bewegung der Geschichte stehen, zur Erfassung unserer eigenen Existenz gelangen können, d.h. Klarheit gewinnen können über die Möglichkeiten und Notwendigkeiten unseres eigenen Wollens«. Diese programmatischen Sätze enthalten bereits wichtige Grundzüge des Denkens von R. Bultmann, die er in weiteren Schriften entfaltet und methodisch abgesichert hat.

Als erstes fällt wohl das neue Verständnis von Geschichte auf. »Geschichte« zielt nicht primär auf den Verlauf des Weltgeschehens, sondern auf die Geschichtlichkeit des Daseins des einzelnen; deshalb kann Heidegger von »je meiner Geschichte« sprechen. Er führt aus: »Die Bestimmung Geschichtlichkeit liegt vor dem, was man Geschichte (weltgeschichtliches Geschehen) nennt. Geschichtlichkeit meint die Seinsverfassung des ›Geschehens‹ des Daseins als solchen, auf dessen Grund allererst so etwas möglich ist wie ›Weltgeschichte‹ und geschichtlich zur Weltgeschichte gehören« (Heidegger [1927] 1953, S. 19 f). – Ein zweiter wichtiger Begriff ist der der Existenz; offensichtlich meint Existenz hier nicht das umgangssprachliche »existieren« im Sinne von »vorhanden sein«, sondern es zielt ins Zentrum des eigenen Lebensverständnisses, wobei dies Zentrum nicht fixiert ist, sondern zunächst »erfaßt« werden muß, es gilt Klarheit zu gewinnen über die »Möglichkeiten und Notwendigkeiten unseres eigenen Wollens«. Klärung verspricht sich Bultmann von einer »Befragung der Geschichte«; hier stoßen wir auf einen dritten für das Verständnis Bultmanns wichtigen Begriff: die Frage.

Näherer Aufschluß über die Begrifflichkeit ergibt sich aus einem Blick auf die gleichzeitig entstehende Existenzphilosophie Martin Heideggers, mit der Bultmann sich lebhaft auseinandersetzte.

Eine Grundthese der Existenzphilosophie besagt, daß der Mensch vorgängig durch die »Uneigentlichkeit« gefährdet ist, indem er sich durch ihm fremde Mittel und Mächte abzusichern versucht (»Verfallenheit an das Man«). Damit aber kommt er nicht zu sich selbst; er muß den Entwurf seiner *Existenz als Möglichkeit* entdecken und im *geschichtlichen Vollzug* des Existierens zu seiner »Eigentlichkeit« finden, sich selbst verwirklichen. Das analytische Instrumentarium zur Beschreibung der Existenzstrukturen bezeichnet Heidegger als »Existentialien«; solche Existentialien sind: In-der-Welt-Sein, Geworfen-sein, Geschichtlichkeit, Verstehen, Entwurf, Sorge, Angst, Sein zum Tode. Zur Unterscheidung: »Existen*tiell*« ist die Bezeichnung für die Haltung persönlicher Betroffenheit und des Besorgtseins um das Gelingen der Existenz; die analytische Aufhellung der Strukturen heißt »existen*tiale*« Analyse.

Grundlegend für Heidegger ist die je eigene Geschichtlichkeit des Menschen; die Beschäftigung mit vergangener Geschichte hat nicht die Erhebung von Tatsachen zum Ziel, sondern »das zentrale Thema der Historie ist je die Möglichkeit der dagewesenen Existenz« (Heidegger [1927] 1953, S. 395); sie gilt es als Möglichkeiten des eigenen Seins zu erkennen und zu reflektieren.

Damit lag nun auch für die Interpretation biblischer Texte ein Instrument bereit, das eine Vergegenwärtigung ermöglichte, ohne ihre Geschichtlichkeit preiszugeben. Wie arbeitete Bultmann diese Ansätze für die Exegese aus?

1.3 Existentiale Interpretation

a. Schritte zum Verstehen

»Voraussetzung jeder verstehenden Interpretation ist das vorgängige Lebensver-hältnis zu der Sache, die im Text direkt oder indirekt zu Worte kommt und die das Woraufhin der Befragung leitet« (Bultmann, [1950] 1968, S. 227). Mit dem Begriff des »vorgängigen Lebensverhältnisses« greift Bultmann auf die hermeneutische Theorie Wilhelm Diltheys zurück; bei Bultmann wird es meistens als »Vorverständ-nis« bezeichnet. – Das vom Vorverständnis geleitete »Woraufhin der Befragung« richtet sich auf das in den Texten verschlossene Existenzverständnis. Wenn sich dies als Frage nach meiner »Eigentlichkeit« artikuliert, dann ist darin die Voraussetzung eingeschlossen, daß die Existenz noch vor mir liegt, daß »Sinn«, Heil, Glück, Le-benserfüllung erst noch zu erkennen und zu gewinnen sind. Dies Fragen ist für Bult-mann ein Fragen nach Gott, auch wenn es sich (noch) nicht explizit als solches zur Sprache bringt (Bultmann, [1950] 1968, S. 231 f). Er kann zusammenfassend erklä-ren: »Die Frage nach Gott und die Frage nach mir selbst sind identisch« (Bult-mann, [1964] 1965, S. 168). Diese Betroffenheit, mit der der Interpret an Texte her-angeht, bezieht sich nicht auf einen Teil seines Lebens, sondern auf seine ganze Exi-stenz. (Um noch einmal den Sprachgebrauch der Existentialen Auslegung zu ver-deutlichen: Das Lebensverhältnis, das der Interpret zur Überlieferung hat, ist ein exi-stenzielles; die Begriffe, in denen das darin verschlossene Existenzverständnis zu klären ist, gibt die existentiale Analyse an die Hand.)

Dieser – bisher anthropologisch formulierte – Verstehensansatz ist nun auch theolo-gisch zu begründen: Wenn wir die Freiheit Gottes ernstnehmen und ihn nicht zu et-was »Verfügbarem« machen, dann können wir niemals von ihm »an sich« wie von einem Prinzip reden, sondern nur von und in seiner Beziehung zu uns. Bultmann beruft sich auf eine These Wilhelm Herrmanns: »Von Gott können wir nicht sagen, wie er an sich ist, sondern nur, was er an uns tut.« Den hier skizzierten Gedankengang hat Bultmann in seinem Aufsatz »Welchen Sinn hat es, von Gott zu reden?« entfaltet ([1925] 1966, S.26-37, vor allem S. 33-36); dort formuliert er programmatisch: »Wenn gefragt wird, wie ein Reden von Gott möglich sein kann, so muß geantwortet werden: Nur als ein Reden von uns« (S. 33). Mit diesen Hinweisen sind wir nun auch an das Problem herangekommen, das die Diskussion um die Hermeneutik Bult-manns so zugespitzt hat: Die Frage der Entmythologisierung.

b. Entmythologisierung als Befreiung

Zunächst einmal ist die Verwendung des Begriffs Mythos bei Bultmann zu klären. Er ist nicht so sehr an einzelnen Phänomenen der Religionsgeschichte interessiert, die wir als mythisch bezeichnen, sondern fragt nach den Grunderfahrungen und -bedürfnissen, die in jenen Geschichten von Göttern in Menschengestalt, von der sterbenden und auferstehenden Gottheit, von Ur-Menschen und Dämonen zur

97

Sprache kommen. Es ist offenbar das Bedürfnis, die Rätsel der Welt, denen der Mensch sich gegenübersieht, sagbar zu machen, Geheimnisse, die ihn beunruhigen, sprachlich manifest werden zu lassen. Der Mythos spricht daher von Göttern wie von Menschen, von ihren Taten wie von menschlichen Taten. »Man kann sagen, Mythen geben der transzendenten Wirklichkeit eine immanente weltliche Objektivität. Der Mythos objektiviert das Jenseitige zum Diesseitigen« (Bultmann, [1964] 1965, S. 146).

Auch die biblische Überlieferung bedient sich der mythischen Sprache, um das Unsagbare sagbar zu machen. Dies hat für den heutigen Verstehensprozeß zwei Konsequenzen:

– Von Gott wird gesprochen wie von einem »Weltding«, einem Objekt;
– der Mensch des 20. Jahrhunderts kann diese Vorstellungen nicht mehr akzeptieren;

Beide Konsequenzen wirken sich verhängnisvoll im Blick auf das heutige Verstehen und die heutige Geltung des Evangeliums aus:

– Gott wird in der objektivierenden Rede verfügbar und hört damit auf, als transzendentes Wesen dem Menschen fordernd, richtend, rettend und liebend gegenüberzutreten.
– Der Zeitgenosse wird nicht mit dem eigentlichen Anspruch und Zuspruch der heiligen Schrift konfrontiert, sondern im Vorfeld des Weltbildes abgefangen.

Zwei Auswege aus diesem Problem will Bultmann nicht gehen: Er will dem Zeitgenossen nicht abverlangen, das ganze mythische Vorstellungsmaterial der Bibel einfach zu »glauben«; denn damit würde eine echte Auseinandersetzung mit der Bibel verhindert. Und er will nicht aus der Überlieferung die Elemente herausnehmen, die dem Zeitgenossen als »unmythologisch« noch zumutbar seien. Stattdessen kommt es darauf an, die *ganze* Überlieferung neu zu verstehen; dabei ist nicht das Ziel, den Mythos kritisch zu *eliminieren,* sondern ihn existential zu *interpretieren.* Erst dann wird die Botschaft der Bibel heute wieder vernehmbar. Diese Botschaft, die den heutigen Menschen als Anrede (be-)treffen will, bezeichnet Bultmann als *Kerygma* (Botschaft). Um dem Vorwurf zu begegnen, er liefere die biblischen Texte dem Zugriff der modernen Wissenschaft aus, verdeutlicht Bultmann, daß er die Schrift vom objektivierenden Denken des Mythos befreien wolle, »aber natürlich nicht, um sie dafür der Begrifflichkeit des objektivierenden Denkens der Wissenschaft zu überliefern« (Bultmann, [1964] 1965, S. 180). Mit Hilfe der Existentialen Interpretation des Mythos gewinnt Bultmann ein neues Verständnis von Transzendenz und bringt damit den Mythos jenseits aller mißverständlichen Gegenständlichkeit zu seiner eigentlichen Intention, wenn er im Blick auf den Menschen, der sich um Verstehen bemüht, erklärt: »Das Wort ruft ihn zu Gott, der jenseits der Welt und jenseits des naturwissenschaftlichen Denkens ist. Zugleich ruft es den Menschen zu seinem wahren Ich. Das Ich des Menschen nämlich, sein Innenleben, seine persönliche Existenz, steht auch jenseits der sichtbaren Welt und jenseits des rationalen Denkens.«

Respekt vor der Unverfügbarkeit Gottes und Interesse an einer glaubwürdigen Verkündigung sind also die leitenden Motive für das Programm der Entmythologisierung. – Im Zentrum steht das Kerygma, das gepredigte Wort; damit wir seinen Anspruch vernehmen, müssen alle falschen Sicherungen des Glaubens fallen; das gilt nicht nur im Blick auf die Werkgerechtigkeit (das Problem Luthers), sondern auch im Verstehensprozeß: »Es gibt keinen Unterschied zwischen der Sicherheit auf der Basis von guten Werken und der Sicherheit, die auf objektivierendem Wissen beruht« (Bultmann, [1964] 1965, S.188); paradox formuliert er: »die Sicherheit findet nur, wer alle Sicherheit fahrenläßt« (Bultmann, [1964 1965, S.207).

c. Neue Existenz

Jetzt ist der Weg frei für die Frage: »Wie wird die menschliche Existenz in der Bibel verstanden?« (Bultmann, [1964] 1965, S. 168). Bultmann erkennt im Neuen Testament zwei Seinsweisen: »Das menschliche Sein außerhalb des Glaubens« und »Das menschliche Sein im Glauben« (Bultmann, 1948, S. 28 ff). Beide Seinsweisen sind dadurch charakterisiert, daß der Mensch sich auf die Zukunft ausrichtet, daß er werden will, der er eigentlich ist. Aber die je geschichtlichen Vollzüge sind entgegengesetzt. Der Mensch außerhalb des Glaubens lebt aus dem Sichtbaren und Verfügbaren. Er lebt in der Sorge, sein Leben zu sichern. Aber eben damit gerät er in Abhängigkeit von diesen Größen, die, »weil sie nun ihm gegenüber Mächte geworden sind, als mythische Größen vorgestellt werden können« (30). Als Folge der Abhängigkeit gerät der Mensch nun in die Knechtschaft der Angst, »daß ihm alles, auch sein eigenes Leben, entgleitet«. Diese Haltung, die sich an das Vergehende klammert, nennt Bultmann mit Paulus »Sünde« (30f). – Demgegenüber gibt das »Leben aus dem Glauben« alle selbstgeschaffenen Sicherheiten preis, lebt aus dem Unsichtbaren, Unverfügbaren. Dies ist die »radikale Hingabe an Gott, »die alles von Gott, nichts von sich erwartet, die damit gegebene Gelöstheit von allem weltlich Verfügbaren, also die Haltung der Entweltlichung, der Freiheit« (31). Eine solche Existenz nennt Bultmann »eschatologisch«, denn für sie ist die Heilszeit schon Gegenwart (31).

d. Das Christusgeschehen

Der befreiende Anruf Gottes bleibt nicht in verbaler Abstraktion stehen, sondern ist und bleibt auf das geschichtliche Ereignis Jesus von Nazareth bezogen (Bultmann, 1948, S. 43 ff): »Die Offenbarung besteht in nichts anderem als in dem Faktum Jesus Christus« (Bultmann, 1960, S. 18). Das befreiende Wort ist die entscheidende Tat Gottes, eben das, was der Mensch sich selbst nicht sagen kann: »Dies ist also das Entscheidende, das das Neue Testament von der Philosophie, das den christlichen Glauben vom natürlichen Seinsverständnis unterscheidet: Das

Neue Testament redet und der christliche Glaube weiß von einer Tat Gottes, welche die Hingabe, welche den Glauben, welche die Liebe, welche das eigentliche Leben des Menschen erst möglich macht« (Bultmann, 1948, S. 43).

Person und Geschichte Jesu sind aber für das Kerygma letztlich ohne Bedeutung; entscheidend ist das »Daß seines Gekommenseins« (passim), die Tatsache, daß er das endgültige, eschatologische Wort Gottes ist. Dies Wort erschließt die Existentiale Auslegung und stellt damit den Menschen vor die Entscheidung, ob er dies Kerygma für sich gelten lassen will oder nicht. So greifen bei Bultmann historisch-analytische (»Entmythologisierung«) und ganzheitlich-verstehende Elemente (»Existentiale Interpretation«) zu einem faszinierend geschlossenen Konzept der Aneignung biblischer Texte ineinander.

1.4 Nur das Neue Testament?

Wie kommt im Konzept der Existentialen Auslegung nun das Alte Testament zu stehen? Diese Frage kommt ja schon durch die zentrale These Bultmanns vom Christus-Kerygma als alleiniger Offenbarungs-Quelle auf; sie läßt kaum noch Texte außerhalb des Neuen Testaments in den Blick kommen; tatsächlich hat Bultmann ja auch seine grundlegenden Thesen im Blick auf das Neue Testament ausgearbeitet. Darüber hinaus hat Bultmann sich in zwei programmatischen Aufsätzen zur Bedeutung des Alten Testaments für den christlichen Glauben geäußert (Bultmann, [1933] 1966; [1949] 1968). Im ersten Aufsatz weist er zunächst eine bloß religionsgeschichtliche oder dogmatische Betrachtungsweise zurück und postuliert eine »echt geschichtliche Fragestellung«, die das Alte Testament daraufhin untersucht, »welche Grundmöglichkeit menschlichen Daseinsverständnisses in ihm ihren Ausdruck finde« (S. 318). Als Ergebnis dieser Befragung hält er fest: »Im Alten Testament begegnet uns der starke und konsequente Ausdruck einer bestimmten Auffassung des menschlichen Daseins als eines unter dem unbedingten ›Du sollst‹ stehenden Seins« (322) (»Gesetz«). Dem steht die umfassende Gnadenzusage im neutestamentlichen Kerygma gegenüber (»Evangelium«). Auch Grunderfahrungen wie Glaube, Gnade, Vergebung kennt das Alte Testament, wenngleich in »eschatologischer« Hoffnung. Ihr »steht der Glaube des Neuen Testaments gegenüber als der Glaube, der die Erfüllung hat« (331). Damit aber kann die Geschichte Israels nicht mehr beanspruchen, »Offenbarungsgeschichte« zu sein; aber Bultmann weist dem Alten Testament doch eine wichtige Aufgabe im Verstehensprozeß zu: »Wenn allein Jesus Christus, als Gottes eschatologische Tat der Vergebung, Gottes Wort an die Menschen ist, so kann man sagen, daß alle die Worte, die dazu dienen, dieses Wort verständlich zu machen, indem sie den Menschen in die Situation bringen, in der er es verstehen kann, und indem sie das darin gegebene Daseinsverständnis entfalten, in vermittelter Weise Gottes Wort sind« (335).

Etwas anders akzentuiert Bultmann im zweiten Aufsatz. Hier thematisiert er die Differenz zwischen den Testamenten unter der Kategorie des Scheiterns. Israel ist an seinem Gottesverständnis gescheitert, weil es einerseits den jenseitigen Gott bekannte, gleichzeitig aber versuchte, »Gott und sein Handeln … mit der empirischen Volksgeschichte zur Deckung« zu bringen (184). Dieser Versuch mußte fehlschlagen; um so klarer leuchtet das neutestamentliche Kerygma auf von der Tat Gottes als ›neue Schöpfung‹ im eschatologischen Sinne – ein ›Anfang‹, der nunmehr jederzeit offensteht für denjenigen, der dessen inne wird, daß sein Weg ins Scheitern führte, – sein Weg, mit dem er den ewigen Sinn seines Lebens innerweltlich realisieren wollte« (184)

So kommt es bei Bultmann zu einer fast punktuellen Konzentration auf das neutestamentliche Jesus-Kerygma; sie zieht eine Abwertung des Alten Testaments nach sich, die sich trotz eines existential-analytischen Ansatzes der traditionellen Schemata »Gesetz und Evangelium« – »Verheißung und Erfüllung« – »partikular nur für Israel geltende und universale Geltung des Wortes« bedient. Ähnlich auch unter religionspädagogischem Aspekt M. Stallmann (1963): »In der Josephsgeschichte geschieht eine Verkündigung, die ihren Sitz in der Geschichte des Volkes hat. Sie ist nicht Evangelium für die Sünder aus aller Welt« (S. 173).

Es wundert nicht, daß die alttestamentliche Wissenschaft kaum einen Zugang zum Programm der Existentialen Auslegung hat; lakonisch konstatiert beispielsweise Hans-Joachim Kraus: »Zu bestreiten ist in jedem Fall die dogmatische Prämisse, daß die existentiale Interpretation ein sachgemäßes Verständnis gewährleiste« (Kraus, 1983, S. 201). Dies kann redlicherweise überhaupt keine exegetische Methode beanspruchen – aber das Verdikt läßt doch deutlich den tiefen Widerspruch zwischen Bultmann und alttestamentlicher Wissenschaft erkennen. Diese gegenseitige Abstinenz ist eigentlich bedauerlich; denn auf die Historisch-Kritische Arbeit am Text als Basis ihrer Arbeit kann die Existentiale Auslegung nicht verzichten; andererseits zeigt diese so vielversprechende Ansätze zur Überwindung des »garstigen Grabens«, daß es lohnend scheint, das Instrument der Existentialen Auslegung auch einmal an einem alttestamentlichen Text auszuprobieren.

2 Methoden

Die Existentiale Auslegung als Methode der Interpretation biblischer Texte hat Bultmann m.W. nicht ausgearbeitet; auch in den methodischen Anleitungen und Handbüchern wird sie kaum einmal dargestellt. (Einige Beispiele: Egger und Stenger, aber auch das von W. Langer besorgte Handbuch der Bibelarbeit gehen nicht darauf ein; die Neutestamentliche Hermeneutik von Weder bietet lediglich einen kurzen Abschnitt zum Thema »Entmythologisierung« [S. 405 ff].)

Dennoch habe ich versucht, in Auseinandersetzung mit der Literatur die für die Existentiale Auslegung eines Textes notwendigen Überlegungen in vier »Auslegungsgängen« zusammenzufassen; die Bezeichnung »Auslegungsgänge« soll andeuten, daß keine strenge Abfolge der Überlegungen wie etwa bei der Historisch-Kritischen Exegese gemeint ist; eher handelt es sich um vier Aspekte eines ganzheitlichen Verstehensvorgangs.

2.1 Erster Auslegungsgang: Die historische Differenz wahrnehmen

Zunächst geht es darum, mit Hilfe der Historisch-Kritischen Auslegung die Differenz zwischen heutigem Leser/Hörer des Textes und biblischer Überlieferung ausdrücklich wahrzunehmen und anzuerkennen.

Das scheint bei einem synchron orientierten Ansatz fast widersprüchlich, nimmt aber im Verstehensprozeß einige wichtige Funktionen wahr:

Sie schützt einmal den Text vor allzu schneller Vertraulichkeit, die meint, die »Botschaft« des Textes schon zu kennen, so daß die Bereitschaft zur aufmerksamen Lektüre eingeschläfert wird.

Die Wahrnehmung der historischen Differenz hält weiterhin den Ausleger dazu an, sich selbst an seinem geschichtlichen Ort zu erkennen und als einen dem Text Fremden anzuerkennen. Erst damit wird die Frage nach dem eigenen »Vorverständnis« möglich und sinnvoll. Dies kann noch besser geklärt werden durch eine Verknüpfung mit der »Ursprungsgeschichtlichen Auslegung«, die ich in Kapitel II.6 vorstellen werde.

Außerdem schärft die Wahrnehmung der historischen Differenz den kritischen Blick für problematische Versuche, den »garstigen Graben« zuzuschütten – durch Schlagworte oder durch erbauliche Rede. Hier hat der historisch-kritische Aspekt eine wichtige Kontrollfunktion.

Schließlich macht die Beachtung der historischen Differenz auf die fremde Welt des Textes aufmerksam und weckt damit die Frage nach seinen mythischen Elementen.

2.2 Zweiter Auslegungsgang: Die »mythischen« Elemente des Textes identifizieren

Hier ist nun noch einmal zu klären, was Bultmann unter »Mythos« versteht und was nicht. Für ihn ist eine Redeweise »mythisch«, die Jenseitiges als diesseitig vorstellt und damit greifbar macht, »objektiviert«; hierunter fällt also nicht nur das antike Weltbild mit seinen verschiedenen Spielarten des Drei-Stockwerk-Schemas, sondern jede Vorstellung, die Gott als ständig präsente, den Menschen direkt anredende Person beschreibt.

In der alttestamentlichen Wissenschaft verbindet sich mit dem Stichwort »Mythos« meistens die spezifische religiöse Welt des kanaanäischen Fruchtbarkeitskults mit seinem zyklischen Denken. Protagonist dieses Kults ist Baal, um den es in Israel so erbitterte Auseinandersetzungen gab; Baal ist Symbolfigur der Untreue Israels gegenüber Jahwe. Diesen Begriff von Mythos hat Bultmann überhaupt nicht im Blick, wenn er die Notwendigkeit der Entmythologisierung betont. Wenn dann z.B. Hans-Joachim Kraus gegen Bultmann feststellt, das Alte Testament enthalte keine selbständigen und für den Glauben Israels relevante »Mythen« (Kraus, 1983, S. 200 f), dann ist ihm im Blick auf den religionsgeschichtlichen Befund zuzustimmen – aber Bultmanns Absicht ist damit nicht erkannt.

Viel deutlicher trifft etwa Baldermann die Sache, wenn er die Anbetung Baals aus der »Faszination der Stärke« heraus ableitet, die von dieser Gottheit ausgeht; der kanaanäische Gott ist das Symbol der »Mächte, denen sich die Menschen ausgeliefert wissen, die zerstörerischen und heilsamen Kräfte der Natur, daneben freilich auch die unerschütterliche, überlegene Macht der Herrschenden und die den Feind abschreckende Macht militärischer Stärke«. So kommt es zur Erfahrung »des alles Menschliche zerstampfenden Rausches der Vitalität und Stärke« (Baldermann, 1983, S. 84; vgl. den ganzen Zusammenhang!).

Hier kann eine existenzbezogene Interpretation ansetzen.

Ebenso ist es im Blick auf das Neue Testament notwendig, die mythischen Elemente zu identifizieren und für eine existentiale Deutung zu öffnen. Wer beispielsweise das Christusgeschehen nur als das Erlösungsdrama des vom Himmel herabgestiegenen, den Menschen zum Heil getöteten und wieder zum Himmel aufgestiegenen Gottes versteht, ist noch nicht vor den Anspruch des Kerygmas gekommen, das ihm die befreiende Tat Gottes zuspricht und ihn in die Entscheidung ruft.

2.3 Dritter Auslegungsgang: Existential verstehen

Die Existentiale Interpretation ist darauf aus, das in biblischen Texten sich meldende Daseinsverständnis wahrzunehmen und im Horizont des Kerygmas zu deuten.

Das genannte Beispiel des Baalskults läßt erkennen, daß der Faszination der Stärke tiefe Lebensangst zugrundeliegt, die Sicherheit nur in der selbstgeschaffenen Macht festzumachen wagt. Im Licht der biblischen Überlieferung wird klar, daß diese Anbetung der Macht letztlich zur Selbstzerstörung führt. Aber das Kerygma sagt zu, daß diese Selbstsicherung den nicht mehr in den Bann schlagen muß, der sich beim befreienden Gott Israels geborgen weiß; und: »Wo der Gekreuzigte herrscht, wo Menschen sich im Namen Jesu sammeln, kann die Faszination der Stärke nicht mehr herrschen« (Baldermann, 1983, S. 88).

Auf diese Weise sind grundlegende Erfahrungen in den Texten der Bibel und beim heutigen Menschen aufzuspüren und auszulegen.

Dabei ist noch einmal zu unterstreichen: Es kommt nicht darauf an, den Mythos zu eliminieren, sondern ihn existenzbezogen zu interpretieren!

Diesen Ansatz unterstützt das in den letzten Jahren neu erwachte Verständnis für die Bedeutung symbolischer und mythischer Sprache (vgl. z.B. Halbfas in: Langer, 1987, S. 68 ff). Wir haben wieder gelernt, daß für Grunderfahrungen und Glaubensaussagen keine andere adäquate Sprache zur Verfügung steht als die der Dichtung, des Symbols, des Mythos.

2.4 Vierter Auslegungsgang: Fragen und gefragt werden

Abschließend ist zu reflektieren, daß die Auslegung nichts anderes ist als ein Frage-Prozeß zwischen Überlieferung und Interpret: Er befindet sich ja schon, bevor er sich dem einzelnen Text nähert, in einem vorgängigen Lebensverhältnis zur biblischen Überlieferung, sieht sich gewissermaßen ständig mit der Frage nach seinem Existenzverständnis im Licht der Bibel konfrontiert; daß er sich dieser Frage aussetzt, macht sein Vorverständnis aus. Sodann bewegt er sich fragend auf den Text zu, prüft die dort verschlossenen Möglichkeiten des Existierens, wägt ab, welche Klärung seines eigenen Daseinsverständnisses sich aus dem Text erschließt. Schließlich kehrt sich die Fragerichtung noch einmal: Der Interpret sieht sich vor die Frage gestellt, an welchem Existenzverhältnis er selbst sich orientiert; dies ist der Ruf zur Entscheidung für oder gegen die Eigentlichkeit – biblisch gesprochen: für oder gegen den Glauben. Sehr klar hat Martin Stallmann diesen »hermeneutischen Zirkel« in Rücksicht auf das unterrichtliche Gespräch mit dem Schüler beschrieben: »Wie auch immer er beginnen mag, mehr und mehr muß ihm deutlich werden, daß die Fragen ihre Richtung ändern, daß sie sich auf ihn, den Fragenden, lenken, bis er sich als den Gefragten begreift, der selbst sagen muß, wie er sich verstehen will, und der mit sich selbst, mit seiner ganzen Person, die Entscheidung verantworten muß, die niemand anders für ihn fällen kann« (Stallmann, 1963, S. 243).

3 Das Beispiel: Gen 4, 1-16

3.1 Erster Auslegungsgang: Die historische Differenz wahrnehmen

Ich greife auf die Historisch-Kritische Exegese zurück und halte noch einmal fest, daß Gen 4, 1-16 eine höchst komplexe Textur darstellt – mit einer langer Entstehungsgeschichte, in deren Verlauf der Text erheblichen Veränderungen in Inhalt, Aussage und Absicht unterworfen war. Diese Beobachtungen sollten das Mißverständnis wegräumen, daß man über diesen Schriftabschnitt schon »Bescheid wüß-

te« – der »garstige Graben« ist tief und nicht in einem Anlauf zu überspringen. Dabei fehlt es nicht an solchen Versuchen. Im Vorgriff auf das Kapitel »Wirkungsgeschichtliche Exegese« (Kapitel II.11) notiere ich schon hier, daß es im Judentum und Christentum eine breite Auslegungstradition gibt, die die beiden Brüder als Prototypen gelungenen bzw. mißlungenen Menschseins vor Gott interpretieren. Auch in der religionspädagogischen Vermittlung ist übrigens dieser Ansatz weit verbreitet. Abel gilt nach diesem Schema als der Unschuldige, Gerechte, Verfolgte, Kain als der brutale Mörder. Ein solches Interpretationsschema ist zumindest aus zwei Gründen äußerst problematisch:
– Es hat nicht geringsten Anhalt am Text – das ist ein Ergebnis der kritischen Exegese;
– es ermöglicht dem Leser bzw. Hörer, sich mit der Rolle Abels zu identifizieren und damit einer betroffenen Auseinandersetzung mit dem Text auszuweichen.

3.2 Zweiter Auslegungsgang: Interpretation der »mythischen« Elemente des Textes

Hier geht es wohl zunächst um die mythische Rede von *Urmenschen,* die in Raum und Zeit vor der erfahrbaren Geschichte lebten. Bei der Entmythologisierung kommt das Alte Testament dem Ausleger selbst zur Hilfe. Denn wenn der Jahwist – wie in der Historisch-Kritischen Exegese gezeigt – selbst seine Urgeschichte so anlegt, daß darin nicht Schicksale singulärer Urmenschen zur Sprache kommen, sondern grundlegende Verhaltensweisen des Menschen vor Gott und in der Sozialität, dann kann man daraus die Stoßrichtung seiner Auseinandersetzung mit der ihm vorliegenden Überlieferung ablesen: Ihm ging es darum, diese Ur-Geschichten so zu erzählen, daß darin Ur-Erfahrungen zur Sprache kommen, die nicht mit dem Versinken der Ur-Zeit abgetan sind, sondern zu jeder Zeit dem Menschen sagen wollen, wie er mit Gott und sich selbst dran ist.
Als Nächstes ist die Aussage in V 4 und 5 zu besprechen, daß Jahwe Abel und sein Opfer *ansah,* Kain und sein Opfer aber nicht »ansah«. Die Historisch-Kritische Auslegung zeigte, daß der Text keinerlei Anhaltspunkte für eine Erklärung dieser Aussage enthält (s.o. S. 75 f); weder im Verhalten der Brüder noch bei Jahwe sind Motive zu entdecken. Und versucht der Ausleger dennoch, Jahwes Verhalten zu erklären, verfällt er nicht nur der Spekulation, sondern gerät ins Dickicht auswegloser Aporien. So bleibt dem Exegeten der Hinweis, es gehe hier um die Erfahrung, daß dem einen das Leben gelinge und dem anderen nicht. Wenn der Text dies auf Jahwe zurückführe, suche er damit nicht ein Motiv für das Gelingen oder das Scheitern, sondern »es ist vielmehr das Unabänderliche damit ausgesagt, daß so etwas geschieht« (Westermann, 1974, z.St.). Hier ist ein gelungenes Beispiel für entmythologisierende Sprache zu sehen – auch wenn Westermann (natürlich) den Begriff nicht verwendet.

Das dritte mythische Element – im Sinne der Existentialen Interpretation – ist darin zu sehen, daß *Gott den schuldiggewordenen Kain stellt,* ihn einem Verhör unterwirft, ein Urteil spricht, sich beeinflussen läßt, das Urteil revidiert.

Die erste Überlegung ist: Warum ist es überhaupt erforderlich, diese mythische Rede zu interpretieren? Die Notwendigkeit wird gleich einleuchten, wenn man sich die möglichen Mißverständnisse vor Augen hält, die die eben geschilderte »mythische« Darstellung mit sich führt:

– Die Glaubensfrage wird möglicherweise an einem bestimmten objektivierten Gottesbild festgemacht; Glaubenskriterium wäre dann, ob jemand es für möglich oder akzeptabel hält, daß Kain tatsächlich so vor Jahwe stand, wie Gen 4 es schildert. Dies wäre dann ein besonders deutlicher Beleg für die schon oben angesprochene Gefahr, daß der heutige Leser im Vorfeld hängenbleibt, ohne vor den wirklichen Anspruch des Textes zu geraten (die hier nur angedeutete Problematik werde ich im letzten Abschnitt dieses Kapitels noch etwas eingehender besprechen).

– Ein anderes Mißverständnis kann sich aus dem Verhör und der Verurteilung Kains durch Jahwe ergeben, nämlich die Anschauung Gottes als einer himmlischen Gerichtsinstanz, die nach Maßgabe der Unterwerfung unter den göttlichen Willen lohnt oder straft. Im Rahmen einer solchen Gottesvorstellung ist Erkennen und Verarbeiten von Schuld kaum möglich.

Dieser zweite Auslegungsgang sollte die Notwendigkeit der Interpretation mythischer Rede in Gen 4 gezeigt haben. Denn in allen drei Punkten geht es nicht darum, den Bibeltext dem Geschmack des aufgeklärten Zeitgenossen anzupassen, sondern darum, den Anstoß, der von diesem Text ausgeht, nicht im Vorfeld verpuffen zu lassen, sondern ihn im Zentrum zur Geltung zu bringen. Davon mehr in den nächsten Abschnitten.

3.3 Dritter Auslegungsgang: Existential verstehen

Als erstes ist das Ergehen und Verhalten Kains im Zusammenhang mit dem *Opfer* zu besprechen. Welches Daseinsverständnis zeigt sich darin? Im Opfer spiegelt sich die Erkenntnis und Anerkenntnis, daß er sein Leben, seine Daseinssicherung nicht sich selbst verdankt; ein Opfer wird einem Gegenüber dargebracht, zu dem der Opfernde eine Beziehung aufbauen, aufrechterhalten oder ausgestalten möchte. – Die biblische Erzählung setzt wie selbstverständlich voraus, daß dies Gegenüber Gott ist.

Nun macht Kain die Erfahrung: Ihm gelingt nichts, er verliert sein »Ansehen«, will sagen: Er fühlt sich nicht mehr anerkannt. – Diese Erfahrung verschärft sich schmerzlich durch den Blick auf den Bruder: *Er* hat »Ansehen«, ihm gelingt das Leben. Das löst Enttäuschung, Wut bei Kain aus. In der Sprache heutiger psychologischer Forschung ausgedrückt: Die Frustration über den Verlust an Lebensgewinn und Anerkennung löst einen starken Aggressionsschub bei Kain aus.

Die Stärke der Emotion zeigt: Hier geht es um viel mehr als um einen Zwischenfall. Wie kommt es dazu?

Offenbar, weil Kain seinen Lebenserfolg, seine Eigentlichkeit, seine Beziehung zu Gott vom Vorfindlichen abhängig macht. Weil auf der Ebene des Vorfindlichen, des Gegenständlichen (des Opfers), nichts gelingt, sieht Kain seine ganze Existenz mißlingen. Die Krise spitzt sich noch zu, weil Kain sich offenbar in seiner Liebe zu Gott enttäuscht sieht – das schärft den Haß auf den vermeintlich allein Geliebten tödlich an!

Diese Beobachtung führt auf eine Grundkonstellation der Existentialen Auslegung, die schon einmal angesprochen wurde. Kain verhält sich wie der Mensch, dessen Grundperspektive Bultmann als »menschliches Sein außerhalb des Glaubens« beschrieben hat (Bultmann, 1948, S. 28 ff). Er versucht, sein Leben zu sichern, »und entsprechend seinen Möglichkeiten und Erfolgen im Sichtbaren ›vertraut er auf das Fleisch‹ (Phil 3,3 f)«. Aber diese Sorge gibt dem Menschen keine Sicherheit. »Er verliert so geradezu sein ›Leben‹, seine eigentliche Existenz, und verfällt der Sphäre, über die er zu verfügen und aus der er seine Sicherheit zu gewinnen meint... Gerade diese Haltung läßt erst die ›Mächte‹, von denen er abhängig ist, erstehen, und die, weil sie nun ihm gegenüber Mächte geworden sind, als mythische Größen vorgestellt werden können« (30).

Diese Erklärung wirft nun auch ein Licht auf den V 7: Die Verlorenheit an die Macht des Vorfindlichen ist an die Stelle des radikalen Vertrauens zu Gott getreten, das keinen Anhalt im Sichtbaren braucht. Diese Verlorenheit ist Sünde; denn im biblischen Sinn ist »die Sünde primär verstanden nicht als das moralische Vergehen des Menschen, sondern als Verletzung der Ehre Gottes, als das Mißtrauen gegen Gottes Gnade, das Murren und Zweifeln, als die Empörung des selbstherrlichen Menschen« (Bultmann, [1933] 1966, S. 329). Der Text sagt, daß die Sünde nun Macht über Kain gewinnt.

Diese Abhängigkeit führt aber keineswegs zur Erkenntnis der eigenen Situation; sondern die Sicherung im Sichtbaren verführt zur Verkennung der Lage; Bultmann weist auf das »Rühmen« als Ausdruck dieser Haltung hin (Bultmann, 1948, S. 30), ein Begriff, mit dem Paulus immer wieder die Selbstbehauptung des Menschen vor Gott charakterisiert (z.B. 1 Kor 1,29 ff; Gal 6,13 f). In Gen 4 müssen wir noch einen Schritt weiter gehen: Kain maßt sich die Verfügungsgewalt über das Leben des Bruders an und setzt sich damit letztlich an die Stelle Gottes. Dies ist offenbar auch im Duktus der jahwistischen Erzählung angelegt, wenn sie Gen 3 und 4 so eng parallelisiert: Nicht nur Adam und Eva wollen in schrankenloser Hybris »sein wie Gott«, sondern auch Kain.

Wie steht es nun mit der Vorstellung der himmlischen *Strafe?* Um die oben notierten Mißverständnisse zu vermeiden, bietet es sich vielleicht an, von V 10b auszugehen:

... die Stimme deines Bruders schreit ... vom Ackerboden ...

Ich hatte im Zusammenhang dieser Aussage die altisraelitische Anschauung skizziert, nach der Unrecht den Lebenszusammenhang zerstört, so daß Unheil eben an der Stelle hineinkommt, an der das Un*recht* geschah (s.o. S. 71). Dann wäre dieser V ein starkes Symbol für die Erfahrung: Wer von Gott geschenktes Leben zerstört, zerstört immer auch sein eigenes Leben und verfehlt sich damit von Grund auf. Diese Erfahrung kann Kain – und »Kain« steht ja für den Menschen mit seinen mörderischen Aggressionen – auch ohne die Vorstellung einer himmlischen Lohn- und Strafinstanz machen – ja, wohl noch tiefer und schmerzlicher, weil sie auf das Zentrum der eigenen Existenz zielt.

So erfährt nun Kain, daß er »sein Leben verliert«, daß sein Dasein ein »Sein zum Tod« ist, das schon jetzt die Kennzeichen des Todes an sich trägt: Entwurzelung, Flüchtigkeit, »Unbehaustheit«.

Aber das letzte Wort hat nicht die Sünde, nicht die Verwerfung, nicht die Flucht vor Gott, sondern die Gnade. Das ist die Botschaft des Textes. Dies Kerygma ist nicht mit der Geschichte des Volkes Israel vergangen und in der vorgeblichen »Geschichte des Scheiterns« entwertet, sondern hat seine Leuchtkraft bis heute nicht verloren.

3.4 Vierter Auslegungsgang: Fragen und gefragt werden

Abschließend ist noch einmal das Frage-Geschehen zwischen Interpret und Text zu reflektieren. Da dieser Prozeß je nach biographischer und situativer Bedingtheit variieren muß, begnüge ich mich mit einigen knappen Notizen.

Was bringt das Fragen nach dem im Text aufgehobenen Existenzverständnis in Gang? Was bewegt das Vorverständnis?

Vielleicht ist es die Unzufriedenheit mit der begrenzten Reichweite der Historisch-Kritischen Exegese, die die Suche nach weiteren Verstehensmöglichkeiten anregt. Oder die Beobachtung, daß der Text in unserem Jahrhundert auffällig oft Gegenstand literarischer Bearbeitungen geworden ist (Illies, 1975; Busslinger-Simmen, 1985; Berg/Berg [Band 3], S. 15-25; vgl. auch die Kapitel II.10 und II.12!), weckt Interesse, weil es ein Indiz für reiches Material zu anthropologischen Problemen in diesem Text ist.

Mit welchen Fragen könnte der Interpret an den Text herangehen?

Er könnte versuchen, festzustellen, welche Aussagen das Alte Testament zum Problem der Aggression macht.

Er könnte nach Gottes Gerechtigkeit fragen.

Er könnte sich für den Zusammenhang von Schuld und Schicksal; interessieren.

Mit solchen Fragen aber ist die Ebene der existentiellen Betroffenheit noch nicht erreicht. Dies wäre erst der Fall, wenn der Interpret bereit wird, sich vom Kerygma des Textes selbst in Frage stellen zu lassen.

Diese Frage lautet: Bist du Kain? Der Interpret muß also offen sein, sich nicht nur mit dem Opfer, sondern auch mit dem Täter zu identifizieren. Dann kommt die beunruhigende, aber produktive Frage nach seinem eigenen Existenzverständnis auf ihn zu: Wo sucht er den Grund der Daseinssicherung bei sich selbst? Im Vorfindlichen? Im Glauben?

Und auch die Frage nach der vielleicht mörderischen Aggressionsbereitschaft ist auszuhalten; schließt sie vielleicht auch den geheimen Anspruch ein, über anderes Leben zu verfügen? In welchen Verhaltensweisen könnte sich eine solche Einstellung zeigen (z.B. Aggressivität im Straßenverkehr, die unbewußt in Kauf nimmt, daß eigenes und fremdes Leben akut gefährdet wird)?

Erst wenn der Interpret es wagt, sich diesen Fragen des Textes an ihn selbst zu stellen, kann er Klärung und Orientierung im Blick auf die eigene Existenz erwarten. Vielleicht kann er dabei auch entdecken, daß die Gnadenzusage an Kain auch ihm selbst gilt. Möglicherweise ist dem Menschen unserer Zeit, der die Unausweichlichkeit schuldhafter Verstrickung in Aggression und Hybris aus eigener Erfahrung kennt, diese Zusage der Vergebung und Lebenssicherung eher zugänglich als viele andere biblische Aussagen? Oder könnte das Kainszeichen auch auf die anderen Zeichen verweisen, die Gott selbst gegeben hat: Wasser – Brot – Wein?

4 Das Beispiel: Mk 5,1-20

4.1 Erster Auslegungsgang: Die historische Differenz wahrnehmen

Ebenso wie die Ur-Sage von Kain und Abel stellt auch Mk 5,1-20 eine eigene, reich differenzierte Textwelt dar. In der langen Geschichte dieser Wunder-Erzählung haben sich die verschiedenen Bearbeiter intensiv unter immer neuen Fragestellungen mit ihrer Vorlage auseinandergesetzt. Das Ergebnis ist ein höchst vielschichtiger, komplexer Text, bei dem sich eine schnelle, die historische Differenz unbedacht überspringende Deutung von selbst verbietet.

Dennoch gibt es in der Praxisgeschichte dieser Erzählung immer wieder den Versuch, sie in einem »Skopus« dingfest zu machen und damit den historischen »Graben« zu überspringen. Sehr häufig werden Formeln verwendet wie »Christus ist der Herr über die Mächte«. Dies Schema liegt auch vielen Ausgestaltungen des Textes in biblischen Erzählbüchern zugrunde.

Ein solcher Ansatz mag zunächst wegen seiner Griffigkeit überzeugen; aber er verfehlt den Text und den heutigen Leser.

– Der Text wird verfehlt, weil er sich nicht auf eine einzige Aussage festlegen läßt. Wie die Historisch-Kritische Auslegung zeigte, ist die ursprüngliche, verhältnismäßig einfach strukturierte Exorzismus-Geschichte – jedenfalls in der markinischen Version – in die weiter reichende Thematik von Glauben und Verkündigung eingefaßt worden; dies darf auch das heutige Verständnis nicht außer acht lassen.

– Der heutige Leser/Hörer wird verfehlt, weil ihm eine solche Formel erlaubt, sich allein auf die Person und das Wirken Jesu zu konzentrieren und sich selbst aus dem Spiel zu halten; der Text aber lädt ein, sich auf das Geschehen einzulassen, sich mit einer oder mehreren Personen zu identifizieren: Dem Besessenen und Geheilten – dem Verkünder – den zwar staunenden, aber letztlich nicht glaubenden Zuschauern.

4.2 Zweiter Auslegungsgang: die mythischen Elemente des Textes identifizieren.

Als erstes mythisches Element im Sinne der Existentialen Auslegung springt wohl die Vorstellung vom Kampf Jesu gegen die Dämonen ins Auge. Das Neue Testament schildert ihn als dramatisches Geschehen (vgl. Theißen, 1974, S. 94 ff).
Neben etlichen Schilderungen von Exorzismen ist auch die ausdrückliche Stellungnahme Jesu überliefert. In Lk 11,14-26 kommt der Verdacht zur Sprache: »Durch Beelzebul, den Herrscher der Dämonen, treibt er die Dämonen aus« (V 15b). Das widerlegt Jesus durch eine rationale Argumentation, auf deren Höhepunkt er erklärt: »Wenn ich durch den Finger Gottes die Dämonen austreibe, so ist ja das Reich Gottes zu euch gekommen« (V 20).
Jetzt ist klar: Das Neue Testament stellt die von Jesus berichteten Exorzismen in den Zusammenhang eines kosmischen Kampfes zwischen Gott und Satan. Von Gott geht die Macht des Lebens aus, von Satan die Macht der Zerstörung und des Todes.
Als mythisches Element ist in diesem Zusammenhang wohl auch das Tun Jesu anzusprechen. Dies meint nicht die Überlieferung, daß er als charismatischer Exorzist gewirkt hat, wohl aber die Vorstellung, daß er den kosmischen Kampf als eschatologischer Streiter führt.
Ein dritter wichtiger Zug ist die Anschauung, die Gottessohnschaft Jesu erweise sich aus seinem machtvollen Wunderwirken. Dieser Gedanke hat am Text selbst keinen Anhalt, ja wird von Jesus ausdrücklich abgewiesen (vgl. die ausführliche Darstellung in Kapitel II.1, S. 83), aber ist die heute wohl populärste Ansicht. Sie trägt ein weiteres mythisches Element an den Text heran, das ein magisch-dingliches Mißverstehen der Person und Geschichte Jesu befördert.
Gerade an Mk 5, 1-20 läßt sich die Notwendigkeit der »Entmythologisierung« gut belegen; denn das Verständnis des Exorzismus als Akt des kosmischen Kampfes um den Menschen läßt einer »Zuschauerhermeneutik« Raum, in der der Rezipient sich als Beobachter eines dramatischen Geschehens – oder auch als ein passiv Beteiligter – fühlen kann. Darum ist es notwendig, diese mythischen Vorstellungen so zu interpretieren, daß der heutige Leser/Hörer vom Anspruch dieses Textes betroffen und herausgefordert wird.

4.3 Dritter Auslegungsgang: Existential verstehen

Vorbemerkung: Die folgende Auslegung stützt sich auf die sehr dichte Interpretation von Schmithals (1979, S. 267 ff).

Das grundlegende Thema in Mk 5,1-20 ist der Kampf um einen Menschen. Wer behält die Oberhand: die Macht des Lebens oder die Macht der Vernichtung? Wenn man die Szenerie des kosmischen Kampfes zwischen Gott und Satan einmal beiseite läßt, stößt man auf heute vertraute Phänomene.

Auch in unserer Gegenwart gibt es vielfache Formen von »Besessenheit«; dabei ist nicht an jenen abergläubischen Spuk zu denken, der sich oftmals mit dem Stichwort »Exorzismus« verbindet, sondern an die verbreiteten Erscheinungen, die die Psychologie als »Obsessionen« oder »Zwangshandlungen« bezeichnet.

Die Folgen sind bekannt:

- Die betreffende Person ist nicht mehr in der Lage, reflektiert und verantwortlich zu entscheiden; es kommt zum einschneidenden Verlust an Handlungskompetenz;
- die betreffende Person ist nicht mehr in der Lage, ihre sozialen Beziehungen sinnvoll und verantwortlich zu gestalten; es kommt zum einschneidenden Verlust an sozialer Kompetenz;
- die betreffende Person ist nicht mehr in der Lage, eigene Ziele und Bedürfnisse zu erkennen und einzulösen; es kommt zum einschneidenden Identitätsverlust.

Solche Obsessionen können einzelne Personen befallen; aber von zwanghaften Vorstellungen oder Verhaltensweisen sprechen wir auch im Blick auf große Gruppen. Vor allem Erich Fromm hat in eindringlichen Analysen solche Phänomene untersucht. In der »Anatomie der menschlichen Destruktivität« (1974) hat er den in den neuzeitlichen technisch-ökonomischen Strukturen manifesten bösartigen Aggressionstrieb als »Nekrophilie « (Todessehnsucht) herausgearbeitet. – In »Haben oder Sein« (1979) hat er die mit der Seinsweise des »Habens« verbundene »Besitzgier« als die allgemein herrschende Lebensperspektive herausgestellt und vor allem Gewalt und Ausbeutung als deren notwendige Folgen freigelegt.

Diese Merkmale von Obsession zeigen sich bei der Schilderung des »Besessenen« in Mk 5, 1-20 überdeutlich:

- Er hat keine Kontrolle über sich, er hält sich in Grabhöhlen und Bergen auf, schreit, schlägt sich mit Steinen, reißt sich die Kleider vom Leib (V 15): Verlust der Handlungskompetenz.
- Er lebt völlig isoliert außerhalb der menschlichen Gemeinschaft: Verlust an sozialer Kompetenz. (Unklar ist der Hinweis auf die Fesselung: Wurde sie versucht, weil der Besessene als gefährlich galt, oder war daran gedacht, ihn vor der Selbstzerstörung zu schützen?)
- Er ist dabei, sich selbst zu zerstören (schlägt sich mit Steinen). Er lebt schon in der Todeszone (Symbolik der Grabhöhlen). Vielleicht kann man auch die Vielzahl der Dämonen (»Legion«) nicht nur als Ausdruck der besonderen Gefähr-

lichkeit der zerstörenden Macht interpretieren, sondern auch als Anzeichen dafür, daß viele, widerstrebende Kräfte den Besessenen hin- und herzerren, ihn innerlich zerreißen und spalten. Die Merkmale des Identitätsverlusts sind jedenfalls unübersehbar.

Schmithals deutet diese Besessenheit/Obsession als »Sünde«. Als Schlüssel dient ihm V 7: »Was habe ich mit dir zu schaffen, Jesus, du Sohn des Allerhöchsten?« Schmithals erkennt hier die Feststellung, daß zwischen dem Besessenen und Gott keine Gemeinschaft besteht: »Der Besessene ist der gottlose, sündige Mensch, der Gottverlassene. Wir haben es bei ihm mit einem Musterbeispiel dessen zu tun, was die Bibel den Sünder nennt.«

Worin besteht denn die Sünde? Sie ist gewiß nicht als moralische Qualität zu fassen; Sünde heißt: sich dem Anspruch Gottes entziehen, »um aus dem Vorhandenen sein Leben zu sichern«. Wer dies unternimmt, wird eben gerade nicht frei, sondern kommt unter die Herrschaft des »Verfügbaren«…Die Parallelen zu den von Fromm beschriebenen »Obsessionen« liegen auf der Hand. Die Sünde bezeichnet Schmithals auch als »das Böse« – wieder nicht moralisch verstanden, sondern als eine Kraft, die den Menschen und seinen Lebenszusammenhang zerstört – darauf weist auch die Todes-Symbolik in der Erzählung hin.

Das Phänomen der Sünde beschreibt die Bibel seltsam ambivalent: Einerseits kennzeichnet sie sie als reale Macht, die sich den Menschen unterwirft und ihn zerstört. Vor allem Paulus hat dies eindringlich entfaltet; »Ich bin … unter die Sünde verkauft«, schreibt er einmal (Röm 7,14). Andererseits ist der Sünder nicht einfach zwanghaft der Sünde verfallen, sondern kann ihr widerstehen. Diese Ambivalenz kommt in Gen 4,1-16 sehr deutlich zur Sprache: Einerseits wird die Sünde als verschlingende Macht geschildert; aber der Mensch kann über sie herrschen (Gen 4,7). Die gleichen Merkmale wie bei der Sünde zeigen sich nun auch in der Schilderung der Besessenheit in Mk 5.

Wie kommt es zur Heilung?

Die Erzählung schildert die Austreibung als einen Befreiungsprozeß, der allein durch die souveräne Macht Gottes in Christus in Gang kommt. Der Besessene ist – allein durch die rettende Anwesenheit Jesu – in seiner Persönlichkeit wieder hergestellt, die Defizite und Beschädigungen sind aufgehoben.

4.4 Vierter Auslegungsgang: Fragen und gefragt werden

Wie bei der Auslegung von Gen 4 lasse ich es auch bei diesem Text bei einigen knappen Hinweisen bewenden, weil der Frageprozeß zwischen Überlieferung und heutigem Leser/Hörer stark situativ geprägt ist.

Welche Fragen könnte der Interpret an den Text herantragen?

Er könnte sich – angeregt durch die gegenwärtig aufschäumende Okkultismus-Welle – für die Beschreibung von Exorzismen im Neuen Testament interessieren. Oder er könnte sich dem machtvollen Wundertäter Christus nähern, in dessen Befreiungstaten die Lebenskraft Gottes aufscheint.

Aber solche Fragen bleiben noch an der Oberfläche, weil sie dem Fragenden erlauben, seine eigene Person aus dem Spiel zu lassen. Sie rücken die erzählten Ereignisse in die Ferne, entweder durch die geschichtliche Distanz oder durch den unendlichen Abstand zum göttlichen Retter.

Die Frage nach der Besessenheit muß zur eigenen, betroffenen Frage des heutigen Lesers oder Hörers werden: Welche Obsessionen haben Macht über mich, welche Ziele oder Verhaltensweisen sind so stark lebensbestimmend, daß sie die freie Entscheidung, die sozialen Kontakte einschränken oder sogar die Identität gefährden? In diesem Zusammenhang ist es nützlich, sich wieder einmal an die bekannte Erklärung Luthers zum 1. Gebot zu erinnern: Worauf du dein Herz hängst und worauf du dich verläßt, das ist eigentlich dein Gott.

Erst, wenn diese Frage nach Obsessionen und Zwängen unter dieser Perspektive des 1. Gebots ausgehalten wird, ist eine Existentiale Auslegung von Mk 5, 1-20 an ihr Ziel gekommen.

Und wenn der Ausbruch jenes Mannes aus Gergesa »Was habe ich mit dir zu schaffen, Jesus?« vielleicht auch denjenigen durchfährt, der sich heute mit der neutestamentlichen Wundererzählung beschäftigt, ist er offen für das Kerygma des Textes: Wer der hilfreichen Nähe Gottes vertraut, kann Befreiung von Obsessionen erfahren, wer bei ihm Geborgenheit erfährt, kann auf die eigene, krampfhafte Sicherung des Lebens verzichten.

Bleibt die Frage, ob auch von der neuen Existenz des Geheilten Impulse für die Gegenwart ausgehen?

Der Gerettete wird angewiesen, in seinem alltäglichen Lebenszusammenhang weiterzugeben, was an sich erfuhr (»Geh in dein Haus zu den Deinen und berichte ihnen...« Mk 5,19). Der einzelne Christ aber auch die Kirche werden sich fragen müssen, ob an ihrer alltäglichen Praxis befreite und befreiende Lebensperspektiven aufscheinen: Reden und handeln sie gelassen, vertrauensvoll, sicher, »vernünftig« (Mk 5,15)? Oder beteiligen sie sich an den absurden, zerstörerischen Sicherungsritualen, die heute so beherrschend sind, wie Eigentumssicherung durch zwanghaftes Kaufen und Konsumieren, Lebenssicherung durch besessene Hochrüstung usw.?

Daran wird sich zeigen, ob die Erzählung über die Heilung des Besessenen von Gergesa heute noch ein glaubwürdiger, einladender Text ist.

5 Chancen und Grenzen der Existentialen Auslegung

Grundsätzlich stützt sich die Existentiale Auslegung auf die Methoden und Ergebnisse der Historisch-Kritischen Exegese. Darum gelten alle dort bereits diskutierten positiven Momente und kritischen Anfragen für die Existentiale Interpretation. Auf deren spezifische Merkmale beziehen sich die folgenden Punkte.

5.1 Drei Argumente für die Existentiale Auslegung

a. Die Existentiale Auslegung trägt zur Überwindung des Historismus bei und führt die Historisch-Kritische Interpretation und die Frage nach der Bedeutsamkeit eines Textes zusammen.

Bei Anwendung dieser Methode ist die Exegese nicht mehr gezwungen, zunächst methodisch distanziert den historischen Befund zu erheben und dann in einer zweiten Stufe eine post-kritische »theologische« Interpretation zu versuchen. Sondern die konsequente historische Analyse führt letztlich zur geschichtlichen Frage nach dem Kerygma und damit zur Frage nach dem Existenzverständnis. (Folgerichtig trägt die Sammlung der wichtigsten Arbeiten Bultmanns zur Hermeneutik den Titel »Glauben und Verstehen«.)

b. Die Existentiale Auslegung bahnt ein lebensbezogenes Verstehen der biblischen Überlieferung an.

Der Ertrag dieses hermeneutischen Ansatzes sollte nicht vordergründig nur als Versuch bewertet werden, das Evangelium dem modernen Menschen verständlich zu machen; er greift viel weiter: Glauben und Christsein sind so mit einer Reflexion über heute mögliches und nötiges Menschsein verknüpft, daß es zu einer gegenseitigen Anregung und Vertiefung kommt: Der anthropologischen Analyse kann die theologische Interpretation neue Aspekte erschließen; umgekehrt gewinnt die theologische Reflexion neue Dringlichkeit, wenn beispielsweise »Sünde« nicht nur als Verfehlung göttlich gesetzter Normen aufgefaßt, sondern als Ver-fehlen der von Gott gegebenen Lebenschancen erfahren wird. – Oder das biblische Phänomen des Exorzismus rückt nahe an die Gegenwart heran, wenn es im Zusammenhang der Erfahrung von Obsessionen und Zwängen reflektiert wird.

c. Die Existentiale Auslegung zerschlägt falsches Sicherheitsdenken und stellt vor die eschatologische Entscheidung.

Es ist das große Verdienst Rudolf Bultmanns, daß die radikale Entmythologisierung die Frage nach der Wahrheit der biblischen Überlieferung und nach dem Glauben an die Stelle rückt, die dem Anspruch dieser Texte gerecht wird. Nicht dieses oder jenes Weltbild steht zur Entscheidung, nicht die Frage, ob der Leser oder Hörer dieses oder jenes Ereignis für möglich hält, es »glauben« will. Bultmann zerschlägt alle Stützen objektivierenden Wissens, mit denen der Glaube sich absichern möchte, und konfrontiert mit dem Kerygma der biblischen Texte. Es behauptet mit

Entschiedenheit, daß wir in der Seinsweise außerhalb des Glaubens unsere Existenz verfehlen und uns verlieren, und stellt uns vor die Frage, ob wir uns als von Gott Geliebte und damit Befreite anerkennen wollen.

5.2 Kritische Rückfragen

a. Die Eingrenzung des Kerygmas auf das »Christusgeschehen«
kann zu einer Verkürzung führen.

Die radikale Bestreitung der Gegenständlichkeit der Offenbarung führt Bultmann dazu, daß am Ende nichts mehr bleibt als das »inhaltsleere Paradox, daß Gott in diesem Jesus gehandelt hat« (Zahrnt, 1966, S. 323). Mit dieser Reduktion des Kerygmas auf das »Daß seines Gekommenseins« aber droht die Gefahr, daß die Inhaltlichkeit des Evangeliums und die geschichtliche Konkretheit der angesagten Freiheit verlorengehen. – Diese Rückführung der Tat Gottes am Menschen auf das punktuelle »Daß« muß dann auch eine Abwertung aller Überlieferungen nach sich ziehen, die Heilsgeschichte erzählen, insbesondere, wie wir sahen, die des Alten Testaments. Damit aber trocknet der Reichtum der biblischen Überlieferung zu einer Handvoll abstrakter Sätze ein.

b. Im Zug der Existentialen Auslegung biblischer Texte kann es zu
einer Reduktion des Glaubens auf die Innerlichkeit des einzelnen kommen.

Der hermeneutische Ansatz ist so stark auf die Existenzverwirklichung des einzelnen und seine Entscheidung gegenüber dem Kerygma konzentriert, daß die sozialen Verflechtungen des Menschen, seine gesellschaftlichen Bedingtheiten ganz ausgeblendet bleiben. Ernst Bloch hat daher ein wenig spöttisch von »Bultmanns guter religiöser Stube ›religiöser Mensch‹« gesprochen (Bloch, 1968, S. 69). Es bleibt in der Tat zu fragen, ob diese Privatisierung des Glaubens nicht letztlich zu einer Weltlosigkeit führt, einen Wirklichkeitsverlust bewirkt, der dann eben gerade keine Existenzverwirklichung unter den realen Lebensbedingungen mehr ermöglicht, sondern den Rückzug auf eine weltlose Innerlichkeit zuläßt.

c. Die Existentiale Auslegung kann eine Intellektualisierung
des Glaubens fördern.

Wenn ein hermeneutisches Konzept so radikal auf das »Wort« der Verkündigung abhebt, wie es bei Bultmann geschieht – in der Generation seiner Schüler spitzte sich dann das »Christusgeschehen« auf ein »Sprachereignis« zu –, dann wird die Gefahr einer Abwertung der sinnlichen Erfahrung, der Leiblichkeit virulent. Bultmann notiert: »Gott entzieht sich der Sicht und Beobachtung. Wir können nur an

Gott glauben trotz der Erfahrung«. (Bultmann, 1967, S. 99). Diese Sätze zeigen deutlich, daß die Kerygma-Theologie sich zu einer Theorie sprachlicher Abstraktion entwickeln kann.

5.3 Zwei grundsätzliche Einwände

a. »Alarm um die Bibel«

Unter diesem aufregenden Titel erschien 1965 eine Kampfschrift des Theologen Gerhard Bergmann (Bergmann, 1965). Der Untertitel der Schrift läßt die Stoßrichtung erkennen: »Warum die Bibelkritik der modernen Theologie falsch ist«. Pfarrer Bergmann trat als einer der Sprecher der »Bekenntnisbewegung ›Kein anderes Evangelium‹« auf; weitere bekannte Mitglieder dieser Bewegung waren Prof. Walter Künneth und Pastor Rudolf Bäumer. Aus der Sicht eines evangelikal geprägten Christentums kämpften sie gegen »die moderne Theologie«, als deren Protagonist eben Rudolf Bultmann galt.

Da die hier formulierte grundsätzliche Kritik bis heute nicht ausdiskutiert werden konnte, halte ich einige zentrale Punkte fest (alle Zitate aus der Schrift von Bergmann):

– »Theologen erniedrigen sich zu Kostgängern bei den Philosophen« (18). Diese pauschale Formulierung soll den Verdacht anzeigen, daß die »moderne Theologie« nicht mehr ihre eigene Sache treibe, sondern sich dem Diktat von Rationalismus und Existenzphilosophie, den Gesetzen der Naturwissenschaft und der Geschichtswissenschaft unterwerfe. Damit aber werde die Einzigartigkeit der biblischen Botschaft nivelliert, das Zentrum des Glaubens sei nicht mehr Gott, sondern der Mensch.

– Im Zuge dieser Anpassung komme es dann zu einer folgenschweren »Enthistorisierung« der biblischen Überlieferung. »Die Enthistorisierung stellt die eigentliche Absicht der Evangelisten direkt auf den Kopf. Denn gerade durch das historische Ereignis wollen sie ja zum Glauben an den rufen, durch den solche Ereignisse (sc. Wunder) erst möglich wurden: Jesus Christus« (37). In den Augen der »Bekenntnisbewegung« spitzt sich der Konflikt auf die Alternative zu: »Wem wollen wir nun unser Vertrauen schenken? Der Bibel oder der modernen Theologie? Auf dieses Entweder-Oder kommt es letztlich an« (38).

Eine solche Formulierung übersieht aber, daß jeder Versuch, die biblische Überlieferung zu verstehen, von den Denk- und Glaubensvoraussetzungen des Verstehenden geprägt ist. Im Fall der »Bekenntnisbewegung« zeigt sich, daß sie sich von einem positivistischen Wirklichkeitsverständnis leiten läßt: Wirklich ist, was buchstäblich geschehen ist. Die Vertreter einer evangelikalen Auslegung klären offensichtlich ihr eigenes Vorverständnis nicht auf, halten ihren Interpretationsansatz für allein »schriftgemäß« und sind schnell mit dem Urteil über andere Wege zur

Überlieferung bei der Hand; das gilt leider auch für die heute ausgetragenen Konflikte um das Verständnis der Bibel. Die Anhänger der evangelikalen Sicht müssen sich aber der Frage stellen, ob ihre Auffassung von Wirklichkeit und Wahrheit nicht das Zentrum der biblischen Botschaft eher verstellt, indem es den heutigen Menschen auf ein versunkenes Weltbild festlegt und ihn damit im Vorgarten des Evangeliums abfängt – ohne daß er die Chance bekommt, ins Haus der Überlieferung einzutreten und darin zu leben. Aber auch der Vorwurf, Bultmann löse die Botschaft von Jesus Christus in eine philosophische Idee auf, will nicht recht greifen; denn Bultmann erklärt ja eindeutig: »Die Offenbarung besteht in nichts anderem als in dem Faktum Jesus Christus« (Bultmann, 1960, S. 16).

b. Die Entmythologisierung geht nicht weit genug.

Ebenso grundsätzlich, aber mit völlig anderer Stoßrichtung, trägt Dorothee Sölle ihre Kritik an der Existentialen Auslegung vor (Sölle, 1968, S. 15 ff; 1971, S. 9 ff): »Kann Hermeneutik es sich erlauben, vom Wort der Schrift allein auszugehen, dieses von seinen Wirkungen abstrahierte Wort uns zu konfrontieren, ohne es mit seiner Geschichte zu vermitteln?« (Sölle, 1968, S. 15)
»An diesem Punkt muß die Kritik der politischen an der existentialen Theologie einsetzen, und zwar nicht an Bultmanns Ansatz, wohl aber an einer Begrenzung der historischen Kritik, die ihrem Wesen widerspricht. Der emanzipatorische Sinn der Historisch-Kritischen Methode geht nämlich dort verloren, wo man ... zwar die vergangenen Texte Historisch-Kritischer Betrachtung unterwirft, nicht aber die eigene Gegenwart und ihre Fragestellung historisch in ihrem Gewordensein, in ihrer Abhängigkeit von sozialen und psychosozialen Faktoren reflektiert« (Sölle, 1971, S. 23). »Daher mißversteht Entmythologisierung sich selber, wenn sie sich nur auf das Neue Testament bezieht und zu einem abschließbaren Vorgang wird« (Sölle, 1968, S.15f). Kritische Analyse muß also auch die unbefragten Voraussetzungen und Grundentscheidungen heutiger Wirklichkeit als »Mythen« erkennen und diskutieren: Mythenkritik ist fortzuschreiben zur Ideologiekritik. Hiermit greift Sölle die oben notierte Kritik auf, die Existentiale Interpretation fördere den Rückzug auf die Innerlichkeit und spitzt ihn radikal zu. Die Stoßrichtung ist eine praktische: Welchen Beitrag leistet Theologie zur Veränderung inhumaner Zustände? »Wie kommen wir von einer Theologie, deren wichtigste Tätigkeitswörter Glauben und Verstehen sind, zu einer, die Glauben und Handeln zum Thema macht?« (Sölle, 1971, S. 11)
Hiermit sind schon die Umrisse einer neuen Hermeneutik sichtbar geworden, die ich in den Kapiteln über Wirkungsgeschichtliche und Befreiungstheologische Denkmodelle ausführen werde.

Literatur

Bergmann, Gerhard, Alarm um die Bibel. Warum die Bibelkritik der modernen Theologie falsch ist. Gladbeck: Schriftenmissions-Verlag. 4. Aufl. 1965.

Bloch, Ernst, Atheismus im Christentum. Frankfurt: Suhrkamp Verlag. 1968.

Bultmann, Rudolf, Welchen Sinn hat es, von Gott zu reden? In: ders., Glauben und Verstehen. Band I. Tübingen: J.C.B. Mohr, 6. Aufl. [1925] 1966. S. 26-37.

Bultmann, Rudolf, Jesus. Tübingen: J.C.B. Mohr. [1926] 1964.

Bultmann, Rudolf, Die Bedeutung des Alten Testaments für den christlichen Glauben [1933]. In: ders., Glauben und Verstehen. Band I. Tübingen: J.C.B. Mohr, 6. Aufl. 1966. S. 313-336.

Bultmann, Rudolf, Weissagung und Erfüllung[1949]. In: ders., Glauben und Verstehen. Band II. Tübingen: J.C.B. Mohr. 5. Aufl. 1968. S. 162-186.

Bultmann, Rudolf, Der Begriff der Offenbarung im Neuen Testament [1929]. In: ders., Glauben und Verstehen. Band III. Tübingen: J.C.B. Mohr, 1960. S. 1-34.

Bultmann, Rudolf, Neues Testament und Mythologie. In: Bartsch, Hans Werner (Hg), Kerygma und Mythos. Ein theologisches Gespräch. Band I. Hamburg: Reich & Heidrich. 1948.

Bultmann, Rudolf, Jesus Christus und die Mythologie. In: ders., Glauben und Verstehen. Band IV. Tübingen: J.C.B.Mohr, 2.Aufl. 1965. S. 141-189.

Bultmann, Rudolf, Das Problem der Hermeneutik. In: ders., Glauben und Verstehen. Band II. Tübingen: J.C.B.Mohr, 5.Aufl. 1968, S. 211-235.

Bultmann, Rudolf, Zum Problem der Entmythologisierung. Abschließende Stellungnahme. In: Bartsch, Hans Werner (Hg), Kerygma und Mythos Band II. Hamburg: Reich & Heidrich. 1965, S. 179-208.

Fromm, Erich, Haben oder Sein. Die seelischen Grundlagen einer neuen Gesellschaft. (dtv 1490). München: Deutscher Taschenbuch Verlag. 1979

Fromm, Erich, Anatomie der menschlichen Destruktivität. Stuttgart: Deutsche Verlagsanstalt. 1974.

Halbfas, Hubertus, Bibel und Mythos/Symbol. In: Langer, W. (Hg), Handbuch der Bibelarbeit. München: Kösel-Verlag. 1987. S. 68-80.

Heidegger, Martin, Sein und Zeit [1927]. Tübingen: Max Niemeyer Verlag. 10. Aufl. 1963.

Sölle, Dorothee, Phantasie und Gehorsam. Überlegungen zu einer künftigen christlichen Ethik. Stuttgart: Kreuz-Verlag. 1968.

Sölle, Dorothee, Politische Theologie. Auseinandersetzung mit Rudolf Bultmann. Stuttgart: Kreuz-Verlag. 1971.

Stallmann, Martin, Die biblische Geschichte im Unterricht. Katechetische Beiträge. Göttingen: Vandenhoeck & Ruprecht. 1963.

Wittram, Reinhard, Das Interesse an der Geschichte. Göttingen: Vandenhoeck & Ruprecht. 1958.

Kapitel 3
Linguistische Auslegung

Vorbemerkung

Ebenso wie die Existentiale Interpretation gehören auch die struktural-linguistischen Ansätze zu den synchronen: »Ein Text wird aus dem Beziehungsgeflecht seiner historischen Einflüsse und Abhängigkeiten, Wirkungen und Umstände herausgesprengt, um ihn als ein in sich funktionierendes Ganzes zu begreifen« (Stock, 1974, S. 28). Außertextliche Bezüge bleiben unberücksichtigt.

Wegen der Vielzahl der Fragestellungen und der verwendeten Verfahren ist dieser Auslegungsansatz allerdings sehr schwer überschaubar. Es gibt wohl kaum einen komplexeren Bereich von Interpretationsmethoden als den, der durch das Stichwort »Linguistik« charakterisiert wird.

Einen ersten Anhaltspunkt gibt das linguistische Textverständnis. Unter sprachwissenschaftlichem Aspekt erscheint ein »Text« als System, dessen einzelne Elemente wie Wörter, Sätze usw. (»Zeichen«) in Beziehungen zueinander stehen. Die Gesamtheit solcher Relationen innerhalb eines Textes wird als »Struktur« bezeichnet; die strukturale Analyse untersucht solche Zusammenhänge unter drei Aufgabenstellungen, die für die Interpretation von Texten wichtig sind:

- *Syntaktik:* Sie analysiert die Kombination und Beziehung der Zeichen zueinander, unabhängig von ihrer Bedeutung;
- *Semantik:* Sie prüft das Verhältnis der Zeichen zu den Sachen, die sie bezeichnen (Bedeutung);
- *Pragmatik:* Sie untersucht die Beziehungen zwischen Zeichen und Adressaten, also die Frage nach den Absichten und Wirkungen von Zeichen. (Diese dritte Fragestellung schließt allerdings auch immer diachrone Aspekte ein und führt somit über die streng abgegrenzte Einheit des Textes hinaus; darum bleibt sie in diesem Kapitel außer Betracht.)

Auch das Vokabular und die Methodenbeschreibung der Linguistik sind oft so schwer zugänglich, daß ihre Methoden und Ergebnisse bisher nur spärlich in der Theologie Fuß gefaßt haben – das gilt zumindest für die Religionspädagogik, speziell natürlich für die Bibeldidaktik. Unter den wenigen, die sich für die Rezeption und Anwendung struktural Methoden für die religionspädagogische

Arbeit engagiert haben, sind vor allem Detlev Dormeyer und Alex Stock zu nennen (Dormeyer, 1975; 1976; Stock, 1974; 1976; 1978). Ich werde mich weitgehend auf diese Untersuchungen und Vorschläge stützen. Aus dem breiten Methodenspektrum werde ich nur wenige auswählen, die für Bibeldidaktik fruchtbar erscheinen.

1 Optionen

1.1 Bevorzugung der Synchronie

Die Linguistische Interpretation eines Textes geht, wie gesagt, von der Hypothese aus, daß der zu untersuchende Text eine in sich kohärente Einheit ist, die aus sich heraus, ohne Berücksichtigung ihrer Geschichte und ihrer Kontexte, verständlich ist. Dies Vorgehen hat zunächst einmal für sich, daß ein Text als Einheit betrachtet wird, während die diachronen Methoden, insbesondere die Historisch-Kritische Auslegung, den Text stark zergliedert. Das ist die Stärke dieses Ansatzes, deutet aber auch schon seine begrenzte Reichweite an; denn es ist nur schwer vorstellbar, daß geschichtliche Texte wie die biblische Überlieferung mit Verfahren zureichend erklärt werden können, die ihre Geschichtlichkeit (Diachronie) ausklammern.
Die Linguistische Auslegung läßt noch einen weiteren extratextuellen Bezug als methodischen Aspekt der Interpretation eines Textes vorsätzlich außer acht: die Verstehensbedingungen des Lesers/Hörers. Was also in der Existentialen Interpretation unentbehrlich scheint für ein sachgemäßes Verstehen, die Klärung des Vorverständnisses, bleibt jetzt gerade ausgeblendet.

1.2 Die Konzentration auf die Struktur

Wie gesagt, interessiert sich die strukturale Textsemantik nicht für das Umfeld des Textes, seine Vor- oder Nachgeschichte oder auch den Rezeptionsvorgang, sondern richtet ihre Aufmerksamkeit allein auf das Textgebilde, das als »semantisches Mikrouniversum« vorgestellt wird (Stock; 1974, S. 29). Zu fragen ist: Welche Elemente sind in ihm versammelt? In welchen wechselseitigen Beziehungen stehen sie zueinander? Wie konstituiert sich aus diesen Strukturen Sinn? Die strukturale Analyse versucht zu rekonstruieren, welcher Art diese Relationen sind, oder anders gesagt: welchen Gesetzen die Komposition des Textes folgt. Aus dem Ansatz der strukturalen Linguistik ergibt sich, daß sie nicht daran denkt, die faktische Entstehung des Textes historisch zu klären, sondern sie bemüht sich, das Zusammenwirken der einzelnen Faktoren zu erklären, ihr Organisationsmodell zutreffend zu beschreiben.
Das Interesse ist, solche konstanten Strukturen aufzuspüren und für den Auslegungsprozeß fruchtbar zu machen. Sie ermöglichen es dem heutigen Leser, einen Text zu erfassen, auch wenn er in einer ganz anderen Lebenssituation entstanden

ist. Die Strukturen verändern sich nicht – darum kann ein Bibeltext von gegenwärtiger Alltagserfahrung her verstanden werden.

Dieser hermeneutische Ansatz wird dann plausible Textinterpretationen hervorbringen, wenn folgende These Anerkennung findet: »Sinn wohnt in erkennbaren Strukturen von Wortverbindungen (»pattern of connections«) und Bezügen, und Verstehen heißt, diese Verbindungen zu erfassen, d.h. den Sinn zu erfassen« (Via, 1970, S. 48 f).

Die Form oder die »Gestalt« – d.h. die linguistischen Relationen – sind also nicht etwa der Behälter für den Inhalt; vielmehr haftet der Sinn an Form und Inhalt als gestalthafter Einheit.

2 Methoden

Es liegt auf der Hand, daß die Untersuchungsgegenstände und Methoden einer strukturalen Textanalyse schier unerschöpflich sind. Das belegt die folgende Überlegung (vgl. Stock, 1974, S. 30 f): Um eine Korrelation zwischen verschiedenen Textelementen nachzuweisen, müssen sie mindestens ein gemeinsames semantisches Merkmal (SEM) aufweisen. So haben beispielsweise die Worte »warm« und »kalt« das semantische Merkmal »Temperatur« gemeinsam; man könnte also einen Text daraufhin untersuchen, ob Temperaturangaben von Bedeutung sind (z.B. Offb 3,15 f). Die beiden Worte lassen sich aber auch im übertragenen Sinn als Bezeichnungen von Charaktereigenschaften (»hitziges Temperament«) oder Gemütszuständen klassifizieren. Diese Klassifikation gäbe dann ganz andere Beobachtungskriterien für die semantische Analyse her.

Es dürfte kaum praktikabel und auch sinnvoll sein, allen strukturellen Bezügen und Funktionen innerhalb einer »Textwelt« nachzugehen; aus praktischen Gründen ist hier eine Auswahl zu treffen. Für die Zwecke der Bibeldidaktik, die sich ja weithin mit erzählenden Texten beschäftigt, scheinen sich vor allem zwei Operationen anzubieten:

– die Beobachtung der *Erzählperspektiven*, die in einem Text versammelt sind;
– die Analyse der *Akteure*, ihrer Beziehungen und Handlungen, die ein Text einschließt.

Für diese Auswahl spricht u.a. auch, daß die beiden Methodenansätze in modifizierter Form in einem Vorbereitungswerk für den biblischen Unterricht zur Anwendung kommen – offenbar dem einzigen, dem es gelungen ist, Methoden und Ergebnisse der strukturalen Linguistik religionsdidaktisch fruchtbar einzubeziehen (Zirker u.a., 1980; 1981). So hat der Leser die Möglichkeit, die hier vorgeschlagenen Methoden anzuwenden und zu überprüfen.

2.1 Analyse der Erzählperspektiven

Ein sehr nützliches Instrument zur Strukturierung einer Text-Welt ist eine Beschreibung der verschiedenen Perspektiven, unter denen erzählt wird. Sie lassen sich nach fünf Hinsichten differenzieren (vgl. Stock, 1978, S.30 ff):

a. Raum-Charakteristik

Hier geht es um die Topographie des Erzählraums. Für die Analyse der Erzählperspektive ist dabei die geographische Beschreibung etwa vorgestellter Orte oder Landschaften nicht von Bedeutung. Es interessiert, aus welcher räumlichen Perspektive erzählt wird: Spricht der Erzähler sozusagen vom Standort einer ganz bestimmten Figur aus? Welche räumlichen Veränderungen lassen sich erkennen? Geht der Erzähler die Wege einer bestimmten Person mit? Oder wechselt er die Perspektive? Oder stellt der Erzähler sich ganz außerhalb des erzählten Geschehens?

b. Zeit-Charakteristik

Auch hier richtet sich das Interesse nicht auf zeitliche Angaben, die aus dem Text hinausweisen, beispielsweise die Zuordnung zu einer bestimmten historischen Situation. Aufschluß verspricht sich die strukturale Analyse vielmehr von der Beobachtung der zeitlichen Erzählperspektive: Wird der Ablauf verlangsamend dargestellt oder geht die Erzählung eher summarisch-zusammenfassend vor? Wird retrospektiv erzählt, also vom Ende der Geschichte her, oder ganz bzw. abschnittweise synchron? Gibt es Passagen, die erinnerte Ereignisse zur Sprache bringen? Oder richtet sich der Blick in die Zukunft?

c. Innenwelt-Charakteristik

Dieser Arbeitsgang untersucht, welche Stellung der Erzähler zur Psyche der handelnden Figuren einnimmt: Gibt er deren Gedanken oder Gefühle wieder, d.h. nimmt er eine Binnen-Perspektive ein? Gilt das gegebenenfalls für eine oder auch für mehrere Gestalten? Oder geht der Erzähler ausschließlich von einer Außen-Perspektive an das Geschehen heran?

d. Rede-Charakteristik

Welche Aufschlüsse gibt die Sprache, die der Erzähler den einzelnen Figuren zuordnet, über das semantische Gefüge des Textes? Lassen sich hier charakteristische Sprachmuster erkennen? Geben wechselnde Stilebenen Auskunft über die Beziehung der Gestalten zueinander? Ergeben sich daraus Gliederungsgesichtspunkte?

e. Werte-Charakteristik

Dieser, auch als Ebene der *Ideologie* bzw. *Ethik* charakterisierte Analysebereich untersucht, welche Wertmaßstäbe den Erzähler leiten. Dies formulieren biblische Texte nur selten explizit. Aber häufig läßt sich aus einer Erzählung erkennen, was als gut oder böse gilt, fromm oder gottlos, schön oder häßlich. Aufschlußreich ist, »was die Menschen sich wünschen und was sie befürchten, was ihnen verboten und was erlaubt scheint, was sie beseitigen und was sie aufbauen« (Zirker u.a., 1980, S. 20). Auch hier kommt es wieder darauf an, genau zu beobachten: Gehen solche Wertungen von einer oder mehreren Gestalten des Textes aus? Kommt es zu Veränderungen im Lauf der Handlung? Stellt sich der Erzähler auf einen wertenden Standpunkt außerhalb der berichteten Ereignisse bzw. Personen oder bezieht er deutlich Position?

2.2 Analyse der Akteure

a. Der Text als Rollenspiel

Hier geht es darum, den Text als ein von verschiedenen Akteuren besetztes Handlungsspiel zu erkennen. Es gilt zunächst einmal zu ermitteln: Welche Personen agieren? Welche Rollen spielen sie? Welche Interessen verfolgen sie? Welche Beziehungen bestehen zwischen ihnen? Lassen sich Veränderungen erkennen? Bei der Analyse mehrerer biblischer Texte wird man auf typische, immer wiederkehrende Konstellationen stoßen (vgl. z.B. Zirker u.a., 1980, S. 19 f):

– *Zuwendung und Hilfe:* Dies ist eigentlich die Grundbewegung Gott – Mensch, die auch immer wieder als die angemessene Verhaltensweise gegenüber dem Mitmenschen gefordert wird.

– *Unterordnung:* Auch hier erkennen wir eine Grundkonstellation im Verhältnis Gott – Mensch; es steht für die biblische Überlieferung außer Frage, daß das Geschöpf seinem Schöpfer untergeordnet ist. »Unterordnung« ist nun keineswegs im Sinn von »Unterwerfung« mißzuverstehen. Nach der Überzeugung des Alten und Neuen Testaments hat Jahwe sich nicht – wie die babylonischen Götter – den Menschen als dienstbaren Sklaven geschaffen, sondern als freies Gegenüber; als Verwalter der Welt ist er dem Schöpfer verantwortlich, aber nicht dem Despoten unterworfen; als »Kind Gottes« ist er auf den »Vater« hin ausgerichtet, aber nicht in unmündiger Demut, sondern in mündiger Liebe (vgl. Röm 8, 14-17; Gal 4, 1-7). Diese Beziehung der Unterordnung kommt natürlich auch außerhalb des Gottesverhältnisses in unzähligen zwischenmenschlichen Konstellationen im Alten und Neuen Testament vor.

– *Gegnerschaft:* Beispiele dieser Grund-Beziehung: Israel – feindliche Völker; verfolgter Psalm-Beter – Widersacher…
Der biblische Mensch kann aber auch die Erfahrung von Unheil so deuten, daß die Liebe Jahwes zu den Seinen in Gegnerschaft umgeschlagen sei, …aus lauter Leidenschaft, sein Volk zur Umkehr zu bringen.

– *Verhältnis der ausgeglichenen wechselseitigen Beziehung:* Hier wäre etwa an die ungezählten Gesprächssituationen zu denken, die in Bibeltexten dargestellt werden, oder auch Schilderungen von Liebe und Freundschaft.

b. Das Aktantenmodell

Diese Beobachtungen in der »Handlungslandschaft« (A.Stock) eines Textes lassen sich nun sehr gut mit Hilfe eines linguistischen Modells differenzieren und systematisieren (vgl. Stock, 1974, S. 32f; 1978, S. 65 ff), das als Aktantenmodell bezeichnet wird. Unter Aktanten versteht man Klassen von Akteuren oder »Handlungsrollen«: »Aktanten sind die von den Akteuren gespielten Rollen, die wechseln können, während alle in der Erzählung auftretenden (handelnden oder erleidenden) Größen... die Akteure sind« (Zimmermann, 1988, S. 111, im Anschluß an Güttgemanns).

Ursprünglich stammt dieser Theorie-Ansatz aus der Märchenanalyse; der russische Märchenforscher V. Propp entwickelte vor etwa 60 Jahren ein System von Rollen und Handlungsdefinitionen, die in allen russischen Zaubermärchen stets wiederkehren. Dies Modell wurde dann in der strukturalen Textsemantik von dem französischen Sprachwissenschaftler A. Greimas weiterentwickelt, vor allem durch die Kombination mit syntaktischen Kategorien. Geht man einmal von den grundlegenden syntaktischen Strukturen eines Satzes aus, dann stößt man auf das Verb als Ausdruck des Handelns; es ist das »Tätigkeits-Wort«. Es kann sich mit drei verschiedenen Kasus verbinden:

– *Nominativ.* Er bezeichnet das Subjekt der Handlung; der Akteur gilt als *Erstaktant.*

– *Akkusativ.* Er benennt denjenigen, der die Handlung erträgt oder erleidet, als Objekt; er ist der *Zweitaktant* (Beispiel: Der Lehrer [= Erstaktant] erklärt den Text [= Zweitaktant]).

– *Dativ.* Er bezeichnet den Adressaten der Handlung, zu dessen Gunsten oder Ungunsten sie geschieht; er wird als *Drittaktant* bezeichnet; entsprechend gilt dann der Erstaktant als Adressant. (Beispiel: Der Lehrer [= Erstaktant/Adressant] gibt den Schülern [= Drittaktant/Adressat] einen Text [= Zweitaktant]).

Für jede Handlung lassen sich so zwei grundlegende Beziehungsmuster aufstellen:

Subjekt	–	Objekt	Adressant	–	Adressat
(Nominativ	–	(Akkusativ)	(Nominativ	–	(Dativ)
(Erstaktant)	–	(Zweitaktant)	(Erstaktant)	–	(Drittaktant)

Bei Greimas kommt nun noch ein Aktanten-Paar hinzu. Es wurde nicht aus elementaren syntaktischen Beziehungen entwickelt, sondern aus der Beobachtung, daß in fast allen Erzählungen zwei Arten von Akteuren beteiligt sind:

– Akteure, die die dargestellten Beziehungen hilfreich gestalten, fördern, unterstützen; sie werden als *Adiuvanten* (Helfer) bezeichnet
– Akteure, von denen negative Einflüsse ausgehen; sie heißen *Opponenten* (Gegenspieler).

Jetzt ist das Aktantenmodell nach Greimas vollständig:

Subjekt	–	Objekt
Adressant	–	Adressat
Adiuvant	–	Opponent.

So kann die Aktanten-Analyse das komplexe Handlungs- und Beziehungsgeflecht eines Textes, das bei der diachronen Sichtweise oft unberücksichtigt bleibt, sichtbar machen und damit zu einer genaueren Wahrnehmung der menschlichen und zwischenmenschlichen Aspekte anleiten.

(Ein weiter ausdifferenziertes Aktantensystem referiert Zimmermann, 1988, S. 110 ff; für unsere Zwecke reicht aber das vorgestellte Modell aus).

Bei der Anwendung der Linguistischen Auslegung ist es sinnvoll, zwischen Tiefenstruktur und Oberflächenstruktur zu unterscheiden. »Tiefenstruktur« meint jenes abstrakte Konstrukt aus Handlungsträgern, Ereignissen, einer vorgestellten Welt in Raum und Zeit. Die »Oberflächenstruktur« bezieht sich auf die spezifische Ausarbeitung und Zuordnung jener Elemente in einem bestimmten Text.

3 Das Beispiel: Gen,1-16

3.1 Analyse der Erzählperspektiven

a. Raum-Charakteristik

Der Text macht keine Angabe über den Ort des erzählten Geschehens. Er setzt voraus, daß der Leser weiß: Wir befinden uns im Urland »östlich von Eden« (vgl. Gen 3,24). Zwei Ortsveränderungen gibt der Erzähltext bekannt: Die beiden Brüder gehen »auf das Feld« (V 8); diese Angabe hat offenbar die Funktion, einen Einschnitt im Geschehen zu markieren. – Am Ende der Geschichte heißt es dann, daß Kain »vom Angesicht Jahwes« fortging in das »Land Nod« (hebr. etwa: »Unstet-Land«). Auch hier ist gleich erkennbar, daß nicht an einen realen Raum gedacht ist; entscheidend sind die symbolischen Bedeutungen: von der Geborgenheit »vor dem Angesicht Jahwes« fort – in das »Unstet-Land«.

In welchem räumlichen Verhältnis steht der Erzähler zum Geschehen? In der ersten Szene (V 1-2) kann man sich vorstellen, daß er die Ereignisse sozusagen aus der Vogelperspektive überschaut; Kameraeinstellung: Totale. Er nimmt den Lebensraum der Ur-Familie in den Blick: Man muß sich eine Behausung vorstellen, ringsum Felder und Weiden, auf denen die Söhne ihren Berufen nachgehen: Bauer und Hirt (Von Adam wird nicht berichtet, daß er einer Arbeit nachgegangen sei!).

Die zweite Szene (die Opferhandlung und ihre Folgen: V 3-4) wählt einen Ausschnitt aus der Lebenswelt der Ur-Familie: Die Altäre der beiden Brüder. Der Erzähler verfolgt das Geschehen aus einer mittleren Distanz, er hält offenbar gleichen Abstand zu den Beteiligten; das gleiche gilt für die vierte Szene (Gang aufs Feld und Totschlag: V 8).

In den Gesprächen (dritte Szene: erstes Gespräch Jahwe-Kain, V 6-7 und fünfte Szene: zweites Gespräch Jahwe-Kain, V 9-15) wird ganz selbstverständlich vorausgesetzt, daß Jahwe in der Lebenswelt der Ur-Familie zu Hause ist: Er ist unmittelbarer Zeuge der Ereignisse und spricht Kain direkt an. Im Blick auf die Erzählperspektive haben wir es hier mit einer Nah-Einstellung zu tun: Der Erzähler ist ganz in der Nähe der Akteure.

Die sechste Szene: Kain geht fort (V 16). Dies Geschehen stellt der Erzähler wieder aus der »Vogelperspektive« dar.

Auf diese Weise verwickelt der Erzähler den Hörer/Leser der Geschichte in das Geschehen: Er führt ihn mit zunehmender Dramatik ins Zentrum des Geschehens.

b. Zeit-Charakteristik

Die Erzählung enthält keine Zeitangabe, die das Geschehen zu irgendeinem Ereignis außerhalb des Textes in Beziehung setzt: es handelt sich um ein Geschehen der Ur-Zeit – außerhalb der erfahrbaren Geschichte.

Der Text selbst gibt nur an einer Stelle explizit eine Zeitangabe: »Nach einiger Zeit …« (V 3); sie bietet aber keinen Aufschluß über Zeiträume und -abläufe, in denen die Geschichte spielt, sondern nimmt deutlich die Funktion wahr, die Erzählung zu gliedern, eine neue Szene einzuleiten.

Der Text orientiert sich aber an einer Zeitstruktur, die nicht von vornherein ins Auge springt, die jedoch die Qualität des Lebens und der Beziehungen für die Beteiligten radikal verändert; es handelt sich um die Gliederung der Zeit durch den Mord:

Die Zeit vor dem Mord ist so vorgestellt, daß die Ur-Menschen wie eine »normale« Kleinfamilie zusammenleben: Die Eltern zeugen Kinder, diese wachsen heran, ergreifen Berufe…

Der Moment der Krise ist der Mord; er zerstört diese Harmonie radikal.

In der Zeit nach dem Mord ist alles anders geworden: Adam und Eva haben ihre zwei Kinder verloren.

Gott verliert Abel. Und er verliert Kain aus dem unmittelbaren Lebenszusammenhang; Kain kann nicht mehr »vor seinem Angesicht« leben und muß vor der von ihm entfesselten Aggressivität geschützt werden.

Kain verliert seinen Bruder, den er ermordet. Er verliert auch die harmonische Beziehung zur Welt (Der Ackerboden verweigert sich ihm). Kain verliert Gott – jedenfalls das Behaust-Sein in seiner Nähe; er muß sich von Gottes Angesicht entfernen (vgl. Zirker u.a., 1981, S. 41).

In welchem zeitlichen Verhältnis steht der Erzähler zum Geschehen? Wie verhalten sich »Erzählzeit« (die Zeit, die man zum Erzählen braucht) und »erzählte Zeit« (die Zeit, die die erzählten Ereignisse in Anspruch nehmen) zueinander? – Hier gibt es Entsprechungen zwischen den oben erkannten Raumperspektiven und den Zeitperspektiven: Die erste und letzte Szene ist im Zeitraffer dargestellt (vgl. entsprechend die »Vogelperspektive«). – Die handlungsorientierten Sequenzen (2. und 4. Szene) sind recht gedrängt, fast lapidar geschildert; auch hier kann man noch eine gewisse Zeitraffung konstatieren. Nur in den Rede-Teilen (dritte und fünfte Szene) verlaufen Erzählzeit und erzählte Zeit völlig synchron.

Der Erzähler nimmt sich Zeit, um die Verarbeitung des Geschehens in den Gesprächen zu formulieren – damit bietet diese Ur-Geschichte Orientierungshilfen an.

c. Innenwelt-Charakteristik

Bei den beiden »Haupt-Figuren« Kain und Jahwe läßt der Erzähler durchaus erkennen, daß er das Geschehen nicht nur aus der Außen-Perspektive distanziert beobachtet, sondern aus der Binnen-Perspektive teilnehmend erzählt:

Kain wird zornig über die Erfahrung, daß sein Opfer nicht angenommen wird; dieser Zorn entstellt ihn: Ein Hinweis auf eine tiefgreifende Störung. – Die ausweichende Antwort im Verhör (V 9) ist psychologisch sehr diffizil; man wird sie wohl nicht einfach, wie vielfach in der Literatur üblich, als Zynismus abwerten dürfen, sondern eher als hilflosen Versuch, sich durch patziges Gehabe von einem Geschehen zu distanzieren, dem er nicht mehr gewachsen ist. – Nach dem Fluchspruch ist starke Angst erkennbar: Alles ist verloren, selbst das Leben hat keine Zukunftsperspektive mehr.

Auf der Seite *Jahwes* ist zunächst eine geradezu erzieherische Fürsorge zu beobachten: Eindringlich warnt er Kain vor der Übermacht der Sünde (V 7). Dieser Fürsorglichkeit entspricht die Beobachtung aus der Analyse der Raum-Charakteristik, daß Gott wie ein Familienmitglied vorgestellt wird. – Im Fluchspruch ist zunächst die Feststellung Jahwes wichtig: »Die Stimme des Blutes deines Bruders schreit zu mir vom Ackerboden her« (V 10). Jahwe identifiziert sich mit-leidend mit dem Schicksal Abels. (Dem entspricht der semantische Befund: In vielen alttestamentlichen Texten wird die Redewendung »zu Jahwe schreien« als feststehende Formel für die vertrauensvolle Zuwendung zu Gott in äußerster Bedrängnis verwendet; die Antwort ist in der Regel: »Gott sieht... Gott hört... Gott erbarmt sich ...«) Aber auch ohne diese Hinweise zeigt die Stelle den Zorn Gottes über den Totschläger – der Zorn ist die Rückseite des leidenschaftlichen Erbarmens mit dem Hilflosen.

Am Schluß des Textes zeigt der Erzähler dann wieder Jahwes Erbarmen mit Kain, das den Tod des Totschlägers nicht zuläßt. Er eröffnet ihm eine neue Lebensmöglichkeit, die offenbar nicht nur das Über-Leben sichert, sondern wohl auch die Chance einschließt, noch einmal eine neue Lebensperspektive zu finden.

d. Rede-Charakteristik

Im Blick auf die Rede-Anteile im Text dominiert ganz eindeutig *Jahwe.* Auffällig ist der Stilwechsel zwischen erstem und zweitem Gespräch: Das erste (V 6-7) verwendet die ruhige Sprache der lehrhaften Ermahnung; das zweite (V 9-15) ist auf der Stilebene des strengen Verhörs und der leidenschaftlichen Parteinahme angesiedelt. Aber auch hier ist deutlich die Absicht des Erzählers zu erkennen, Gott als Erzieher und Schützer des Lebens zu zeigen: Er tritt eben nicht als Rächer auf, sondern will Kain zur Einsicht bringen: »Was hast du getan?«. Und der »Fluchspruch« ist eigentlich keine Strafzumessung, sondern stellt fest, was Kain sich selbst »auf den Hals gezogen hat«. Mit dem konstatierenden Spruch verbindet sich die Schutzzusage, die Kain eine neue Lebensperspektive eröffnet; denn die Maßlosigkeit der angedrohten Rache für den, der Kain erschlägt, stellt die Absurdität tötender Gewalt – auch für Kain selbst! – noch einmal deutlich ins Licht
Kains Sprache signalisiert, daß er dem Geschehen in keiner Weise gewachsen ist: Dem trotzig-hilflosen Ausweichen der Konsequenz der Tat folgt dann die totale Verzweiflung. Erst das Wort Jahwes bietet ihm Orientierungsmöglichkeiten an.

e. Werte-Charakteristik

Welche Maßstäbe leiten die beiden zentralen Gestalten des Textes?
Kain: Für Abels Bruder dominiert als Grundwert im ersten Teil der Erzählung ganz eindeutig die Anerkennung. Die erste eigenständige Handlung der Brüder ist das Opfer. Sie verbindet sich augenscheinlich mit dem Wunsch nach Anerkennung; dieser steigert sich noch gleichsam ins Unendliche, weil das Opfer den Ertrag seiner Arbeit vor Gott symbolisiert.
Und eben dies mißlingt. In diesem Zusammenhang ist noch einmal an die in Kapitel II.1 vorgeschlagene Deutung der rätselhaften Wendung »Jahwe sah das Opfer an/nicht an« zu erinnern: Es geht wohl um den Versuch, die rätselhafte Erfahrung einzuordnen, daß dem einen alles gelingt (»Glückspilz«) und dem anderen alles mißrät (»Pechvogel«). Diese Erfahrung löst bei Kain den mörderischen Drang nach Beseitigung der vermeintlichen Ursache für das Versagen der Anerkennung aus.
Im zweiten Teil wird man den viel zitierten und interpretierten Vers 9 c (»... soll ich meines Bruders Hüter sein?«) ebensowenig wie für die Innenwelt-Charakteristik nun für die Werte-Charakteristik überbeanspruchen dürfen:
Dieser Satz sollte nicht als programmatischer Ausdruck zynischer Gleichgültigkeit gegenüber dem Schicksal des Bruders oder gegenüber dem Recht auf Leben

verstanden werden, sondern als Floskel, mit der Kain sich dem Druck der untragbar gewordenen Situation zu entziehen sucht.

Eher lassen sich die Werte aus der Reaktion Kains auf den Fluchspruch ablesen:

> Du hast mich jetzt vom Ackerboden vertrieben.
> Vor dir muß ich mich verstecken.
> Unstet und flüchtig muß ich sein im Land.
> Jeder, der mich trifft, kann mich töten.

Die harmonische Beziehung zur Welt – die vertrauensvolle Gemeinschaft mit Jahwe – die Heimat – die Sicherheit des Lebens – all das, was Kain verspielt hat, wird ihm erst jetzt als Lebensbasis bewußt.

Jahwe: Die Leitlinien, an denen Jahwe sich orientiert, zeigen sich zunächst in der ersten Rede (V 6-7). Die Interpretation bietet allerdings gewisse Schwierigkeiten. Zwar fallen die ethisch qualifizierenden Begriffe »gut« und »nicht gut«, aber der Text ist so schlecht überliefert, daß eine präzise Sinnentnahme nicht mehr möglich ist. Dennoch läßt sich erkennen, daß es offenbar nicht um häufig in Auslegungen genannte Wertvorstellungen wie »Gehorsam gegen Gottes Willen« oder um die Orientierung an der Norm »Unverletzlichkeit des Lebens« geht. Die eigenartige Aussage über die Sünde, die wie ein wildes Tier am Eingang lauert und wartet, daß sie über Kain herfallen kann, legt ein anderes Verständnis nahe: es geht um die Frage: Wer beherrscht Kain: »Die Sünde« oder Kain selbst? So formuliert, entspricht die Alternative allerdings nicht der alttestamentlichen Anthropologie; für den hebräischen Menschen steht außer Frage, daß sein Leben, sein Menschsein von Gott verliehene Gaben sind; so ist die Frage nach der Selbstbestimmung immer aufgehoben in der Frage nach der Bestimmung, die Gott dem Menschen gibt. Die in V 6-7 angelegte Alternative wäre also: Woran richtet Kain sein Leben aus – an Jahwe oder an »der Sünde«? Der hebräische Mensch ist überzeugt, daß der Mensch, der der Sünde dient, verloren ist; darum warnt Jahwe Kain – aus *bewahrender Fürsorge.* – Im zweiten Teil ist das Kriterium des Fluchspruchs aus dem Zusammenhang erschließbar: Wenn die »Stimme des Blutes deines Bruders« genannt wird, die »vom Ackerboden her schreit«, wird man daran denken müssen, daß Jahwe den Acker als Lebensraum der Menschen erhalten will. Kains Mordtat hat die schöpfungsmäßige Harmonie zwischen Mensch und Natur zerstört; nun entfernt Jahwe den, der diese Harmonie verletzte und den guten Lebensraum unbrauchbar machte. – Am Schluß läßt der Erzähler dann deutlich erkennen, daß Gott unter allen Umständen für die Erhaltung des Lebens eintritt: Das Kainszeichen schützt den Totschläger. Und es symbolisiert wohl auch, daß trotz der Flucht Kains die Gemeinschaft mit Gott nicht gänzlich abreißt.

3.2 Akteure und Aktanten

a. Erste Szene: V 1-2

Gleich die erste Szene bietet das reichste Ensemble an Akteuren auf: »Der Mensch« (Adam: Subjekt; Erstaktant) »erkennt« Hawwa (Objekt; Zweitaktant). Damit ist die Funktion Adams beendet; auch bei der Hervorbringung des zweiten Sohns wird er nicht mehr erwähnt. Hawwa rückt nun an die Stelle des Subjekts (Erstaktant) und gebiert Kain (Objekt; Zweitaktant).

Jetzt kommt auch schon Jahwe ins Spiel: Die Frau hat »einen Mann gewonnen, mit Jahwe«. Wenn auch der Text an dieser Stelle nicht ganz eindeutig ist, so können wir doch erkennen: Jahwe wird als Adiuvant eingeführt.

In V 2 wiederholt sich der Vorgang teilweise: Hawwa bringt den zweiten Sohn zur Welt; im zweiten Teil des Verses treten die beiden Söhne als Subjekte auf.

b. Zweite und vierte Szene: V 3-5 und 8

In der zweiten Szene treten Kain und Abel als Adressanten auf (Erstaktanten); ihre Opfer sind für Jahwe bestimmt (Adressat; Drittaktant). Dann wechselt die Beziehung: Jahwe (Subjekt; Erstaktant) sieht die Brüder (Objekte; Zweitaktanten) an/nicht an.

Szene 4 schildert den Gang aufs Feld und den Mord. Kain ist allein Subjekt.

Es fällt auf, daß der Erzähler außer der Aufforderung Kains und dem Totschlag jede weitere Auskunft über eine Beziehung der Brüder ausspart.

c. Dritte und fünfte Szene: V 6-7 und 9-15

In Szene 3 tritt Jahwe allein als Redender auf. Innerhalb seiner Rede führt er »die Sünde« als eigenständige Größe ein, die Kain gegenübertritt. Dabei spielt in der vorausgesagten Beziehung Jahwe selbst keine Rolle (durchaus im Kontrast zum bekannten Verständnis, das »Sünde« immer im Gegenüber zu Gott konstatiert und definiert!).

Auch das zweite Gespräch führt ungewöhnliche Subjekte ein: Das Blut Abels – den Ackerboden. Beide stellt der Erzähler als handelnde Subjekte vor, ein Beleg, wie eng er noch Kontakt zu archaischen Vorstellungen hält – oder handelt es sich um ein bewußt eingesetztes Mittel, um die Situation der Urzeit »stilecht« zu schildern?

d. Sechste Szene (V 16)

Der Schluß stellt dar, wie Kain alle Beziehungen abbricht; denn das Fortgehen von »Jahwes Angesicht« bedeutet ja auch die Entfernung aus dem Land, in dem Jahwe als gegenwärtig vorgestellt wird, der Heimat der Ur-Familie. Der Text endet also in einem totalen Beziehungsverlust – im »Unstet-Land«.

3.3 Zusammenfassende Notizen

Da Sprache und Methoden-Instrumentarium der Linguistischen Auslegung verhältnismäßig spröde sind, fasse ich einige Beobachtungen noch einmal kurz zusammen. Im Blick auf die *Erzählperspektiven* zeigte sich, daß der Erzähler gerade die wechselnde Raum-Charakteristik benutzt, um das Geschehen dramatisch zu schildern: Er führt den Hörer/Leser ins Zentrum der Ereignisse.

Bei der Zeit-Charakteristik fiel auf, daß der Zeitpunkt des Mordes einen qualitativen Bruch markiert: Vom Leben zum Tod – von der Geborgenheit zur Unbehaustheit – von der Einbindung in die Gemeinschaft mit Mensch und Gott zur Beziehungslosigkeit – von der Harmonie mit der Natur zur tiefgreifenden Störung des Verhältnisses. – Diese Beobachtungen führen schon in die Werte-Charakteristik: Kain erkennt, daß er in dem Augenblick, wo er sich der Sünde der tötenden Gewalt preisgab, alles verliert, was seinem Leben Sicherheit und Sinn gab.

Der Preis dieser Erkenntnis ist unendlich hoch. Jahwe ist daran interessiert, einen Lernprozeß einzuleiten, *bevor* das Unheil geschieht; das lehrte die Rede-Charakteristik; aber auch nach dem Einbruch der Sünde will er, daß Kain (der Mensch zu allen Zeiten) die Tat verarbeitet. Dies Angebot macht er in seinem Wort; das zeigt sich an der inhaltlich und zeitlich deutlich ausgearbeiteten Gestaltung der Dialoge: *Alle* können an Kain mit seinem Zeichen als Mahnmal lernen, daß Gewalt das Leben aller zerstört, auch das eigene; Kain – die Leser/Hörer der Geschichte – kann/können lernen, daß Jahwe den unendlichen Kreislauf von Gewalt und (eskalierender) Gegengewalt durchbrechen will; das lehrt die starke Rache-Androhung.

Die Analyse der *Akteure* anhand des *Aktantenmodells* machte das Geflecht der Beziehungen sichtbar; einige auffallende Beobachtungen:

Die Eltern treten ganz zurück; sie haben nur die Funktion, die Protagonisten ins Spiel zu bringen; dabei führt Adam nahezu ein Schattendasein – Eva bringt in dieser Geschichte das Leben hervor. Über die Beziehungen innerhalb der Familie erfahren wir nichts – auch nicht über das Verhältnis der Brüder, abgesehen von der sich mörderisch zuspitzenden Eifersucht beim Opfer… eine Einladung, sich in dies Beziehungsgeflecht hineinzudenken.

Interessant ist auch die Einführung der »Sünde« als Subjekt mit einer kraftvollen, gefährlichen Macht-Ausstrahlung; dadurch entsteht eine eigenartige Ambivalenz: Kain ist ganz und gar für sein Tun verantwortlich (»Was hast *du* getan?) – und dennoch von der Sünde ganz und gar usurpiert (»verschlungen«) – ein Verständnis, daß für die biblische Deutung der Sünde charakteristisch ist. Jedenfalls stellt der Text fest: Kain (der Mensch zu allen Zeiten), der sich dem orientierenden Wort Jahwes verschließt, kommt unter die Herrschaft der Sünde und zerstört sich selbst und seine Welt.

4 Das Beispiel: Mk 5, 1-20

4.1 Analyse der Erzählperspektiven

a. Raum-Charakteristik

Der erste Satz des Textes geht davon aus, daß Jesus (und die Jünger?) »auf dem Meer« unterwegs sind.

Die Ortsangabe »Gebiet der Gergesener« ist nicht als topographische Bestimmung von Interesse. Wichtig ist die Symbolbedeutung: Jesus geht in »heidnisches Land«. Für jeden Juden ist dies ein Gebiet des Unglaubens; das verstärkt der Text noch drastisch: Hier ist der Ort der Toten und der unreinen Geister. Die Schilderung der Verlassenheit und Öde spiegelt sicher auch die innere Verfassung des Besessenen.

In welchem räumlichen Verhältnis steht der Erzähler zum Geschehen? Aus welcher Perspektive schildert er?

Wenn wir eine Gliederung des Textes unter dem Aspekt der Raum-Charakteristik versuchen, ergibt sich ein differenziertes Bild:

1. Szene (V 1-2): Der Erzähler wählt die Perspektive dessen, der langsam auf den Ort des Geschehens zufährt.

2. Szene (V 3-5): Die Rückblende ist aus der Sicht eines Beobachters angelegt, der das Leben des Besessenen genau kennt.

3. Szene (V 6-13a): Das Gespräch wird zunächst deutlich aus der Perspektive des Besessenen eröffnet (»als er ihn sah…«); auch der Fortgang wird vorwiegend aus der Sicht des Besessenen geschildert.

4. Szene (V 13 b): Der Erzähler nimmt die Position des Beobachters ein, weit genug entfernt, um die Situation zu überblicken, ebenso in der

5. Szene (V 14).

6. Szene (V 15-17): Die Darstellung wählt die Perspektive der Leute, die zu Jesus kommen.

7. Szene (V 18-19): Das Gespräch Jesu mit dem Geheilten wird aus dessen Blickwinkel wiedergegeben.

8. Szene (V 20): Hier nimmt der Erzähler wieder den Standort des beobachtenden Berichterstatters ein.

Der Text baut also in ständigem Wechsel ganz unterschiedliche Raum-Perspektiven auf, die die Lektüre abwechslungsreich und interessant machen und den Leser/Hörer anregen, sich auf verschiedene Standorte und Sichtweisen einzulassen.

b. Zeit-Charakteristik

Der erste Teil (V 1-13) ist weitgehend synchron erzählt: »Erzählzeit« und »erzählte Zeit« entsprechen einander. Ausnahme: Der eingeschobene Bericht V 3-5 ist retrospektiv angelegt. Eher summarisch (»Zeitraffer«) sind die Szenen 5 und 6

132

dargestellt, ebenso die letzte Szene (V 20); synchron schildert der Erzähler dann wieder das Gespräch zwischen Jesus und dem Geheilten. Dadurch erreicht er, daß der Leser/Hörer die Dialoge als die entscheidenden Elemente des Texte wahrnimmt und sich auf sie konzentriert.

c. Innenwelt-Charakteristik

Ebenso wie bei Gen 4 schildert auch in diesem Text der Erzähler die Personen nicht aus neutraler Distanz, sondern erzählt durchweg teilnehmend aus der Binnen-Perspektive.

Da ist zunächst der *Besessene*. Selbsthaß und Verzweiflung zeigen sich in der retrospektiven Beschreibung seines Zustands (V 3-5). – Als »Legion« aus ihm spricht, erkennt man die Qual der Dämonen über den drohenden Verlust ihrer »Wohnung« in dem befallenen Menschen (nach antiker Anschauung können sie ja auf der Welt nicht außerhalb der Menschen existieren.). – Erlösung und Ruhe strahlt der kurze Hinweis in V 15 aus (»angezogen und vernünftig dasitzen«). – Die Bitte um Nachfolge (V 18) drückt Liebe und Vertrauen zu Jesus aus (in der Sprache der synoptischen Evangelien: »Glauben«).

Die *Zuschauer* sind alle von Furcht vor der Macht Jesu erfüllt; zunächst die Hirten, die die Vernichtung der Schweineherde mit ansehen, aber auch die Leute, die neugierig herbeikommen, den Geheilten sehen und die Geschichte erfahren. Ob die Bitte, Jesu möge fortgehen, außer von Angst vor der numinosen Macht des Wundertäters auch von der Sorge vor weiteren Eigentumsverlusten geleitet ist, läßt sich dem Text nicht entnehmen.

Die Gestalt *Jesu* bleibt in dieser Erzählung merkwürdig blaß. Zwar drückt sein ganzes Verhalten Kraft und »Vollmacht« (vgl. z.B. Mt 7,29) aus, aber seine Gefühle und Gedanken bleiben ungesagt, sein Verhalten unhinterfragt. Dies verstärkt den Eindruck der Überlegenheit Jesu über die zerstörerischen Mächte.

d. Rede-Charakteristik

Der Text enthält so wenig direkte Rede, daß er nicht genug Anhaltspunkte für eine Analyse hergibt.

e. Werte-Charakteristik

An welchen Maßstäben orientieren sich die Personen der Geschichte, welche Ziele leiten sie?

Ganz eindeutig ist das Werk der *Dämonen* die Zerstörung des Menschen, den sie befallen. Dabei wird man nicht an ein planvolles Wirken denken dürfen; sondern das Wesen der »unreinen Geister« ist offenbar Unordnung und Zerstörung, die sich am Ende gegen sie selber richten.

Umgekehrt gehen von *Jesus* Befreiung und Heilung aus, ohne daß dies ausdrücklich als Absicht seines Tuns proklamiert werden müßte. – Im Gespräch mit dem Geheilten läßt er ein weiteres grundlegendes Ziel erkennen: Der Mann soll die Wundertat verkündigen. Aber dies dient nicht der Verherrlichung des Wundertäters, sondern soll Menschen zum Vertrauen auf Gottes kräftige Barmherzigkeit gewinnen.

Dies gelingt bei der Menge der *Zuschauer* nicht. Sie sind zwar von der Macht des Wundertäters überwältigt; aber sie orientieren sich offenbar an einem Sicherheitsdenken, das die Begegnung mit Jesus nicht als Ruf zur Nachfolge aufgreift, sondern als Störung abweist.

Ganz anders der *Geheilte:* Er hat verstanden, daß Glauben auch bedeuten kann, daß die bisherigen Lebensverhältnisse aufgegeben werden und es zu einer völlig neuen Ausrichtung der Lebenslinien kommt.

4.2 Akteure und Aktanten

Gleich die erste Szene (V 1-2) führt die entscheidende Konstellation ein: Jesus – der Besessene – der Dämon. Zwischen diesen spielt die Haupthandlung der Geschichte. Die Rollen sind klar: Jesus ist in bezug auf den Besessenen Adiuvant, der Dämon Opponent.

Die zweite Szene (V 3-5) zeigt den Besessenen in völliger Isolierung; die erfolglosen Versuche der »Bändigung« liegen offenbar schon länger zurück (es bleibt offen, ob man ihn für gemeingefährlich hielt oder ob man ihn vor seiner Selbstzerstörung schützen wollte.). Die Öde und Unheimlichkeit der Landschaft unterstreicht die Beziehungslosigkeit noch.

Die dritte Szene (V 6-13a) ist von einem ständigen Wechsel der Beziehungsrichtung geprägt: Der Besessene/Dämon (Subjekt/ Erstaktant) sieht Jesus (Objekt/Zweitaktant), nähert sich ihm, wirft sich ihm zu Füßen, beschwört ihn, bittet. Jesus (Subjekt/ Erstaktant) beschwört den Dämon (Objekt; Zweitaktant), befragt ihn, treibt ihn aus. Die Dämonen (Subjekt/Erstaktant) fahren in die Schweine und vernichten sie (und sich selbst).

In der fünften und sechsten Szene (V 14-17) sind ausschließlich die »Zuschauer« (Subjekte/Erstaktanten) aktiv: Sie berichten – kommen – sehen – fragen – bitten Jesus, fortzugehen. Es fällt auf, daß Jesus selbst in diesen Szenen überhaupt nicht beteiligt ist – es sei denn, als Adressat der Bitte (auf die er stillschweigend eingeht). Dann sind Jesus und der Geheilte für sich – eine Szene von fast intimer Vertrautheit; der Geheilte äußert Vertrauen und Zuneigung, Jesus nimmt ihn für die Verkündigung in Dienst.

Am Schluß ist der Geheilte allein auf der Szene (Subjekt/Adressant); er wird allen Menschen in der Dekapolis (Adressaten) die gute Nachricht sagen.

4.3 Zusammenfassende Notizen

Bei der Analyse der *Erzählperspektiven* zeigte sich, daß nicht durchgehend aus einer Sicht erzählt wird, sondern daß die Perspektiven ständig »umspringen«. Im Blick auf den Rezeptionsvorgang kann man die in einem Text benutzten Erzählperspektiven als »Rollenangebot für seine möglichen Empfänger« auffassen (W. Iser, mitgeteilt bei Stock, 1978, S. 43). Der Hörer/Leser wird also bei der Aufnahme des Textes durch die verschiedenen Perspektiven geführt und angereizt, die Rollenangebote nacheinander »anzuprobieren«.
Machen wir die Probe aufs Exempel!
Die Rolle des *Besessenen* wird niemand gern aufgreifen wollen; und doch kann der Text sich erst entfalten, wenn der Leser/Hörer bereit ist, seine Rollenangebote aufzunehmen und sich von ihnen nach dem eigenen Lebensverständnis und Lebensverhältnis fragen zu lassen. Die Rolle des »Besessenen« ist charakterisiert durch: Nicht Herr seiner selbst sein – Leiden unter Identitätsverlust, verbunden mit zerstörender Auto-Aggression – extreme Kommunikationsstörungen, verbunden mit der Erfahrung, aus der Gemeinschaft ausgeschlossen zu sein.
Das nächste Rollen-Angebot ist das der *Zuschauer*. Sie sind neugierig und tief beeindruckt von der Macht des Wundertäters. Offenbar spüren sie, daß Menschen, die sich auf seine Lebensperspektive einlassen, radikalen Veränderungen ausgesetzt sind. Das ist augenscheinlich so beunruhigend, daß sie nur noch den Wunsch haben, Jesus aus ihrem Lebenskreis zu entfernen. – Ein wichtiges Ergebnis der Aktanten-Analyse zu den entsprechenden Abschnitten des Textes (Szene 5 und 6; V 14-17) ist, daß Jesus auf unverbindliche Neugier und erschrockene Abwehr nur so reagiert, daß er aus dem Leben dieser Leute verschwindet – sie haben die Chance der Begegnung mit ihm, diese Gelegenheit zur Neuorientierung, nicht wahrgenommen.
Schließlich wird der Hörer/Leser an die Perspektive des Geheilten herangeführt. Er muß sich der Frage aussetzen, ob er die vertrauensvolle Zuwendung dieses Mannes zu Jesus für sich aufnehmen kann – oder ob er in der Distanz des Zuschauers stehenbleiben wird.

5 Chancen und Grenzen der Linguistischen Auslegung

Wie weit tragen die unter diesem hermeneutischen Konzept angebotenen Methoden?
Bevor ich diese Frage abschließend diskutiere, will ich noch einmal vergegenwärtigen, daß ich aus dem verwirrend komplexen Ensemble von Methoden, die sich unter der Bezeichnung »Linguistische Auslegung« versammeln – von der oft ebenso heftigen wie konfusen ideologischen Debatte über Probleme des Struktura-

lismus ganz zu schweigen! –, nur einen sehr schmalen Bruchteil vorgestellt habe. Er erlaubt in keinem Fall ein Urteil über das gesamte Feld, sondern kann nur die Einschätzung eben dieser ausgewählten Methoden »Perspektivenanalyse« und »Aktantenmodell« unterstützen.

5.1 Drei Argumente für den Ansatz der Linguistischen Auslegung

a. Die Linguistische Auslegung hält zum genauen Sehen an.

Wie vielleicht keine andere Interpretationsmethode erzieht die Linguistische Auslegung zur genauen Beachtung und Untersuchung der Sprache. Vor allem die gegenüber der herkömmlichen Exegese oft ungewohnten Fragen und Aufgabenstellungen regen die Aufmerksamkeit an und fördern die Neugier auf immer mehr Entdeckungen in der vielfach gegliederten Textwelt. Dabei scheint die Gefahr der Zergliederung durch intensive Analyse nicht so groß wie beispielsweise bei der Historisch-Kritischen Forschung, weil das Interpretationsinteresse sich nicht auf die Zerlegung des Textes richtet, sondern – bei aller Genauigkeit der Beobachtung – die ganzheitliche Sicht festhalten will.

b. Die Linguistische Auslegung lädt ein, in die Textwelt einzutreten und sich in sie einzuleben.

Zunächst ist noch einmal daran zu erinnern, daß dieser hermeneutische Ansatz den Text als einen in sich abgeschlossenen Mikrokosmos versteht und versucht, die Landschaft dieser kleinen Welt zu erforschen und zu beschreiben (Diese Textwelt hat besonders eindrücklich W. Stenger in seinem schönen Aufsatz »In Texten zu Hause« beschrieben: Stenger, 1977). Die bisher wohl ziemlich statische Szenerie – der Historiker Wittram sprach ja drastisch von »Totenstädten«, in denen wir die »Schatten umfangen« (s.o. S. 95) – belebt sich: Menschen treten auf – bewegen sich in Raum und Zeit – zeigen Gefühle – nehmen Beziehungen auf oder brechen sie ab. Und wie selbstverständlich ist Gott als Person in dies Gelände mit ständig wechselnden Perspektiven und das aktantielle Kraftfeld (A. Stock) einbezogen. Der Leser ist eingeladen, diese Welt zu betreten, in ihr umherzugehen, sich in ihr einzuleben.

c. Die Linguistische Auslegung macht Angebote zur Identifikation und lädt zur Selbstreflexion ein.

Die so belebte Textwelt weist über sich hinaus und will sich in die Lebenswelt des Lesers/Hörers fortsetzen. Im Anschluß an W. Iser stellt A. Stock fest, daß ein Text dem Hörer/Leser durch die wechselnden Erzählperspektiven verschiedene Rollen auf Probe anbietet und ihn einlädt, in Auseinandersetzung, Zustimmung, Veränderung, Protest, Verwerfung die eigene Situation zu überdenken, sich selbst besser kennenzulernen. Gerade die Beachtung der »Nebenfiguren« in einem Text, zu der die Linguistische Auslegung anhält, bietet die Möglichkeit, eigene Alltagserfahrungen im Text wiederzuerkennen und sich produktiv mit ihnen auseinanderzusetzen. Dabei sorgen die wechselnden Perspektiven dafür, daß es nicht zur Rollenfixierung kommt.

5.2 Kritische Anfragen

a. Die Linguistische Auslegung bringt die Gefahr der Kompliziertheit und eines zu hohen Aufwands mit sich.

Dies ist der am häufigsten formulierte Einwand – sicher nicht zu Unrecht. Das bezieht sich einmal auf die Terminologie, die in vielen Veröffentlichungen auf einem Niveau daherkommt, das wohl nicht immer voll und ganz durch den Anspruch der Sache gefordert ist. Auch der methodische Aufwand ist oft sehr hoch und außerordentlich diffizil; dazu kommt, daß die Ergebnisse nicht selten deutlich hinter dem Aufwand zurückbleiben. (Ich hoffe, daß die hier vorgestellten Methoden eine günstigere »Preis-Leistungs- Relation« aufweisen!) Jedenfalls entsteht leicht der Eindruck, daß die Linguistische Auslegung schwer zugänglich, kaum durchschaubar und kontrollierbar und am Ende zu wenig effektiv sei.
Tatsächlich wird man sich dieser Kritik nicht verschließen können und solche Verfahren auswählen, die die unbestreitbaren Vorteile des hermeneutischen Ansatzes methodisch praktikabel und plausibel umsetzen.

b. Die Linguistische Auslegung kann die Gefahr des Formalismus auslösen.

Für sich genommen, kann eine nach diesen Regeln vorgehende Interpretation durchaus der Gefahr unterliegen, sich in einem Hamsterkäfig ständig wiederholter formaler Beobachtungen und Analysen totzulaufen. Gerade die sehr fruchtbare Rezeption der Linguistischen Methoden durch Alex Stock, an der dies Kapitel sich orientierte, sollte gezeigt haben, daß formale Genauigkeit nicht in Formalismus enden muß, sondern im Gegenteil die Textwelt beleben und den Bezug zum Leser/Hörer intensivieren kann.

c. Die Linguistische Auslegung kann zum Schaden des Verstehensprozesses die geschichtliche Dimension vernachlässigen.

Dieser Einwand bezieht sich auf den synchronen Ansatz dieses Methodenensembles. Er richtet sich *einmal* gegen die Vernachlässigung der historischen Fragestellung im Blick auf die *Entstehung des Textes.* Gerade die Historisch-Kritische Auslegung versucht ja, die verschiedenen historischen Schichten innerhalb eines

Textes (innertextliche Diachronie) als Kennzeichen lebendiger Wachstumsprozesse zu interpretieren. Wird die historische Dimension übersprungen, verwischt sich leicht das spezifische Profil eines bestimmten Textes, es kommt zur Wiederholung immer der gleichen Grundkonstellationen. – *Zum anderen* läßt die Linguistische Auslegung die *geschichtliche Situation des Lesers/Hörers* außer acht. Das aber zieht die Gefahr nach sich, daß das eigene Vorverständnis im Prozeß der Auslegung unzureichend bedacht wird.

Diese Einwände sind ohne Zweifel berechtigt. Als Konsequenz ist aber nicht die Ausklammerung Linguistischer Methoden aus der Exegese zu fordern, sondern ihre methodisch sichere Verknüpfung mit Ansätzen, die die diachronen Aspekte der Produktions- und Interpretationsvorgänge berücksichtigen; dies wird eine wichtige Aufgabe im Rahmen der Überlegungen zur Verknüpfung verschiedener hermeneutischer Ansätze sein.

Literatur

Dormeyer, Detlev, Wirkung und Wirklichkeit der Bibel. Textpragmatische Überlegungen und Methoden zum bibeldidaktischen Viereck. In: KatBl, 1975. S. 644-666.

Lang, Harald/Dormeyer, Detlev, Linguistische Bibelauslegung. In: Langer, W. (Hg), Handbuch der Bibelarbeit. München: Kösel-Verlag. 1987. S. 134-142.

Stenger, Werner, In Texten zu Hause. In: KatBl, 1977. S. 705-714.

Stock, Alex, Zehn Thesen zur strukturalen Methode in der neueren religionspädagogischen Diskussion. In: KatBl 1976. S. 45-47.

Via, Dan Otto, Die Gleichnisse Jesu. Ihre literarische und existentielle Dimension (Beiträge zur Evangelischen Theologie 57). München: Chr. Kaiser Verlag. 1970.

Wittram, Reinhard, Das Interesse an der Geschichte. Göttingen: Vandenheock & Ruprecht. 1958.

Zimmermann, Klaus, Der Beitrag der strukturalen Textanalyse in einer Didaktik der Korrelation. Regensburg: S. Roderer Verlag. 1988.

Zirker, Hans, u.a.; Zugänge zu biblischen Texten. Eine Lesehilfe zur Bibel für die Grundschule. Altes Testament. Neues Testament. Düsseldorf: Patmos-Verlag. 1980/81.

Kapitel 4
Tiefenpsychologische Auslegung

1 Anstöße

Die tiefenpsychologisch orientierte Auslegung biblischer Texte ist seit einigen Jahren kräftig in Gang gekommen – sie ist wohl der bekannteste der neuen Zugänge zur Überlieferung. Dafür sorgten mehrere Impulse: *Einmal* löste die verstärkte Kritik an der verkürzend rationalen und distanzierenden Betrachtungsweise der Historisch-Kritischen Exegese die Fragen nach Alternativen aus. In den letzten Jahren ist diese Kritik teilweise maßlos und beinahe hysterisch vorgetragen worden, so daß sie kaum ernst genommen werden konnte. Aber es gibt auch andere Stimmen. Bereits 1980 wies Maria Kassel, eine der wichtigsten Vertreterinnen der Tiefenpsychologischen Auslegung, nachdrücklich darauf hin, daß die meisten überlieferten Texte des Alten und Neuen Testaments nicht nur theologische Aussagen transportieren, sondern daß sie in einer Tiefenschicht menschliche Grunderfahrungen in religiöser Perspektive abgelagert haben, die die Autoren und Tradenten oft gar nicht bewußt formuliert haben. Sie kritisiert: »Der spezifisch christliche Gehalt – und d.h. auch die Offenbarung – wird verkürzt und dadurch in gewisser Weise auch verfälscht, wenn er aus der Einbettung in diese existentiellen Tiefenschichten seiner Tradition herausgerissen wird. Genau dies aber tut die historische Kritik bei der Anwendung ihres abstrakten Begriffssystems... Eine Verarmung bewirkt die rationalistische historische Kritik auch bei dem die Bibel verstehen wollenden Menschen... Mit der von den verschiedensten Wissenschaften entdeckten ›Archäologie des Subjekts‹ rechnet die historische Kritik« nicht (Kassel, 1980, S. 56f).

Ein *zweiter Anstoß* ergab sich durch die Frage nach der bleibenden Geltung überlieferter historischer Texte – eine Problemstellung, die auch schon im Zusammenhang der Existentialen Interpretation aufgekommen war. Eugen Drewermann hat diese Frage so beantwortet: »Eine geschichtliche Begebenheit kann in sich selbst nur unter der Bedingung von überzeitlicher Bedeutung sein, daß sie über sich selbst hinaus auf etwas Wesentliches, Typisches, Grundsätzliches im Menschen hinweist. Dann aber muß die einzelne Begebenheit, die einzelne Szene in sich selbst als Typos von etwas allgemein Menschlichem verstanden werden, und gleichzeitig muß vorausgesetzt werden, daß es im Menschen nicht nur ein Wesen an sich, sondern bestimmte Typen des Denkens, Vorstellens und Fühlens gibt, die zu allen Zeiten und Zonen einander gleich sind« (Drewermann, 1984 [a], S. 375).

Mit diesen beiden Statements sind die wichtigsten Stichworte angeschlagen: Suche nach neuen Auslegungswegen, die sich nicht mit der Bestimmung des historischen Sinns überlieferter Texte zufriedengibt; und die Überzeugung, daß die Frage nach der existentiellen Bedeutung nicht erst an die Texte herangetragen werden muß, sondern in ihnen selbst eingeschlossen ist und durch eine Interpretation freigesetzt werden kann.

Wie ist das mit diesen Stichworten angedeutete Konzept einzulösen?

Die meisten Vertreter aus dem Bereich der Tiefenpsychologischen Hermeneutik gehen davon aus, daß im Denken des Psychologen Carl Gustav Jung die wesentlichen Gedanken und Verfahren für eine solche Auslegung der biblischen Überlieferung zu finden sind. Darum zunächst ein kurzer Überblick.

2 Orientierung am Denken C.G. Jungs

Selbstverständlich ist es unmöglich, das Riesenwerk Jungs auf wenigen Seiten auch nur annähernd zum umreißen. Wir müssen uns damit behelfen, wenige Gedankengänge herauszugreifen und knapp zu skizzieren, die für die Tiefenpsychologische Auslegung besonders wichtig sind. Erschwerend kommt hinzu, daß Jungs Denken außerordentlich kreativ und darum schwer zu systematisieren ist. Dennoch ist es unumgänglich, einige Grundlinien systematisch zusammenzufassen; dabei ist durchaus mit der Gefahr zu rechnen, hier und da zu stark zu verkürzen und zu vereinfachen. Darum ist es auch nicht sehr sinnvoll, ständig aus dem umfänglichen Werk Jungs zu zitieren oder in bestimmte Zusammenhänge zu verweisen. Am besten wird man einen Zugang zum Denken Jungs finden, wenn man ihn selbst liest – das wäre auch eine sehr nützliche Ergänzung zur folgenden Kurz-Darstellung. Besonders geeignet ist der von Jung selbst geschriebene und durch Aufsätze seiner Schüler ergänzte Essay »Der Mensch und seine Symbole« (Jung, 1984).

2.1 Das kollektive Unbewußte

Gemeinsam mit Sigmund Freud vertritt Carl Gustav Jung die Lehre von der Existenz zweier Bereiche in der menschlichen Psyche: Auf der einen Seite der Bereich, in dem wir sozusagen über völlige »Geistesgegenwart« verfügen, den Bereich des Bewußten. Daneben aber ist nach dem tiefenpsychologischen Denkmodell mit einem Bereich zu rechnen, der sich dem Zugriff des Bewußtseins entzieht; die psychologische Forschung bezeichnet ihn als »das Unbewußte«.

Freud konzentriert sich auf das individuelle Unterbewußtsein; für ihn ist es in erster Linie ein Ensemble von Inhalten, die größtenteils in frühester Kindheit vor allem durch Verdrängung vermittelt wurden und psychische Beschädigungen der Erwachsenen verursachen. Jung nimmt darüber hinaus einen Bereich in der Psyche an, den er als »kollektives Unbewußtes« (bzw. Unterbewußtsein) bezeichnet: »Dieses (das individuelle Unbewußte) ruht… auf einer tieferen Schicht, welche nicht mehr persönlicher Erfahrung und Erwerbung entstammt, sondern angeboren ist. Diese tiefere Schicht ist das sogenannte kollektive Unbewußte. Ich habe den Ausdruck ›kollektiv‹ gewählt, weil dieses Unbewußte nicht individueller, sondern allgemeiner Natur ist, das heißt, es hat im Gegensatz zur persönlichen Psyche Inhalte und Verhaltensweisen, welche überall und in allen Individuen, cum grano salis, die gleichen sind. Es ist, mit anderen Worten, in allen Menschen sich selbst identisch und bildet damit eine in jedermann vorhandene, allgemeine seelische Grundlage überpersönlicher Natur« (Jung, Ges. Werke 9/1, S. 13 f).

Jung hat damit nicht nur einen neuen Bereich der Psyche angenommen, sondern kommt auch zu einer ganz anderen Bewertung als Freud: Das Unbewußte ist für ihn eben nicht nur – wie bei Freud – ein »Sammelbecken abgesunkener und verdrängter Lebensinhalte« (Kassel, 1980, S. 107), sondern Ursprungsquelle künftiger Lebensmöglichkeiten, die der Mensch noch vor sich hat, die er erst noch entdecken und einlösen muß. Diese positive Einschätzung erklärt sich aus der Entstehung des kollektiven Unbewußten. Nach Jung speist es sich aus grundlegenden Erfahrungen, die die Menschheit in ihrer Frühgeschichte gemacht hat. Diese Erfahrungen sind von unschätzbarem Wert; denn sie haben aufbewahrt, wie unsere Urväter und -mütter mit dem Leben, seinen Problemen und Konflikten umgingen, nämlich

– ganzheitlich, d.h. in der Einheit von Körper, Seele, Geist, und damit alle Energien ausschöpfend, die zur humanen Grundausstattung gehören;
– in religiöser Dimension, in Verbindung zur Religion und damit in Wahrnehmung der Kräfte, die dem Menschen aus dem Glauben zuwachsen.

Zu diesem Schatz hat jedes einzelne Individuum Zugang, wenn es sich seinem kollektiven Unbewußten öffnet.

Die Urerfahrungen aus der Frühgeschichte der Menschheit haben ihren Ausdruck in einem reichen Vorrat an Bildern und Mythen, in Liedern und Märchen, in Dichtung und Kunst gefunden.

Viele Belege für diese These fand Jung nach seiner Auffassung in seiner Praxis als Psychiater, in der immer wieder in Träumen seiner Patienten Bilder archaischer religiöser Erfahrung auftauchten – Tiere, Götter, Dämonen – die mit ihrer bewußten religiösen Vorstellung überhaupt nichts zu tun hatten (vgl. z.B. Jung, 1984, S. 67 ff); für Jung ein deutlicher Hinweis auf die im Kosmos des kollektiven Unbewußten versammelten Ur-Bilder.

Einblicke in die Binnen-Welt des kollektiven Unbewußten gewinnt Jung also aus zwei Quellen:

- aus den Erfahrungen seiner psychiatrischen Praxis; ein Beispiel hatte ich eben genannt;
- aus dem intensiven Studium der Mythologie und der heute lebendigen archaischen Religionsformen bei den sogenannten Primitiven (diese Quelle ergibt sich für Jung aus seiner Grundannahme der Entstehung des kollektiven Unbewußten in der Frühgeschichte der Menschheit).

2.2 Archetypen

Um die Vielfalt der Bilder zu ordnen und sinnreich aufeinander zu beziehen, führt Jung den für sein Denken fundamentalen Begriff des Archetypus ein. Der Begriff stammt aus dem Griechischen und bedeutet wörtlich: Das zuerst Geprägte.

Jung verwendet den Begriff Archetypus, um die von ihm angenommene, allen Menschen gemeinsame Bereitschaft und Fähigkeit zu kennzeichnen, »Faktoren und Motive, welche psychische Elemente sind, zu gewissen Bildern anzuordnen, und zwar in einer Art und Weise, die immer erst aus dem Effekt erkannt werden kann« (Jung, Symbolik des Geistes, Zürich 1953, S. 374).

Am besten verdeutlichen sich diese recht abstrakten Gedanken an einem Beispiel: Ein grundlegender Archetyp ist das *Selbst*. Er umgreift bei Jung alle Elemente der Gesamtpersönlichkeit. Im Unterschied zum ICH, das als Zentrum des Bewußtseinsfeldes gilt, umgreift das *Selbst* vor allem die in uns angelegten, im Unbewußten ruhenden Möglichkeiten, die immer das jetzt ausgelebte ICH transzendieren, ihm als Möglichkeit und Chance vorgegeben, aber eben noch nicht bewußt sind und ausgelebt werden.

Theologisch könnte das *Selbst* in Beziehung zur biblischen Rede von der Gottesebenbildlichkeit verstanden werden oder auch zu dem von Christus hervorgebrachten »neuen Menschen« (»Neue Schöpfung« nennt Paulus ihn: 2 Kor 5,17); Gottesebenbildlichkeit und Neuer Mensch sind uns als reale Lebensmöglichkeiten gegeben und bleiben uns doch – als Vor-wurf (Heidegger) unserer Existenz – immer voraus.

In der Sicht C.G.Jungs ist auch der Archetyp des SELBST nicht das unbarmherzig hochgesteckte Ideal, dem wir zeitlebens nachjagen, ohne es jemals ausschöpfen zu können. Für ihn ist es die Ur-Quelle, aus der sich unser gegenwärtiges Leben ständig erneuert, eine Kraft, ohne die wir verkümmern.

Nach Jung kommt der Mensch zu sich *selbst,* zur Ganzheit, durch das richtige Gleichgewicht psychischer Gegensätze, in deren Kraftfeld seine Psyche einbezogen ist; solche Gegensätze sind:
- Introversion und Extraversion (als mögliche Grundeinstellungen der Psyche zur Umwelt);
- *Ich* und *Schatten* (der Archetyp des *Schattens* umgreift solche Persönlichkeitsmerkmale und Lebensvollzüge, die wir als negativ einstufen, die wir aber nicht

einfach »loswerden« können, so wenig, wie einer von seinem Schatten loskommt.

– *Anima* und *Animus* (*Anima* meint die dem Mann eingeprägte Weiblichkeit als grundlegenden Aspekt seines *Selbst;* ebenso bei der Frau der *Animus.*)

Die durch diese Gegensätze bewirkten Spannungen sind nach Jung lebensnotwendig; denn daraus erwächst die zum Leben unabdingbare Dynamik. Wer es schafft, die Polarität in ausgewogener Spannung zu halten, gilt als »integrierter Mensch«. Wie kann dies gelingen (oder mißlingen)? Dieser Frage geht Jung unter dem Begriff der Individuation nach.

2.3 Individuation

Nach Jung findet jeder einzelne den Weg zu seinem *Selbst* durch den Prozeß der Individuation: Ich soll erst werden, was ich bin, zu dem, was mir im *Selbst* ein- und vorgeprägt ist (Maria Kassel hat dies in ihrem Buchtitel »Sei, der du werden sollst« auf den Punkt gebracht – Kassel, 1982). Dies kann nur durch bewußte Auseinandersetzung mit den Ansprüchen gelingen, die von außen an das Individuum herangetragen werden; Jung bezeichnet diese als Kollektivnormen.

Unabhängig von der jeweils glückenden oder mißlingenden Individuation des einzelnen – in heutiger Terminologie vielleicht »Identitätsfindung« – erkennt Jung als grundsätzliche Gefährdung die Überbetonung der Rationalität. Wo einseitig die Ratio dominiert, der Verstand sich von den Kräften der Seele abschneidet, ist der Mensch auf dem Weg zur Zerstörung seiner selbst und seiner Welt. Diesen Zustand sieht Jung heute als gegeben an; nach seiner Meinung ist die Spannung zwischen Bewußtem und Unbewußtem einseitig zugunsten der Ratio aufgelöst; damit kommt es zu einer gefährlichen Spaltung – in unserer Kultur, aber auch beim einzelnen Individuum.

In solchen Krisensituationen – Jung bezeichnet sie als »archetypische Situationen« – meldet sich das Kollektive Unbewußte in uns; denn es hat nach Jung die Tendenz, den einzelnen bei der Entfaltung zur ganzheitlichen integrierten Persönlichkeit zu unterstützen, Gefahren anzuzeigen, Schäden zu heilen. Es meldet sich vor allem im Traum; der Traum ist der »Königsweg« in den Kosmos des Unbewußten. Aber auch Krankheiten können Signale des kollektiven Unbewußten sein.

Um die Signale empfangen zu können, müssen sie zunächst dechiffriert werden – es geht darum, die Träume lesbar zu machen. Die Traumanalyse geht von der Unterscheidung zwischen Archetypen und archetypischen Bildern aus. Die Archetypen sind ganz unanschauliche, gedankliche Konstrukte; sie zeigen sich im Traum als archetypische Bilder. Im Blick auf den Archetyp des *Selbst* beispielsweise wären solche Bilder einerseits ungegenständliche Symbole wie der Kreis oder das Mandala als Formen der Vollkommenheit. Das *Selbst* könnte sich aber nach Jung auch in mythischen Gestalten melden, die auf ihre Weise etwas symbolisieren, was in der Regel die Lebensmöglichkeiten des einzelnen transzendiert: der alte Weise, der jugendliche Held, die Allmutter Erde, das göttliche Kind...

Die Archetypen als eingeprägte Ur-Bilder schließen den Menschen an das kollektive Unbewußte an und damit an dessen Tendenz zur Ganzheit. Da kommen heilende Kräfte frei, die den Prozeß der Selbstwerdung, der Individuation hilfreich begleiten und fördern. Vor allem in krisenhaften und festgefahrenen Situationen meldet sich das kollektive Unbewußte mit Hilfe archetypischer Bilder, Symbole, Mythen – vorzugsweise im Traum. Sie signalisieren Defizite und Entstellungen und leiten zur Neuorientierung an. Die Rückbindung an das Kollektive Unbewußte – Paul Ricoeur spricht in diesem Zusammenhang einmal von der »Archäologie des Subjekts« – ist nach Jung nichts anderes als die Rückreise zu unseren Ur-Quellen.

Die in krisenhaften Situationen notwendige Lebensänderung nennt Jung *Wandlung:* Der Begriff meint eine tiefgreifende Neuorientierung der Lebensrichtung aus einer einseitig-schädlichen Richtung heraus. Auch die *Wandlung* ist eine archetypische Energiequelle; die archetypischen Bilder, deren sie sich bedient, sind oft: Wanderung – Geburt – Tod – Wiedergeburt. In der Sprache der Bibel läßt sich dieser Vorgang als Umkehr oder Erneuerung verstehen, als die von Gott geschenkte Wiedergeburt oder auch als Neu-Schöpfung.

Nun kommt alles darauf an, wie der einzelne auf einen solchen Anstoß zur *Wandlung* reagiert. Jung nennt zwei immer wiederkehrende Möglichkeiten des Fehlverhaltens: Verdrängen und Projizieren.

Der Mensch kann aus Angst vor einer Neuorientierung – die ja auch immer ein »Sterben« bisher geltender und bewährter Grundsätze und vielleicht auch ein Abschiednehmen von bisher gelebten *Beziehungen* einschließt – die Anstöße »überhören« und die Herausforderung zur Wandlung *verdrängen.*

Er kann aber auch die Urbilder, die sich melden, verleugnen und von sich drängen, indem er sie auf andere *projiziert.* Das wirkt sich besonders verhängnisvoll aus, wenn Menschen ihre im Archetyp des *Schattens* versammelten negativen Persönlichkeitsmerkmale und Lebensvollzüge aus sich herausdrängen und auf andere übertragen. In beiden Fällen – Verdrängung und Projektion – kehren sich nach Jung die heilenden Kräfte des Kollektiven Unbewußten zu einer negativen Dynamik mit der Tendenz zur Selbstzerstörung um. Zur fruchtbaren Veränderung mit dem Ziel einer weiteren Annäherung an das *Selbst* kann es dann kommen, wenn der einzelne die Anstöße zur *Wandlung* akzeptiert und produktiv aufgreift.

3 Optionen

Jung vertritt, wie schon erwähnt, die These, daß die heilsamen Ur-Erfahrungen der Menschheit nicht nur in den geprägten Bildern des Kollektiven Unbewußten aufbewahrt sind, sondern auch ihren Niederschlag in literarischen, künstlerischen und religiösen Zeugnissen gefunden haben. Die Vertreter der Tiefenpsychologischen Auslegung gehen davon aus, daß sich auch in biblischen Texten solche menschlichen Tiefenerfahrungen entdecken lassen.

3.1 Einschränkungen

Bevor ich die Bedeutung der bisher skizzierten Ansätze des Denkens von C.G. Jung für das Verstehen biblischer Überlieferung untersuche, ist zuerst zu klären, daß Jung selbst nie versucht hat, seine Theorien im Zusammenhang auf die Interpretation biblischer Texte anzuwenden. Im Gegenteil, er hatte zum Christentum ein durchaus unklares, um nicht zu sagen, gebrochenes Verhältnis. Wie kam es dazu? Jung orientierte sich eng an der religionsphänomenologischen Schule, die zu Beginn des 20. Jahrhunderts dominierte. Diese richtete ihre Aufmerksamkeit auf die allen Religionen gemeinsamen Phänomene und Glaubensformen und versuchte, daraus Grundzüge einer allgemeinen Religiosität zu bestimmen. Eine so stark nivellierende Sicht aber muß den Blick auf die spezifische Eigenart des christlichen Glaubens versperren.

Darum sind zwei Einschränkungen vorzunehmen, wenn die Bedeutung einer auf sein Denken rekurrierenden Hermeneutik reflektiert und überprüft wird:

– Jung darf nicht für ein theologisch-hermeneutisches Programm vereinnahmt werden. Sein Denken ist zu respektieren und darf nicht uminterpretiert werden, wo es theologischen Grundentscheidungen widerspricht.

– Es ist nicht möglich, bestimmte hermeneutische Ansätze und Interpretationsmethoden *direkt* aus dem Denken Jungs abzuleiten; denn ihm ging es ja nicht um Textinterpretation, sondern er benutzte religiöse und andere Texte, um bestimmte psychologische Phänomene zu klären oder Thesen zu belegen. Da er kein Instrumentarium zur Textinterpretation vorgelegt hat, kann man nur versuchen, auf der Basis seiner Gedanken eigene Ideen für ein besseres erfahrungsbezogenes Verständnis des Alten und Neuen Testaments zu entwickeln.

3.2 Die Tiefenstruktur biblischer Texte beachten

Die Tiefenpsychologische Auslegung geht davon aus, daß biblische Texte eine Oberflächen- und eine Tiefenstruktur aufweisen (vgl. z.B. Kassel, 1987, S. 157 ff). Die Tiefenpsychologische Hermeneutik verwendet hier die gleiche Terminologie wie die Linguistische Auslegung (s.o. S. 125), definiert sie aber ganz anders: Die *Oberflächenstruktur* wird durch die theologischen Aussagen gebildet, die die Autoren bewußt formuliert haben; darauf richtet sich die Aufmerksamkeit der herkömmlichen Exegese. – Die *Tiefenstruktur* ist bestimmt durch die Grund-Erfahrungen heilsamen integrierten Lebens; sie ist der tragende Grund. Maria Kassel vergleicht die Tiefenstruktur eines Textes mit den Wurzeln eines Baumes; eine Auslegung, die nur die Oberflächenstruktur beachtet, trennt den Baum von seinen Wurzeln und läßt ihn auf die Dauer verkümmern (Kassel, 1989, S. 84).

Eine Auslegung, die sich darauf konzentriert, die Tiefenstruktur eines Textes zu verstehen, entlastet damit gleichzeitig das heutige Verständnis der Überlieferung vom Ballast vergangener Weltbilder. Es kommt beispielsweise nicht darauf an, ob man es für möglich hält, daß Jesus einem Blinden tatsächlich das Augenlicht wiedergegeben hat; die Tiefenpsychologische Auslegung liest solche Geschichten viel mehr als heilsame Erfahrungen von Menschen, denen die Augen geöffnet worden sind.

3.3 Glauben und Erfahrung verbinden

Da nach der Überzeugung der Tiefenpsychologischen Auslegung ein Bibeltext durch die Verklammerung von Oberflächen- und Tiefenstruktur bestimmt ist, sollte auch die Auslegung theologische Aussagen und seelisches Geschehen im Verstehensprozeß verknüpfen, Glauben und Erfahrung miteinander verbinden.

Dieser Ansatz ist nicht neu, sondern ist eigentlich ein Grundaspekt biblischer Überlieferung überhaupt.

Denn innerhalb des Alten und Neuen Testaments ist ja die Überlieferung niemals nur als Information über Fakten oder als Weitergabe von Glaubens-Sätzen erfolgt. Gerade die historische Forschung zeigt, daß biblische Überlieferungsgeschichte nichts anderes ist als eine Geschichte der Glaubens*erfahrungen*. Die Gemeinde Gottes ist an und mit ihren Geschichten gewachsen – diesem Zusammenhang will ich vor allem noch im Kapitel zur Intertextuellen Hermeneutik (II.6) nachgehen. Vorerst nur die Einsicht, daß für Israel und die christliche Gemeinde geschichtliche Erfahrungen immer auch Erfahrungen mit Gott und mit sich selbst gewesen sind. Aber auch die neuere theologische Diskussion bestätigt die Rezeption (tiefen-) psychologischer Denkanstöße für den Umgang mit der Bibel. Als ein bemerkenswertes Beispiel ziehe ich das Kapitel »Wege zur psychischen Befreiung des Menschen« aus Jürgen Moltmanns Buch »Der gekreuzigte Gott« heran (Moltmann, 1972, S. 268 ff). Moltmann erklärt: »Versuchen wir, die Konsequenzen aus der Theologie des gekreuzigten Gottes für die Anthropologie zu ziehen, so kann das nicht im Monolog einer theologischen Anthropologie, sondern muß im Dialog mit anderen Menschenbildern geschehen. Versuchen wir der Befreiung des Menschen auf die Spur zu kommen und ihre Spuren aufzuweisen, so ergibt sich von selbst ein Dialog mit jener anthropologischen Wissenschaft, die von sich aus auf die Therapie des kranken Menschen gerichtet ist... Wer mit Paulus von der Freiheit der Söhne Gottes im Glauben an Christus spricht, muß diese Freiheit auch in konkreten psychischen und politischen Wirkungen aufsuchen und darstellen. Er kann nicht nur theologisch korrekt zu sagen sich bemühen, was im theologischen Zirkel wahrer

Glaube heißen muß, sondern muß eben dieses in der konkreten Auseinandersetzung mit allgemeinen psychischen Religionsphänomenen, besonderen pathologischen Erscheinungen und therapeutischen Versuchen der heilenden Befreiung des Menschen von psychischen Zwängen sagen. Die Freiheit des Glaubens würde sonst nur in der Freiheit theologischer Reflexion, nicht aber als die neue Lebendigkeit im Zwielicht der Verdrängungen und Zwangshandlungen zur Sprache kommen. Es ist hier also eine psychologische Hermeneutik des Wortes vom Kreuz, des Geistes der Freiheit und der Geschichte Gottes notwendig. Psychologische Hermeneutik ist eine Interpretation, keine Reduktion… Da menschliches Leben komplex ist und in mehreren Dimensionen und Bereichen zugleich gelebt wird, ist eine Mehrzahl hermeneutischer Prozesse erforderlich«.

Ich habe Moltmann so ausführlich zitiert, weil er in klarer theologischer Argumentation nicht nur die Zulässigkeit, sondern die Notwendigkeit einer Zusammenarbeit der Theologie mit der Psychologie begründet.

3.4 Bibeltexte mehrschichtig erschließen

Die Tiefenpsychologische Auslegung kann sich nicht mit einer nur kognitiven Wahrnehmung der seelischen Prozesse zufriedengeben, die sich in der Tiefenstruktur biblischer Texte zeigen, sondern ist an einer ganzheitlichen Aufnahme interessiert. Die Urbilder integrierten Lebens wollen auch die eigenen psychischen Tiefenschichten anregen – darum müssen an der Auslegung auch die seelischen Kräfte und kreativen Fähigkeiten beteiligt werden.

4 Methoden

Vorbemerkung

Für den Prozeß der Tiefenpsychologische Auslegung ist in den letzten Jahren ein differenziertes Methodenensemble entwickelt worden. Maria Kassel schlägt plausibel vor, diese in zwei Abteilungen anzuordnen:

Spontanmethoden

wissenschaftlich reflektierte Methode (Kassel, 1980, S. 189ff).

Zur ersten Abteilung gehören u.a.: Freie Assoziation in der Gruppe – emotionale Einfühlung in Personen und Situationen und Personen des Textes – visuelle Gestaltung. Diese und ähnliche Methoden werde ich im nächsten Kapitel vorstellen; denn die Interaktionale Bibelauslegung beruft sich auch auf Grundzüge der tiefenpsychologisch orientierten Exegese und bedient sich vorzugsweise der Spontanmethoden.

Im Zusammenhang der Tiefenpsychologischen Hermeneutik werde ich mich auf ein *wissenschaftlich reflektiertes Instrumentarium* konzentrieren. Dabei werde ich mich weitgehend an Formulierungen von Eugen Drewermann halten (vgl. vor allem Drewermann, 1984 [a], S. 165-388).

4.1 Amplifikation

In der psychotherapeutischen Praxis bedeutet Amplifikation die Anreicherung von Traummaterial durch Parallelen aus der Mythologie, Kunst, Religion usw. Dies dient zur besseren Erfassung und Erklärung der in den Träumen erscheinenden archetypischen Bilder.

Analog wäre bei der Interpretation eines Bibeltextes zu erheben, ob er Motive enthält, die in die archetypische Bildwelt gehören. Der Interpret hätte zu prüfen, ob dies Motiv in gleicher oder ähnlicher Ausprägung in den Mythen, Märchen und Legenden der Völker vorkommt. Reiche Parallelen wären nach dem Verständnis der Tiefenpsychologischen Auslegung ein Indiz dafür, daß der Text Verbindung zum Kollektiven Unbewußten hat.

Hier zeigt sich übrigens eine spezifische Interpretation und Bewertung der religionsgeschichtlichen Parallelen zur biblischen Überlieferung. Im Zusammenhang der Historisch-Kritischen Exegese hatte ich darauf hingewiesen (s.o. S. 70 f), daß die»Religionsgeschichtliche Schule« zu Beginn des Jahrhunderts insbesondere das Vergleichsmaterial zum Alten Testament aus dem Alten Orient sehr hoch bewertete: Als »echt« galten nur Vorstellungen und Aussagen der biblischen Überlieferung, zu denen sich keine religionsgeschichtlichen Parallelen nachweisen ließen. Heute ist es zu einer differenzierteren Beurteilung gekommen: Die Parallelen dienen zur besseren Erfassung der biblischen Texte. Die Tiefenpsychologische Exegese weist der Religionsgeschichte wieder eine andere Funktion zu: Die religionsgeschichtliche Analyse legt die Zugänge zu den Archetypen und damit zu den Quellen der grundlegenden Erfahrungen frei, die die Texte einschließen.

In diesen Zusammenhang gehört auch die Einbeziehung des weiteren Wachstums der beobachteten Motive im biblischen Zusammenhang und in Neugestaltungen in Literatur und Kunst; denn für die Amplifikation kommt es nicht darauf an, zur Anreicherung eines Textes nur solche Materialien heranzuziehen, die historisch früher einzuordnen sind.

4.2 Symbolische Deutung

Grundlegend für die Interpretation eines Bibeltextes unter tiefenpsychologischem Aspekt ist, das berichtete Geschehen nicht nur als Geschehen in der äußeren Realität zu verstehen, sondern ebenso als Geschehen *innerhalb der Psyche*. Diese – *intra-*

psychische – Dimension wird als *Subjektstufe* bezeichnet, im Gegensatz zur *Objektstufe*, die sich auf die äußeren Abläufe und Zusammenhänge bezieht. Auf der Subjektstufe werden also alle Beziehungen als innere Beziehungen zu deuten sein, beispielsweise die feindlichen Brüder nicht als real unterschiedene Gestalten, sondern intrapsychisch als *Ich* und *Schatten*.

Bei alledem darf die Objektstufe keineswegs vernachlässigt oder als zweitrangig bewertet werden – beide Stufen sind aufeinander zu beziehen und ergänzen und bereichern sich gegenseitig.

4.3 Erkennen der grundlegenden Konstellation und des Konflikts

Dieser Auslegungsgang richtet die besondere Aufmerksamkeit auf den Anfang des Textes. Denn gerade die einleitenden Sätze eines Textes umreißen oft die Grundkonstellation, die Beziehung der Personen zueinander, den Konflikt oder Ausgangspunkt einer Entwicklung.

4.4 Wahl der zentralen Figur(en)

Bei einer tiefenpsychologisch ausgerichteten Interpretation eines Textes kommt es darauf an, eine »Ich-Figur« zu wählen, aus deren Perspektive das Geschehen zu beleuchten ist; alle anderen Personen und Vollzüge wären dann auf der Subjektstufe als verschiedene Aspekte dieser zentralen Figur auszulegen, als Auseinandersetzungen mit den unterschiedlichen Seiten und Möglichkeiten ihrer selbst. Dabei ist es durchaus fruchtbar, einmal die Perspektive zu wechseln, verschiedene Gestalten einer Erzählung als Ich-Figuren auszuprobieren.

4.5 Beobachtung der inneren Entwicklung

Wenn die Vermutung richtig ist, daß in archetypischen Bildern und ihnen zugeordneten Geschehnissen menschliche Grunderfahrungen verschlossen sind, müßte in den Texten auch eine Bewegung im Prozeß der Individuation – im Gelingen oder im Scheitern! – erkennbar sein, in den die Zentralfigur bzw. die Zentralfiguren verwickelt sind. Diesen Prozeß sollte die Interpretation zu erhellen versuchen.

4.6 »Die Verdichtungs- und Zeitrafferregel«

»Bei der Übertragung der Symbolsprache in die Wirklichkeit wird man davon ausgehen müssen, daß in den archetypischen Bildern ganze Lebensabschnitte in einer einzigen Szene verdichtet sind; das bedeutet oft eine erhebliche Raffung der zeitlichen Erstreckung, und dementsprechend muß man Begebenheiten, die in den Erzählungen das Werk eines Augenblicks zu sein scheinen, sich in der Wirklichkeit u.U. als Geschehnisse vorstellen, die Jahrzehnte im Leben eines einzelnen, Jahrhunderte im Leben eines Volkes und Jahrtausende im Leben der Menschheit umfassen können« (Drewermann, 1984 [a], S. 380).

Dies ist vor allem für das Verständnis biblischer Wundererzählungen wichtig. Wer davon ausgeht, daß eine Heilung ein Prozeß ist, kann die biblischen Erzählungen eher auf eigene Erfahrungen beziehen.

4.7 Beziehung auf das eigene Leben

Der Anspruch der Tiefenpsychologischen Auslegung ist ja die Aufhebung des »breiten Grabens« der historischen Distanz, das Angebot des Erfahrungsbezugs. Dieser Anspruch muß sich in einem letzten Schritt der Auslegung einlösen. Der heute Verstehende sollte immer wieder prüfen, welche eigenen Erfahrungen sich in der intrapsychischen Dramatik spiegeln, die die Erzählung abbildet. Vor allem wird es darauf ankommen, daß die Signale des Kollektiven Unbewußten, die der Text bei einer solchen Auslegung aussenden sollte, nicht überhört und unterdrückt werden.

Wie bereits angesprochen, steht die Tiefenpsychologische Interpretation hier auf der Schwelle zur Interaktionalen gruppenbezogenen Auslegung. Denn der Erfahrungsbezug wird sich im Gespräch mit anderen weiten und vertiefen, Wege und Lösungen öffnen sich im Austausch.

Es zeigt sich, daß Anspruch und Angebot der Tiefenpsychologischen Auslegung weit über eine bloße Methode zur Text-Interpretation hinausgehen: Sie verspricht Orientierung und Belebung der seelischen Kräfte durch Auslegen von Tradition – allerdings nur dem, der bereit ist, sich auf den angestrebten Prozeß von Hören, Wandlung und weitergehender Individuation ganzheitlich einzulassen.

5 Das Beispiel: Gen 4, 1-16

5.1 Amplifikation

Das Motiv der feindlichen Brüder ist kulturgeschichtlich und mythologisch außerordentlich weit verbreitet. Das Material hat – neben vielen anderen – zuletzt Eugen Drewermann sorgfältig dokumentiert und kommentiert (Drewermann, 1985, S. 247 ff). Er ordnet das Material zunächst einmal nach den erkennbaren Gründen für die Rivalität. Hier treten hervor:

- Rivalität um die Macht;
- Rivalität um eine Frau (die Mutter...);
- Rivalität um die Erbfolge bei Herrschenden;
- Auseinandersetzung zwischen Gut und Böse;
- Auseinandersetzung zwischen Hell und Dunkel.

Diese letzte Bestimmung leitet zu der Beobachtung, daß eine sehr große Zahl von Belegen einen naturmythologischen Hintergrund hat: Diese Mythen basieren auf dem Gegensatz von Tag und Nacht, Sonne und Mond. Nach Drewermann spricht viel dafür, daß in diesem Zusammenhang der Wurzelboden für das Motiv des urtümlichen Bruderkampfes gegeben ist. Schon früh hat man versucht, die Erzählung von Kain und Abel aus solchen Naturmythen abzuleiten; dieser Versuch ist aber kaum haltbar. Dagegen sprechen vor allem die Unterschiede zwischen der biblischen Geschichte und dem verbreiteten Muster: Die Naturmythen erzählen meist von einer Auferstehung, vom Fortgang des Lebens, Gen 4 aber endet letztlich in der Lebenszerstörung. Außerdem ist Kain in Gen 4 keineswegs die heroische Lichtgestalt, die das Dunkel besiegt, sondern ein Mensch, der in der Unbehaustheit endet.

Jedenfalls deutet der Reichtum der religionsgeschichtlichen Parallelen darauf hin, daß es sich in Gen 4 in der Sicht der Tiefenpsychologischen Auslegung um einen Text handelt, der Zugang zum »Tiefbrunnen« des Kollektiven Unbewußten hat.

In dieselbe Richtung weist auch die breite und interessante Aufarbeitung der Thematik in der Weltliteratur. Außer dem bekannten »Jenseits von Eden« von John Steinbeck seien noch Auseinandersetzungen mit der Kain-Abel-Thematik bei Gottfried Benn, Rainer Maria Rilke, Hermann Hesse, Wolfgang Hildesheimer und Erich Nossack genannt (Hinweise und Beispiele bei: Busslinger-Simmen, 1985, S. 111 ff, 135 ff; 234 f; vgl. auch Kapitel II.10).

5.2 Symbolische Deutung und Wahl der Zentralfigur

Wie gesagt basieren alle tiefenpsychologisch orientierten Text-Interpretationen darauf, daß die (in der »Objektstufe«) geschilderten Personen und Geschehnisse auf der »Subjektstufe« als intrapsychische Gegebenheiten und Prozesse zu deuten sind. In bezug auf die beiden »Hauptfiguren« von Gen 4 ist also davon auszugehen, daß Kain und Abel Strebungen im Menschen repräsentieren, die im Widerspruch stehen, ja einander ausschließen und deren Spannung sich destruktiv, sogar tödlich entladen kann. Ich lasse es vorerst bei diesen kurzen Hinweisen bewenden – ich werde dann die Auslegung des Textes mit einer Gegenüberstellung der Konstellationen und Abläufe auf der Subjekt- und der Objektstufe abschließen.

Als Zentralfigur (»Ich-Figur«) bietet sich eindeutig Kain an, denn er hat eine Geschichte in diesem Text. Abel, der »Hauch«, wäre dann als eine Seite »Kains« aufzufassen, zu der er im zerstörerischen Widerspruch steht.

5.3 Erkennen der grundlegenden Konstellationen und des Konflikts

Drewermanns Ratschlag folgend, ist jetzt der Anfang der Erzählung besonders genau zu beobachten, um die Basiskonstellationen und -konflikte zu erheben.
In den beiden ersten Versen fällt unter psychologischem Aspekt besonders auf, daß die Beteiligten (die »Urmenschen«) in enger Beziehung zu Jahwe dargestellt werden; er ist im Grunde ihr einziger »Außenkontakt«, ihre wichtigste »Bezugsperson«; dieser Kontakt mit Jahwe ist gekennzeichnet durch Schuld und Vertreibung und durch die gedachte ständige Anwesenheit der unendlich überlegenen Gottheit.
Vielleicht klingt in der Differenzierung der Berufe der beiden Brüder am Anfang der Erzählung schon die Motivik von Konkurrenz und Rivalität an.
Die Verse 3-5 breiten dann den Konflikt aus.
Welche psychoanalytischen Deutungsansätze bieten sich an?
Drewermann (1985, S. 257 ff) referiert verschiedene Möglichkeiten: Zunächst kann man den Konflikt anhand eines *triebtheoretischen* Denkmodells beschreiben. L. Szondi (referiert bei Drewermann) hat seinen Ansatz u.a. unter Bezugnahme auf die biblische Erzählung von Kain und Abel entwickelt. Die beiden Brüder werden als Repräsentanten von Strebungen aufgefaßt, die in einem Menschen liegen. In diesem Fall geht es vor allem um den hysteriformen Faktor hy; er trägt sowohl die Tendenzen des Geltungsdrangs (+hy) wie auch der Schamschranken (-hy) in sich. Der zweite Faktor ist der epileptiforme Faktor e: er hat nach Szondi die Tendenz, die »groben Affekte« aufzustauen und anfallartig auszulösen (-e); hier geht es um Gewissenlosigkeit, Intoleranz, Bösartigkeit, Verwunden… Der Faktor e kann aber auch die Tendenz zum Guten einschließen (+e); jetzt kommen Eigenschaften wie Gutmütigkeit, Toleranz, Gewissenhaftigkeit usw. ins Spiel.
Kain steht für den Antrieb durch den Triebfaktor -e; die ungünstige Konstellation verstärkt sich durch die Kombination mit starkem Geltungsdrang (+hy) – eine mächtige Aufstauung und maßlos heftige Entladung sind die Folgen.
Im Rahmen dieses Denkmodells versteht es sich von selbst, daß »Abel« die gegenteiligen Strebungen symbolisiert: Ihn leiten Toleranz und Gutmütigkeit (+e), Schamschranken hindern ihn, möglicherweise vorhandene Aggressionen zu entladen (-hy).
Nach C.G. Jung symbolisiert der Bruderzwist unter dem natur- mythologischen Aspekt des Widerstreits zwischen Sonne und Mond vor allem den Gegensatz zwischen klarem Bewußtsein auf der einen Seite und Angst, dumpfer Triebhaftigkeit, dem Wahnsinn auf der einen Seite. Der »Sonnenbruder« würde in dieser Konstellation die Überlegenheit der geistigen Differenzierung, des kulturellen Fortschritts verkörpern. Allerdings kann diese Erklärung nicht unbesehen auf Kain übertragen werden; denn sein Weg endet ja gerade in der Selbstzerstörung. Drewermann (1985, S. 262 f) schlägt deshalb vor, in »Kain« die Gestalt eines Mensch-

seins zu erkennen, »das seine Bewußtheit mit der Zerstörung der heilenden Kräfte des Unbewußten erkauft, das mit seiner steinernen Verstandeswelt das Naturhafte in sich verdrängt und in eine Wüstenei verwandelt«.

Einen anderen Weg der Beschreibung des Konflikts schlägt Maria Kassel ein (Kassel, 1982, S. 37 ff). Sie erkennt als Grund-Konstellation des Textes die Herausforderung an den Menschen, die ungestalteten, chaotischen Kräfte der unbewußten Psyche durch Bewußtwerdung und Stärkung des *Ich* zu zähmen und in den Prozeß der Individuation einzubeziehen. Diese Aufgabe stellte sich in der Frühgeschichte der Menschheit und sie stellt sich in der Entwicklungsgeschichte eines jeden Einzelmenschen – in der Kindheit, aber auch immer wieder im Laufe des Lebens in verschiedenen Konfliktsituationen.

Kain steht für die Schicht der Psyche, die dem Naturhaft-Ungestalteten noch stark verhaftet ist (er ist der Ackerbauer!); Abel verkörpert eher die bewußte Schicht des *Ich* (Abel = Wind = geistiges Prinzip; der Hirte gestaltet und führt). »Abel« müßte also im Interesse der weiteren Entwicklung die Initiative übernehmen, »Kain« zurücktreten. Aber dieser wird von den irrationalen Kräften überschwemmt – »das Unbewußte wehrt das Bewußtsein ab« (S. 38).

Bei den bisher referierten Interpretationsansätzen gibt es allerdings noch Probleme: Folgt man dem Vorschlag von Szondi, ist man gezwungen, »Kain« und »Abel« als Repräsentanten von kontroversen intrapsychischen Strebungen mit positiven bzw. negativen Eigenschaften zu besetzen – ein Versuch, der, wie sich zeigte, in der Praxisgeschichte von Gen 4 häufig unternommen wurde, aber keinerlei Anhalt am Text selbst hat.

Einen neuen Aspekt eröffnet eine *psychodynamische* Konfliktanalyse. Drewermann (1985, S. 267 ff) berichtet über den Ansatz der amerikanischen Psychologin K. Horney. Sie hat die Bedingungen der Entstehung und Heilung von Neurosen erforscht und nimmt als auslösende Erfahrung »das Gefühl von Einsamkeit und Hilflosigkeit in einer feindseligen Welt« an; dies nennt sie »Grundangst«; ihr korrespondiert eine »Grundfeindseligkeit« als Abwehrmaßnahme. – Zu einer Schlüsselsituation für die Erfahrung der Grundangst kann die Kindheit werden: Angst vor den übermächtigen Gestalten der Eltern – Furcht vor Liebesentzug – eine allgemeine Erfahrung von Minderwertigkeit – die Rivalität der Geschwister um die Liebe der Eltern… all das kann eine solche Urangst auslösen und einprägen.

Geht man mit diesem Erklärungsansatz an Gen 4 heran, dann ist die Beobachtung ins Gedächtnis zu rufen, daß die »Urmenschen« in höchstem Grad abhängig sind von einem strafenden, sie wohl auch ständig beobachtenden Gott. – Das deutet auf Minderwertigkeitsgefühle, Ohnmacht, Angst vor Liebesentzug hin. Nach K. Horney sieht der Mensch in einer solchen Situation im Grunde nur zwei Möglichkeiten, seine Lage zu verbessern: Bezeigen von Liebe und Unterwürfigkeit oder Durchsetzen eigener Macht und Distanzierung von der Bezugsperson. In der Opferhandlung könnte man den Versuch erkennen, die Gottheit günstig zu stimmen. Gerade hier wird deutlich, daß das Handeln nicht von Liebe geprägt ist; denn die Brüder können offenbar nicht gelassen vom Ertrag der Arbeit austeilen, sondern »die Gunst Gottes erscheint ihnen wie ein Gegenstand von Rivalitätsauseinandersetzung, so daß der eine bekommt, was dem anderen fehlt« (Drewermann, 1985, S. 271). Jedenfalls gibt sich die »Abel«-Seite offenbar mit dem Versuch zufrieden, die Gottheit durch das Opfer günstig zu stimmen; die »Kain«-Seite kann diese Beruhigung als Ausweg aus dem psychischen Konflikt nicht akzeptieren und sucht darum den zweiten Ausweg: Machtgewinn. Dieser muß sich – da »Kain« es ja mit Gott zu tun hat! – immer weiter steigern, bis hin zum »Gottähnlichkeitsstreben«, das der Psychoanalytiker Alfred Adler als letzte Konsequenz der ausgleichenden Überkompensation von Minderwertigkeitserfahrungen konstatierte (Drewermann, 1985, S. 274). Eine Interpretation von Gen 4,1-16 im Sinn der Individualpsychologie Adlers hat J. Ellerbrock vorgelegt (Ellerbrock, 1985, S. 101-104). Er zeigt, daß in V 6f Kain auf die Einheit seiner Person angesprochen wird. Die Sünde ist nicht etwas außerhalb seiner Person, sondern eine »fehlgeleitete Zielrichtung nach Überlegenheit über den anderen«, die er beherrschen kann (Herr im eigenen »Haus« seiner Person sein!). Aber Kain unterliegt diesem Streben, die erfahrene Unsicherheit löst in seinem Inneren eine »Angriffsattitüde« (Adler) aus, die zum Totschlag führt.

Hier ist ein Punkt erreicht, wo eine psychoanalytisch vorgehende Deutung eines Konflikts durchaus mit den Erkenntnissen übereinstimmt, die bereits im Zusammenhang anderer hermeneutischer Modelle gewonnen wurden: Kain will letztlich »sein wie Gott«.

5.4 Beobachtung der inneren Entwicklung

Gibt es so etwas wie eine Bewegung im Blick auf die Selbstwerdung »Kains« im Text? Diese Frage ist für den Verstehens-und Aneignungsprozeß besonders wichtig; denn hieraus kann der Auslegende Impulse und Orientierung für die eigene Individuation aufnehmen. In der Terminologie C.G.Jungs läßt sich der bisher beschriebene Zustand als Krisensituation oder archetypische Situation interpretieren, in der erwartet werden kann, daß das Kollektive Unbewußte sich warnend meldet. An dieser Stelle steht im Text das Gespräch Jahwes mit Kain. Es hat zwei aufschlußreiche Inhalte: Einmal werden körperliche Symptome gedeutet; hier bietet sich durchaus eine Verbindung mit der These an, daß nicht nur Träume, sondern auch körperliche Erscheinungen wie Krankheitssymptome als Signale des Unbewußten gedeutet werden können. Ein solches Signal in einer archetypischen Situation ist als Impuls zur Wandlung aufzufassen: Erkennen einer Fehlentwicklung und Gefährdung – Aufzeigen der neuen Richtung zum SELBST – Aufruf zur »Umkehr«. – Eben diese Elemente zeigen sich im zweiten Teil des Gesprächs – das ist das zweite interessante Moment in dem kurzen Text: Kain ist in größter Gefahr, von »der Sünde« ganz und gar beherrscht, »verschlungen« zu werden – aber er kann ihr (noch) in freier Entscheidung gegenübertreten. Was hier als »Sünde« erscheint, als dämonisch personifiziertes Verderben, formuliert der Psychologe Alfred Adler so: Der vom Minderwertigkeitsgefühl Erfaßte ist »ein Spielball« jener »Bereitschaften und Charakterzüge…, die das Minderwertigkeitsgefühl verneinen, wie Stolz, Neid, Grausamkeit, Mut, Rachsucht, Jähzorn und andere« (A. Adler, Über den nervösen Charakter, 1912, zitiert bei Drewermann, 1985, S. 274). Erinnert man sich daran, daß in psychoanalytischer Sicht bei Kain als eine Triebfeder des Handelns die »Grundangst« erscheint, das Gefühl der Minderwertigkeit, dann ergibt sich eine ganz frappante Konvergenz zwischen biblischer Rede und psychologischer Analyse. Kain verschließt sich dem Anruf zur *Wandlung,* er bringt die »Abel-Seite« in sich zum Schweigen, schlägt tot, was sich dem blinden Machtstreben in den Weg stellt.

Damit führt sein Weg in die Entfremdung vom »Ackerboden«, der Basis, die ihm »ihre Kraft« verweigern wird; es liegt nahe, an den »Mutterboden« des Kollektiven Unbewußten zu denken, den Schoß der emotionalen Kräfte, die der Mensch zum Leben braucht. Es wundert nicht, daß nun die Angst über ihn kommt: »Jeder, der mich trifft, kann mich töten« – der vom Urgrund Abgeschnittene hat keine Widerstandskraft mehr. Ja, mehr noch, er ist kein menschliches *Ich* mehr, sondern immer auf der Flucht vor sich selber.

Auch dieser Schluß der Erzählung ist wohl als warnendes Signal in einer archetypischen Situation auszulegen; er zeichnet vor, welcher Weg vor dem liegt, der sich – aus Angst – vom Willen zur Macht beherrschen läßt und von den heilsamen Kräften abschließt.

Maria Kassel interpretiert die Entwicklung »Kains« im Rahmen ihrer Grund-Konstellation so: In der Krisensituation spricht ihn der Impuls an (Erstes Gespräch Jahwes mit Kain), die chaotischen Kräfte (»Sünde«) durch das bewußte *Ich* zu steuern; aber dies mißlingt, Kain »ermordet« sein ICH, das heißt, er drängt es ins Unbewußte zurück. Dies will das Symbol sagen, die Erde (sie verkörpert die chaotischen Kräfte des Unbewußten) habe »das Blut Abels getrunken«. Zusammengefaßt: »An die Stelle des *Ich* hat sich der *Schatten* gesetzt« (Kassel, 1982, S. 39).

Nachdem Kain sich weigert, sich von der »Erde« zu lösen und »Abel« zu werden, muß er von der Erde fortgetrieben werden; der Fluchspruch ist also nichts anderes als ein kräftiger Anstoß zur »Abnabelung«, zur Bewußtwerdung.

Zwei Ergebnisse zeigen sich:
- Kain erkennt in der Krisensituation seine Schuld; damit übernimmt er bewußt Verantwortung: Seine erste Regung des *Ich;*
- der hier angefangene Prozeß wird unterstützt; Maria Kassel deutet das Kains-Zeichen als »Zeichen des Selbst…, das er werden soll… sogar der, der sein bewußtes *Ich* erschlagen hat, kann noch zum vollständigen Menschen werden; aber er muß weit weg vom Ziel anfangen – Kain ist fern vom Herrn« (S. 41).

5.5 Beziehung zum eigenen Leben

In diesem Auslegungsgang geht es um die Frage, »wie die Realität aussehen kann, deren innere Wirklichkeit sich in der Weise einer gegebenen Erzählung abbilden läßt. Eine archetypische Erzählung kann man nur so auslegen, daß man sie vom Leben her für das Leben auslegt« (Drewermann, 1984 [a], S. 380).

Die bisherige Interpretationsarbeit hat klargemacht, daß wir es in Gen 4,1-16 nicht mit einer jener biblischen Erzählungen zu tun haben, in denen ein Mensch (oder eine Gruppe) in einer Krisensituation den Ruf zur *Wandlung* annimmt, die heilenden Kräfte des Kollektiven Unbewußten in sich aufnimmt und produktive Schritte auf dem Weg zu seinem *Selbst* geht. Die Geschichte von Kain und Abel ist eine Geschichte des Scheiterns; ihre Bedeutung für die Selbstwerdung liegt vor allem in ihrem Signalcharakter, ihre heilsame Wirkung in ihrer diagnostischen Kraft. Damit diese zur Geltung kommt, ist es unabdingbar, »Kain nicht auf Distanz zu halten, sondern seine Verwandtschaft mit uns deutlich werden zu lassen« (Busslinger-Simmen, 1985, S. 111). Mehr noch: Es kommt darauf an, den »Kain« in uns wahrzunehmen, ihn als Teil unserer psychischen Möglichkeiten zu akzeptieren und ihn produktiv in den Prozeß der Selbstwerdung einzubeziehen. In der Sprache der Psychologie Jungs formuliert: Es kommt darauf an, daß wir den *Schatten* weder verdrängen noch projizieren, sondern ihn integrieren.

5.6 Theologische Interpretation

Eine theologische Interpretation der Aspekte von Gen 4, 1-16, die die Tiefenpsychologische Auslegung gezeigt hat, wird mit der Erfahrung einsetzen müssen, daß viele Christen Gott als absolute Autorität erleben, als allmächtigen Potentaten, der die Welt und die Menschen ständig überwacht und alle Verfehlungen peinlich registriert. Noch heute lernen kleine Kinder im Kindergarten das Lied:

>»Paß auf, kleine Hand, was du tust!
>Denn der Vater im Himmel schaut immer auf dich.
>Paß auf, kleine Hand, was du tust!«

So geht es mehrere Strophen hindurch (Auge – Ohr – Mund – Fuß), bis es dann zum krönenden Abschluß kommt:

>»Paß auf, kleines Kind, was du glaubst!
>Denn der Vater im Himmel schaut immer auf dich.
>Paß auf, kleines Kind, was du glaubst!«

Hier ist die biblische Froh-Botschaft zur Droh-Botschaft verkommen. Und wenn es im Reifeprozeß nicht zur Verarbeitung solcher Bilder kommt (gibt es dafür überhaupt eine Chance?) oder ein Mensch sich später nicht gewaltsam von solcher

Lebenszerstörung befreit, wie es Tilmann Moser in seiner berühmt gewordenen »Gottesvergiftung« gezeigt hat (Moser, 1976) – dann bleibt ein solcher Mensch zeitlebens in einer infantilen Abhängigkeit von Gott: Er lebt in einer »Grundangst« vor ihm, versucht, ihm gefällig zu sein, ihn zu beschwichtigen, ihn auch möglichst zu hintergehen, um sich dem Druck zu entziehen… Alles Züge, die sich unter tiefenpsychologischem Aspekt in der Erzählung von Kain und Abel zeigen. – Und auch die fatalen Mechanismen von Angst und Aggressivität, die man aus Gen 4 ablesen kann, gehören ja ins Bild einer solchermaßen mißlungenen religiösen Sozialisation hinein: Kain ist geboren!

Natürlich kann es auch außerhalb einer religiösen Sozialisation zur Ausbildung und lebenslangen Verfestigung infantiler Abhängigkeiten von Autoritäten kommen – (insbesondere die verinnerlichten Normen und Verhaltensmuster der Eltern bieten sich hierfür an!) – aber eine traditionelle religiöse Erziehung, die sich an einem autoritären Gottesbild orientiert, ist für solche Fehlentwicklungen besonders anfällig.

Ein falsch verstandenes Christentum kann aber nicht nur die Entstehung zerstörerischer Angst-Aggressions-Mechanismen begünstigen, sondern auch ihre Verarbeitung verhindern. Denn bei vielen Christen ist die Tendenz stark, Charaktereigenschaften und Verhaltensweisen, die mit dem Idealbild des »erlösten Christen« nicht zusammenstimmen, nicht zu akzeptieren. Die Folgen sind leicht abzuschätzen: Verdrängung und Projektion, die oft zu geradezu selbstzerstörerischen Schuldgefühlen und einer neurotischen Aggressionsbereitschaft führen. Diesen bedrohlichen Mechanismus gilt es abzubauen, vor allem durch das Annehmen des *Schattens*. Denn nur wer den »Kain in sich« akzeptiert, wird auch mit ihm fertigwerden. Diese Einsicht ist vielleicht eines der wichtigsten Angebote der Psychologie für Glauben und Theologie (vgl. z.B. Kassel, 1980, S. 142).

Wenn ein Mensch, der gelernt hat, mit seinem *Schatten* zu leben, dann in eine Krisensituation gerät, in der er herausgefordert ist, seine bisherigen Perspektiven radikal zu überdenken *(Wandlung),* könnte er darin die Stimme des biblischen Gottes hören, der keine angsterfüllten Sklaven will, sondern mündige Söhne und Töchter (vgl. Röm 8,15 f). Wie ihn diese »Stimme« erreicht – ob im Traum, im Gespräch mit einem nahestehenden Menschen, bei der Lektüre der Bibel oder eines Romans… ist von sekundärem Interesse. Es kommt nur alles darauf an, daß er die Chance zur Umkehr aus der Sünde der verkehrten Lebensrichtung erkennt und ergreift (»du aber sollst über sie herrschen!«).

Möglicherweise erkennt er in einer solchen Krisensituation aber auch, daß er diese Umkehr aus eigener Kraft nicht schafft und nur noch zu dem Gebet fähig ist: »Herr, sei mir Sünder gnädig«.

Wichtig ist nur, daß er die auch von diesem Text ausgehende Zusage der Befreiung und Erlösung beim Wort nimmt (das »Kainszeichen«!). Es ist zu hoffen, daß es ihm dann gelingt, zu finden und freizusetzen, »was Gott im Herzen eines jeden Menschen angelegt hat und zur Erlösung bringen will« (Drewermann 1984 [a], S. 510 f).

157

5.7 Versuch, sich einen Überblick zu verschaffen

Wir sind am Ende des Versuchs angekommen, mit Hilfe tiefenpsychologischer Ansätze die Erzählung von Kain und Abel auszulegen. Abschließend fasse ich die Beobachtungen und Schlußfolgerungen noch einmal in Form einer Gegenüberstellung des Geschehens auf der Objekt- und der Subjektstufe zusammen (anhand der Interpretation von Drewermann; der Deutungsansatz von Kassel wurde nicht berücksichtigt).

Kain und Abel – Versuch einer Tiefenpsycholigischen Deutung

Objekt-Stufe	*Subjekt-Stufe*
1 Die Ur-Menschen leben »östlich von Eden vor dem Angesicht Jahwes«. Sie bekommen zwei Söhne: Kain und Abel.	Menschen leben in starker Abhängigkeit von Gott. Folgen: Angst; Unterwürfigkeit.
2 Die Brüder opfern und erfahren die verschiedenen Bewertungen (ihrer Person und) ihrer Opfer.	Die Menschen versuchen, Gott ihre Verehrung zu beweisen. Sie fürchten, weniger geliebt zu werden als andere: Aggressive Rivalität und Machtstreben kommen auf.
3 Jahwe spricht mit Kain: Mahnung, über die Sünde zu herrschen.	Menschen geraten in eine Krisensituation; es erreicht sie der Anstoß zur *Wandlung:* Abkehr von der Sünde des Machtstrebens (das zur Unfreiheit führen muß).
4 Kain erschlägt Abel.	Menschen verfallen dem Machtstreben und töten die »Abel-Seite« in sich ab.
5 Kain wird verflucht.	Der Mensch erfährt, daß er sich von der tragenden Basis seines Lebens getrennt und die lebensspendenden Kräfte verloren hat.
6 Kain wird begnadigt.	Der Mensch erfährt, daß er weiterleben kann, aber vorerst die entscheidende Lebensdimension verloren hat. Aber ihm bleibt die Chance, ein integrierter Mensch zu werden.

6 Das Beispiel: Mk 5, 1-20

Vorbemerkung

Gerade im Zusammenhang tiefenpsychologischer Verstehensweisen, die intensiv nach der Lebensbedeutung überlieferter Texte fragen, stellt sich das Problem, ob Erzählungen wie die von der Heilung des Besessenen heute noch sprechen, oder ob sie nur noch als eine »Art Spukgeschichte für Kinder« toleriert werden?

Diese Frage wirft Maria Kassel auf – und sie fügt hinzu, daß gerade der übersteigert groteske Charakter eines solchen Textes ein Indiz dafür sein könnte, daß er den Menschen einmal »lebens- und glaubensrelevant« erschienen sein muß, sonst wäre er kaum weiter überliefert worden. Und eben solchen lebensbezogenen Motiven will die Tiefenpsychologische Auslegung ja nachspüren (Kassel, 1980, S. 104).

6.1 Amplifikation

Die Vorstellung, daß ein Mensch (von Dämonen) »besessen« sei, ist in der Mythologie und Religionsgeschichte weit verbreitet. Vor allem in »primitiven« Religionen, in denen der Geister- und Dämonenglaube oft bestimmend ist, kommen solche Anschauungen häufig vor.

Hier werden vielfach Menschen, die nach den üblichen Maßstäben als »geisteskrank« oder »verwirrt« gelten, mit ehrfürchtiger Scheu als Personen geachtet, in denen heilige, göttliche Kräfte anwesend sind.

Die Vorstellungen der »Primitiven« über Krankheit, Heiler und Heilung hat E. Drewermann zusammengestellt und in ihrer Beziehung zu den biblischen Anschauungen kommentiert (Drewermann, 1986, S. 74 ff).

Danach ist Krankheit nicht einfach eine Störung von Körperfunktionen, sondern stets ganzheitlich verursacht: Der Kranke ist aus dem geistig-religiösen Gleichgewicht geraten, hat sich von den Wurzeln seiner Existenz abgeschnitten. Der Schamane ist eine Persönlichkeit, die ihre visionären Fähigkeiten dazu befähigt, jenseits der faßbaren Realität liegende Kräfte in sich aufzunehmen und in heilenden Prozessen einzusetzen. Für Drewermann hat der Schamane kraft seiner Visionen Zugang zur Welt des Kollektiven Unbewußten und seinen Kräften.

Daneben gibt es in Religionen und Mythen natürlich auch die Vorstellung, daß ein Mensch von »bösen«, zerstörerischen Kräften beherrscht wird.

Zur Amplifikation eines Textes gehört auch die Anreicherung seiner Vorstellungen und Bilder durch andere geschichtliche Erfahrungen und auch neue Gestaltungen in Kunst und Literatur, auch wenn diese erst lange nach dessen Abfassung entstanden sind.

Hier ist vor allem an die im Mittelalter verbreitete Furcht vor satanischen Einflüssen und bösen Geistern zu denken.

Unter (sozial-) psychologischem Aspekt ist besonders auffällig, daß ganze Bevölkerungsgruppen mit dieser Geisterfurcht in Verbindung gebracht, »dämonisiert« wurden. Augenscheinlich haben wir es hier mit der »Sündenbockprojektion« zu tun: als negativ oder bedrohlich empfundene Eigenschaften oder Verhaltenstendenzen werden aus der Person abgespalten und auf andere projiziert. Vor allem in Zeiten starker Verunsicherung durch äußere Einflüsse kann es dann zur massenhaften Projektion auf ganze Gruppen kommen.

Im Blick auf das Mittelalter ist natürlich in erster Linie an die Dämonisierung der Frauen als »Hexen« zu denken, die als »Einfallstor« satanischer Mächte in die Menschenwelt bedrohlich waren und vernichtet werden mußten. Diese Erscheinung wird uns vor allem im Zusammenhang der Feministischen Auslegung näher beschäftigen (s.u. Kapitel II.8). – Eine besonders grausame Form dieser Sündenbockprojektion im Mittelalter war aber auch die Dämonisierung der Juden, die in blutigen Pogromen ihren Niederschlag fand.

In der Neuzeit ist vor allem an die zweite Hälfte des 19. Jahrhunderts zu denken, wo Schriftsteller und Maler mit hoher Sensibilität Gefährdung und Verfall von Menschen als dämonische Besessenheit beschrieben. Beispiele: Die Romane Dostojewskis (insbesondere: Die Dämonen, 1972) – die Dramen von Henrik Ibsen – viele Bilder von Edvard Munch.

Die aufkommende wissenschaftliche Psychologie hat solche Deutungs- und Verarbeitungsversuche weitgehend verdrängt. Allerdings hatte die anfangs mit ihr verbundene optimistische Erwartung, durch psychologische Techniken die zerstörerischen Kräfte zu bannen, keinen Bestand… und in unserer Gegenwart hat Erich Fromm unter sozialpsychologischer Perspektive ganz neu ins Bewußtsein gebracht, wie Besitzgier und destruktive Aggressivität die Menschen als »Obsessionen« beherrschen (vgl. die Hinweise in Kapitel II.2).

Aber auch zwanghafte Verhaltensweisen (Alkoholsucht – Drogensucht – Spielsucht – Rüstungswahn…) haben sich zu Massen-Krankheiten entwickelt.

Damit hat sich das Spektrum des Begriffs »Besessenheit« erheblich erweitert; er benennt nicht länger nur Phänomene, die uns heute vielleicht als Formen grotesken Aberglaubens erscheinen, sondern schließt Erscheinungen und Entwicklungen ein, die wir heute als bedrohlich und zerstörerisch erfahren.

6.2 Symbolische Deutung und Wahl der Zentralfigur

Bei diesem Text ist der Vorschlag der Tiefenpsychologischen Auslegung besonders einleuchtend, bei der Interpretation nach »Objektstufe« (das real geschilderte Geschehen) und »Subjektstufe« (das Geschehen als Spiegelung intrapsychischer Gegebenheiten und Vorgänge) zu differenzieren. Denn die Erzählung selbst stellt die Ereignisse ja weitgehend als ein dramatisches Geschehen in der Psyche des

»Besessenen« dar. – Damit ist auch schon die Wahl des Besessenen als *Ich*-Figur vorgegeben.

Dabei ist wichtig, daß der Anstoß zur Heilung von außen kommt; Maria Kassel merkt dazu an: »tiefenpsychologisch relevante Prozesse werden durchweg von Konstellationen in den Objektbeziehungen eines Menschen angestoßen« (Kassel, 1982, S. 105).

6.3 Erkennen der grundlegenden Konstellation und des Konflikts

Gleich die Ortsangabe »in den Grabhöhlen« setzt die Lebenssituation des »Besessenen« überdeutlich ins Bild: Er lebt, wo kein Leben mehr ist, sein gestörtes, ja zerstörtes Dasein ist ganz und gar auf die Todesperspektive fixiert.

Und augenscheinlich wirkt er an diesem Prozeß der Zerstörung mit und verstärkt ihn noch, indem er Tag und Nacht in den Grüften und in den Bergen umherirrt und sich selbst mit Steinen schlägt.

Maria Kassel interpretiert die »Besessenheit« so, daß bei diesem Menschen die »bewußte Persönlichkeit von tiefenpsychologischen Energien überflutet ist« (Kassel, 1982, S. 105), so daß sein *Ich* seine steuernde Funktion verloren hat und die irrationalen Kräfte nicht mehr integrieren kann; sie sind so übermächtig, daß sie ihm als transpersonale Macht (»Dämonen«) gegenübertreten.

Auch Drewermann geht davon aus, daß der »Besessene« seine Persönlichkeit verloren hat. »Legion«, der Name des Dämons, spielt auf die römische Besatzungsmacht an: Auch der Mann ist von einer fremden Macht »besetzt«. Gleichzeitig deutet der Name an, daß viele widersprüchliche Kräfte diesen Menschen von innen zerreißen. Das zeigt sich vor allem im kommunikativen Bereich: Er nimmt die Hilfe an, die ihm seine Mitmenschen gewähren (augenscheinlich wird wenigstens für seine Ernährung gesorgt), und schreit immerfort (um Hilfe); gleichzeitig erlebt er aber die Wohlmeinenden offenbar nicht als wirkliche Helfer, sondern als »Kettenbringer und Fesselträger« (Drewermann, 1986, S. 254), die er in panischer Angst flieht. Dies entspricht dem Verhalten vieler psychisch Kranker, die Hilfe suchen und gleichzeitig jede Annäherung von außen ablehnen, weil sie die »Fesselung« durch aufgezwungene Normen oder Regeln fürchten.

Diese Zerrissenheit wirkt sich auch auf die Begegnung mit Jesus aus; er geht auf ihn zu (V 2) und will gleichzeitig mit ihm nichts zu tun haben (V 7) – ein »Hilferuf zur Nichthilfe«.

Wie kann einem solchen Menschen geholfen werden?

6.4 Beobachtungen der inneren Entwicklung

Die entscheidende Wende für den »Besessenen« ist die Heilung.

Maria Kassel schildert Jesus als einen Menschen, in dem alle bewußten und unbewußten Seiten und Kräfte integriert sind. »Dies integrierte Menschsein mobilisiert bei desintegrierten Menschen, Blinden, Tauben…, wenn sie Jesus begegnen, Kräfte der Integration; … dabei… werden Menschen auf den Weg zu ihrer vollen Menschwerdung gebracht« (Kassel, 1982, S. 107).

So geht es auch bei der Heilung des »Besessenen« von Gergesa zu.

Für Drewermann ist die Schlüsselstelle des Heilungsprozesses die Frage Jesu an den »Besessenen«: »Wie heißt Du?« (V 9).

Damit spricht er ihn auf sein Personzentrum an und gibt ihm zweierlei zu verstehen:
– Ich versuche, Dich von innen heraus zu verstehen, lasse mich ganz und gar auf Dich ein und versuche nicht, Dir etwas aufzuzwingen;
– Wer bist Du wirklich? Wie ist Dein eigentlicher Name? Ich glaube nicht, daß Dein deformiertes ICH ganz und gar zerstört ist, sondern wieder ganz werden kann.

Diese Ansprache löst bei dem Kranken die Zwangsvorstellung, daß er für immer »besessen« sei und in der Todessphäre leben müsse. Er kann jetzt die zerstörerischen Kräfte »ausagieren« und dann im »Meer des Unbewußten« versinken lassen – er ist frei. So deutet Drewermann das Ausfahren der Dämonen in die Schweine und die Vernichtung durch Ertrinken.

Allerdings ist die Heilung nur der erste Schritt; denn in der Episode mit den Schweinen zeigt sich, daß der Mann die irrationalen Kräfte nur so bändigen kann, daß er sie von seiner Persönlichkeit abtrennt. Auf die Dauer wird die Individuation nur glücken, wenn es gelingt, die Energien des Unbewußten zu integrieren; auf der Objektstufe bedeutet das: Der Mann »müßte lernen, mit seinen Teufeln zu leben, sie als seine *Schatten* zu erkennen und zu akzeptieren«. (Kassel, 1982, S. 108)

Dieser Verarbeitungs- und Integrationsprozeß soll für den Geheilten nicht in einer Ausnahmesituation, sondern in seiner gewohnten Lebenswelt stattfinden, er muß seine »Erlösung in kleinen Schritten lernen« (Drewermann, 1986, S. 274).

Die Heilung provoziert Widerstand.

Das symbolisieren die Schweinehirten (und die Bevölkerung).

Auf der Objektstufe stehen sie für die Menschen, die den Anblick des Geheilten nicht ertragen (V 15f!), weil er sie bestürzend mit ihrer eigenen beschädigten Existenz konfrontiert, die von Fremdbestimmung (Eigentum) und Angst geprägt ist; darum ergreifen sie die Partei der Dämonen, indem sie Jesus bitten, ihr Gebiet zu verlassen.

Auf der Subjektstufe symbolisieren die Schweinehirten wohl die noch nicht geheilten Teilbereiche in der Psyche des Mannes von Gergesa: Aus ihnen meldet sich erneut die Stimme des Zweifels und der Angst, die dem neugewonnenen Menschsein noch nicht traut, die es aus Angst noch nicht wagt, sich dem weiteren Heilungsprozeß anzuvertrauen.

6.5 Beziehung zum eigenen Leben

Wenn es richtig ist, daß solche Geschichten erzählt werden, um Menschen zu allen Zeiten auf ihre »Krankheiten« hin anzusprechen und Chancen der Heilung ins Licht zu rücken, konfrontieren sie heutige Leser/Hörer zuerst mit der Frage nach den eigenen Störungen und Deformationen.

Vermutlich wird man geneigt sein, zunächst einmal an diejenigen zu denken, die heute ohne Hoffnung in der »Todeszone« hausen, beispielsweise Drogenabhängige, Aidskranke, Obdachlose. Unter dieser Perspektive sind wir gefragt, ob wir dem einen oder anderen dieser Menschen »Helfer« sind, ob wir uns damit begnügen, sie materiell am Leben zu erhalten, oder ob wir bereit sind, solche »Besessenen« an uns heranzulassen, sie auf ihr Person-Sein hin anzusprechen und damit unter Umständen sogar einen befreienden und (er-)lösenden Impuls auszusenden.

Aber die Konfrontation mit dem Text will noch weiter greifen: Wo sind wir selbst »besetzt«, d.h. fremdbestimmt und innerlich zerrissen, wagen es nicht mehr, *Ich* zu sagen – oder sind kaum noch in der Lage, den eigenen Standort zu bestimmen?

Wer diese Konfrontation aushält, wird dann vielleicht auch aus dem Text die Stimme hören: »wie ist Dein Name?« – Wer bist Du wirklich? ...die unser eigentliches Wesen zum Vorschein und zu neuem Wachstum bringt.

6.6 Theologische Interpretation

Gerade dieser Text macht deutlich, daß es wenig sinnvoll ist, biblische Wundergeschichten einseitig als Erzählungen auszulegen, die zur Verherrlichung des Gottessohnes überliefert wurden.

Ein solches Verständnis zeigte sich schon unter biblisch-theologischem Aspekt als unsachgemäß (vgl. Kapitel II.1, S. 87; 110) – und die Tiefenpsychologische Auslegung verstärkt diese Sicht noch. Denn der Text kommt in seiner Tiefendimension erst dann zu Wort und Wirkung, wenn das Geschehen aus der historischen oder dogmatischen Distanz gelöst und gegenwärtig wird, wenn der heutige Leser/Hörer Krankheit und Heilung als heute möglich erfahren kann – als ein Geschehen hilfreicher Zuwendung unter Menschen. Drewermann findet diesen Erfahrungsaspekt im Bibeltext selbst; der Geheilte bekommt den Auftrag zu verkünden, was »der Herr (Gott)« ihm Großes getan hat (V 19); aber er berichtet allen Leuten in der Dekapolis, was Jesus für ihn getan hat (V 20). Daraus folgert Drewermann: »Man kann von Gott nur glaubwürdig sprechen im Umraum einer heilenden und tragenden Beziehung zu einem Menschen... in alle Zukunft wird dieser Mann bekennen, daß Gott in der Nähe dieses einen (Jesus) alle Angst aus dem menschlichen Herzen zu verbannen vermocht hat« (Drewermann, 1986, S. 275).

6.7 Versuch, sich einen Überblick zu verschaffen

Auch die Auslegung von Mk 5, 1-20 schließt mit dem Versuch, die Ergebnisse in Form einer Gegenüberstellung von Subjekt- und Objektstufe zusammenzufassen.

Die Heilung des Besessenen – Versuch einer tiefenpsychologischen Deutung

Objekt-Stufe	*Subjekt-Stufe*
1 Der Besessene lebt allein in Grüften; schreit Tag und Nacht; schlägt sich mit Steinen.	Der Mensch lebt in der Todeszone: Sein *Ich* ist zerstört; unkontrollierte irrationale Kräfte beherrschen ihn.
2 Die Dämonen (Legion) ergreifen Besitz von ihm.	Er ist »besetzt«, innerlich zerrissen.
3 Menschen helfen ihm – aber er flieht sie. Er geht zu Jesus – wehrt ihn ab.	Er ist hin- und hergerissen zwischen Hilfesuche und panischer Angst vor Annäherung.
4 Jesus fragt ihn nach seinem Namen.	Er wird auf sein Person-Sein hin angesprochen.
5 Die Dämonen fahren aus und vernichten sich selbst.	Er agiert die zerstörenden Kräfte aus; sie werden im Unterbewußtsein »versenkt«. Es kommt zu einer Bändigung der irrationalen Kräfte (durch Trennung von der Person).
6 Er soll »in seinem Haus« die Tat Gottes verkündigen.	Er soll die erfahrene Heilung im Alltag weiter ausarbeiten.
7 Die »Schweinehirten« leisten Widerstand.	Andere ertragen das neue Menschsein nicht (Konfrontation mit den eigenen Schäden). Die nicht geheilte Seite des Mannes traut dem neuen Leben noch nicht.

7 Chancen und Grenzen der Tiefenpsychologischen Auslegung

7.1 Drei Argumente für den Ansatz der Tiefenpsychologischen Auslegung

Insgesamt wird man etliche der Kriterien, die bei den bisher diskutierten Ansätzen genannt wurden, auch bei der tiefenpsychologisch orientierten Hermeneutik heranziehen dürfen:
– sie nimmt die Menschlichkeit der Offenbarung ernst (aus Kapitel II.1);
– sie trägt zur Überwindung des Historismus bei (aus Kapitel II.2);
– sie wirft die Frage nach der Bedeutsamkeit von Bibel-Texten auf (aus Kapitel II.2);
– sie macht ein Angebot zur Selbstreflexion (aus Kapitel II.3).
Besonders hervorzuheben sind noch drei Punkte:

a. Die Tiefenpsychologische Auslegung hebt die Distanz zwischen Text und Gegenwart auf und stellt einen Erfahrungsbezug her.

Von ihrem Ansatz her ist diese Konzeption auf ein synchrones Verständnis hin angelegt. Die Synchronie ergibt sich weder aus der Annahme der überzeitlichen Gültigkeit existentieller Grundfragen (Kapitel II.2), noch aus der methodisch geplanten Vernachlässigung der historischen zugunsten der sprachlich-strukturellen Erschließungswege (Kapitel II.3), sondern aus der Basisthese der Psychologie von C.G.Jung, daß das Kollektive Unbewußte als ewiger Schatz der Menschheit an heilsamen Erfahrungen sowohl den biblischen Texten zugrundeliegt wie auch für den heute Verstehenden gilt. Es zeigt sich, daß dies Konzept der Existentialen Hermeneutik ziemlich nahe steht, aber eine charakteristische Ausarbeitung gefunden hat.

b. Die Tiefenpsychologische Hermeneutik macht ein Angebot zur Identifikation und Selbstreflexion.

Wie vielleicht keine andere Methode erhebt die tiefenpsychologisch ausgerichtete Hermeneutik den Anspruch, den heutigen Leser/Hörer in die überlieferte Geschichte zu verwickeln. Die starke Einladung zur Identifikation entsteht wohl hauptsächlich durch die Differenzierung in die Objektstufe und Subjektstufe der Texte. Sie ermöglicht noch deutlicher als das Rollen-/Aktantenangebot der Linguistischen Auslegung das Eingehen auf die Personen und Geschehnisse. – Dies verstärkt sich noch durch die Herausarbeitung der (»archetypischen«) Krisensituation und des Aufrufs zur *Wandlung*.

165

c. Die Tiefenpsychologische Auslegung regt einen Prozeß der Selbstfindung
und Selbstwerdung im Horizont der Gotteserfahrung an.

Dieser Ansatz geht in seinem Anspruch und Angebot weit über eine Verstehensmethode hinaus. Er verspricht dem, der sich öffnet, (neuen) Zugang zu den (verschütteten) Quellen der seelischen Kräfte, die das Kollektive Unbewußte in sich trägt. Dieser Zugang zur Tiefenschicht der Bibel, den Urbildern, soll es ermöglichen, »Impulse für das Selbstwerden heute zu gewinnen und vor allem den in den Texten ausgesprochenen Glauben (Israels an seinen Gott Jahwe, der jungen Kirche an den Gott Jesu Christi) in gegenwärtige Glaubenserfahrung zu übertragen, so daß Glaube (wieder) teilhaben kann am Werdeprozeß des Menschen und nicht als bloß überlieferter Inhalt zur Kenntnis genommen wird« (Kassel, in *Publik Forum* 24/1983, S. 22).

Das provoziert allerdings auch Umdenk-Prozesse in der Theologie und kirchlichen Verkündigung:

– Von der in sich abgeschlossenen Wissenschaft soll es zum kooperativen Gespräch der humanwissenschaftlichen Disziplinen kommen. Dies scheint nicht nur im Blick auf die Systematische und Praktische Theologie von Nutzen zu sein – diese sprach ja Jürgen Moltmann in dem oben zitierten Text an –, sondern auch im Bereich der exegetischen Arbeit. Diese Einsicht hat in der Entwicklung erfahrungsbezogener Konzepte ihren Niederschlag gefunden, die in diesem Band vorgestellt werden.

– Auch in der Verkündigung und Seelsorgepraxis der Kirchen kann die Zusammenarbeit mit der Psychologie fruchtbare Impulse auslösen …wenn Predigten statt Belehrung Einladungen zur Selbstfindung im Horizont der Glaubensüberlieferung wären …wenn Kinder (und Erwachsene) ein Gottesbild kennenlernten, das nicht ängstigt, sondern erfreut …wenn die verkündete Erlösung mit praktischen Schritten der Befreiung von psychischen Zwängen einherginge …

7.2 Kritische Anfragen

Die Tiefenpsychologische Auslegung ist heftiger umstritten als andere Verstehenswege. (Eine recht übersichtliche Zusammenstellung der ausgetauschten Kritikpunkte und Argumente bietet ein Sonderdruck von *Publik Forum* an: »Wird der Kern der Botschaft zertrümmert?«; 8.2.1985.) Das hängt nicht zuletzt auch mit einer gewissen atemlosen Emphase zusammen, mit der etwa Eugen Drewermann seine Sache vertritt. Jedenfalls gibt dieser Sachverhalt Anlaß, noch einmal etwas gründlicher auf die kritischen Rückfragen einzugehen.

a. Die Tiefenpsychologische Auslegung ist zu kompliziert und aufwendig.

Ebenso wie bei der Linguistischen Auslegung stellt sich auch bei diesem Ansatz die Frage, ob nicht die Verstehensbarrieren recht hoch und der Aufwand an methodischer Arbeit uneffektiv anstrengend sei. Solche Einwände verstärken sich noch, wenn beispielsweise Drewermann (1984 [a], S. 387 f) als Voraussetzungen für eine eigenständige Textinterpretation nach den Regeln tiefenpsychologischer Hermeneutik fordert: »Gründliche Kenntnis der verschiedenen tiefenpsychologischen Schulen …breite Belesenheit in Religionsgeschichte, Ethnologie und Belletristik…«. Als Ergebnis solcher Formulierungen kann eigentlich nur erwartet werden, daß der Leser sich vor der Gelehrsamkeit des Autors verneigt und auf jedwede eigenen Versuche verzichtet. Wenn aber auf diese Weise der Magister, der zu selbständigem Verstehen anleitet, zum Magier wird, dem die Adepten anhängen, ist die Kritik mehr als berechtigt. Viele Veröffentlichungen aber belegen, daß solche Barrieren nicht notwendig sind (vgl. vor allem die Arbeiten von Maria Kassel).

b. Die Tiefenpsychologische Auslegung psychologisiert Bibel und Glauben.

Dieser Vorwurf greift auf eine vor allem zu Beginn unseres Jahrhunderts geführte Debatte zurück: In der »liberalen« Theologie und Religionspädagogik gab es starke Strömungen, die Bibel und Glauben lediglich als Mittel im Erziehungs- und Reifungsprozeß in Anspruch nahmen. Die Frage nach Wahrheit und Gültigkeit der biblischen Überlieferung war ganz zweitrangig hinter dem Kriterium ihrer Wirksamkeit (vgl. die Beispiele in Kapitel II.11). In dieser »Instrumentalisierung« der Bibel liegt zweifellos eine große Gefahr; sie trifft aber ganz überwiegend für die heutigen Ansätze der Tiefenpsychologischen Bibelinterpretation nicht zu. Wenn allerdings die Kritik aus dem gleichen Lager kommt, das den in Kapitel II.2 besprochenen »Alarm um die Bibel« auslöst, muß schon jeder Versuch einer erfahrungsbezogenen Auslegung als verfälschende Psychologisierung verurteilt werden. Im ganzen darf aber dieser Vorwurf als unberechtigt gelten (vgl. außer den oben mitgeteilten Äußerungen von J. Moltmann u.a.: Kassel, 1980, S. 64; Wink, 1982, S. 137 ff).

c. Die Tiefenpsychologische Auslegung reflektiert nicht hinreichend ihre begrenzte Reichweite.

Dies ist im Grunde die gleiche Anfrage, wie sie auch an die Historisch-Kritische Auslegung herangetragen wird: Selbstüberschätzung und Grenzüberschreitung. Tatsächlich lassen manche anspruchsvollen Formulierungen diesen Verdacht aufkommen – insbesondere gegenüber der Historischen Exegese nimmt die Tiefenpsychologische Hermeneutik bei einigen Autoren gelegentlich die Züge einer Heilslehre an. Doch in der nüchternen Reflexion und der praktischen Arbeit zeigt sich dann sehr deutlich, daß beide Verstehensansätze einander nicht ausschließen, sondern sinnvoll ergänzen. Drewermann hat sicher recht, wenn er der Historischen Auslegung vorhält, sie könne nur feststellen, was war; wenn sie redlich bei ihrer Sache bleibt, darf sie nicht weiterkommen. Andere Wege, wie eben auch der hier besprochene, können weiterführen. Umgekehrt erliegt die Tiefenpsychologische Auslegung schnell der Gefahr hemmungsloser Spekulation, wenn sie sich nicht immer wieder im Gegenüber zu den historisch ermittelten Sachen überprüft. Auch das ist letztlich nicht umstritten, wie viele Aussagen der hier engagierten Autoren und auch die praktische Durchführung der Auslegungsarbeit immer wieder beweisen. Damit bleibt auch die Tiefenpsychologische Auslegung selbstkritisch und offen. Dies zeigt sich beispielsweise, wenn Kassel und Drewermann in den hier vorgestellten Auslegungen zu unterschiedlichen Ergebnissen kommen – die Tiefenpsychologische Auslegung ist eben eher ein Such- und Entdeckungsinstrument als ein Verfahren zur Feststellung objektivierbarer Sätze. Zu dieser Offenheit kann auch gehören, daß man im praktischen Umgang die vorgeschlagenen Fragen und Methoden benutzt, ohne sich im ganzen auf das psychologisch-philosophische Konzept von Jung zu stützen.

Literatur

Betz, Otto, Psychologische Grundlagen der Bibelarbeit. In: Langer, W. (Hg), Handbuch der Bibelarbeit. München: Kösel-Verlag. 1987, S. 232-239.

Drewermann, Eugen, Strukturen des Bösen. Band I: Die jahwistische Urgeschichte in exegetischer Sicht. Paderborn: Ferdinand Schöningh. 5. Aufl. 1984.

Drewermann, Eugen, Strukturen des Bösen. Band II: Die jahwistische Urgeschichte in psychoanalytischer Sicht. Paderborn: Ferdinand Schöningh. 5. Aufl. 1985.

Drewermann, Eugen, Strukturen des Bösen. Band III. Die jahwistische Urgeschichte in philosophischer Sicht. Paderborn: Ferdinand Schöningh. 5. Aufl. 1986.

Drewermann, Eugen, Tiefenpsychologie und Exegese. Band I: Traum, Mythos, Märchen, Sage und Legende. Olten/Freiburg: Walter-Verlag. 2. Aufl. 1984 (a).

Drewermann, Eugen, Tiefenpsychologie und Exegese. Band II: Wunder, Vision, Weissagung, Apokalypse, Geschichte, Gleichnis. Olten/Freiburg: Walter-Verlag. 2. Aufl. 1986.

Drewermann, Eugen, Das Evangelium des Markus. Erster Teil: Mk 1,1-9,13. Olten/Freiburg: Walter-Verlag. 3. Aufl. 1988.

Ellerbrock, Jochen, Adamskomplex. Alfred Adlers Pychologie als Interpretament christlicher Überlieferung (Erfahrung und Theologie. Schriften zur praktischen Theologie 11). Frankfurt: Verlag Peter Lang. 1985.

Jung, Carl Gustav, Über die Psychologie des Unbewußten. Fischer-TB 6299.

Jung, Carl Gustav, Bewußtes und Unbewußtes. Fischer-TB 6058.

Jung, Carl Gustav, u.a., Der Mensch und seine Symbole. Olten/Freiburg: Walter-Verlag. 7. Aufl. 1984.

Kassel, Maria, Biblische Urbilder. Tiefenpsychologische Auslegung nach C.G.Jung. München: Verlag J. Pfeiffer. 1980.

Kassel, Maria, Tiefenpsychologische Bibelauslegung. In: Langer, W. (Hg), Handbuch der Bibelarbeit. München: Kösel-Verlag. 1987, S. 156-162.

Kassel, Maria, Sei, der du werden sollst. Tiefenpsychologische Impulse aus der Bibel. München: Verlag J. Pfeiffer. 1982.

Moser, Tilmann, Gottesvergiftung. Frankfurt: Suhrkamp Verlag. 1976.

Kapitel 5
Interaktionale Auslegung

1 Die Anfänge

Alle in diesem Kapitel unter der Bezeichnung »Interaktionale Auslegung« vorzustellenden Ansätze gehen letztlich vom Programm der Existentialen Interpretation aus.

Bultmann hatte zusammenfassend als einen Kernpunkt seiner Arbeit die Aufgabe bezeichnet, »von geschichtlichen Dokumenten zu lernen, was man für das praktische Leben in der Gegenwart braucht« (Bultmann, 1965, S. 167).

Zehn Jahre später konnte man an ganz verschiedenen Stellen beobachten, wie eine produktive Auseinandersetzung mit dieser Forderung in Gang kam: Exegeten, Praktische Theologen, Gemeindepfarrer bemerkten, daß Bultmanns Idee der konsequenten Interpretation der biblischen Überlieferung auf die menschliche Existenz hin den »garstigen Graben« des historischen Abstands überbrücken konnte; aber die Ausarbeitung seines hermeneutischen Konzepts blieb auf die Dauer merkwürdig blaß und kraftlos. Dafür gab es vor allem zwei Ursachen:

Die Analyse der menschlichen Existenz wurde auf einem so hohen Abstraktionsniveau entwickelt, daß die konkreten Verstehensvoraussetzungen, Probleme und Sorgen des einzelnen ganz aus dem Blick gerieten.

Die beim einzelnen erwarteten Veränderungs- und Erneuerungsprozesse reduzierten sich am Ende immer wieder auf den einen »Ruf zur Entscheidung«; neue Wege im Sinne des Vorangehens im Glauben und Leben blieben damit weitgehend ausgeblendet.

Neue Ansätze versuchten nun, die Idee der Existentialen Interpretation so weiterzuführen, daß auch tatsächlich eine befreiende, erneuernde Interaktion zwischen Bibel und heutigem Menschen in Gang kommen konnte; damit ist auch schon das Stichwort angeklungen, das die ganze Richtung charakterisiert: »Interaktional« soll die neue Bibelarbeit sein – das muß noch weiter geklärt werden.

2 Zehn Jahre Interaktionale Bibelarbeit

Die Ausarbeitung der Verstehenswege, die sich unter dem Stichwort der Interaktionalen Auslegung versammeln, ist nicht in einem Gang erfolgt, sondern entfaltete sich in einem vielschichtigen, interessanten Prozeß von theoretischer Reflexion und praktischem Experiment. Darum ist ein kurzer Überblick über diese Entwicklung angezeigt.

2.1 »Dialektische Hermeneutik«: Walter Wink (1)

Der erste, der die neuen Ansätze programmatisch vortrug, war wohl der amerikanische Neutestamentler Walter Wink. 1973 erschien sein Buch »The Bible in Human Transformation. Toward an new Paradigm for Biblical Study«; deutsch 1975 unter dem Titel: Bibelauslegung als Interaktion. Über die Grenzen historischer Methode (Wink, 1975). Wink erzählte, wie ihm in der Praxis des Gemeindepfarramts die Unfruchtbarkeit der Historisch-Kritischen Exegese aufging, wenn sie als einziger Verstehensweg zur biblischen Überlieferung gilt; denn sie ist als historisch angelegte Interpretation nicht in der Lage, Texte so auszulegen, »daß die Vergangenheit lebendig wird und unserer Gegenwart neue Möglichkeiten persönlicher und gesellschaftlicher Veränderung deutlich gemacht werden« (S. 7). Solange biblische Texte nur als Objekte wissenschaftlicher Analyse verstanden werden, wird der Interpret sie »zum Schweigen... bringen« und in der Haltung des »interessierten Zuschauens« festsitzen (S. 24). Wink wollte seine Kritik an der historischen Analyse nicht als grundsätzliche Ablehnung verstanden wissen; die nach seiner Meinung notwendige Neuorientierung in einer »postkritischen Epoche« kann nur »nach der Kritik einsetzen, nicht über sie hinweg«. Wie löste Wink seine Idee ein?
Er entwickelte ein Programm der »dialektischen Hermeneutik«, die eine echte »Interaktion zwischen Leser und Text« ermöglichen sollte. Der neue Verstehensprozeß gliederte sich in drei Schritte:
In einem *ersten Schritt* ging es um die Klärung exegetischer Probleme im Zusammenhang des Bibeltextes. Wink hielt auch in der praktischen Ausarbeitung seines Konzepts an der Bedeutung der klassischen Exegese fest. Dies ist für ihn notwendig, um den Text in seiner Eigenständigkeit zu schützen und seine Fremdheit nicht vorschnell einzuebnen; erst dann kann er ja in der erwünschten Interaktion zum Gesprächspartner werden. – Das zweite interessante Element in diesem ersten Schritt ist, daß Wink konsequent die Rolle des Theologen als schriftgelehrten Gesprächsleiter abbaute: Die »Laien« können selbst den historischen Sinn des Textes erschließen; dabei unterstützt sie ein Katalog von Fragen, die sorgfältig auf den jeweiligen Text und auf die Fähigkeiten und Bedürfnisse der Gesprächsteilnehmer abgestimmt sind.

Der *zweite Schritt* »soll die Teilnehmer befähigen, tiefer in die Geschichte einzudringen«, sich mit Hilfe der »historischen Phantasie« in die Personen und Ereignisse einzufühlen und sich zu identifizieren.

Im *dritten Schritt* vertieft sich die Interaktion zwischen Text und Leser; er kann den Text als Chance zur Selbsterfahrung auf sich wirken lassen. Hier zeigt sich deutlich, daß Wink sich auf die Ansätze und Methoden der tiefenpsychologischen Traumanalyse stützt, wie wir sie bei der Tiefenpsychologischen Auslegung kennengelernt hatten; mit Hilfe dieser Erschließungswege soll die Bibel wieder als Quelle heilender Erneuerung entdeckt und geöffnet werden.

Wink ordnete seine drei Schritt nach dem Prinzip »Distanz« und »Nähe« an: Abschnitte, die ausdrücklich die Eigenständigkeit des Textes durch Distanzierung sichern, wechseln mit Phasen, in denen eine intensivere, erfahrungsbezogene Annäherung versucht wird.

2.2 »Die Bibel als Wegbegleitung«: Hermann Barth und Tim Schramm

»Selbsterfahrung mit der Bibel« – unter diesem Titel stellten Barth und Schramm die Interaktionale Hermeneutik in Deutschland vor (Barth/Schramm, 1977). Interessanterweise waren es wieder Exegeten, von denen die Anstöße für eine Neuorientierung der Bibelarbeit ausgingen: Sie kannten die Defizite der Historisch-Kritischen Exegese aus der akademischen Arbeit und versuchten – wie Wink – Neuansätze unter Einbeziehung der kritischen Analyse. »Wegbegleiter« könnte die Bibel nach ihrer Meinung sein – als Deutungshilfe, die unseren Erfahrungen Sprache und Tiefe verleiht, und als Orientierungsangebot. Manche Barrieren verhindern aber nach ihrer Ansicht, daß dies Angebot zur Geltung kommt: Vor allem der Verlust des Erfahrungsbezugs religiöser Rede drängt die Bibel aus dem Leben. Aber auch eingeschliffene Verhaltensmuster stellen sich beim Umgang mit der Bibel als Hindernisse auf; Barth und Schramm wiesen auf die heute übliche rasche und oberflächliche Informationsaufnahme hin, auf die »Inflation der Eindrücke«, aber auch auf die Schwierigkeiten, Texte zu verstehen, die in ganz anderen Lebensverhältnissen entstanden sind.

Wie können, in Anlehnung an eine Formulierung Luthers, die »Lese-Worte« der Überlieferung wieder zu »Lebe-Worten« für die Gegenwart werden?

Wie Wink gingen die Autoren davon aus, daß zunächst einmal der biblische Text mit Hilfe exegetischer Arbeitsgänge in seiner Fremdheit erkannt werden muß, damit er zum Gesprächspartner in der Interaktion werden kann. Sie boten eine Reihe von Methoden an, die eine eigenständige Auslegungsarbeit der Teilnehmer fördern. Mit gleicher Intensität suchten sie nach Methoden, die Selbsterfahrung ermöglichen; denn »wo wir unsere Erfahrung mit uns selbst nicht verdrängen, wird – wie die Verkündigung Jesu zeigt – Gotteserfahrung möglich« (S. 63), die befreiend und heilend verändert.

Die Grundlagen für die Gewinnung solcher Methoden fanden Barth und Schramm im Konzept des »Lebendigen Lernens« (Living Learning), das im Umfeld der »Themenzentrierten Interaktion« formuliert wurde. Dies vor allem von Ruth Cohn entwickelte gruppendynamische Programm bewegt sich im Kraftfeld von drei bestimmenden Faktoren: Der einzelne *(Ich)* bringt seine Bedürfnisse und Fragen in die Gruppe *(Wir)* ein, die sich als Interaktions- und Kommunikationsgemeinschaft versteht; zentrierender »Herd« ist das Thema *(Es)*, um dessen Klärung sich die Gruppe bemüht. Die gleichsam in einem Dreieck angeordneten Elemente des Gruppenprozesses haben die gleiche Wertigkeit. Das Gruppengeschehen gelingt, wenn *Ich, Wir* und *Es* auf längere Sicht ausbalanciert werden.

Bei Barth und Schramm gewinnt der Begriff der Interaktion im Auslegungsprozeß einen weiteren Bedeutungsaspekt hinzu: Er markiert nicht nur das Gespräch zwischen Bibeltext und Leser, sondern auch die Kommunikation in der Gruppe.

Der Offenheit des Gruppengeschehens entspricht, daß die Autoren auf die Festlegung eines mehrstufigen Verstehenswegs verzichteten, wie ihn Wink anlegte. Sie stellten einen »Baukasten« differenzierter, variabler Methoden vor, die der Selbsterfahrung *(Ich)*, der Förderung des Gruppengeschehens *(Wir)* und der Texterschließung *(Es)* dienen.

2.3 Verknüpfung von Alltag und Tradition: Detlev Dormeyer

Auch Dormeyer (1978) ging von der Beobachtung aus, daß die Bibel weitgehend aus dem Bewußtsein und der Lebenspraxis der Gesellschaft verschwunden ist, obwohl manche Indizien nach seiner Auffassung auch auf eine geheime »Sehnsucht nach der Bibel« hinweisen.

Als wichtigste Ursachen für den Relevanzverlust der Überlieferung stellte Dormeyer fest: Übergroße Bekanntheit der Bibel (und damit Langweiligkeit) – Erfahrungsverlust religiöser Rede: die Bibel und ihre Auslegung haben keinen »Sitz im Leben« mehr – Undurchschaubarkeit der Interpretation, die in der Hand der Spezialisten liegt.

Auch sein Vorschlag zur Neuorientierung des Verstehens verband Elemente der wissenschaftlichen Exegese mit Methoden der Interaktion und stützte sich dabei – wie seine Vorgänger – auf die Spannung von »Distanz und Nähe«, die einen fruchtbaren Dialog erst in Gang bringt. Im exegetischen Bereich zog er vorzugsweise Methoden der Linguistischen Auslegung heran, wie sie bereits in Kapitel II.3 vorgestellt wurden; Rolle, Handlung, Welt sind die von ihm verwendeten Kategorien der Analyse.

Im Blick auf das Interaktionsgeschehen konzentrierte Dormeyer sich auf die Interaktion zwischen Text und Leser; ihm ging es um ein »Interaktionales Lesen«, weniger um die Kommunikation in der Gruppe wie bei Barth und Schramm. Den

Begriff machte er im sozialpsychologischen Ansatz des »Symbolischen Interaktionismus« fest. Wichtige Merkmale dieses Ansatzes sind:

– Ausgangspunkt ist die Alltagserfahrung.
– Der einzelne findet zu seiner Identität, wenn es ihm gelingt, zur Balance zwischen gesellschaftlich vermittelten Rollenerwartungen und individueller »Selbst-Wahrnehmung« zu finden und diese zu stabilisieren.
– Das soziale Geschehen ist als offener, dynamischer Prozeß anzusehen.
– Die Verständigung im gesellschaftlichen Prozeß erfolgt über »Symbole«, vereinbarte Deutungen und Sinngebungen. Wichtigster Symbolzusammenhang ist die Sprache.

Dormeyer ordnete das hermeneutische Geschehen in einem Dreischritt an: Nach-Fühlen – Nachverstehen – Erkennen.

Im *ersten Schritt* (Nach-Fühlen; Aneignung) geht es um die »Auffüllung des Textes mit Alltagswissen«: Der Leser bringt die im Text erkennbaren Rollen, Handlungen und Lebenszusammenhänge mit seinen alltäglichen Erfahrungen in Beziehung.

Der *zweite Schritt* (Nachverständnis; Auseinandersetzung) stellt den Text durch Analyse auf Distanz: Der Leser beobachtet die strukturellen Elemente des Textes, seine Bedeutung und seine Wirkung.

Im *dritten Schritt* (Erkennen; existentielle Aneignung) verarbeitet der Leser in Interaktion mit »Mitlesern der Vergangenheit« und »Mitlesern der Gegenwart« (hier ist offenbar eine Gruppe gemeint) seine Erfahrungen und Beobachtungen am Text und findet so zu einem vertieften, auf die eigene Existenz bezogenen Verständnis.

2.4 Alle geistigen Kräfte aktivieren! Walter Wink (2)

Vor einigen Jahren legte Walter Wink eine überarbeitete Fassung seines Ansatzes vor (Wink, 1982). Die drei Schritte des Verstehensweges nannte er jetzt:

1. Schritt: »Besprechen der kritischen Punkte«: Am Anfang stand also wieder die exegetische Erschließung des Textes. Die Teilnehmer wurden stark durch die Fragenkataloge in den Erarbeitungsprozeß einbezogen.

2. Schritt: »Amplifikation« (Erweiterung): Die Teilnehmer leben sich in den Text ein, übernehmen Rollen, verinnerlichen Bilder und Symbole. In diesem Schritt ist besonders hervorzuheben, daß die Teilnehmer die Ursprungssituation des Textes erspüren sollen: »Nur wenn der Text lebendig vor uns ersteht, können wir versuchen, wieder die Frage zu hören, die zu der vom Text gegebenen Antwort geführt hat« (S. 40). Die Erfahrungsdimension wird also nicht nachträglich an den Text herangetragen, sondern im Zusammenhang seiner Geschichte selbst aufgespürt (zur Ursprungsgeschichtlichen Hermeneutik vgl. Kapitel II.6 in diesem Band).

3. Schritt: »Praktische Übungen«: Hier ging es vor allem um kreative Auseinandersetzungen und Erfahrungsaustausch in der Gruppe. Diesen Schritt bezeichnete Wink als »das entscheidende Element« (S. 40). Die hohe Bewertung der praktischen

Übungen hängt mit einem ganz neuen Aspekt in Winks Hermeneutik zusammen. Er entdeckte im Bereich der *Hirnphysiologie* einen Schlüssel zum ganzheitlichen Verstehen der Bibel. Die Forschung weist nach, daß den beiden Hälften (»Hemispären«) des Hirns ganz unterschiedliche körperlich-seelische Kräfte zuzuordnen sind. In der linken Hemisphäre, die die rechte Körperhälfte steuert, ist u.a. die Sprache angesiedelt, aber auch Logik, Analyse, abstraktes Denken. – Die rechte Hemisphäre ist dagegen zuständig für Phantasie und Intuition, für kreative Fähigkeiten und manuelles Vermögen. Es steht fest, daß speziell im Umgang mit Bibeltexten in unserem Lebenszusammenhang die linke Hemisphäre ganz einseitig dominiert. Dadurch bleibt die Auseinandersetzung mit der Überlieferung aber unwirksam; denn produktive Veränderungen kommen immer nur bei ganzheitlicher Aufnahme, d.h. beim Zusammenwirken aller Kräfte und Fähigkeiten in Gang. Darum betonte Wink so stark jene »praktischen Übungen«, weil sie dafür sorgen, »daß der Text jenen Teil unserer individuellen und sozialen Existenz freilegt, der der Heilung, Vergebung oder Veränderung bedarf« (S. 40).

2.5 Ganzheitliche Bibelarbeit: Theophil Vogt

Der Name Theophil Vogt steht stellvertretend für eine vielschichtige, perspektivenreiche Bibelarbeit, die sich in den letzten 10 Jahren in der Schweiz entwickelte. Da sein Buch eine systematisch-klärende Übersicht bietet, stützt sich der folgende Bericht vor allem auf diese Quelle (Vogt, 1985; besonders zu beachten sind auch die Veröffentlichungen des »Ökumenischen Arbeitskreises für Bibelarbeit«, für das Beispiel Gen 4: Busslinger-Simmen u.a, 1985; für das Beispiel Mk 5, 1-20: Steiner u.a., 1978).

Die Darstellung Vogts schließt viele Elemente der Interaktionalen Hermeneutik ein, die bisher bereits vorgestellt wurden, wie den Vorrang des Laien als Subjekt des Verstehens, die Bedeutung der Gruppe für das Gelingen der Interaktion, die ganzheitliche, erfahrungsbezogene Ausrichtung der Bibelarbeit.

Besonders interessant ist, daß Vogt die Gruppe ausdrücklich als »Gemeinde« definiert; das schließt aber keineswegs eine Vereinnahmung der biblischen Gesprächsgruppe in die Institution ein, sondern in seinem Konzept gehen von der Gruppe ganz wesentliche Impulse für ein erneuertes Kirchenverständnis aus.

Auch Vogt legt die Interaktionale Auseinandersetzung mit einem Bibeltext in drei Schritten an:

1. Schritt: Auf den Text zugehen; entdecken. Die Teilnehmer machen den ersten Zug im Interaktionsgeschehen, gehen spontan auf den Text zu, äußern Gefühle, bringen Erfahrungen ein. In dieser Phase ist rückhaltlose Ehrlichkeit unabdingbar, muß radikale Kritik an der Überlieferung erlaubt sein.

2. Schritt: Vom Text ausgehen; erarbeiten. Der Text soll durch intensive Arbeit aufgeschlossen und auf Distanz gebracht werden. Dafür eignen sich besonders

Kataloge mit Interpretationsfragen, wie sie vor allem von W. Wink bekannt sind (Beispiele werden im Rahmen der Auslegungen von Gen 4 und Mk 5 vorgestellt). Das Fremdmachen des Textes ist besonders wichtig, weil seine Botschaft als »Gegen-Erfahrung« zu den im ersten Schritt genannten Erfahrungen erkannt werden soll. Solche Gegenerfahrungen stellen unsere mitgebrachten Erfahrungen und Einstellungen oft sehr radikal in Frage. So konfrontiert die gelassene Friedensbereitschaft Abrahams im Konflikt um die Weideplätze (Gen 13, 1-13) mit der Frage nach den bei uns als üblich akzeptierten Normen. Solche »Gegenerfahrungen« sollen ihm aber nicht als Ideen oder Forderungen gegenübertreten. Es ist wichtig, daß sie als Bilder vom gelungenen Menschsein und Christsein aufscheinen, als Beispiele oder Anfänge *erfahrenen, gelebten neuen Lebens,* die verfestigte Lebenspraxis in Frage stellen und damit neue Erfahrung ermöglichen.

3. Schritt: Über den Text hinausgehen; aneignen. In dieser Phase ist die ganzheitliche Aneignung durch kreative Methoden besonders wichtig; es kommt darauf an, daß die erarbeiteten und erkannten Gegen-Erfahrungen, die der Text freisetzt, nun auch einen »Sitz im Leben« der Teilnehmer finden.

3 Optionen

Der Überblick über die Entwicklung der Interaktionalen Hermeneutik hat schon die Grundentscheidungen sichtbar gemacht, die diesem Konzept zugrunde liegen; darum kann ich mich auf einige zusammenfassende Hinweise beschränken. Dabei dient die für diesen Ansatz grundlegende Kategorie des Erfahrungsbezugs als Rahmen.

3.1 Erfahrungsbezug im Alltag

Diese Option entfaltet sich in drei Richtungen:

– Die Interaktionale Auslegung geht nicht von den existentiellen Grund-Kategorien wie Angst, Entfremdung, Sorge aus; denn es hat sich gezeigt, daß diese zu allgemein und weitmaschig sind, um wirkliche Betroffenheit auszulösen. Es geht darum, daß die Existenzwahrheiten der biblischen Überlieferung konkreter gefaßt und damit auch zum Gegenstand möglicher Erfahrung werden. Das wird nur unter konsequenter Einbeziehung der Alltagserfahrungen in die Reflexion über Glauben und Leben gelingen.

– Die Einholung der Existenzwahrheiten der Bibel ist nicht länger den schriftgelehrten Spezialisten der wissenschaftlichen Theologie vorbehalten. Diese erliegt zu leicht der Gefahr unbefragter Selbstreproduktion; der Theologe selbst wird nicht befragt, »es sei denn von seinen Kollegen aus der Theologenzunft«, notiert

175

Wink (Wink, 1976, S. 9). Auch ist in Rechnung zu stellen, daß die akademisch ausgerichtete Bibelinterpretation weit von den realen Lebens-Bedingungen und Bedürfnissen derer entfernt ist, die heute die Bibel lesen und hören. Kurt Marti bemerkt dazu: »Das Auseinandertreten biblischer Tradition und heutiger Erfahrung ist vielleicht nicht so sehr durch die historische Distanz zur Bibel bedingt, auch nicht durch die scheinbar vertrackten Interpretationsprozesse. Ursache der Diskrepanz scheint mir vielmehr der gesellschaftliche Standort derjenigen zu sein, die die Bibel auslegen, interpretieren, vermitteln. Ihr Erfahrungsbereich ist derjenige einer kleinen Minderheit in sozial privilegierter Situation. Eine Bibelinterpretation, die diesen Erfahrungsfilter passiert, entrückt die biblische Botschaft dem Erfahrungsbereich der meisten Zeitgenossen, zielt an ihren Grunderfahrungen vorbei« (Marti, 1976, S. 95).

– In Konsequenz dieser Einsichten ist der »Laie« ins Zentrum zu rücken und als Subjekt der Auslegung zu begreifen. Er kann die Fachkompetenz des Theologen nicht ersetzen; aber »in der theologischen Sache…, die heute zu eruieren und zu befragen ist, verfügt er über eine ihm eigene und durch den Theologen nicht zu ersetzende Fachkompetenz« (Vogt, 1985, S. 23). Diese Kompetenz betrifft die Fähigkeit, das eigene Leben kritisch zu reflektieren und Erfahrungen zu verarbeiten. Vor allem bei der erfahrungsbezogenen Auslegung der Texte und bei der Transformation ihrer Wahrheit in die Gegenwart ist diese Kompetenz unentbehrlich. Die »Schreibtischhermeneutik« ist zu ergänzen durch eine Erfahrungshermeneutik.

– Die Begegnung mit der biblischen Überlieferung soll nicht länger nur von ehrfurchtsvoller Scheu vor dem »heiligen Buch« geprägt sein, sondern auch von rückhaltlos ehrlichem Aussprechen der Vorbehalte, von Kritik und Abwehr, wie sie aus der Konfrontation der Alltagserfahrungen mit dem Text aufspringen; nur wer seine mitgebrachten Erfahrungen ohne Scheu und Vorbehalte ins Spiel bringt, wird offen für neue Erfahrungen.

3.2 Erfahrungsbezug im Verstehen des Textes

Ziel der Auslegung ist es, die im Text verschlossenen Erfahrungen zu erkennen und so zu erschließen, daß sie heute befreiend, heilend und erneuernd wirken. Damit dies gelingt, muß der Text auch auf Distanz gebracht werden; denn »seine Faszination und sein Geheimnis braucht den Schutz gegen Subjektivismus, propagandistische Ausbeutung, projizierte Selbst-Verständnisse, gegen all die Wege, auf denen wir normalerweise das Andere in seinem Anderssein gerade nicht erkennen« (Wink, 1976, S. 23). Nur wenn diese Distanz gewahrt bleibt, kann der Versuch unternommen werden, den in einem Text aufgehobenen Erfahrungsschatz zu heben.

Auch die Einfühlung in die Erfahrungsdimension des Textes durch Identifikation mit Personen, Handlungen, Positionen, Entscheidungen ist wichtig. Dabei kommt es vor allem darauf an, die Botschaft des Textes als klärende und orientierende »Gegen-Erfahrung« zu unseren Erfahrungen zu erkennen.

3.3 Erfahrungsbezug im ganzheitlichen Erleben

Eine bloß kognitive Auseinandersetzung mit der biblischen Überlieferung kann den Menschen nur partiell ansprechen, aber nicht zu einer ihn betreffenden Begegnung führen. Zur »Inkarnation« des Textes in das Leben des heutigen Lesers/Hörers kann es auf die Dauer nur kommen, wenn alle seelischen Kräfte aktiviert, wenn Gefühl und Phantasie, Körper und Kreativität in die Auslegung einbezogen werden. Alle Versuche zur »erlebnisbezogenen« (Vogt) Auslegung, die Hereinnahme »praktischer Übungen« (Wink) in den Verstehensprozeß stellen nicht einfach Kunstgriffe zur Verbesserung der Mitarbeit dar, sondern sind unerläßlich zur »Somatisierung« des Textes (Wink), zur Verleiblichung in unsere Existenz und haben die gleiche Bedeutung wie wissenschaftliche Analyse und rationale Erschließung der Tradition. Dies ganzheitliche Erleben sichert den Erfahrungsbezug in allen Phasen der Auslegung, es kommt nicht als bloß zusätzliches Element der Belebung hinzu.

3.4 Erfahrungsbezug im Gruppengeschehen

Für das Konzept der Interaktionalen Auslegung ist nicht nur der Dialog mit dem Text konstitutiv, sondern auch die Interaktion in der Gruppe; Interaktionale Bibelarbeit ist immer »Auslegung im Plural«. Auch im Blick auf diese Option gilt, daß das Gruppengeschehen nicht als zusätzlicher methodischer Einfall zum Auslegungsprozeß hinzukommt, sondern es ist ein zum sachgemäßen Dialog mit der Bibel unabdingbares Element.
Unter gruppendynamischem Aspekt ist zunächst einmal wichtig, daß der einzelne ermutigt wird, *Ich* zu sagen und zu sein; denn erst dann wird er lernen können, seine Erfahrungen »vor dem Text« zur Sprache zu bringen. Außerdem kann er im Gespräch seine Erfahrungen erweitern, klären, vertiefen, aber auch relativieren. Das Konzept ist daher gründlich mißverstanden, wenn Dormeyer im Blick auf die Interaktion zwischen Text und Leser notiert: »Wenn darüber hinaus die Bereitschaft entsteht, in die Interaktion auch die Gruppensituation einzubeziehen, kann das Interaktionale Lesen... auf die Gruppenprozesse ausgeweitet werden« (Dormeyer, 1978, S. 119 f).
Auch unter bibeltheologischem Aspekt ist die Interaktion in der Gruppe unerläßlich; denn »die Bibel fordert dialogisches Verstehen... Die Gruppe stellt zeitgemäße und adäquate Gefäße zur Verfügung, in denen Erfahrungen des Glaubens, ähnlich jenen in den Texten gemachten und ausgesprochenen, neu formuliert, somit Folgerungen für den Glauben heute neu ausgehandelt und am

aktuellen Lebenskontext überprüft werden können... Die Texte können auch heute und aktuell nicht anders verstanden werden, es sei denn, daß auch sie wiederum Anlaß bieten zum Erzählen, Dichten, Diskutieren und Weiterreichen heutiger Erfahrung« (Vogt, 1985, S. 23). So erweist sich das Gruppengeschehen auch als ein Zugang zur Bibel, der ihren eigenen Strukturen gemäß ist und den von ihr gelegten Spuren nachgeht.

Ein solches Verständnis schließt den Verzicht auf den Anspruch ein, eine »richtige« Auslegung eines Textes erarbeiten zu können, die alle anderen als »falsch« ausgrenzt. Der Bibeltext ist ja Gesprächspartner, der seine Wahrheiten im Dialog freisetzt. (Diese Sichtweise ist übrigens auch in der Jüdischen Hermeneutik leitend, die in Kapitel II.13 besprochen wird.)

Zwar betonen alle Vertreter der Interaktionalen Auslegung die Notwendigkeit, den Text mit Hilfe kritischer Exegese vor Projektionen und vorschneller Subjektivität zu schützen; aber grundsätzlich gilt: die Wahrheit ist nicht definitorisch herstellbar und deklaratorisch feststellbar; sondern Wahrheit entsteht im Prozeß: »Wem etwas aufgegangen ist von Gottes Wirklichkeit, der ist fortan weniger zuversichtlich im Hinblick auf seine Bemühungen, die Wirklichkeit Gottes zu definieren und auszudenken, der ist sich der Erfolglosigkeit bewußt, zu der sein Tun wegen der Größe seines Gegenstandes ständig verurteilt bleibt. Das bedeutet nicht, daß er aufhörte, Theologie zu treiben, aber es bedeutet, daß er es fortan mit größerer Bescheidenheit tut.«

Beim Dialog um die Wahrheit »gibt es kein festgelegtes Textbuch, sondern der Text entsteht erst im Vollzug, und niemand weiß im vorhinein, wie er lautet« (Zahrnt, 1968, S. 9).

4 Methoden

4.1 Zum Ansatz

In der Entwicklung der Interaktionalen Auslegung ist die Frage nach dem Verfahren bei der Beschäftigung mit dem Bibeltext unterschiedlich beantwortet worden. Die Vorschläge sehen fast immer einen Dreischritt vor, wobei Reihenfolge und Akzentuierung der Phasen jedoch differieren. – Der von mir vorgeschlagene Weg geht ebenfalls von drei Phasen aus. Leitend bei der Abfolge ist das spannungsvolle Wechselspiel von Distanz und Nähe.

Die Interaktionale Bibelarbeit verwendet die verschiedensten Methoden. Das Neue dieses Ansatzes liegt nicht so sehr in der Erfindung neuer Verfahren – diese sind größtenteils schon bekannt –, sondern vor allem in ihrer Anordnung und Anwendung. Entscheidend bei der Auswahl sind die Prinzipien von Distanz und Nähe, die Ermöglichung ganzheitlicher Begegnung und die Einbeziehung des Gruppengeschehens.

Die folgende Zusammenstellung nennt für die drei Phasen alternative methodische Möglichkeiten, keine Abfolge. Es hat sich allerdings als günstig erwiesen, in der praktischen Durchführung mindestens drei alternative Angebote einzuplanen, die häufig in arbeitsteiligen Gruppen angewendet werden.

4.2 Drei Phasen der Auslegungsarbeit

1. Phase: Erste Annäherung

Wie die Formulierung verdeutlicht, geht es hier um einen möglichst spontanen Zugang zum Text, um eine erste Kontaktaufnahme zu ihm als »Partner«. Dabei ist die obengenannte rückhaltlos offene Auseinandersetzung in Kritik, Zustimmung oder Formulierung von Vorbehalten von ausschlaggebender Bedeutung.
Unter gruppendynamischem Aspekt ist zunächst wichtig, daß der einzelne ermutigt wird, *Ich* zu sagen und zu sein; denn erst dann wird er fähig, seine Erfahrungen »vor dem Text« zur Sprache zu bringen; dann kann er sie im Gespräch erweitern, klären, vertiefen, aber auch relativieren.

Geeignete Methoden für die 1. Phase:

1. Hören auf den Text:
– Laut lesen;
– lesen mit verteilten Rollen;
– ungewohnte Übersetzungen.
Dies erste Lesen will die Aufmerksamkeit auf den Text konzentrieren, dazu verhelfen, ihn wie etwas ganz Neues aufzunehmen.
Dies kann auch in der Form geschehen, daß die Teilnehmer den Text abschnittweise lesen (jeder so viel, wie ihm/ihr wichtig erscheint). Oft bietet sich an, daß die Teilnehmer nach dem Lesen eine Weile schweigend den Text in sich aufnehmen; Otto Betz empfiehlt, ein Wort, das besonders betrifft, ganz bewußt in sich aufzunehmen – »einzuatmen« (Betz, 1980, S. 80).
Danach kann, wer will, einzelne Sätze oder Worte noch einmal in der Runde wiederholen.

2. Rendezvous mit dem Text:
Die Idee zum Rendezvous stammt aus der Gestalttherapie. Es geht darum, daß der Teilnehmer sich auf den Text einläßt, sich zunächst als Person im Gegenüber zum Text erlebt. Der Teilnehmer könnte sich an folgenden Fragen orientieren:
– Was fühle ich jetzt im Blick auf den Text?
– Was erwarte ich?
– Wie ist mein eigener Standort dem Text gegenüber?
– Was will ich?
– Wem weiche ich aus?

3. Dialog mit dem Text:
Hier geht es um eine persönliche Auseinandersetzung des einzelnen mit dem Text, eine Anrede an den Text wie an einen Partner, dem gegenüber er seine Gefühle äußert; z.B.: Ich komme mit dir nicht zurecht, weil… Du tust mir gut, weil… Ich kann dir nicht zustimmen… du machst mir Angst, weil… du bist mir zu optimistisch, weil… ich könnte besser mit dir umgehen, wenn…

4. Lebensgeschichtliche Ortung:
Hier geht es um den Versuch, den Text mit eigenen Erfahrungen in Verbindung zu bringen.
Leitfragen: In welcher Lebenssituation war der Text für mich wichtig? …hätte er wichtig sein können? …hätte ich ihn gebraucht? Wann möchte ich ihn auf gar keinen Fall hören?

5. Assoziationen:
Die Teilnehmer sammeln Einfälle zum ganzen Text oder zu wichtigen Begriffen bzw. Einzelzügen. Diese Methode zielt darauf, eigene Erfahrungen und Vorstellungen der Teilnehmer zum Thema zu aktivieren und durch Interaktion in der Gruppe anzureichern.
Praktische Durchführung: Die Teilnehmer tauschen spontane Einfälle aus. Mögliche Impulse: Was fällt Ihnen zu diesem Text ein? Woran denken Sie? An welche Menschen, Situationen, Erfahrungen?

6. Schreibmeditation; Interaktionales Schreiben:
Die Teilnehmer arbeiten in Kleingruppen; jeder Teilnehmer notiert eine Frage/einen Einfall zum Text; die Zettel machen die Runde, auf jedem entwickelt sich ein Gespräch.
Vorteile dieser Methode sind u.a.:
a) Viele unterschiedliche Beiträge kommen zum Zug;
b) zahlreiche Aspekte werden weitergeführt (gegenüber der Engführung, zu der es häufig im Laufe eines Gesprächs kommt);
c) Verlangsamung und Intensivierung des Kommunikationsflusses; häufig erneutes Rückfragen beim Text.

7. Metapher-Meditation:
Diese Methode ist weniger spontan als die bisher genannten. Die Teilnehmer erhalten die Aufgabe, bestimmten Begriffen oder Gedanken des Textes möglichst viele Bilder zuzuordnen. Beispiele:
Gottes Liebe ist wie…
Leistung ist wie…
Kindsein ist wie…

2. Phase: Erarbeitung

Nach der möglichst unmittelbaren Kontaktaufnahme mit dem Text folgt nun eine Phase der Distanzierung. Mit Hilfe kritischer Exegese soll er vor allzu einseitiger Subjektivität geschützt werden und seine Eigenwelt zur Sprache bringen können. Er wird nach seiner Struktur, Entstehungsgeschichte und ursprünglichen Intentionen befragt (vgl. vor allem die Überlegungen S. 175 zum Stichwort »Gegenwelt«). Für die Phase der Erarbeitung und Textanalyse eignen sich vor allem Methoden der Historisch-Kritischen Auslegung sowie der Linguistischen Auslegung, aber auch solche der Einfühlung in die Erfahrungswelt des Textes.

In der herkömmlichen Bibelarbeit ist es fast selbstverständlich, daß diese Phase den Anfang der Auseinandersetzung mit einem Text bildet; so geht beispielsweise auch im Rahmen der Interaktionalen Auslegung Walter Wink vor. Dies Vorgehen führt aber die Gefahr mit sich, daß die eher objektivierende, auf feststellbare Ergebnisse ausgerichtete Historisch-Kritische Arbeit die spontanen, erfahrungsbezogenen Annäherungen an den Text verdrängt und den Zugang zum Text auf die kognitive Ebene begrenzt.

Geeignete Methoden für die 2. Phase

1. Västeras-Methode:
Dieses Verfahren ist in Schweden entwickelt worden. Es hat das Ziel, die Teilnehmer zu gezielter Beobachtung des Textes anzuleiten.
Die Teilnehmer werden aufgefordert, den Text mit folgenden Zeichen zu versehen:
»?«: Fragezeichen für unklare Stellen oder solche, an denen weitergefragt werden soll.
»!«: Ausrufungszeichen für wichtige Einsichten.
»→«: Pfeile kennzeichnen Stellen, die für die persönliche Situation bedeutsam erscheinen.

2. Strukturierung des Textes:
Hier geht es um die Gliederung nach Sinnschritten und Findung von Überschriften.

3. Textvergleich:
Der Textvergleich hat zwei Varianten:
– Innerbiblischer Vergleich (Parallelstellen)
– Vergleich verschiedener Übersetzungen.

4. Fragenkataloge:
Ihnen kommt der größte Stellenwert in dieser Phase zu. Sie sollten so angelegt sein, daß sie zu einer intensiven Beschäftigung anregen und eine selbständige Bearbeitung – unabhängig vom Fachwissen des exegetischen Experten – ermöglichen (Beispiele s.u.).

5. Textatelier:
Diese Methode ist in der Schweiz entwickelt worden. Hierbei geht es um die selbständige Auseinandersetzung der Teilnehmer mit zusätzlichen Bibelstellen, die den Text ergänzen und erläutern. Beispiel: Bei der Arbeit mit Psalm 126 bietet ein Textatelier zur Vorstellung des Zion u.a. folgende Texte an: Ps 46; Jes 52, 7 ff).

6. Linguistische Auslegung:
Die Linguistische Auslegung will dazu anleiten, den Text als in sich abgeschlossene »Textwelt« wahrzunehmen und diese in vielfältigen Dimensionen und Beziehungen genau zu beobachten. Dazu gehören Raum- und Zeitdimension, Beobachtung aller Akteure und ihres Beziehungsgeflechts – gerade die sogenannten Rand-Figuren oder auch die ungenannten Personen sind oft besonders ergiebig! So kann die – oft methodisch ein wenig spröde – strukturale Analyse dazu beitragen, daß die Teilnehmer sich intensiver in die Erfahrungsdimension eines Textes hineindenken.

7. Erarbeitung von schriftlichem Informationsmaterial:
Zur Vertiefung des sachlichen Verständnisses werden entsprechende Materialien bereitgestellt, die von Kleingruppen ausgewertet und – möglichst genau an der passenden Stelle (»Sandwich-Methode«) – in die gemeinsame Arbeit einbezogen werden. – Nach der »Impuls-Methode« bringt der Leiter Informationen ein, die jeweils mit einem Impuls zur Weiterarbeit enden.

8. Identifizierende Erschließung:
Sie dient als Gegengewicht zu den bisher genannten stärker kognitiven Erarbeitungsvorgängen dieser Phase. Es geht darum, durch Identifikation einzelne Personen, Worte, Handlungen des Textes nachzuempfinden und besser zu verstehen; dadurch kommt es zu einer Erschließung der Erfahrungsdimension des Textes.
Auch diese Methode hebt die Distanz nicht auf, sondern macht sie bewußt; denn es geht ja um das Erspüren möglicher Erfahrungen der Textpersonen, nicht um die persönlichen Erfahrungen der Teilnehmer.
Zwei Wege bieten sich an:
– Dialog zwischen Personen des Textes bzw. innerer Dialog einer Person (z.B. Zachäus). Oder Nacherzählung aus der Sicht einer (im Text genannten oder ungenannten) Person (Teilnehmende Erschließung der Erfahrungsdimension innerhalb des Textes);
– Personenbeobachtung, d.h. verstärkter Blick auf eine Person, ihre Entwicklung, Beziehungen zu anderen usw. (beobachtende Erschließung der Erfahrungsdimension).

3. Phase: Gestaltwerdung/Verleiblichung

Die 3. Phase versucht wieder den Schritt aus der Distanz in die Nähe. Es kommt darauf an, erkannte und erarbeitete neue Erfahrungen, die der Text freisetzt –

»Gegenwelten« –, auf die eigene Existenz zu beziehen und in ihr Gestalt werden zu lassen. Das soll auf dem Wege einer ganzheitlichen Aneignung geschehen; deshalb überwiegen kreative Verfahren. Sie sind nicht methodische Spielereien, sondern möchten bewirken, daß der Text die Teilnehmer nicht nur auf kognitiver Ebene anspricht, sondern alle seelischen Kräfte wie Phantasie, Intuition, kreative und manuelle Fähigkeiten aktiviert.

Dabei ist wichtig, daß die Teilnehmer sich nicht auf möglichst eindrucksvolle Ergebnisse der kreativen Arbeit konzentrieren, sondern auf den Prozeß: Sie sollen keine Kunstwerke herstellen, sondern drücken mit Farben, Formen, Materialien, mit Tanz, Spiel oder Wort Gefühle und Erfahrungen aus, die der Text evoziert hat. Das kann wieder neue Erfahrungen hervorbringen, die im Gespräch – ohne gegenseitige Wertung! – ausgetauscht und vertieft werden.

Geeignete Methoden für die 3. Phase

1. Auseinandersetzung mit dem Text im Spiel:
Das Spiel gehört zu den bevorzugten Formen der ganzheitlichen Aneignung. Es gibt sehr unterschiedliche Formen, z.B. Nachspielen, Weiterspielen, Anspiel, Rollenspiel.

2. Interview oder Dialog mit einer Person des Textes:
Die Teilnehmer führen ein fingiertes Interview bzw. einen Dialog mit einer Textperson. Im Gegensatz zu der vorher beschriebenen identifizierenden Erschließung geht es jetzt nicht um den Dialog zwischen Personen des Textes, sondern um ein Gespräch zwischen Teilnehmer und einer Figur des Textes.

3. Identifikation mit einer Person des Textes:
Auch dies Verfahren ist der »identifizierenden Erschließung« aus Phase 2 benachbart; aber hier geht es nicht um die Erschließung des Textes, sondern das bessere Verständnis der eigenen Lebensverhältnisse durch die Identifikation mit einer Textperson, ihren Problemen und Erfahrungen.

4. Weitererzählen des Textes:
Erzählende Phantasie bringt in der Weitererzählung Ängste, Hoffnungen usw. zum Ausdruck und verarbeitet sie.

5. Verfremdung/Arbeit mit Verfremdungen:
Nicht nur Weitererzählen kann einem Text eine neue Perspektive eröffnen, ihm eine andere Stoßrichtung vermitteln, sondern auch die produktive Veränderung (Verfremdung).
Es gibt eine große Zahl von Möglichkeiten, einen Bibeltext zu verändern, damit er seine Sache wieder neu und provokativ zur Sprache bringen kann. (Diese Arbeitsweise ist so produktiv, daß ich sie in diesem Band als eigene Auslegungsmöglichkeit vorstelle, vgl. Kapitel II.12.)

Die Veränderung kann Form und Inhalt betreffen: Eine Alternative wird entwickelt, ein Lied, eine Parodie entsteht, der Text begegnet in ungewohnten Zusammenhängen usw.

In diesem Arbeitsgang können die Teilnehmer eigene Verfremdungen herstellen oder mit vorgegebenen Texten bzw. Bildern arbeiten.

Die Auswertung im Gespräch wird zeigen, daß der so gewonnene »fremde Blick« helfen kann, neue Erfahrungen zu verarbeiten.

Bisher ging es um sprachliche Kreativität und Gestaltung; für die ganzheitliche Aneignung sind aber vor allem auch die *nonverbalen Methoden* wichtig, die jetzt noch vorzustellen sind:

6. Bildbetrachtung:
Sie liegt auf der Grenze zwischen verbalen und nonverbalen Verfahren. Im Rahmen der Interaktionalen Auslegung ist besonders das ruhige Schauen wichtig, die Vertiefung, bevor es zum Gespräch über ein Bild kommt.

Bei der Auswahl der Bilder kann der Anspruch nicht hoch genug liegen! Keineswegs sollte sich eine Gruppe mit den zu didaktischen oder erbaulichen Zwecken hergestellten religiösen Bildern zufriedengeben, die teilweise sehr verbreitet sind. Solche Bilder sind nur Illustrationen zu längst festgestellten Inhalten und Wahrheiten. Nur anspruchsvolle Kunst eröffnet neue Zugänge, kann neue Erfahrungen in Gang setzen.

7. Alle gestalterischen Techniken:
Hier sind die verschiedensten Techniken angesprochen: Malen, Tonen, Collagen herstellen usw.; grundsätzlich gibt es dabei zwei Möglichkeiten: den Text visualisieren/eine reale Szene darstellen oder freies Gestalten/Eindrücke wiedergeben. Als stark ganzheitlich wird beim Malen das Gestalten mit Fingerfarben empfunden. – Wink empfiehlt besonders das Tonen. Hier wird der Körper am intensivsten einbezogen. »Die Augen schließen, den Händen Spielraum gewähren, ohne Vorausplanung« schlägt er vor.

Abschließend sollte den Teilnehmern die Möglichkeit gegeben sein, sich zu ihrer Gestaltung zu äußern und mit anderen ins Gespräch zu kommen. Die Beteiligung an einem solchen Gespräch muß ganz und gar freigestellt bleiben, (wertende) Kommentare unterbleiben.

8. Musikalische Gestaltung:
In der Literatur zur Interaktionalen Bibelarbeit kommt diese Methode kaum vor; dabei gibt sie starke Impulse zum ganzheitlichen Erleben. Möglichkeiten:
– Verklanglichung (hier bietet sich vor allem der Einsatz von Orff-Instrumenten an);
– Erfinden eines Singspiels.

9. Pantomime/ Tanz:
Einsatz der Körpersprache zur Verleiblichung eines Textes kann mit oder ohne Musik erfolgen. Die Palette der gestalterischen Möglichkeiten ist vielfältig: Pantomime über einzelne Züge eines Textes – Darstellung eines ganzen Textes in pantomimischer oder tänzerischer Form…

Exkurs: Hinweise zum Bibliodrama

In den letzten Jahren werden neue, erfahrungsbezogene Zugänge zur biblischen Überlieferung mit dem Stichwort »Bibliodrama« gekennzeichnet. Da es eine ganze Reihe von Übereinstimmungen mit der Interaktionalen Auslegung gibt, sind einige Hinweise angezeigt (ein guter Überblick bei: Martin, 1987 und Laeuchli, 1987).

»Bibliodrama« ist – ebenso wie »Interaktionale Auslegung« ein Sammelbegriff für ein Ensemble verschiedener Methoden, die sich auf einige gemeinsame hermeneutische Grundsätze beziehen. Gemeinsame Optionen sind:
– Intensiver Erfahrungsbezug;
– Bibelarbeit als Gruppenprozeß.

Charakteristisch für das Bibliodrama sind vier Elemente:
– Begegnung mit dem Text im Spiel. Hier geht es nicht um Rollenspiel oder darstellendes Spiel, das einen vorgegebenen Inhalt in Handlung umsetzt; sondern die Teilnehmer sollen angeregt werden, sich intensiv mit Personen und Handlungen des Textes zu identifizieren, in ihrer Geschichte und ihrem Geschick ihr eigenes Leben neu zu erfahren, Klärungen und Verarbeitungen anzufangen. Gerade für diesen zentralen Teil des Bibliodramas muß darum viel Zeit vorgesehen werden.
– Einbeziehung der Körpersprache. Dies ist ein grundlegender Zug im Bibliodrama, der die Teilnehmer dabei unterstützt, ganz in die biblische Geschichte einzutauchen, und der auch bisher vernachlässigte oder verschüttete Weisen der Wahrnehmung und Verarbeitung neu ins Bewußtsein bringen und beleben soll.
– Phasen des Schweigens.
– Verarbeitung im Gespräch. Hier geht es nicht in erster Linie um eine Diskussion über bestimmte Sachinformationen, sondern um Besprechung der eigenen Erfahrungen, die die Teilnehmer im Spiel mit sich selbst gemacht haben. Die Erwartung ist, daß die klärenden und heilsamen Anstöße und Kräfte, die ein Bibeltext einschließt, freikommen und zur betreffenden Anrede werden.

Es versteht sich von selbst, daß diese anspruchsvolle Auslegungs- und Erfahrungsform sehr viel Zeit benötigt; für ein ausgeführtes Bibliodrama sollte mindestens ein halber Tag zur Verfügung stehen, es kann aber auch eine halbe oder ganze Woche andauern.

4.3 Schlußbemerkungen

Drei Hinweise sind abschließend noch wichtig:
- Es wurde betont, daß das Gruppengeschehen ein ganz wesentlicher Bestandteil der Interaktionalen Bibelarbeit ist. Deshalb muß sowohl in den Arbeitsgruppen viel Zeit für Gespräch, Austausch, Aufeinanderhören da sein, als auch für die Vorstellung der eigenen Auseinandersetzung im Plenum, ohne daß eine Verpflichtung zur Äußerung besteht.
- Die Beschreibung der drei Phasen sollte nicht so mißverstanden werden, als ginge es zunächst darum, Fragen an den Text zu formulieren, sich sodann exegetisch richtige Antworten zu holen und diese dann zu verinnerlichen. Das ist keinesfalls intendiert, widerspricht sogar der Idee. Die Phasen – und ihre Inhalte – müssen überhaupt nicht direkt aufeinander bezogen sein. Es geht eben nicht darum, eine Wahrheit (Skopus) aus dem Text herauszulesen, sondern seine Vielschichtigkeit zu entdecken und vielleicht einen Impuls daraus, der für einen Teilnehmer jetzt wichtig ist, mit eigenen Erfahrungen zu verknüpfen und Gestalt werden zu lassen. Das kann für jeden ein anderer sein oder sich auch situativ verändern; so kann sich der Dialog mit dem Text immer wieder neu entwickeln.
- Die Interaktionale Auslegung wird oft als neuer Weg des »Laien« zur Bibel dargestellt. Aber gerade auch Bibelleser, die professionell mit der Überlieferung umgehen wie Exegeten, Pfarrer, Lehrer können von ihr profitieren. Die Interaktionale Auslegung läßt den gewohnten Umgang mit dem Text als »Gegenstand« nicht mehr zu, sondern stellt ihn als Gegenüber vor, das unbequeme Fragen aufwirft, Ausweichen in gewohnte Denkmuster versperrt, alle Sinne anspricht. So kann sie den »Anfängergeist« wecken, den der ZEN als wichtigste Voraussetzung für Verstehen und Lernen erkennt.

5 Das Beispiel: Gen 4, 1-16

Die bisherigen Überlegungen haben gezeigt: Interaktionale Auslegung ist ein höchst spannungsvolles und anregendes Geflecht aus sorgfältiger Planung und Improvisation; denn wer seine Methoden nicht nur textadäquat, sondern auch teilnehmer- und situationsadäquat einsetzen möchte, muß von Fall zu Fall auswählen und arrangieren.

Im Rahmen der »Schreibtischhermeneutik«, zu der dies Buch gezwungen ist, sind daher nur einige Hinweise auf geeignete Verfahren möglich. – Dabei gehe ich anhand der von Vogt vorgeschlagenen drei Phasen vor.

5.1 Erste Annäherung an den Text

1. Hören
Der Leiter liest den Text vor. Die Teilnehmer lesen mit verteilten Rollen: Erzähler – Kain – Jahwe. Langsam lesen, Pausen beachten!

2. Rendezvous bzw. Dialog mit dem Text
In spontanen Stellungnahmen äußern die Teilnehmer ihre Gefühle und Erwartungen gegenüber dem Text (evtl. auch in Form einer assoziativen Meditation).

5.2 Erarbeitung

1. Fragenkatalog
1. Gliedern Sie bitte den Text; geben Sie den abgegrenzten Abschnitten Überschriften.
2. In welcher Zeit, an welchem Ort spielt die Geschichte? – Welche Schlüsse können Sie aus Ihrer Beobachtung ziehen?
3. Welche fünf Personen sind nach Vers 2 im Spiel? Wie ist ihre Beziehung zueinander? Wer hat am meisten Gewicht, wer am wenigsten?
4. Warum bringen Kain und Abel Jahwe Opfer?
5. Wie verstehen Sie die Wendung »Jahwe sah das Opfer an/nicht an«?
6. Die Verse 6 und 7 wurden vermutlich später in den Text eingefügt. Welche Absichten könnten dabei leitend gewesen sein?
7. Was verstehen Sie unter »Sünde«?
8. Was meint Gen 4, 1-16 mit »Sünde«? Beziehen Sie auch Vers 13 mit ein (Bitte verschiedene Übersetzungen zu diesem Vers vergleichen!).
9. Welche Bedeutung hat der »Ackerboden« in Vers 10-14? Bedenken Sie, daß der Name Adams sich vom hebräischen Wort für Ackerboden herleitet!
10. Welche Folgen hat das Urteil für Kain? Welche halten Sie für die schwerwiegendste?

2. Identifizierende Erschließung
Dafür wird die Form eines Dialogs Kains mit Jahwe vorgeschlagen. Dieser Dialog sollte in verschiedenen Versionen durchgespielt werden.

5.3 Gestaltwerdung/Verleiblichung

1. Interview mit einer Textperson
Die Teilnehmer könnten einen Dialog/ein Interview mit Kain führen; hierbei sollten Aggressionen und Ängste nicht ausgespart bleiben (gerade bei der Rolle des »Kain« sollte der Leiter darauf achten, daß die Teilnehmer nicht überfordert werden!).

2. Tonen

Die Teilnehmer gestalten den »Kain in mir« aus Ton (Modelliermasse). Gerade bei diesem schwierigen Thema ist es gut, sich an Winks Rat zu halten und sich von den unbewußten Impulsen leiten zu lassen: »Fordern Sie sie (die Teilnehmer) auf, ihre Augen beim Arbeiten zu schließen und ihre Hände etwas formen zu lassen und nur ab und zu hinzuschauen, was da allmählich Form anzunehmen beginnt« (Wink, 1982, S. 104).

Ausgehend von Ton-Arbeiten (Beurteilen vermeiden! Voneinander lernen!) können die Teilnehmer ein Gespräch über den »Kain in mir« führen. Der Leiter beteiligt sich, evtl. unter Einführung des Begriffs *Schatten* von C.G. Jung (vgl. hierzu Kapitel II.4): Was heißt: Den *Schatten* annehmen? – Welche Bedeutung hat die Sündenvergebung: Was verändert sich in meiner Beziehung zu Gott…, … zu anderen Menschen?

3. Arbeit mit Verfremdungen

Um Distanzierungsversuche gegenüber »Kain« aufzubrechen, könnten (alternativ) zwei Verfremdungen zu Gen 4, 1-16 angeboten werden. (Beide Texte sind abgedruckt in: Berg/Berg, 1986. Das zweite Medium liegt als Lied auf Kassette vor: Eggers, 1983. – Weitere Beispiele für Verfremdungen von Gen 4 in Kapitel II.12.) Das gewählte Medium könnte von einer Kassette vorgespielt werden (selbst gesprochener Text oder Song). Im Gespräch über die Verfremdung könnte Kain als »unser Verwandter« ins Spiel kommen, aber auch die Frage entstehen, ob der fremde Text der biblischen Vorlage gerecht wird.

6 Das Beispiel: Mk 5, 1-20

6.1 Erste Annäherung

1. Hören

Bei diesem schwierigen Text bietet sich ein einfühlendes, meditatives Lesen an. Die Teilnehmer sitzen im Kreis, vielleicht kann ein Gegenstand in die Mitte gestellt werden, der die Konzentration fördert (Stein; Kerze…). Der Text wird gelesen, jeder Teilnehmer soweit er/sie mag. Der Text kann auch mehrfach durch die Runde gehen.

Danach bittet der Leiter die Teilnehmer, das Gehörte zu überdenken und dabei ein Wort oder einen Satz des Textes, der besonders angesprochen hat, »einzuatmen«; dies Wort oder Textstück könnte auch noch einmal in der Runde genannt werden.

2. Interaktionales Schreiben

Der umfangreiche und anspruchsvolle Text wird wahrscheinlich verhältnismäßig viel Zeit beanspruchen, aber der Aufwand dürfte sich lohnen, vor allem, wenn am Ende der Schreibmeditation ein Gespräch unter den Teilnehmern aufkommt.

3. Assoziationen

Das Stichwort »Besessenheit« dürfte bei einem heutigen Hörer oder Leser des Textes vermutlich dafür sorgen, daß er als Bericht über ein Krankheitsphänomen wahrgenommen wird, das heute bedeutungslos geworden ist.

Eine gelenkte Assoziation könnte den Text in die Erfahrungswelt der Teilnehmer hereinholen. Der Leiter bittet um Einfälle zum Satzanfang:

»Er/sie ist ganz besessen von...«

Es zeigt sich schnell, daß »Besessenheit« sich heute in vielfachen Formen zeigt (und vermutlich nicht wenigen Teilnehmern als eigene Erfahrung vertraut ist).

6.2 Erarbeitung

1. Fragenkatalog

1. Gliedern Sie bitte den Text; geben Sie den abgegrenzten Abschnitten Überschriften.
2. Wie äußert sich die »Besessenheit« des Mannes?
3. Welche Bedeutung könnte der Name »Legion« haben (Denken Sie auch an die römische Besatzungsmacht)?
4. Welche Bedeutung hat wohl der Hinweis, der »Besessene« habe in »Grabhöhlen« gehaust?
   Gibt es andere Elemente im Text, die in die gleiche Richtung weisen?
5. Welche Folgen hat die »Besessenheit«
   – Für den Mann selbst?
   – Für seine Mitmenschen?
6. Vergleichen Sie bitte die Beobachtungen zum »Besessenen« im Text mit den Einfällen zum Stichwort »Besessenheit« aus der ersten Phase.
7. Wie stellen Sie sich die Heilung vor?
8. Wie wirkt sich die Heilung bei dem vorher »Besessenen« aus?
9. Wie reagieren die »Zuschauer«? Welche Motive für ihr Verhalten läßt der Text erkennen?
10. Wie reagiert Jesus auf die Bitte des Geheilten, bei ihm bleiben zu dürfen?
    Können Sie sich ein Motiv dafür vorstellen?
    Gibt es vergleichbare Verhaltensweisen in heutigen Therapien?

2. Erarbeitung von schriftlichem Informationsmaterial

Einige Teilnehmer können Informationsmaterial zu den Stichworten

Krankheit im Neuen Testament;

»Besessenheit« im Neuen Testament;

Heilungen im Neuen Testament

durcharbeiten (s. Anhang S. 191) und nach der »Sandwich-Methode« in die Besprechung des Fragenkatalogs einbringen.

6.3 Gestaltwerdung/Verleiblichung

1. Arbeit mit einer Verfremdung

Hierfür schlage ich den Text »wußten sie…« von Wilhelms Willms vor:

wußten sie schon
daß die nähe eines menschen
gesund machen
krank machen
tot und lebendig machen kann
wußten sie schon
daß die nähe eines menschen
gut machen
böse machen
traurig und froh machen kann
wußten sie schon
daß das wegbleiben eines menschen
sterben lassen kann
daß das kommen eines menschen
wieder leben läßt
wußten sie schon
daß die stimme eines menschen
einen anderen menschen
wieder aufhorchen läßt
der für alles taub war
wußten sie schon
daß das wort
oder das tun eines menschen
wieder sehend machen kann
einen der für alles blind war
der nichts mehr sah
der keinen Sinn mehr sah in dieser welt
und in seinem leben
wußten sie schon
daß das zeithaben für einen menschen
mehr ist als geld
mehr als medikamente
unter umständen mehr
als eine geniale operation
wußten sie schon
daß das anhören eines menschen
wunder wirkt
daß das wohlwollen zinsen trägt
daß ein vorschuß an vertrauen
hundertfach auf uns zurückkommt
wußten sie schon
daß tun mehr ist als reden
wußten sie das alles schon
wußten sie auch schon
daß der weg vom wissen über das reden
zum tun interplanetarisch weit ist

Der Text bezieht sich nicht direkt auf Mk 5, 1-20, sondern faßt eine Reihe neutestamentlicher Wundererzählungen zusammen. Der Text ist zwar recht bekannt, kann aber gerade die anspruchsvolle Erzählung Mk 5, 1-20 in den möglichen Erfahrungsbereich der Teilnehmer rücken. Das Gespräch könnte sich an zwei Fragestellungen orientieren:
– Welche Obsessionen bedrücken mich selbst? Was ist auf Heilung angewiesen?
  und:
– Welchem anderen könnte ich durch »Nähe« beistehen?

2. Gestalten mit Fingerfarben

Die Teilnehmer gestalten das Thema: Von der »Grabeshöhle« zum Leben. Nach Möglichkeit sollte eine nicht-gegenständliche Darstellung gewählt werden.

3. Verklanglichen

Die Teilnehmer versuchen, mit Klängen den Heilungsprozeß unter einer bestimmten Perspektive auszudrücken; Beispiel:
Vom »Legion« geheilt werden (Unruhe/Zerrissenheit – Ruhe, Einklang)

4. Weitererzählen

Die Teilnehmer führen die Geschichte fort; mögliches Thema:
Der Geheilte »predigt« in Gadara. Wie reagieren die Bewohner?

Anhang: Informationsmaterial

Besessener

Gr. *daimonizomenos,* von daimōn: *Dämon.* Ein Mensch, der von einem Geist überfallen wird, der sich – obgleich er ein eigenes Wesen ist – mit ihm identifiziert. Man sagt: »einen Geist haben«, »mit einem Geist (bzw. unter der Herrschaft eines Geistes) bessenen« sein. Der Besessene ist mit einer übermenschlichen Kraft ausgestattet, kann in Wesen eindringen. Jesus exorzisiert die Besessenen und gibt diese Macht seinen Jüngern, vor allen Dingen mit Hilfe von Gebet und Fasten. Während im AT von Menschen die Rede ist, die vom »guten Geist« befallen sind, kennt das NT nur die Besessenheit durch den bösen Geist. Manchmal ist es schwierig, zwischen Besessenheit und Krankheit zu unterscheiden.

heilen

1. Außer den im Griechischen klassischen Verben *therapeuō*:: »pflegen, Diener werden von«, iaomai: »von einer Krankheit heilen«, oder hygiainō: »Gesundheit geben«, sind im NT in dieser Bedeutung folgende Verben gebräuchlich: katharizō: »vom Aussatz rein machen«, sōzō: »retten«, und einmal apolyō: »loslösen«.
2. Jesus heilte viele Kranke, gewöhnlich durch das bloße Wort (Ausnahme Mk 7,33; 8,23; Joh 9,6), häufig im Zusammenhang mit dem Sabbat, er gab damit zu verstehen, daß das Reich Gottes nahe ist.

3. Die Macht, Kranke zu heilen, wurde den Zwölf und sogar den 72 Jüngern gegeben. Diese Tätigkeit übt man im Namen Jesus aus. Es gibt auch eine Gabe der Heilung.

Krankheit
1. Das Griechische kennt verschiedene Begriffe zur näheren Bestimmung der Krankheit (gr. *nosos):* Gebrechlichkeit *(arrostos, asthenes:* »kraftlos«), Dahinsiechen *(malakia:* »Schlaffheit«), geschlagen sein (von *mastix:* »Plage«) oder sich übel fühlen *(kakos echein).* Die Krankheit wird nicht als ganz natürliche Erscheinung betrachtet, sondern immer in ihren Beziehungen zur Sünde und zu den Mächten des Bösen. Doch weder die Propheten noch Jesus betrachten sie als kollektive Strafe.
2. Angesichts unserer Krankheiten ist Jesus vom Mitleid ergriffen, er kämpft gegen sie, indem er heilt und indem er sie »auf sich nimmt«; denn er versteht sie als Folge der Sünde und ein Zeichen für die Herrschaft Satans. Das Zurückweichen der Krankheit ist ein Zeichen für den fortschreitenden Sieg des Lebens über den Tod. Seitdem ist die Krankheit, wie alles Leiden, in den Strom der Erlösung aufgenommen; unterdessen lebt man in der Erwartung darauf, daß alle Menschen für immer durch das Laubwerk des Lebensbaumes geheilt werden.
(Aus: Léon-Dufour, 1977)

7 Chancen und Grenzen der Interaktionalen Auslegung

7.1 Vier Argumente für den Ansatz der Interaktionalen Auslegung

Dieser Ansatz verbindet in sehr produktiver Weise Grundsätze diachroner und synchroner Hermeneutik und kann darum auch etliche Vorzüge der jeweiligen Konzeptionen für sich buchen; z.B.

… er nimmt die Menschlichkeit, aber auch die Unverfügbarkeit der Überlieferung ernst (vgl. Kapitel II.1);
… er trägt zur Überwindung des Historismus durch konsequente existentielle Ausrichtung bei (vgl. Kapitel II.2);
… er bietet einen Prozeß der Selbstfindung und Selbstwerdung im Horizont der Gotteserfahrung an (vgl. Kapitel II.4).

Die vier folgenden Argumente heben auf spezifische Merkmale der Interaktionalen Auslegung ab.

a. Die Interaktionale Auslegung kann den Relevanzverlust der biblischen Tradition durch ihre Konkretheit verringern.

Von allen bisher referierten Konzepten kann das Interaktionale vielleicht den intensivsten Erfahrungsbezug für sich beanspruchen. Erfahrung kommt auf allen Ebenen der Auslegung ins Spiel:

In der *ersten Phase* als vorbehaltlose Äußerung mitgebrachter praktischer Lebenserfahrung angesichts des Textes, die Fremdheit, Verständnislosigkeit, Widerspruch nicht verdrängt und wohl gerade darum einen Zugang zum Text findet.

In der *zweiten Phase* wird die Untersuchung u.a. auch von der Frage nach Erfahrungen geleitet, die dem Text zugrunde liegen (könnten); auch geht es hier um eine identifikatorische Beziehung zwischen der Text- und der Erfahrungswelt der Leser. Die *dritte Phase* bemüht sich um die »Somatisierung« des Textes im Leben der Teilnehmer.

b. Die Interaktionale Auslegung wird durch die Spannung von Distanz und Nähe dem Text und dem Leser gerecht.

Im Vergleich zur Tiefenpsychologischen Hermeneutik ist der Interaktionale Ansatz intensiv darum bemüht, die Fremdheit und Unverfügbarkeit des Bibeltextes zu respektieren – in der Erwartung, daß er dann zum relevanten Gesprächspartner mit einer befreienden und heilenden Botschaft wird, wenn er das mitteilen kann, was wir uns selbst nicht (zu-) sagen können. Gleichzeitig aber vermeidet sie die (in der Historisch-Kritischen Exegese gegebene) Gefahr, daß die notwendige Fremdheit des Textes zur Entfremdung von heutiger Existenz und Welt führt.

c. Die Interaktionale Auslegung überwindet durch ihren ganzheitlichen Ansatz rationale Engführungen der Exegese.

Vor allem Walter Wink hat mit Recht darauf aufmerksam gemacht, daß eine auf die rationalen Zugangswege konzentrierte Bibelarbeit defizitär ist – nicht nur, weil sie im Einzelfall die emotionalen Aspekte eines Textes vernachlässigt, sondern weil sie auf Dauer die für ein adäquates Verstehen unentbehrlichen Kräfte der Imagination und Kreativität veröden läßt. Ganzheitliche Bibelarbeit zielt darauf, diese Defizite zu überwinden: Durch die Einbeziehung von Emotionalität und Kreativität in die Auslegung von Texten, aber auch durch die verstärkte Schulung und Ausbildung dieser Kräfte.

d. Die Interaktionale Auslegung sucht einen Zugang zur Bibel in der Erfahrungs- und Erzählgemeinschaft.

Mit ihrer Gruppen-Orientierung folgt die Interaktionale Bibelarbeit nicht einem Modetrend, sondern kann sich auf die kommunikative Struktur der biblischen Überlieferung selbst berufen und sich damit als ein »biblischer Weg zur Bibel« ausweisen. In der Gruppe kann der einzelne sich in die biblische Erzählgemeinschaft einreihen. Wenn die Gruppe offen und hilfreich miteinander umgeht, kann es ansatzweise zur Erfahrung praktizierter Brüderlichkeit und Schwesterlichkeit kommen; damit zeigt sich dann auch, welche Gestalt eine authentische Kirche annehmen müßte.

7.2 Kritische Anfragen

Zwei – meist recht pauschal formulierte – Punkte der Kritik sollten im vornherein besprochen werden, weil eine differenzierte Auseinandersetzung sich nicht anbietet:

– Der immer wieder vor allem in evangelikalen Kreisen formulierte Vorwurf, eine gruppendynamisch orientierte Bibelarbeit versuche, in unangemessener Weise das Evangelium in menschliche Vermittlungsformen zu pressen, läuft leer, weil gerade dies Konzept die Eigenständigkeit der biblischen Überlieferung wahrt und weil der Vorwurf übersieht, daß auch vorgeblich »bewährte biblische Formen« wie Predigt und Vortrag nichts anderes als höchst irdische Vermittlungsmethoden sind.

– Fragwürdig ist auch die Unterscheidung, die jüngst der Theologe Jacob Kremer (Kremer, 1986) vornahm: Er wies dem »einfachen Bibellesen« – und dazu ist wohl insgesamt die Interaktionale Auslegung wegen der zentralen Bedeutung der »Laien« zu zählen – den Ort des Gottesdienstes und der persönlichen Andacht zu, während ein »bibelwissenschaftlicher« Zugriff dann ins Spiel kommen müsse, wenn es um »Verkündigung, Festigung und Verteidigung des Glaubens« gehe. Diese These überschätzt den Wahrheitsanspruch der vermeintlich objektiven Wissenschaft und unterschätzt die hermeneutische spirituelle Kompetenz der vor und in dem Text versammelten Gemeinde.

Gewichtiger scheinen die folgenden Anfragen:

a. Die Interaktionale Auslegung kann ihre gruppendynamischen bzw. therapeutischen Möglichkeiten überschätzen.

Gewisse euphorische Aussagen bei Vertretern dieses Konzepts – vor allem bei Walter Wink – lassen zur Vorsicht raten: Interaktionale Bibelarbeit kann weder seelische Schäden heilen noch authentische Gemeinde bauen. Solche Ansprüche kann ein hermeneutisches Konzept nicht einlösen. Aber es zeigt eine Richtung an, die zur Gesundung von Psyche, Kommunität und Kirche führen kann.

b. Interaktionale Auslegung muß damit rechnen, daß der Erlebnis- und Erfahrungsaspekt einseitig dominiert.

Die Offenheit der Interaktionalen Auslegung, die den persönlichen Zugang zur Bibel fördert, bringt auch gewisse Gefahren mit sich:

– Die Betonung der Emotionalität kann die Stimme des Textes übertönen, so daß seine Aussage fast nach Belieben im Hinblick auf die jeweilige Situation der Teilnehmer verändert werden kann.

- Die Betonung der Gruppenprozesse kann bei längerer Arbeit mit der Interaktionalen Bibelarbeit u.U. auch dazu führen, daß einzelne Teilnehmer (und mit ihnen auch bestimmte Sichtweisen!) das Geschehen dominieren.

Darum sollten zwei Aspekte stets sorgfältig beachtet werden: *Einmal* sollte der Gruppenprozeß unter allen Umständen offengehalten werden; die Erfahrungen und Meinungen *aller* sind wichtig und müssen zur Sprache kommen. – *Zweitens* sollte die Gruppe sich nach Möglichkeit darauf einigen, daß Aussagen *über den Text,* die in der dritten Phase gemacht werden, sich an der sachlichen Arbeit der zweiten Phase orientieren und nicht im Widerspruch zu ihr stehen sollten.

c. Interaktionale Auslegung ist in der Schule schwer durchführbar.

In der Tat ist es unter den strukturellen Bedingungen, unter denen gegenwärtig schulischer Religionsunterricht zu erteilen ist, unmöglich, Interaktionale Bibelarbeit durchzuführen; vor allem die Zergliederung des Lernens in abrupt abgegrenzte Zeit-Takte verhindern die ruhige Entfaltung des Gruppengeschehens. Möglicherweise ist schon etwas mit der Zusammenlegung der wöchentlichen Religionsstunden in eine Doppelstunde zu gewinnen, mit Sicherheit aber mit dem Angebot Interaktionaler Bibelarbeit in Projektwochen, Wochenendfreizeiten usw.

Literatur

Berg, Sigrid; Berg, Horst Klaus, Interaktionale Bibelauslegung. In: KatBl, 1989. 428-432.

Bultmann, Rudolf, Jesus Christus und die Mythologie. In: ders., Glauben und Verstehen. Band IV. Tübingen: J.C.B.Mohr, 2. Aufl. [1964] 1965. S. 141-189.

Eggers, Theodor, Auch vor unserm Tod ein Leben. Songs und Chansons für den Religionsunterricht in der Sekundarstufe (mit Lied-Cassette). Stuttgart/München: Calwer Verlag/Kösel Verlag. 1983.

Kremer, Jacob, Die Bibel – ein Buch für alle. Berechtigung und Grenzen einfacher Schriftauslegung. Stuttgart: Verlag Katholisches Bibelwerk. 1986.

Laeuchli, Samuel, Das Spiel vor dem dunklen Gott. Mimesis ... ein Beitrag zur Entwicklung des Bibliodramas. Neukirchen: Neukirchener Verlag. 1987.

Martin, Gerhard Marcel, Bibliodrama. In: Langer, W. (Hg), Handbuch der Bibelarbeit. München: Kösel-Verlag. 1987. S. 305-310.

Dieses Kapitel basiert auf gemeinsamen Vorarbeiten mit Sigrid Berg. Vgl. den obengenannten Aufsatz und vor allem:

Sigrid Berg, Kreative Bibelarbeit in Gruppen. 16 Vorschläge. München/Stuttgart: Kösel-Verlag/Calwer Verlag. 1991.

Kapitel 6
Ursprungsgeschichtliche Auslegung

1 Optionen

1.1 Orientierung an einem Sender-Empfänger-Modell

Nachdem die Kapitel II.2 - II.5 mehr synchron orientierte hermeneutische Ansätze vorstellten, verfolgt die Ursprüngsgeschichtliche Hermeneutik ein diachrones Konzept; sie versucht also, einen Bibeltext in seinem geschichtlichen Umfeld zu verstehen, und knüpft damit an die in Kapitel II.1 beschriebene Historisch-Kritische Auslegung an.

Hier wie dort geht es u.a. um die Frage nach dem Verfasser eines Textes; das Interesse ist, seine Eigenart und seine spezifischen Aussagen möglichst genau zu erfassen.

Die Ursprungsgeschichtliche Auslegung geht einen wichtigen Schritt weiter. Sie geht davon aus, daß der Text ein sprachliches Geschehen zwischen einem Autor/Sender und einem Adressaten/Empfänger festhält. In diesem Interaktionsgeschehen will der Sender beim Empfänger etwas bewirken. Eine griffige Formel faßt dies Verständnis mit dem Satz zusammen: »Wozu sprechen wir, und was versprechen wir uns davon?« (Schlieben-Lange, Pragmatik; zitiert bei Egger, 1987, S. 135). Eine Interpretation, die von dieser Grundannahme ausgeht, wird auch als Pragmatische Exegese bezeichnet (von griechisch: pragma = Handlung). Die Wirkung kann natürlich nur erreicht werden, wenn Autor und Adressat in der gleichen Situation leben; diese Situation, in der ein Text entstanden ist, bezeichne ich als Ursprungssituation, die Interpretation, die versucht, die Ursprungssituation zu erkennen und einen Text aus ihr heraus verständlich zu machen, als Ursprungsgeschichtliche Auslegung.

Sie ist daran interessiert, folgende Fragen zu klären:

– Wer ist der Verfasser/Sender des Textes?
  Natürlich kann bei vielen biblischen Texten diese Frage nur annäherungsweise und hypothetisch beantwortet werden, aber es gibt doch meistens genügend Anhaltspunkte, um jedenfalls eine Gruppe oder Bewegung als »Urheber« zu identifizieren.

– Wer ist der Adressat/Empfänger des Textes? Hier gelten die gleichen Vorbehalte wie bei der ersten Frage.

– Was charakterisiert die Situation, in der Sender und Empfänger leben?
Alle Vertreter der Ursprungsgeschichtlichen Auslegung gehen davon aus, daß diese Situation nicht in erster Linie unter ideen- oder glaubensgeschichtlichem Aspekt zu erfassen ist, sondern im Hinblick auf die realen Lebensverhältnisse; darum wird diese Auslegung auch häufig als »nicht-idealistische« oder »sozialgeschichtliche« Exegese bezeichnet.
Diese Sichtweise gehört zu den wichtigsten Merkmalen der Ursprungsgeschichtlichen Auslegung. Sie ist nicht damit zufrieden, als Ergebnis der Interpretation einen allgemeinen theologischen Sinngehalt festzustellen, wodurch »Texte den heiligen Schein der Zeitlosigkeit und der zeitlosen Gültigkeit bekommen« (A. Stock, 1974, S. 41). Denn solche abstrakt-geschichtslosen Wahrheiten können niemand und nichts bewegen. Ursprungsgeschichtliche Auslegung fragt konsequent nach den realen Lebensverhältnissen, in denen ein Text entstanden sein könnte – in der Erwartung, daß er dann auch unter den realen Lebensverhältnissen der Gegenwart zu sprechen beginnt.
– Was könnte den Autor veranlaßt haben, in dieser Situation seine Adressaten anzusprechen (Was macht die Situation zur »Sprechstunde« ?)
– Was will er vermutlich erreichen, was verändern?
– Welche Mittel verwendet er?
Zusammenfassend: Die Ursprungsgeschichtliche Auslegung faßt einen Text als Sprachgeschehen zwischen Autor und Adressaten auf und versucht, die Absichten des Sprechenden als »Antwort auf die Provokation einer Situation« (Kraus) aufzuspüren und damit den Text in seiner geschichtlichen Funktion und Dynamik zu verstehen (darum bezeichnen manche Autoren diesen Ansatz auch als »Funktionale Exegese«).

Anmerkung zur Terminologie

Im Zusammenhang der Ursprungsgeschichtlichen Auslegung wird eine verwirrend reichhaltige und auch widersprüchliche Terminologie verwendet. Es werden angeboten: sozialgeschichtliche – ursprungsgeschichtliche – realistische – funktionale – nicht-idealistische – materialistische Auslegung. Sie gehen alle von der beschriebenen Basis aus, akzentuieren aber, wie bereits angedeutet, etwas unterschiedlich. Für dies Buch wähle ich die Bezeichnung »Ursprungsgeschichtliche Auslegung«.
Einige Ansätze erweitern diese Basis in Richtung auf eine befreiungstheologische Zielsetzung: Sie versuchen, die realen Verhältnisse, wie sie die Bibel beschreibt, als Modelle einer durch den Glauben motivierten »subversiven Praxis« zu verstehen und damit Impulse für heutige befreiende Aktionen zu gewinnen. Sie bedienen sich teilweise der Analyseinstrumente des Historischen Materialismus. Diese Ansätze fasse ich unter der Bezeichnung »Materialistische« Auslegung zusammen und werde sie gesondert in Kapitel II.7 darstellen.

Die bisherigen Überlegungen lassen sich in einer Schemazeichung darstellen (vgl. Frankemölle, 1983, S. 28):

Ursprungsgeschichtliches Feld/Pragmatisches Feld

Gemeinsame Erfahrungen von Autor und Adressaten

Einwirkung der Adressaten (ihrer Probleme) auf den Autor

Autor	pragmatische Intention des Autors	Text	Adressaten

Gemeinsamer sozio-kultureller Kontext von Autor und Adressaten (Sprache; Geschichte; Kultur…)

Das Schema zeigt, daß die Ursprungsgeschichtliche Auslegung das gleiche Untersuchungsfeld bearbeitet wie die Historisch-Kritische Analyse; aber sie orientiert sich an anderen Fragestellungen und Sichtweisen. Das erläutern die nächsten Abschnitte.

1.2 Funktionale Betrachtungsweise

Diesen Ansatz führte Theißen zuerst in seine umfassende Analyse der »urchristlichen Wundergeschichten« ein (Theißen, 1974, vor allem S. 35 ff und S.29 ff). Seine Ausgangsthese: »Wir verstehen Überlieferungen erst, wenn wir sie aus ihrem geschichtlichen Lebenszusammenhang heraus begreifen.« Die funktionale Analyse von Texten »fragt nach den Bedingungen ihrer historisch-sozialen Situation wie nach ihren Intentionen, vor allem aber danach, inwiefern sie eine objektive Aufgabe, die Gestaltung menschlichen Daseins im weitesten Sinne, bewältigen« (S. 38). Theißen gliedert die funktionale Betrachtungsweise nach drei Fragehinsichten auf:
– *Soziale Funktion:* Hier geht es um die Untersuchung der verschiedenen am Vorgang der Produktion und Überlieferung beteiligten Größen: Tradenten (»aktive Traditionsbewahrer«) – Adressaten (»passive Traditionsbewahrer«) – Intentionen ihrer Beziehung. Diese Untersuchung bezieht sich auf sozioökologische, sozioökonomische und soziokulturelle Faktoren.
– *Religionsgeschichtliche Funktion:* Unter dieser Fragestellung ist zu erforschen, welchen Beitrag biblische Texte in ihrer Zeit zu Entwicklungsprozessen leisten: »Inwiefern sind sie von vorhergehenden Traditionen abhängig, inwiefern geben sie der weiteren Entwicklung neue Impulse?« (S. 41).
– *Existentielle Funktion:* Der Exeget muß Klarheit darüber gewinnen, welche Antworten der Text auf die Frage bereit hält, wie der einzelne in seiner Zeit sein Leben bewältigen soll (vgl. S. 43ff).

1.3 Die Grundfunktion eines Textes erkennen

Gerade in der Alten Welt versteht es sich von selbst, daß die Produktion von Texten nicht in erster Linie als ein Akt schöpferischer Innovation eines einzelnen Autors zu begreifen ist, sondern als gestaltender Umgang mit Überlieferung.

Voraussetzung für das Verständnis solcher Prozesse ist, daß der Exeget bereit ist, ein traditionelles Denkmuster historischer Analyse aufzugeben, das die Untersuchung nach der Analogie der Archäologie (»Archäologie-Modell der Exegese«) begreift (s.o. Kapitel II.1, S. 88): Die Erweiterungen und Umgestaltungen eines Textes sind als Überlagerungen des ursprünglichen Textes beiseite zu legen. – Ein solches Verständnis wird der Entstehung der biblischen Überlieferung nicht gerecht. Besser ist es, den Prozeß der Tradierung nach dem Modell des Wachstums (»Wachstums-Modell der Exegese«) zu begreifen. Dann sind die Umgestaltungen der Texte nicht antiker Schutt, der wegzuschaffen ist, sondern Jahresringe des Überlieferungswachstums, deren sorgfältige Beobachtung Aufschluß über das allmähliche Wachsen eines Überlieferungsstücks gibt.

Die Ursprungsgeschichtliche Auslegung versucht also, die Veränderung einer Überlieferung unter den konkreten Bedingungen einer geschichtlichen Situation als Wachstumsprozeß zu beobachten und verständlich zu machen. Diese Beobachtungen sind außerordentlich fesselnd.

Zwei Grundrichtungen dieses Umgangs mit Überlieferung im Alten und Neuen Testament lassen sich unterscheiden: Das Weitergeben und Bewahren des Überkommenen und die bewußte Umgestaltung der Tradition. Dafür stehen verschiedene Beobachtungsinstrumente zur Verfügung.

– Unter *sprachwissenschaftlichem* Aspekt kann man beobachten, daß ein gesprochener oder geschriebener Text (sprachwissenschaftlich: »parole«) fast gänzlich aufgehen kann in dem ihm vorgegebenen Sprach- und Sinnsystem (»langue«). Oder er kann sich – im anderen Extremfall – so weit von der bestehenden Sprachwelt lösen, daß er gleichsam eine neue konstituiert, die die vorgegebene nicht nur erweitert oder anreichert, sondern sie kritisiert, vielleicht sogar umstürzt. Die Ursprungsgeschichtliche Analyse hätte zu untersuchen, welche »langue« wohl in der Entstehungszeit eines Textes akzeptiert war, ob, wie und aus welchen Gründen ein Text von diesem Muster abwich.

Unter *religionssoziologischem* Aspekt kann man nach Grundfunktionen von religiösen Texten in einer Gesellschaft fragen (vgl. Theißen, 1974, S. 40 f):

– Nach dem *Integrationsmodell* dient Religion in erster Linie der Integration des einzelnen; sie stabilisiert in Grenzsituationen (Leiden, Ungerechtigkeit). Die Überlieferung hat die Funktion, die erfahrenen Grenzsituationen zu deuten, einzuordnen, verstehbar und damit auch annehmbar zu machen.

– Dagegen hebt das *Konfliktmodell* auf die Widersprüche unterschiedlicher Gruppen in der Gesellschaft ab und untersucht dabei die Funktion von Religion: Thematisiert sie den Widerspruch zum Bestehenden? Verbindet sie sich mit den

Interessen, Traditionen und Ansprüchen bestimmter Gruppen? Wie wirkt sich dies auf die Gestaltung der Texte aus?

Im Blick auf bestimmte Textsorten und Sprechanlässe liegt die Funktion der Texte auf der Hand. So ist beispielsweise die gesamte vorexilische Gerichtsprophetie von Anfang bis Ende auf Konflikt angelegt.

Aber eine genaue Ursprungsgeschichtliche Analyse fördert auch bei erzählenden Texten eine solche kritische, konflikt-orientierte Grundtendenz zutage (dies wird die Analyse von Gen 4 dann genauer belegen). – Eines der berühmtesten Beispiele dafür ist wohl die Ausgestaltung des priesterschriftlichen Schöpfungstextes Gen 1,1-2,4a. Die Priesterschrift entstand bekanntlich um die Zeit des babylonischen Exils, in der Israel sich mit der faszinierenden und zugleich bedrohlichen Macht der babylonischen Götter auseinandersetzen mußte. Der zu dieser Zeit sprechende Prophet »Deuterojesaja« (Jes 40-55) setzte sich kämpferisch mit diesen Gottheiten auseinander (z.B. Jes 44, 9ff). Aber auch die Priesterschrift greift in die Auseinandersetzung ein. Ein Beispiel: P erzählt, daß Gott Lampen macht, die, am Himmel hängend, den Menschen Licht geben (Gen 1,14 ff); damit behauptet der Verfasser (subversiv-tröstlich): die mächtigen babylonischen Astral-Gottheiten bestimmen nicht das Schicksal der Menschen, die sich ihnen unterwerfen müssen, sondern sie sind nur Lampen – im Dienst Jahwes und der Menschen!

Exkurs: »So spricht Jahwe…« – die Autorität des Autors

Bei der Ursprungsgeschichtlichen Auslegung stößt der Exeget auf die Frage: Wie legitimiert der Textproduzent seine Autorität? Denn stets tritt dieser ja mit dem Anspruch auf, im Namen Gottes zu sprechen. Das geschieht ausdrücklich bei den Propheten, wenn der Gottesmann seine Reden immer wieder mit der »Botenspruch-Formel« einleitet: »So spricht Jahwe…«. Damit behauptet er, daß sich seine Autorität auf Offenbarung stützt. – Aber auch der Erzähler beruft sich ja auf Offenbarung, wenn er in seinen Geschichten Gott selbst sprechen und handeln läßt. Wie gehen wir mit solchen Vorstellungen um? Können sie heute noch rezipiert und plausibel vermittelt werden?

Im Blick auf das Verständnis von Offenbarung scheinen zwei Sichtweisen zu konkurrieren:

Auf der einen Seite erkennt die historische und literarische Untersuchung von Traditions- und Bearbeitungsprozessen, daß die Arbeit der Überlieferer und Redaktoren, der Erzähler und Dichter ein ziemlich irdisches Geschäft ist.

Auf der anderen Seite steht die Behauptung, daß diese Texte durch einen geheimnisvollen Offenbarungsempfang zustande gekommen seien.

In der biblischen Theologie wird dies Problem kaum diskutiert, die beiden Sichtweisen bleiben nebeneinander stehen. So analysiert beispielsweise der Alttestamentler Rolf Rendtorff ausführlich die historischen und literarischen Vorgänge, die für die Entstehung der prophetischen Literatur maßgebend sind, läßt es dann aber doch beim »Gespräch zwischen dem Propheten und Jahwe« bewenden (Rendtorff, 1983, S. 122). Diese Auskunft bleibt aber unbefriedigend, weil sie die prophetischen Text-Produzenten in eine dem heutigen Leser unzugängliche Welt entrückt, in der er sie als geschichtliche Schau-Stücke besichtigen und die Tiefe ihres Gottesverhältnisses bewundern kann. Aber ihre Erfahrungen können heutige Leser nicht nachzeichnen, ihre Überlegungen nicht nachvollziehen und darum nicht von ihnen lernen.

Bisher gibt es kaum Ansätze zur Überwindung dieses Defizits; am ehesten liegen Versuche im Blick auf die prophetische Verkündigung vor (Lang, 1980; vgl. Berg, 1984 (a); unter mehr systematisch-theologischem Aspekt hat P. Eicher interessante Thesen vorgelegt: 1976, S. 108 ff).

Versucht man, »Offenbarung« eben nicht als »Stimme von oben«, sondern als Prozeß wachsender Gotteserkenntnis und -erfahrung zu verstehen, so lassen sich einige grundlegende Momente erkennen, die vermutlich den Produktionsvorgang biblischer Texte bestimmen:

– *Orientierung an Grundbescheiden:* Der Sprecher (Erzähler, Prophet, Tradent, Autor) weiß sich unbedingt mit Jahwe und dessen Sache verbunden. Ob dies immer in Form eines Berufungserlebnisses geschehen muß, wie sie von einigen Propheten und Gottesmännern überliefert werden, bleibt offen. Vielleicht kann man eher davon ausgehen, daß diese intensive Beziehung bei den meisten in einer allmählichen Verdichtung von Erfahrungen und Reflexionen gewachsen sein wird. Der Inhalt dieser »Sache Gottes« läßt sich vielleicht am klarsten mit den Eingangsworten zum Dekalog fassen: »Ich bin Jahwe, dein Gott. Ich habe dich aus Ägypten herausgeführt, ich habe dich aus der Sklaverei befreit. Neben mir gibt es für dich keine anderen Götter!« (Ex 20,2) Oder: Bleibe bei deinem Befreier! Aus dieser Basis entfalten sich die »Grundbescheide« der biblischen Verkündigung. Im Vorgriff auf die ausführlichere Darstellung in Kapitel III.1 nenne ich sechs Grundbescheide, in denen die wichtigsten Linien der alt- und neutestamentlichen Überlieferung zusammenlaufen:
  Gott schafft Leben (Schöpfung);
  Gott stiftet Gemeinschaft (Gemeinschaft, Partnerschaft, Ökumene);
  Gott leidet mit und an seinem Volk (Leiden und Leidenschaft);
  Gott befreit die Unterdrückten (Befreiung);
  Gott gibt seinen Geist (Heiliger Geist und Begeisterung);
  Gott herrscht in Ewigkeit (Gottesherrschaft, Schalom).

Ein zweites Moment im Produktionsprozeß der biblische Texte kennzeichnet das Stichwort:

– *Treffende Vergegenwärtigung der Überlieferung.* Der Sprecher bringt auf der Basis seiner Grund-Orientierung die Elemente der Überlieferung ins Spiel, die der Situation seiner Zeit angemessen sind: Wo die Menschen anfangen, die Natur zu vergöttern, erzählt er von Jahwe dem Schöpfer – wo vielen ihre Freiheit beschnitten wird, singt er von Jahwe, dem Befreier. Tradition wird so zur »befreienden Erinnerung«, die Götzendienst entlarvt und die Fundamente des Glaubens wieder zur Geltung bringt. Diese Vergegenwärtigung kann auch die Umkehrung der Tradition einschließen, wo es die Situation erfordert. Eines der eindrucksvollsten Beispiele ist wohl der Prophet Hosea, der in der Zeit des Bundesbruchs seinen Sohn »Nicht-mein-Volk« nannte (Hos 1,9), eine wandelnde Negation der alten Heilszusage »Ihr seid mein Volk!« (Ex 19,6).

Das dritte Moment ist:

– *Kritische Analyse der Zeit.* Eine solche treffende Vergegenwärtigung der Überlieferung kommt ans Ziel, wenn sie nicht nur die Tradition ins Spiel bringt, sondern auch die Situation zu »lesen« versteht: Wo ist der praktische Glaube als lebensbestimmende Orientierung und Bindung in Gefahr? Im Licht der »gefährlichen Erinnerung« erkennt der Sprecher die »Provokation der Situation« (Kraus, 1983, S. 9ff) und kann seine kritische Analyse entwerfen. Er wird eine Liste von »Dringlichkeiten« entwerfen, von Themen und Problemen, die geeignet sind, die Zeitgenossen auf ihren gelebten Glauben hin anzusprechen. Und er wird Verfahren wählen, die geeignet sind, Aufmerksamkeit zu erregen und zur Umkehr anzuregen: Er wird adäquate Inhalte aus der Überlieferung auswählen und besonders herausstellen; er wird sie umgestalten, so daß ihre Botschaft neu verstanden wird; er wird unter Umständen neue Sprachformen heranziehen, wenn die gewohnten nicht mehr aussagekräftig sind.

Auf dem Schnittpunkt dieser drei Momente wird man sich den Vorgang der produktiven Ausgestaltung der Überlieferung vorstellen können.

Ein solches Denkmodell kann nach meiner Überzeugung die Entstehung der biblischen Tradition als Erfahrungs- und Erkenntnisprozeß verständlich machen und gleichzeitig an der Offenbarungsqualität dieser Überlieferung festhalten, weil sie sich auf die »Grundbescheide« stützt und beruft.

1.4 Erfahrung in der Ursprungssituation aufspüren

Die bisherigen Erwägungen haben versucht, den Vorgang der Textproduktion erfahrungsbezogen verständlich zu machen. Damit rückt der Erfahrungsbegriff an einen neuen Ort im Verstehensprozeß. Erfahrung war ja in der Hermeneutik als Gegengewicht zur distanzierenden Sicht der Historisch-Kritischen Auslegung ins Spiel gekommen. Die mehr synchronen Konzepte siedeln die Erfahrung vor allem in der Gegenwart des Verstehenden an, sei es in der überzeitlich geltenden Struktur sprachlicher Kommunikation (Kapitel II.3), sei es im Zugang zu den im Kollektiven Unbewußten aufbewahrten seelischen Kräften (Kapitel II.4) oder im Erleben von Gemeinschaft in der Interaktionsgruppe (Kapitel II.5). In der Ursprungsgeschichtlichen Auslegung ist das Interesse, Erfahrung bei der *Entstehung* biblischer Texte aufzuspüren: Es geht um die lebensbezogene Nachzeichnung der geschichtlichen Situation, um die Erfahrungen und Entscheidungen des »Sprechers« und die Reaktionen der Hörer/Leser, die ihren Niederschlag in einem Text gefunden haben.

1.5 Zugang zur Überlieferung im Sinn der »originalen Begegnung«

Spätestens an dieser Stelle ist an einen ganz und gar zu Unrecht in Vergessenheit geratenen didaktischen Ansatz zu erinnern, den der Erziehungswissenschaftler und Pädagogische Psychologe Heinrich Roth bereits 1949 veröffentlichte (zitiert nach dem Wiederabdruck in Roth, 1966, S. 109-117). Wegen seiner Bedeutung auch für die hermeneutische Arbeit an der biblischen Überlieferung werde ich den Aufsatz etwas eingehender referieren. Das Prinzip der »originalen Begegnung« verfolgt das Ziel, »das originale Kind, wie es von sich aus in die Welt hineinlebt, mit dem originalen Gegenstand, wie er seinem eigentlichen Wesen nach ist, so in Verbindung zu bringen, daß das Kind fragt, weil der Gegenstand ihm Fragen stellt, und der Gegenstand Fragen aufgibt, weil er eine Antwort für das Kind hat« (S. 111). Voraussetzung dafür ist: »Es darf nicht nur über den Gegenstand geredet werden, sondern der Gegenstand muß selbst da sein. Nicht nur da sein, sondern Ereignis werden…« (S. 114). Damit das gelingt, muß der Inhalt in neuem Licht aufscheinen: »Kind und Gegenstand verhaken sich ineinander, wenn das Kind oder der Jugendliche den Gegenstand, die Aufgabe, das Kulturgut in seiner Werdensnähe zu spüren bekommt, in seiner Ursprungssituation, aus der heraus er Gegenstand, Aufgabe, Kulturgut geworden ist. Darin scheint uns das Geheimnis und Prinzip alles Methodischen zu liegen. Indem ich nämlich – und darauf kommt es allein an – den Gegenstand wieder in seinen Werdensprozeß auflöse, schaffe ich ihm gegenüber wieder die ursprüngliche menschliche Situation und damit die vitale Interessiertheit, aus der er einst hervorgegangen ist« (S. 116). Deutlicher als mit diesen Hinweisen aus der Lernpsychologie kann das Interesse der Ursprungsgeschichtlichen Hermeneutik kaum formuliert werden; zugleich belegen sie, daß der Erfahrungsbezug nicht bei der anschaulicheren Erfassung der Ursprungssituation stehen bleibt, sondern auf die Gegenwart überspringt.

1.6 Sensibilisierung für die »Provokation der Situation«

Die Verwicklung der heute am Verstehen Beteiligten in den lebendigen Prozeß der Entstehung eines Textes bleibt nicht auf den formalen Vorgang beschränkt. Wer teilnehmend beobachtet, wie beispielsweise der Jahwist die Defizite und Entstellungen des Glaubens in der Glanz- und Gloriazeit der ersten Könige Israels erkennt und erzählend kritisiert, der wird vermutlich auch für die »Provokation der Situation« (Kraus) in der Gegenwart sensibilisiert.

2 Methoden

2.1 Vorbemerkungen

Die Ursprungsgeschichtliche Auslegung kann sich nicht auf ein einheitliches Methodeninventar stützen; die Verfahrensvorschläge in der Literatur sind ziemlich disparat.

Das hängt sicher *einmal* damit zusammen, daß dieser hermeneutische Ansatz noch recht neu ist, der wissenschaftliche Diskussions- und Abstimmungsprozeß ist kaum in Gang gekommen – wie auch die uneinheitliche Terminologie belegt.

Dazu kommt, daß die Untersuchungs- und Anwendungsgebiete sehr unterschiedlich sind: Von erzählenden Texten spannt sich der Bogen über prophetische Drohreden und Psalmen bis hin zu argumentativ sich entfaltenden Briefen des Neuen Testaments. Man wird daher von Fall zu Fall das methodische Vorgehen auf die Inhalte abstimmen müssen.

Einige methodische Grundzüge lassen sich dennoch beschreiben.

2.2 Allgemeine Regeln der pragmatischen Analyse

Wilhelm Egger hat – im Anschluß an D. Breuer – einige Regeln für die Untersuchung von Texten in pragmatischem Interesse zusammengestellt (Egger, 1987, S. 142). Die wichtigsten sind:

1. Zum Kommunikationsprozeß:
Welche Normen sprachlichen und sozialen Verhaltens werden im Text vorausgesetzt?
2. Zur Leserlenkung:
Macht der Text Angaben über den Zweck des Sprechens bzw. Schreibens?
Gibt der Text direkte oder indirekte Anweisungen für das Denken und Handeln der Adressaten?
Welche Werte stellt der Text dem Leser vor Augen?
3. Im Blick auf Erzähltexte:
Welche Personen stellt der Text als liebenswert, vorbildlich usw. vor?
Welche Verhaltensweisen/Problemlösungen stellt der Text als vorbildlich, wünschenswert, notwendig dar?
4. Zu den Sprechakten:
Wer spricht/schreibt; welche Autorität bzw. Glaubwürdigkeit kommt ihm zu?
Welcher Art sind die Sprechakte? (z.B. befehlen; werben; raten; bitten; trösten…)

Diese Aufschlüsse können den Texten unmittelbar entnommen werden.
Bei den weiteren Untersuchungen ist zu bedenken, daß die Ursprungsgeschichtliche Exegese gerade nicht bei der Analyse der Texte selbst einsetzt; denn sie beabsichtigt

ja, mögliche Anlässe und Bedingungen für ihre Entstehung zu identifizieren und ihre spezifischen Aussagen und Formen daraus verständlich zu machen.

Auskunft darüber aber geben die Texte selbst eben nur in den seltensten Fällen, sondern setzen die Kenntnis des sozialen und religiösen Umfeldes selbstverständlich bei ihren Hörern/Lesern voraus, die ja ihre Zeitgenossen sind.

Eine Ursprungsgeschichtliche Exegese wird also mit der Erfassung und Beschreibung dieses Umfeldes als Voraussetzung für ein Verständnis der Texte beginnen müssen. Dies macht die Ursprungsgeschichtliche Auslegung zu einer recht anspruchsvollen und zeitaufwendigen Methode, auch wenn sie sich natürlich auf die vorliegenden Ergebnisse der Historisch-Kritischen Forschung stützen kann.

2.3 Geschichtliche »Sprechzeiten« identifizieren

Zunächst einmal sind in der Geschichte des Volkes Israel und des Urchristentums solche Zeiten zu identifizieren, in denen starke Aktivitäten im Blick auf Sprachhandlungen/Produktion von Texten zu beobachten sind.

Hier wird man nach Altem und Neuem Testament differenzieren müssen.

Für die Zeit der *Hebräischen Bibel* ist an folgende »Sprechzeiten« im Sinn der Ursprungsgeschichtlichen Auslegung zu denken:

– Frühe Königszeit (10./9. Jahrhundert): u.a. Jahwist
– Mittlere Königszeit (9./8. Jahrhundert): u.a. Elohist; erste Propheten
– Späte Königszeit (7. Jahrhundert): u.a. Deuteronomium; späte vorexilische Propheten; Psalmen.
– Exilszeit und Heimkehr (6. Jahrhundert): u.a. Deuterojesaja; Priesterschrift; deuteronomistisches Geschichtswerk, Psalmen.

Im Blick auf das Neue Testament ist es erheblich schwieriger, solche »Sprechzeiten« zu identifizieren.

Das hängt u.a. damit zusammen, daß der Zeitraum, in dem die neutestamentlichen Schriften entstanden, im Vergleich zum Alten Testament äußerst kurz ist (ca. 1000 Jahre – ca. 50 Jahre), so daß es schwer fällt, geschichtliche und soziale Entwicklungen als Grundlage für die Abgrenzung einer »Sprechzeit« festzustellen. Dazu kommt, daß vieles ungeklärt ist, daß wir etwa über die Entstehung der synoptischen Evangelien nur sehr vage Kenntnisse haben.

Zwei »Sprechzeiten« lassen sich deutlich identifizieren:
– 6./7. Jahrzehnt: Paulusbriefe
– 8./9. Jahrzehnt: Synoptiker.

2.4 Erschließung der Sprechzeiten als »ursprungsgeschichtliche bzw. pragmatische Felder«

a. Eine realistisch-kritische Sicht der Geschichte gewinnen

Die Geschichte Israels und des Urchristentums im Sinn der ursprungsgeschichtlichen Fragestellung verstehen bedeutet zunächst einmal, sie durch Einbeziehung der realen Lebensverhältnisse zu konkretisieren, wie sie vor allem die Sozialgeschichte rekonstruiert. Allerdings ist der Forschungsstand noch nicht besonders gut (vgl. das Literaturverzeichnis zum Stichwort Sozialgeschichte).

Entscheidend ist die nicht-idealistische Perspektive. Wir sind solange und intensiv daran gewöhnt worden, Geschichte als Geistesgeschichte und biblische Geschichte als Glaubensgeschichte zu betrachten, daß wir kaum noch in der Lage sind, eine neue Sichtweise zu gewinnen. Vielleicht ist es notwendig, einmal alle religiösen Interpretationen, die die biblische Überlieferung selbst anbietet, wegzulassen und wirklich »Profangeschichte« zu entdecken. Das bedeutet praktisch: Beispielsweise die Landnahme Israels einmal nicht als Erfüllung der Verheißung des »gelobten Landes« auffassen, sondern als Inbesitznahme von Land, das bisher von anderen bewohnt war. Vielleicht muß man diese Erzählungen einmal aus der Sicht der Opfer lesen, ebenso etwa die Eroberungsfeldzüge Davids oder die Innenpolitik der ersten Könige, die die gewachsenen Sozialstrukturen bewußt zerschlugen, damit aus Angehörigen einer freien Stammesgemeinschaft brauchbare Untertanen wurden.

Es wäre für den Ausleger sicher nützlich, in Gedanken einmal zum Zeitgenossen des Königs David zu werden, sich in die Rolle eines Bürgers von Gilead um das Jahr 1000 einzuleben und sich u.a. klarzumachen: Welche praktischen Lebensverhältnisse herrschten? Wie beeinflußte die ständig akute Kriegsgefahr das Leben des einzelnen und der Gemeinschaft? Welchen faktischen Einfluß hatten noch die alten Stammes- und Sippenstrukturen? Wer hatte bestimmenden Einfluß? Hatten sich schon hierarchische Macht- und Verwaltungsstrukturen aufgebaut? Welche Bedeutung hatten die alten »Grundbescheide« des Jahweglaubens? Waren sie noch lebendig und in Kraft? Gab es einzelne oder Gruppen, die sich besonders für die praktische Orientierung an diesem Jahweglauben einsetzten?

In ähnlicher Weise könnte man beispielsweise das Leben der Urgemeinde betrachten.

b. Erkennen von charakteristischen Sprechanlässen

Jetzt kommt es darauf an, in diesen Situationen zu erkennen, wo und in welcher Weise der Glaube umstritten oder gefährdet war, welche Erfahrungen ihn zu Innovationen oder Neu-Interpretationen herausforderten.

Dann kann der Versuch unternommen werden, größere Texteinheiten, Textgruppen oder Textsorten als »Antworten« zu verstehen und damit das ursprungsgeschichtliche/pragmatische Feld vollends zu umreißen: Was könnte in dieser Situation einen Autor zum Sprechen oder Schreiben stimuliert haben?

Die Grundkonstellation habe ich schon im ersten Teil dieses Kapitels als Zusammenwirken folgender Faktoren beschrieben:

– Orientierung an Grundbescheiden;
– kritische Analyse der Zeit;
– treffende Vergegenwärtigung der Überlieferung.

In der praktischen Auslegungsarbeit bieten sich drei Wege an, um ein ursprungsgeschichtliches/pragmatisches Feld zu bestimmen:

(1) Der Weg über die historische Situationsanalyse

Dieser Weg ist überall da gangbar, wo sich die Sprechzeit historisch einigermaßen sicher bestimmen und aufhellen läßt. Hier bieten sich natürlich solche Texte an, die Autor und/oder Empfänger nennen. Aus dem Alten Testament ist an die prophetische Literatur zu denken, sowie an Texte aus den Samuel- und Königsbüchern – wenn selbstverständlich auch bei diesen Texten mit einer Vor- und Nachgeschichte zu rechnen ist, die eine sichere Einordnung der jetzt vorliegenden Textgestalt erschweren.

Aus der Hebräischen Bibel kommen wohl auch die vier Pentateuchquellen für die historische Analyse in Frage. Zwar gibt es noch viele unsichere und umstrittene Punkte, aber die alttestamentliche Forschung geht doch überwiegend davon aus, daß sich zumindest J, D und P einigermaßen verläßlich abgrenzen und historisch einordnen lassen.

Aus dem Neuen Testament bieten sich unter diesem Aspekt in erster Linie die (echten) paulinischen Briefe an. Die Evangelien lassen im ganzen wohl zu viele Fragen offen.

Natürlich kann die Erhellung des ursprungsgeschichtlichen Feldes sich nur zum Teil auf direkte Informationen stützen. Der Ausleger muß sehr unterschiedliches Material heranziehen, miteinander verknüpfen und so versuchen, die Situation zu rekonstruieren.

Dabei spielt auch die historische Phantasie eine wichtige Rolle. Eine interessante Methode, mit Hilfe produktiver, historisch gestützter Phantasie Ursprungssituationen biblischen Glaubens und Lebens zu erfassen, ist die »narrative Exegese«. Diese vor allem von Walter Hollenweger und Gerd Theißen entwickelte und gepflegte Form der Auslegung läßt in erzählender Form ein Bild von Ursprungssituationen entstehen, in denen biblische Texte »notwendige« Antworten auf die »Provokation der Situation« waren, Orientierungshilfen und Hoffnungssymbole in Krisen des Lebens und Glaubens (Hollenweger, 1978; Theißen, 1986; unter religionspädagogischem Aspekt vgl. vor allem Neidhardt/Eggenberger, 1987, und das schöne Buch über die Jona-Erzählung von Vanoni, 1984). Diese narrative Exegese läßt sich keineswegs von frei schweifender Phantasie leiten, sondern stützt sich auf sorgfältige historische Arbeit. Die Freiheit des Erzählers besteht darin, daß er sich nicht so sehr an historisch belegten Ereignissen orientiert, »sondern an historisch rekonstruierten Verhaltensmustern, Konflikten und Spannungen«, die er dann zu fiktiven Ereignissen erzählend verarbeitet (Theißen, 1986, S. 33). Dieser »Schritt von der Ereignis- zur Strukturgeschichte« (Theißen) kann u.U. eine Situation viel genauer und lebendiger erfassen als die pünktliche Zusammenstellung und Nachzeichnung von »Tatsachen« (eine konsequente Weiterentwicklung dieses Ansatzes bei Theißen, 1989).

Wo die historische Bestimmung des pragmatischen Feldes nicht möglich ist, muß die Ursprungsgeschichtliche Auslegung eben nicht von mehr oder weniger einmaligen Ereignissen und Verhältnissen ausgehen, sondern von wiederkehrenden, typischen. Welche Methoden bieten sich an?

(2) Formgeschichtliche Analyse

Dieser Untersuchungsansatz geht davon aus, daß bestimmte Inhalte sich mit bestimmten literarischen Formen fest verbinden und in bestimmten, stets wiederkehrenden Anlässen (»Sitz im Leben«) entstehen bzw. Verwendung finden (Beispiel: Das Klagelied in den Psalmen).
Die formgeschichtliche Analyse eignet sich hervorragend, um bestimmte Textsorten, bei denen die historische Zuordnung nicht möglich ist, ursprungsgeschichtlich zu erschließen. Aber sie ist im Blick auf viele Texte zu wenig differenziert, um zu wirklich deutlichen und plausiblen Ergebnissen zu kommen. Darum ist noch ein dritter Weg einzuschlagen:

(3) Entwurf eines Ensembles typischer Sprechsituationen
in einer geschichtlichen Epoche

Dieser von Klaus Berger vorgeschlagene Weg (Berger, 1977, S. 111 ff) versteht sich als Weiterentwicklung der formgeschichtlichen Analyse, möchte aber die enge Zuordnung von Texten und wenigen, ein für alle Mal festgelegten »Sitzen im Leben« aufgeben. Berger kommt es darauf an, ein »dichtes Netz typischer Verwendungen von Texten in typischen Situationen« zu entwerfen (Berger, 1977, S. 113). Darin könnten sich »pragmatische Intentionen« und damit eben auch mögliche Anlässe für die Produktion solcher Texte zeigen.

Berger nennt u.a. folgende typische Ursprungs- bzw. Verwendungssituationen für die Zeit des Urchristentums:
– Erzählung und Argumentation zu *Legitimationszwecken* (z.B. über die Vollmacht Jesu oder die Autorität der Apostel);
– *Apologetik* (Verteidigung des Glaubens nach außen, z.B. im sogenannten Schriftbeweis);
– *Auseinandersetzung mit Gegnern* und Polemik gegen sie (z.B. Gal 6, 11-13);

- *Ätiologien* in den Evangelien (z.B. die Herleitung der christlichen Taufe aus der Taufe Jesu);
- *Missionspropaganda* (z.B. Wundererzählungen);
- *Rechtfertigung der Heidenmission* ohne Beschneidung (z.B. Röm 4);
- *Mahnungen* zum Verhalten gegenüber Sondergruppen (Schwache…).

Auch für das Alte Testament lassen sich Beispiele solcher typischen Ursprungs- bzw. Verwendungssituationen von Texten nennen, die nicht einer einmaligen historischen Situation zuzuordnen sind, sondern sich immer wieder ergeben:

- *Orientierung in der Erfahrungswelt:* Diese Funktion nehmen alttestamentliche Texte vor allem durch Ätiologien wahr (s.o. Kapitel II.1, S. 80, 85);
- *Einspruch* gegen Verkümmerungen und Entstellungen des Glaubens: Hier ist natürlich vor allem an die prophetische Kritik zu denken; aber auch die Geschichtsschreibung hat oft die Funktion von Kritik, Mahnung, Verarbeitung von Schuld;
- *Apologie* als Verteidigung des Jahweglaubens nach außen: Dieser Funktion ordnen sich wieder prophetische Texte zu (z.B. die Auseinandersetzung Deuterojesajas mit den babylonischen Göttern!), aber auch Psalmen und erzählende Texte (Gen 1; s.o.).
- *Trost, Ermutigung:* Hier ist vor allem an Psalmen zu denken, aber auch an Texte der exilischen Propheten (Dtjes!).

Nachdem solche ursprungsgeschichtlichen/pragmatischen Felder mit Hilfe der drei skizzierten Wege bestimmt und konkretisiert wurden, können größere Texteinheiten, Textgruppen oder Textsorten zugeordnet werden.

Dies ist natürlich nur in einem gewissen Zirkelschluß möglich: Von Texten der Zeit her ergeben sich Schlüsse auf solche Sprechanlässe; andererseits sollen diese Texte ja erst durch die Sprechsituationen geklärt werden. Aber der Ausleger muß dieses Netz ja nicht ganz neu knüpfen, sondern kann sich auf bereits vorgenommene Untersuchungen und Zuordnungen stützen; das wird sich am Beispiel zeigen.

2.5 Einen Bibeltext ursprungsgeschichtlich untersuchen

Erst jetzt kommt der Bibeltext als einzelne, abgegrenzte Perikope in den Blick. Der Exeget kann nun die ursprungsgeschichtlichen Schlüsselfragen stellen:
- Auf welche Fragen will der Text wohl eine Antwort geben?
- In welchem Konflikt nimmt er Stellung?
- »Was hat den Autor genötigt, diesen Text zu sagen?« (vgl. Steck, 1989, S. 12)
- Welche realen oder gedachten Gesprächspartner könnte der Text im Auge haben?
- Welche Frage oder welches Problem bewegt den Autor, welche Position nimmt er ein?
- Welche Mittel setzt der Text ein, um seine Hörer/Leser zu erreichen?

Zwischenbemerkung:

Der bisherige Gang der grundsätzlichen und methodischen Überlegungen hat gezeigt, daß der Arbeitsaufwand für die Vorbereitung der Ursprungsgeschichtlichen Auslegung eines Einzeltextes sehr hoch ist: Um ein ursprungsgeschichtliches Feld abzugrenzen und auszufüllen, braucht man solide sozialgeschichtlich akzentuierte historische Kenntnisse über die alt- und neutestamentliche Zeit; da müssen formgeschichtliche Untersuchungen durchgeführt und Funktionsanalysen erstellt werden. Demgegenüber nimmt sich die Arbeit am Einzeltext verhältnismäßig schmal aus.

Es stellt sich also die Frage nach dem Verhältnis von Aufwand und Ergebnis.

Es muß aber berücksichtigt werden, daß diese Arbeiten nicht nur für einen einzelnen Text zu Buche schlagen, sondern unter Umständen für eine ganze Schrift oder eine Textgruppe. Wer beispielsweise einmal die frühe Königszeit Israels unter ursprungsgeschichtlichem Aspekt gründlich untersucht, hat damit die Auslegungsinstrumente für die meisten Texte zur Hand, die dem Jahwisten zugeschrieben werden.

Diese Überlegung verdeutlicht, daß der Arbeitsaufwand für den sehr hoch ist, der mit Ursprungsgeschichtlicher Auslegung beginnt; mit zunehmender Erfahrung und Ausarbeitung von Einzeltexten nimmt der Aufwand dann stetig ab.

3 Das Beispiel: Gen 4, 1-16

3.1 Zum methodischen Ansatz

Die Ursprungsgeschichtliche Arbeit setzt die Historisch-Kritische Exegese voraus. Das bezieht sich zunächst einmal auf die Methoden: Beide Auslegungen arbeiten ja weitgehend mit den gleichen Verfahren – wenn auch teilweise mit anderen Fragestellungen und Interessen.

Die pragmatische Auslegung der Erzählung von Kain und Abel geht von den Ergebnissen der Historisch-Kritischen Interpretation aus: Als »Autor« ist der Jahwist anzunehmen, den die Forschung in der frühen Königszeit ansetzt.

Vor der Ursprungsgeschichtlichen Auslegung von Gen 4,1-16 ist zunächst das ursprungsgeschichtliche/pragmatische Feld abzustecken.

3.2. Eine realistische Sicht der Geschichte gewinnen: Die frühe Königszeit

Im Rahmen dieses Beispiels können die komplizierten Entwicklungen an der Wende zur Staatenbildung in Israel nur sehr knapp skizziert werden, wobei die Aufmerksamkeit vor allem dem sozialgeschichtlichen Aspekt gelten soll.

a. Der Verlauf

In vorstaatlicher Zeit lebte »Israel« als ein sakraler Zwölfstämmeverband ohne zentrale politische oder militärische Führung. Dieser Verzicht auf einen staatlichen Zusammenschluß mit einem König an der Spitze hatte offensichtlich religiöse Gründe; das kommt sehr gut in der Antwort Gideons zum Ausdruck, als ihm nach einem militärischen Sieg die Königswürde angetragen wurde: »Ich will nicht über euch herrschen; Jahwe soll über euch herrschen!« (Ri 8,22 f). Offenbar ließ Israel sich von der Überzeugung leiten, daß es ganz und gar dem Schutz des befreienden und rettenden Gottes vertrauen müsse. Dennoch kam es gegen Ende des 11. Jahrhunderts zur Einführung des Königtums. Die Gründe sind in der schwierigen politisch-militärischen Situation zu suchen, in die Israel geraten war. Seine Nachbarstaaten, vor allem die Philister, waren nämlich zentral organisiert, verfügten oft über beachtliche Streitkräfte und entwickelten daher eine gewaltige militärische Stoßkraft. In der Zeit des Zwölfstämmeverbandes hatte Israel auf Angriffe immer nur punktuell reagieren können: Ein charismatischer Führer wurde berufen (»Richter«), der den Heerbann zum Kampf zusammenrief und ihn in die Schlacht führte. Aber die schwerfälligen Bauernscharen waren den hoch gerüsteten Berufsheeren nicht gewachsen, Israel geriet unter die Herrschaft der Philister. In dieser Lage wurde Saul durch Samuel berufen. Anfangs trat er wie einer der »Richter« auf: Er berief den Heerbann und konnte die Ammoniter schlagen. Da riefen ihn die Stämme Israels im Heiligtum von Gilgal zum König aus: »Er soll uns Recht verschaffen, er soll vor uns herziehen und unsere Kriege führen« (1 Sam 8,20). Saul konnte zunächst die Philister vertreiben, wurde dann aber in der Entscheidungsschlacht vernichtend besiegt und nahm sich das Leben.

Unmittelbar nach der Niederlage kam David zur Macht. Er hatte ein abenteuerlich bewegtes Leben geführt, u.a. als Schildknappe und Vertrauter Sauls, aber auch als Söldnerführer im Dienst der Philister. Ihn salbten die südlichen Stämme in Hebron zum König. Nach beträchtlichen Wirren wählten ihn dann auch die Ältesten der Nordstämme zum König.

Wenig später eroberte David die alte Jebusiterstadt Jerusalem und machte sie zu seiner Residenz. Er ließ das alte Heiligtum Israels, die Lade, nach Jerusalem holen und machte damit seine Stadt zum kultischen Mittelpunkt aller Stämme. Die ersten Schritte zur Zentralisation der Macht waren getan.

Auch militärisch gelangen David herausragende Erfolge: Er konnte nicht nur die Philister entscheidend schlagen, sondern besiegte und unterwarf alle Nachbarstaaten, die er größtenteils seinem Staat einverleibte. So führte er Israel zu einer bisher nicht gekannten Größe und Blüte.

Sein Sohn Salomo war um die Festigung des Erreichten nach außen und innen bemüht. Vor allem kümmerte er sich um den Ausbau der Residenz und des Tempels. Unter seiner Regierung kam es dann auch zur Einrichtung einer straffen Finanz- und Militärverwaltung.

b. Fünf kritische Punkte

Diese »Gründerzeit« Israels ist durch Glanz und Macht erfüllt – aber dies darf nicht über schwerwiegende Probleme und Konflikte hinwegtäuschen, die mit dem Aufstieg einhergingen.

Insgesamt wird man von einer grundlegenden Änderung der Verhältnisse sprechen müssen. Sie zeigt sich an den folgenden fünf Punkten besonders deutlich:

Das Aufkommen von Nationalismus und Imperialismus:
Es ist nicht zu übersehen, daß die glänzenden militärischen Erfolge nicht mehr vom bäuerlichen Heerbann errungen wurden, der unter der Leitung eines von Jahwe Erwählten einen »Heiligen Krieg« zur Verteidigung des von Gott gegebenen Landes führte, sondern von Berufssoldaten, die unter professioneller Führung in zunehmendem Maß Angriffskriege zur Vergrößerung und Sicherung des Reiches ins Werk setzten. Kein Wunder, wenn Chöre Begeisterter sangen: »Tausend Feinde hat Saul erschlagen, doch zehntausend waren's, die David erschlug« (1 Sam 18,7).

Es spricht viel für die These der Alttestamentler Weimar und Zenger, daß wir es hier wohl nicht mit einem einmaligen Ausbruch nationaler Gefühle zu tun haben, sondern daß uns ein propagandistisches Kampflied erhalten ist, das in den Machtkampf zwischen Saul und David gehört (Weimar/Zenger, 1975, S. 84). Zwei Momente springen gleich ins Auge: Von Jahwes Eintreten für sein Volk ist nicht die Rede, der Kampf ist Sache der Könige; und: die Begeisterung für den König bemißt sich nach seinen Killerqualitäten. Hier melden sich nationales Selbstbewußtsein und imperialer Stolz unüberhörbar zu Wort.

In den Augen der Nachbarvölker, der Opfer dieser Eroberungspolitik, wird Israel nicht anders ausgesehen haben als später dann die Großmächte Assyrien und Babylonien in den Augen Israels: als brutaler Unterdrücker.

Das Aufkommen bürokratischer Herrschaft im Inneren:
Ein zentral gelenkter Militärstaat muß auch im Inneren straff organisiert sein. Es kam ein Beamtenstand auf (»Schreiber«), der den Willen des Herrschers verwaltungsmäßig umzusetzen und durchzusetzen hatte. Typische Ansätze einer organisatorisch-bürokratischen Durchorganisierung sind Volkszählung (2 Sam 24) und Einführung eines Steuersystems (1Kön 4,7; 1 Kön 20,14). Auch der Boden geriet in den Zugriff des Staates: der König beschlagnahmte Land, um Garnisonen und Domänen zu errichten oder auch, um seine Krieger und Beamten zu belohnen. Besondere Empörung wird die Heranziehung der israelitischen Bevölkerung zu Frondiensten ausgelöst haben; sie wurden gezwungen, an der Errichtung der königlichen Bauten sowie der Bewirtschaftung der Staatsdomänen mitzuwirken. Die Jungmannschaft der Landbevölkerung wurde ausgehoben, um als Berufskrieger die Söldnertruppen zu unterstützen.

– *Das Aufkommen von Kapitalwirtschaft:*
Es ist sicher damit zu rechnen, daß mit dem Hineinwachsen Israels in städtische
Lebensformen auch Handel und Geldwirtschaft aufkamen (vgl. z.B. Noth, 1954,
S. 198 ff). Damit sind auch die Bildung von Kapital, die Hochschätzung von
Besitz und Konsum verbunden. Mit diesen Prozessen war schon der Grund für
die Bildung einer Klassengesellschaft gelegt, wie sie sich immer markanter
ausprägte und die dann von den Propheten einer vernichteten Kritik ausgesetzt
wurde. Zusammenfassend kann man feststellen, daß sich in der »Gründerzeit«
Israels soziale Rollen und ethische Grundsätze qualitativ verschoben (vgl. z.B.
Crüsemann, 1980, S. 71): Es gab jetzt Herrscher und Beherrschte, Besitzende
und Habenichtse; aus der Gemeinschaft der von Jahwe Befreiten war eine
Gesellschaft geworden, in der wenige sich alle Freiheiten nahmen.

– *Das Aufkommen »gottgewollter Herrschaft«:*
An die Stelle der in der vorstaatlichen Zeit je und je in Notzeiten berufenen
Anführer Israels war nun das dynastische Königtum getreten, wie es im Alten
Orient verbreitet war. Zwar vermeidet das Alte Testament die altorientalische
Vorstellung des Gott-Königtums, aber immerhin übernimmt es in die Königs-
Ideologie die Idee der Gottessohnschaft des Königs (vor allem in der berühmten
Stelle Ps 2, 7; vgl. Ps 89,27 f und Ps 110), vorzüglich geeignet, »einem orienta-
lischen Despoten das gute Gewissen zu verleihen« (Gunneweg, 1972, S. 73). Der
altorientalische Herrscher regiert mit fast absoluter Gewalt über seine Untertanen, alles ist ihm dienstbar und zu eigen. Ein anschauliches Beispiel für diese
Einstellung ist die berühmte Batscheba-Erzählung (2 Sam 11f), in der dem König
erst ein Licht darüber aufgesteckt werden muß, daß das Gottesrecht auch für ihn
gilt!

– *Das Aufkommen kanaanäischer Einflüsse im Glauben:*
Die Einbeziehung der kanaanäischen Stadtstaaten in das neue Staatsgebilde und
vor allem die Wahl der eroberten kanaanäisch-jebusitischen Königsstadt zum
neuen Zentrum begünstigte das Eindringen der altorientalischen Fruchtbar-
keitskulte in den Glauben. Zwar hatte Israel schon seit Beginn der Landnahme
und dem Übergang vom Nomadentum zur Ackerwirtschaft mit der Versuchung
zu kämpfen, nun Baal als Garanten von Fruchtbarkeit und Leben zu verehren;
aber jetzt floß das religiöse Gedankengut der Urbewohner in breitem Strom nach
Israel ein.
Das zeigte sich nicht zuletzt im Gottesbild: Aus dem »Gott der kleinen Leute«,
der rettend und befreiend mit seinem Volk unterwegs ist, wird der machtvoll auf
dem Zion, dem Tempelberg und Weltenzentrum, Thronende – ein gutes Pendant
zum König, der auf seinem Thron im Palast Platz nimmt, heilig und unwandelbar
wie die Gottheit selbst.

3.3 Erhebung der pragmatischen Absicht: Der Jahwist – ein kritischer Mahner

a. Die neuen Verhältnisse bleiben umstritten

Die Entwicklung muß in Israel zwiespältige Reaktionen hervorgerufen haben: Auf der einen Seite sind Ansätze imperialen Stolzes auf das Erreichte zu erkennen, und die Nutznießer werden sich ganz und gar mit den neuen Verhältnissen identifiziert haben. Aber es gab auch Widerspruch: Immer wieder wird von Unzufriedenheit, ja sogar Aufständen berichtet (vgl. z.B. Gunneweg, 1972, S. 74 ff), und der Gottesmann Nathan tritt als unerbittlich mahnender Prophet auf. Einen guten Eindruck der Auseinandersetzungen vermittelt 1 Sam 8, das vom Wunsch des Volkes nach einem König berichtet und Samuels Warnungen schildert. Sie sprechen genau die Entwicklung von der freien Stammesgemeinschaft zur Untertanengesellschaft an, die dann auch eintrat. Wenn das Kapitel auch sehr stark die Handschrift deuteronomistischer Bearbeitung trägt (also in der jetzigen Form erst in exilischer Zeit entstand), so bewahrt es augenscheinlich die Grundzüge des alten Konflikts auf. Und wenn Jahwe zu Samuel spricht: »Nicht dich lehnen sie ab, sondern mich. Ich soll nicht länger ihr König sein!« (1 Sam 8,7), dann kommt darin sicher der im Glauben wurzelnde Einspruch jahwetreuer Kreise gegen das Königtum zum Ausdruck.

b. Kritische Einstellung des Jahwisten

Schon seit längerem wird von einigen Alttestamentlern die These vertreten, daß die kritische Auseinandersetzung mit der Wende in Israel nicht nur explizit erfolgte, wie eben angedeutet, sondern auch implizit im Werk des »Sprechers« zu finden ist, den wir mit dem Kunstnamen »Jahwist« bezeichnen. Dazu liegen mehrere interessante Untersuchungen vor (vgl. Wolff, 1964; Weimar-Zenger, 1975).

Wenn die Hypothese sich einlösen soll, müßten also die genannten fünf kritischen Punkte als »Sprechanlässe« in einem ursprungsgeschichtlichen Feld verstanden werden, in denen der Jahwist – oder die Gruppe, die sich möglicherweise hinter diesem Werk verbirgt – das Wort ergriff.

Folgende »pragmatische Intentionen« könnten sichtbar werden:

– *Israel: Segen oder Fluch für seine Nachbarn?*
   1964 veröffentlichte Hans-Walter Wolff eine aufsehenerregende Studie mit dem Titel »Das Kerygma des Jahwisten« (Wolff, 1964). Er ging von einer gründlichen Untersuchung des »Abraham-Segens« (Gen 12, 1-3) aus und erkannte darin das Programm (»Kerygma«) des Jahwisten für sein Werk. Alle »Sippen der Erde« sollen in Abraham »Segen gewinnen«. Wolffs These: »Segen« benutzt der Jahwist, um Israel mit der Basis seines Glaubens zu konfrontieren: »Das überkommene Stichwort wird zum Schlüsselwort für das Verhältnis Israels zur

Völkerwelt und der Völkerwelt zu Israel. Damit nimmt der Jahwist zu einem Problem Stellung, das im vollen Umfang erst mit der Großreichbildung aktuell geworden ist. Daß diese Stellungnahme für die maßgeblichen Kreise nicht gerade selbstverständlich war, ist im Blick auf deren Siegesbewußtsein und Überheblichkeitsgefühl... in hohem Maße wahrscheinlich... Nun stellt sich vom Leitwort des Jahwisten her die Frage: Hat Abrahams Volk für sie bisher schon zum Segen gewirkt?« (S. 357). Nach Wolff hält der Jahwist seinen Landsleuten nicht nur den Spiegel vor, sondern zeigt auch die Alternative: Beispielhaft stellt der Jahwist an den Schilderungen der Väter Abraham, Isaak und Jakob dar, wie diese in ihrem Verhalten gegenüber fremden Völkern der Verheißung entsprechend zum Segen wurden: Fürsprache für andere bei Jahwe wie bei Abraham, Bereitschaft zur friedlichen Verständigung wie bei Isaak, Wirtschaftshilfe wie bei Jakob. (vgl. S. 365) So kann und soll (!) auch das Volk Israel zur Zeit Davids und Salomos seinen Nachbarn zum Segen werden, wenn es die Verheißung weiterhin für sich beanspruchen will.

– *David – der neue Pharao?*

Daß der »Jahwist« diese noch schärfere Kritik in seinem Werk verdeckt zur Sprache bringt, ist die These von Peter Weimar und Erich Zenger (Weimar/Zenger, 1975). Allerdings gehen sie von einer modifizierten literarkritischen These aus, nach der ein vorjahwistisches Werk über die Befreiung Israels aus Ägypten existiert habe. Sie vertreten einleuchtend die These, daß das »Mirjamlied« (Ex 16, 20f) entgegen der exegetischen Tradition nicht altes Überlieferungsgut darstellt, sondern in davidischer Zeit als ein Hymnus entstand, »der eine durchaus polemisch-politische Funktion« hat (S. 84): Der kurze Text beharrt darauf, daß *Jahwe allein* es war und ist, der für sein Volk streitet, daß es auf *Jahwe allein* sein Vertrauen setzen soll und nicht auf militärische Stärke, daß der Krieg nicht etwas ist, was dem Gesetz Jahwes entnommen und nur nach den Gesetzen der Macht zu führen ist! Es ist durchaus damit zu rechnen, daß dieser Hymnus im bewußten Gegenüber zum propagandistischen David-Lied (1 Sam 18,7; vgl. 1 Sam 12,21 und 1 Sam 29,5) entstanden und gebraucht worden ist (dafür spricht auch die bei beiden Hymnen geschilderte Szenerie!).

Aber auch an einem anderen Punkt greift der Jahwist nach Meinung von Weimar und Zenger in die Auseinandersetzungen seiner Zeit ein (S. 93 f): bei der Beschneidung der Freiheit durch königliche Willkür und Bürokratie. Die auffällige Betonung der Knechtung Israels durch Bautätigkeit im Reich des Pharao läßt – im Vergleich mit den bauwütigen Königen Israels – die Frage anklingen, wo der neue Pharao zu suchen sei. Darin liegt »eine ungeheure Herausforderung an das davidische Königtum, da diesem im Namen der durch Jahwe gegeben Freiheit ein absolutes Nein entgegengeschleudert wird. Die älteste Exodus-Geschichte ist damit als ein Dokument kritischer Auseinandersetzung mit den gegenwärtigen Verhältnissen im Namen der Freiheit zu sehen« (S. 94).

– Ein König von Gottes Gnaden?
Auch an dieser Vorstellung wird Kritik im jahwistischen Werk erkennbar, und zwar in der Weise, wie er Mose, die große Führergestalt der Vergangenheit, schildert. Bei ihm treten nämlich – im Gegensatz zu den anderen Quellenschriften des Pentateuch – Person und Bedeutung Moses deutlich in den Hintergrund; er ist viel mehr Prophet als Führer (vgl. z.B. v. Rad, 1987, S. 302 ff). Das bedeutet für die Gegenwart des Jahwisten: Nicht Despot soll der von Jahwe berufene Führer Israels sein, sondern ein Mann wie Mose, der sich ganz in die Sache der Befreiung aller stellt und sich ausschließlich an der Weisung Jahwes orientiert.

– Die Urgeschichte – eine Auseinandersetzung mit dem Baalismus?
Schließlich ist zu fragen, ob nicht die jahwistische Urgeschichte als eine kämpferische Auseinandersetzung mit dem aufkommenden Baalismus zu verstehen ist. Wenn auch wohl v. Rads These, der »Vorbau der Urgeschichte« sei unverkennbar das Werk des Jahwisten, inzwischen einer differenzierteren Betrachtungsweise weichen mußte, so setzt J doch in Aus- und Umgestaltung deutliche Akzente. Wenn die These der baals-kritischen Orientierung der Urgeschichte richtig ist, wäre beispielsweise Gen 2,4 f so zu lesen:
Als Gott, der Herr (und nicht Baal!), Erde und Himmel machte, gab es zunächst noch kein Gras und keinen Busch in der Steppe; denn Gott hatte es noch nicht regnen lassen (und dafür ist *er* zuständig und nicht Baal!)...

So bewährt sich eine Ursprungsgeschichtliche Sicht des jahwistischen Erzählwerks im Hinblick auf grundlegende Sprech-Anlässe, die aufgrund einer kritischen Analyse der frühen Königszeit anzunehmen waren.
Läßt sich nun auch über den »Sprecher« etwas mehr in Erfahrung bringen? Auf jeden Fall wird man ihn in Kreisen jahwetreuer Israeliten zu suchen haben, die den Glauben an den Befreiergott und eine darauf basierende Praxis der Freiheit und Gerechtigkeit verteidigten.
Auch ein prophetischer Einschlag ist unverkennbar. Darauf deutet nicht nur die erwähnte Zeichnung Moses als Prophet, sondern auch die Verwendung prophetischer Sprachformeln, vor allem der sogenannten Boten-Formel »So spricht Jahwe« (z.B. Ex 7,17 f; Ex 9,3f. – vgl. dazu Weimar/Zenger S. 41 f). Aber auch der engagierte Widerspruch im Namen Jahwes und unter Berufung auf die Freiheitstraditionen gehört zu den Grundaufgaben der Propheten, wie bei den großen Prophetengestalten des Alten Testaments leicht zu sehen ist.

3.4 Gen 4,1-16 in ursprungsgeschichtlicher Sicht

Der bisherige Gang der Untersuchung hat klargemacht, daß ein so verhältnismäßig aufwendiges Verfahren nicht effektiv ist, wenn es nur für einen Text in Gang gesetzt

wird. Ursprungsgeschichtliche Analyse bereitet immer die Verstehensvoraussetzungen für eine ganze Anzahl von Texten vor. Darum kann sich die Auslegung
des Textes auf die Zuordnung zu den vorher gezogenen Linien beschränken.

a. Zum Inhaltlichen

Ich gehe noch einmal an den methodischen Fragen entlang:

— *Auf welche Fragen versucht der Text eine Antwort zu geben?*
  Es sind wohl zwei Grundfragen, auf die Gen 4,1-16 eingeht. Einmal die Frage,
  warum es im versprochenen Land nun eben doch nicht wie im Paradies zugeht,
  warum es nach wie vor Krankheit und Tod, Mühsal und Enttäuschung, Entfremdung und Haß gibt. (Vielleicht gab es sogar in Israel Gruppen, die gegen diese
  Erfahrungen als vermeintlichen Treuebruch Jahwes rebellierten, so wie Israel in
  der Wüste immer wieder »murrte«.) Nimmt man Gen 3 und 4 zusammen, was
  ja aus exegetischen Gründen geboten ist, dann gibt der Jahwist seinen Zeitgenossen die Antwort: An Jahwe liegt es nicht! Sondern: Weil der Mensch sich
  immer wieder aus dem Vertrauensverhältnis zu Gott löst und seine Weisungen
  mißachtet, gibt es kein Paradies mehr, ist »Kain« auf dem Mutterboden nie richtig
  zu Hause. (Vielleicht darf man noch ergänzen: Diese Unsicherheit verführt die
  Israeliten dann dazu, im Baalglauben nach vermeintlich handfesten Sicherheiten
  zu greifen.) – Die andere Frage wird sein: Warum gibt es soviel Gewalt und
  Unrecht im neuen Staat, obwohl er doch in bester Absicht gegründet wurde? (vgl.
  hierzu vor allem die Untersuchung »Autonomie und Sünde« von Frank Crüsemann, 1980). Der Erzähler verweist auf Kain: Auch er begann etwas in bester
  Absicht, aber es mißlang ihm. In diesem Augenblick beginnt er, an der Liebe
  Gottes zu zweifeln; er will es sich (und anderen) beweisen. Die Versuchung,
  diese Selbstbestätigung mit Gewalt zu erzwingen, lauert als »Sünde« vor der Tür.

— *In welchem Konflikt nimmt der Autor Stellung?*
  Es deutet alles darauf hin, daß J in diesem Text Gewalt und Ungerechtigkeit
  eindeutig als Sünde anprangert (und nicht akzeptiert, daß Totschlägerqualitäten
  als besonders lobenswert gepriesen werden!). Ja, noch entschiedener: Wo der
  Mensch sich nicht mehr ganz und gar auf Jahwe verläßt, steht er in Gefahr, zum
  exemplarischen Totschläger zu werden. Soll gar der Leser/Hörer angeregt werden, sich über Kain und David Gedanken zu machen? Aber der Jahwist erklärt
  auch mit der gleichen Eindeutigkeit: Diese Sünde ist kein unabwendbares
  Schicksal oder womöglich auf Jahwe zurückzuführendes Verhängnis (heute
  pflegt man von »Sachzwängen« zu sprechen!), sondern beherrschbar und damit
  abwendbar!

— *Welche Gesprächspartner könnten dem »Sprecher« vor Augen stehen?*
  Vermutlich wird er die genannten Deutungen vor allem solchen zugedacht
  haben, die von Zweifeln geplagt waren, sich der Treue Jahwes nicht mehr sicher

und durch die bestürzenden Folgen der Wende verwirrt waren. – Er wird aber wohl auch die »maßgebenden Kreise« im Auge gehabt haben, an die er seine Mahnungen und Warnungen adressierte.

b. Zum Formalen

Abschließend gehe ich noch auf die Frage ein, wie die Sprechsituation die Ausformung des Textes beeinflußt haben könnte – oder anders gefragt: Welche Funktion die Form von Gen 4 in seiner Ursprungssituation wahrgenommen haben könnte. Ganz allgemein weisen Weimar/Zenger (1975, S. 95ff) darauf hin, daß in diesen Texten historische Fakten deutend in erzählender Form verarbeitet werden, und zwar »einmal ätiologisch, wobei das Ereignis der Vergangenheit Begründung eines gegenwärtigen Tatbestandes liefert, und zum anderen paradigmatisch, wobei das Ereignis der Vergangenheit eine Parallele, ein Präzedenzfall eines gegenwärtigen Tatbestandes ist« (S. 95).
Es ist an Gen 4 gut zu sehen, wie der Jahwist die beliebte Form der ätiologischen Sage aufgreift, aber die alte Volksätiologie vertieft zu einer Ätiologie menschlicher Leiderfahrungen. Und gleichzeitig wird der Text zum warnenden Paradigma, indem J den kleinen Traktat in V 7 einfügt, für den, »der Ohren hat, zu hören«, in seiner Gegenwart eine prophetische Mahnung zur aktiven Auseinandersetzung mit sündhafter Gewalt.

4 Das Beispiel: Mk 5, 1-20

4.1 Zum methodischen Ansatz

Wie schon bei der Beschreibung der Methoden notiert, ist es bei neutestamentlichen Texten oft nicht möglich, die Ursprungssituation historisch zu orten, wie etwa bei Gen 4, 1-16, der sich der Quellenschrift des »Jahwisten« zuordnen läßt. Diese Schwierigkeit bestimmt vor allem die Wahl der Instrumente bei der Ursprungsgeschichtlichen Analyse synoptischer Texte. Statt Historisch-Kritischer Verfahren wird man literatursoziologische Methoden einsetzen müssen.
Die pragmatische Auslegung der Erzählung von der Heilung des Besessenen von Gergesa kann sich auf die Untersuchungen von Theißen stützen (Theißen, 1974). An seinen Analysen orientiert sich die folgende Darstellung der literatursoziologischen Untersuchung synoptischer Wundergeschichten.
Bevor die Ursprungsgeschichtliche Auslegung von Mk 5,1-20 in Angriff genommen werden kann, ist zunächst wieder das ursprungsgeschichtliche/pragmatische Feld zu erschließen.

4.2 Eine realistische Sicht gewinnen: Synoptische Wundererzählungen unter literatursoziologischem Aspekt

Um das spezifische Profil der Wunderpraxis Jesu und der urchristlichen Wundergeschichten zu erfassen, sind sie zunächst im Kontext der sozialen und religiösen Umwelt zu betrachten.

a. Zur sozialen Funktion des Wunderglaubens

In der Umwelt des Neuen Testaments sind drei Grundtypen des Wunderglaubens zu erkennen, die jeweils charakteristische Lebens- und Sozialformen ausgebildet haben und die auch bestimmte soziale Funktionen wahrnehmen.

– Institutionalisierte religiöse Heilverfahren, die an bestimmten Kultstätten ausgeübt wurden (z.B. Epidauros); sie wurden wohl vor allem von Angehörigen der unteren Schichten aufgesucht, die sich Behandlungen durch Ärzte nicht leisten konnten.

– Religiöse Heiltechniken, die als magische Handlungen ausgeübt wurden (Zauber-Techniken); sie sind stark synkretistisch angelegt (keine Bindung an eine bestimmte Gottheit) und stark auf die Bedürfnisse des einzelnen zugeschnitten. Sie sind gesellschaftlich nicht anerkannt und werden darum gerade von denen wahrgenommen, die an den Rändern der Gesellschaft stehen;

– Heiltätigkeit von Wunder-Charismatikern, d.h. geistbegabten Personen mit heilenden Kräften. Ihr Tun ist immer mit bestimmten neuen Lebens-Entwürfen verbunden; darum lösen sie oft gesellschaftliche Konflikte aus. Auch ihre Angebote betreffen vor allem sozial Deklassierte.

Diesem dritten Typ ordnet sich das Wirken Jesu zu. Sein Tun ist weder institutionell gebunden, noch bedient es sich bestimmter magischer Praktiken. Er wendet sich denen zu, die in Not und Angst sind, und bietet ihnen Heilung und neues Leben an. Unter *sozioökonomischem Aspekt* ist daran zu erinnern, daß er das Heil den »Armen« zueignet, d.h. denen, die real ausgebeutet und aller Lebenschancen beraubt waren.

Unter *soziokulturellem* Aspekt sind besonders die Exorzismen von Interesse. Theißen hat einleuchtend gezeigt, daß die in neutestamentlicher Zeit stark verbreiteten Phänomene der »Besessenheit« offenbar mit dem sozialen und politischen Druck zusammenhingen, der vor allem von der römischen Besatzungsmacht ausging: »In einer Gesellschaft, die ihre Probleme in mythischer Sprache zum Ausdruck bringt, können unter Druck und Zwang stehende Gruppen ihre Situation als Bedrohung durch Dämonen interpretieren« (Theißen, 1974, S. 248). Auch die Heilung bekommt dann eine sozial-religiöse Funktion: Sie wird als Befreiung von umfassenden Zwängen erfahren, die die Betroffenen aus eigener Kraft nicht leisten können; »exorzistischer Glaube wäre dann ein ins Mythische transponierter Befreiungsakt« (S. 254).

b. Zur religionsgeschichtlichen Funktion des Wunderglaubens

In neutestamentlicher Zeit kommt es im ganzen Mittelmeerraum zu einer starken Zunahme von Irrationalismus; damit geht eine Steigerung der Wunderglaubens einher. Als Erklärung bietet sich wohl wieder die schlechte Verfassung vieler Völker und Gruppen an: Zwang, Unterdrückung und Ausbeutung, die von der Besatzungsmacht ausgehen, rufen ein Gefühl der Ohnmacht hervor und die Hoffnung auf Entlastung und Hilfe durch göttliche Mächte.

Jesus greift in seiner Wunderpraxis und -verkündigung Motive und Verhaltensweisen seiner Umwelt auf, verändert sie aber grundlegend. Er ist – wie die Wundercharismatiker seiner Zeit – von einer prophetisch-messianischen Dynamik getragen. Der Wundercharismatiker sucht nicht nur den einmaligen Wunderakt, sondern bindet ihn in einen Erneuerungsprozeß mit sozialem und politischem Akzent ein. Dieser Erneuerungsprozeß bekommt bei Jesus präsentisch-eschatologische Dimensionen – das ist die neue Qualität. Die neue Welt ist nicht mehr nur Gegenstand der Hoffnung, sondern nimmt in seinem Tun und seiner Verkündigung machtvoll ihren Anfang. Das zeigt sich besonders deutlich wiederum an den Exorzismen: »Wenn ich mit dem Finger Gottes Dämonen austreibe, so ist die Herrschaft Gottes zu euch gekommen!« (Lk 11,20)

c. Zur existentiellen Funktion des Wunderglaubens

Im Wunderglauben kommt einerseits ein Protest gegen die schlechte Wirklichkeit zur Sprache, der sich nicht an die Grenzen der Erfahrung und der geltenden Normen hält: »Eher wird aller menschlichen Erfahrung ihr Recht abgesprochen als menschlicher Not der Anspruch, überwunden zu werden« (Theißen, 1974, S. 281). Die Hoffnung macht sich fest am Messias Jesus, der die Macht hat, das Heil für die Armen gegen alle Widerstände durchzusetzen.

d. Zur Funktion der Wundererzählungen in den ersten christlichen Gemeinden

Welche Bedeutung hatte nun die Überlieferung von der Wunderpraxis und -verkündigung Jesu in den urchristlichen Gemeinden? Mit anderen Worten: Welche spezifischen Funktionen nahmen die urchristlichen Wundergeschichten in den Gemeinden wahr?

Ganz allgemein kann man davon ausgehen, daß sie in die Mission gehörten: Die Erzählungen von den wunderbaren Machttaten des Messias Jesus sollten Menschen dafür gewinnen, sich seiner Gemeinde anzuschließen.

Aber der vielfach für diese Funktion gewählte Begriff »Missionspropaganda« greift zu kurz; denn die Wundererzählungen waren nicht einfach auf Wirkung nach außen hin angelegt, sondern legitimierten gleichzeitig eine neue Lebensform innerhalb der Gemeinde; die Kommunität war geprägt durch die neue Qualität des Lebens im

»Reich Gottes«. Sie erzählten nicht nur vom Christus, der – gegen jede Erwartung und Erfahrung – Kranke heilt, sondern nahmen sich auch der Kranken und Deklassierten an – ebenfalls gegen die herrschenden Normen und Verhaltensweisen der Zeit. Ebenso das solidarische Teilen, das auf der Linie der wunderbaren Brotvermehrung lag, usw. (vgl. dazu Theißen, 1974, S. 249 f). Zusammenfassend: Die wunderbare Praxis der Gemeinden setzte die Wunderpraxis Jesu fort. Die urchristlichen Wundergeschichten hatten nach außen die Funktion missionarischer Werbung; aber diese war alles andere als bloße »Propaganda«. Die Gemeinden, die von der Wundermacht des Herrn erzählten, konnten gleichzeitig auf ihre wunderbar erneuerte Lebenspraxis verweisen und zu ihr einladen.

Mit diesen Beobachtungen ist das Feld erschlossen, in dem eine Ursprungsgeschichtliche Auslegung von Mk 5,1-20 versucht werden kann.

4.3 Mk 5, 1-20 in Ursprungsgeschichtlicher Sicht

Ich gehe an einigen der ursprungsgeschichtlichen Schlüsselfragen entlang (s.o. S. 209).

a. Welche Gesprächspartner könnte der Autor des Textes vor Augen haben?

Entsprechend der doppelten Stoßrichtung der urchristlichen Wundergeschichten wird der Autor verschiedene Adressaten ansprechen wollen; entsprechend sind die Funktionsbestimmungen zu treffen:
– *Nach »außen«* spricht der Text Nicht-Christen an; er nimmt eine missionarische Funktion wahr;
– *nach »innen«* spricht der Text christliche Gemeinden an; er legitimiert und inspiriert eine neue, »wunderbare« Praxis gemeinsamen Lebens.
Diese ersten Beobachtungen sind nun weiter zu differenzieren.

b. In welchem Konflikt bezieht der Text Stellung?

Die im Text geschilderte dramatische Kampf-Situation legt die Frage nahe, welche Konflikte der Autor im Blick haben mag, denen die ersten Gemeinden ausgesetzt waren.
Der Text selbst formuliert, worum die Auseinandersetzung geht, nämlich die Frage: Wer ist der Herr der Welt, der »höchste Gott«? (V 7).
Die Bezeichnung des Dämons als »Legion« im Text bringt deutlich zum Ausdruck, wer gemeint ist: die römische Besatzungsmacht. Der Name des Dämons wäre also nicht, wie in vielen Interpretationen vorgeschlagen, als Vergleich zu verstehen (die Dämonen haben den Besessenen okkupiert *wie* eine Besatzungsmacht), sondern wörtlich: Die reale Situation der Unterdrückung und Ausbeutung durch die Besetzer

wird mythisch interpretiert und als dämonische Obsession erfahren, der der Befallene ohnmächtig ausgeliefert ist.

Man wird diesen Ansatz noch weiterführen können: Die römische Unterdrücker-Macht tritt ja durchaus mit dem Anspruch auf, den Kaiser des Imperiums als universalen göttlichen Heilbringer – eben als »höchsten Gott« – zu repräsentieren. Dazu kommt, daß noch andere Heilbringer auf dem Plan sind, die Rettung versprechen und Nachfolge fordern... unauflösbar widersprüchliche Erfahrungen, die an einem Menschen zerstörerisch zerren können und ihn einer mörderischen Zerreißprobe aussetzen, genau, wie Mk 5,1-20 es schildert.

Der Text bringt zum Ausdruck: Wer zu Jesus gehört und sich seiner Gemeinde anschließt, wird von solchen bedrückenden Ansprüchen frei; denn Jesus ist der Herr. Der Befreite kommt zur Eindeutigkeit, Klarheit und Vernunft (Mk 5,15!).

Diese Botschaft des Textes wird nach *außen* als Angebot gewirkt haben, sich diesem Herrn anzuschließen.

Nach *innen* will der Text wohl die Gemeinde ermutigen, so eindeutig, befreiend, Stellung zu beziehen. Daß sie dabei auf Ablehnung stößt, ist »normal«, wie Mk 5, 14 ff deutlich zur Sprache bringt.

c. Welche Frage, welches Problem bewegt den Autor, welche Position nimmt er ein?

In diesem Zusammenhang ist die Art der Erkrankung und die Heilung wichtig.

Gerade die »Besessenheit« führt in verschärfter Weise zum Kommunikationsverlust: Der »von Dämonen Befallene« ist unheimlich, gilt als gefährlich, wird isoliert. Diese Züge schildert Mk 5,1-20 besonders drastisch.

Vor allem die Tiefenpsychologische Auslegung hat einleuchtend gezeigt, daß ein ganz entscheidender Faktor im Heilungsprozeß die Wiederherstellung der Kommunikation ist (vgl. Kapitel II.4). Die Wundererzählung Mk 5 läßt die heilende Zuwendung Jesu zum Kranken mehrfach anklingen: Er geht zu dem isolierten Besessenen, er spricht mit ihm, er fragt ihn nach seinem Namen.

Eine Gemeinde, die solche Geschichten erzählt, muß von ihnen zu einer Lebenspraxis inspiriert werden, die niemanden ausgrenzt und damit Menschen heilt, die an Kommunikationsverlust und Isolationsängsten leiden – das ist die Funktion des Textes nach »innen«.

Zugleich ist die missionarische Stoßrichtung angesprochen: Eine solche Gemeinde muß Außenstehende anziehen und für Christus gewinnen, vor allem solche Menschen, die selbst »Besessene« sind und am Rand der Gesellschaft leben.

Der Autor läßt deutlich erkennen, daß »Nachfolge« eine solche Praxis herausfordert. Vermutlich rechnet er aber damit, daß es in den Adressaten-Gemeinden oft sehr »menschlich« zugeht, daß die Mitglieder oft ängstlich und damit ausgrenzend miteinander umgehen; darauf deutet ein weiterer Zug in der Erzählung hin: Die Schilderung der »Zuschauer« und ihrer Reaktionen.

Sie stehen für die Menschen, die etwas über Jesus und seine heilende Kraft erfahren, aber nicht »glauben«. Sie empfinden Faszination und numinose Scheu vor der göttlichen Macht, aber sie öffnen sich nicht in vertrauensvoller Zuwendung. Darum grenzen sie aus: Sie wollen Jesus aus ihrem Lebensbereich entfernen, ebenso, wie sie den »Besessenen« entfernt haben.

Dieser Zug des Textes wendet sich wohl eher nach »innen«; der Gemeinde wird der Spiegel vorgehalten, der problematische Einstellungen gegenüber Christus und den Menschen aufdeckt.

Den echten Glauben können die Leser/Hörer im Verhalten des Geheilten erkennen. Der gesundgewordene Mensch wendet sich im Vertrauen zu Jesus und läßt sich in die missionarische Arbeit einweisen. Diese geht von der Familie aus (V 19) – eine Anspielung auf die »familia dei« in der Gemeinde? Dort kann er die neue Wirklichkeit ausleben und die großen Taten Gottes verkünden – ein Basisprogramm, das der Autor im Bild dieses Nachfolgers für seine Gemeinden entwirft.

d. Welche Mittel verwendet der Text?

Abschließend ist zu klären, welche sprachlichen Mittel der Autor einsetzt, um seine pragmatischen Intentionen einzulösen.

Vier Beobachtungen sind wichtig:

– Der Text stellt den Zustand des Besessenen äußerst drastisch dar; gleichzeitig läßt er die Ohnmacht der Dämonen erkennen. Er macht sie lächerlich und stellt damit ihre Herrschaft als angemaßt und eingebildet dar.

– Diese Stilmittel stellen die Macht des »höchsten Gottes«, der in Christus am Werk ist, deutlich ins Licht.

– Der Autor schildert die Heilung auch als einen kommunikativen Prozeß; damit inspiriert er eine neue Praxis bei seinen Lesern/Hörern.

– Er zeichnet den Geheilten als einen Menschen, der zum Glauben an Jesus kommt, und stellt ihn damit als Vorbild für die Gemeinden hin, an die er seinen Text adressiert.

5 Chancen und Grenzen der Ursprungsgeschichtlichen Auslegung

5.1 Drei Argumente für den Ansatz der Ursprungsgeschichtlichen Auslegung

Dieser Ansatz ist eine produktive Weiterentwicklung der Historisch-Kritischen Exegese in Verbindung mit erfahrungsbezogenen Fragestellungen: er stützt sich u.a. auf folgende positive Merkmale der bisher vorgestellten hermeneutischen Konzepte:

… er nimmt »Offenbarung« als Lebensäußerung von Menschen ernst, die ihre Wirklichkeit im Licht des Glaubens deuten (vgl. Kapitel II,1);

… er trägt zur Überwindung des Historismus bei, indem er konsequent die Frage nach der Funktion und Bedeutung eines Textes aufwirft (vgl. Kapitel II.2);

… er öffnet die Möglichkeit eines erfahrungsbezogenen Verstehens der Überlieferung (vgl. Kapitel II.2.).

Die spezifischen Chancen des Ursprungsgeschichtlichen Ansatzes unterstreichen die folgenden Hinweise:

a. Die Ursprungsgeschichtliche Auslegung macht den Erfahrungsbezug im Vorgang der Entstehung und Überlieferung von Texten fest.

Dies ist vielleicht die wichtigste Leistung dieses Ansatzes!

Bei den meisten Auslegungskonzepten wird die Erfahrung beim heutigen Leser/Hörer aufgesucht und im Verstehensprozeß an die Tradition herangetragen (etwa durch die Fragen: Welche Bedeutung hat der Text für heutige Orientierung im Glauben und Leben?). Die Ursprungsgeschichtliche Fragestellung sucht die Erfahrung in der Vergangenheit auf, und zwar nicht als einen Zustand oder eine Befindlichkeit, sondern in einem Prozeß: Texte kommen als engagierte Antworten auf die Herausforderung einer historischen Situation zustande. Damit löst die Auslegung die biblische Überlieferung aus ihrer gewohnten Ansicht als abgeschlossene Texte und verflüssigt sie wieder in einen »Werdensprozeß«; jetzt kann die »vitale Interessiertheit« (H. Roth), aus der sie einmal hervorgingen, neu aufscheinen; und zwar nicht nur im Blick auf die vergangene Situation ihrer Produktion, sondern auch im Blick auf die heutige Situation der Rezeption: Erst was (in der Betrachtung der Vergangenheit) zur konkreten Geschichte geworden ist, kann heute wieder Geschichte werden.

b. Die Ursprungsgeschichtliche Auslegung schützt die überlieferten Texte vor Idealisierung und Spiritualisierung.

Neben der Historisierung gefährdet die Idealisierung den Verstehensprozeß biblischer Texte in der Gegenwart. Drängt die Historisierung sie in die Vergangenheit ab, verleiht ihnen die Idealisierung den »heiligen Schein« (A. Stock) zeitloser Gültigkeit und entleibt sie dadurch. Die Ursprungsgeschichtliche Betrachtungsweise macht die Texte nicht nur als Produkte eines literarischen Prozesses kenntlich, sondern vor allem als Handlungen von Menschen, die sich in ihrer konkreten Praxis an den Impulsen der Überlieferung orientieren.

*c. Die Ursprungsgeschichtliche Auslegung deckt biblische Überlieferung
als freiheitsgeschichtlichen Prozeß auf.*

Die Analyse zeigt, wie gesagt, daß das Interesse der biblischen Schriftsteller häufig
eine kritische Auseinandersetzung mit ihrer Gegenwart ist. Ihre Kriterien gewinnen
sie aus den »Grundbescheiden« der Glaubensgeschichte und aus der Praxis und
Geschichte Jesu; ihre Methode ist eine produktive Neugestaltung der Tradition.
Hieraus kann sich ein Anstoß für heute befreiende theologische Arbeit ergeben;
Gollwitzer bemerkt zur Methode im ganzen: »Sie steht gegen historische Neutralität, sie will die Texte so verstehen, sie zur Parteinahme im heutigen gesellschaftlichen Leben drängen« (Gollwitzer, 1980, S. 15). Diese Impulse werden in der
Materialistischen Auslegung noch kräftig verstärkt (Kapitel II.7).

5.2 Kritische Anfragen

*a. Im Rahmen der Ursprungsgeschichtlichen Auslegung kann es
zu willkürlichen Interpretationen kommen.*

Die Ursprungsgeschichtlichen Verfahren arbeiten alle mit der Rekonstruktion der
»Sprechsituation«, die die Produktion eines Textes provoziert hat. Dabei ist die
Gefahr willkürlicher Deutungen nicht auszuschließen. Folgende Punkte sollten
besonders beachtet werden:
– Die Rekonstruktion der Ursprungssituation und die Erklärung der Texte sind in
  einem gewissen Zirkelschluß aufeinander bezogen: Die Beschreibung der Ursprungssituation stützt sich u.a. auch auf Informationen, die sie den Texten selbst
  abgewinnt, die dann mit Hilfe dieser Situation gedeutet werden.
– Bei der Rekonstruktion der »Sprechanlässe« ist Phantasiearbeit unerläßlich, um
  die gewonnenen Einzelinformationen zu einem Lebenszusammenhang zu ver-
  weben (vgl. die Anmerkungen zur »narrativen Exegese«). Hier ist vor allem das
  Bewußtsein dafür offenzuhalten, daß die Erfahrungen und Gefühle eines biblischen Menschen sich von den unsrigen fundamental unterscheiden und daß
  darum immer nur begrenzte Annäherungen möglich sind.
Diese Gefahren können durch eine besonders sorgfältige Rückbeziehung der Ursprungsgeschichtlichen Arbeit an die Methoden und Ergebnisse der Historisch-Kritischen Exegese begrenzt werden. Dabei sollte aber nicht übersehen werden, daß
die vorgeblich objektiven historischen und philologischen Verfahren immer auch
auf Interpretation von Beobachtungen angewiesen und damit natürlich auch nicht
vor willkürlichen Deutungen sicher sind.

b. Die Ursprungsgeschichtliche Auslegung verlangt aufwendige Verfahren.

Dieser Einwand ist schwerlich zu bestreiten; denn eine solide Exegese im Rahmen
des Ursprungsgeschichtlichen Konzepts erfordert eine größere Zahl sorgfältig

aufeinander abgestimmter Arbeitsschritte. Doch darf man sich von den beschriebenen Beispielen nicht zu dem Urteil verleiten lassen, jede Auslegung erfordere diesen Aufwand. Die Erarbeitung der Ursprungssituation ist ja eine Vorleistung, die als Interpretationsbasis für eine größere Zahl von Texten dient. So kann sich die Auslegung aller Texte aus dem Werk des Jahwisten auf die Rekonstruktion der frühen Königszeit als »Sprechsituation« stützen, die dann je nach dem Charakter des Textes zu modifizieren bzw. zu ergänzen ist. Das gleiche gilt für die Textsorte »Wundergeschichte«, deren Ursprungsgeschichtliches/pragmatisches Feld *einmal* zu umreißen ist und dann als Ausgangsbasis für die Interpretation vieler Wunder-Texte zur Verfügung steht. Damit aber reduziert sich auf die Dauer der Arbeitsaufwand für die Ursprungsgeschichtliche Auslegung eines Textes auf ein Maß, das angesichts der Fruchtbarkeit dieses hermeneutischen Konzepts gerechtfertigt ist.

Literatur

Berg, Horst Klaus, So spricht Jahwe. Anmerkungen zum Verständnis der prophetischen Rede. In: ru, 1984. S. 93-97.

Crüsemann, Frank, Autonomie und Sünde. Gen 4,7 und die jahwistische Urgeschichte, In: Schottroff,Willy/Stegemann, Wolfgang, (Hg), Traditionen der Befreiung. Sozialgeschichtliche Bibelauslegungen. Band 1. Methodische Zugänge. München/Gelnhausen. 1980. S. 60-77.

Hollenweger, Walter J., Konflikt in Korinth. Memoiren eines alten Mannes. Zwei narrative Exegesen zu 1 Kor 12-14 und Ez 37. München: Chr. Kaiser Verlag. 1978.

Lang, Bernhard, Wie wird man Prophet in Israel? Aufsätze zum Alten Testament. Düsseldorf: Patmos Verlag. 1980.

Neidhardt, Walther; Eggenberger, Hans, Erzählbuch zur Bibel. Zürich: Benziger Verlag/Lahr, Verlag Ernst Kaufmann. 1975.

Vanoni, Gottfried, Der Mann, der Taube hieß. Mit Kindern die Bibel lesen. Das Buch Jona. Wien: Verlag Herder. 1984.

Kapitel 7
Materialistische Auslegung

Zur Vorgeschichte

Die Vertreter der Materialistischen Hermeneutik berufen sich eigentlich alle auf gewichtige Vorläufer aus der Kirchengeschichte, z.B. auf die mittelalterlichen Armuts- und »Ketzer«-Bewegungen, auf einige Vertreter der Reformation wie Thomas Müntzer oder John Wicliff, auf die Blumhardts, auf religiöse Sozialisten des 20. Jahrhunderts wie etwa Leonhard Ragaz. Alle diese Gruppierungen und Personen aus unterschiedlichen Epochen und Zusammenhängen verbindet, daß sie die Bibel nicht als Glaubens-Buch für den einzelnen Christen wörtlich lesen, sondern als Anweisung zum gemeinschaftlichen Leben in Liebe und Gerechtigkeit. Dies praktisch-politische Verständnis der biblischen Überlieferung wird immer den Widerspruch zu bestehenden Verhältnissen einschließen, wenn diese den Traditionen der Befreiung und Gerechtigkeit entgegenstehen. In dieser Methode des »produktiv-subversiven Umgangs mit der Bibel« (Füssel, 1980, S. 146 u.ö.) erkennen Theologen wie Belo oder Clévenot, Sölle oder Gollwitzer, Casalis oder Schottroff und die anderen Materialisten eine Aufgabe, die sie für die westeuropäische Situation des 20. Jahrhunderts aufgreifen und weiter ausarbeiten.

1 Optionen

Die Materialistische Hermeneutik geht teilweise von ähnlichen Fragestellungen aus wie die im vorigen Kapitel vorgestellte Ursprungsgeschichtliche Auslegung. Besonders deutlich springt die Analogie bei der funktionalen Betrachtungsweise ins Auge: In beiden Konzepten geht es um die Untersuchung, welche Faktoren die Produktion eines Textes beeinflußt haben und wie dieser in seiner Ursprungs- und Rezeptionsgeschichte gewirkt hat. Weiterhin gehen beide Ansätze davon aus, daß Intentionen und Wirkungen eines Textes nur angemessen zu erfassen sind, wenn er im Rahmen der konkreten menschlichen Lebensverhältnisse, d.h. antiidealistisch gelesen wird. Und schließlich ist daran zu erinnern, daß die Ursprungsgeschichtliche Auslegung die biblische Überlieferung als freiheitsgeschichtlichen Prozeß kenntlich macht, eine Erkenntnis, die, konsequent reflektiert, über die Analyse der Tradition hinausführt, weil die Texte selbst schon immer Partei ergreifen und damit auch zur »Parteinahme im heutigen gesellschaftlichen Leben drängen« (Gollwitzer), wie am Schluß des vorigen Kapitels notiert.

Damit stehen wir an der Schwelle zur Materialistischen Hermeneutik.

1.1 Ausgangspunkt ist die Praxis

Wie jede theologische Arbeit, die sich befreiungstheologischen Grundsätzen verpflichtet, geht auch die Materialistische Hermeneutik von der Praxis als Ursprung theologischer Reflexion aus: Theologie ist der zweite Akt. Georges Casalis (Casalis, 1985) macht in diesem Zusammenhang auf zwei kontroverse Grund-Ansichten von Theologie aufmerksam:

- die *konzeptuelle Theologie:* sie geht von »ewigen Wahrheiten« aus und arbeitet deduktiv;
- die *kontextuelle Theologie:* sie geht von der Analyse konkreter Situationen aus und arbeitet induktiv. Diese Analyse ist kein theoretischer, abstrakt-akademischer Prozeß, sondern erfolgt aus der Situation leidender Betroffenheit und solidarischer Teilnahme mit dem Interesse grundlegender Veränderung inhumaner und damit gottloser Verhältnisse.

Welche Bedeutung hat dies für die Auslegung der Bibel?

Grundlegend ist, daß der »Kontext« sowohl im Blick auf den Produktions- wie den Rezeptionsvorgang eines Textes in die Auslegung einbezogen werden muß.

Der *erste Kontext* (Kontext I) ist durch die Situation gegeben, in der der Text entstand; der zweite (Kontext II) bezieht sich auf die Lage derer, die heute die Bibel lesen: sind es satte Europäer oder arme Menschen der »Dritten Welt« – politisch freie Bürger oder Sklaven eines Großgrundbesitzers?

Der Praxisbezug der Materialistischen Auslegung ist kein abstraktes Interpretationsprinzip, sondern ist von parteinehmendem Interesse geleitet. Kuno Füssel geht von den revolutionären Gruppen aus und bezeichnet sie als Kirche der Unterdrückten, die sich gegen die etablierte bürgerliche Religion und Kirche eine neue Identität aufbauen müsse: »Materialistische Lektüre entspringt diesem aus einer veränderten Praxis kommenden Bedürfnis nach einer christlich-sozialistischen Identität und einer diese Identität sichernden Aneignung der Glaubenstradition und ihrer Quellen« (Füssel, 1979, S. 25). Es geht also um eine »Aneignung der Bibel gemäß den Bedürfnissen und Zielen der alltäglichen Praxis und den politischen Anstrengungen des Volkes statt Verwendung der Bibel zur Beschwichtigung, Unterwerfung und Vertröstung« (Füssel, 1978, S. 147).

Die neue Sicht muß erkämpft werden; in Auseinandersetzung mit der »bürgerlichen« Hermeneutik sind vor allem die folgenden Argumente wichtig:

– Jede Theologie artikuliert sich in einem gesellschaftlichen Umfeld und löst politische Folgen aus; gerade eine auf die Innerlichkeit des einzelnen konzentrierte Hermeneutik mit dem Anspruch politischer Neutralität trägt faktisch zur Stabilisierung der bestehenden Verhältnisse bei, weil sie sich aus dem praktischen Leben heraushält und damit die revolutionäre Dynamik der Überlieferung »an die Kette legt« (Füssel).

– Gegen die Exklusivität akademischer Exegese, die das »richtige« Verständnis der Bibel dem elitären Wissen der Experten überläßt, ist die Gleichberechtigung der betroffenen Leser und ihre Kompetenz ins Feld zu führen. In diesem Zusammenhang ist noch einmal an die Interaktionale Auslegung zu erinnern; auch dies Konzept vertritt die eigenständige Kompetenz des Bibellesers, u.a. mit dem Hinweis auf den mangelnden Erfahrungsbezug professioneller Bibelausleger »in sozial privilegierter Situation« (Kurt Marti s.o. S. 176) Im Zusammenhang Materialistischer Konzepte verschärft sich diese Kritik zu der Frage, ob die Sicht einer »idealistischen« Hermeneutik nicht frommer Selbstbetrug oder sogar Heuchelei sei.

1.2 Die Bibel als Geschichte einer subversiven Praxis lesen

In der Sicht der Materialistischen Hermeneutik ist die Bibel »ein Buch der Praxis: sie erzählt von einer befreienden Praxis, will zu neuer Praxis anstiften und ist daher eher eine Sammlung politischer als (in unserem heutigen Sinne) religiöser Texte« (Füssel, 1987, S. 146).
Eine solche Auffassung erkennt, daß die Bibel in ihrer Grundrichtung immer Partei ergreift: Für das Leben gegen den Tod, für die Unterdrückten gegen die Unterdrücker. Sie wird in der praktischen Bibelarbeit die Texte und Schriften aufsuchen, in denen diese Grundrichtung deutlich zutage tritt. Dafür bieten sich prophetische Texte und vor allem die Erzählungen von der Praxis Jesu an; in der Tat hat die Materialistische Exegese vor allem an diesen neutestamentlichen Zusammenhängen gearbeitet.
Die Materialistische Lektüre der Bibel geht davon aus, daß das Alte und Neue Testament nicht nur »Lebensäußerungen der Unterdrückten« enthalten, sondern daß Gott selbst Ungerechtigkeit und Unterdrückung angreift. Dies ist kein unverbindlicher theologischer Satz, sondern schließt eine praktische Handlungsanweisung ein: »Der ganz andere Gott will eine ganz andere Gesellschaft« (Gollwitzer, 1980, S. 47).
Folgerichtig definiert Georges Casalis als zentrales theologisches Problem die aktive Auseinandersetzung mit dem Götzendienst und formuliert provozierend: »Wir leben in einer Gesellschaft, die permanent den Atheismus angreift, damit wir umso einfacher den Götzen dienen können«. (Casalis, 1985, S. 145). Die Auseinandersetzung mit den »Götzen« wird also in den Binnenraum theologischer Argu-

mentation verlegt, das praktische Leben bleibt ausgespart. Aber gerade hier fallen nach Casalis die Entscheidungen! Als die »westeuropäischen Götzen« unserer Zeit benennt er: den Besitz und das unbegrenzte Bedürfnis nach Sicherheit. In einer eindringlichen Problemskizze zeigt er, wie diese Götzen Leben zerstören (es fällt auf, daß Casalis eben das als »Götzen« erkennt, was Fromm als zerstörerische Obsessionen qualifiziert; vgl. Kapitel II.2!).

1.3 Die Bibel als ein Buch der Hoffnung lesen

Die Erfahrung ist wohl durchgängig: Wer die Verhältnisse ändern will, die Menschen unfrei machen, sieht sich mit schier übermächtigen Gegenkräften konfrontiert. Resignation ist die vielleicht größte Gefährdung einer christlich-politischen Arbeit in Konsequenz der biblischen Freiheitsimpulse.

Schon 1968 sagte Gollwitzer in seiner berühmten Vorlesung »Die Revolution des Reiches Gottes und die Gesellschaft« (Gollwitzer, 1976; These 1): »Die Rückschläge, die Länge des Marsches und die Ungewißheit, ob das Ziel erreicht wird, bringen viele, die sich zunächst dafür gewinnen ließen, in die Versuchung, zu resignieren und sich zurückzuziehen in den Elfenbeinturm, das Fachidiotentum, in das Glück im Winkel und in private Religiosität.«

Gollwitzer wies auf die »Sendung durch Christus« hin, die Geduld und Zuversicht hervorbringe, weil der mit ihm Verbundene weiß, daß er nicht allein auf seine Kraft angewiesen ist, sondern sich auf die Verheißung stützen kann.

In der Tat wird die Materialistische Lektüre sich an solche Symbole aus der biblischen Überlieferung halten, sich an solchen Texten orientieren, die Impulse der Hoffnung und Zuversicht geben. »Exodus« wäre ein solches Symbol, das ein starkes Hoffnungspotential einschließt; oder Dorothee Sölle (Sölle, 1986, 23 f u.ö.) weist immer wieder auf das Wort Jesu hin: »Alles ist möglich dem, der glaubt« (Mk 9,23 – im Zusammenhang eines exorzistischen Wunders!) oder K.-H. Dejung legt auf einer Friedensdemonstration das Gleichnis vom Feigenbaum (Lk 13,6-9) so aus, daß Handlungs- und Hoffnungsanstöße ausgelöst werden (… noch haben wir Zeit zum Handeln!) (Dejung, 1986).

1.4 »Während der Lektüre soll man nicht die Brille wechseln«

Diesen Rat gibt Georges Casalis in dem eben genannten Aufsatz allen, die sich um ein sach- und zeitgemäßes Verstehen der Bibel bemühen. Dieser Rat ist auf verschiedenen Ebenen wichtig: Er betrifft zunächst im weitesten Sinn die Aufgabe, überhaupt einmal den Brückenschlag von der Vergangenheit in die Gegenwart als notwendigen Bestandteil der Auslegung zu erkennen. Weiterhin schließt er die Forderung ein, mit der gleichen kritischen Einstellung, mit der der Interpret in der gewohnten Historisch-Kritischen Sicht die Überlieferung analysiert, nun auch an die eigene Wirklichkeit heranzugehen – und umgekehrt: Wer für seine Gegenwart herrschaftsfreie Kommunikation fordert, den Gewaltverzicht in Politik, Erziehung und allen Lebensbereichen, wird nicht darum herumkommen, das tradierte Gottesbild kritisch zu reflektieren und eine neue Sicht anhand der Bibellektüre zu entwerfen.

Damit stellt sich die Frage nach den Auslegungsmethoden, die dem Konzept der Materialistischen Hermeneutik adäquat sind.

2 Differenzierungen

In der Materialistischen Hermeneutik lassen sich zwei Arbeits-Linien unterscheiden:

2.1 Die deutschsprachige Linie

Die eine Linie der Arbeit setzt im deutschsprachigen Raum mit der Kritik Dorothee Sölles an der Historisch-Kritischen Exegese und Existentialen Interpretation ein (Sölle, 1968; 1971; erste Hinweise s.o. Kapitel II.1, S. 117); Sie hält Bultmann vor, daß er die historische Analyse zu früh abbreche: Mit der gleichen Intensität, die sie auf die Erforschung der überlieferten Texte verwende, müsse sie auch die eigene Gegenwart durchleuchten. Eine solche Historisch-Kritische Analyse der Gegenwart würde zumindest folgende Ergebnisse hervorbringen:

– Einsicht in die historische Bedingtheit der gesellschaftlichen Situation, ihre Abhängigkeit von sozialen, politischen, ökonomischen und ideologischen Voraussetzungen.

– Einsicht in die Abhängigkeit auch unseres aufgeklärten Zeitalters von »Mythen«, die wir angeblich längst hinter uns gelassen haben. Solche »Mythen« im Sinne unbefragter Grund-Entscheidungen sind beispielsweise: Fortschrittsglaube – Überzeugung von der schrankenlosen Geltung zweckrationalen Denkens – Behauptung der Überlegenheit des eigenen Geschlechts, der eigenen Rasse usw.

Es geht aber nicht nur um die kritische Aufklärung der Situation, sondern um ein praktisches Interesse; darum lautet Frau Sölles Schlüsselfrage: »Wie kommen wir von einer Theologie, deren wichtigste Tätigkeitswörter Glauben und Verstehen sind, zu einer, die Glauben und Handeln zum Thema macht?« (Sölle, 1971, S. 11) Die Antwort auf diese Frage findet sie in einer »Materialistischen Theologie« (Sölle, 1979), die drei Merkmale hat:

– Sie nimmt die Leiblichkeit des Menschen ernst;

– sie wendet sich gegen eine leib-lose, nur an überzeitlichen Wahrheiten interessierte Theologie;

– sie tritt für eine Veränderung des Bestehenden ein, damit die Erde nicht mehr Besitz weniger bleibt, sondern wieder zum Lebensraum aller wird, denen Gott sie zugedacht hat.

Die »deutsche Linie« der Materialistischen Hermeneutik läuft weiter über Helmut Gollwitzer (1980) und ist dann vor allem in den Studien von Luise und Willy Schottroff, von Wolfgang Stegemann und Frank Crüsemann weiter praktisch ausgearbeitet worden (vgl. vor allem Schottroff/Stegemann [Hg], 1979 I/II und 1980 I/II).

2.2 Die französischsprachige Linie

Eine zweite Linie nimmt ihren Ausgangspunkt in der praktischen Arbeit von linken christlichen Gruppen im französisch-sprachigen Raum, die die Bibel als Handlungsanweisung für politische Veränderung im Sinn der Gottesherrschaft lesen und umsetzen. Einen ersten Niederschlag fand diese Arbeit in der Markus-Studie von Fernando Belo (frz.: 1974; dt.: 1980).

Sie zeigt bereits die charakteristischen Merkmale der hermeneutischen Ansätze aus diesem Raum: Sie verbinden das Interesse an christlich motivierter realer politischer Veränderung mit einem spezifischen Methodenensemble. Belo orientiert sich an zwei einfachen Grundfragen:

– *Wie lese ich den Text richtig?* Diese Frage beantwortet er mit Interpretationsmethoden der strukturalen Linguistik, wie sie in Frankreich vor allem von Roland Barthes ausgearbeitet wurde.

Die zweite Frage lautet:

– *Wie verstehe ich den Text richtig?* Welches sind die Bedingungen seiner Produktion, seiner Rezeption, seiner Funktion? Diese Fragen beantwortet Belo mit Methoden des Historischen Materialismus.

Die neue Idee besteht in einer sehr fruchtbaren Verknüpfung strukturalistischer und Materialistischer Methoden.

Eine zweite Station markiert die Arbeit von Michel Clévenot (frz.: 1976; dt.: 1980). Er orientiert sich an den gleichen Prinzipien und Methoden wie Belo, ist aber eher an der Vermittlung der neuen Ideen interessiert und arbeitet stärker den methodischen Aspekt heraus; sein Buch versteht sich als »Anleitung zu einer Materialistischen Lektüre biblischer Texte« (dies führt auch eine gewisse Vereinfachung der bei Belo oft hochkomplizierten Terminologie mit sich!). Neben die Untersuchung ausgewählter Epochen und Sachzusammenhänge des Alten und Neuen Testaments stellt er Reflexionen über hermeneutische Grundsätze und deren Umsetzung in methodische Schritte.

Als dritter wichtiger Vertreter der »französischen Linie« ist Georges Casalis zu nennen; am bekanntesten ist wohl sein Buch »Die richtigen Ideen fallen nicht vom Himmel« geworden (frz.: 1977; dt.: 1980), aber auch wichtige Aufsätze liegen in

Übersetzung vor (1980; 1985; 1986). Casalis geht von einem stärker befreiungstheologisch orientierten Ansatz aus, den er im ökumenischen Dialog entwickelt und klärt; dagegen übernimmt er die methodische Strenge von Belo und Clévenot nicht. Um die Rezeption der Materialistischen Ansätze aus der »französischen Linie« in die deutschsprachige Theologie hat sich vor allem Kuno Füssel verdient gemacht. Neben einem klar orientierenden Überblick über den französischen Strukturalismus (1983) hat er eine zusammenfassende Darstellung der Materialistischen Bibellektüre vorgelegt (1987).

2.3 Gemeinsame Richtung

Dieser Überblick läßt deutlich erkennen, daß sich die Materialistische Hermeneutik aus zwei Wurzeln in die gleiche Richtung entfaltet hat:
– Die »deutsche Linie« nimmt ihren Ausgang bei den klassischen Problemstellungen der Hermeneutik: Was leistet Kritik? Wieweit trägt sie? Diese Fragen werden zugespitzt und greifen auf eine »Historisch-Kritische« Analyse der Gegenwart aus.
– Die »französische Linie« geht von gegenwärtigen Erfahrungen des Kampfes gegen Leiden und Unterdrückung aus und fragt sich zu den befreienden Impulsen der biblischen Überlieferung durch.

3 Methoden

Da die Vertreter der »französischen Linie« methodisch strenger und einheitlicher vorgehen, werden zweckmäßigerweise die von ihnen entwickelten Instrumente zuerst vorgestellt. Wie schon erwähnt, stützen sie sich vor allem auf Analysemethoden des Historischen Materialismus und des Strukturalismus.

3.1 Methoden aus dem Bereich: Historischer Materialismus

Zunächst einmal geht es – genau wie in der Ursprungsgeschichtlichen Exegese – um die Rekonstruktion der historischen Situation, in der ein Text entstand. Für diese Arbeit greift die Materialistische Analyse auf die Methoden und Ergebnisse der Historisch-Kritischen Forschung zurück; Casalis notiert: »Die Materialistische Lektüre bedarf ihrer Unterstützung und ist ohne sie nur Spielerei oder willkürliches Phantasieren« (Casalis, 1980, S. 106). Allerdings fügt er gleich hinzu, daß es darauf ankomme, der Historisch-Kritischen Methode den richtigen Stellenwert zu geben, der durch das Stichwort »Materialistisch« charakterisiert ist. Der Historisch-Kriti schen Auslegung wird also der Schein vorgeblicher Objektivität und Neutralität genommen; die dient dazu, die kritische Rekonstruktion der Geschichte zu unterstützen und wissenschaftlich abzusichern.

Grundlage der Materialistischen Auslegung ist die These von Marx/Engels, daß das gesellschaftliche Bewußtsein vom gesellschaftlichen Sein abhänge (vgl. das zusammenfassende Referat bei Füssel, 1987, S. 12 ff).

Diese These ist radikal und weitreichend; aber sie darf nicht im Sinne einer borniertën Widerspiegelungstheorie verkürzt werden, derzufolge alle Erscheinungen und Entwicklungen des kulturellen Lebens allein und unmittelbar durch die »Basis« der ökonomischen Verhältnisse bedingt seien. Zu beachten ist vielmehr, daß bereits Marx und Engels in der berühmten Passage aus der »Deutschen Ideologie« den Begriff »Sein« keineswegs auf die ökonomischen Zustände eingegrenzt sehen wollen, sondern ihn auf den gesamten »wirklichen Lebensprozeß« beziehen; außerdem sprechen sie von einer Verknüpfung der materiellen Produktion mit der Produktion von Vorstellungen und Ideen. Weiterhin stützen sich die Vertreter der Materialistischen Hermeneutik auf die differenzierenden Theorien von Althusser und Balibar, die den Gesellschaftsprozeß aus dem Zusammenspiel der drei gesellschaftlichen Instanzen Ökonomie, Politik und Ideologie begreifen. Diese drei Instanzen befinden sich in den historischen Epochen keineswegs im Zustand des balancierten Gleichgewichts, sondern in der Regel übernimmt eine von ihnen eine dominierende Rolle.

Auch Gollwitzer weist in diesem Zusammenhang nachdrücklich eine kausale Bedingtheit des »Überbaus« durch den »Unterbau« zurück – wobei er ebenso deutlich die Tatsache unterstreicht, daß die Antworten, die jeweils auf die »Herausforderungen« einer historischen Situation gefunden werden, »in viel größerem Maße, als die idealistische Geschichtsbetrachtung es zu erfassen vermag, bedingt und hervorgerufen sind durch die vorgegebenen materiellen, d.h. durch die durch die Bearbeitung der Materie seitens des menschlichen Geistes und durch die von ihm dafür getroffenen Regelungen geschaffenen Verhältnisse; sie sind durch diese aber nie kausal determiniert« (Gollwitzer, 1980, S. 23).

Die praktisch-methodischen Konsequenzen dieser materialistischen Ausrichtung der »bürgerlichen« historischen Analyse werden in den in Abschnitt 3.4 wiedergegebenen Untersuchungs-Fragen kenntlich.

3.2 Methoden aus dem Bereich: Strukturalismus

Belo und Clévenot haben ihre Ansätze in besonders engem Kontakt zu den Theorien des französischen Strukturalisten Roland Barthes entwickelt. Barthes versteht einen Text als Gewebe (Text=Textil!), als Geflecht unterschiedlicher Ereignis- und Bedeutungsstränge, die der Interpret aufspüren und deren Verflechtungen er nachgehen muß; wer das Muster erkannt hat, versteht (Barthes, 1976, S. 160; vgl. auch Kapitel II.3). Als Beobachtungs- und Analyseinstrumente bestimmt Barthes Codes

(»Bedeutungsfäden«); sie lassen sich in zwei Gruppen einteilen (in Anlehnung an Füssel, 1987, S. 22 ff):

- *Sequentielle Codes:* Sie beziehen sich auf die Handlungskomponenten einer Erzählung. Sie lassen sich noch einmal in drei Subcodes differenzieren
  Der Aktionscode: Er richtet die Aufmerksamkeit auf die Handlungsträger; es wird beobachtet, was sie tun und was sie sprechen; anhand dieser Beobachtungen lassen sich Texte abgrenzen und gliedern.
  Der verhaltensanalytische Code: Er zeigt an, wie die an einer Handlung Beteiligten die Ereignisse deuten;
  Der strategische Code: Er zeigt an, wie die Beteiligten ihre Verhaltensdeutungen in Aktionen umsetzen.
- *Indizierende (kulturelle) Codes:* Sie geben an, wie die einzelnen Bauelemente verwendet werden, um den Sinn eines Textes zu konstituieren; die wichtigsten dieser Codes sind:
  Der topographische Code: Er bezeichnet die Gebiete, in denen die Handlung spielt und gibt die Orte der Handlung an; dabei hebt er ggf. ihre besondere Bedeutung hervor.
  Der chronologische Code: Er markiert den zeitlichen Ablauf.
  Der mythologischer Code: Er bezeichnet die mythisch-weltanschaulichen Elemente in einem Text wie Himmel, Hölle, Engel...
  Der symbolische Code: Er wird zur Bezeichnung von Werten und Normen verwendet (z.B. gut/böse).
  Der soziale Code: Er stellt die Verbindung des Textes zu den obengenannten gesellschaftlichen Instanzen Ökonomie, Politik und Ideologie dar.

Die Bedeutung, die der strukturalen Methode im Zusammenhang der Materialistischen Auslegung zugemessen wird, ergibt sich aus der Verknüpfung mit den anderen Methoden.

3.3 Das Zusammenwirken der methodologischen Ansätze

Ein charakteristisches Merkmal der »französischen Linie« ist die Verknüpfung von Elementen aus den Bereichen des Historischen Materialismus und des Strukturalismus. Die theoretischen Verbindungen sind oft recht abstrakt und schwer zugänglich; vor allem die Substitutionstheorie nach J.J. Goux, die den Nachweis versucht, daß die Produktion von Texten nach den gleichen Gesetzmäßigkeiten abläuft, wie sie bei der Produktion von Gütern gelten, erfordert eine Breite der Darstellung, die hier nicht zu leisten ist (vgl. vor allem Füssel, 1980, S. 163 ff; bei Füssel, 1987, ist im Beispiel-Kapitel das Zusammenwirken der Methoden gut zu beobachten). Ich werde mich mit einigen Hinweisen begnügen, die für die Durchführung der Materialistischen Bibellektüre besonders geeignet erscheinen:

– Bei der strukturalen Analyse achtet die materialistisch orientierte Auslegung vor allem auf die Relation der binären Opposition. Ein Text ist ja zunächst nichts anderes als eine Menge von Signifikanten (Bedeutungsträgern), die durch verschiedene Relationen miteinander in Beziehung stehen. Wenn nun der Gegensatz zwischen jeweils zwei Elementen (wie z.B. gut/böse... lieben/hassen... Gewalt/Friede... Herrschaft/Unterwerfung...) herausgearbeitet wird – das meint ja binäre Opposition –, dann ist nicht nur ein interessantes Interpretationsprinzip erkannt, sondern auch der Bogen zum Historischen Materialismus geschlagen; denn auch er entwickelt seine Analyseinstrumente vorzugsweise auf der Basis der Aufdeckung gesellschaftlicher Widersprüche und Konflikte (vgl. auch Füssel, 1980, S. 149 f; 1979, 31 ff).

Diese Beobachtungen sind natürlich besonders fruchtbar im Blick auf die sequentiellen Codes: Den an einem Geschehen Beteiligten werden anhand des verhaltensanalytischen und des strategischen Codes Rollen zugewiesen, die aus ihrem jeweiligen Klassenstandpunkt herzuleiten sind; als Beispiel ist an den Widerspruch der freien Stammesmitglieder gegen das despotische Königsrecht zu erinnern, den die Ursprungsgeschichtliche Auslegung herausarbeitete (s.o. S. 210 ff).

– Vor allem der soziale Code verbindet die strukturale Analyse eng mit der Historisch-Materialistischen; dies leisten die Begriffe Ökonomie, Politik, Ideologie.

Insgesamt scheint für die praktische Auslegungsarbeit die Historisch-Materialistische Analyse der ergiebigere Arbeitsgang zu sein.

Das bestätigt sich auch im Blick auf die Interpretationsarbeit im *deutschsprachigen Bereich*. Vereinfacht könnte man unter dieser Rücksicht die Materialistische Lektüre als eine Variante der Ursprungsgeschichtlichen Hermeneutik einordnen; der entscheidende Unterschied ist die konsequente Orientierung an Prinzipien des Historischen Materialismus. Hier wäre wohl auch die Trennungslinie zwischen den verschiedenen Konzepten zu ziehen, die unter Bezeichnungen wie sozialgeschichtlich... kursieren (s.o. S. 197); nicht jede Auslegung, die die realen Lebensbedingungen der Produzenten und Adressaten von Texten einbezieht, ist schon »materialistisch«.

Ihre unverwechselbaren Merkmale seien noch einmal stichwortartig genannt:

– Die Materialistische Auslegung versucht nicht nur die Rekonstruktion der praktischen Zustände bei der Textproduktion, sondern interpretiert diese als Ausdruck politischer Auseinandersetzungen;

– sie wendet die gleichen kritischen Fragestellungen und Methoden, die sie bei der Interpretation biblischer Texte (Kontext I) benutzt, auch auf die Analyse der Gegenwart (Kontext II) an. Besonders ergiebig scheint die Forderung von D. Sölle zu sein, auch die Gegenwart mythenkritisch zu untersuchen. Mythenkritik ist fortzuschreiben zur Ideologiekritik – diese These war schon am Ende von Kapitel II.2 als grundsätzlicher Einwand gegen die Existentiale Auslegung ins Spiel gekommen (s.o. S. 117). Exemplarisch weise ich in aller Kürze auf zwei interessante Ausarbeitungen hin: Ivan Illich (1978) übt scharfe Kritik an der

Entstehung und Verwendung von »Fortschrittsmythen«, die den zerstörerischen Kreislauf kapitalistischer Produktions- und Konsumlogik mit dem Schein »objektiven« und »notwendigen« Fortschritts versehen. Diese »Mythen« müssen entlarvt und damit um ihre Wirksamkeit gebracht werden! – Walter J. Hollenweger kommt aus dem Zusammenhang seiner interkulturellen theologischen Arbeit zu einer etwas anderen Einschätzung; auch er erkennt die mögliche kontraproduktive Funktion von Mythen im gesellschaftlichen Prozeß; aber er fordert auf, auf der Basis der biblischen Mythen die »wahren« Mythen unserer Zeit zu erkennen; sie haben den Charakter realutopischer Entwürfe von Gerechtigkeit, Versöhnung und Brüderlichkeit/Schwesterlichkeit und wirken sich in praktischen Veränderungen aus;

– die Materialistische Auslegung erkennt in der biblischen Überlieferung Impulse zur realen Befreiung der Unterdrückten;

– sie spürt in der Bibel Modelle befreiender (»subversiver«) Praxis auf und wendet diese auf ihre Gegenwart an (vgl. Hollenweger, 1982, S. 43 ff).

3.4 Ein Vorschlag zur Auslegungspraxis

Abschließend soll ein von Kuno Füssel im Anschluß an Clévenot formulierter Katalog von Erschließungsfragen die Materialistische Auslegungsarbeit verdeutlichen (Füssel, 1980, S. 169 f):

– »Welche Rolle spielen generell Texte bei der Vermittlung zwischen individueller Lebenspraxis und den Gesetzmäßigkeiten der drei gesellschaftlichen Instanzen Ökonomie, Politik und Ideologie?

– Wie verhalten sich insbesondere Textproduktion bzw. Textrezeption zur herrschenden Ideologie einer Gesellschaftsformation?

– Wie hängen Genese, Struktur und Funktion der biblischen Texte zusammen?

– Inwieweit sind die Erzähltexte der Bibel die Spuren der gesellschaftlichen Prozesse, aus denen heraus sie entstehen?

– Welche Praxis kommt in diesen Texten zum Ausdruck?

– Was wollen die Erzählungen beim Hörer, Leser ihrer, unserer Zeit bewirken? Welche Strategien verfolgt insbesondere Jesus in diesen Erzählungen?

– Wie gelingt es den biblischen Texten, gegen die herrschenden Mächte eigene subversive Politik zu verfolgen, und welche Grundsätze bringen sie dabei ins Spiel?

– Wie können subversive Erzählungen den Anfang einer neuen gewaltlosen Veränderungspraxis auf den drei gesellschaftlichen Ebenen (Produktion, Zirkulation, Konsumtion) bilden?

– Unter welchen historischen und gesellschaftlichen Bedingungen kann die subversive Erzählgemeinschaft zum Subjekt revolutionärer Veränderung werden?«

4 Das Beispiel: Gen 4, 1-16

4.1 Historische Analyse

Ebenso wie die Ursprungsgeschichtliche Auslegung ist die Materialistische Lektüre zunächst einmal darauf aus, die historische Situation zu klären, in der ein Text entstand. Darum greife ich noch einmal auf die in Kapitel II.6 zusammengetragenen Beobachtungen zurück (s.o. S. 210 ff); einige wenige Stichworte genügen:

– Das Königtum wird in einer militärisch-politischen Notsituation installiert: Israel kann dem Druck der Nachbarstaaten, vor allem der Philister, nicht mehr standhalten und schafft sich eine zentrale Regierung, die die zur Verteidigung nötigen Mittel bereitstelllt.

– Schon bald erweist sich die neue Herrschaft als überaus erfolgreich; eine stabile, dauerhafte Monarchie hat sich etabliert, die auch innenpolitisch die zentrale Macht und Verwaltung ausübt.

– Fünf kritische Punkte zeigten sich:
Aufkommen von Nationalismus und Imperialismus;
Aufkommen bürokratischer Herrschaft im Inneren;
Aufkommen von Kapitalwirtschaft und Entstehen einer Klassengesellschaft;
Aufkommen »gottgewollter Herrschaft«;
Aufkommen kanaanäischer Einflüsse im Glauben.

Diese kritischen Punkte sind zugleich Anlässe für Konflikte in der frühen Königszeit; sie haben u.a. ihren Niederschlag in bestimmten Aussagen des Jahwisten gefunden, den viele Exegeten auch als kritischen Mahner gegen die genannten Gefahren verstanden.

Im Rahmen der Materialistischen Hermeneutik kann sich die historische Analyse auf Untersuchungen dieses Zeitraums von Belo (1980), Clévenot (1980) und Casalis (1980) stützen.

Clévenot analysiert die frühe Königszeit unter den schon bekannten Aspekten der Ökonomie, der Politik und der Ideologie (S. 26 ff).

– Im Blick auf die *ökonomischen* Verhältnisse stellt er fest, daß offensichtlich der Handel jetzt durch das königliche Schekel-Gewicht normiert und damit auf die Interessen der Zentralgewalt ausgerichtet sei.

– Auch die *politischen* Strukturen werden grundlegend umgestaltet. Es entsteht im Zuge der Zentralisierung der Verwaltung eine neue Klasse, die sich – mit dem König an der Spitze – aus Armee, Polizei, Verwaltung und Klerus zusammensetzt. Sie ist in der Lage, alle ökonomischen, politischen und ideologischen Prozesse zu kontrollieren, und rückt damit in die Funktion einer »Staats-Klasse« ein: Staat und Klasse sind in diesem Fall deckungsgleich. – Auch im Bereich der Rechtsprechung kommt es zu einer Zentralisation, wie beispielsweise der Ruhm Salomos als weiser Richter erkennen läßt. – Beginnende Klassenkämpfe äußern sich im Widerspruch der dörflich organisierten Stämme gegen die neue Ordnung; diese Auseinandersetzungen werden teilweise verdeckt und überlagert durch den

Nord-Süd-Konflikt, der ja auch ein Konflikt zwischen der in Jerusalem konzentrierten Zentralgewalt und alter Stammesdemokratie ist, die in den Nordstämmen noch lebendig wirkt. Ein Beispiel dafür ist der Kampf um die königliche Fronarbeit, der nach Salomos Tod zum Zerbrechen der Reichseinheit führt (1 Kön 12).

– Im Blick auf die ideologische Ausrichtung geht es jetzt um die Ausgestaltung der biblischen Schriften, die in der frühen Königszeit entstanden. Clévenot charakterisiert das jahwistische Werk als eine Schrift zur religiösen Stützung der Ideologie des Königtums über ganz Israel. Dies erreicht der Jahwist nach Clévenot durch eine Vereinheitlichung der alten Stammesüberlieferungen: gleiche Vorfahren – gleiches Land – gleiche Verheißungen – gleiche Befreiung aus Ägypten – gleiche Politik – gleicher Gott. Auch die mythischen Elemente werden so ausgestaltet, daß sie auf Salomo als den von Anfang an Erwählten und Verheißenen hindeuten. Demgegenüber habe die Quelle E die im Norden beheimateten Freiheitstraditionen bewahrt.

Vermutlich ist diese Sicht des Jahwisten zu undifferenziert; die in Kapitel II.6 vorgelegten Untersuchungen zur Ursprungsgeschichtlichen Bewertung hatten ja wahrscheinlich gemacht, daß das jahwistische Werk auch deutliche Hinweise auf *königskritische* Elemente unter Rückgriff auf die Freiheitstraditionen einschließt. Diese These wird durch die Arbeit eines anderen Exegeten aus dem »materialistischen Lager« gestützt: Georges Casalis (1980, vor allem S. 97 ff). Auch er deutet – am Beispiel einer Exegese von Gen 2, 4b ff – das Werk des Jahwisten als tendenziell königsorientiert (der Garten Eden als »salomonisches Paradies«!). Aber er registriert doch auch deutlicher Spuren »prophetischer« Kritik: Dem »Großkönig«, der sicher mit der Versuchung konfrontiert war, sich nach dem Muster altorientalischer Potentaten gottähnliche Gewalt zuzuschreiben, wird vorgehalten, daß er ein Gebilde aus Staub sei; ihm wird gezeigt, wohin die Hybris führt, »sein zu wollen wie Gott« – richtig gelesen, also ausgesprochen subversive Anspielungen im Text; zu diesen rechnet Casalis übrigens auch die Zeichnung der Frau als ebenbürtige Partnerin des Mannes – eine revolutionäre Sicht »in einer Zeit triumphalistischer Männlichkeit« (S. 103).

4.2 Was führt weiter?

Die bisherigen Ergebnisse reichen noch nicht viel weiter als die in Kapitel II.6 erarbeiteten. Das ist zunächst einmal ein Beleg dafür, daß eine konsequent durchgeführte Ursprungsgeschichtliche Analyse schon beträchtliches kritisches Potential freisetzt, indem sie zur freiheitsgeschichtlichen Lektüre biblischer Texte anleitet. Außerdem ist in Rechnung zu stellen, daß die Interpretationen im Sinn der »französischen Linie«, d.h. in Verbindung von Historisch-Materialistischer und struktureller Analyse, sich eigentlich nie auf einen einzelnen Text, sondern auf größere Zusammenhänge beziehen: Bei Belo und Clévenot geht es eben um die Lektüre des

Markusevangeliums im ganzen, um die Erarbeitung der Grundlinien des elohistischen Werks usw. Darum dürfen die Erwartungen an den hermeneutischen Ansatz in bezug auf die Auslegung eines einzelnen Textes nicht so hoch ansetzen. Dennoch können abschließend noch einige weiterführende Punkte angesprochen werden.

4.3 Der Text in seiner Zeit (Kontext I)

Im Rahmen einer Materialistischen Lektüre sind einige der bereits in Kapitel II.6 zusammengetragenen Interpretationsansätze noch etwas weiterzuführen bzw. schärfer zu formulieren.

– Unter *ökonomischem* Aspekt könnte sich vielleicht im Text eine Tendenz zur Verdinglichung der Lebensverhältnisse spiegeln. Wenn es richtig ist, daß die neue Gesellschaft und die wirtschaftliche Entwicklung die alten gewachsenen Beziehungen zerschlugen, dann ist damit zu rechnen, daß auch die alten nomadischen Wertvorstellungen wie Vertrauen, Gastfreundschaft, Solidarität zugunsten neuer Wertvorstellungen zurückgedrängt wurden: Einfluß, Durchsetzungsvermögen und vor allem Besitz garantierten das Ansehen in der Öffentlichkeit. Könnte dieser Trend zur Verdinglichung sich im Text darin spiegeln, daß Kain sein Verhältnis zu Jahwe nur noch vom Gelingen des dinglich-materialen Opfervorgangs her deuten kann?

– Unter *politischem* Aspekt ist noch einmal die strikte Kritik an der gewaltsamen Konfliktlösung zu unterstreichen – ein in der von imperialistischem Kraftprotzentum geprägten frühen Königszeit ein wahrhaft subversives Element.

– Unter *ideologischer* Perspektive ist hervorzuheben, daß der Jahwist Gewalt ausdrücklich als Sünde qualifiziert, als ein Verhalten, das dem Wesen und Handeln Jahwes strikt zuwiderläuft, weil es Leben zerstört. Dies wird nicht nur die individuelle Gewalt betreffen, die die Erzählung von Kain und Abel anspricht, sondern auch staatlich legitimierte Gewalt, die sich auf die göttliche Erwählung des Königs beruft. Diese zeigt sich in der frühen Königszeit als aktuelle militärische Gewaltausübung in den Eroberungskriegen, aber auch als »strukturelle Gewalt« in der Etablierung von Verhältnissen und Apparaten, die aus freien Bürgern Untertanen machen. Ganz allgemein und umfassend konstatiert dagegen der Jahwist in Gen 4,1-16, daß Gewalt sich nicht auf den Willen Jahwes berufen kann; ja, der Text stellt Gewalt nachdrücklich unter das Verdikt einer Vertreibung vom Ackerboden – meldet sich hier schon die prophetische Kritik, die als Konsequenz von Israels Scheitern an der von Jahwe in Gang gebrachten Freiheitsgeschichte den Verlust des geschenkten Landes ankündigt?

So bestätigt sich, daß der Jahwist das »offizielle Gewebe« (vgl. Clévenot, 1980, S. 91-97) der zu seiner Zeit geltenden Wertvorstellungen und Gesellschaftsordnungen nicht einfach weiterwebt, sondern »Risse« hineinbringt, die als kritisch-utopische Elemente heute noch erkennbar sind.

4.4 Der Text in unserer Zeit (Kontext II)

Die Leidenschaft des praktisch-politischen Verständnisses ist eins der wichtigsten weiterführenden Elemente der Materialistischen Hermeneutik. Immer wieder betont Georges Casalis den »epistemologischen Bruch«, den Bruch im Erkenntnisprozeß (Casalis, 1980, S. 134 u.ö.), der den gewohnten Weg der Theologie von den »ewigen Wahrheiten« hin zur »Anwendung« in der Praxis auf den Kopf stellt: Es geht darum, »die Bibel und die christliche Tradition ausgehend von der Praxis, d.h. den konkreten Praktiken des Klassenkampfes, neu zu interpretieren« (Casalis, 1980, S. 38) und daraus Impulse für eine real befreiende Praxis zu gewinnen. Angeregt durch die vorgelegte materialistisch orientierte Lektüre von Gen 4 wäre etwa an den Verfall alter »Tugenden« wie Ehrlichkeit, Verläßlichkeit, Solidarität auch in unserer Gesellschaft zu denken. Diese Defizite kommen immer dann besonders deutlich ins Bewußtsein, wenn beispielsweise Übersiedler über die soziale Kälte in unserer Gesellschaft klagen.

Es wären aber auch die vielfachen Formen »struktureller Gewalt« zu reflektieren, die sich beispielsweise in den hektischen »sicherheitspolitischen« Maßnahmen um die Stationierung von Raketen oder die Lagerung von Atom-Müll niederschlägt. Noch heute werden Prozesse geführt, in denen unter Verdrehung überkommener Rechtsmaßstäbe gewaltlose Aktionen wie beispielsweise Demonstrationen oder friedliche Blockaden als »verwerfliche« Gewaltausübung verurteilt werden.

Welche Schlüsse legen solche Beobachtungen und Erfahrungen nahe?

Man kann zu einer prinzipiell pessimistischen Einschätzung der Situation und Entwicklung gelangen, wie sie beispielsweise Christa Wolf formuliert: »Die Verbindung zwischen Töten und Erfinden habe uns seit den Zeiten des Ackerbaus nie verlassen, lese ich. Kain, der Ackerbauer und Erfinder? Der Gründer der Zivilisation? Es sei schwer, die Hypothese zu widerlegen, daß der Mensch selbst, durch Kampf gegen seinesgleichen, durch Ausrottung unterlegener Gruppen, das wichtigste Werkzeug der Selektion war, die eine rasche Weiterentwicklung des Gehirns bewirkte? Jene Mutanten, deren Aggressionen sich ungehemmt gegen Artgenossen richteten (bei den meisten Tierarten als ungünstig selektiert), führen beim König der Tiere – durch seine Intelligenz anderen Feinden relativ überlegen – zur weiteren Evolution? Tötung innerhalb der eigenen Art zur Vermeidung von Überpopulation? So wurde der Mensch sich selbst zum Feind« (Wolf, 1987).

Aber die Materialistische Auslegung weist solche Resignation zurück; sie nimmt Maß an den Hoffnungsimpulsen der biblischen Überlieferung und will alle die ermutigen, die gewaltlos gegen Gewalt angehen. Ein grundlegendes Motiv solcher Aktivitäten ist die Sorge, daß unsere Erde unbewohnbar werden könnte. Heute muß niemand mehr den gewaltsamen Kain-Menschen vom Ackerboden vertreiben, er besorgt es selbst, indem er das Land zur Todeszone macht, in der niemand mehr leben kann… diese unheilvolle Folge der Gewalt-Sünde aufzuhalten, wäre eine praktische Lesart von Gen 4, 7 in Konsequenz der Materialistischen Auslegung!

5 Das Beispiel: Mk 5, 1-20

5.1 Historische Analyse

Im Rahmen der Materialistischen Auslegung lautet die Leitfrage der historischen Untersuchung: Unter welchen politisch-ökonomischen Bedingungen ist der Text produziert worden?
Zunächst wäre zu klären, welche geographischen und chronologischen Verhältnisse als Ursprungssituation anzunehmen sind. Clévenot (1980) beispielsweise geht davon aus, daß das Markusevangelium etwa im Jahr 71 in Rom geschrieben wurde; andere Ausleger wie Belo (1980) oder Füssel (1987) lassen sich nicht auf genaue historische Zuordnungen ein, die ja auch immer umstritten bleiben müssen, sondern konzentrieren sich auf die Untersuchung der politischen, ökonomischen und ideologischen Verhältnisse in Palästina im 1. nachchristlichen Jahrhundert. Diesem Ansatz schließe ich mich an (Quellen: Jeremias, 1958; Leipoldt/Grundmann, 1967 ff; Belo, 1980; Füssel, 1987).

a. Zur Sozialstruktur

Die Sozialstruktur im fraglichen Zeitraum ist zunächst einmal geprägt durch eine Differenzierung nach Grundfunktionen: im Produktivbereich können Landwirtschaft und Handwerk unterschieden werden, im Dienstleistungsbereich Handel und Verwaltung. In den sozialen Beziehungen herrschen starke Gegensätze:
In der *Landwirtschaft* dominieren die in den Städten wohnenden Großgrundbesitzer, die sich auf eine große Zahl von Abhängigen (Pächter, Sklaven) stützen können. Die »Mittelschicht« wird zunächst von den selbständigen Kleinbauern gebildet; dazu zählen wohl auch noch die Pächter; sie haben kein eigenes Land, sondern bewirtschaften den Boden der Großeigentümer und sind von denen völlig abhängig. Auf der dritten Stufe sind die Tagelöhner und Sklaven anzusiedeln.
Ähnlich sieht es im *Handwerk* aus: Neben größeren Betrieben sind die kleinen Familienbetriebe zu finden; auf der niedrigsten Ebene sind wiederum die Tagelöhner, Sklaven usw. eingestuft.
Im *Verwaltungsbereich* rangieren an der Spitze die Tempelaristokratie sowie das Königshaus; auf der mittleren Ebene sind die Priester und kleinen Beamten zu suchen, auf der unteren das »Staatsproletariat« (von Tempel und Hof beschäftigte Lohnarbeiter) sowie die Polizei.
Ganz und gar aus dem Sozialgefüge fallen die *Deklassierten* heraus: Arbeitslose; Langzeitkranke; Witwen und Waisen; Kriminelle ...
Unter *ökonomischem* Aspekt zeigt sich also, daß das ganze System durch starke Klassengegensätze gekennzeichnet ist.

Es wird durch zwei Machtfaktoren stabilisiert:
- Die römische Besatzungsmacht *(politischer Aspekt)*. Sie stützt das System durch das Bündnis mit den im Land Herrschenden und verschärft gleichzeitig durch eine rigorose Abgabenpolitik die sozialen Gegensätze.
- Die religiösen Instanzen *(ideologischer Aspekt)*. Sie festigen das System durch religiöse Legitimation, vor allem durch die Scheidungen in »rein« und »unrein«: je weiter eine Klasse am Ende des Sozialgefüges eingestuft wird, desto eher wird sie auch mit dem Merkmal der »Unreinheit« behaftet; damit bekommt ihr Status, ihr Schicksal den Schein gottgewollter Bestimmung. Auch die religiös Mächtigen verschärfen die sozialen Krisen durch geforderte Abgaben und Opfer.

Politische und religiöse Macht geben dem ökonomisch-sozialen System den Charakter der Unveränderbarkeit: die einen durch militärische und wirtschaftliche Stärke, die anderen durch religiöse Überhöhung.

Füssel hat die Sozialstruktur in einem übersichtlichen Schaubild zusammengefaßt (Füssel, 1987, S. 34):

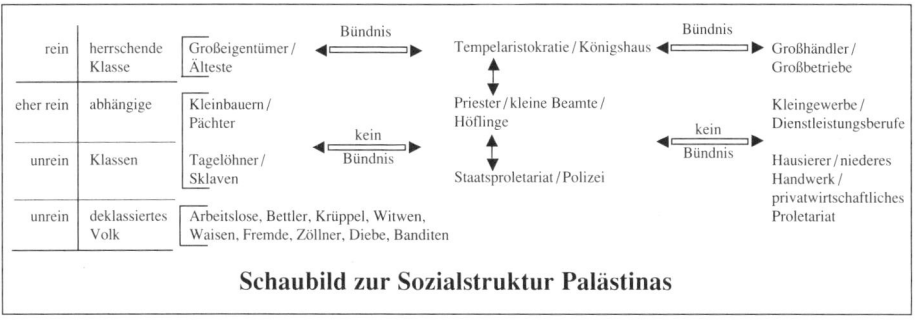

Schaubild zur Sozialstruktur Palästinas

b. Zur Praxis Jesu

Wie geht Jesus auf diese Situation ein?

Er kennt die Situation der Elenden gut – er ist ja selbst einer von ihnen (Mt 8,20!). Er hat Mitgefühl mit ihnen – wie der Hirt mit Schafen, die alleingelassen wurden (Mk 6,34).

In einer solchen Lage suchen die Elenden in ihrer Ohnmacht nach dem übermächtigen Wundertäter (vgl. dazu die Ausführungen in Kapitel II.6, S. 196).

Aber Jesus will nicht als der Wundermann verehrt werden (vgl. Mt 4, 1-11 und die wiederholte Ablehnung der »Zeichenforderung«), sondern die Menschen zu eigenen befreienden Initiativen ermutigen und befähigen.

Dazu schlägt er eine doppelten Weg ein:
- *Einmal* entlarvt und entmächtigt er das herrschende System und die sich darauf stützenden Gruppen (im Neuen Testament immer wieder stereotyp stilisiert als »Pharisäer und Schriftgelehrte«). Sein Kampf besteht zunächst einmal darin, daß er die systemstabilisierenden »göttlichen« Normen nicht anerkennt: Er kümmert

sich nicht um Reinheitsvorschriften, setzt die Sabbatvorschriften außer Kraft, wo sie nicht menschendienlich sind, spricht den Deklassierten das Heil zu.

Weiterhin entwirft er in der Utopie der Gottesherrschaft das Konzept eines neuen Lebens, in der jeder nach seinen Bedürfnissen in dem von Gott gewollten Schalom leben kann (z.B. Mt 20,1-16).

Indem er dem herrschenden System die ideologische Basis entzieht, greift er es als Ganzes an!

Die Mächtigen haben die politisch-subversive Sprengkraft der Botschaft und Praxis Jesu sehr gut verstanden und ihn physisch vernichtet.

– Der *zweite Weg,* den Jesus einschlägt, ist, daß er die Ohnmächtigen befähigt, ihren Glauben und ihre Kraft wiederzufinden und zu ihrer Befreiung zu gebrauchen (Mk 2,12; Mk 4,40; Mk 8.22-26; Mk 9,23…).

5.2 Der Text in seiner Zeit (Kontext I)

Auch im Blick auf das neutestamentliche Beispiel sollen einige Hinweise zur Einordnung seiner spezifischen Aussagen in den Gesamtkontext genügen.

Im ganzen Abschnitt ist mit Händen zu greifen, wie Jesus die herrschenden religiös-sozialen Normen durchbricht und sie damit aufsprengt:

– Er geht ins »Heidenland« und verläßt damit den heiligen Raum des Gottesvolks;
– er kümmert sich nicht darum, daß er sich durch die Begegnung mit dem »Besessenen« nach den geltenden Vorschriften schwer verunreinigt (er ist krank, von einem »unreinen Geist« besessen, und haust in den Grüften!);
– er wendet sich einem Menschen zu, der zu den völlig Deklassierten gehört, ja, vielleicht sogar durch die Erfahrung realer Unterdrückung psychisch krank geworden ist (vgl. die Hinweise zu diesem Zusammenhang in Kapitel II.6, S. 219);
– er hebt die soziale Ausgrenzung zwischen »Normalen« und Kranken auf;
– er durchschaut die Besitzenden als von Angst um ihre Sicherheit besetzte Menschen (dabei ist letztlich unerheblich, ob es sich um Großgrundbesitzer handelt, die ihre große Herde von Lohnabhängigen versorgen lassen, oder um Familienbetriebe). Es kommt darauf an, daß die vermeintliche Sicherheit der Besitzer als brüchig erkannt und ihre »Besessenheit« vom Sicherheitsdenken sichtbar gemacht wird;
– er entlarvt die römische Besatzung (»Legion«!) als »dämonische« Macht, die Menschen zerstört;
– indem er sie »zur Sau macht«, zerstört er den Nimbus ihrer unüberwindlichen Stärke; die Episode mit den Schweinen trägt ja deutlich die Züge der Satire, die bekanntlich angemaßte Macht destruiert.

Durch diese Handlungen zeigt Jesus, daß das knechtende System, das durch den militärisch-ideologischen Komplex gestützt wird, keineswegs unveränderbar stabil ist, sondern ein »Koloß auf tönernen Füßen«, der dem befreienden Angriff nicht standhält.

Das alles soll aber nicht ihn als Wundermann emporheben, sondern, wie gesagt, die eigenen Kräfte wecken. Das erreicht Jesus, indem er den Wunsch des Geheilten nach einer dauernden Bindung an den Befreier abweist und ihn mit der Verkündigung der neuen Wirklichkeit beauftragt; dies wird man sich keineswegs als nur verbales Geschehen vorstellen dürfen, sondern als befreiende Arbeit in Wort und Tat nach dem Beispiel der Apostel (Mk 6, 7-13).

So schildert dieser Text in Materialistischer Sicht eine »subversive Praxis« Jesu, die seine Zusage bekräftigt: »Alles ist dem möglich, der glaubt«. Die Anstöße waren nicht nur in der Geschichte Jesu und seiner Freunde wirksam; sie kamen teilweise in der Urgemeinde zum Tragen und wollen auch die Gegenwart ansprechen.

5.3 Der Text in unserer Zeit (Kontext II)

Im Kontext unserer Gegenwart lenkt der Text zunächst einmal die Aufmerksamkeit auf die Frage nach den »Dämonen«. In diesem Zusammenhang ist noch einmal an die Ausführungen von Erich Fromm über Obsessionen zu erinnern, die in Kapitel II. 2 referiert wurden (s.o. Kapitel II.2, S. 111 f). Fromm hat Besitzgier und übersteigertes Sicherheitsstreben als die zentralen Obsessionen unserer Zeit gekennzeichnet, die den einzelnen und die Gesellschaft zerstören.

Unter materialistischer Perspektive ist nach den realen Größen zu fragen, die die Gesellschaft wahnhaft fixieren und zerstören. Dorothee Sölle weist in ihrer Auslegung der Erzählung von der exorzistischen Heilung des epileptischen Knaben (Mk 9, 14-29) auf den heute verbreiteten Wahnsinn atomarer Rüstung und Bedrohung hin. Ihn gilt es zu entlarven! Sölle macht darauf aufmerksam, (Sölle, 1989, S. 153), daß in der Sprache der Militärs der Begriff »mutually assured destruction« eine große Rolle spielt: Nur wenn wir uns oft genug versichern, daß wir uns mehrfach umbringen können (overkill), ist Abschreckung »glaubhaft«. Die Logik einer solchen Mechanik versteht sich selbst als »Sachzwang«. Der Wahnsinn dieses Denkens steht der antiken Vorstellung von der »Besessenheit« eines Menschen durchaus nahe. »Mutually assured destruction« wird in der Nato-Sprache mit der Abkürzung »mad« (= verrückt«) wiedergegeben – ein unfreiwilliger Hinweis auf die damit verbundenen Zwangsvorstellungen.

Die Erzählung von der Heilung des Besessenen von Gergesa kann ihre subversive Sprengkraft voll zum Tragen bringen, indem sie zunächst einmal – wie in Mk 5 – die Todverfallenheit eines solchen wahnhaften Denkens und der damit zusammenhängenden Verhaltensweisen aufdeckt.

Aber damit ist ihre Arbeit noch nicht getan! Die Entlarvung des militärisch-ökonomischen Rüstungskomplexes als dämonischer Wahnsinn kann ja auch lähmen und Ohnmachtsgefühle erzeugen.

Die Botschaft des Bibeltextes lautet: Diejenigen, die als ohnmächtig dastehen, bekommen Anteil an der Macht Gottes, sie erkennen, daß sie nicht resignieren müssen vor den scheinbar unbezwinglichen Mächten. Sie werden darauf aufmerksam, daß es im Blick auf Frieden und Abrüstung bereits zu wunderbaren Aufbrüchen und Veränderungen gekommen ist, daß solidarisches Zusammenarbeiten von Ohnmächtigen die Mächtigen »vom Thron stürzen kann« (Lk 1, 52).

Letztlich kann gerade dieser Text die Erkenntnis auslösen: »Die Wunder sind nicht dazu erzählt, daß wir den Wundertäter Jesus anglotzen, sondern dazu, daß wir sie tun. An die Wunder wirklich glauben heißt, an die Macht Gottes so zu glauben, daß wir ein Teil dieser Macht werden und diese Wunder tun« (Sölle, 1989, S. 155).

6 Chancen und Grenzen der Materialistischen Auslegung

Da die Materialistische Lektüre, wie sich gezeigt hat, der Ursprungsgeschichtlichen Hermeneutik benachbart ist, wird die Auseinandersetzung sich im wesentlichen auf die gleichen Beobachtungen, Fragen und Argumente stützen; ich werde sie noch einmal stichwortartig abrufen und in einigen Punkten ergänzen und verstärken.

6.1 Drei Argumente für den Ansatz der Materialistischen Auslegung

a. Die Materialistische Auslegung macht den Erfahrungsbezug
im Vorgang der Entstehung und Überlieferung von Texten fest.

Materialistische Auslegung begreift die Texte als Antworten auf die konkreten ökonomischen, politischen und ideologischen Herausforderungen und Konflikte einer historischen Situation; sie bringt die »vitale Interessiertheit«, die die Textproduktion anregte, auch für die Gegenwart zur Geltung.

b. Die Materialistische Hermeneutik schützt die Überlieferung
vor Idealisierung und Spiritualisierung.

Die anti-idealistische Betrachtungsweise tritt hier noch deutlicher hervor als im Ursprungsgeschichtlichen Konzept. Gleichzeitig ist der Vorwurf abzuweisen, die Materialistische Lektüre verleugne die Spiritualität der Texte zugunsten einer »nur« politischen Interpretation. »Im Gegensatz zur traditionellen idealistischen Lektüre, welche oft ebenso großartig wie zeitlos und aufgrund dieser Tatsache auch folgenlos ist, findet der Materialismus hier das wahrhaft Spirituelle wieder, welches im Konkreten verankert ist« (Casalis, 1980, S. 108f)

c. Die Materialistische Hermeneutik deckt biblische Überlieferung
als freiheitsgeschichtlichen Prozeß auf.

Nimmt der Ausleger diesen Prozeß des Kampfes um die von Gott gegebene Freiheit ernst, wird er sich bald selbst in ihn verwickelt sehen; das »Ende des Zuschauer-Theologen« (Casalis) ist gekommen. Hier liegt wohl der eigentliche Anspruch dieser Hermeneutik: Sie wäre gründlich mißverstanden, wenn sie sich mit dem Etikett einer neuen Theorie zufriedengäbe – sie will eine neue politische Praxis anstoßen, motiviert und inspiriert aus der biblischen Lektüre.

6.2 Kritische Anfragen

a. Im Rahmen der Materialistischen Auslegung kann es zu willkürlichen Interpretationen kommen.

Die Gefahr der Willkür ist innerhalb des Konzepts unbestritten. Es ist nicht zu übersehen, daß insbesondere im Zug der »französischen Linie« die konzeptionelle Geschlossenheit von zwei Methodenkonzepten (Historischer Materialismus und Strukturalismus) dazu verleiten kann, das Untersuchungsmaterial so auszuwählen und zu bearbeiten, daß es die Basis-Thesen bestätigt. Folglich unterstreichen Vertreter der Materialistischen Hermeneutik immer wieder, daß die Instrumente der Historischen Kritik unverzichtbar seien, um den Text in seiner Eigenständigkeit zu schützen. *Einen* Vorwurf weisen sie jedoch entschieden zurück: »Die Bibel im Rahmen der Militanz neu zu lesen heißt nicht, ihr ein beliebiges ideologisches Raster unterzuschieben, sondern ihren roten Faden wiederzufinden« (Casalis, 1980, S. 65).

b. Die Materialistische Hermeneutik verlangt aufwendige Verfahren.

Ebenso wie bei der Ursprungsgeschichtlichen Auslegung ist auch im Blick auf dies Konzept der Einwand nur schwer zu entkräften. Allerdings wiegt er doppelt schwer im Blick auf einen hermeneutischen Ansatz, der – im Widerspruch zum »Herrschaftswissen« der traditionellen Exegese – die Autonomie und Gleichberechtigung des Lesers proklamiert: Ist das differenzierte Methodenarsenal der Materialistischen Hermeneutik dem »Laien« besser zugänglich als die Arbeitsschritte einer ausgeführten Historisch-Kritischen Exegese?
Anstrengungen zur Elementarisierung des Konzepts sind angezeigt; einige Vorschläge zur Verbesserung der Zugänglichkeit der ursprungsgeschichtlich arbeitenden Methoden habe ich in Kapitel II.6 notiert (s.o.S. 225 f).

Literatur

Barthes, Roland, Die Lust am Text. Frankfurt: Suhrkamp Verlag. 1974.

Barthes, Roland, S/Z. Frankfurt: Suhrkamp Verlag. 1974.

Belo, Fernando, Das Markus-Evangelium materialistisch gelesen. Stuttgart: Alektor-Verlag. 1980.

Casalis, Georges, Voraussetzungen und Elemente einer europäischen Befreiungstheologie. In: ders. u.a., Bibel und Befreiung. Beiträge zu einer nichtidealistischen Bibellektüre. Freiburg (Schweiz)/Münster: Edition Exodus/edition liberación. 1985. S. 134-154.

Casalis, Georges, Die richtigen Ideen fallen nicht vom Himmel. Grundlagen einer induktiven Theologie (Urban-TB 540). Stuttgart: Verlag W. Kohlhammer. 1980

Casalis, Georges, Elemente antiimperialistischen Denkens in einem subimperialistischen Kontext. In: Schottroff, L. und W. (Hg), Wer ist unser Gott? Beiträge zu einer Befreiungstheologie im Kontext der ersten Welt. München. Chr. Kaiser Verlag. 1986. S. 230-241.

Clévenot, Michel, So kennen wir die Bibel nicht. Anleitung zu einer materialistischen Lektüre biblischer Texte. München: Chr. Kaiser Verlag. 2. Aufl. 1980.

Crüsemann, Frank, Bewahrung der Freiheit. Das Thema des Dekalogs in sozialgeschichtlicher Perspektive (Kaiser Traktate 78). München: Chr. Kaiser Verlag. 1983.

Dejung, Karl-Heinz, Wider die depressive Versuchung der Resignation. In: Schottroff, L. und W. (Hg), Wer ist unser Gott? Beiträge zu einer Befreiungstheologie im Kontext der ›ersten‹ Welt. München. Chr. Kaiser Verlag. 1986. S. 208-212.

Füssel, Kuno, Materialistische Bibellektüre. In: Langer, W. (Hg), Handbuch der Bibelarbeit. München: Kösel-Verlag. 1987 [a]. S. 147-151.

Füssel, Kuno, Zeichen und Strukturen. Einführung in Grundbegriffe, Positionen und Tendenzen des Strukturalismus. Münster: edition liberación. 1983.

Füssel, Kuno, Drei Tage mit Jesus im Tempel. Münster: edition liberación. 1987 [b].

Füssel, Kuno, Anknüpfungspunkte und methodisches Instrumentarium einer materialistischen Bibellektüre. In: Clévenot, Michel, So kennen wir die Bibel nicht. Anleitung zu einer materialistischen Lektüre biblischer Texte. München: Chr. Kaiser Verlag. 1978. 2. Aufl.1980, S. 145-170.

Füssel, Kuno, Materialistische Lektüre der Bibel. Bericht über einen alternativen Zugang zu biblischen Texten. In: Schottroff, W./Stegemann, W. (Hg), Der Gott der kleinen Leute. Sozialgeschichtliche Auslegungen. Band 1: Altes Testament. München/Gelnhausen: Chr. Kaiser Verlag/Burckhardthaus-Laetare-Verlag. 1979. S. 20-36.

Gollwitzer, Helmut, Die Revolution des Reiches Gottes und die Gesellschaft. In: ders., Forderungen der Umkehr. Beiträge zur Theologie der Gesellschaft. S. 21-43.

Illich, Ivan, Fortschrittsmythen. Schöpferische Arbeitslosigkeit. Energie und Gerechtigkeit. Wider die Verschulung. Reinbeck: Rowohlt Verlag. 1978.

Schottroff, Willy/Stegemann, Wolfgang (Hg), Der Gott der kleinen Leute. Sozialgeschichtliche Bibelauslegungen. Band 1: Altes Testament. Band 2: Neues Testament. München/Gelnhausen: Chr. Kaiser Verlag/Burckhardthaus-Laetare Verlag. 1979.

Schottroff, Willy/Stegemann, Wolfgang (Hg), Traditionen der Befreiung. Sozialgeschichtliche Bibelauslegungen: Band 1: Methodische Zugänge. München/Gelnhausen: Chr. Kaiser Verlag/Burckhardthaus-Laetare Verlag. 1980.

Sölle, Dorothee, Phantasie und Gehorsam. Überlegungen zu einer künftigen christlichen Ethik. Stuttgart: Kreuz-Verlag. 1968.

Sölle, Dorothee, An Wunder glauben heißt: Sie tun. Die Bibel in der Militarisierung der Herzen und Hirne. In: Hochgrebe,Volker/Meesmann, Hartmut (Hg), Warum verstehst du meine Bibel nicht? Wege zu befreitem Leben. Freiburg: Christophorus-Verlag. 1989. S. 142-156.

Sölle, Dorothee, Die drei Theologien. In: Schottroff, Luise und Willy (Hg), Wer ist unser Gott? Beiträge zu einer Befreiungstheologie im Kontext der ersten Welt. 1986. S. 12-24.

Sölle, Dorothee, Politische Theologie. Auseinandersetzung mit Rudolf Bultmann. Stuttgart: Kreuz-Verlag. 1971.

Wolf, Christa, Störfall. Nachrichten eines Tages. Darmstadt/Neuwied: Luchterhand Verlag. 1987.

Kapitel 8
Feministische Auslegung

1 Zur Vorgeschichte

1.1 Feminismus und Theologie

Feministische Theologie ist im Denk- und Aktionszusammenhang des Feminismus zu sehen. Diese seit etwa 25 Jahren sich entwickelnde und formierende Bewegung schließt ein breites Spektrum verschiedener Arbeitsfelder, kontroverser Ansätze, differenzierter Methoden ein. Als Basis des Feminismus hat die niederländische Theologin Catharina J.M. Halkes formuliert:

– »Er beinhaltet eine fundamentale und radikale Befreiung von Frauen zu autonomen Menschen; er ist also ein (sozial-) psychologischer Prozeß.
– Er setzt eine genaue Analyse der sozialen und wirtschaftlichen Faktoren voraus, die bei der Unterdrückung der Frauen im Spiel (gewesen) sind; er ist auch ein sozialer und ökonomischer Prozeß.
– Feminismus lehnt sich gegen die einseitig maskuline Kultur auf; er ist damit eine Form der Gegen-Kultur« (Halkes, 1980, S. 20).

Die Feministische Bewegung ist zunächst ganz unabhängig von theologischen Ideen und Entwicklungen entstanden.

Wie kommt die Theologie in den Feminismus hinein?

Einfach weil Theologinnen von den neuen Ideen fasziniert waren und entdeckten, daß sich in feministischer Perspektive traditionelle theologische Sätze und Ansichten erheblich anders darstellten als bisher.

a. Erwünschte Frauen-Bilder

Als erstes fanden feministisch interessierte Theologinnen heraus, daß die weiblichen Identifikationsfiguren, die das Christentum für die Frauen bereithält – vor allem handelt es sich um biblische Frauengestalten –, in der Geschichte und Praxis des Christentums in charakteristischer Weise funktionalisiert worden sind: Sie sollen erwünschte Verhaltensweisen legitimieren und erzieherisch festmachen. Teils werden sie als Vorbilder herausgestellt, teils müssen sie zur Warnung vor einem Leben dastehen, das Gott ganz und gar nicht gefallen könne.

Einige Beispiele:

Eva galt (gilt) als Inbegriff der Sünde, die im »Begehren« besteht: Sie ist das Einfallstor der bösen Lust in die Welt; sie läßt sich von der »Begierde« verführen und wird ihrerseits zur Verführerin des Mannes. Sie dient als Warnung vor ungezügelter Sexualität (nebenbei gesagt: ...nicht nur für gegenwärtig lebende Mädchen, sondern ebenso nachhaltig – wenn nicht mehr – zur Warnung der Jungen!). Ihr zur Seite wird *Maria Magdalena* gestellt, angeblich die »große Sünderin« aus dem Neuen Testament (vgl. zu dieser Sicht die Bemerkungen auf Seite 257); sie soll aber nicht nur vor den verderblichen Folgen sexueller Sünde warnen, sondern auch zeigen, daß Jesus vergibt, wenn er aufrichtige Reue erkennt.

Nun die »positiven« Gestalten:

Allen voran natürlich *Maria,* die Mutter Jesu. Sie ist das Urbild der Reinheit und des Glaubens. Allerdings ist sie als Himmelskönigin wohl schon so abgehoben, daß die Vorbild-Funktion zugunsten der Verehrung zurücktritt.

Beispiel: in einem Marien-Gebet heißt es:

Sei gegrüßt, o Königin, Mutter der Barmherzigkeit, unser Leben, unsere Wonne und unsere Hoffnung, sei gegrüßt!

Zu dir rufen wir verbannten Kinder Evas (!); zu dir seufzen wir trauernd und weinend in diesem Tal der Tränen.

Aus dem Neuen Testament ist es vor allem die Gestalt der Maria von Bethanien, die das Frauenbild der traditionellen christlichen Erziehung stark geprägt hat. Sie ist diejenige, die dem Heiland still zu Füßen sitzt, demütig und ergeben, ganz auf das Hören des Wortes konzentriert. Sie hat nach der Überlieferung des Lukas-Evangeliums »das bessere Teil erwählt« – im Vergleich zu ihrer geschäftigen Schwester Martha. – Da aber auch die Tüchtigkeit zu den erwünschten »christlichen« Eigenschaften gehört, kommt es schließlich zu einer wunder- und tugendsamen Verschmelzung beider Schwestern – jedenfalls im evangelischen Pfarrhaus:

> Die rechte Pfarrersfrau ist die
> Martha und zugleich Marie

heißt es in einer gereimten Pastoraltheologie.

Die Reihe läßt sich fortsetzen. Es ist leicht zu sehen, daß die Frauenpersonen des Alten und Neuen Testaments zu Un-Personen geworden sind, zu Typen exemplarischen »guten« und »bösen« Lebens erstarrt, nach den Bedürfnissen der (männlichen) Benutzer zurechtgemacht.

Wie ist es zu dieser Erstarrung und Verzerrung gekommen? Welche Interessen waren dabei leitend?

b. Patriarchat

Vertreter(innen) einer Feministischen Theologie fassen ihre Antworten auf diese Fragen unter dem Stichwort des *Patriarchats* zusammen. Der Begriff umgreift alle

Bestrebungen, ethische Werte, soziale Ordnungen und personale Beziehungen einseitig einer männlichen Sichtweise und Herrschaft unterzuordnen. Der frühere Generalsekretär des Ökumenischen Rats, Philipp Potter, hat die Wirkungsweise des Patriarchats einmal sehr treffsicher mit dem Begriff des Dualismus charakterisiert; im Patriarchat geht es um eine

- Zweiteilung in Leib und Seele, wobei der Mann für sich den geistigen Bereich in Anspruch nimmt und der Frau die – minder bewertete – Leiblichkeit überläßt;
- Zweiteilung in privates und öffentliches Leben, wobei der Mann selbstverständlich im öffentlichen Leben steht und der Frau den Platz im privaten Raum der Familie zuweist;
- Zweiteilung in Demut und Macht... die Rollenverteilung liegt auf der Hand (vgl. Moltmann-Wendel, 1985, S. 47).

Es wundert nicht, wenn gerade die biblischen Frauen – besser gesagt, ihre in der schlechten Wirkungsgeschichte hergestellten Karikaturen – heftigen Protest bei denen hervorgerufen haben, die heute dafür eintreten, daß Frauen die Chance erkennen und wahrnehmen, »ein eigener Mensch« zu werden – wie Elisabeth Moltmann-Wendel einmal formulierte.

c. Anspruch auf die christliche Tradition

Nun könnten die Frauen es ja bei der Feststellung bewenden lassen, daß die schlechte Rezeption diese biblischen Gestalten eben so entstellt habe, daß heute kaum noch ein Zugang möglich ist. Aber damit wollen sich viele Feministische Theologinnen nicht zufrieden geben, sondern sind daran interessiert, biblische Frauen wieder als verlockende und hinreißende Beispiele gelungenen Menschseins wiederzuentdecken, die sie ihrer Überzeugung nach sein könnten.

Hiermit ist ein erstes *grundlegendes Interesse* der Feministischen Theologie an der Bibel umschrieben: Die Suche nach den – wie gelegentlich formuliert wird – »echten Müttern« (Moltmann-Wendel, 1985, S. 101 ff).

Ein *zweites Interesse* ergibt sich daraus, daß Diskriminierung und Unterdrückung der Frauen in Gesellschaft und Kirche noch immer unter Berufung auf die Bibel begründet werden. Die bekanntesten Beispiele, die für eine Unzahl ähnlicher Belege stehen: Der Sündenfall (Gen 3). Hier habe Eva die aktive Rolle gespielt und damit dem Bösen Tor und Tür geöffnet; dies soll belegen, daß die Frau den niederen Bereichen der Sinnlichkeit verhaftet, während dem Mann das Reich des Geistes vorbehalten sei. In diesen Zusammenhang gehört auch die Rede von der angeblichen »Kultunfähigkeit« der Frau (vgl. Swidler, 1978).

Das andere berühmte Beispiel steht in 1 Kor 14,34: der Satz »Das Weib schweige in der Gemeinde« wird immer dann angeführt, wenn es gilt, die männliche Vorherrschaft in der Kirchenleitung, vor dem Altar und auf der Kanzel zu rechtfertigen.

Damit ist ein *drittes Interesse* Feministischer Hermeneutik genannt: Es geht um die Klärung der Frage, ob die Bibel wirklich von Anfang bis Ende eine Verteidigung maskuliner Herrschaft sei.

Diese Ansätze Feministischer Bibellektüre wurden später weiter ausdifferenziert (s.u.).

Von Anfang an wurde die Frage diskutiert, ob unter diesen Umständen die Beschäftigung mit der christlichen Tradition noch sinnvoll sei. Kate Millet stellt resignierend fest: »Das Patriarchat hat Gott auf seiner Seite« (Kate Millet bei Trible, 1982, S. 93).

Phyllis Trible hat im Blick auf diesen Sachverhalt ihre Situation als »schreckliche Zwangslage« beschrieben: »Wähle heute, wem du dienen willst, dem Gott deiner Väter oder dem Gott der Schwesterlichkeit! Wenn du dich für den Gott der Väter entscheidest, dann liefert die Bibel dir ein Modell für deine Sklaverei. Wählst du aber den Gott der Schwesterlichkeit, so mußt du der patriarchalischen Religion absagen und ohne Modelle deine Freiheit einfordern« (Trible, 1982, S. 94).

Manche Feministinnen haben aus diesem Konflikt für sich den Schluß gezogen, daß sie die Bibel als Grundlage der Lebensorientierung und Spiritualität aufgeben. An die Stelle des biblischen Gottes tritt dann die Göttin. (Am pointiertesten vertritt diese These Mary Daly; in Deutschland hat vor allem die Kontroverse um die Theologin Elga Sorge in den letzten Jahren beträchtliches Aufsehen erregt; vgl. Sorge, 1987.)

Ein lebhafter Streit wird in diesem Zusammenhang um die Behauptung geführt, daß speziell das Alte Testament das Bild des strengen, despotischen Gott-Patriarchen hervorgebracht und verbreitet habe. Der Antijudaismus, der sich in dieser These meldet, wird von den meisten feministischen Theologinnen scharf abgelehnt (vgl. z.B. Drorah Setel, 1989, S. 186; Mieke Korenhof in: Schmidt, 1989, S. 15 ff; Fander, 1986, S. 304 f)).

Wie wurde diese Diskussion weitergeführt?

1.2 Feminismus und Bibel

Feministische Hermeneutik behauptet, daß das von Phyllis Trible so scharf formulierte Dilemma weder gottgegeben noch unauflösbar, sondern durch eine veränderte Auslegung zu klären sei. Voraussetzung dafür ist die Einsicht in die androzentrische (männerzentrierte) Überfremdung der ursprünglich nicht patriarchalen Überlieferung. Dies ist der Grundansatz jeder Feministischen Auslegung.

Nach Elisabeth Moltmann-Wendel erreicht uns die ursprüngliche biblische Überlieferung nur noch durch einen dreifachen Filter:

– *Patriarchale Redaktion:* Die biblischen Schriften entstanden in einer Kultur, die ganz und gar patriarchalisch geprägt ist. Auf allen Stufen der Überlieferung und Redaktion ist damit zu rechnen, daß sie von Männern gemacht wurde. Das wirkt sich einerseits so aus, daß die Lebensverhältnisse ganz selbstverständlich aus männlicher Sicht geschildert werden: Im Dekalog (Ex 20, 17) wird die Frau eben gemeinsam mit Ochs und Esel unter dem beweglichen Eigentum des Manns aufgeführt. – Andererseits ist aber auch durchaus damit zu rechnen, daß gerade im Blick auf die biblischen Frauengestalten bewußte Eingriffe in den Überlieferungsprozeß vorgenommen wurden. – Schließlich sind die Stellen anzusprechen, die programmatisch eine bestimmte Rolle der Frau festschreiben, allen voran 1 Kor 14, 34 und die Bestimmungen der »Haustafeln« (Eph 5,22 ff; Kol 3, 18 ff).

– *Patriarchale Rezeption:* Spätestens seit der »Konstantinischen Wende« im 4. Jahrhundert, die der Kirche die Teilhabe an weltlicher Macht ermöglichte, ist mit einer androzentrischen Weitergabe und Vermittlung der biblischen Schriften zu rechnen. Vor allem die biblischen Frauen wurden jetzt in die Männerwelt eingepaßt. – Diejenigen, die nicht so recht in dies patriarchale Schema passen wollten, wurden zunehmend ignoriert, in der Vergangenheit begraben. Immer mehr rückten solche Texte in den Mittelpunkt, die die erwünschten Rollenzuweisungen der Frau religiös festschreiben – andere wurden verdrängt.

– *Patriarchale Auslegung und Übersetzung:* Auch heute noch ist die gängige Praxis der Bibelauslegung, Übersetzung und Vermittlung ganz einseitig androzentrisch ausgerichtet; anerzogene Wahrnehmungsgewohnheiten lassen die biblische Überlieferung aus der Sicht aufscheinen, die sich durch jahrhundertelange Redaktion und Rezeption verfestigt und als »normale« Perspektive etabliert hat.

2 Optionen

2.1 Befreiungstheologischer Ansatz

Die enge Verbindung Feministischer Theologie mit Befreiungstheologischen Ansätzen hat einen historischen und einen sachlichen Grund. Historisch ergab sich die Beziehung in den USA, dem Mutterland des Feminismus, aus der gemeinsamen Erfahrung gesellschaftlicher Unterdrückung bei den Schwarzen und den Frauen. Und sachlich bot es sich an, daß die Women's Lib Theologinnen an den bereits ausgearbeiteten Entwürfen Schwarzer Theologie anknüpften und diese weiterentwickelten (vgl. Halkes, 1980, S. 79 ff; Moltmann-Wendel, 1985, S. 71 ff; Flatters, 1986, S. 37 ff). Damit gelten die in der Zusammenfassung nach Kapitel II.9 dargestellten Merkmale und Ziele Befreiungstheologischer Arbeit auch für die Feministische Theologie:

– Sie geht von der Erfahrung gesellschaftlicher Diskriminierung aus;
– sie verpflichtet sich dem Ziel, Menschenrecht und Menschenwürde *für alle* durchzusetzen;
– sie hat damit eine gesellschaftlich-politische Dimension; sie versteht sich als Beitrag zu einer humanen gesellschaftlichen Praxis;
– Subjekte der Theologie sind die von Unterdrückung betroffenen und für Freiheit arbeitenden Menschen; Befreiungstheologie ist »Theologie des Volkes«.

2.2 Entwurf einer Gegenkultur

Feminismus begreift sich nicht nur als Kampf um die Befreiung und Gleichberechtigung der Frau, sondern kritisiert zugleich die gesellschaftlichen und kulturellen Bedingungen, die patriarchale Herrschaft zu Lasten der Frau ermöglichen. Doch reicht diese Bestimmung nicht aus. Mit gleichem Nachdruck ist nach positiven Merkmalen einer eigenen Sicht- und Lebensweise Feministischen Selbstverständnisses zu fragen. Solche »kulturellen Gegenströmungen« entdeckt Rosemary R. Ruether bereits im Urchristentum (Ruether, 1985, S. 52 ff). Und Elga Sorge notiert: »Feministische Theologie ist eine beglückende Denkbewegung für Frauen und Männer, die mehr anstrebt als Frauenbefreiung im Rahmen patriarchaler Emanzipationsmodelle. Sie möchte vielmehr diesen Rahmen überschreiten und verändern, indem sie eine leben-, eros- und frauenliebende Spiritualität entfaltet und eine Kultur entwickeln hilft, in der Frauen, Männer, Kinder, Tiere, Bäume, Wasser, Luft usw. nicht unterdrückt und beschädigt werden« (Sorge, 1987, S. 37).

Einige wichtige Elemente solcher Feministischen Spiritualität wären:

– *Ganzheitlichkeit:* Elisabeth Moltmann-Wendel entfaltet den Begriff so: »1) Aus allen Sinnen leben... sinnliche Erfahrungen: Farben, Gerüche, Gefühle auch in Glaubens- und Gotteserfahrungen einbringen. Wenn etwas sinnenlos ist, wird es auch bald sinnlos. – 2) Die angeblich inferioren Anteile meiner Person annehmen, integrieren... 3)... Natur wieder spüren und Erde wieder neu entdecken« (Moltmann-Wendel, 1985, S. 163f).

– *Gewaltverzicht:* Das bedeutet nicht den Rücktritt vom Recht auf Selbstverwirklichung, wohl aber den Verzicht auf »Ellbogenfreiheit und einsame brutale Durchsetzung seiner selbst« (Moltmann-Wendel, 1985, S. 80).

– *Liebe* als Basis des Lebens und Glaubens, die alle Lebensbereiche und Beziehungen umgreift (vgl. Sorge, 1987, S. 86 ff).

Anders formuliert die amerikanische Feministin M.A. Farley (Farley, 1989, S. 52 ff):

– *Gleichheit:* Hier ist nicht eine formale »Gleichberechtigung« gemeint, sondern das Recht aller Frauen auf individuelle Autonomie und freie Entscheidung.

– *Gerechtes Teilen:* Dieser Grundsatz ergibt sich aus dem ersten; denn das Recht auf Gleichheit ist für die Benachteiligten nur einzulösen, wenn die Habenden zum solidarischen Teilen bereit sind.

– *Gegenseitigkeit:* Dies Prinzip meint, daß Selbstverwirklichung und Solidarität in ein dichtes Netz von Beziehungen einzuflechten sind.

Es ist schon klar, daß die Neuorientierung an weiblicher Spiritualität auch als Angebot für Männer zu verstehen ist, die »ihre Engführungen und ihre Ängste wahrnehmen... und alte Lebensmuster verlassen« (Moltmann-Wendel, 1985, S. 15 f); die Öffnung von Männern für die neue Spiritualität kann man mit tiefenpsychologischer Terminologie als Bereitschaft interpretieren, die Anima als Chance zur ganzheitlichen Selbstwerdung wahrzunehmen und anzunehmen. Diesen Aspekt hat vor allem Maria Kassel ausgearbeitet (Kassel, 1982, 1986 und 1987).

2.3 Die biblische Überlieferung freilegen

Die Symbole und Identifikationsfiguren für die angestrebten Prozesse suchen Feministische Theologinnen im Alten und Neuen Testament. Aber wie kann die Suche gelingen angesichts einer jahrtausendelang verfestigten patriarchalen Überlagerung?

Ein erster Schritt muß darin bestehen, mit Hilfe Historisch-Kritischer Analyse diese Überlagerungen zu identifizieren, in ihren Voraussetzungen und Konsequenzen zu durchschauen und zu den Ursprüngen vorzudringen. Wenn die Schichten der patriarchalen *Auslegung* (Gegenwart) und der patriarchalen *Rezeption* (Geschichte) durchstoßen sind, geraten wir vor die biblische Überlieferung selbst. Auch hier kommt die historische Kritik oft recht schnell zu überraschenden Erkenntnissen und Funden. Diese Arbeit ist manches Mal so spannend wie das Geschäft des Archäologen, der sich durch den Schutt der Jahrtausende hindurchgräbt.

Aus den ersten Fragestellungen der Feministischen Bibellektüre (s.o. 1.2.) haben sich vier Arbeitsfelder entwickelt (vgl. Sakenfeld, 1989; Rembold, 1986, S. 286 ff):

a. Aussagen der Bibel über Mann und Frau

Dieses Arbeitsfeld differenziert sich in zwei Bereiche:

– *Anthropologische Aussagen:* Hier geht es vor allem um grundlegende Texte wie Gen 1-3 (vgl. dazu z.B.: Schmidt, 1988 und 1989; Schüngel-Straumann, 1989). Das Interesse ist, die androzentrische Sicht auf solche Texte zu widerlegen, die aus ihnen »Begründungen« für die Diskriminierung von Frauen herausliest; Beispiel: Die »Sündhaftigkeit« der Frau anhand von Gen 3!

– *Aussagen zur Stellung der Frau in Gesellschaft und Gemeinde:* In diesem Zusammenhang werden vor allem neutestamentliche Stellen besprochen. Beispiel: Es herrscht mittlerweile Konsens darüber, daß das bekannte Schweigegebot in 1 Kor 14,34f nicht von Paulus stammt, sondern erheblich später formuliert wurde (1 Tim 2,12 f); von dort wurde es dann nachträglich in den Paulusbrief eingetragen.

Teilweise überschneiden sich die beiden Bereiche, weil die Texte sich manchmal auf die Urgeschichte berufen, um die Frauen zu disqualifizieren (z.B. 1 Kor 11,7 oder 1 Tim 1,11-13).

b. Aussagen zum Gottesbild

Gerade das biblische Gottesbild hat vielfach zur Radikalisierung innerhalb der Feministischen Theologie beigetragen (vgl. z.B. Ruether, 1985, S. 73 ff; Monheim-Geffert, 1986; Gerber, 1987, S. 33-57). Die Ausgangsthese lautet: Das biblische Gottesbild ist einseitig aus männlicher Sicht entworfen: Gott zeigt sich als Herr und König, als Richter und Kämpfer, als Vater und Hirt. Und immer wieder soll der

Verweis auf dies Gottesbild die mindere Qualität der Frauen belegen. Manche Feministinnen haben daraus den Schluß gezogen, dieser Gott sei nicht mehr ihr Gott; er müsse gestürzt werden und an seine Stelle die Große Göttin treten (z.B. Mary Daly und Elga Sorge).

Andere Theologinnen gehen diesen Weg nicht mit; sie suchen und finden im Alten und Neuen Testament eine Fülle von Belegen für weibliche Gottesbilder, die vergessen oder unterdrückt wurden: Von der gebärenden Frau bis zur Schneiderin reicht der Bogen; eine sehr informative Zusammenstellung und Untersuchung hat Virginia R. Mollenkott vorgelegt (Mollenkott, 1985).

c. Rehabilitation und Wiederentdeckung der biblischen Frauengestalten

Diese bereits in den Anfängen der Feministischen Bibellektüre erkannte Aufgabe, wieder Zugang zu den »Müttern des Glaubens« zu finden, wurde stark ausgebaut. Auch sie differenziert sich noch einmal:

– Die *Rehabilitation* verfolgt das Interesse, die in androzentrischer Überfremdung verzeichneten und diffamierten Frauen zurückzugewinnen. Eins der bekanntesten Beispiele ist die bereits angesprochene Maria aus Magdala. Schon ein flüchtiger Blick in die Evangelien zeigt, daß die traditionelle Identifikation der Maria Magdalena mit der »großen Sünderin« völlig aus der Luft gegriffen ist (vor allem Lk 7,36 ff und Lk 8,3). So wurde diese Frau aus dem Kreis der Freunde Jesu diffamiert und als warnendes Beispiel triebhafter Sexualität hingestellt.

– Die Notwendigkeit der *Wiederentdeckung* ergibt sich daraus, daß schon in sehr frühen vorliterarischen Stadien der biblischen Überlieferungsgeschichte weibliche Elemente, die teilweise wohl aus matriarchalen Religionen der Umwelt eingeflossen waren, und auch ursprüngliche geschichtliche Traditionsstücke rigoros bis auf geringe Reste ausgemerzt wurden. Beispiel: Eine wohl alte Überlieferung hält fest, daß es ursprünglich drei Anführer waren, die Israel voran in die Freiheit gingen: Mose, Aaron und Mirjam (Micha 6,4). Im Lauf der Zeit rückte der Mann Mose ganz ins Zentrum: Ihm allein wurden Offenbarungsempfang und Führungsmacht zugesprochen. Mirjam geriet als untergeordnete Schwester in die Position einer Randfigur, und als sie sich gegen Mose aufzulehnen wagt, wird sie von Gott gestraft (Num 12, 1-16).

Hier gleicht die Arbeit des Auslegers – wenn wir bei dem vorhin gewählten Vergleich mit der Archäologie bleiben wollen – der Tätigkeit des Ausgräbers, der versucht, aus einigen Tonscherben wieder die Umrisse eines Gefäßes zu rekonstruieren. Für diese Arbeit bedarf es freilich anderer Methoden als der Historisch-Kritischen Analyse; es kommen Imagination und Kreativität, Phantasie und Einfühlungsvermögen ins Spiel; es ist sicher kein Zufall, wenn in den letzten Jahren eine ganze Anzahl von Büchern zur Feministischen Bibelauslegung erschien, die sich ihrem Gegenstand nicht historisch-analytisch, sondern kreativ erzählend nähern (z.B. Kruse, 1986; Schirmer, 1986; Friebe-Baron, 1988). Diese Verfahren verstehen sich nicht als ein unverbindlich spielerisches Experimentieren mit den Texten, sondern wollen gleichberechtigt neben die herkömmlichen exegetischen Verfahren treten. (Vgl. auch die Anmerkungen zur »narrativen Exegese« in Kapitel II.6)

d. Die prophetische Dynamik der biblischen Überlieferung entdecken

Die bisher genannten Aufgabenfelder beziehen sich auf *biblische Inhalte,* die aus Feministischer Sicht der Bearbeitung und Klärung bedürfen.

Aber unter welcher leitenden Perspektive wird diese Klärung gesucht?

Es ist das Verdienst der amerikanischen Theologin Rosemary R. Ruether, daß sie dieser Frage konsequent nachgegangen ist und einen überzeugenden Ansatz gefunden hat (vor allem Ruether, 1985, S. 38-66; 1989, v.a. 137 ff).

Als zentrale biblische Tradition, auf die sich die Feministische Theologie stützt, bestimmt sie das »prophetische Prinzip«: Die Propheten des Alten Testaments treten auf, um anzusagen, daß Gott kommt, um den Unterdrückten zu ihrem Recht zu helfen; Jesus knüpft unmittelbar an diese Tradition an, wenn er bei seiner Predigt in Nazareth seine Mission mit Worten des Dritten Jesaja als »Befreiung der Gefangenen« kennzeichnet (Lk 4,18; Zitat Jes 61, 1 f). Letztlich geht es immer wieder um den Kampf gegen die Vergötzung menschlicher Verhältnisse und Größen, sei es die Macht, das Eigentum, bestimmte Herrschaftsverhältnisse. Dies alles hat keinen Bestand, wenn Gott zur Befreiung kommt. Zusammenfassend hat das Magnificat die messianische Revolution beschrieben (Lk 1,48-55). Die prophetische Rede im Alten und Neuen Testament beschränkt sich nicht auf die Kritik des Bestehenden, sondern entwirft auch die Vision einer alternativen Zukunft, etwa in den Reden Jesu von der Gottesherrschaft, zusammenfassend in der Bergpredigt.

Allerdings muß das »prophetische Prinzip« noch in die Gegenwart fortgeschrieben werden. Dies schließt eine Radikalisierung ein: Einmal muß es gegen die Tendenz gesichert werden, die biblischen Entwürfe der neuen Zukunft durch die Behauptung zu entschärfen, daß sie sich nur auf die *Spiritualität des einzelnen* beziehen; zum anderen ist in Rechnung zu stellen, daß die biblischen Propheten zwar die Unterdrückung der Armen durch die Reichen erkannten und kritisierten, aber übersahen, daß in ihrer patriarchalen Gesellschaft strukturelle Gewalt gegen die Frauen ausgeübt wurde; dies muß erkannt und in die Bibellektüre einbezogen werden. Der Kampf gegen die Götzen muß auch die »Vergötzung des Männlichen« einschließen! Rosemary Ruether notiert: »Wir eignen uns die Vergangenheit nicht an, um in ihren Grenzen zu bleiben, sondern um auf neue Zukunftsmöglichkeiten hinzuweisen… Wenn wir die prophetische Norm auf den Sexismus anwenden, offenbaren wir in neuer Fülle die Bedeutung des prophetischen Glaubens« (S. 51f). »Kontinuität mit der prophetischen Tradition bedeutet dann nicht einfach Neuformulierung alter Texte, sondern die ständige Erneuerung der Bedeutung der prophetischen Kritik selbst« (Ruether, 1989, S. 140).

Mit diesem Ansatz hat Ruether nicht nur eine hermeneutische Grundkategorie für die Feministische Bibellektüre bestimmt, sondern auch deren Inhaltsbereich erweitert. Wurden bisher fast ausschließlich »Frauen«-Texte bearbeitet, so können jetzt viele andere Schriftabschnitte unter der Befreiungstheologisch-Feministischen Perspektive ausgelegt werden.

2.4 Die biblische Überlieferung kritisch bewerten

Diesen Grundsatz hat vor allem die amerikanische Theologin Elisabeth Schüssler-Fiorenza formuliert und nachdrücklich vertreten (Schüssler-Fiorenza, 1989). Sie schlägt vor, mit dem Blick einer »kritischen Hermeneutik des Mißtrauens« an alle Bibeltexte heranzugehen, sie zunächst einmal mit dem warnenden Etikett zu versehen: »Vorsicht! Könnte Ihre Gesundheit und ihr Überleben gefährden!« (154). Sie proklamiert den Anspruch, solchen Texten, die Positionen der Unterdrückung festschreiben, ihren Anspruch auf Autorität und Legitimität zu bestreiten.

2.5 Beweglichkeit und Offenheit

Die Hinweise zum Befreiungstheologischen Ansatz leiten zu einer letzten wichtigen Option Feministischer Bibelauslegung. Sie nimmt sich vor einem neuen Dogmatismus in acht, der der Feministischen Bewegung durchaus nicht fremd ist. Er müßte in einen neuen Patriarchalismus mit umgekehrtem Vorzeichen münden und damit wieder alle die Verkrustungen und Erstarrungen zurückbringen, die die Feministische Theologie zugunsten einer neuen Lebendigkeit aufbrechen will.
Allerdings wird man in dem sehr komplexen und umstrittenen Feld der Feministischen Theologie nicht immer ohne Abgrenzungen auskommen. Eine sehr deutliche Grenze will Dorothee Sölle ziehen (Sölle, 1986). Sie schlägt vor, *zwei Grundrichtungen* zu unterscheiden:
– *matriarchale (oder ästhetische) Richtung:* Diese geht von der angenommenen ursprünglichen Einheit der Welt und des Menschen aus, die unter der Herrschaft der Großen Mutter oder Göttin gestanden habe. Sie muß heute wieder zur Geltung kommen; diese Richtung mündet nach Sölle letztlich im neuheidnischen Göttinnen-Kult (Hauptvertreterin: Mary Daly);
– *befreiungstheologische Richtung*: Sie greift die grundlegenden Impulse der biblischen Überlieferung auf und wendet sie produktiv auf die Befreiung der Frauen an. Wichtige Vertreterinnen sind: R.Ruether, E. Schüssler-Fiorenza, L. Russell in den USA; E. Moltmann-Wendel, L. Schottroff, D. Sölle in der BRD.

3 Methoden

Vorbemerkung

Vor etlichen Jahren schrieb Letty M. Russell, daß »eine Anleitung zu einer feministischen, nicht-sexistischen Auslegung der Bibel überfällig und verfrüht zugleich« sei (zitiert bei Thiele, 1981, S. 85). Diese Einschätzung ist sicher bis heute nicht überholt, – jedenfalls, wenn man die Entwicklung eines abgeschlossenen, gesicherten Instrumentariums im Auge hat. Dennoch ist eine Zusammenstellung geeigneter Methoden sinnvoll; *einmal*, weil alle Versuche der Bibelauslegung auf die reflektierte Anwendung geordneter Verfahren nicht verzichten können, wenn sie nicht zur Willkür mißraten sollen – *aber auch* von der Überlegung ausgehend, daß Unabgeschlossenheit, Revisionsbedürftigkeit gerade zum Selbstverständnis feministischer Theologie gehören und daß darum auch dem Methodenensemble ein Hauch von Unfertigkeit und Improvisation wohl ansteht. *Dazu kommt*, daß die Methoden keineswegs von Grund auf neu zu entwickeln sind; im Rahmen des hermeneutischen Konzepts haben viele der bisher behandelten Auslegungsverfahren eine sinnvolle Funktion.

Was feministische Methodik der Bibellektüre ausmacht, charakterisiert Elga Sorge so: »Feministische Hermeneutik wird sich herrschender theologisch-wissenschaftlicher Methoden bedienen, ohne sich auf diese zu beschränken und auch bei den allergeheiligsten theologischen Lehren und Methoden mit den unbefangenen Augen eines Kindes nachschauen, welche Vorzüge und Schwächen und welche Wirkungen sie haben. Sie wird also auch feministische Sichtweisen nicht für sakrosankt, sondern für ständig veränderbar halten. Ich möchte daher die feministische Verdolmetschung der frohmachenden Botschaft Jesu als eine Des-Kaisers-neue-Kleider-Hermeneutik verstehen, weil sie sich durch keine noch so fest zementierten wissenschaftlichen Wahrheiten und Methoden … davon abbringen läßt, nach dem zu fragen, was auch persönlich und spirituell erfahren und eingesehen wird« (Sorge, 1987, S. 33).

3.1 Historisch-Kritische Methoden

Grundsätzlich kommen im Rahmen Feministischer Hermeneutik alle Verfahren der Historisch-Kritischen Exegese zur Anwendung (vgl. hierzu vor allem die soliden Untersuchungen von Maria-Sybilla Heister [Heister, 1986], und zwar in einer doppelten Funktion:
- Sie stellen das Werkzeug für die oben beschriebene Freilegung der biblischen Überlieferung bereit;
- Sie sorgen für eine kritische Gegen-Kontrolle der durch kreative Methoden rekonstruierten Frauengeschichte.

Die amerikanische Theologin Letty M. Russell hat diesen Vorgang mit der Parole »Befreien wir den Text« (Russell, 1989) umschrieben.

Dieser Gebrauch derHistorisch-Kritischen Instrumente schließt eine kritische These ein: Er bestreitet implizit die immer wieder behauptete »Objektivität« historisch-wissenschaflicher Methoden und geht davon aus, daß *alle* Methoden sich für unterschiedliche, ja kontroverse Interessen benutzen lassen.

Wenn die Feministische Exegese die Historisch-Kritischen Methoden in dieser Weise anwendet, so greift sie nach der Überzeugung von R.Ruether die Impulse der biblischen Überlieferung selbst auf; denn sie erkennt eine »Korrelation zwischen feministischen und biblischen kritischen Prinzipien« (Ruether, 1989, S. 137 ff).

3.2 Innerbiblische Korrektur

Feministische Auslegung kann sich nicht damit zufriedengeben, Texte von patriarchaler Überfremdung zu befreien; oft ist nicht nur eine *Befreiung des Textes,* sondern auch eine *Befreiung vom Text* nötig; dann nämlich, wenn Texte unterdrückende Positionen autoritativ festschreiben. Hier muß eine kritische feministische »Hermeneutik kritischer Bewertung« einsetzen (s.o. 2.4). Eine nützliche Methode zur Einlösung dieses Grundsatzes ist die »innerbiblische Korrektur« (Schmidt, 1988, S. 12 ff): Problematischen Textstellen werden solche gegenübergestellt, die sie kritisieren und eine alternative Sichtweise formulieren.

Beispiel: Der »frauenfeindliche« Text Eph 5,21-23 wird durch den »prophetisch-befreienden« Gal 3,28 ausgelegt.

3.3 Methoden der Verfremdung

Wenn die Last der internalisierten patriarchalen Wahrnehmungsmuster so drückend geworden ist, daß ein unbefangener Blick auf die Überlieferung nicht mehr möglich erscheint, ist unter Umständen Befreiung durch Ikonoklastie (Zerstörung der [unterdrückenden] Bilder; vgl. Moltmann-Wendel, 1985, S. 186f) angezeigt. Ein ausgezeichnetes Mittel dazu ist die Verfremdung biblischer Texte (s.u. Kapitel II.12; zur Verfremdung in feministischer Sichtweise vgl. Berg/Berg, 1987). Der Leser gewinnt den »fremden Blick«, der einen neuen Zugang schafft.

3.4 Personalisieren der Tradition

Die biblischen Erzählungen von Frauen sollten einmal nicht als »heilige Texte«, sondern profan als »Alltagstexte« gelesen werden, die ganzheitlich zu erschließen sind; es geht darum, sie nach Eigenschaften, Verhaltensweisen, Handlungsmotiven,

Gefühlen, körperlichen Empfindungen und Bewegungen der dargestellten Personen abzusuchen, damit sie sich aus der starren Typisierung der traditionellen Vorbilder lösen und wieder zu Personen werden. Diese »Hermeneutik der kreativen Ritualisierung« fordert E. Schüssler-Fiorenza besonders nachdrücklich (Schüssler-Fiorenza, 1989, S. 160 ff).

Diese Methode regt auch dazu an, im Prozeß der Auslegung die eigenen Voraussetzungen, Einstellungen und Gefühle ins Spiel zu bringen, wie es vor allem die Interaktionale Hermeneutik vorschlägt.

3.5 Kreative Rekonstruktion

Hier geht es darum, wie oben beschrieben, aus Relikten und Spuren femininer Religion und weiblicher Personen mit Phantasie und Imagination Lebenszusammenhänge zu rekonstruieren, in denen sich heute Frauen (und Männer) unterbringen können, um ihre eigene Lebensgeschichte zu deuten und zu vertiefen. Vor allem die Verfahren der »narrativen Exegese« bieten sich an.

Einige sehr gelungene Beispiele der Verbindung von traditionellen wissenschaftlichen und kreativen Methoden bietet Annette Rembold an (Rembold, 1986, S. 289 ff).

3.6 Feministische Transformation

Die Entdeckung der vielen bisher übersehenen weiblichen Züge im biblischen Gottesbild ermutigt dazu, auch andere Symbole und Bilder, die (noch) patriarchalisch geprägt sind, in weibliche zu transformieren: so etwa den Heiligen Geist in die Heilige Geistin (der hebräische Begriff ist in der Tat ein Femininum! vgl. dazu Moltmann-Wendel, 1985, S. 106; 202 ff) usw.

In diesem Zusammenhang ist noch einmal auf die Untersuchungen von Virginia Mollenkott hinzuweisen (Mollenkott, 1985).

3.7 Perspektivenwechsel

Besonders ergiebig ist, die biblischen Geschichten in neuer Perspektive mit neuen Formen so zu erzählen, daß heutige Leser mit ihnen ins Gespräch kommen. Es bietet sich vor allem die Form des Dialogs an: mit den Frauen sprechen, Gefühle ihnen gegenüber äußern, ihnen widersprechen, sich mit ihnen verbünden. In diesem Zusammenhang ist noch einmal auf die Beispiele dialogischer und narrativer Auseinandersetzung mit biblischen Frauenpersonen hinzuweisen (Langer /Leistner/Moltmann-Wendel, 1982; Langer/Leistner/Moltmann-Wendel/Schönherr,

1984; Moltmann-Wendel/Schönherr/Traitler, 1986; Kruse, 1986; Schirmer, 1986; Friebe-Baron, 1988).

Damit dieser Perspektivenwechsel nicht zu einer vordergründigen Aktualisierung verflacht, der gleichsam nur die Kulissen der biblischen Überlieferung austauscht, ist darauf zu achten, daß die Geschichte »von unten«, aus der Alltagsperspektive und der Sicht der Leidenden erzählt wird ... »dann werden wir eher erfahren, was uns die Frauen von damals zu erzählen haben« (Brooten, 1982, S. 31).

4 Das Beispiel: Gen 4, 1-16

Gen 4, 1-16 bietet eigentlich keinen der charakteristischen Ansatzpunkte feministischer Hermeneutik (Aussagen über Mann und Frau; Gottesbild; Wiederentdeckung biblischer Frauen ...). Darum scheint eine detaillierte Auslegung mit den spezifischen Fragestellungen und Methoden feministischer Hermeneutik nicht besonders vielversprechend zu sein; einige Hinweise zum Verständnis des Textes unter einer feministischen Perspektive sollen genügen.

4.1 »Der Fall Eva«

Da Gen 3 und 4 in der jahwistischen Urgeschichte eine Einheit bilden, ist noch einmal in aller Kürze »der Fall Eva« anzusprechen (vgl. z.B. Trible, 1982, S. 99 ff; Sorge, 1987, S. 101 ff; Heine, 1986, S. 21 ff; Schüngel-Straumann, 1990). Wie schon erwähnt, muß(te) dieser Text immer wieder als Beleg für eine vorgebliche Minderwertigkeit und Sündhaftigkeit der Frau herhalten.

Das ist bereits im Neuen Testament ebenso wie in den etwa gleichzeitig verfaßten spätjüdischen Schriften zu beobachten und setzt sich durch die ganze Geschichte fort (Belege u.a. bei Schüngel-Straumann, 1989, S. 11-35). Feministische Auslegerinnen entlarven dies Verständnis als radikale patriarchale Verfälschung der Überlieferung. Im Blick auf den Text selbst gehen sie von der interessanten Beobachtung aus, daß Eva zweifellos als die aktive, selbständige, überlegene Partnerin vorgestellt wird; davon ist übrigens auch noch etwas in Gen 4 zu spüren; während Adam nur eingangs als Erzeuger Kains erwähnt wird, gewinnt Eva ein wenig mehr Kontur. Die Exegetinnen ziehen aber aus diesem Befund ganz unterschiedliche Schlüsse: Phyllis Trible hebt die überlegene Aktivität Evas im Gegenüber zu Adams Untüchtigkeit und Rohheit als Beleg für eine frühe Wertschätzung der Frau in der biblischen Überlieferung hervor; Elga Sorge erkennt dagegen das maskuline Interesse, in der frühen Königszeit bei der Abfassung des jahwistischen Werks die Herrschaft des Mannes über die Frau als gottgegeben zu legitimieren.

Inwieweit durch die vorliegende Textgestalt noch umrißhafte Bruchstücke matriarchaler mythischer Vorstellungen durchschimmern, nach denen Eva als göttliche »Mutter allen Lebens« erscheint, bleibt ungewiß; ein Indiz ist wohl die schwer verständliche Wendung in Gen 4,1: »Ich habe einen Mann gewonnen, mit Jahwe!«.

4.2 »Mutter Erde«

Auffällig ist in Gen 4 die Häufung des Begriffs »Ackerboden« ('dmh). Hier zeigt sich noch einmal der Zusammenhang mit dem erdgemachten Menschen Adam ('dm), die schöpfungsmäßige und schicksalhafte Verquickung. Es ist aber auch zu bedenken, daß die Erde religionsgeschichtlich ein starkes göttliches Mutter-Symbol ist (vgl. z.B. Drewermann, 1985, S. 18 ff). Dies hat wohl in Gen 4 seine Spuren hinterlassen, vor allem in der Personalisierung der Erde, die »schreit und sich öffnet«, von der weg Kain verflucht wird, so daß sie ihm ihre Kraft verweigert.
Im Zusammenhang feministischer Lebensperspektiven wäre an den erwünschten Frieden mit Mensch und Natur zu denken, der aus der Erfahrung leib- und erdverbundener Ganzheit erwächst; dafür ist das Bild der »Mutter Erde«, die das gewaltsam vergossene Blut ihrer Kinder einklagt und sich dem Aggressor verweigert, ein starkes Symbol (vgl. z.B. Ruether, 1982).

4.3 »Der Fall Kain«

In der Konsequenz Feministischer Auslegung wäre nicht nur die frauenfeindliche Fehlinterpretation von Gen 3 zurückzuweisen, sondern gleichzeitig zu fragen, ob die eigentliche »Sündenfall-Geschichte« nicht in Gen 4 zu finden ist; denn erst hier verwendet der Jahwist bekanntlich den Begriff »Sünde«. In diesem Text geht es nicht darum, daß Eva sich gemeinsam mit Adam entschließt, die von Gott gesetzten Grenzen zu überschreiten – hier verfällt Kain der Sünde tötender Gewalt und maßt sich damit die Verfügung über Leben und Tod an, die Gott allein vorbehalten ist. Dazu kommt es, weil er sich an »typisch männlichen« Verhaltensmustern orientiert: Er kämpft konkurrierend um den Liebesbeweis Gottes – er kann es nicht ertragen, daß ein anderer ihm vorgezogen wird – er versucht keine Konfliktlösung, sondern vernichtet Abel.
Verfolgen wir diesen Deutungsansatz, dann können wir formulieren: In Gen 4 zeigt sich, daß patriarchale Verhaltensmuster aggressiv und letztlich »nekrophil« (todesverliebt) sind, wie kämpferische Feministinnen immer wieder hervorheben. Der Text weist auf, daß diese Verhaltensmuster gerade nicht auf personale Autonomie hindeuten, sondern auf Fremdbestimmtheit: Nicht Kain beherrscht (sich und) die Sünde, sondern ist ihr Spielball. Das unbeherrschte Ausleben maskuliner Gewalt führt unausweichlich in die Lebensvernichtung und ist darum Sünde.

Zugespitzt: Mit dem Mann Kain kam die Sünde in die Welt.

Methodisch könnte man diesen Ansatz verdeutlichen, indem man Gen 4 einmal aus weiblicher Perspektive erzählt:

- Eva berichtet;
- oder Eva ist dialogisch an den Auseinandersetzungen und Gesprächen beteiligt.

Wesentlich schärfer formuliert Dorothee Sölle (Sölle, 1987, S. 313 ff) ihren Standpunkt: In ihrer Sicht verkörpern Kain und Abel die grundlegenden Möglichkeiten, Täter oder Opfer zu sein. Dieser Gegensatz erwächst aus einer grundlegend patriarchalischen Theologie und einer darauf aufbauenden Anthropologie: Solange Gott als Mann gedacht wird und auch Adam (der Mensch) Mann ist, wird die Menschheitsgeschichte als Geschichte von »A- und K-Leuten« weitergehen (S. 315).

Die notwendige Veränderung muß radikal, d.h. am Gottes- und Menschenbild einsetzen.

5 Das Beispiel: Mk 5, 1-20

Vorbemerkung

Auch die Erzählung von der Heilung des Besessenen spielt in der Feministischen Exegese keine Rolle; in aller Regel werden solche Wunder-Texte bearbeitet, in denen Frauen vorkommen, allen voran die Geschichte von der Syrophönizierin (Mk 7,24-30) und von der blutflüssigen Frau (Mk 5, 25-34).

Ich möchte einige wichtige Anstöße aus der feministischen Theologie aufgreifen und für ein weiterführendes Verständnis von Mk 5, 1-20 benutzen.

Dabei will ich keine ausgeführte »feministische Exegese« versuchen, sondern einige neue Aspekte skizzieren, die sich aus den Impulsen ergeben.

5.1 Aus Schwäche wird Stärke

In der feministischen Theologie wird immer wieder die empfindliche Feinfühligkeit für Schwäche, die Leidensfähigkeit der Frauen unterstrichen (z.B. Moltmann-Wendel, 1985, S. 152, unter Bezugnahme auf H.E. Richter; T. Goritschewa, 1986). Die russische Schriftstellerin Tatjana Goritschewa erzählt, wie sie ihre durch gesellschaftliche und persönliche Verhältnisse erzwungene Schwäche als »Demut« zu interpretieren lernt. Dieser Begriff scheint Klischeevorstellungen über »das Wesen der Frau« aufzugreifen, umschreibt aber bei Goritschewa eben gerade nicht »Unterwürfigkeit«, sondern eine Einstellung, die auch gesellschaftlich aufgezwungene Schwäche akzeptiert und als Offenheit für Unterstützung und Stärkung interpretiert. Sie schreibt: »Das ist eine für den Heiligen Geist offene Leere ..., ist die Fähigkeit, zuzuhören und zu empfangen«. (171). Sie beruft sich auf die paulinischen Sätze (170), daß Gott das erwählt, was in den Augen der Welt schwach ist (1 Kor 1,27). Dieser Blick auf die eigene Schwäche gehört zu den grundlegenden Merkmalen feministischer Theologie; denn als Befreiungstheologie geht sie von der Frauen-Erfahrung der Unterdrückung und Schwäche aus. Es ist müßig, darüber zu streiten, ob diese Sensibilität für Schwäche und Leidensfähigkeit zum »Wesen der Frau« gehört oder in der endlosen Geschichte von Diskriminierung und Unterdrückung eingeprägt wurde. Wichtig ist, daß sie zu den Basis-Aussagen feministischer Theologie zählen, sie sie aus der gesellschaftlichen Diskussion über die Situation und Befreiung der Frauen aufgreifen.

Interessant ist eine Querverbindung zu den neutestamentlichen Wundergeschichten – die bisher, wenn ich recht sehe, noch nicht wahrgenommen wurde. Es geht um den Glauben, der insbesondere in den synoptischen Wundererzählungen eine große Rolle spielt. Immer wieder sagt Jesus: »Dein Glaube hat dich gerettet!« In der neutestamentlichen Exegese wird der Glaube in diesem Zusammenhang als ver-trauensvolle Zuwendung zum Messias Jesus gedeutet (z.B. Schmithals, 1979, Exkurs »Glaube«, S. 156 ff). Der eben referierte Gedankengang aus der feministi-schen Theologie macht aber noch auf einen anderen Aspekt aufmerksam: »Glaube« schließt ganz offensichtlich die Kenntnis und Anerkenntnis der eigenen Schwäche ein, das Eingeständnis, aus eigener Kraft nicht mehr zurechtzukommen; ganz deutlich in der paradox zugespitzten Wendung: »Ich glaube, hilf meinem Unglau-ben«, die der Vater eines »besessenen« Jungen ausspricht (Mk 9,24). Diese Diffe-renzierungen sind alles andere als unverbindliche Begriffsakrobatik – auch heute noch ist bei vielen Krankheiten die Einsicht in die eigene Situation eine unabding-bare Voraussetzung in die Therapie; das gilt insbesondere im Blick auf Sucht-Therapien, die beispielsweise bei Alkoholikern auf dem Satz des Kranken aufbau-en: »Ich heiße NN und bin Alkoholiker.«

Diese Beobachtungen regen mich an, Mk 5,1-20 auf die Leidensäußerungen des »Besessenen« hin abzuhören. Es gibt vielleicht keinen Text im Neuen Testament, der die verzweifelte Situation eines Menschen so drastisch schildert – nicht nur in den Beschreibungen, sondern auch im Gespräch mit Jesus; der Kranke drückt aus, daß er seine Menschlichkeit verloren hat, daß er von tausend inneren Stimmen gepeinigt, von einer Legion widersprüchlicher Strebungen zerrissen wird. Auch die Abwehr (V 6f) ist wohl als Ausdruck tiefster Zerrissenheit zu sehen; er sehnt sich nach Rettung und fürchtet sich doch tief davor – das zeigte sich in der tiefenpsy-chologischen Auslegung. Auch wenn die typische »Glaubensformel« der synopti-schen Wundergeschichten in Mk 5,1-20 nicht vorkommt, wird der Mann doch als der gezeichnet, der glaubt, weil er sich an Jesus hält – gerade im Vergleich mit den Schweinehirten, die nicht (an-)erkennen wollen, daß auch sie auf Heilung angewie-sen sind.

Diese Überlegungen können auch ohne die feministische Theologie angestellt werden – aber sie macht auf diese Zusammenhänge aufmerksam; ihre Fähigkeit,

Unvollkommenheit und Schwäche einzugestehen, macht sie offen für Heilung, ja, macht Heilung erst möglich.

Damit kommt noch ein weiterer Aspekt in den Blick, der aus der feministischen Theologie zum Verständnis von Mk 5,1-20 wichtig ist.

5.2 »Gegenseitigkeit« in Beziehungen und therapeutischen Prozessen

Den Begriff der »Gegenseitigkeit« (mutuality) führt die amerikanische feministische Theologin Carter Heyward (Heyward, 1986; Titel der 1982 erschienenen Originalausgabe: The Redemption of God. A Theology of Mutual Relation). Im Gottesverhältnis und den zwischenmenschlichen Bezügen sind gegenseitige Anerkennung, Befreiung und Erlösung Voraussetzung neuer Beziehungsfähigkeit. Elisabeth Moltmann-Wendel hat diesen Ansatz aufgenommen und konsequent auf den Beziehungsprozeß Jesu zu den Frauen im Neuen Testament angewendet (Moltmann-Wendel, 1985, S. 141 ff). Dialog, Anerkennung und menschliche Konfrontation sind charakteristische Merkmale dieses Prozesses. Die Beziehung wird von seiten der Frauen »aktiviert aus einer Defiziterfahrung, die zunächst eine soziale Mangelerfahrung von Nichtbeachtung, Leere, Kranksein, Einsamkeit, Diffamierung ist ... Dieses Leer-sein wird in der Jesusbegegnung aktiv überwunden, indem Frauen sich zugleich öffnen für Begegnungen, fähig werden, anzunehmen, Heilung zu empfangen. Sie ist aktive Rezeptivität oder besser gesagt rezeptive Aktivität« (151). Dieser Vorgang ist nun keineswegs einseitig, sondern weckt in Jesus die befreienden und heilenden Kräfte; Moltmann-Wendel spricht darum auch von einer »energetischen Beziehung«; Jesus ist und bleibt in ihr die Kraftquelle; aber »wichtig ist in unserem Zusammenhang allein, *wer* die Kräfte *löst*, und daß es diejenigen sind, die nie ein Ich erlebt haben« (151). Die Parallelität mit den Erwägungen zur Bedeutung des Glaubens in den synoptischen Wundererzählungen springt ins Auge. Der Glaube als Ausdruck der akzeptierten Schwäche und als Öffnung für den Helfer macht nicht nur den Bedürftigen fähig zum Empfang des Heils, sondern aktiviert auch die Kraft des Heilers. »Gegenseitigkeit« wäre also keineswegs auf die Beziehung Jesu zu den Frauen begrenzt. In Mk 5 ist es ein Mensch, »der nie ein Ich erlebt hat«, von dem die aktivierenden Impulse ausgehen.

Auch im Blick auf diesen Gedankengang gilt, daß er nicht nur im Zusammenhang feministischer Theologie zu denken ist; aber sie hat aus ihren spezifischen Ansätzen wichtige Anstöße gegeben, die neues Licht auf die neutestamentlischen Wundererzählungen und damit auch auf Mk 5, 1-20 werfen.

6 Chancen und Grenzen der Feministischen Auslegung

6.1 Zwei Argumente für den Ansatz der Feministischen Auslegung

Da der feministische Ansatz kein eigenes Methodenensemble entwickelt, sondern im Rahmen seiner spezifischen Fragestellungen und Ziele verschiedene Auslegungsverfahren auswählt und kombiniert, kommen die Vorzüge einiger der bisher besprochenen Methoden auch hier zum Zuge; z.B.

- …er trägt zur Überwindung des Historismus bei, indem er die Texte durchgehend nach ihrer Bedeutung für befreites Menschsein befragt (aus Kapitel II.2);
- …er bietet einen Prozeß der Selbstfindung im Horizont der Gotteserfahrung an (aus Kapitel II.4);
- …er überwindet durch seinen ganzheitlichen Zugang rationale Engführungen der Exegese (aus Kapitel II.5).

Zwei spezifische Vorzüge kommen noch hinzu:

a. Die Feministische Auslegung liest biblische Texte in der Perspektive unmittelbarer Betroffenheit.

Eines der wichtigsten Merkmale Feministischer Bibelarbeit ist ja, daß Frauen aus ihrer spezifischen Erfahrung der Diskriminierung auf die Bibel zugehen. Die situative Betroffenheit, die vielen feministischen Auslegungen abzuspüren ist, teilt sich dem Leser mit. Da kommt kaum Distanz auf, eine »Relevanzkrise« der biblischen Überlieferung bleibt aus, weil der Leser aus dem Interesse an die Texte herangeht, etwas Neues zu erfahren, was sein Leben zum Guten verändert.

Das vermittelt dem, der sich auf den Ansatz einläßt, eine neue Perspektive: Starr gewordene Wahrnehmungsgewohnheiten werden aufgebrochen, Selbstverständlichkeiten wieder frag-würdig, altvertraute Geschichten wieder zur Nachricht. Auch wenn der Leser nicht alle Ergebnisse teilen will, wird schon der Verfremdungseffekt verschüttete Zugänge zur Tradition wieder freilegen.

b. Die Feministische Auslegung ist eine »beglückende Denkbewegung für Frauen und Männer«.

Die Formulierung von Elga Sorge bringt vielleicht am besten zum Ausdruck, worauf die neue Weise der Bibellektüre hinauswill. Nicht die Umkehrung der verfestigten androzentrischen Sicht zugunsten einer gynozentrischen ist das Ziel; die Feministische Auslegung will die Bibel von patriarchaler Überlagerung und Entstellung befreien, damit die in ihr aufgehobenen Orientierungsangebote und heilenden Kräfte *für alle* wieder zur Wirkung kommen. Hier berührt sich die Feministische Hermeneutik eng mit den Zielen der Tiefenpsychologischen und Interaktionalen Ansätze; allerdings richtet sich ihr Interesse stärker auf die biblischen Frauenpersonen (natürlich vor allem auf die Frauen um Jesus) als Symbole religiös motivierter und inspirierter Selbstwerdung und Selbstbestimmung.

6.2 Kritische Anfragen

a. Die Feministische Auslegung kann die Grenzen
biblisch begründeter Theologie überschreiten.

Dies ist ein heikler Kritikpunkt. Einerseits sieht sich die Feministische Auslegung den ebenso wütenden wie unsachlichen Angriffen evangelikaler Kreise ausgesetzt, die mit dem Vorwurf der »Ketzerei« schnell bei der Hand sind und disziplinierende Maßnahmen fordern. Einige Beispiele:
»..neuheidnische und antichristliche Züge Feministischer Theologie« – »Fast hat man den Eindruck, als hätten manche männliche Theologen schon den Mut verloren, den feministischen Kirchenfrauen entschieden entgegenzutreten« –»Frauen predigen sich selbst und setzen sich in ihrem Überschwang selbst auf Gottes Thron« –»Die Feministische Theologie entfremdet Gott und die Frau. Unser Verhältnis zu Gott wird zutiefst erschüttert und zerrüttet.«
Gegen Angriffe dieser Qualität ist die Freiheit des hermeneutischen Denkens und Arbeitens hervorzuheben, die auch die »Ikonoklastie« nicht scheut.
Andererseits ist nicht zu übersehen, daß die Ausarbeitung der Gegenposition zum patriarchal verfestigten Gottesbild gelegentlich über die Grenze dessen hinausgeht, was sich noch auf die Basis der biblischen Überlieferung berufen kann: Die »Göttin« trägt manchmal doch eher die Züge der Astarte oder der Diana als die der Sara oder Maria.

b. »Methodenmord« kann zur Willkür geraten, die dem Selbstverständnis
der biblischen Überlieferung nicht gerecht wird.

Dieser von M. Daly geprägte Begriff (vgl. Heine, 1986, S. 12 ff) signalisiert den gebotenen Widerstand gegen den Alleinvertretungsanspruch akademisch abgesegneter Auslegungsmethoden. Er kann aber auch auf anarchische Willkür hinweisen, die die eigene (subjektive oder gruppenspezifische) Erfahrung zum Maß aller Dinge (und Hermeneutik) macht. Damit ist die Gefahr gegeben, statt Ex-egese eben Eis-egese zu treiben, die in die Texte hineinliest, was ins vorher fertige Bild paßt. Dann aber verlieren die Texte ihre produktive Widerständigkeit, ihre Fähigkeit, herausfordernde und heilende Gegen-Welten zu unseren Erfahrungen aufzubauen; dies heben ja vor allem die schweizerischen Vertreter der Interaktionalen Bibelarbeit hervor (s.o. Kapitel II.5).

c. Feministische Auslegung ist kompliziert und aufwendig.

Diese bereits im Blick auf andere hermeneutische Konzeptionen formulierte Kritik trifft teilweise auch auf die Feministische Auslegung zu. Denn sie muß sich – jedenfalls in ihrer wissenschaftlich ausgerichteten und methodisch ausgeführten Version – auf solide religions-, kirchen-, kultur- und sozialgeschichtliche Analysen berufen können. Das sind recht anspruchsvolle Voraussetzungen. Aber auch wer nicht mit diesem Handwerkszeug an die Überlieferung herangeht, gewinnt neue Sichtweisen, kann Texte aus einer neuen Betroffenheit aufnehmen.

Literatur

Brooten, Bernadette, Frühchristliche Frauen und ihr kultureller Kontext. In: Marquardt, F.W. (Hg), Einwürfe. München: Chr. Kaiser Verlag. 1982. S. 62-93.

Drewermann, Eugen, Strukturen des Bösen. Band II: Die jahwistische Urgeschichte in psychoanalytischer Sicht. Paderborn: Ferdinand Schöningh. 5. Aufl. 1985.

Fander, Monika, »Und ihnen kamen diese Worte vor wie leeres Geschwätz, und sie glaubten ihnen nicht« (Lk 24,11). Feministische Bibellektüre des Neuen Testaments. Eine Reflexion. In: Schaumberger/Maaßen (Hg), Handbuch Feministische Theologie. Münster: Morgana Frauenbuchverlag. 1986. S. 285-298.

Farley, Margaret A., Feministisches Bewußtsein und Bibelinterpretation. in: Russell, Letty M. (Hg), Befreien wir das Wort. Feministische Bibelauslegung. München: Chr. Kaiser Verlag. 1989. S. 46-62.

Flatters, Jutta, »Probier, den alten weißen Mann aus meinem Kopf zu treiben… jetzt, wo meine Augen aufgehen…« . Feministische Theologie in den USA. In: Schaumberger, Chr./Maaßen, M. (Hg), Handbuch Feministische Theologie. Münster: Morgana Frauenbuchverlag. 1986. S. 37-50.

Friebe-Baron, Christine, Ferne Schwestern, ihr seid mir nah. Begegnungen mit Frauen aus biblischer Zeit. Stuttgart: Kreuz Verlag, 1988.

Gerber, Uwe, Die feministische Eroberung der Theologie. München: Verlag C.-H. Beck (Beck'sche Reihe 335). 1987.

Goritschewa, Tatjana, In der Demut liegt auch die Stärke. Was schwach ist, hat Gott erwählt. In: Walter, Karin (Hg), Frauen entdecken die Bibel. Freiburg: Verlag Herder. 1986. S. 169-176.

Halkes, Catharina M., Gott hat nicht nur starke Söhne. Grundzüge einer feministischen Theologie (GTB Siebenstern 371). Gütersloh: Gütersloher Verlagshaus Gerd Mohn. 1980.

Heine, Susanne, Frauen in der frühen Christenheit. Zur historischen Kritik einer feministischen Theologie. Göttingen: Vandenhoeck & Ruprecht. 1986.

Heister, Maria-Sybilla, Frauen in der biblischen Glaubensgeschichte. Göttingen. Vandenhoeck & Ruprecht. 2. Aufl. 1986.

Heyward, Carter, Und sie rührte sein Kleid an. Eine feministische Theologie der Beziehung. Mit einer Einleitung von Dorothee Sölle. Stuttgart: Kreuz Verlag. 1986.

Kassel, Maria, Feministische Bibelauslegung. In: Langer, W. (Hg), Handbuch der Bibelarbeit. München: Kösel-Verlag. 1987, S. 151-156.

Kassel, Maria, Das Auge im Bauch. Erfahrungen mit tiefenpsychologischer Spiritualität. Olten: Walter Verlag. 1986.

Kassel, Maria, Sei, der du werden sollst. Tiefenpsychologische Impulse aus der Bibel. München: Verlag J. Pfeiffer. 1982.

Korenhof, Mieke. Antijudaismus der feministischen Theologie? In: Schmidt, Eva Renate u.a. (Hg), Feministisch gelesen Band 2. Ausgewählte Bibeltexte für Gruppen und Gemeinden, Gebete für den Gottesdienst. Stuttgart: Kreuz Verlag. 1989. S. 15-21 (Lit!).

Kruse, Ingeborg, Unter dem Schleier ein Lachen. Neue Frauengeschichten aus dem Alten Testament. Stuttgart: Kreuz Verlag. 1986

Langer, Heidemarie; Leistner, Herta; Moltmann-Wendel, Elisabeth, Wir Frauen in Ninive. Gespräche mit Jona. Stuttgart: Kreuz Verlag. 1984.

Langer, Heidemarie; Leistner, Herta; Moltmann-Wendel, Elisabeth, Mit Mirjam durch das Schilfmeer. Frauen bewegen die Kirche. Stuttgart: Kreuz Verlag. 1982.

Mollenkott, Virginia M., Gott – eine Frau? Vergessene Gottesbilder der Bibel. München: Verlag C.-H. Beck (Beck'sche Schwarze Reihe 295). 1984.

Moltmann-Wendel, Elisabeth (Hg), Frauenbefreiung. Biblische und theologische Argumente. München/Mainz: Chr. Kaiser Verlag/Matthias-Grünewald-Verlag. 3. Aufl. 1982.

Moltmann-Wendel, Elisabeth, Ein eigener Mensch werden. Frauen um Jesus. (GTB Siebenstern 1006): Gütersloh: Gütersloher Verlagshaus Gerd Mohn. 1980.

Moltmann-Wendel, Elisabeth, Das Land, wo Milch und Honig fließt. Perspektiven einer feministischen Theologie (GTB Siebenstern 486). Gütersloh: Gütersloher Verlagshaus Gerd Mohn. 1985.

Moltmann-Wendel, Elisabeth, Christentum und Frauenbewegung in Deutschland. In: E.Moltmann-Wendel (Hg), Frauenbefreiung. Biblische und theologische Argumente. München/Mainz: Chr. Kaiser Verlag/Matthias-Grünewald-Verlag. 3. Aufl. 1982. S. 13-78.

Moltmann-Wendel, Elisabeth; Schönherr, Annemarie; Traitler, Reinhild, Seid fruchtbar und wehrt euch. Frauentexte zum Kirchentag (Kaiser-Traktate 93). München: Chr. Kaiser Verlag, 1986.

Monheim-Geffert, Monika, Abschied vom himmlischen Vater? In: Schaumberger/Maaßen (Hg), Handbuch Feministische Theologie. Münster: Morgana Frauenbuchverlag. 1986. S. 323-331.

Rembold, Annette, 'Und Mirjam nahm die Pauke in die Hand, eine Frau prophezeit und tanzt einem anderen Leben voran'. Das Alte Testament – feministisch gelesen. In: Schaumberger/Maaßen (Hg), Handbuch Feministische Theologie. Münster: Morgana Frauenbuchverlag. 1986. S. 285-298.

Ruether, Rosemary R., Frauenbefreiung und Wiederversöhnung mit der Erde. In: Moltmann-Wendel,E. (Hg), Frauenbefreiung. Biblische und theologische Argumente. München/Mainz: Chr. Kaiser Verlag/Matthias-Grünewald-Verlag. 3. Aufl. 1982. S. 192-202.

Ruether, Rosemary R., Feministische Interpretation: Eine Methode der Korrelation. In: Russell, Letty M. (Hg), Befreien wir das Wort. Feministische Bibelauslegung. München: Chr. Kaiser Verlag. 1989. S. 131-147.

Ruether, Rosemary R., Sexismus und die Rede von Gott. Schritte zu einer anderen Theologie (GTB Siebenstern 488). Gütersloh: Gütersloher Verlagshaus Gerd Mohn. 1985.

Russell, Letty M. (Hg), Befreien wir das Wort. Feministische Bibelauslegung. München: Chr. Kaiser Verlag. 1989.

Sakenfeld, Katharine Doob, Feministische Verfahrensweisen im Umgang mit der Bibel. In: Russell, Letty M. (Hg), Befreien wir das Wort. Feministische Bibelauslegung. München: Chr. Kaiser Verlag. 1989. S. 63-74.

Schirmer, Eva, Müttergeschichten. Frauen aus dem Alten Testament erzählen von ihrem Leben. Offenbach: Burckhardthaus-Laetare Verlag, 1986.

Schmidt, Eva Renate u.a., (Hg), Feministisch gelesen. Band 2. Ausgewählte Bibeltexte für Gruppen und Gemeinden. Gebete für den Gottesdienst. Stuttgart: Kreuz Verlag. 1989.

Schmidt, Eva Renate u.a., (Hg), Feministisch gelesen. Band 1. 32 ausgewählte Bibeltexte für Gruppen, Gemeinden und Gottesdienste. Stuttgart: Kreuz Verlag. 1988.

Schmidt, Eva Renate, Mögliche Kriterien für eine feministische Bibelauslegung. In: dies. u.a. (Hg), Feministisch gelesen. Band 1. 32 ausgewählte Bibeltexte für Gruppen, Gemeinden und Gottesdienste. Stuttgart: Kreuz Verlag, 1988. S. 12-16.

Schüngel-Straumann, Die Frau am Anfang. Eva und die Folgen. Freiburg. Herder Verlag.1989

Schüssler-Fiorenza, Elisabeth, Entscheiden aus freier Wahl. Wir setzen unsere kritische Arbeit fort. in: Russell, Letty M. (Hg), Befreien wir das Wort. Feministische Bibelauslegung. München: Chr. Kaiser Verlag. 1989. S. 148-161.

Setel, T.Drorah, Propheten und Pornographie: Weibliche sexuelle Metaphorik bei Hosea. In: Russell, Letty M. (Hg), Befreien wir das Wort. Feministische Bibelauslegung. München: Chr. Kaiser Verlag. 1989. S. 101-112.

Sölle, Dorothee, Einleitung zu: Heyward, Carter, Und sie rührte sein Kleid an. Eine feministische Theologie der Beziehung. Stuttgart: Kreuz Verlag. 1986. S. 7-13

Sölle, Dorothee, Feministisch gelesen: Kain und Abel (1 Mose 4,1-16). In: dies., Das Fenster der Verwundbarkeit. Theologisch-politische Texte. Stuttgart: Kreuz Verlag. 1987. S. 313-315.

Sorge, Elga, Religion und Frau. Stuttgart: Verlag W. Kohlhammer, 2.Aufl. 1987.

Swidler, Leonard, Jesu Begegnung mit Frauen: Jesus als Feminist. In: Moltmann-Wendel, E. (Hg), Frauenbefreiung. Biblische und theologische Argumente. München/Mainz: Chr. Kaiser Verlag/Matthias-Grünewald-Verlag. 3. Aufl. 1982. S. 203-219.

Trible, Phyllis, Gegen das patriarchalische Prinzip in Bibelinterpretationen. In: Moltmann-Wendel, E. (Hg), Frauenbefreiung. Biblische und theologische Argumente. München/Mainz: Chr. Kaiser Verlag/Matthias-Grünewald-Verlag. 3. Aufl. 1982. S. 93-117.

Kapitel 9
Lateinamerikanische Auslegung

1 Relectura als neue Praxis des Bibellesens

Seit etwa fünfzehn Jahren hat in den Gemeinden der »Dritten Welt« eine breite
Bibelbewegung eingesetzt, vor allem in Südamerika und auch in Afrika. Da für die
lateinamerikanischen Kirchen das am besten dokumentierte Material vorliegt, wird
sich die Darstellung auf diesen Bereich beschränken. In Lateinamerika wird das
neue Interesse an der Bibel, die neue Weise der Lektüre, meist mit dem Begriff der
Relectura (Releitura) verbunden: Neu-Lesen.
Die neue Lektüre ist nicht einfach eine neuartige Methode der Auslegung, sondern
geht von einer neuen Praxis aus. Diese hat ihren Ort in der solidarischen Befreiungsarbeit der Basisgemeinden. »Praxis« – »Befreiung« und »Solidargemeinde«
sind also die entscheidenden Stichworte der Relectura.
Sie sollen in einem ersten Durchgang geschichtlich konkretisiert und dann in den
Optionen entfaltet werden.

1.1 Die Psalmen von Ernesto Cardenal

Die ersten Beispiele der neuen Bibelspiritualität, die hierzulande bekannt wurden,
waren wohl die Psalm-Nachdichtungen des nicaraguanischen Dichters und Prie-
sters Ernesto Cardenal (Cardenal, 1968). Das folgende Beispiel läßt seine spezifische Weise des Neu-Lesens erkennen:
Psalm 1

> Selig der Mensch, der den Parolen der Partei nicht folgt
> und an ihren Versammlungen nicht teilnimmt,
> der nicht mit Gangstern an einem Tisch sitzt
> noch mit Generälen im Kriegsgericht.
> Selig der Mensch, der seinem Bruder nicht nachspioniert
> und seinen Schulkameraden nicht denunziert.
> Selig der Mensch, der nicht liest, was die Börse berichtet
> und nicht zuhört, was der Werbefunk sagt,
> der ihren Schlagworten mißtraut.
> Er wird sein wie ein Baum, gepflanzt an einer Quelle.

Dieser Text zeigt schon einige charakteristische Kennzeichen des Umgangs mit der Bibel:
– Der Bibeltext wird unmittelbar auf die heutige Erfahrung bezogen;
– der in der Situation der Unterdrückung und Manipulation fixierte Mensch wird als Subjekt des Bibeltextes aufgefaßt;
– der Bibeltext nimmt die Funktion der Entlarvung wahr und ermutigt zum Widerstand.

Seit dem Bekanntwerden der Psalmen von Cardenal sind etliche Sammlungen mit Beispielen lateinamerikanischer Spiritualität erschienen (Brandt, 1981 – Goldstein, 1984 – Niedermayer, 1984 – Reiser/Schoenborn, 1982 – Beispiele des neuen Umgangs mit Bibeltexten auch in der Reihe: Biblische Texte verfremdet Band 1-12 [Hg. von Sigrid und Horst Klaus Berg, ab 1986]).

Ein interessantes Merkmal dieser Sammlungen ist ihre Uneinheitlichkeit: Nachdichtungen biblischer Texte und Aufrufe zu einer Demonstration, Gebete und Analysen, Lieder und Briefe wechseln sich ab. Dadurch erhalten diese Texte und Sammlungen den Charakter von Gebrauchsliteratur mit den Merkmalen der Spontaneität, Direktheit, Unabgeschlossenheit.

1.2 »Das Evangelium der Bauern von Solentiname«

Unter diesem Titel erschien 1976 die deutsche Übersetzung von Bibelgesprächen, die Ernesto Cardenal aufgezeichnet hat. Sie wurden von einfachen Bauern und Handwerkern auf verschiedenen Inseln im Großen See von Nicaragua geführt, in der Regel statt einer Predigt während der Messe. Ein Beispiel dieser Auslegungen ist in Abschnitt 5 abgedruckt.

Auch hier sind die schon genannten Merkmale der Relectura deutlich zu erkennen; es kommt aber noch ein weiterer Zug hinzu: Die Kompetenz des »Laien«. Nicht der ausgebildete Theologe gibt aus seinem Wissen die richtige Erklärung des Textes vor, sondern diese entsteht im Dialog über die Bedeutung des Textes für die am Gespräch Beteiligten. Es wird auch niemand kritisiert oder belehrt, sondern alle können als gleichberechtigte Partner sprechen.

1.3 Vamos Caminando

»Vamos Caminando« ist der Titel eines 1977 erschienen Glaubensbuchs aus Peru. Der Titel der deutschen Übersetzung lautet: »Machen wir uns auf den Weg – Glaube, Gefangenschaft und Befreiung in den peruanischen Anden«. Das Buch entstand in Zusammenarbeit des Equipo Pastoral de Bambamarca mit den Campesinos, den armen Bauern. Es gliedert sich in 15 größere Kapitel, z.B. »Wir sind Campesinos« oder »Das Volk, mit Christus auf dem Weg zur Befreiung«.

Das eigentliche Grundmuster des Glaubensbuchs bilden kleine thematische Abschnitte, meist auf einer Doppelseite dargestellt. Sie enthalten in der Regel fünf Grundelemente: Schilderung des elenden Lebens der Campesinos in Wort und Bild; Anregung zur Diskussion (»Kommt, wir sprechen miteinander«); Schriftlesung; Lied oder Gebet; abschließender Impuls in Form eines Schriftwortes (»Wir gehen mit dem Herrn«). Am Beispiel des neutestamentlichen Textes zum letzten Mahl Jesu (Lk 22,7-20) konkretisiert sich dieser Aufbau folgendermaßen (»Ein Mahl, das verpflichtet«: S. 262 f – abgedruckt in: Berg/Berg, 1989, Band 10, S. 33-35):

- Schilderung des täglichen Lebens: Jésus Flores trifft sich mit einigen Freunden zu einem Abschiedsessen; er weist darauf hin, daß alle zum Einsatz für die Brüder verpflichtet seien;
- Gesprächsanstoß: die Teilnehmer tauschen ihre Erfahrungen zum Thema aus;
- Schriftlesung: Die Lesungen ziehen neben der Abendmahlsperikope noch andere wichtige Schriftstellen heran, u.a. Dt 16,13 (Erinnerung an die Befreiungstat des Exodus, die im Text in ihrer Beziehung zu Christus erläutert wird);
- Auch das Lied und der abschließende Impuls unterstreichen die Anstöße zur Liebe und Weltveränderung, die von der Tat Jesu ausgehen (… »gestärkt sind wir mit seinem Leib, um unsere Welt zu ändern«).

In diesem spannungsvollen Geflecht von Situation und Tradition, Reflexion und Kontemplation, Anbetung und Aktion in der Gesprächsgruppe bekommen vielfach abgenutzte Texte eine überraschend neue Aktualität.

1.4 »Vom Leben zur Bibel, von der Bibel zum Leben«

An ähnlichen Ideen und Methoden wie »*Vamos Caminando*« orientiert sich der »Bibelkurs aus Brasilien für uns«, den Carlos Mesters geschrieben hat (Mesters, 1983). Die Teilkapitel (»Treffen« genannt, weil sie Zusammenkünfte der Gruppe beschreiben) bieten jeweils im ersten Teil eine »Lektüre des Textes aus dem Leben«, aufgeteilt in: »Eine Begebenheit aus dem Leben von heute« und »Eine Begebenheit aus dem Leben zur Zeit der Bibel«; diesen Abschnitt schließt eine Reihe sorgfältig formulierter Fragen ab, die das Gespräch in der Gruppe anregen sollen. – Der zweite Teil eines »Treffens« beschäftigt sich mit der »Lektüre des Textes aus der Bibel«. Hier wird ein Bibeltext angeboten, dem wieder eine Serie von Erschließungs- und Diskussionsfragen beigegeben ist.

Auch hierzu ein Beispiel; Abschnitt »Ihr seid mehr wert, als ihr denkt« (Band 1, S. 65 ff):

- 1. Lektüre des Textes aus dem Leben: Es werden zwei Geschichten erzählt (eine aus der Gegenwart, eine aus 2 Makk 7), die beide davon berichten, wie einerseits Menschen große technische Leistungen vollbringen, andererseits Mütter unter schwierigsten Bedingungen Kinder großziehen. Das Gespräch stellt vor allem

zwei Fragen zur Diskussion: Was ist größer: Zum Mond fliegen oder Kindern zum menschenwürdigen Leben verhelfen? Und: Was brauchen wir nötiger?
– 2. Lektüre des Textes aus der Bibel: Psalm 8. Die Gesprächsimpulse bieten erfahrungsbezogene Verständnisfragen an und stellen vor allem den Bezug zum heutigen Leben her, z.B. durch die Überlegung, ob die Taten »großer Menschen« (Teil 1) auch etwas von der Größe Gottes sichtbar machen.

Bei diesem Bibelkurs fällt auf, daß versucht wird, Erfahrungen nicht nur im eigenen Leben bewußt zu machen und zu reflektieren, sondern sie auch schon in einer biblischen Geschichte selbst zu entdecken. Insgesamt ist der Kurs wohl etwas lehrhafter aufgebaut als das peruanische Glaubensbuch; aber die Fragenkataloge gängeln nicht (beispielsweise indem sie nur eine »richtige« Antwort zulassen), sondern regen den offenen Austausch an.

2 Optionen

2.1 Die Lebenspraxis des Armen ist der hermeneutische Ort der Relectura

In der traditionellen Exegese wird zunächst der Text ausgelegt und danach ein Bezug zur Gegenwart gesucht. Die neue Bibellektüre der lateinamerikanischen Gemeinden dagegen geht mit allem Nachdruck davon aus, daß der erste Schritt der Auslegung (»acto primo«) die gegenwärtige Lebenspraxis sei; erst in einem zweiten Schritt (»acto segondo«) kommt dann die Reflexion hinzu; mit gleichen Nachdruck betonen sie aber auch, daß diese beiden Akte nicht voneinander getrennt werden dürfen. Die gegenwärtige Lebenspraxis erschließt sich in der Relectura nicht in distanzierter Betrachtung, sondern nur vom Standort des Armen aus, dessen, der ausgebeutet, unterdrückt und seiner Würde beraubt wird. Seine primäre Lebensäußerung ist der Schrei der Ohnmacht und der Angst.

Diesen Schrei gilt es zunächst zu artikulieren, d.h. ihn bewußt zu machen, zu klären, seine Ursachen zu analysieren. Der ermordete Erzbischof Romero sagte dazu: es gehört auch zu den Aufgaben der Christen, »die gesellschaftlichen Mechanismen aufzudecken, die Industriearbeiter, Kleinbauern und Landarbeiter zu Randexistenzen entwürdigen« (Zitiert nach Goldstein, 1984, S. 10)

Dazu bedarf es der Zusammenarbeit mit Wissenschaften, die dies leisten, vornehmlich den Sozialwissenschaften. Sie orientieren sich größtenteils an der Dependenztheorie (vgl. Hofmann, 1978, S. 133 ff). Diese Theorie analysiert die Abhängigkeit (Dependenz) der Drittwelt-Länder von den Industrienationen unter drei Basis-Sätzen:

– Ablehnung der »endogenen« Theorie von Unterentwicklung; die Dependenz-Theorie besagt: »Unterentwicklung« ist nicht »endogen«; sie ist weder ein Naturereignis noch vorwiegend durch die eigenen Voraussetzungen der »unter-

entwickelten« Länder bedingt, sondern durch die kapitalistische Produktionsweise und die Wirtschaftspolitik der Industrienationen.
– Ablehnung des traditionellen Konzepts der »Entwicklungshilfe«. Die Vertreter
  der Dependenz-Theorie erklären: es kann nicht das Konzept der Drittwelt-Länder sein, auf die Standards der Industrienationen von außen her »entwickelt« zu
  werden, sondern sie fordern eine gerechte Welthandelspolitik.
– Einsicht, daß die Dependenz total und umfassend ist; entsprechend breit und
  radikal müssen Analysen und Konzepte ansetzen.

Diese Untersuchungen werden oft mit Hilfe der analytischen Methoden der marxi-
stischen Theorie formuliert.

Die kritische Bearbeitung der Situation der Armen muß auch die Frage nach der
Rolle der christlichen Religion einschließen. Sie wird von den Christen der Dritten
Welt überwiegend sehr kritisch gesehen: Das europäische Christentum hat sich in
der Geschichte mit dem kolonialen Imperialismus verbündet und ist darum schuld-
haft in den Prozeß der Ausbeutung und Unterdrückung verwickelt (vgl. z.B. Casalis,
1980, S. 29 ff). Aber auch im Blick auf die Gegenwart müssen sich die Christen in
den Industrienationen fragen lassen, ob Schweigen zu ungerechten Wirtschaftsord-
nungen mit dem Glauben vereinbar sind: »Kurz gesagt, die Theologen der Dritten
Welt messen die Treue der europäischen Theologen zum Evangelium an ihrer
politischen Praxis!« – notiert Casalis (1980, S. 48).

Die Theologen der Dritten Welt jedenfalls stellen sich in unbedingter Solidarität an
die Seite der Armen, nehmen ihren »Schrei« auf und tragen ihn an die Bibel heran.
So beginnt der Auslegungsprozeß.

2.2 Die Bibel als Drama geschichtlicher und gegenwärtiger Befreiung

Soll die Bibel für die Armen als eine Chance zur Klärung der eigenen Situation und
als Befreiungsimpuls zur Geltung kommen, müssen diese sie zunächst für sich
»zurückerobern« (Hofmann, 1978, S. 146), sie denen entreißen, die sie sich widerrechtlich angeeignet haben. Denn der traditionelle Bibelgebrauch mit seinen Tendenzen zur realitätsfernen Innerlichkeit und zum weltvergessenden Individualis-
mus ist natürlich mit verstrickt in den Schuldprozeß der europäischen Theologie.
Carlos Mesters hat in seinem schönen »Gleichnis von der Tür« (vgl. Brandt, 1981,
S. 9 ff) sehr anschaulich klargemacht, was das aus seiner Sicht bedeutet. Er
schildert, daß es in alter Zeit ein »Haus des Volkes« gab, einen schönen Bau, in
dem viele Menschen sich heimisch fühlten, in dem sie gemeinsam lebten, lachten.
tanzten. Eines Tages kamen zwei Gelehrte, die die Bedeutung des Hauses wissenschaftlich beschrieben und begründeten. Das Haus verwandelte sich in ein Mu-
seum, das nur noch durch einen Seiteneingang betreten werden konnte. Nach langer
Zeit entdeckte zufällig ein Bettler die vergessene Haupttür und die verlassenen Teile
des schönen Hauses. Es dauerte nicht lange, bis die Menschen ihr Haus wieder

belebten und bewohnten, wie in alter Zeit. Sogar einer der Gelehrten wurde einer der Ihren und lebte und arbeitete mit ihnen zusammen. – Das Gleichnis bedarf kaum einer Erklärung; es spricht sich darin die Hoffnung aus, daß das »Volkshaus« der Bibel wieder zum Ort wird, an dem viele Menschen Leben und Gemeinschaft finden (und daß darin auch die Exegese den ihr zukommenden Platz findet!).

Was geschieht nun, wenn die Armen ihr angestammtes Haus wieder bewohnen? Sie fangen an, die Bibel mit neuen Augen zu lesen.

Sie entdecken dabei zunächst einmal, daß die Heilige Schrift schon immer das Buch der Armen war. Sie erfahren, daß der »Schrei« der Armen ins Zentrum der Überlieferung gehört: Das beginnt damit, daß das »Blut Abels zu Jahwe schreit« (vgl. Reiser/Schoenborn, 1982, S. 28), setzt sich fort in den Hilferufen der armen Fremdarbeiter in Ägypten, wird aufgenommen im Klagen der Verfolgten in den Psalmen, ist zu hören im Weinen der Heimatvertriebenen im babylonischen Exil, gipfelt im Schrei des gottverlassenen Gekreuzigten... Die Armen in den lateinamerikanischen Basisgemeinden entdecken, daß die Geschichten des Alten und Neuen Testaments ihre Geschichten sind, daß sie seinem Schreien eine Stimme geben. Gleichzeitig erfahren sie, daß Jahwe das Schreien der Menschen hört, daß er ihr Elend sieht: »Hören« und »Sehen« sind in den entsprechenden Texten geradezu termini technici für die leidenschaftliche, zur rettenden Tat entschlossene Anteilnahme Gottes am Schicksal der Armen.

Die hermeneutische Kompetenz der Armen besteht darin, daß sie die Bibel in Gebrauch nehmen. Sie sind die am Schilfmeer Befreiten – die zuerst nicht Beachteten aus dem Gleichnis vom Gastmahl (Lk 14,15-24), die dann aber die Hauptpersonen sind: Sie sind die Hörer der ersten Seligpreisung (Nach Lukas! Lk 6,20). Daraus erwächst dann ihre Kraft und Fähigkeit, ihre schlechte Wirklichkeit ins Licht biblisch-prophetischer Kritik und Anklage zu stellen. Dies wird auch als »kontradiktorische Kompetenz« der Armen bezeichnet (vgl. Schoenborn, 1987, S. 113), d.h. als ihre Fähigkeit, Realität unter den Aspekt des Widerspruchs und der Kritik zu stellen.

Die Erfahrungen der Armen sind in *bestimmten Textgruppen* der Bibel besonders intensiv verdichtet, die dann auch in der Relectura bevorzugt gelesen werden (vgl. vor allem Hofmann, 1978, S. 148, mit vielen Hinweisen):

– *Exodus:* Die armen Campesinos identifizieren sich mit dem Volk Gottes in Ägypten (wie übrigens ja auch schon die nordamerikanischen Negersklaven in den Spirituals!): Die Leiden Israels sind ihre Leiden, Pharao erkennen sie in den Großgrundbesitzern und politisch Mächtigen. Aber sie hören auch die Befreiungszusage als eine Botschaft an sie. Diese Relectura des Exodus-Motivs ist bereits in den Dokumenten der lateinamerikanischen Bischofskonferenz von Medellin (1968) ein zentrales Thema und hat weite Verbreitung in Schriften zur Befreiungstheologie und vor allem auch im praktischen Bibelgebrauch gefunden. – Mit dem Exodus-Thema verbanden sich vor allem zu Beginn der siebziger Jahre optimistische Erwartungen an bald durchzusetzende Befreiungs- und

Erneuerungsprozesse (vgl. vor allem auch Croatto, 1989, S. 64 ff, der die Exodus-Überlieferung als eine »kerygmatische Achse« der ganzen Bibel verstanden wissen will). Diese Euphorie ist mittlerweile stark gedämpft; darum ist ein zweites biblisches Thema hinzugetreten:

- *babylonisches Exil:* Hier kommen vor allem die Erfahrungen des Leidens und der Unterdrückung zur Sprache; aber auch die Verheißung wird neu gehört. – Damit kommt das dritte Motiv in den Blick:
- *Leiden, Tod und Auferstehung Jesu:* Auch im Blick auf die Christusgeschichte werden die Teile zentral, in denen sich die Armen mit ihren Schreien wiedererkennen. Ganz intensiv erleben sie Verrat und Preisgabe, Verhör und Folter, Leiden und Sterben Jesu als ihre Geschichte. »Nachfolge« bekommt in diesem Zusammenhang eine ganz eigene Qualität. Während sich in den traditionell orientierten Kirchen mit dem Begriff oft der Gedanke ethischer Leistung verbindet, bedeutet er für die armen Campesinos nichts anderes als: mit Christus unterwegs sein, sein Leiden teilen – aber auch: seine Auferstehung als starken Hoffnungsimpuls begreifen.

Überhaupt gilt: »Die Verheißungen sind keine regulative Idee, kein leerer Horizont anonymer Erwartungen, sondern Impuls, Auftrag und befreiender Imperativ, sie im effektiven Befreiungsprozeß heute zu verifizieren« (Hofmann, 1978, S. 150 f). In diesem Befreiungskampf ist die aktive Auseinandersetzung mit den herrschenden Mächten und Ideen wichtig; auch dafür bietet sich ein zentraler biblischer Zusammenhang zur ermutigenden Relectura an:

- *Prophetie:* In der radikalen Kritik der biblischen Propheten an Ungerechtigkeit und Gottlosigkeit erkennen die Befreiungstheologen den Vorrang des rechten Tuns vor der rechten Lehre (»Orthopraxie« ist wichtiger als »Orthodoxie«) und wissen sich im Befreiungskampf gegen die Unterdrücker von Gott ermächtigt und ermutigt. Dabei nehmen sie das prophetische Wort nicht selbstgerecht als Kritik nur an den anderen in Anspruch, sondern verstehen es auch als Bußruf an sich selbst. In diesem Zusammenhang sei daran erinnert, daß auch in der Feministischen Auslegung das prophetisch-kritische Element als Grund-Satz der biblischen Überlieferung und als Basis von Glauben und Theologie verstanden wird, vor allem bei M.R.Ruether (s.o. Kapitel II.8, S. 258 f).

Als letzten Komplex nenne ich die alttestamentliche

- *Weisheitsliteratur* (vor allem: Mesters, 1983): Sie dient als Beispiel aus dem Glauben motivierter praktischer Lebensorientierung.

Insgesamt überwiegen in der Relectura Texte aus dem Alten Testament; das hängt vermutlich damit zusammen, daß die Armen die Bedeutung der Gemeinschaft neu entdeckt haben und diese durch eine intensive Identifikation mit Israel in der Hebräischen Bibel finden (vgl. dazu: Goldstein, 1984, S. 14 ff). In seiner Basisgemeinde erfährt der Arme Beistand und Solidarität, die Erzählgemeinschaft vergewissert sich der biblischen Stärkung.

2.3 Vom Leben zur Bibel – von der Bibel zum Leben

Besser als mit dem Titel des schon besprochenen brasilianischen Bibelkurses kann man den Verstehens- und Aneignungsprozeß nicht beschreiben, der im Rahmen der Hermeneutik der lateinamerikanischen Gemeinden in Gang kommt. Ausgehend von den eigenen Lebenserfahrungen treten die Armen in das »Haus der Bibel« ein, machen es zu ihrem Wohnort. Sie müssen nicht – wie in der traditionellen Exegese – den Zugang zum Text suchen, indem zunächst seine »Sinnspitze« formuliert und angeeignet wird, sondern Text und Leben werden »in ihren realen Handlungszusammenhängen, also in ihrer erzählten Praxis, miteinander in Beziehung gesetzt« (Fuchs, 1983, S. 414): Die biblische Geschichte ist die Vor-Geschichte heutigen Leidens, aber die heutige Praxis solidarischen Kampfes ist auch die Folge-Geschichte biblischer Befreiungsgeschichten.

»Auslegung« ist in der Relectura-Hermeneutik nicht Textarbeit im engeren Sinn, sondern bedeutet Lesen des Textes in erschließenden Kontexten: Die Beziehung zur Gruppe, die Korrelation zur Gegenwart setzt die Bedeutung und Dynamik eines Textes frei.

So kommt es zu einem ständigen pulsierenden Hin- und Herschwingen zwischen Gegenwart und Überlieferung. Das ist aber nur möglich, weil die entscheidende »materiale Bedingung« für diesen Prozeß in der realen Situation der Armen gegeben ist: Sie sind Empfänger der Offenbarung, weil sie schon immer ihr Empfänger waren.

Ottmar Fuchs hat in diesem Zusammenhang vom »hermeneutischen Vorteil« der Armen und Ohnmächtigen gesprochen, wohl wissend, daß diese Einsicht leicht zur makabren, weil leichtfertigen realitätslosen These verkommen kann… dann nämlich, wenn sie für Christen der »Ersten Welt« folgenlos bleibt (vgl. dazu auch Kapitel I.1, S. 21 f). Davon ist jetzt noch ausführlicher zu handeln.

2.4 Können europäische reiche Christen von der Hermeneutik der armen lateinamerikanischen Gemeinden lernen?

Diese Frage scheint auf den ersten Blick allzu banal: Wer wollte nicht von der lebendigen Spiritualität der Christen aus der Dritten Welt lernen, wer auf den spontanen Zugang zur biblischen Überlieferung verzichten, den sie uns zeigen? Natürlich wird man in Rechnung stellen müssen, daß sich die lateinamerikanischen Lebens- und Verstehensbedingungen nicht ohne weiteres auf europäische Verhältnisse übertragen lassen, aber eine gute hermeneutisch-didaktische Reflexion sollte diese Barriere überwinden.

Genau dies ist aber die Methode, die offenbar eine ernsthafte Auseinandersetzung verhindert. Die eilfertige Herstellung religionspädagogischer und pastoraler Modelle legt zwar »didaktisierende Stege« zwischen die lateinamerikanischen Ge-

meinden (oder andere aus der Dritten Welt) und uns... aber ließen wir uns darauf
ein, würden diese Texte »jede innovative und kritische Kraft gegen uns und damit
für uns verlieren« (Fuchs, 1983, S. 413). Diese kritischen und warnenden Sätze
lassen aufhorchen! Ihr Hauptargument ist, daß der »hermeneutische Vorteil« der
Armen nicht unser Vorteil ist; *wir* sind nicht die Ohnmächtigen und Unterrückten,
denen der Ruf der Freiheit gilt. Entschieden weist der gleiche Autor auch alle
Erklärungen zurück, daß wir Europäer doch auch alle »irgendwie arm« seien durch
Angst, Neurosen oder andere Schäden. Solche Versuche verschleiern nur, daß wir
im Verhältnis zu den Menschen in der Dritten Welt die Reichen sind, und zwar
weitgehend auf deren Kosten. »Unsere Verblendung liegt darin, daß wir das
Evangelium weitgehend nur im Bereich des Privaten und Individuellen auslegen
und damit innerhalb unseres Glaubens das Prinzip der Befreiung anderer und
letztlich von uns selbst nicht wahrnehmen können« (421).
Eine ernsthafte Beschäftigung mit der Relectura muß die europäischen Christen im
Sinn der obengenannten »materialen Hermeneutik« auf ihren eigenen Standort in
der Gegenwart und damit zugleich in der Bibel verweisen, und da bleibt uns nichts
anderes übrig, als uns an die Seite des Pharao zu stellen, die Kritik der Propheten
als Gerichtsbotschaft an uns zu hören, uns in die Gruppe der Pharisäer, Schriftgelehrten und Verstockten einzureihen. Erst wenn wir bereit sind, diesen Ruf zur
radikalen Umkehr anzunehmen, »werden wir uns der Heilsbotschaft der biblischen
Geschichten und damit auch den Campesinos nähern« (S. 423).
Von der Relectura lernen muß einen Prozeß »lebenslanger Konversion« (Sölle,
1989, S. 24) in Gang bringen – wenn es ehrlich zugehen soll. Die in der Überschrift
dieses Abschnitts gestellte Frage müßte sich also zuspitzen: »Sind wir zur Umkehr
bereit und fähig?«
Eine solche lernende, bußfertige Annäherung könnte sich auf folgende Punkte
beziehen:
– Fähigkeit, den eigenen Standort als Sünder zu erkennen und
  den Ruf zur Umkehr anzunehmen;
– Fähigkeit, die Armen im eigenen Lebenskreis und in der Welt wahrzunehmen
  und für ihr Recht einzutreten;
– Fähigkeit, die biblische Überlieferung nicht als Quelle für theologisches Wissen,
  sondern als Gesprächspartner auf dem Weg der Freiheit wahrzunehmen;
– Fähigkeit, die Wahrheit nicht in fertigen, vollständigen Sätzen zu erfassen,
  sondern sie im Gespräch mit anderen und mit der Bibel zu suchen (der Heilige
  Geist hat nach Meinung von Ottmar Fuchs eine »Schwäche für das Kleine, für
  das Fragmentarische und das Detail«: S. 416);
– Fähigkeit, die Bibel ganzheitlich aufzunehmen.

2.5 Relectura in der »Ersten Welt«

Ansätze zum »neuen Lesen« entwickelten sich auch in der »Ersten Welt«. Am Anfang waren es die von Dorothee Sölle und Fulbert Steffensky ins Leben gerufenen Kölner »Politischen Nachtgebete« (Sölle/Steffensky, Band 1: 1968; Band 2: o.J.). In diesen Gottesdiensten wurden Bibeltexte ähnlich wie in der Relectura aufgefaßt: als Impulse und Handlungsanweisungen zur realen Veränderung inhumaner Verhältnisse; das verdeutlichen Themen wie beispielsweise: »Schüler – Lehrlinge; Strafvollzug; Entwicklungshilfe«.

Diese Versuche stießen vielerorts »Politische Nachtgebete« an. Nach einigen Jahren erloschen diese Aktivitäten; aber sie haben sicher für viele eine neue Sichtweise auf biblische Überlieferung eröffnet.

Diese zeigt sich in der Art, wie christlich motivierte Friedens- und Ökogruppen mit biblischen Texten umgehen. Sie weigern sich beispielsweise, die Bergpredigt lediglich als ein Dokument wirklichkeitsferner Spiritualität zu lesen; sie nehmen sie in praktisch-politischer Absicht als Anstoß zur Friedensarbeit in Gebrauch.

Diese Beispiele einer Relectura in der »Ersten Welt« sind freilich noch spärlich und können nicht darüber hinwegtäuschen, daß hier insgesamt noch Sichtweisen vorherrschen, die die Befreiungsdynamik der biblischen Überlieferung nicht wahrnehmen.

3 Methoden

3.1 Zum Ansatz

Die Beschreibung der Methoden, die sich aus der Relectura ergeben, muß sich an *drei* Voraussetzungen orientieren:
– Die Relectura ist – wie die Materialistische Auslegung und die Feministische Hermeneutik – *kontextorientiert:* Der Kontext der Produktionssitution und der Kontext der heutigen Rezeption in ihrer gegenseitigen Beziehung sind grundlegend für den Verstehensvorgang. Die Lebendigkeit des Hin- und Herschwingens zwischen Bibel und Leben läßt sich allerdings nicht in einem methodischen Schema einfangen. Ottmar Fuchs hat diesen Prozeß mit dem alten dogmengeschichtlichen Begriff der Perichorese zu fassen versucht. Perichorese bedeutet soviel wie: gegenseitige Durchdringung. Im hermeneutischen Prozeß läßt sich dies so beschreiben: »In der biblischen Erinnerung geht es in perichoretischer Weise um eine doppelte Erinnerung als Vergegenwärtigung (nämlich von biblischen und von eigenen Geschichten im gegenwärtigen Kommunikationsprozeß der Gemeinde), um eine doppelte Reflexion (nämlich einmal als klärendes Innewerden des Willens Gottes zu dieser Situation und des dadurch nötigen und

möglichen menschlichen Handelns in ihr) und schließlich um eine doppelte Paränese (nämlich als ermutigende Bestätigung bereits realisierter Befreiung und zum anderen als Umkehrforderung zu einem immer wieder neuen selbstlosen Leben)« (Fuchs, 1983, S. 426).

– Die Verstehenswege und Methoden, die sich in der Relectura bewährt haben, können *nicht ohne weiteres auf unsere Verhältnisse transferiert werden,* sondern sind daraufhin zu prüfen, ob sie für die vorgestellten Zwecke auch bei uns taugen. Vor allem muß verhindert werden, daß sie zu einer exotischen Anreicherung der gewohnten Methoden verflachen.

– Die allerwichtigste Voraussetzung ist die *Bestimmung des Standorts,* von dem aus der Rückgriff auf Methoden der Relectura erfolgen soll. Wir machen uns noch einmal klar, daß wir nur den Standort der Reichen, der Ungerechten in der gegenwärtigen und der biblischen Geschichte einnehmen können. Folgerichtig muß unsere Relectura inhaltlich und wohl auch methodisch eine andere sein als die der Campesinos.

Unter diesen Voraussetzungen lassen sich vier Methoden-Bereiche skizzieren.

3.2 Methodenbereich: Narrative Erschließung

In den lateinamerikanischen Gemeinden wird dieser Bereich in der Regel durch Erzählungen abgedeckt; aber auch viele andere Elemente im Verstehensprozeß haben narrativen Charakter, vor allem die Bilder, aber auch die Lieder und Gebete.

Erzählungen kommen in der Relectura in zweifacher Form vor:

– Als *vorgegebene Texte:* Es wird von gegenwärtigen Erfahrungen erzählt; exemplarische Geschichten beleuchten die Situation oder bringen die »Weisheit des Volkes« zur Sprache. Vorgegeben sind auch die Texte aus der biblischen Überlieferung. Besonders beachtenswert ist in diesem Zusammenhang der Versuch des brasilianischen Bibelkurses, Ereignissen aus der Gegenwart jeweils eine »Begebenheit aus dem Leben in biblischer Zeit« gegenüberzustellen.

– Als *eigene Erzählungen* der Teilnehmer. Immer wieder wird aufgefordert, eigene Erlebnisse zu erzählen, die für den Gesprächszusammenhang wichtig sind. So wird die Solidargemeinschaft mit dem Schicksal ihrer Mitglieder bekannt und zur gemeinsamen Suche nach Abhilfe angeregt. Die eigenen Erzählungen wollen auch zum Bedenken der Wirklichkeit im Licht des Glaubens anleiten und sind das Material für Bitte und Fürbitte.

Auch eine Relectura bei uns sollte stark von narrativen Elementen ausgehen – ganz im Gegensatz zu den üblichen Methoden der Bibelarbeit, die sich vorwiegend an Referat/Predigt, Frage und Aussprache orientieren. Entsprechend den oben skizzierten Ansätzen sollte die Situation der Armen in der Dritten Welt breit und intensiv erzählend zur Sprache kommen, beispielsweise durch die Lektüre aus

»Vamos Caminando« und dem brasilianischen Bibelkurs – verbunden mit einer strikten Warnung der falschen Identifikation: Wir stehen nicht auf der Seite der Armen, sondern lernen ihr Leben kennen, damit wir unseren Anteil an ihrem Elend lernen! – Auch eigene Erlebnisschilderungen sollten verstärkt in die Bibelarbeit einbezogen werden.

Im Blick auf diesen Methodenbereich zeigt sich besonders deutlich die Sachkompetenz des Laien – die selbstverständlich für den ganzen Prozeß der Relectura gilt! Die erzählende Verarbeitung von gegenwärtiger und vergangener Erfahrung »vollzieht sich in der Gemeinsamkeit gleich wichtiger Brüder und Schwestern«, notiert Fuchs (1983, S. 421), und Mesters ermutigt die Teilnehmer an den Bibelkursen: »Jeder spricht mit Vollmacht, wenn er von seinem eigenen Leben spricht, denn nur er hat dieses Leben gelebt und lebt es« (1983, S. 16).

3.3 Methodenbereich: Kritische Reflexion

Einen kritischen Reflexionsprozeß regt die Relectura insbesondere durch drei Fragen an:

a. Welches ist meine Situation?

Diese Überlegung wird vor allem durch Arrangements von Erzählungen und Bildern sowie durch Gesprächsimpulse angeregt.
Im Blick auf unsere Verhältnisse wären als Methoden denkbar:
– Erzählungen über das Leben der Armen im Vergleich mit unserem Leben;
– Karikaturen;
– Bild-Text-Arrangements (z.B. Bilder und Statistiken über Arbeiten und Wohnen bei uns und in der Dritten Welt…).

b. Was hat diese Situation verursacht?

Diese Überlegung stößt die Relectura vor allem durch gezielte Fragen und Gesprächsanstöße an; die Auseinandersetzung erfolgt in der Regel nicht theoretisch, sondern in Form der analysierenden Erzählung.
Im Blick auf unsere Verhältnisse wäre eher an analytische Verfahren zu denken; etwa
– Beschäftigung mit Analysen der Welthandelsströme;
– Beschäftigung mit Berichten über Maßnahmen der »Entwicklungshilfe«;
– Beschäftigung mit Materialien zur europäischen landwirtschaftlichen »Veredelungswirtschaft« zu Lasten der heimischen Landwirtschaft in den Drittwelt-Ländern.

(Geeignete Informationen z.B. bei: Strahm, 1987; Nuscheler, 1985, und den Materialien der Institutionen)

c. Welche Veränderungen sind notwendig?

Diese Frage wird im Rahmen der Relectura unter zwei Aspekten bedacht:
- Es geht einmal um die Möglichkeiten, die Situation der Ungerechtigkeit, Ausbeutung und Unterdrückung durch solidarischen Kampf zu verändern.
- Die Basisgruppen in Lateinamerika setzen sich aber auch immer wieder mit der Frage auseinander, was sich in ihrem eigenen Denken und Leben ändern muß (Resignation, Egoismus…).

Die gleichen Fragen sind auch im Blick auf unsere Verhältnisse leitend.

Ausgezeichnete Methoden und Materialien sind in der »Aktion« von »Brot für die Welt« enthalten. Hier wird gezeigt, wie unsere Situation auf Kosten der Armen privilegiert ist. Deren Verhältnisse können sich ändern, wenn wir uns selbst und unser Leben verändern, z.B. durch einfaches Leben, durch Mitarbeit an Aktionen usw.

Natürlich läßt sich »Betroffenheit« nicht durch methodische Maßnahmen erzeugen, aber die gezielte Konfrontation mit Informationen, die Hungrige und Satte, Unterdrücker und Unterdrückte gegenüberstellt, kann doch einen Prozeß selbstkritischer Reflexion in Gang setzen und vielleicht die Bereitschaft zur Veränderung stimulieren.

3.4 Methodenbereich: Dialogische Verarbeitung

Im Zusammenhang der Relectura fällt auf, daß der neue Zugang zum Leben und zur Bibel fast ausschließlich im Gespräch der Gruppe gesucht wird, vor allem in »Vamos Caminando« und im brasilianischen Bibelkurs. Es überrascht nicht, daß es zu vielen Überschneidungen mit den Methoden kommt, die unter der Bezeichnung »Interaktionale Auslegung« zusammengefaßt sind (s.o. Kapitel II.5).

Dieser Interaktionale Ansatz wird auch im Blick auf unsere Verhältnisse leitend sein. Eine Relectura ist auch bei uns ohne eine Gruppe nicht zu denken, denn das Erzählen, gemeinsame Experimentieren, das gegenseitige Ermutigen und auch Kritisieren ist für das Verstehen der Bibel nach diesem hermeneutischen Konzept unabdingbar. Dafür können die in Kapitel II.5 beschriebenen Methoden herangezogen werden.

3.5 Methodenbereich: Ganzheitliche Erschließung

In den schriftlichen Ausarbeitungen der Relectura kommt dieser Aspekt vor allem im Zusammenspiel der verschiedenen Elemente wie Erzählen – Besprechen – Singen – Beten – Betrachten zum Tragen. Aber es sind auch alle jene Gestaltungsformen mit einzubeziehen, die gerade in den lateinamerikanischen Gemeinden wirksam sind, vor allem ist an Tanz und Feier als Ausdruck der gemeinsamen Freude und der Solidarität zu denken. Aus unserem Bereich kommen wieder die entsprechenden Methoden aus dem Bereich der Interaktionalen Hermeneutik zum Zug wie Gestalten, Tanzen, Musizieren.

Es ist nachdrücklich festzuhalten, daß dies kein exotisches Allotria, kein modisch-methodisches Spiel-Zeug ist, sondern eigene Auslegungswege bezeichnet. Sehr pointiert fordert Walter Hollenweger: Es muß als Medium der Auslegung einmal nicht »die These gelten, sondern der Tanz, nicht die Lehre, sondern das Lied, nicht das gelehrte Buch, sondern Geschichte und Gleichnis, nicht das Formulieren von Konzepten, sondern das Feiern von Banketten!« (Hollenweger, 1979, S. 80 f)

4 Das Beispiel: Gen 4,1-16

Wenn jetzt eine Auslegung nach dem Vorbild der Relectura versucht wird, steht fest, daß es nicht ausreicht, einfach lateinamerikanische Texte und Bilder, Lieder und Gebete zusammenzustellen, die sich auf die Geschichte von Kain und Abel beziehen – das käme über eine peinliche folkloristische Anreicherung des europäischen Bibelgebrauchs kaum hinaus.

Nehmen wir die Überlegungen zum Lernprozeß »Erste Welt« – »Dritte Welt« ernst und akzeptieren, daß die Lebenspraxis des Armen der hermeneutische Ort der Relectura ist (Option 1), dann kann die Auslegung von Gen 4 nur als Ruf an uns Reiche zur Umkehr entworfen werden.

Entsprechend dem hermeneutischen Ansatz ist zunächst als Kontext die Situation der europäischen Christen in bezug auf die Lage der Armen zu beschreiben, von der aus der biblische Text zu lesen und zu verstehen ist. Da hierfür Kenntnisse der Dritten Welt, ihrer Abhängigkeit von den Industrienationen und der wichtigsten entwicklungspolitischen Konzepte nötig sind, wäre es günstig, Bibelarbeit in Konsequenz der Relectura in Gemeindeveranstaltungen (Unterrichtsvorhaben) einzubeziehen, die solche Kenntnisse vermitteln.

Die folgende Darstellung ist so angelegt, daß in vier Schritten zunächst eine Relectura für uns versucht wird; anschließende Erläuterungen verdeutlichen das Verfahren und geben Hinweise auf geeignete Materialien. Das Grundmuster bilden die einzelnen Elemente von »Vamos Caminando«:

4.1 Unsere Situation im Vergleich zum Leben der Armen

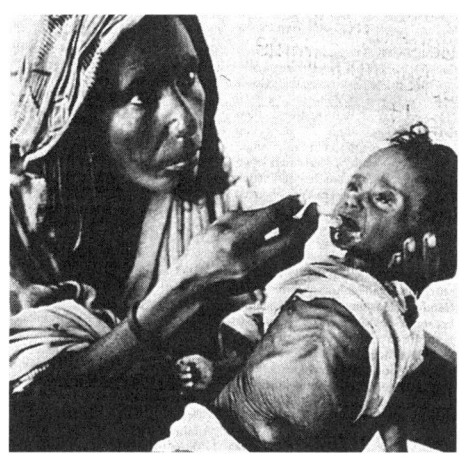

Gesprächsimpulse:
– Mit welchen Eigenschaftswörtern können die beiden Mahlzeiten beschrieben werden, die auf den Bildern zu sehen sind?
– Wie teuer ist bei uns ein Essen in einem guten Restaurant für zwei Personen?
– Zum Vergleich die Aufwendungen, die nötig sind, um in der Dritten Welt zu helfen. Man braucht
DM 0,90 für eine Schachtel mit 12 Injektionsnadeln, um Kinder zu impfen;
DM 3,- für hochwirksame Vitamin-A-Kapseln, um 60 Kleinkinder ein Jahr lang vor Blindheit zu schützen, die durch Mangelernährung verursacht wird;
DM 15,- zur Beschaffung von Fischbrut zur Besetzung eines Teiches, um für die Bevölkerung eines Dorfes proteinreiche Zusatznahrung zu sichern;
DM 60,- zum Einkauf von einem Sack Mais für eine Familie.
(Zahlen nach UNICEF)

Erläuterungen:
Um die gedankenlose Fixierung auf das eigene gute Leben aufzubrechen, wurde mit den beiden Bildern ein kräftiger Kontrast gewählt, der einen Denkprozeß auslösen soll. Die Fragen sollen verstärken und die eigene Erfahrung ins Spiel bringen.
Der Vergleich unserer Situation mit dem Leben der Armen kann auch durch Erzählungen geleistet werden. Material findet sich in den obengenannten Beispielen für die Relectura. (Weitere Hinweise: L. Lutze 1974; Keckeis, 1979; Skrodzki, 1985 – Für Kinder und Jugendliche.)

4.2 Was hat diese Situation verursacht?

Zeichnung: Andy, 1975

Gesprächsimpulse:
– Die Karikatur bezieht sich auf die Situation der Industrienationen zu den Ländern der Dritten Welt.
– Welches Lebensgefühl kommt in den Haltungen der beiden Personen zum Ausdruck?
– Welche kritische These über das Verhältnis Erste Welt – Dritte Welt setzt die Karikatur ins Bild?
– Zur Verdeutlichung ziehen wir das bekannte Beispiel heran, das zeigt, wie die europäische Fleischwirtschaft ihre Schweine vom »Brot der Armen« mästet.

Getreide als Futter für das Vieh der Reichen

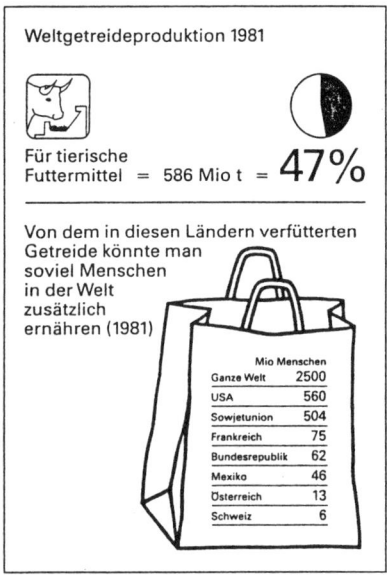

Weltgetreideproduktion 1981

Für tierische
Futtermittel = 586 Mio t = **47%**

Von dem in diesen Ländern verfütterten Getreide könnte man soviel Menschen in der Welt zusätzlich ernähren (1981)

	Mio Menschen
Ganze Welt	2500
USA	560
Sowjetunion	504
Frankreich	75
Bundesrepublik	62
Mexiko	46
Österreich	13
Schweiz	6

Aus: Strahm. 1987. S.46

Erläuterungen:
Auch in diesem Schritt wird ein Medium eingesetzt, das einen kritischen Prozeß auslösen soll; Karikaturen eignen sich dafür bekanntlich besonders gut.
Die Statistik kann hier nur andeuten, welche politisch-wirtschaftlichen Zusammenhänge anzusprechen sind. Zur Information eignen sich außer dem genannten Buch von Strahm u.a. auch die Materialien der »aktion e« von »Brot für die Welt«.
Zur gezielten Informationen können u.a. Materialien angefordert werden bei:
– Ökumenische Werkstatt, Querallee 50, 3500 Kassel
– Christliche Initiative Romero e.V., Kardinal-von-Galen-Ring 45, 4400 Münster
– Informationsstelle Lateinamerika e.V., Römerstraße 88, 5300 Bonn
– Informationsbüro Nicaragua e.V., Friedrichstraße 10, 5600 Wuppertal
– Informationsstelle El Salvador, Siebengebirgsallee 81, 5000 Köln
– Informationsstelle Guatemala e.V., Maisstraße 29, 8000 München
– Informationszentrum 3. Welt, Kronenstraße 16, 7800 Freiburg

4.3 Die Bibel

Und Kain sagte zu seinem Bruder Abel: Laß uns auf das Feld gehen.
Und als sie auf dem Feld waren,
da erhob sich Kain gegen seinen Bruder Abel und erschlug ihn.
Und Jahwe sagte zu Kain:
Wo ist dein Bruder Abel?
Und er sagte:
Ich weiß nicht. Bin ich der Hüter meines Bruders?
Und er sagte:
Was hast du getan?
Die Stimme deines Bruders schreit zu mir vom Ackerboden her!
Nun aber: Verflucht seist du vom Ackerboden fort!
(Gen 4, 8-11)

Gesprächsimpulse
– Wo ist unser eigener Platz in der Geschichte? Mit welcher Person haben wir uns zu identifizieren?
– In welchem Verhältnis stehen die Worte Kains »Soll ich der Hüter meines Bruder sein?« zu dem oft gehörten Satz: »Ich habe noch keinem Armen etwas angetan. An der unglücklichen Situation der Menschen in der Dritten Welt sind die Umstände schuld!«?
– Auch die Bibel kennt die »Sünde der Unterlassung« z.B. Lk 16, 19-31; Mt 25,41ff.

Welche Grundeinstellung bestimmt das Verhalten der Europäer gegenüber den »Entwicklungsländern«? Welche den Umgang mit der Natur? Gibt es Zusammenhänge?

Was könnte die Verfluchung »vom Ackerboden fort« im Zusammenhang solcher Einstellungen und Verhaltensweisen bedeuten?

Erläuterungen:
Die Beschäftigung mit dem Bibeltext darf der Konfrontation mit unserer Kain-Rolle auf keinen Fall ausweichen! Die neutestamentlichen Texte sollen darüber betroffen machen, daß Gleichgültigkeit tötet; die Frage »Bin ich der Hüter meines Bruders?« bekommt damit eine neue Perspektive: Sie ist nicht nur Ausdruck dafür, daß »Kain« die Tat verleugnet, sondern entlarvt Ahnungslosigkeit im Blick auf die Armen als »Kains-Gesinnung«; aber es gilt: »Stimmen lateinamerikanischer Menschen dringen zu Gott wie das Blut Abels...« (Reiser/Schoenborn, 1982, S. 28).

Die letzte Frage bringt die Notwendigkeit der inneren Umkehr ins Spiel: Die Antwort muß lauten: wir lassen uns von der Grundeinstellung des Herrschens leiten. Im eigenen Land erfahren wir, wie diese Einstellung den Lebensraum zerstört (»Fluch vom Ackerboden fort!«). Welche zerstörerischen Folgen könnten sich aus der Einstellung zur Dritten Welt ergeben?

4.4 Lied

der abel-song

du sollst den abel nicht erschlagen
du sollst zu ihm nicht nigger sagen.

du sollst auf ihn nicht runtergucken
ihm nicht ins dunkle antlitz spucken.

du sollst ihn federn nicht und teeren
mit ihm nicht deine gelder mehren.

du sollst nicht peitschen seinen rücken
du sollst ihn nicht aufs schlachtfeld schicken.

du sollst nicht über ihn dich setzen
du sollst nicht seinen stolz verletzen.

du sollst ihm nicht das brot verweigern
du sollst nicht seine schulden steigern.

du sollst mit ihm nicht wucher treiben
du sollst nicht seine ehr abschneiden.

du sollst ihm nicht dein haus verschließen
du sollst nicht seinen sturz genießen.

für abels namen jeden setzt
der verfolgt gejagt gehetzt.   *Josef Reding*

Erläuterungen:
Das Lied verallgemeinert die Notwendigkeit der Umkehr und zeigt Erfahrungs-
felder, in denen sie gefordert ist.
Beispiele gelebter Umkehr und viele Anregungen finden sich wieder in den
Materialien zur »aktion e«.

5 Das Beispiel: Mk 5,1-20

Das neutestamentliche Beispiel stellt einen (leicht gekürzten) originalen Text der
lateinamerikanischen Relectura vor, um die Arbeitsweise und den Mutterboden
dieser Auslegung einmal zu dokumentieren.
Es handelt sich um die Gespräche, die Bauern und Priester wöchentlich während
der Messe (statt einer Predigt) auf einer kleinen Inselgruppe (Solentiname-Inseln)
im Großen Nicaragua-See hielten. Ernesto Cardenal hat sie aufgezeichnet (Cardenal, 1976). Dies geschah in der Zeit der Somoza-Diktatur in Nicaragua, vor der
Revolution 1979.

5.1. Die Auslegung

Olivia: – Mir scheint, dieser besessene Mann war gefährlich für die anderen Menschen, und
Jesus will ihm den bösen Geist austreiben, damit er die anderen nicht mehr belästigt. Aber
der böse Geist will gar nicht ausgetrieben werden. Er ist sehr zufrieden darüber, mit der
Gesellschaft in Krieg zu liegen.
Ein anderer sagt: – Ein Besessener ist eine Gefahr für die anderen und vor allem auch ein
großes Problem für alle, die in seiner Nähe leben, für seine Frau, seine Eltern, seine Kinder.
Und noch ein »anderer«: – Es war wahrscheinlich ein Mensch mit Problemen, voller Haß
gegen die anderen und sich selbst.
Felipe: – Alle, die sich von der Gemeinschaft trennen oder Krieg gegen sie führen, sind
auch Menschen, die den Teufel im Leib haben. Die wollen auch von Jesus in Ruhe gelassen
werden.
Manuel: – Alle, die gegen die Botschaft Jesu sind, das heißt gegen die Einigkeit aller
Menschen, sagen dasselbe: »Komm, laß mich in Ruhe, ich fühle mich wohl so, wie ich bin.«
Marcelino: – Anscheinend war dieser Mann nicht ganz so verrückt, denn er erkennt, daß
Jesus der Sohn Gottes ist. Aber er will nicht, daß er sich ihm nähert.
…Es war in Wirklichkeit nicht der Mann selbst, der da sprach. Er sagte: »Quäle mich nicht«,
aber Jesus wollte nicht den Menschen belästigen, sondern den unreinen Geist. Es war also
der Geist, der da sprach. Als der böse Geist aus ihm ausfuhr, wurde der Mann sofort gesund
und wollte Jesus folgen. Der Mann selbst war in Wirklichkeit gut.
Julio: – Sehr oft will der Arbeiter oder der Bauer scheinbar nicht befreit werden, aber in
Wirklichkeit wollen sie schon. Es ist nur der Geist der Ausbeutung, der sie so sprechen und
fühlen läßt.

Felipe: – Der böse Geist kann auch der Egoismus sein, der im Herzen wohnt, und wenn man so spricht, ist es aus Egoismus. Ich bin davon überzeugt, daß der Egoismus der schlimmste Teufel ist, den man im Leib haben kann. Wir selbst sind nicht unser Egoismus, und Jesus will uns von dem befreien, was wir in Wirklichkeit gar nicht sind. Er kommt nicht, um uns zu belästigen, sondern um unseren Egoismus zu belästigen.

Ein anderer sagt: – Der Dämon des Egoismus macht, daß wir uns von den anderen trennen, so wie dieser Mann, der in der Einöde lebte.

Und noch ein anderer: – Zu seinem Wahnsinn gehörte auch, zwischen Grabhöhlen herumzulaufen, weil ihn der Tod anzog. Er hatte die Toten lieber als die Lebenden. Es gibt Menschen, die böse Geister haben, die das Leben hassen und den Tod lieben.

Oscar fügt hinzu: – Er war ein lebendiger Leichnam. Ein Mensch, dem es gefällt, allein an traurigen Plätzen zu leben… der tot ist.

Ein anderer: – Hör mal, Ernesto, ich denke auch folgendes: Der unreine Geist ist auch immer dann zugegen, wenn der Mensch sehr viel Geld hat und immer noch mehr will. Und wir müssen erreichen, daß dieser Teufel Egoismus aus den Menschen ausfährt. Der böse Geist ist die Ausbeutung. Viele nennen uns Kommunisten, wenn wir von Gleichheit und Brüderlichkeit sprechen. Sie wollen nicht, daß wir uns ihnen nähern, weil sie ihren Egoismus nicht loswerden wollen. Jesus trieb diesen Teufel aus, um uns Mut zu machen, damit wir auch so mit denen vorgehen, die nicht die Gemeinschaft aller Menschen wollen.

Und Jesus fragte ihn: Wie heißt du? Und er antwortete: Ich heiße Legion, denn wir sind viele.

· Verschiedene Jungen bemerken:

– Das heißt, daß dieser Geist mächtig war. Und er war nicht nur einer, sondern Hunderte. Vielleicht wollte er sagen, daß alle, die sich selbst und die anderen hassen, ein ganzes Heer bilden.

– Ich glaube, er heißt so, weil alle bösen Geister der Menschen, wie der Stolz, der Egoismus, der Haß, der Geiz, alle zusammen ein ganzes Bataillon bilden.

– Es war dagegen nur einer, der sie austreiben konnte.

Ernesto: – Der Geist sagt, sein Name sei Legion – sage ich –, und das bedeutet, daß es viele sind, aber auch, daß es *Legionäre* sind. Das ist soviel wie heute die »Green barrets«, Menschen, deren einzige Mission das Töten ist.

Oscar: – Ja, die sind sehr diszipliniert und sehr mächtig, aber wenn wir uns alle vereinen, sind wir noch viel stärker als sie. Denn Jesus war allein und schlug sie doch in die Flucht. Und wenn sich das Volk mit Jesus vereint, wird das Volk alle bösen Geister besiegen und in die Flucht schlagen, mögen sie noch so mächtig sein. Sie haben Jesus gegenüber, das heißt der Gemeinschaft von uns allen, keine Chance.

Natalia: – Aber ein Mann oder eine Frau allein kann sich nicht einem ganzen Bataillon von Teufeln entgegenstellen.

Wir lesen weiter, wie die Geister Jesus darum baten, in die Schweine fahren zu dürfen, und er erlaubte es ihnen…

Es waren ungefähr zweitausend Schweine, die einen Abhang hinunterstürzten und ins Meer fielen, wo sie ersoffen.

Andere sagen:

– Jesus fand nicht die Schweine wichtig, sondern die Menschen.

– Ja, denn Jesus wollte kein Reich von Schweinen, sondern ein Reich von Menschen. Darum kümmerte es ihn wenig, daß die Schweine verlorengingen.

– Außerdem tat er der Gemeinschaft keinen Schaden an, sondern etwas Gutes, nämlich, indem er diesen Geist austrieb, der für alle schädlich war. Stellt euch vor, sogar die Schweine wurden verrrückt!

Oscar sagt: – Wahrscheinlich waren die Besitzer dieser verdammten Schweine Kapitalisten, die nur daran interessiert waren, das Volk und die Armen mit ihren Geschäften zu schikanieren. Es kümmerte sie sicher nicht besonders, daß der Mensch gesund wurde; es kümmerte sie nur, daß sie eine große Geldmenge verloren, glaube ich.

Noel: – Diese Mentalität existiert auch heute noch. Man glaubt gar nicht, wie diese Großgrundbesitzer ihre Schweine und Zuchtstiere pflegen, ohne sich darum zu kümmern, daß die Bauernkinder unterernährt oder krank sind oder sogar sterben. Und man muß auch mit ansehen, wie sie das Volk mit ihren Insektenmitteln vergiften...

Ein Alter sagt: – Ein Freund erzählte mir, daß dort am gegenüberliegenden Ufer mehrere Familien lebten, auf einem Land, das, wie fast aller Grund und Boden dort, Somoza gehört. Da kam ein Beauftragter und trieb Somozas Vieh auf die Bohnenfelder, die diese Leute angelegt hatten. Was aus all diesen Menschen wurde, war ihnen egal.

Und es kamen viele Menschen, um zu sehen, was geschehen war. Als sie zu dem Ort kamen, wo Jesus war, sahen sie den Mann, der von den bösen Geistern besessen war, wie er jetzt dasaß, bekleidet und vernünftig; und sie fürchteten sich.

Olivia: – Anstatt sich zu freuen! Denn es ist doch eine Freude, wenn in einer Gemeinschaft einer, der krank war, gesund wird! Wenn alle sich lieben, freut man sich, jeden Kameraden und Nachbarn bei guter Gesundheit zu sehen. Es ist logisch, daß man über eine so plötzliche Heilung überrascht ist, aber gleichzeitig freut man sich auch. Aber Angst ... das ist sehr sonderbar... Mir kommt es wie Egoismus vor.

Tomás Peña: – Es gab dort vielleicht noch mehr Teufel, und deshalb hatten sie Angst und wollten, daß er wegginge.

Felipe, sein Sohn: – Oft fürchtet man Gottes Wort, weil man es nicht kennt. Hier die Leute bei uns fürchten oft Gottes Wort, nicht aus bösem Willen, sondern wegen der Propaganda, wegen allem, was sie ihnen über den »Kommunismus« einreden. So etwas Ähnliches kann auch mit diesen Leuten passiert sein: Da die einen sahen, daß die anderen Angst hatten, fürchteten sie sich auch. Obwohl sie selbst nicht von den Geistern besessen waren, hatten sie Angst, weil sie andere sahen, die besessen waren und Angst hatten.

Ein anderer sagt: – Es gibt viele einfache Leute, die vielleicht gut sind, aber trotzdem Angst haben.

Felipe spricht weiter: – Da braucht man gar nicht lange zu suchen. Auch hier in Solentiname gibt es einfache Leute, die gut sind, aber Angst vor einer Veränderung haben; es ist die Angst vor dem Kommunismus, die ihnen die Propaganda der Mächtigen in den Kopf gesetzt hat, und darum sind es nur wenige, die hier zusammenkommen.

Ich sage: – Nicht nur die einfachen Leute, sondern auch die Gebildeten und die Intellektuellen lassen sich täuschen. Sie lesen täglich die kapitalistischen Zeitungen und glauben alles, was sie lesen, ohne darüber nachzudenken, wie diese Nachrichten zustande kommen und wer sie macht.

Und die es gesehen hatten, erzählten ihnen, was mit dem Besessenen geschehen war, und auch von den Schweinen. Da fingen sie an, Jesus zu bitten, daß er aus ihrer Gegend zöge.

Oscar: – Sie hatten Angst vor seiner Macht. Sie hatten ein schlechtes Gewissen und wußten, was sie mit ihrer Ausbeutung anrichteten. Vielleicht war dieser Kranke sogar durch ihre Schuld krank, also wahnsinnig.

Oscar: – Klar! Aber sie waren ja schuld an seinem Zustand. Wenn mich ein verdammter Reicher die ganze Zeit ausbeutet und mir alles wegnimmt, was ich produziere, werde ich vielleicht auch verrückt.

Ich sage: – Es stimmt, daß die Geisteskrankheiten letzten Endes fast immer auf soziale Konflikte zurückzuführen sind. Wenn das soziale Gleichgewicht nicht so gestört wäre, wäre das Gleichgewicht der Individuen auch weniger gestört. Die Angst, die diese Menschen hatten, ist die Angst, die die Befreiung bei vielen hervorruft. Aber der Mann, der befreit worden war, hatte diese Angst nicht.

Als Jesus in das Schiff stieg, bat ihn der Mann, der vorher besessen gewesen war, daß er ihn begleiten dürfe. Aber Jesus ließ es nicht zu, sondern sprach zu ihm: Gehe nach Hause zu den Deinen und erzähle alles, was der Herr mit dir tat und wie er sich deiner erbarmte.

– Wahrscheinlich hatte er wegen dieser Krankheit sein Haus verlassen und sich nicht mehr um die Probleme seiner Familie gekümmert. Das konnte er ja auch nicht bei seinem Zustand. Nun schickte ihn Jesus zu seiner Familie zurück, weil sie ihn brauchte und auch damit er seinen Leuten von dieser Heilung erzählte.

Jesus mußte sich einschiffen, weil er nicht an einem einzigen Ort bleiben konnte, sondern auch in anderen Gegenden predigen mußte. Aber er läßt dort einen zurück, der an ihn glaubt und der den anderen das weitergeben kann, was er selbst empfangen hatte. Auch hier in Solentiname hat Jesus etwas gegeben, das wir nicht für uns allein behalten sollen, sondern den anderen weitergeben.

– Aber wir müssen in unserer eigenen Familie beginnen. Meine Frau sagt immer: »Wozu gehst du in diese verdammte Kirche?« Wenn ich meine eigenen Leute nicht überzeugen kann, wie soll ich dann andere überzeugen?

Und der Mann ging hin und begann in den Orten der Dekapolis alles zu erzählen, was Jesus mit ihm getan hatte; und alle wunderten sich.

Olivia: – Jesus hatte gesagt, er solle alles erzählen, was *Gott* mit ihm getan hatte, aber nicht, was *Jesus* mit ihm getan hatte. Er aber erzählte den Leuten von Jesus. Vielleicht, weil er verstanden hatte, daß der allerhöchste Gott jetzt ein Mensch war: Jesus.

Elbis: – Jesus hatte ihm gesagt, er solle zu seiner Familie gehen, aber er ging in alle Dörfer. Vielleicht, weil er jetzt fühlte, daß alle Menschen seine Brüder waren.

Ich sage: – Vielleicht nahm Jesus diesen Mann nicht mit, weil er Heide war, und die Aufgabe Jesu beschränkte sich während seiner Lebenszeit auf Israel. Aber dieser Mann blieb zurück wie ein Symbol der Veränderung seiner Welt (entfremdet und gewalttätig, feindselig der menschlichen Gesellschaft gegenüber und inmitten von Grabhöhlen), einer Welt, in die Christus gekommen war, um sie von ihren Geisterlegionen und schließlich von aller Unterdrückung und aller Gewalt zu befreien.

Cosme: – Christus fuhr in seinem Boot weg, aber die Küste, die er hinter sich ließ, war von diesem Augenblick an verändert.

5.2 Beobachtungen

Die Auslegung zeigt alle typischen Merkmale der Relectura.

Zunächst einmal ist hervorzuheben, daß die Auslegung im *Gespräch der Betroffenen* geschieht. Die armen Bauern leiden unter der Unterdrückung und Ausbeutung. Die Erfahrung der Zusammengehörigkeit und damit auch die Chance einer Überwindung der Ohnmacht des einzelnen beginnt offenbar in diesen Gesprächen.

Weiterhin ist die *Kompetenz der Laien* zu beachten: Die Gespräche finden *an Stelle* einer Predigt in der Messe statt! Natürlich ist diese Kompetenz zunächst ein durch den Priester eingeräumtes Privileg, der seine Aufgabe delegiert. Aber im Prozeß des Gesprächs ist von einer abgestuften Kompetenz nichts (mehr) zu spüren; die Bauern nehmen den Text selbstverständlich in Besitz und setzen sich mit *ihrer* Autorität mit ihm auseinander, nämlich der Autorität der Erfahrung und des Leidens. Diese werden im Gespräch präsent und mit dem Text konfrontiert.

Die Gesprächsteilnehmer – das ist die dritte Beobachtung – *identifizieren* sich äußerst intensiv mit den Personen und den Ereignissen des Textes: Sie erleben in Gergesa ihre eigene Geschichte. Damit kommt es zu dem für die Relectura typischen Hin- und Herschwingen zwischen Situation und Tradition: Die biblische Tradition gerät in ein neues Licht durch die Teilnehmer-Erfahrung, die ihrerseits durch die überlieferte Erzählung neue Deutungsmuster und Handlungsimpulse erhält.

Das wird gleich noch im einzelnen zu beschreiben sein.

Die Gesprächsteilnehmer nehmen den Text in bezug auf ihr eigenes Leben in einer dreifachen Perspektive wahr:

Analyseperspektive: Die biblische Geschichte rückt Erfahrungen der Bauern ins Licht prophetischer Kritik. Diese Perspektive nimmt den breitesten Raum ein. Hierzu sind folgende Aspekte wichtig:

– Wer sich von der Gemeinschaft trennt, trennt sich von Jesus und kommt unter fremden Einfluß (»...hat den Teufel im Leib«).
– Ein unterdrückter Mensch kann so stark vom »Geist der Ausbeutung« besessen sein, daß er sich gegen Befreiung wehrt, obwohl er sie eigentlich sucht. Dies kann sich auch ganz real so auswirken, daß die vom Evangelium ausgehende Befreiung als »Kommunismus« diffamiert und dadurch mit Angst besetzt wird.
– Besessenheit kann auch vom »Egoismus, der im Herzen wohnt«, ausgehen.
– Der »Geist der Ausbeutung« ist vor allem in den fremden Ausbeutern wirksam (Legionäre der Diktatoren).
– Die Schweine erscheinen als Symbol von Gewinnstreben ihrer Besitzer, die auf die Bedürfnisse der Menschen keine Rücksicht nehmen. Die Bauern erkennen, daß dieser Geist der Ausbeutung krank macht.
– Die Bauern identifizieren sich mit dem »Besessenen« und können ihre Lage klarer analysieren. Sie erkennen, daß der böse »Geist der Ausbeutung« ihnen schadet, sie krank macht, sie letztlich zerstört.

Aber sie finden diesen Dämon auch in sich selbst als egoistische Antriebe, die sie zur Gemeinschaft und Solidarität unfähig machen.

Dabei ist klar, daß diese nicht einfach »fremde Mächte« sind, denen die Menschen hilflos ausgeliefert bleiben, sondern letztlich von den Menschen »gemacht« wurden, nun aber ihnen als gleichsam selbständige Größen gegenübertreten und sie sich unterwerfen.

Handlungsperspektive: Die Teilnehmer identifizieren sich nicht nur mit dem Besessenen, sondern auch mit dem Geheilten; damit sind sie auch Empfänger der Botschaft von der befreienden Macht Jesu und seine »Missionare«: »Auch hier in Solentiname hat uns Jesus etwas gegeben, was wir nicht für uns allein behalten sollen, sondern den anderen weitergeben«. Was sie von Jesus empfangen haben, ist die neue Perspektive, in der sie jetzt die Welt sehen, und die Erfahrung der Solidargemeinschaft (Der Geheilte »fühlte, daß alle Menschen seine Brüder waren«).

Hoffnungsperspektive: Die Geschichte macht den Bauern Mut... »damit wir auch so wie Jesus mit denen vorgehen, die nicht die Gemeinschaft aller Menschen wollen«. Die Bauern identifizieren ihre solidarische Gemeinde auch mit Jesus selbst: Er war allein und vertrieb die bösen Geister. »Und wenn sich das Volk mit Jesus vereint, wird das Volk alle bösen Geister besiegen und in die Flucht schlagen, mögen sie noch so mächtig sein. Sie haben Jesus gegenüber, *das heißt der Gemeinschaft von uns allen,* keine Chance«.

Wenn europäische Christen an dieser Relectura teilnehmen wollen, werden sie sich an die Erkenntnis der Bauern von Solentiname halten, daß der Geist der Ausbeutung nicht nur um uns, sondern vor allem in uns wirkt – daß er Angst vor der befreienden Macht des Evangeliums auslöst und die Gemeinschaft zerstört. Das wären gute Ansatzpunkte für die »Konversion«, die eine gute Relectura bei uns auslösen will.

6 Chancen und Grenzen der Hermeneutik der lateinamerikanischen Gemeinden

6.1 Zwei Argumente für die Hermeneutik der Relectura

Auch dieser Ansatz kann sich auf einige Vorzüge der bisher erarbeiten hermeneutischen Konzepte berufen:

... er bahnt ein erfahrungsbezogenes Verstehen der Überlieferung an (vgl. Kapitel II.2);

… er macht ein Angebot zur Identifikation und Selbstreflexion (vgl. Kapitel II.3);

… er kann den Relevanzverlust der Tradition durch Konkretheit verringern (vgl. Kapitel II.5);

… er legt die Bibel kommunikativ in der Erfahrungs- und Erzählgemeinschaft aus (vgl. Kapitel II.5);

… er schützt die überlieferten Texte vor Idealisierung und Individualisierung (vgl. Kapitel II.7);

… er liest biblische Texte in der Perspektive unmittelbarer Betroffenheit (vgl. Kapitel II.8).

Das besondere Profil der Relectura-Hermeneutik kommt in den folgenden Thesen zum Ausdruck:

a. Die Hermeneutik der lateinamerikanischen Gemeinden verwickelt den Hörer/Leser in eine unmittelbare Konfrontation mit biblischen Texten.

Das deutlichste und wohl auch faszinierendste Merkmal der Auslegung in den Campesino-Gemeinden ist die Unbefangenheit, die die eigene Geschichte mit der biblischen Geschichte, das Schicksal der biblischen Menschen mit der eigenen Erfahrung verwebt. Damit gewinnt die Tradition eine Leuchtkraft und Dynamik, die die müde gewordenen Bibelleser der Ersten Welt außerordentlich anziehen.

Ist diese Unmittelbarkeit auf unsere Verhältnisse übertragbar?

Ein Transfer ist nicht sinnvoll als Übernahme von Texten und Gebeten der lateinamerikanischen Christen in unsere kirchliche Frömmigkeit, sondern nur dann hermeneutisch produktiv, wenn wir die Bibel mit der gleichen Entschiedenheit vom eigenen Standort aus lesen wie die lateinamerikanischen Christen. Dann bieten sich biblische Personen zur Identifikation an, stehen Geschichten zum neuen Erleben bereit.

Dieser Lernprozeß gelingt aber nur unter der Bedingung einer rückhaltlosen Aufklärung der eigenen Situation; damit ist ein zweites Merkmal der Relectura genannt:

b. Die Hermeneutik der lateinamerikanischen Gemeinden macht den Ruf zur Freiheit hörbar; er ist von uns als Ruf zur Umkehr zu hören.

Letztlich geht es darum, daß die europäischen Christen gegenüber der biblischen Überlieferung in die gleiche Situation der Betroffenheit hineinkommen wie die Campesinos. Diese wird sich aber nicht spontan einstellen und kann auch nicht einfach durch methodische Arrangements hergestellt werden; sie kann sich einstellen, wenn die Europäer sich durch die Analyse ihrer Lebensverhältnisse beunruhigen und sich von der Bibel zur Umkehr rufen lassen. So wie die biblische Überlieferung die Menschen der Dritten Welt neu anspricht, wenn sie sie als arme Unterdrückte hören, wird sie uns dann wieder erreichen, wenn wir bereit sind, für uns den Standort des reichen Unterdrückers und damit des Sünders zu akzeptieren.

c. Die Relectura kann die exegetische Wissenschaft zu einem veränderten Wissenschaftsethos anregen.

Anstöße zu dieser Veränderung kommen vor allem aus der lateinamerikanischen Theologie. »Wenn der Exeget sich dem Leben und Leiden mit dem Volk aussetzt, bekommt er Zweifel am Sinn seiner Sendung… Die Menschen bitten uns um Brot, und wir bieten ihnen eine Handvoll Hypothesen über jeden Vers von Joh 6 an…« (Schoenborn, 1987, S. 129). Leonardo Boff bemerkt: »Eure Exegese ist die Wissenschaft der Reichen über die Frohe Botschaft für die Armen« (nach Schoenborn, 1987, S. 135). Eine Hermeneutik der Umkehr wird sich nicht nur am traditionellen Kriterium der intellektuellen Genauigkeit orientieren, sondern am Maßstab der »kontextuellen Wahrhaftigkeit« (vgl. Schoenborn, 1987, S. 114 f) ausrichten, d.h. konsequent vom eigenen Standort des Sünders ausgehen und sich bemühen, die kritischen und verändernden Impulse des Evangeliums aufzunehmen.

6.2 Kritische Anfragen

a. Im Rahmen der Hermeneutik der lateinamerikanischen Gemeinden kann es zu willkürlichen Interpretationen kommen.

Wie bei allen befreiungstheologisch ansetzenden Konzepten ist auch bei der Relectura-Hermeneutik eine Auslegung nicht auszuschließen, die dem Selbstverständnis der Texte nicht mehr gerecht wird, sondern nur noch nach ihrer befreienden Dynamik fragt.

Allerdings ist im Blick auf die lateinamerikanische Lektüre-Praxis zu bedenken, daß sie sich sehr wohl der kritischen Begleitung durch die historische Exegese aussetzt; denn in allen Gruppen arbeiten Theologen mit, die immer wieder Wunschdenken und Spekulationen zurechtrücken; das zeigt sich beispielsweise in den Bibelgesprächen mit den Bauern von Solentiname.

Allerdings ist die Zusammenarbeit der Relectura mit lateinamerikanischen Exegeten noch nicht sehr entwickelt (vgl. Gottwald, 1986, S. 95).

b. Die Hermeneutik der lateinamerikanischen Gemeinde verlangt anspruchsvolle Informationsbeschaffung und -verarbeitung.

Dieser Hinweis betrifft zunächst einmal die Erarbeitung der Relectura-Texte: Der europäische Leser muß sich mit der politischen, ökonomischen und religiösen Situation beschäftigen, in der diese Texte wurzeln. Diese Arbeit muß sich bei der Rezeption in unsere Verhältnisse verdoppeln, weil die Analyse unserer eigenen Situation, die neue Bestimmung unseres Verhältnisses zur Bibel, die Neukonzeption entsprechender Methoden hinzukommen.

Dennoch wird eine Relectura auch unter diesen Bedingungen lohnen, weil sie starke Erneuerungsimpulse auslöst; außerdem ist in Rechnung zu stellen, daß die hermeneutisch-methodischen Anstrengungen ja nicht für einen Einzeltext unternommen, sondern für viele Überlieferungszusammenhänge wirksam werden.

Literatur

Andy, ... einige sind gleicher. Deutsche Welthungerhilfe. o.J.

Berg, Horst Klaus, Biblische Texte verfremdet (Band 1). Grundsätze, Methoden, Arbeitsmöglichkeiten. Stuttgart/München: Calwer Verlag/Kösel-Verlag. 1986.

Brandt, Hermann (Hg), Die Glut kommt von unten. Texte einer Theologie aus der eigenen Erde (Brasilien). Neukirchen: Neukirchener Verlag. 1981.

Cardenal, Ernesto, Das Evangelium der Bauern von Solentiname. Wuppertal: Jugenddienst Verlag. Band 1 und 2. 3. Aufl. 1977.

Cardenal, Ernesto, Psalmen. Mit dem Brief an das Volk von Nicaragua. Wuppertal:Jugenddienst-Verlag. 9. Aufl. 1979.

Casalis, Georges, Die richtigen Ideen fallen nicht vom Himmel. Grundlagen einer induktiven Theologie (Urban-TB 540). Stuttgart: Verlag W. Kohlhammer. 1980.

Equipo Pastoral de Bambamarca, Vamos Caminando. Machen wir uns auf den Weg. Glaube, Gefangenschaft und Befreiung in den peruanischen Anden. Freiburg (Schweiz)/Münster: Edition Exodus/edition liberación. 3. Aufl. 1983.

Fuchs, Ottmar, Wir haben viel zu lernen. Vamos Caminando in seiner Bedeutung für unsere Standortbestimmung und Wegweisung in Kirche und Gesellschaft. In: Equipo Pastoral de Bambamarca, (Hg), Vamos Caminando. Machen wir uns auf den Weg! Freiburg (Schweiz)/Münster: Edition Exodus/edition liberación. 3. Aufl. 1983.

Goldstein, Horst (Hg), Tage zwischen Tod und Auferstehung. Geistliches Jahrbuch aus Lateinamerika. Düsseldorf: Patmos Verlag. 1984.

Goldstein, Horst, Die Bibel als Buch des Volkes. In: Langer, W. (Hg), Handbuch der Bibelarbeit. München: Kösel-Verlag. 1987, S. 115-119.

Hofmann, Manfred, Identifikation mit dem anderen. Theologische Themen und ihr hermeneutischer Ort bei lateinamerikanischen Theologen der Befreiung. Göttingen: Vandenhoeck & Ruprecht. 1978.

Keckeis, Peter (Hg), Die Welt ist groß und gehört den andern. Ein Lesebuch der Dritten Welt. Frauenfeld: Verlag Huber. 1979

Lutze, Lothar, u.a. (Hg), Lesebuch Dritte Welt. Wuppertal: Peter Hammer Verlag. 2. Aufl., 1980.

Mesters, Carlos, Vom Leben zur Bibel – von der Bibel zum Leben. Ein Bibelkurs aus Brasilien für uns. Mainz/München: Matthias-Grünewald-Verlag/Chr.Kaiser Verlag. Band 1. 1983.

Mesters, Carlos, Vom Leben zur Bibel – von der Bibel zum Leben. Ein Bibelkurs aus Brasilien für uns. Mainz/München: Matthias-Grünewald-Verlag/Chr.Kaiser Verlag. Band 2. 1983.

Mesters, Carlos, Das Wort Gottes in der Geschichte der Menschheit. Neukirchen: Neukirchener Verlag. 1984.

Niedermayer, Franz (Hg), Gott der Armen. Religiöse Lyrik aus Lateinamerika. Düsseldorf: Patmos Verlag. 1984.

Nuscheler, Franz, Lern- und Arbeitsbuch Entwicklungspolitik. Bonn: Verlag Neue Gesellschaft. 1985.

Reiser, Antonio/Paul Gerhard Schoenborn (Hg), Sehnsucht nach dem Fest der freien Menschen. Gebete aus Lateinamerika. Wuppertal/Gelnhausen. Jugenddienst-Verlag. 1982.

Ruether, Rosemary R., Sexismus und die Rede von Gott. Schritte zu einer anderen Theologie (GTB Siebenstern 488). Gütersloh: Gütersloher Verlagshaus Gerd Mohn. 1985.

Schoenborn, Ulrich, Das universale Wort spricht nur Dialekt. Skizze einer lateinamerikanischen Hermeneutik. In: ders., Gekreuzigt im Leiden der Armen. Beiträge zu einer kontextuellen Theologie in Brasilien. Mettingen: Institut für Brasilienkunde und bkv brasilienkunde verlag.1987. S. 109-143.

Skrodzki, Johanna (Hg), Dritte Welt – wo liegt denn das? Mit Kindern Eine Welt entdecken lernen (Reihe 8-13). Offenbach/Freiburg: Burckhardthaus-Laetare-Verlag/Christophorus-Verlag. 1985.

Sölle, Dorothee, Die drei Theologien. In: Schottroff, Luise und Willy (Hg), Wer ist unser Gott? Beiträge zu einer Befreiungstheologie im Kontext der Ersten Welt. 1986. S. 12-24.

Sölle, Dorothee/ Steffensky, Fulbert (Hg), Politisches Nachtgebet in Köln. Band 1 und 2. Stuttgart/Mainz: Kreuz-Verlag/Matthias-Grünewald-Verlag. 1969; o.J.

Strahm, Rudolf H., Warum sie so arm sind. Arbeitsbuch zur Entwicklung der Unterentwicklung in der Dritten Welt mit Schaubildern und Kommentaren. Wuppertal: Peter Hammer Verlag. 4. Aufl. 1987.

Hermeneutik der Befreiung
Zusammenfassende Hinweise zu Kapitel II.7 - II.9

Die in den vorangegangenen drei Kapiteln vorgestellten hermeneutischen Konzepte berufen sich auf befreiungstheologische Prinzipien. Bei allen regionalen und sachlichen Unterschieden verbinden sie einige gemeinsame Grundzüge, die ich jetzt noch einmal nachzeichnen will.

1 Ausgangspunkt ist die Erfahrung realer Unterdrückung

Die neuen Zugänge zur Bibel gehen insgesamt davon aus, daß bestimmten Menschen elementare Rechte vorenthalten werden: Ausgebeutete in aller Welt bringen die Materialistische Hermeneutik hervor, unterdrückte Frauen die Feministische Auslegung, die armen Campesinos in Lateinamerika die Relectura.
Sie erkennen ihre Situation und beginnen mit dem Befreiungskampf.
Diese Lage ist mit der Situation westeuropäischer (Männer-) Christen nicht vergleichbar. Die Ansicht, daß wir doch auch »irgendwie arm« seien, weil frustriert, müde, psychisch beschädigt, ist nicht akzeptabel (vgl. dazu die Ausführungen von G. Fuchs in Kapitel II.9). Im Vergleich zu den real Armen sind wir die Reichen, im Vergleich mit den real Unterdrückten sind wir die Unterdrücker. Das geschieht nicht immer im Sinne manifester Gewalt, sondern, wie sich bei näherer Analyse zeigte, durch Strukturen, die Unterdrückung stabilisieren, z.B. durch Benachteiligung der Frauen im Berufsleben oder durch ausbeuterische Handelsbeziehungen zu den rohstoffliefernden Ländern.

2 Die Benachteiligten sind auf der Suche
nach identitätsstiftenden Traditionen

Wenn die Armen versuchen, sich zu befreien, entdecken sie, daß sie sich selbst entfremdet sind, weil ihre eigene Kultur, ihre Sprache, ihre Traditionen unterdrückt wurden. Sie erkennen, daß sie ihre Kultur wiedergewinnen müssen, wenn selbstbestimmtes Leben gelingen soll.

Für Christen, die in Befreiungsbewegungen mitarbeiten, ist die identitätsstiftende Tradition die Bibel. Aber sie ist durch jahrhundertelangen »bürgerlichen« Gebrauch um ihre befreiende Dynamik gebracht worden. Zwei Schritte sind nötig, um sie als Impuls einer befreienden Praxis wiederzugewinnen:

– Es muß analysiert werden, in welchen Verwendungssituationen die Bibel heute gebraucht wird: Wer benutzt Texte aus dem Alten und Neuen Testament bei welchen Anlässen mit welchen Interessen? Eine solche Befragung wird bald zutage fördern, daß die Heilige Schrift immer wieder als Instrument zur Sanktionierung höchst irdischer Interessen mißbraucht wird, zur Behauptung angeblich gottgewollter Herrschaft beispielsweise oder zur sexistischen bzw. rassischen Diskriminierung.

– Es kommt also darauf an, »die Bibel denen zu entreißen, die sie sich widerrechtlich angeeignet und an die Kette gelegt haben« (Füssel, 1979, S. 27).

3 Die Benachteiligten sind die Subjekte einer befreienden Auslegung der Bibel

Soll den Unterdrückten und Benachteiligten die Wiederentdeckung und Eroberung der Bibel gelingen, müssen sie selbst zu Subjekten der Lektüre werden.

Sie erkennen, daß sie selbst die Adressaten der Guten Nachricht sind, die »Armen«, denen Jesus das Evangelium zuspricht (Mt 11,5). – Sie befreien sich von der Macht der Experten, die ihr Wissen im Interesse einer elitären Stellung benutzen; und sie bestreiten das Recht einer auf individuelle Innerlichkeit reduzierten Auslegung, die die realen Anweisungen der Schrift zur Umkehr aus ungerechten Lebensverhältnissen übersieht oder einebnet.

Die neue Auslegung will die befreiende Dynamik der Tradition wieder freisetzen, indem sie den Armen als Empfänger der Verheißung erkennt und die Befreiungsarbeit in Konsequenz dieser Verheißung in Gang setzt. Dazu schlagen die drei vorgestellten Ansätze etwas unterschiedliche Wege ein.

Die Vertreter der *Materialistischen Lektüre* setzen auf praktische Bibelarbeit in der Gruppe, benutzen aber ein diffiziles methodisches Instrumentarium, das die eigenständige Erschließung der Texte nicht gerade fördert.

Die *Feministische Auslegung* grenzt sich bewußt gegen die Einseitigkeit der Historisch-Kritischen Exegese ab; die von ihr bevorzugten Methoden sollen Phantasie und Spontaneität einbeziehen; doch zeigte sich, daß erhebliche Kenntnisse vor allem auf religionsgeschichtlichem Gebiet nötig sind, wenn die neue Auslegung nicht zur Willkür verkommen soll.

Die *Relectura* der lateinamerikanischen Gemeinden stellt am deutlichsten die Gruppe als Subjekt der Auslegung in den Mittelpunkt; doch ist auch dieser Verstehens- und Aneignungsprozeß ohne begleitende Arbeit der Theologen nicht denkbar.

4 Die neue Hermeneutik ist für alle da

Mit allem Nachdruck heben alle drei befreiungstheologischen Konzepte hervor, daß sie sich nicht als eine Anreicherung des bisherigen Methodenensembles verstehen, sondern als eine neue Qualität der Bibellektüre. Man kann nicht Einzelnes herauslesen, sondern muß sich der provozierenden Infragestellung des eigenen Standorts entschieden aussetzen. Diese Erkenntnis hat bei einigen europäischen Theologen, merkt Georges Casalis spöttisch an, »deren idealistischen Flirt mit den revolutionären Christen, sei er nun schüchtern oder schwärmerisch inszeniert gewesen, merklich gestört« (Casalis, 1980, S. 93).

Aber die Armen behalten die neue befreiende Nachricht nicht für sich; »Los pobros nos evangelizan – Die Armen verkünden uns die frohe Botschaft« sagte der ermordete Erzbischof Oscar Romero (Vamos Caminando, 1983, S. 403).

Diese Verkündigung ist nichts anderes als die Einladung, von und mit ihnen zu lernen. Das ist nicht nur der Ruf zur Umkehr, sondern schließt das Versprechen ein, mit uns den Weg zur ganzheitlichen und zur befreiten Menschlichkeit zu gehen.

Kapitel 10
Intertextuelle Auslegung

1 Optionen

1.1 Ein Netzwerk von Texten aufspüren

Die bisher vorgestellten Auslegungen haben gezeigt, daß Texte kaum auszuschöpfen sind, wenn sie nur als in sich geschlossene Sprachgebilde aufgefaßt werden. Gerade die Historisch-Kritische Auslegung ließ erkennen, daß Texte meistens schon eine Wachstumsgeschichte hinter sich hatten, bevor sie ihre jetzige Gestalt fanden; das Aufspüren dieser »textimmanenten Diachronie« habe ich in Kapitel II.1 ausführlich beschrieben und zu zeigen versucht, daß damit die Texte um neue Perspektiven angereichert werden. Man könnte ihre einzelnen Wachstumsschichten durchaus als eigenständige Texte auffassen, die miteinander in spannungsvollen Beziehungen stehen.

Die Texte weisen aber auch über sich hinaus: Manchmal greifen sie selbst auf ältere Traditionen zurück und stellen eine Beziehung her, z.B. Ps 78 mit seiner Aufarbeitung der geschichtlichen Überlieferung Israels. Von vielen Texten wissen wir, daß sie später von anderen Texten im Alten oder Neuen Testament aufgegriffen werden, z.B. Ps 22 in der Passionsgeschichte (Mt 26,46 par).

Diese Beispiele zeigen, daß viele biblischen Texte in ein weitgespanntes Netz von Beziehungen einbezogen sind, die gewissermaßen ihren Lebensraum ausmachen. Diese Beobachtungen gaben mir den Anstoß, solchen Beziehungen nachzugehen – in der Erwartung, daß sich daraus eine Bereicherung des Bedeutungsspektrums eines Textes ergeben kann.

Im Anschluß an eine Formulierung des französischen Strukturalisten Roland Barthes bezeichne ich die Frage nach den Beziehungen zwischen Texten und deren Bedeutung für die Interpretation als *Intertextuelle Auslegung*.

Das folgende Kapitel setzt sich die Aufgabe, bisher vorliegende Versuche zu sichten und ihre hermeneutische Produktivität einzuschätzen. Es kommen einige recht unterschiedliche Ansätze zusammen, die zunächst nur durch das hermeneutische Stichwort »Intertextuell« zusammengehalten werden. Ich stelle drei Ansätze vor, von denen die beiden ersten *innerbiblische Beziehungen* zwischen Texten untersuchen, der dritte *führt über den Raum des Alten und Neuen Testaments hinaus.*

1.2 Drei Ansätze

a. Denkmodell: Heilsgeschichte

Die Suche nach der Kontinuität in der Geschichte Gottes mit den Menschen ist vor allem im Alten Testament stark ausgeprägt; das hängt wohl mit der gewaltigen Zeitspanne zusammen, in der dies Volk seine Geschichte zuerst in mündlicher, dann in schriftlicher Überlieferung reflektiert hat: mit mehr als 1000 Jahren ist zu rechnen. Es stellte sich für die Menschen die Frage, was diese Geschichte begründete, voranbrachte, ihr Sinn gab. Aber auch im Neuen Testament ist ein zentrales Thema, ob die in der Hebräischen Bibel überlieferte Geschichte Gottes mit seinem Volk weitergeht. Die biblischen Schriften haben immer wieder versucht, diese Kontinuität durch Rückbezüge auf frühere Texte zu sichern. Grundlegend ist das Denkmodell der Heilsgeschichte, das sich in vielerlei Anschauungen und sprachlichen Formen ausgeprägt hat.

Ich will dies Denkmodell unter vier Aspekten nachzeichnen.

(1) Verheißung und Erfüllung

Das Alte Testament ist durchgehend von der Überzeugung geprägt, daß Jahwe die heilvolle Geschichte mit seinem Volk und seiner Welt durch seine Verheißungen in Gang gesetzt hat und weiterführt.

Die Zeit vor der Staatenbildung hat Israel als die Einlösung der doppelten Verheißung verstanden, die Jahwe einst Abraham gab: Die *Landverheißung* und die Zusage der *Volkwerdung* (Gen 12, 1-3). Das Versprechen des Landes erfüllt sich nach der Darstellung der Genesis zuerst in der Seßhaftwerdung der Väter im Land Kanaan. Aber dann wächst die viel größere Erfüllung hinzu: Israel zieht als Volk in das »gelobte Land« ein, es hat jetzt »Ruhe« gefunden (Jos 1,13.15; Jos 11,23; u.ö.); am Ende steht das Bekenntnis: »Keins von den guten Worten, die Jahwe, euer Gott, euch gegeben hat, ist hinfällig geworden« (Jos 23,14 u.ö.).

Die zweite große Verheißung ist das Versprechen an David, daß er selbst und seine Nachkommen von Jahwe *erwählt* seien und darum für immer seine »Söhne« (2Sam 7); sie war zugleich als Zusage an Israel zu verstehen, daß seine staatliche Existenz in der Geschichte unter dem »Haus Davids« in besonderer Weise in Gottes Schutz geborgen sei.

Diese beiden Verheißungen lassen nun einen sehr charakteristischen Grundzug des heilsgeschichtlichen Denkens im Alten Testament erkennen: Die Verheißung ist mit der Erfüllung nicht abgegolten wie ein erledigter Posten in der Rechnung, sondern bleibt immer noch offen, weist über sich hinaus auf die weitere Erfüllung. Das zeigt sich zunächst in der *Landverheißung*. Sie ist mit dem Abschluß der Landnahme »erfüllt« – aber das letzte Wort über die Verheißung war noch längst nicht gesprochen. Sie kehrte sich zunächst in die Negation: Israel mußte aus dem guten Lebensraum hinaus in die Verbannung des babylonischen Exils, weil es

Jahwe nicht treu blieb. Aber als »die Schuld bezahlt ist«, setzt Deuterojesaja noch einmal ganz neu ein:

»So spricht Jahwe, der im Meer einen Weg machte, in gewaltigen Wogen einen Pfad,
der ausziehen ließ Wagen und Rosse, Streitmacht und Gewaltige zusammen
– sie liegen da, stehen nicht auf, sind ausgelöscht...
Gedenkt nicht an das Frühere, und des Vergangenen achtet nicht!
Siehe, ich wirke ein Neues, jetzt sproßt es, merkt ihr es nicht?
Ja, in der Wüste schaffe ich einen Weg.«
(Jes 43,16 ff. Übers.: v. Rad)

Was ist hier geschehen? Der Prophet knüpft an die alten Verheißungen und Rettungstaten an, die mit dem Exodus und der Landnahme zusammenhingen. Er zeigt: Auch jetzt, in der Verbannung, ist Jahwes Wille und Vermögen, sein Volk zu retten und ihm wieder Heimat zu geben, nicht am Ende. Aber in der Sicht des Propheten wird die alte Verheißung nicht einfach wieder in Kraft gesetzt; sie löst sich hier so überwältigend neu ein, daß Israel das frühere Geschehen vergessen soll. Auch bei der anderen großen Verheißung, der Zusage an *David*, verläuft die geschichtliche Erfüllung nicht gradlinig im Sinne eines Entwicklungsprozesses. Sie bleibt eigenartig bruchstückhaft; es hat ja kaum in der Geschichte Könige gegeben, die diesem Bild des von Jahwe Gewählten, Gesalbten und Geliebten gerecht werden konnten. So zeigt sich hier vielleicht noch deutlicher als bei der Landverheißung die »ruhelose Bewegung auf eine Erfüllung hin« (v. Rad, 1987, S. 397).

(2) Die Erinnerung an die Heilsgeschichte setzt Hoffnungskräfte frei

Das Interesse Israels an der heilsgeschichtlichen Deutung seines geschichtlichen Wegs war sicher kein theoretisches, sondern ein höchst praktisches, es war angetrieben von der Frage: Worauf können wir uns in der geschichtlichen Situation der Not und der Bedrängnis verlassen? Die Antwort fand Israel in der Erinnerung an die Heilsgeschichte; dies ist besonders gut in den Psalmen zu erkennen:

»Einen Weinstock hobst du aus Ägypten aus,
vertriebst Völker und pflanztest ihn ein.
Du schufst ihm Raum,
er schlug Wurzeln
und erfüllte das Land....
Warum hast du aufgerissen seine Mauern,
daß ihn zerpflückt, wer vorbeigeht?...
Jahwe Zebaoth, kehre doch zurück,
blicke vom Himmel und sieh!«
(Ps 80, 9 ff. Übers.: H. J. Kraus)

Mit starker Unbefangenheit schöpft Israel immer wieder in den Psalmen nicht nur neuen Mut aus der Erinnerung an die guten Taten Jahwes – es hält Gott auch vor, was er angefangen hat, behaftet ihn bei seinen Verheißungen.

(3) »Jahwes Huld und Israels Schuld«

Mit dieser Formulierung hat Hans-Joachim Kraus in seinem Psalmenkommentar (Kraus, 1960, S. LXXI u.ö.) eine ganz andere Sicht der Heilsgeschichte gekennzeichnet, die gewichtig im Alten Testament zu finden ist. Vor allem die Psalmen und die Propheten haben diese Sicht ausgearbeitet. So stellt beispielsweise Psalm 106 die Treue Jahwes in der Geschichte und Israels Untreue im grellen Kontrast nebeneinander:

> »Er errettete sie aus der Hand derer, die sie haßten,
> erlöste sie aus der Hand des Feindes…
> Nun glaubten sie Gottes Worten
> und sangen laut seinen Lobpreis.
> Doch sie vergaßen schnell seine Taten,
> wollten auf seinen Ratschluß nicht hören.«
> (Ps 106, 10 ff)

Einen Endpunkt markiert das 20. Kapitel des Hesekielbuchs (vor allem Hes 20,5-38). Dort steht Israels Abfall in der Geschichte so stark im Vordergrund, daß für Jahwes Gnade kaum noch Raum bleibt.

Da, wo Israel die Erinnerung an die Heilsgeschichte nur noch benutzt, um sich in falscher Sicherheit zu wiegen, schlagen die Propheten ihm diese aus der Hand: »Freue dich nicht, Israel«, hämmert der Prophet Hosea in einer wohl am Laubhüttenfest der versammelten Gemeinde vorgetragenen Rede ein und stellt damit den traditionellen Jubelruf durch das eingefügte »nicht« ins Gegenteil; oder er nennt seinen Sohn »Nicht-mein-Volk« (Hos 1,9), eine radikale Negation der alten Bundeszusage Jahwes »Ihr seid mein Volk« (Ex 19,6 u.ö.), auf die Israel sich nach Meinung des Propheten zu Unrecht beruft, weil es sich schon längst nicht mehr bundesgerecht verhält.

(4) Das Alte Testament weist über sich hinaus ins Neue

Die ruhelose Bewegung, die im Alten Testament die wechselvolle Geschichte von Verheißung und Erfüllung in Gang hält, kommt innerhalb der Hebräischen Bibel nicht ans Ende, sondern wird im Neuen Testament wieder aufgenommen. Damit kommt eine spezifische Rezeption der israelitischen Überlieferung in den Blick, die noch näher zu klären ist.

Schon in alten Überlieferungsstücken des Neuen Testaments ist das Bedürfnis nach Kontinuität im Blick auf die Tradition erkennbar. So heißt es beispielsweise in dem alten Formular 1 Kor 15:

»Christus ist für unsere Sünden gestorben
gemäß der Schrift...« (1 Kor 15, 3b-4).

Im Entstehungsprozeß der neutestamentlichen Schriften entwickeln sich dann zwei Grundformen der Rezeption der »Schriften«: die Typologie und das Verheißung-Erfüllung-Schema (vgl. Gunneweg, 1977, S. 23 ff; Stuhlmacher, 1979, S. 56 ff).

– Die *typologische Auslegung* alttestamentlicher Tradition hat vor allem Paulus ausgearbeitet. Ereignisse, Personen und Institutionen des Alten Testaments werden als »Typen« aufgefaßt, als Vor-Abbildungen, »Vorausschattungen« von wichtigen Zügen (Antitypen) des Christusgeschehens. So erscheinen beispielsweise der Durchzug Israels durch das Schilfmeer, die Wanderung durch die Wüste, die wunderbare Speisung und die Spendung des Wassers aus dem Felsen als Typen der christlichen Sakramente Taufe und Abendmahl (1 Kor 10,1-6). Oder Christus ist der neue Adam, durch den nicht der Tod, sondern das Heil in die Welt kommt (Rö 5,14).
– Die Verklammerung von Altem und Neuem Testament unter dem Schema *Verheißung-Erfüllung* durchzieht eigentlich alle neutestamentlichen Schriften; am deutlichsten erkennbar ist es im sogenannten Reflexions- oder Erfüllungszitat im Matthäusevangelium. Eine typische Formel ist: »Das ist geschehen, damit erfüllt würde, was der Herr durch den Propheten geredet hat...« (Mt 1,22 u.ö.). Der Evangelist ist daran interessiert, »das überkommene Erbe neu anzueignen und es zu bewältigen, ihm seine Gültigkeit zu belassen, ja, es neu in Kraft zu setzen und gerade dadurch und damit die Schriftgemäßheit, und das kann hier nur heißen: göttliche Wahrheit des Christuszeugnisses zu beweisen« (Gunneweg, 1977, S. 27).

Im Zusammenhang mit der »heilsgeschichtlichen Theologie« des 19. Jahrhunderts, die für eine eigenständige Sicht des Alten Testaments gegen drohende Relativierung kämpfte, wurden diese Konzepte noch einmal aufgenommen und weitergeführt. Doch haben sie sich insgesamt als abgeschlossene hermeneutische Entwürfe nicht durchsetzen können. Dafür sind vor allem drei Gründe zu nennen:
– Der *Schriftbeweis* ist fragwürdig. Es steht fest: Niemand kann aus der Kombination von Schriftstellen etwas beweisen, am allerwenigsten einen Plan Gottes, den er im Alten Testament ankündigt und im Neuen zur vollen Offenbarung bringt. – Auch unter existentieller Perspektive ist die Idee eines »Schriftbeweises« recht problematisch. Der Alttestamentler Friedrich Baumgärtel notiert: »Der Nachweis, daß Ereignisse des Neuen Testaments im Alten Testament vorgeschattet sind, trifft mich nicht in meiner Existenz... Ich bin in Distanz gegenüber den typologischen Entsprechungen, sie sind für meine Glaubensexistenz völlig irrelevant« (Baumgärtel, 1952, S. 138). – Man muß wohl sogar noch einen Schritt weitergehen: Bultmanns Warnung, den Glauben auf das »Sichtbare« zu begründen (s.o. Kapitel II.2, S. 97 ff) müßte im Blick auf das Schema von

Verheißung und Erfüllung lauten: Wer sich auf die vorgebliche Tatsache eines Schriftbeweises verläßt, wird der Gefahr kaum entgehen, die personale Dimension des Glaubens zu verfehlen.
- Die *typologische Sicht* wertet die Hebräische Bibel ab. Sie beruht ja letztlich darauf, daß der (neutestamentliche) Antitypos durch die Vorschattung im Alten Testament deutlicher hervortritt. Das bedeutet aber gleichzeitig, daß der alttestamentliche Text sich zu einer Vorstufe verflüchtigt – ein Verständnis, das der Bedeutung biblischer Überlieferung nicht gerecht wird.
- Die Gefahr der *willkürlichen Deutung* ist groß. Wer Schriftauslegung nach dem Schema »Verheißung-Erfüllung« betreibt, wird immer wieder die alttestamentlichen Bezugstexte als »Belege« für die Richtigkeit des Schemas interpretieren. Damit aber ist der Willkür Tür und Tor geöffnet.

Dennoch enthalten die heilsgeschichtlich ansetzenden Konzepte wichtige hermeneutische Einsichten, die nicht vernachlässigt werden dürfen. Vor allem zwei Aspekte sind wichtig:
- *Die Einheit der Schrift:* Das Neue Testament ist ohne die Hebräische Bibel unvollständig; denn diese war die Bibel Jesu, die seinen Glauben, seine Gottesbeziehung prägten. Der Vater Jesu ist der »Gott der Väter«. Und umgekehrt ist für uns Bibelleser »post Christum natum« eine isolierte Lektüre des Alten Testaments nicht mehr möglich, das Neue ist als Verstehenshorizont vorgegeben. Allerdings sind die überkommenen heilsgeschichtlichen Denkmodelle wohl nur bedingt tauglich, um diese Einheit zu beschreiben.
Vielleicht ist der Begriff der *Strukturanalogie* besser geeignet, den wohl Carl Heinz Ratschow zuerst in die hermeneutische Diskussion eingeführt hat (Ratschow, 1960, S. 67 ff; vgl. Preuß, 1968, S.73 ff; Gunneweg, 1977, 178 ff). Der strukturanalytische Vergleich der Testamente schließt z.B. die Feststellung gleicher sprachlicher Strukturen, analoger Grundsituationen, ähnlicher Erfahrungen ein.
- *Die Geschichtlichkeit der Schrift:* Es gehört zu den Basissätzen der Hermeneutik, daß die biblische Überlieferung nur in ihrem jeweiligen geschichtlichen Zusammenhang sachgemäß zu verstehen ist. Wie aber kann der geschichtliche Gang so beschrieben werden, daß er nicht als »Fortschritt« vom primitiven zum vergeistigten Denken, vom naiven zum reflektierten Glauben, von der unreifen zur reifen Liebe erscheint? Ein solches Denken, das vor allem im fortschritts-süchtigen 19. Jahrhundert immer neue Entwürfe hervorbrachte, würde ja wieder ein Entwicklungsschema an die biblischen Texte herantragen, das ihrem Selbstverständnis nicht gerecht werden kann.
Einen anderen Ansatz werde ich im nächsten Abschnitt vorstellen. Die Frage nach der Einheit von Altem und Neuem Testament bespreche ich zusammenfassend noch einmal in Kapitel III.2.

b. Denkmodell: Wachsende Überlieferung

Bisher erschien die Intertextualität biblischer Tradition eher als theologisches Postulat. Läßt sich dies nun auch exegetisch verifizieren? Es ist jetzt also unter historischem Aspekt nach der Art der Überlieferungsprozesse im Alten und Neuen Testament zu fragen.

(1) Intertextuelle Beziehungen unter dem Aspekt der Textgeschichte

Wie schon erwähnt, ist die bereits in Kapitel II.1 bearbeitete Textgeschichte auch unter Intertextuellem Aspekt von Interesse. Ich greife noch einmal einige Aspekte der Textgeschichte auf.

Man kann durchaus mit Gewinn die textimmanenten Entwicklungen *(innertextliche Diachronie)* im Sinne Intertextueller Beziehungen verstehen; denn auf jeder Stufe ist ja der »alte« Text wieder mitgelesen worden, kamen die Erfahrungen der Vergangenheit wieder mit ins Spiel.

Die Leitfrage der Untersuchung lautet: Welche Erfahrungen haben die Anstöße zur Ausarbeitung der unterschiedlichen Variationen des Grundthemas eines Textes gegeben, die sich in den verschiedenen Stadien der Textgeschichte zeigen? Welche Formgesetze waren dabei wirksam?

Unter der gleichen Perspektive könnten auch Wachstumsprozesse eines Textes etwa im Rahmen der Entstehung der synoptischen Evangelien aufgefaßt werden.

Solche textgeschichtlichen Vorgänge sind als Wachstumsprozesse verständlich zu machen, die durch neue Erfahrungen angereizt werden. Das Ergebnis ist nicht einfach die Überholung des Überkommenen durch ständig neue »Aktualisierungen«, sondern die Erweiterung der »Text-Welt« in neue Lebens- und Erfahrungsräume hinein – gleichsam in eine Text-Umwelt. – Ein Verstehensvorgang, der dieser Weite gerecht werden will, muß versuchen, die unterschiedlichen Erfahrungen aufleuchten zu lassen, die Sprache der Formen und Motive zu erspüren, die zu ihnen gehören, und die herauszuheben, die unserer Situation besonders nahe sind.

Noch eine Anmerkung zur Terminologie: Im weiteren Verlauf dieses Kapitels werde ich bewußt den Begriff der Entwicklung möglichst vermeiden, weil er das Mißverständnis eines Fortschreitens nahelegt, das vermeintlich überholte Positionen und Ansichten hinter sich läßt.

Über die *(innerhalb eines Textes* arbeitende) textgeschichtliche Analyse hinaus ist es von Interesse, überall da nach möglichen *Beziehungen zwischen Texten* zu suchen, wo inhaltliche und/oder formale Verwandtschaften vermutet werden können. Diese Beobachtungen ordne ich nach Themen, Motiven und Personen.

(2) Wachsende Themen

Unter Themen verstehe ich in diesem Zusammenhang größere inhaltliche Komplexe, die durch relativ einheitliche Aussagen geprägt sind wie z.B. Schöpfung, Exodus, Landnahme (vgl. die differenzierteren Hinweise in Kapitel II.1, S. 60).

Geht man beispielsweise an das zentrale Thema der *Schöpfung* einmal nicht mit der Frage nach der Entwicklung des Schöpfungsgedankens im Alten Testament heran, sondern untersucht, welche neuen Erfahrungen und Räume Israel in der Geschichte zugewachsen sind, werden sich überraschende Perspektiven ergeben. Die Frage nach dem Schöpfer wird sich überhaupt erst nach der Seßhaftwerdung im Zusammenhang mit dem Ackerbau und der neuen Abhängigkeit von Vegetation und Fruchtbarkeit ergeben haben. Am Anfang stand wohl ein unbefangenes Übernehmen der kanaanäischen Anschauungen von El (Baal) als königlichem Schöpfergott; eine Erinnerung daran dürfte sich in der seltsamen kleinen Erzählung Gen 14, 18-20 erhalten haben. Aber dann muß in Israel die Frage aufgekommen sein, die dann jahrhundertelang die heftigsten Konflikte ausgelöst hat: Wer ist eigentlich im Kulturland Schöpfer und Herr; wem verdankt Israel das gute gesicherte Leben in Kanaan – Baal oder Jahwe? Die erste und grundlegende Antwort, die Israel fand, hat der Jahwist in seinem Schöpfungstext Gen 2, 4a ff zur Sprache gebracht: Jahwe allein ist Schöpfer und Herr! Darum stellt der Jahwist den Bericht von der Schöpfung an den Anfang der Heilsgeschichte: Jahwe, der Befreier, ist auch der Schöpfer. Dieser kraftvoll-kämpferische Zug ist sehr charakteristisch und taucht immer wieder auf, z.B. in dem bekannten Beispiel Gen 1,14-18 (P). In der Zeit des babylonischen Exils war Israel mit der Erfahrung konfrontiert, daß scheinbar die Götter der Sieger mächtiger waren als Jahwe. In dieser Situation entstand der genannte Text; er formuliert eine Auseinandersetzung mit den babylonischen Astralgottheiten: Sie sind nicht die machtvollen Götter, denen man dienen muß, sondern nichts als von Jahwe geschaffene Lampen im Dienst Gottes und der Menschen (Gen 1, 14-18)! Am deutlichsten hat etwa zur gleichen Zeit Deuterojesaja die Auseinandersetzung geführt (z.B. Jes 51,9).

Ein zweiter Zug kommt hinzu: Der königliche Schöpfergott hat sich keine Kreaturen zu seinem Dienst bereitgestellt, wie etwa im babylonischen Mythos, sondern wendet sich dem Menschen in zärtlicher Fürsorge zu; dies zeigt sich vor allem im jahwistischen Schöpfungstext. Darin spiegelt sich wohl die Erfahrung des im Kulturland endlich zur Ruhe gekommenen Nomaden, der das gute Leben in der Geborgenheit als Geschenk seines Gottes begreift. Hier liegen die Wurzeln eines intensiven Vertrauensverhältnisses, wie es immer wieder in den Psalmen aufscheint. So schöpft beispielsweise ein unschuldig Verfolgter neuen Mut aus der Erinnerung an die Befreiungstat in Ägypten, aber auch aus dem Gedenken an das eigene Geschaffensein (Ps 22, 5f; 10f).

Auch der Lobpreis, der in den vielen Schöpfungspsalmen zur Sprache kommt, ist nicht einfach ein Bestandteil liturgischer Routine, sondern Ausdruck umfassenden Vertrauens.

Das Neue Testament nimmt die Schöpfungsthematik nicht besonders breit auf. Ich nenne exemplarisch den Abschnitt der Bergpredigt über die Sorge (Mt 6,25-34). Auch hier ist, wie in den Psalmen, die Erinnerung an den Schöpfer Anlaß zu Vertrauen und Geborgenheit.

Es wäre reizvoll, diesen Linien weiter nachzugehen, doch die wenigen Andeutungen müssen genügen, um die Text-Umwelt des Schöpungsthemas wenigstens anzudeuten (vgl. auch die Ausführungen zum Thema »Schöpfung« in Kapitel III.1: »Grundbescheide«). Man darf davon ausgehen, daß biblische Texthörer und Textproduzenten in dieser Welt lebten – soweit sie ihnen in ihrer Zeit schon zugänglich war – und so die Lebens- und Glaubenserfahrungen der vor und mit ihnen Lebenden aufnahmen und weiterführten.

Auch aus *linguistischer* Sicht sind die Prozesse interessant (vgl. Croatto, 1989, v.a. S. 27 ff unter Bezugnahme auf Arbeiten von Paul Ricoeur). Croatto geht davon aus, daß Lesen nicht Sinnwiederholung, sondern Sinnproduktion sei (S. 23). Diese These ist nur dann sinnvoll, wenn man davon ausgeht, daß jeder Text, jedes Thema eine große Fülle möglicher Sinngebungen in sich schließt. Diese Fülle verengt sich zunächst einmal, wenn es zu einer Fixierung in einer bestimmten geschichtlichen Situation kommt, beispielsweise bei der Gestaltung des Schöpfungsthemas beim Jahwisten; denn hier ist das Thema in eine feste Beziehung zwischen Autor, Empfänger und den Diskurs zwischen ihnen eingespannt. Doch mit der Tradierung verliert diese Beziehung ihre Bedeutung: Der Autor »stirbt«, weil seine Kommunikationswelt nicht mehr existiert. An die Stelle des »begrenzten Horizonts« des Autors tritt dann eine Unbegrenztheit (S. 30), öffnet sich das Potential der Sinngebungen (Croatto: »semantische Fülle« S. 31) für neue Erfahrungen und damit neue Deutungsaspekte.

(3) Komplexen Motiven nachgehen

Unter Motiven verstehe ich in diesem Zusammenhang Erzählelemente, die nicht an einen festen Stoff gebunden sind; sie tauchen immer wieder in verschiedenen Themen und Zusammenhängen auf; teilweise können mehrere Motive in einem Thema verwendet werden.

Solche Motive sind beispielsweise: Die beiden Brüder – der Aufbruch – Verführt-Werden – sich auflehnen – in Todesgefahr kommen und gerettet werden. Neben diese mehr situativen Motive treten inhaltliche; z.B. Wasser – Nahrung – Erdboden usw.

Auch solche Motive machen eine Geschichte durch, verändern sich, wachsen an, sammeln neue Erfahrungen in sich, fügen sich zu kontextuellen Zusammenhängen. Das sollen zwei Beispiele verdeutlichen:

– Beispiel: *Verführt-Werden.* Dies Motiv ist eines der ältesten in der biblischen Tradition. Gleich in Gen 3 läßt sich Eva zum Ungehorsam verführen; es bleibt seltsam unbestimmt, was eigentlich Gegenstand der Verführung ist: Ist es das »Sein-Wollen-wie-Gott« oder spielt die verführerische Lieblichkeit der Paradiesfrucht auch eine Rolle? – Wesentlich eindeutiger geht es in zwei anderen Texten zu, die etwa in der gleichen Zeit schriftlich fixiert wurden wie Gen 3: Die Erzählung von der versuchten Verführung Josephs durch Potiphars Frau (Gen

39) und die Geschichte von David und Bathseba (2 Sam 11). Am Ende der innerbiblischen Geschichte dieses Motivs steht dann die neutestamentliche Erzählung von der Versuchung Jesu (Mt 4,1-11; Lk 4,1-13).

Die vier genannten Texte zum Motiv der Verführung sind recht unterschiedlich ausgeformt, enthalten aber eine Reihe von gleichen Elementen. So wird z.B. immer darauf hingewiesen, daß der Gegenstand der Verführung sinnlich wahrgenommen wird und »hinreißend« begehrenswert sei. Auch wird übereinstimmend festgestellt, daß die Situation etwas mit dem Gottesverhältnis der Beteiligten zu tun habe: In Gen 3 und Mt/Lk 4 geht es um die Versuchung, sein zu wollen »wie Gott«; der Gegenstand der Verführung hat etwas mit der Macht zu tun. In den beiden anderen Texten ist von sexueller Begehrlichkeit die Rede, doch zumindest bei David ist auch wieder der Macht-Aspekt im Spiel; denn er gebärdet sich so, wie es wohl für einen altorientalischen Potentaten selbstverständlich ist.

– Beispiel: *Wasser*. In der ganzen biblischen Tradition ist das Motiv des Wassers eigentümlich ambivalent. Auf der einen Seite ist das Wasser die unheimliche Macht, die den Menschen bedroht. Einige Stichproben: Die chaotische Urflut in Gen 1, sie erscheint auch als Drache (Rachab: Ps 89,11; Jes 51,9; Leviathan: Jes 27,1) – Die Fluten des Schilfmeeres als tödliche Gefahr für das flüchtende Israel – »Wasser« als Symbol der Bedrohung in den Psalmen (z.B. Ps 69, 2 ff) – Das Meer, das Jona verschlingt – der Seesturm, der die Jünger tödlich bedroht. Gott erscheint in diesen Ausformungen des Wasser-Motivs als der, der die Seinen errettet.

Auf der anderen Seite ist Wasser das Lebens-Mittel, eine Sicht, die gewiß der Lebenserfahrung von Menschen im heißen Klima Vorderasiens eher entspricht als die Erfahrung des Wassers als bedrohendes Element! Auch hierzu einige Stichproben: Der Garten Eden ist der Lebensort inmitten der Wüste – Israel wird auf wunderbare Weise in der Wüste getränkt (Ex 15; Ex 17) – die Psalmen erzählen immer wieder, daß Jahwe lebenerhaltendes Wasser spendet (Ps 23) – Jahwe wird bei der Befreiung aus Babylon vor seinem Volk herziehen und die Wüste in einen blühenden Garten verwandeln (Jes 41, 17ff; Jes 43, 19ff) – Jesus gibt das Wasser des ewigen Lebens (Joh 4,1-15).

Ein dritter Aspekt des Wasser-Motivs ist die Reinigung. Über die alltägliche Bedeutung der körperlichen Sauberkeit hinaus ist – jedenfalls in der Hebräischen Bibel – der Aspekt der kultischen Reinheit sehr wichtig (z.B. Ex 19,10; 2 Kön 5,10). Schließlich erweitert sich das Bedeutungsspektrum um die Reinheit von Schuld und Sünde, die letztlich nur Gott selbst »abwaschen« kann (z.B. Ps 51,14).

Ein eindrucksvolles Beispiel für die Anreicherung des Motivs Wasser in der Geschichte ist das neutestamentliche Symbol der Taufe (z.B. Röm 6, 1-11). Es vereint in sich die Bedeutung des Sterbens, aber auch des neuen Lebens (Das Jona-Motiv als Tauf- und Auferstehungssymbol!) und der Reinigung.

Nicht nur Themen reichern sich mit immer neuen Erfahrungen an, sondern auch Personen. So hat Gerhard von Rad eindrucksvoll gezeigt, wie die zentralen Gestalten des Alten Testaments im Lauf der Geschichte in immer neue Lebensräume hineinwuchsen, neue Züge gewannen, zu neuen Gestalten verschmolzen (zu Mose: von Rad, 1987, S. 302 ff; zu David: S. 318 ff). Besonders an der geheimnisvollen Gestalt des Gottesknechts bei Deuterojesaja läßt sich erkennen, wie Erfahrungen und Geschichten um den Gottesmann Mose, um den König, um den leidenden Propheten zu einer neue Gestalt zusammenwuchsen, die aber ihrerseits wieder nicht abgeschlossen ist, sondern offen bleibt für Neues – es ist sicher kein Zufall, daß dann die Zeichnung der Gestalt Jesu durch die Evangelien viele Züge dieses Gottesknechts aufgenommen und vertieft hat.

Sich mit biblischen Gestalten intertextuell beschäftigen heißt, sie nicht als isolierte Personen wahrzunehmen, sondern sie in solchen Beziehungen zu sehen. Es ist reizvoll und fruchtbar, zu beobachten, wie die Gestalt des Messias-Königs im Alten Testament immer weniger von den realen Königen ausgefüllt wird, sondern zum Hoffnungssymbol wird... bis schließlich der Christus als der Erwartete erkannt wird. Aber er geht nicht einfach auf in der überkommenen Gestalt – bei ihm verschmilzt sie unter anderem mit dem leidenden Gottesknecht: Er ist der Mann, der – nach einer Formulierung von Eduard Schweitzer – alle Schemata sprengt. So kann man beobachten, wie die biblischen Gestalten durch immer neue Erfahrungen wachsen; das bietet die Chance, sie komplexer zu erkennen und damit vielleicht auch den eigenen Zugang zu verdeutlichen.

So laufen die Fäden durch das Alte und Neue Testament – wer ihnen nachgeht, sammelt nicht nur interessante religionsgeschichtliche Informationen, sondern kann, wenn er will, immer neue Räume betreten, teilnehmen an vergangener, belebender Erfahrung.

c. Lesen in freier Assoziation

Der Begriff der Intertextualität führt noch einen Schritt über die bisher vorgestellten Beziehungen hinaus. Das ergibt sich jedenfalls aus dem Verständnis der Intertextualität bei Roland Barthes, von dem ich ihn übernehme (Barthes, 1974; 1976). Barthes besteht auf einer Lektüre »ohne Empfangsvorschrift« (1976, S. 20), die besagt, daß ein Text nur dann »richtig« verstanden ist, wenn er aus dem Denk-, Sprach- und Erfahrungszusammenhang seiner Entstehung gelesen wird. Eine solche Sicht entspricht natürlich den historischen *Entstehungsbedingungen* der Textproduktion, aber eigentlich nicht den *Verstehensbedingungen* des jeweiligen Lesers, der ja in der Regel schon ganz andere Textwelten in sich aufgenommen hat. Barthes verdeutlicht seine These am Beispiel seiner eigenen Lektürepraxis: »Bei der Lektüre eines von Stendhal mitgeteilten Textes... finde ich durch ein winziges

Detail Proust wieder… Woanders, aber in der derselben Weise, bei Flaubert sind es die blühenden Apfelbäume der Normandie, die ich von Proust her lese. Ich genieße… die Umkehrung der Herkunft, die Ungezwungenheit, die den früheren Text vom späteren herkommen läßt« (1974, S. 53).

Die Leichtigkeit und Mobilität der Intertextuellen Beziehungen kommen natürlich nur zustande, weil der Interpretationsvorgang das Gewicht ganz einseitig auf die Seite des Interpreten verlagert, auf *seine* Assoziationen, *seine* Kombinationskraft und Imagination. Dieser Verstehensansatz markiert also eine *rezeptionsorientierte Sicht* in äußerster Konsequenz; letztlich stellt der Rezipient den Text im Assoziationsprozeß für sich her. (Vgl. auch Kapitel II.11, S. 334. Eine knappe Zusammenfassung rezeptionsortierter Ansätze für die Exegese bietet Frankemölle, 1983, S. 44 ff). Diese These wird noch verdeutlicht durch die von Umberto Eco entwickelte Theorie des »Offenen Kunstwerks« (Eco, 1985, vor allem S. 7-59). Eco geht davon aus, daß grundsätzlich jedes Kunstwerk »offen« sei. Im Gegensatz etwa zum Verkehrszeichen, das lediglich »richtig« oder »falsch« als Deutungen erlaubt, erschließt sich das Kunstwerk nur der freien schöpferischen Antwort, »schon deshalb, weil es nicht wirklich verstanden werden kann, wenn der Interpretierende es nicht in einem Akt der Kongenialität mit seinem Urheber neu erfindet« (S. 31). Zugespitzt kann Eco formulieren, daß das Kunstwerk erst im jeweiligen Akt der Interpretation »fertig« wird.

Die Intertextuelle Auslegung im Sinn der freien Assoziation ist aber nicht willkürlich: Sie kann nur gelingen, wenn der Interpret im Text selbst Ansatzpunkte und Widerhaken findet, an denen sich die assoziative Phantasie entzünden und festmachen kann. »Sternenförmige Auflösung« nennt Barthes diesen Vorgang, in dem der Ausleger solche Haftpunkte sucht, von ihnen zu anderen Texten wandert und aufs neue zu seinem Text zurückkehrt (1976, S. 17).

Intertextuell lesen in diesem Sinn heißt also, die Diachronie zugunsten der Synchronie aufheben, den Text mit dem jeweiligen Leser gleichzeitig machen und die Texte, die der Interpret bei sich hat, in ihn einlesen.

Bezogen auf die Interpretation von Texten des Alten und Neuen Testaments führt dieser letzte Aspekt der Intertextuellen Auslegung über den biblischen Bereich hinaus. Dabei geht es nicht nur um eine zeitliche Erweiterung, sondern auch um eine sachliche. Wie ist das zu verstehen?

Die »sternenförmige Auflösung« eines Bibeltextes bedeutet nicht, beispielsweise den Weg der Turmbau-Erzählung (Gen 11) durch die außerbiblische Geschichte des Christentums nachzuzeichnen – das ist eher die Aufgabe der WirkungsgeschichtlichenAuslegung, die in Kapitel II.11 vorgestellt wird. Das Interesse des Intertextuellen Lesens dagegen ist, sich von den Themen, Motiven, Konstellationen, Personen des Textes zur freien Assoziation ähnlicher Elemente anregen zu lassen – zum Beispiel: das Prometheus-Motiv – der Faust-Stoff – Gigantomanie in Großbauten – der Bau der Atombombe (»In Sachen R. Oppenheimer«…). Der Charakter der biblischen Texte legt es nahe, nicht nur an ästhetische Gegenstände zu denken, sondern auch praktische Ausgestaltungen des Allmachtswahns einzubeziehen, ausgehend von Gen 11 beispielsweise das Problem der genetischen Manipulation. Kehrt der Ausleger mit solchen Assoziationen zu seinem Text zurück, wird ihm klar, daß das Bedürfnis, »den Himmel zu stürmen« und Gott gleich zu werden, keine Episode einer längst versunkenen Urgeschichte ist, sondern eine Grundkonstellation menschlichen Lebens meint. (Interessante Beispiele zur »sternenförmigen Auflösung« biblischer Texte und Motive hat Alex Stock zusammengestellt: 1978, S. 156 ff.)

1.3 Zusammenfassung: Intertextuell lesen heißt: sich in eine Text-Umwelt einleben

Die Intertextuelle Auslegung spürt Beziehungen zwischen Texten auf und geht davon aus, daß diese Beziehungen hermeneutisch produktiv in die Auslegung eines Einzeltextes einbezogen werden können.

Diese Beziehungen sind im *innerbiblischen Bereich* durchaus unterschiedlicher Art: Es können theologische Setzungen sein wie bei der Typologie oder der Systematik von Verheißung und Erfüllung. Es kann um die verschiedenen Wachstumsstufen innerhalb eines bestimmten Textes gehen. Es kann sich aber auch um Themen, Motive oder Personenbeschreibungen handeln, deren Beziehung zueinander sich nicht im Sinne einer unmittelbaren Abhängigkeit bestimmen läßt, die aber doch im Sinne wachsender Erfahrung verstanden werden sollen. Um es noch einmal am Beispiel zu zeigen: ich gehe davon aus, daß etwa der Sänger von Ps 23 nicht nur die Bilder des Hirten und des Gastgebers mit Leben erfüllte, sondern auch in der Text-Umwelt des Motivs »Wasser als Jahwes gute Lebensgabe« lebte und die in dieser Text-Umwelt beheimateten Erfahrungen weiterführend mit- und nacherlebte.
Diese Beobachtungen zeigen deutlich, welchen Gewinn die Intertextuelle Lektüre verspricht: Intertextuell lesen heißt, daß der Ausleger sich bei jedem biblischen Text zu einem bestimmten Thema nicht mit der isolierten Perikope zufriedengibt, sondern nach den Linien des Netzwerks Ausschau hält, in die der Text einbezogen ist, einzelnen Fäden nachgeht und die Gestaltungen wahrnimmt, die das Thema bereits erfahren hat. Es wäre wichtig, daß er versucht, die Erfahrungen zu rekonstruieren, die diese Gestaltungen angestoßen haben, und diese dann auch im Ausgangstext wiederfindet.
Richtet sich das Interesse der Auslegung vorwiegend auf das Verständnis eines Textes im Rahmen seiner Produktionsbedingungen, kann der Interpret immer nur das in ihn »einlesen«, was vor oder in der Entstehungszeit an inhaltlichen Zügen vermutlich bekannt war.

Ich halte es aber durchaus für legitim und fruchtbar, nicht nur die (mutmaßliche) »Vorgeschichte«, sondern auch die »Nachgeschichte«, d.h. die weiteren Ausgestaltungen und Anreicherungen der inhaltlichen Elemente des Textes mit einzubeziehen – am Beispiel des 23. Psalms die neutestamentliche Rede vom »guten Hirten«; denn als Bibelleser des 20. Jahrhunderts leben wir ja in der »Text-Umwelt« des *ganzen* Alten und Neuen Testaments. Damit ist keine Einebnung der Profils der einzelnen Texte angezielt, wohl aber ein Vor-Blick in die Lebens- und Erfahrungsräume, die sich vor dem Text öffnen; und damit die Aufdeckung seiner »semantischen Fülle« (Croatto).

Im *außerbiblischen Bereich* zog ich das Konzept der »sternenförmigen Auflösung« von Roland Barthes heran, das zu den Themen, Motiven und Personen des Textes frei assoziierte Beispiele sucht und sich dadurch zur Entdeckung weiterer Aspekte und Verstehensmöglichkeiten inspirieren läßt.

Zum deutlicheren Verständnis der Intertextuellen Auslegung bietet sich als Bild für das Wachstum biblischer Texte die organische Entwicklung einer Siedlung an: Die verschiedenen Generationen machten unterschiedliche Erfahrungen – waren mit Konflikten konfrontiert – entwickelten neue Bedürfnisse – entdeckten neue Fähigkeiten… lauter Anstöße, neue Häuser zu den alten hinzuzubauen, sie zu bewohnen und zu benutzen, ohne daß die alten abgerissen wurden und verfielen. Die Auslegung eines Textes könnte sich dann an die Beschreibung halten, die E. Wilson in Bezug auf den »Ulysses« von James Joyce formulierte: »Die Welt des Ulysses ist beseelt von einem komplexen und unerschöpflichen Leben: Wir treten in sie ein wie in eine Stadt, in die wir mehrere Male zurückkehren, um die Gesichter wiederzuerkennen, die Menschen zu verstehen, um Beziehungen und Interessen zu pflegen… Und wenn wir wiederlesen, können wir an jedem beliebigen Punkt einsetzen, als stünden wir etwas Festem gegenüber, einer Stadt, die tatsächlich im Raum existiert und in die man aus jeder Richtung eintreten kann« (E. Wilson, Axel)s Castle; zitiert aus: Eco, 1973).

So gleicht die Arbeit des Intertextuellen Auslegers »dem Gang des Flaneurs, der weder über der Stadt schwebt noch die touristisch effektivste Verbindung zwischen ihren Hauptsehenswürdigkeiten sucht, sie vielmehr durchstreift, leicht vor Neugier, schwer von Erinnerungen« (Stock, 1978, S. 153).

2 Methoden

Auch für den methodischen Bereich der Intertextuellen Hermeneutik ist kein einheitliches Konzept zu entwickeln. Entsprechend den unterschiedlichen Ansätzen lassen sich einige Vorschläge zur Methode zusammenstellen.

2.1 Methoden zum Ansatz »Textgeschichte als Geschichte von Texten«

In diesem Bereich geht es um die textimmanente Textgeschichte, verstanden als Wachstum von Glaubenserfahrungen in und mit der Geschichte. Sie soll in diesem Kapitel nicht mehr eigens thematisiert werden; die hierfür benötigten Methoden der überlieferungskritischen und redaktionskritischen Analyse sind (s.o. Kapitel II.1, 48 ff): Erkennen ätiologischer Züge, Interpretation von Auffälligkeiten in der Textstruktur, Erklärung der Stellung des Textes in einem größeren literarischen Zusammenhang usw. Da verstärkt nach den Erfahrungen gefragt wird, die die einzelnen Stadien der Wachstumsgeschichte geprägt haben, sind ausdrücklich auch Methoden der Ursprungsgeschichtlichen Analyse einzubeziehen, die in Kapitel II.6 besprochen wurde.

2.2 Methoden zum Ansatz »Wachsende Themen«

Hier ist vor allem Bibelkenntnis gefragt. Aber auch die Konkordanz ist in vielen Fällen eine Fundgrube für die Verfolgung der Geschichte eines Themas. Für die »großen« Themen wie Schöpfung, Exodus, Landnahme, Davidsbund usw. sind besonders ergiebig die Psalmen; es lohnt, einmal der Geschichte des Exodus-Themas durch den Psalter nachzugehen (Stichworte für die Konkordanz-Arbeit u.a.: Ägypten, Wüste, schreien, Pharao, Mose) und bei jeder einzelnen Stelle zu fragen:
– Welche inhaltliche Ausformung des Themas liegt vor?
– Welche Funktion hat das Thema in diesem Zusammenhang?
  (Lob Gottes – Freude – Ermutigung – Anklage…?)
– Welche Erfahrungen könnten diesen Gebrauch herbeigeführt haben?
– Welche neuen Aspekte des Themas kommen zutage?
Einzelne Themen sind in den Werken zur Theologie des Alten Testaments bearbeitet (vgl. auch: Lohfink, 1977; Exeler, 1975).

2.3 Methoden zum Ansatz »Wachsende Motive«

Da die Untersuchung inhaltlicher Motive in der biblischen Überlieferung bisher kaum im Zusammenhang in Angriff genommen wurde, ist der Ausleger vorerst auf seinen Spürsinn angewiesen, um herauszufinden, wo er auf Motive stößt, ob es sich lohnt, ihnen nachzugehen. Einzelne Motive sind natürlich in der Literatur behandelt, oft allerdings etwas versteckt als Exkurse in großen Kommentarwerken usw. Vielleicht ist es der beste Weg, zu experimentieren, vermutlich ergiebigen Motiven einmal nachzugehen, dabei auch Holzwege nicht zu scheuen.
Bei der Auslegung eines Einzeltextes dienen die erkannten Motive als Ansatzpunkte für die Sucharbeit; d.h. der Interpret macht Motiv I fest, geht ihm durch die

verschiedenen biblischen Zusammenhänge nach und kehrt – bereichert um neue Perspektiven und Fragen – zum Text zurück; ebenso verfährt er bei Motiv II usw. Vor allem bei den inhaltlichen Motiven ist die Konkordanzarbeit nützlich.

Natürlich wird man bei der Interpretation unterschiedlicher Bibeltexte immer wieder auf ähnliche Motive stoßen. Darum wird es auf die Dauer lohnen, sich Zusammenstellungen auf Vorrat anzulegen, Themen- oder Motivbibliotheken zu erstellen. Einen ähnlichen Vorschlag bietet übrigens Theophil Vogt mit seinem »Textatelier« im Rahmen Interaktionaler Bibelarbeit an: Verschiedene Texte, die die Weite und das Wachstum eines biblischen Themas oder Bildes verdeutlichen, werden erarbeitet (Vogt, 1985, S. 72 und 162; vgl. die Erläuterung in Kapitel II.5, s.o.S. 182).

2.4 Methoden zum Ansatz »Wachsende Personenbeschreibungen«

Das wichtigste Hilfsmittel für diese Untersuchung ist wieder die Konkordanz; ganz gute Dienste leistet auch die kleine Übersicht »Biblische Gestalten« (Hauß, 1983), die aber eine gewisse Tendenz zum Idealisieren und Moralisieren erkennen läßt. Auch zu einzelnen Gestalten finden sich Darstellungen in der Fachliteratur, vor allem bei v. Rad (v. Rad, s.o.).

Neben der Untersuchung, welche neuen Sichtweisen einer biblischen Gestalt in welchem Abschnitt der Geschichte Israels und des Urchristentums aufgekommen sind, ist es besonders wichtig, sich anhand des Textmaterials in die Person einzuleben und damit ihrem Wachsen imaginativ nachzuspüren (vgl. die oben skizzierten Beispiele).

2.5 Methoden zum Ansatz »Lesen in freier Assoziation«

Dieser Ansatz läßt sich natürlich am wenigsten methodisch strukturieren; er ist ja gerade auf die Phantasie und den Einfallsreichtum des Auslegers angewiesen. Es dürfte nützlich sein, in drei Schritten vorzugehen: Ähnlich wie in der Kreativitätsforschung vorgeschlagen, wird am Anfang eine »green-light-stage« stehen, eine Phase, in der ohne jede Einschränkung alle Assoziationen und Einfälle gesammelt und aufgenommen werden. Es folgt eine »red-light-stage«, in der das Material kritisch gesichtet wird; es ist zu prüfen, ob tatsächlich eine Beziehung zum Themen- und Motivinventar des Bibeltextes besteht, von dem der »Spaziergang« ausging. Schließlich kehrt der Ausleger mit seinen Funden zu seinem Text zurück und reflektiert, welche neuen Sichtweisen jetzt aufscheinen. Dabei sollte er sich von dem gleichen Grundsatz leiten lassen wie bei anderen Auslegungsweisen auch: Es wird nur das zum vertieften Verständnis eines Textes herangezogen, was den Ergebnissen der Historisch-Kritischen Auslegung nicht widerspricht.

3 Das Beispiel: Gen 4,1-16

3.1 Zur Textgeschichte

In diesem Arbeitsgang kann es ausreichen, noch einmal die Ergebnisse der über-lieferungs- und redaktionskritischen Analyse zu Gen 4 aus Kapitel II.1 abzurufen. Ich hatte diese exegetischen Schritte aus sachlichen und literarischen Gründen im Blick auf Gen 3 *und* 4 vorgenommen und referiert, daß im vorliterarischen Stadium zunächst wohl die Stammesätiologie der Keniter (Gen 4) im Vordergrund stand. Eine solche Etymologie nimmt die Funktion einer Orientierungshilfe im räumli-chen und historischen Lebenszusammenhang wahr und fragt nach Ursachen gegen-wärtig sichtbarer Erscheinungen: Warum gibt es die seltsam verwandten und doch unheimlich unsteten Keniter am Rand von Israels Lebensraum?

Israel ist dann in die bewußte Wahrnehmung der Erfahrung von Unvollkommen-heit, Leid und Tod hineingewachsen und hat auch hier nach den Ursachen gefragt, um sich mit diesen bedrückenden Erscheinungen auseinandersetzen zu können; aus der Stammesätiologie ist gleichsam eine anthropologische Etymologie geworden; als Antwort fand Israel in der frühen Königszeit: Die gegenwärtigen Beschädigun-gen des Lebens hängen mit der mißlingenden Gottesbeziehung zusammen. In einem dritten Wachstumsschritt ist dann die Perspektive der Veränderung hinzugekom-men: Der Mensch ist dem Zerbrechen des Vertrauens auf Jahwe und der damit verbundenen Abhängigkeit von lebenzerstörenden Kräften (»Sünde«) nicht einfach schicksalhaft ausgeliefert, sondern kann sich aktiv damit auseinandersetzen (V 6 und 7!).

3.2 Wachsende Themen und Personen

Da in Gen 4 das Thema des Brudermordes eng mit den beteiligten Personen verbunden ist – sie wird ja eigentlich auch immer nur als die Geschichte von Kain und Abel zitiert –, können die beiden Punkte gemeinsam besprochen werden.

Die Bibel ist im Blick auf die Geschichte und die Namen der Brüder eigentümlich wortkarg – das gilt allerdings mit Ausnahme der Schöpfung im Grunde für die gesamte Urgeschichte. Im ganzen Alten Testament ist nie wieder die Rede von ihnen, und auch die spärlichen neutestamentlichen Belege geben im Grunde nichts her: In Mt 23,35 par wird »das Blut Abels, des Gerechten« gemeinsam mit anderen Beispielen für die Verfolgung unschuldiger Boten Gottes genannt; Hebr 11,4 stellt ihn an den Anfang einer langen Reihe von Vorbildern des Glaubens (»Wolke der Zeugen«), im gleichen Brief wird ausgeführt, daß das Opferblut Christi »mächtiger rede« als das Blut Abels (Hebr 12,24). Schließlich gibt es noch zwei Stellen, die die exemplarische Bosheit Kains warnend anführen (1 Joh 3,12 und Jud 11). Außer der Beobachtung, daß bereits im Neuen Testament die deutliche Tendenz zur Moralisierung der alten Erzählung dominiert (Abel: Der Gerechte und Gute, Kain der Übeltäter), gibt dieser Ausflug in die Geschichte eigentlich nichts her, von einer

Geschichte der wachsenden Erfahrung mit diesem Thema und diesen Personen kann nicht die Rede sein.

3.3 Wachsende Motive

Drei vielversprechende Motive zeigen sich in Gen 4, 1-16: Die (rivalisierenden) Geschwister – der Mord – die (Mutter) Erde. Da das Mordmotiv sehr verbreitet und auch in der exegetischen und ethischen Literatur umfänglich bearbeitet ist, will ich nur dem ersten und dritten Motiv etwas näher nachgehen.

a. Die Geschwister

Mit der Erzählung vom Brudermord beginnt eine lange Reihe biblischer Geschichten von den ungleichen Geschwistern: Der jüngere Isaak wird Ismael vorgezogen (Gen 21) – Jakob bekommt den Vorzug vor dem älteren Esau (Gen 27) – Rahel übertrumpft ihre Schwester Lea (Gen 29)... schließlich führt das Motiv ins Neue Testament, vor allem natürlich zu der Geschichte vom verlorenen Sohn (Lk 15,11-32), die manche mit Recht die Geschichte von den beiden verlorenen Söhnen nennen, weil der ältere am Ende mehr verspielt haben könnte als der jüngere: die Liebe. Damit ist das entscheidende Stichwort erkannt, das diese Erzählungen trotz aller Unterschiede in der Konstellation und in der Handlung verbindet: Immer geht es um die Liebe, um die Nähe zu einer Person, die man liebt, und darum, daß diese Liebe anders zum Zug kommt, als man es nach dem »natürlichen« Lauf der Dinge erwarten darf. In Gen 4 und Lk 15 vertieft sich der Konflikt dadurch, daß Gott im Spiel ist. Es geht um *Amor Dei* – Liebe zu Gott und Liebe Gottes. Wo sie mißlingt, kommt es zu tiefgreifenden Entfremdungen und Beschädigungen. Aus verunglückter Gottesliebe entsteht die Sünde, sagt Augustin, aus *Amor Dei* wird *Amor Sui* und *Superbia,* Selbstliebe und grenzenloser Hochmut, der sich selbst zum Maß aller Dinge setzt. Jürgen Moltmann hat in seiner Untersuchung der Wurzeln von sündhaftem Rassismus, Kapitalismus und Sexismus diese Gedanken aufgegriffen und weitergeführt: »Aus der Liebe, die Gott verlor, wird eine unstillbare und darum alles zerstörende Sucht, Herrschsucht und Besitzgier. Liebe, die keine Erfüllung finden kann, verkehrt sich in Angst. Liebe, die in ihrer Erwartung enttäuscht wird, verkehrt sich in Zerstörungswut« (Moltmann, 1979, S. 74). Noch radikaler formuliert Ernesto Cardenal: »Um dieser Liebe willen werden alle Verbrechen begangen und alle Kriege gekämpft, ihretwillen lieben und hassen die Menschen... Der unstillbare Hunger der Diktatoren nach Macht und Geld und Besitz ist in Wahrheit Liebe zu Gott« (»Das Buch der Liebe«).
Die tödlichen Folgen verunglückter Liebe sind bekannt – siehe Gen 4, 1-16. Und letztlich ist ja auch die Passion Christi nur aus dieser schrecklichen Konstellation zu verstehen: Wo er, der Freund der Sünder und damit Anwalt aller »jüngeren Brüder«, die Liebeszusage an sie radikal vertritt, kommt er in Konflikt mit der

unglücklichen und darum tötenden Liebe der »älteren Brüder«, der Gerechten, der Frommen, deren »Kreuzige ihn« die letzte Konsequenz ist.

Der Gang durch die biblischen Geschwister-Erzählungen hat sich damit wieder in die Ausgangs-Geschichte gekehrt; es haben sich neue Dimensionen von Liebe und Haß gezeigt und auch wohl bisher ungeahnte Linien in unsere eigene Gegenwart.

b. Die Erde

Im ganzen Alten Testament ist der Erdboden (’damah) ein ganz besonderer Stoff: Aus ihm ist der Mensch (’dam) gemacht – ihm tritt er in Gen 4 seltsam belebt entgegen, wie eine Person: Er nimmt das Blut Abels auf – das schreit vom Ackerboden zu Jahwe – Kain wird vom Ackerboden fort verflucht, der wird dem Totschläger seine Kraft nicht mehr geben.

Der eigene Boden unter den Füßen ist aber auch der sehnlichste Wunsch des »umherirrenden Nomaden«; darum ist die Landverheißung das Zentrum der Versprechungen Jahwes an die Väter und sein Volk. Die Einlösung fängt sehr unscheinbar an mit dem Kauf des Grabes in Hebron. Am Ende steht dann das Bekenntnis: Das ganze gute Land, das Jahwe versprochen hat, darf Israel bewohnen in »Ruhe« (Jos 21,43 ff u.ö.).

Das Land ist also für den biblischen Menschen Herkunftsort, Mutterboden, Lebensraum – es wäre nicht schlecht, wenn etwas von dieser Sensibilität heute wieder spürbar wäre! Im Alten Testament tritt aber auch schon jenes Verfügen und Besitzen des Erdbodens auf, das in unserer Gegenwart eher vorherrscht. Darum ist in Israel immer der Anspruch Jahwes vertreten worden: »mir gehört das Land, ihr seid nur Fremde und Halbbürger bei mir!« (Lev 25,23). Diesen Anspruch erhebt nicht der eifersüchtige Despot, der nichts aus der Hand gibt, sondern der fürsorgliche Bewahrer, der die Erde der Willkür der Mächtigen entzieht (1 Kön 21!).

Der Erdboden ist auch der Ort, an dem Unrecht geschieht und Unrecht gesühnt wird. So verkündet der Prophet Amos im Namen Jahwes:

> »Wegen der drei Verbrechen, die Israel beging,
> wegen der vier nehme ich es nicht zurück…
> Weil sie die Kleinen zur Erde treten
> und das Recht der Schwachen beugen…
> Dabei bin ich es gewesen,
> der euch aus Ägyptenland heraufgeführt
> und euch vierzig Jahre lang
> durch die Wüste geleitet hat,
> damit ihr die Erde der Ammoniter
> in Besitz nehmen konntet…
> Siehe, ich lasse die Erde unter euch schwanken,
> wie ein Wagen schwankt, der voll von Garben ist.«
> (Aus Am 2, 6 ff)

Am Ende muß Israel die gute Erde hergeben, hat es das Erbteil verspielt.

Diese Konsequenz haben die Propheten in unheimlichen Visionen geschaut. Alle vorexilischen Gerichtspropheten haben Israel angekündigt, daß es das gute Land verlassen muß. Dieser Zusammenhang von Schuld und Schicksal kann auch so formuliert werden, daß die Untaten Israels das Land verderben und damit unbewohnbar machen:

> Bluttat reiht sich an Bluttat.
> Darum soll das Land verdorren,
> jeder, der darin wohnt, soll verwelken,
> samt den Tieren des Feldes
> und den Vögeln des Himmels;
> auch die Fische im Meer sollen zugrundegehen.
> (Hos 4,2f)

Später weitet sich diese Schreckensvision ins Kosmische: Der ganze Erdkreis wird unbewohnbar; es kommt zu Aussagen, die man als »Anti-Schöpfungstexte« bezeichnen könnte (z.B. Jes 24,1-6 oder die Einleitung der priesterschriftlichen Sintflutgeschichte in Gen 6,11).

Auch dies Motiv läuft dann ins Neue Testament hinein, in die Seligpreisung von den Sanften, die das Erdreich besitzen sollen (Mt 5, 5).

3.4 Lesen in freier Assoziation

Der Idee dieses spontanen Assoziierens läuft es eigentlich zuwider, wenn sie methodisch geordnet als eigener Schritt der Intertextuellen Auslegung ausgeführt wird. Darum werde ich nur eine Karikatur nennen, die mir spontan zu Gen 4 in den Sinn gekommen ist, und ein paar Einfälle notieren.

a. Karikatur

Zeichnung: Nikolas Maroulakis

323

b. Einfälle

Ich kam auf diese Karikatur, weil mir ein Text im Kopf herumging, den ich nicht mehr finde. Ich weiß noch, daß es sich um ein Gedicht oder Lied handelt, das alle möglichen Verhaltensweisen schildert, in dem Mitmenschen benachteiligt, diskriminiert, übersehen werden. Der Refrain lautet: »Soll ich meines Bruders Hüter sein?«

So tauchte die Karikatur in meinem Bild-Gedächtnis auf – dazu einige andere, die ich zum gleichen thematischen Zusammenhang gesammelt habe (u.a.: »Lieder-Bilder-Szenen« Band 1-10: Nachweise: Berg/Berg, 1981, S. 92 ff)

Die Karikatur zeigt einen Ertrinkenden; ein Pfarrer könnte ihm helfen, aber er übersieht die reale Notsituation – er tut das, was er gelernt hat: Er bietet dem Ertrinkenden religiösen Beistand (das Kreuz) an. Der Mann wird ertrinken; der Kirchenmann hat sich nicht situationsgerecht, sondern traditionsgerecht verhalten. Die Karikatur steht für ungezählte Situationen, in denen Menschen und Gruppen sich an Verhaltensschemata orientieren und dabei den hilfsbedürftigen Menschen aus dem Blick verlieren. Ein solches Verhalten tötet.

Wie kommt ein solches Verhalten zustande? Oft ist mangelnde Sensibilität im Spiel oder auch Egoismus; eine solche Einstellung kann man »soziale Dummheit« nennen. Bei Kirchenvertretern kommt wohl die Angst dazu, beim schlichten Tun des sachlich Gebotenen das »Eigentliche« am Glauben aus dem Blick zu verlieren. Dazu notiert H. Gollwitzer in einer Predigt zum Gleichnis vom »Großen Weltgericht« (Mt 25, 31-46): »Wenn heute in der Kirche, vor allem von der jüngeren Generation her, ein praktisches, soziales und politisches Christentum gefordert wird, dann erheben sich fromme Stimmen und warnen vor den Gefahren der Vergesetzlichung, der Werkgerechtigkeit und der Verwechslung von Christentum und Humanismus. Jesus scheint diese Gefahr nicht zu fürchten, nur die umgekehrte Gefahr, daß die Christen vor lauter Christentum und Frömmigkeit nicht humanistisch genug sein könnten« (Gollwitzer, 1973, S. 304).

Kehre ich mit diesem Fund zum alttestamentlichen Text zurück, dann ist mir klar geworden, daß er nicht nur den direkten oder indirekten Totschlag anspricht, sondern alle subtilen Formen des Tötens, die heute kaum jemand noch wahrnimmt, weil sie sich scheinbar unabweisbar aus gewohnten Verhaltensweisen, Angst oder auch aus »Sachzwängen« ergeben.

4 Das Beispiel: Mk 5, 1-20

4.1 Zur Textgeschichte

Wie die Historisch-Kritische Auslegung zeigte, gibt die textgeschichtliche Analyse von Mk 5,1-20 nicht besonders viel für das Verständnis her, zumal sie kaum mit einiger Sicherheit nachzuzeichnen ist.

Vielleicht lassen sich zwei »Jahresringe« in Mk 5 als Indizien für wachsende Erfahrungen deuten:

– Der eine Zug ist die Erweiterung der ursprünglich wohl einfachen Exorzismus-Erzählung zu einer differenzierten, perspektivenreichen Heilungserzählung. Dies könnte darauf hindeuten, daß die ersten Gemeinden die Erfahrung machten, daß das Christus-Geschehen ein umfassender, ganzheitlicher Prozeß ist.
– Der zweite Zug bezieht sich auf das Missions-Motiv am Ende der Erzählung. Dies spiegelt wohl die Erfahrung, daß Menschen, die Befreiung und Heilung erfuhren, zu Zeugen dieses Geschehens werden – und dies »im Heidenland«.

4.2 Wachsende Themen

a. Thema: Krankheit und Heilung

Diese Thematik ist in den Evangelien breit belegt und hat wohl gerade in Mk 5, 1-20 eine gewisse Endform gefunden, was den Grad der thematischen Ausdifferenzierung und den Reichtum der Motive betrifft. – In diesem Zusammenhang ist natürlich auch die Geschichte des Themas in der Hebräischen Bibel von großem Interesse. In den erzählenden Texten des Alten Testaments finden sich nicht besonders zahlreiche und signifikante Belege. Einige Erzählungen von Heilungs- und Auferweckungswundern haben die Überlieferungen von den Propheten Elia und Elisa aufbewahrt (z.B. 1 Kön 17,17-24; 2 Kön 4,8-37; 2 Kön 5,1-27).
Besonders wichtig ist aber die Auseinandersetzung mit der Thematik in den Psalmen und im Buch Hiob (vgl. vor allem Wolff, 1977).
Am meisten verbreitet sind offenbar Hautkrankheiten, vor allem die Lepra; sie verlaufen meist tödlich. Heilungsverfahren sind kaum bekannt: Der von Geschwüren gepeinigte Hiob kann nur in der Asche sitzen und warten (Hiob 2,8-10). Das Alte Testament sieht Jahwe allein als den, der Krankheit und Heilung schickt.
Auch in den prophetischen Schriften finden sich Beispiele für die Thematik. Eine besondere Funktion haben Jesaja-Texte, die überwiegend aus den nach-exilischen Erweiterungen der prophetischen Überlieferung stammen: Jes 26,19; Jes 29,18f; Jes 33,24 Jes 35,5 f; Jes 58,6; Jes 61,1. Hier ist die Heilung der Kranken und Geschlagenen ein starkes Thema messianischer Hoffnung (vor allem 29,18f und 35,5).
Genau diese Texte benutzen dann die synoptischen Evangelien, um Jesus als den zu schildern, der diese Hoffnungen erfüllt. Die Schlüsseltexte sind: Die Antwort Jesu auf die Anfrage des Täufers (Mt 11,2-6 par, Lk 7,18-23) und die sogenannte Antrittspredigt Jesu in Nazareth (Lk 4, 16-30, v.a. 18-20).
Diese Texte gehen sicher von einer Deutung der Praxis Jesu als Erfüllung der messianischen Verheißungen aus, die die Hebräische Bibel überliefert hat.

b. Die Befreiungsthematik

Ein zweites in Mk 5,1-20 anklingendes Thema kommt in den Blick, wenn man den Text nochmals aus der Perspektive der eben genannten späten »Jesaja«-Texte betrachtet. Diese stellen nämlich die Verheißung der Heilung in den Zusammenhang der Befreiung, besonders deutlich Jes 35, 1-10.

Damit scheint als interessante zweite Perspektive die Befreiungs-Thematik auf. Sie ist ja im Exodus die Grund-Erfahrung Israels und die Basis der ganzen Hebräischen Bibel. Der Exodus ist niemals nur Gegenstand der Erinnerung, sondern immer Impuls neuer Hoffnung und Verheißung gewesen. Als Beispiel wähle ich die Botschaft des Propheten Deuterojesaja. Er greift die Erinnerung an den Exodus als machtvolles Symbol der erhofften Befreiung aus der babylonischen Gefangenschaft auf, vor allem Jes 43,14-21. Die obengenannten nachexilischen Jesaja-Ergänzungen gestalten dann das Freiheitsthema zu einem umfassenden Prozeß der Erneuerung, Befreiung, Erlösung und Heilung. Über Mt 11 und Lk 4 kommt diese Thematik ins Neue Testament und wird mit der Praxis Jesu verbunden.

Daraus ergibt sich ein guter Interpretationsansatz für Mk 5,1-20: Die Heilung, speziell der Exorzismus, sind nicht isoliert, sondern aus dem Zusammenhang der befreienden Gottesherrschaft zu deuten, die mit Christus angefangen hat (Vgl. die Deutungsvorschläge in Kapitel II.1, S. 86 f).

Interessant ist übrigens, daß auch die Auslegung der lateinamerikanischen Basisgemeinden (Relectura) genau diese Perspektive ins Zentrum stellt (vgl. Kapitel II.9, S. 277 ff).

4.2 Wachsende Motive und Personen

Das typische Motiv- und Personeninventar ist von Theißen (Theißen, 1974) ausführlich untersucht und dargestellt worden (vgl. auch Kapitel II.1, S. 81 f); eine weitere Untersuchung scheint im Rahmen der Intertextuellen Auslegung nicht lohnend.

4.3 Lesen in freier Assoziation

Auch hier soll es aus den genannten Gründen nicht um eine ausgeführte Darstellung gehen (vgl. die Vorbemerkungen in Abschnitt 3.4).

Im Blick auf Mk 5,1-20 hat mich die Beobachtung angesprochen, daß die Heilung mit Annäherung Jesu an den Ausgegrenzten beginnt. Mir ist spontan eingefallen, daß es heute Initiativen zur Integration psychisch Kranker gibt, die sich davon eine Verstärkung des Heilungsprozesses versprechen.

Dem will ich nachgehen.

a. Informationstext

Der Text ist ein Ausschnitt aus einem Informationstext über die Initiative »Fraternität der Körperbehinderten«. Die Gemeinschaft wurde 1942 von einem französischen Pfarrer gegründet; er ging von der Idee aus, daß Behinderten am besten dadurch geholfen wird, daß ihre Fähigkeiten aktiviert werden. Er bat Behinderte um Mitarbeit in seiner Gemeinde und konnte erleben, wie ihre Kräfte und vor allem ihr Selbstbewußtsein wuchsen, weil sie nicht länger isoliert und »betreut« wurden, sondern in das Leben der Gemeinde integriert waren und sinnvolle anerkannte Arbeit leisten konnten. Inzwischen ist diese Fraternität in vielen Ländern tätig. Der folgende Bericht charakterisiert ihre Tätigkeit recht deutlich (Albus, 1984, S. 26 f):

Hier kann ich eine Lehre machen

José-Ramon ist Spastiker. Seine Eltern sind spanische Gastarbeiter, die seit vielen Jahren in einer bundesdeutschen Industriestadt wohnen und arbeiten. Seine Geschwister sind fast alle schon berufstätig, halten zu ihm und lassen ihn spüren, daß sie ihn mögen. Er gehört mit seinen siebzehn Jahren zur Jugend Fraternität, die er in seiner Stadt selbst mit aufgebaut hat. Nicht immer leicht zu verstehen, weil sein Sprechen und Artikulieren stark beeinträchtigt ist, werden seine Beiträge doch immer mit Aufmerksamkeit und Wohlwollen angehört, weil sie gut sind, konstruktiv, manchmal übermütig-fröhlich, gelegentlich auch kritisch, nie aber nur negativ.
Er kann gehen mit Hilfe eines Rollators, der ähnlich wie ein Fahrradlenker gebaut und mit Hartgummigriffen versehen ist, der auf drei Leichtmetallbeinen mit schall- und stoßdämpfenden Fußbodenkappen aufmontiert ist. Diese Gehhilfe gibt seinen schlenkernden Schritten Halt und unterstützt die zu schwachen Hüftgelenke. Sie bewahrt ihn aber nicht davor, ab und zu hinzufallen, besonders wenn er zum Aufmachen einer Tür eine Hand loslassen muß. Ruhig wartet er ab, bis ihm jemand beim Aufstehen hilft, lachend bedankt er sich, unbefangen und heiter. »Kann schon mal vorkommen; Hauptsach man bleibt nicht liegen.« Die Interessen seiner Gruppe vertritt er mit Sachverstand und Selbstbewußtsein. Seine Freizeit neben der Schule ist damit weitgehend ausgefüllt, zu planen, zu organisieren, an Treffen teilzunehmen und andere dafür zu gewinnen. Er freut sich, anderen helfen zu können, denen es noch schlechter geht als ihm. In Spanien, erklärt er, hätte er gar keine Chancen, etwas zu werden. »Da hab ich Glück, daß meine Eltern nach Deutschland gegangen sind, bevor ich da war. Hier kann ich eine Lehre machen, hier kann ich in der Fraternität mitarbeiten«, sagt er mit leisem, liebenswertem Stolz. Gern berichtet er, was seine Gruppe und er alles schon erreicht haben. Sie ist bei José-Ramon in guten Händen.

b. Einfälle

Die Beziehungen zwischen der Arbeit der Fraternität und Mk 5,1-20 sind auffällig: »Kranke«, vor allem solche mit »unheimlichen« Erscheinungen wie der »Besessene« oder eben Behinderte, werden oft aus der Gesellschaft ausgegrenzt und zum Objekt hilfreicher Bemühung gemacht. Das heilt meistens nicht, sondern kann eher das Gefühl der Isolierung und Hilflosigkeit verstärken. Besserung geht von der Erfahrung hilfreicher Nähe und dann der Aktivierung der eigenen Kräfte durch Übertragung von Aufgaben aus.

5 Chancen und Grenzen der Intertextuellen Auslegung

Auch nach dem Abschluß dieses Kapitels fügen sich die vorgestellten Ideen und Methoden noch nicht zu einem einheitlichen Konzept. Dennoch will ich einen Überblick über die Chancen und Grenzen dieses Ansatzes versuchen.
Zunächst ergeben sich positive Anknüpfungen der Intertextuellen Auslegung an einige Merkmale bereits besprochener Konzepte; der Intertextuelle Zugang
… erkennt das Alte Testament als Ergebnis eines langen Wachstumsprozesses (aus Kapitel II.1);
… trägt zur Überwindung des Historismus bei, indem er konsequent die Frage nach der Bedeutsamkeit der Texte aufwirft (aus Kapitel II.2);
… bahnt ein erfahrungsbezogenes Verstehen der biblischen Überlieferung an (aus Kapitel II.2).

Die besonderen Chancen des Ansatzes verdeutlichen die folgenden Hinweise.

5.1 Zwei Argumente für die Intertextuelle Auslegung

a. Die Intertextuelle Auslegung zeigt auf, daß biblische Texte prinzipiell unabgeschlossen sind.

Diese Einsicht ist zunächst einmal innerbiblisch wichtig; insbesondere die Einbeziehung von Themen, Personen und Motiven verdeutlicht: »Jede Geschichte ist mehr oder weniger selbständig. Sie kann sinnvoll für sich erzählt werden, und doch scheint sie andererseits in einem Meer von Geschichten zu schwimmen, in dem sie zugleich ihren Halt hat« (W. Schapp; zitiert bei: Stock, 1978, S. 155). Damit kommt der Erfahrungsreichtum der biblischen Texte wieder in den Blick: Sie schließen nicht nur Erfahrungen ein, sondern stimulieren auch immer wieder neue Erfahrungen, die Wachstumsschübe im Blick auf Themen, Motive und Personen in Gang setzen. Der Ausleger kann davon ausgehen, daß das biblische Wort oft »mehr enthält, mehr in sich birgt, als es nach seinem strengen Selbstverständnis an seinem spezifischen historischen Ort aussagen will« (H. Barth, 1977, S. 307 über die Bedeutung der prophetischen Rede). Wenn die Bibel mit ihren Gegenständen nie fertig wird, sondern sie immer neu erzählt, dann drängt diese Unabgeschlossenheit auch über den durch die Kanonbildung umgrenzten Raum hinaus und lädt die heutigen Leser ein, die Erfahrungswelt der biblischen Erzähler in sich aufzunehmen und weiterzuführen.

b. Die Intertextuelle Hermeneutik bezieht den Leser in den Prozeß
der wachsenden Erfahrung ein.

Gerade im faszinierenden Vorgang der offenen Assoziation und der sternenförmigen Auflösung wird die Bedeutung des Lesers im Rezeptionsprozeß deutlich betont. Er stellt die Aussage und Bedeutung des Textes nicht ein für alle Mal fest (dies wäre nach Barthes ja eine »Lektüre mit Empfangsvorschrift«), sondern stellt sie im Assoziationsprozeß für sich in seiner spezifischen Rezeptionssituation her. Damit ist die Zuschauer-Hermeneutik, die einen neutralen Standort einnimmt, nicht mehr möglich; es kommt ja gerade darauf an, den Leser/Interpreten »zum aktiven Zentrum eines Netzwerks von unausschöpfbaren Beziehungen zu machen« (Eco, 1985, S. 31), die seine Annäherung an den Text bestimmen.

5.2 Kritische Anfrage

Die Intertextuelle Hermeneutik kann zu willkürlichen Deutungen führen, die dem Selbstverständnis der Texte nicht gerecht werden.

Zu dieser möglichen Gefahr zwei Bemerkungen:
– Gegenüber der Erwartung, biblische Texte auf eine einzige Bedeutung festlegen zu können, ist noch einmal hervorzuheben, daß die Überlieferung nie »fertig« ist, sondern immer noch »neue Inhalte aus sich zu entlassen imstande« ist (v. Rad, 1987, S. 54). Die intertextuelle Arbeit versucht, solche »Mitgiften« zu entdecken und zu aktivieren, indem sie den Reichtum möglicher Beziehungen und Assoziationen nutzt.
– Ich weise noch einmal darauf hin, daß auch das »Flanieren« kein ziellos-willkürliches Umherschweifen bedeutet, sondern – im oben gewählten Bild – in der Siedlung der Text(um)welt bleibt. Dafür ist die Zusammenarbeit mit der Historisch-Kritischen Exegese unentbehrlich. Damit aber setzt sich die Methode der Intertextuellen Auslegung bewußt der ständigen Überprüfung ihrer Ergebnisse aus. Das schützt die Texte nicht nur vor Willkür, sondern wahrt auch ihre Freiheit, wenn gerade die frei assoziierten Ideen sie unter Umständen zu überfremden drohen. Aber nur dann, wenn der Bibeltext dem heutigen Leser auch als Fremder gegenübertritt, wird seine ganz eigene Aussage vernehmbar – das war schon im Blick auf die Interaktionale Auslegung immer wieder deutlich geworden (s.o. Kapitel II.5 S. 169 ff).

Literatur

Albus, Michael (Hg), Die Welt ist voller Hoffnung. Ein Buch der guten Initiativen. Mainz: Matthias-Grünewald-Verlag. 1984.

Barth, Hermann, Die Jesajaworte in der Josia-Zeit. Israel und Assur als Thema einer produktiven Neuinterpretation der Jesajaüberlieferung. Neukirchen. Neukirchener Verlag. 1977.

Barthes, Roland, Die Lust am Text. Frankfurt: Suhrkamp Verlag. 1974.

Barthes, Roland, S/Z. Frankfurt: Suhrkamp Verlag. 1974.

Baumgärtel, Friedrich, Verheißung. Zur Frage des evangelischen Verständnisses des Alten Testaments. Tübingen: J.C.B. Mohr. 1952.

Berg, Horst Klaus, Kreuz. Karikaturen zu einem christlichen Verständnis des Kreuzes. Gelnhausen/Freiburg: Burckhardthaus-Laetare Verlag/ Christophorus Verlag. 1979.

Eco, Umberto, Das offene Kunstwerk (Suhrkamp Taschenbuch Wissenschaft 222). Frankfurt: Suhrkamp Verlag. 1985.

Exeler, Adolf, Exodus. Ein Leitmotiv für Pastoral und Religionspädagogik. (Als Manuskript gedruckt). München: Deutscher Katecheten-Verein. o.J. (1975).

Gollwitzer, Helmut, Veränderung im Diesseits. Politische Predigten. München: Chr. Kaiser Verlag. 1973.

Hauß, Friedrich, Biblische Gestalten. Stuttgart: Hänßler Verlag. 3. Aufl., 1983.

Kraus, Hans-Joachim, Psalmen (Biblischer Kommentar Altes Testament. Band XV) Band 1 und 2. Neukirchen: Neukirchner Verlag. 1960.

Lohfink, Norbert, Unsere großen Wörter. Das Alte Testament zu Themen dieser Jahre. Freiburg: Verlag Herder. 1977.

Moltmann, Jürgen, Menschenwürde, Recht und Freiheit. Stuttgart: Kreuz Verlag. 1979.

Preuß, Horst D., Das Alte Testament in der Verkündigung der Kirche. In: Deutsches Pfarrerblatt. 1968, S. 73 ff.

Schapp, W., Philosophie der Geschichten. Leer. 1950.

Schottroff, Luise, Befreiungserfahrungen. Studien zur Sozialgeschichte des Neuen Testaments. München: Chr. Kaiser Verlag. 1990.

Wolff, Hans Walter, Anthropologie des Alten Testaments. München: Chr. Kaiser Verlag. 3. Aufl. 1977.

Kapitel 11
Wirkungsgeschichtliche Auslegung

1 Begriffe und Optionen

Auch in diesem Kapitel sind einige Ansätze zusammengefaßt, die auf einer gemeinsamen Basis durchaus unterschiedliche Ausarbeitungen gefunden haben. Die Begriffe werden im Verlauf der Darstellung geklärt.

1.1 »Kirchengeschichte als Geschichte der Auslegung der Heiligen Schrift«

Unter diesem programmatischen Titel erschien kurz nach dem Ende des 2. Weltkriegs eine kleine Schrift von Gerhard Ebeling (Ebeling, 1947). Mit ihr beginnt die Erforschung der Geschichte der Interpretation der biblischen Überlieferung. Ebeling ging von der fundamentalen reformatorischen These aus, daß das Evangelium das Zentrum christlichen Glaubens und Bekennens ist. Folglich begriff er die Geschichte der Kirche als die Geschichte der Auslegung der biblischen Tradition. Der Begriff der *Auslegung* leistet zweierlei: Er zeigt einmal an, daß Überlieferung nicht als Weitergabe fertiger Wahrheiten zu begreifen ist, sondern als Prozeß ständig neuer Auseinandersetzung und Aneignung. »Auslegung« geht aber in Ebelings Verständnis auch weit über eine bloß kognitive Interpretation hinaus und schließt alle bewußten und unbewußten Beziehungen, alle positiven und negativen Einstellungen, alle verbalen und non-verbalen Lebensäußerungen ein. Darum forderte Ebeling eine Verstärkung der auslegungsgeschichtlichen Forschung. In einem einige Jahre später erschienenen Aufsatz fügte er verdeutlichend hinzu: »In der Kirchengeschichte geht es um die Weitergabe des Zeugnisses von Jesus Christus zur Eröffnung der Möglichkeit des Glaubens« (Ebeling, 1954, S. 80 f).

In Verfolgung dieses Programms legte David Lerch eine auslegungsgeschichtliche Untersuchung zu Gen 22 (Isaaks Opferung) vor (Lerch, 1950). Doch insgesamt ist Ebelings Vorschlag kaum weiterverfolgt worden. Das wird zunächst einmal auf praktische Ursachen zurückzuführen sein: Auslegungsgeschichtliche Arbeit ist einerseits recht aufwendig, aber im akademischen Wissenschaftsbetrieb vermutlich nicht besonders attraktiv. Möglicherweise spielt aber auch mit, daß dieser Ansatz doch recht blaß wirkt, jedenfalls in der von Lerch vorgelegten Ausarbeitung: Letzten Endes bleibt es bei einer Illustration der Dogmengeschichte – ein Ergebnis, das dem Interesse Ebelings sicher nicht ganz gerecht wird.

1.2 Wirkungsgeschichte

Dieser Begriff wird für mindestens drei hermeneutische Konzepte beansprucht, die durchaus unterschiedliche Akzente setzen.

a. Verstehen als »Horizontverschmelzung« (Gadamer)

Hans-Georg Gadamers Verdienst ist es (Gadamer, 1965, vor allem S. 250 ff – hieraus alle weiteren Zitate), daß er das Problem des Zeitabstands zwischen der Entstehung eines Kunstwerks oder Textes und dem gegenwärtig Verstehenden als hermeneutisches Problem aufgegriffen und produktiv in den Vorgang des Verstehens einbezogen hat. Einer älteren Phase der Hermeneutik galt der Weg eines Kunstwerks oder Textes durch die Geschichte eher als Geschichte von Mißdeutungen, die das »Wesen« des Gegenstandes verdunkeln. Der Ausleger muß die Geschichte seines Gegenstands kennen, um Fehlinterpretationen auszuschalten. Gadamer dagegen geht von einem »Sinnpotential« aus, das im Werk angelegt ist und sich in der Geschichte in verschiedenen Konkretionen entfaltet (Gadamer verwendet den Begriff Sinnpotential m.W. nicht, umschreibt aber das damit Gemeinte. Der Begriff ist entwickelt bei Jauß, 1970).
Wirkungsgeschichtliches Verstehen meint in diesem Zusammenhang zunächst einmal »Bewußtsein der hermeneutischen Situation« (S. 285). Gadamer benutzt den Begriff des »Horizonts«, um diese Situation zu klären; Horizont steht für den Standort und die damit verbundenen Sichtweisen, aus denen heraus wir unsere Wirklichkeit wahrnehmen, Phänomene einordnen, Erfahrungen deuten. Dieser Horizont ist immer schon mitbestimmt durch kulturelle und geschichtliche Traditionen. Wer verstehen will, muß seinen Horizont kennen und gleichzeitig die Horizonte rekonstruieren und nachvollziehen, aus denen heraus ein Text oder Kunstwerk in seiner Geschichte aufgefaßt worden ist. Jeder dieser Sinnhorizonte entfaltet einen anderen Aspekt des im Kunstwerk oder Text verschlossenen Sinnpotentials. Darum ist die Zeit zwischen Produktion und Rezeption eines Werks »nicht mehr primär der Abgrund, der überbrückt werden muß, weil er trennt und fernhält…, sondern er ist ausgefüllt durch die Kontinuität des Herkommens und der Tradition, in deren Lichte alle Überlieferung sich zeigt« (S. 281). Verstehen ist für Gadamer »Einrücken in ein Überlieferungsgeschehen« (S. 275), das Aufnehmen und Integrieren der in der Geschichte erkannten Horizonte mit dem eigenen Horizont – eben das meint Gadamer mit dem Begriff »Horizontverschmelzung« (S. 289 f). Diese hat eine doppelte Funktion: Relativierung des eigenen hermeneu-

tischen Standorts, aber auch Anreicherung des eigenen Verstehens durch die vielleicht vergessenen oder übersehenen Konkretionen des Sinnpotentials, die sich in den überlieferten »Horizonten« zeigen. Jauß kann diesen Vorgang so kennzeichnen: »Das Urteil der Jahrhunderte über ein literarisches Werk ist mehr als das angesammelte Urteil anderer Leser, Kritiker, Zuschauer und sogar Professoren…, nämlich die sukzessive Entfaltung eines im Werk angelegten, in seinen historischen Rezeptionsstufen aktualisierten Sinnpotentials, das sich dem verstehenden Urteil erschließt, sofern es die Verschmelzung der Horizonte in der Begegnung mit der Überlieferung kontrolliert vollzieht« (Jauß, 1970, S. 186).

Ähnlich, wenn auch ein wenig stärker rezeptionsorientiert, hat J.Severino Croatto seinen hermeneutischen Grundansatz formuliert (vgl. auch die Hinweise in Kapitel II.10, S. 312, 317): Er geht von der Basis-These aus, »daß die Bibel kein abgeschlossenes Depositum ist, in dem schon alles endgültig gesagt ist« (Croatto, 1989, S. 13). Vielmehr trägt die Bibel als Ganzes wie auch jeder einzelne Text ein reiches Aussagepotential in sich (»semantische Fülle« S. 31 u.ö.). Diese kann in der jeweiligen Rezeptionssituation freigesetzt werden, wenn die Erfahrungen der Gegenwart (»Kontext«) in die Auslegung einbezogen werden: »Das in dem Gesagten (d.h. Text – HKB) noch nicht Ausgesagte wird in der kontextualisierten Interpretation ausgesagt« (S. 81).

Ohne Zweifel hat Gadamers Konzept die biblische Hermeneutik produktiv belebt; insbesondere die positive Einschätzung der Interpretationsgeschichte bereichert den Verstehensprozeß und entlastet vom Anspruch, die »richtige« Auslegung vorzulegen; denn das Aufspüren und die Integration vieler geschichtlicher Sinn-Horizonte relativieren den eigenen Standort.

Es ist aber auch nicht zu übersehen, daß einige Aspekte dieses Konzepts kritische Anfragen erfordern; es sind vor allem zwei:

– der Verstehensprozeß ist ganz einseitig vom Werk und seinem »Sinnpotential« her angelegt, der Leser kommt kaum in den Blick. »Wirkungsgeschichte« ist letztlich ein Monolog des Werks mit sich selbst und kann im Bild »sich selbst fortzeugender ewiger Fragen und bleibender Antworten« gefaßt werden (Jauß, zitiert bei Grimm, 1977, S. 137). Ist im Rahmen dieses Ansatzes noch eine eigenständige Auslegung der Überlieferung möglich?

– Damit eng verbunden ist die zweite Anfrage: Läßt der hermeneutische Ansatz der Horizontverschmelzung durch »Einrücken in ein Überlieferungsgeschehen« überhaupt noch eine kritische Beziehung des Interpreten zum Werk und seiner Wirkungsgeschichte zu? Verbindet sich ein solches Denken dann noch mit einer falsch verstandenen Autorität der Bibel und ihrer Überlieferung, kommt es zu gefährlichen Entwicklungen. Das leuchtet sofort ein, wenn man sich daran erinnert, für welche bedenklichen Normen schon die Berufung auf die Bibel herhalten mußte – von der »biblischen Begründung« des Krieges, der Rassendiskriminierung und der Unterdrückung der Frauen bis hin zur repressiven Erziehung reicht die Liste.

Aus diesen kritischen Rückfragen folgt: Verantworteter Umgang mit biblischer Überlieferung und ihrer Wirkung in der Geschichte darf es nicht bei der Einsicht in das sich entfaltende Sinnpotential bewenden lassen, sondern muß auch die Möglichkeit einschließen, problematische Verstehensweisen, schlechte Traditionen zu erkennen, zu benennen und zu verwerfen. (Die entsprechende Diskussion mit Gadamer ist knapp dokumentiert bei Hauff u.a., 1972, Band 2.) Damit kommen wir zu einem zweiten Verständnis von Wirkungsgeschichte speziell im theologischen Bereich.

b. Wirkungsgeschichte als kritische Analyse der Verwendungssituationen von Tradition

Im Gegenüber zu einer Hermeneutik, die nur nach dem »Wesen« überlieferter Inhalte fragt, formulierte Dorothee Sölle die Aufgabe einer kritischen Wirkungsgeschichte so: »Die Hermeneutik des Wesens bleibt so lange ungeschichtlich …, wie sie nicht eine Hermeneutik der Folgen einschließt und Wirkungsgeschichte theologisch reflektiert. Es genügt nicht, zu fragen, was Gehorsam eigentlich sei; wir müssen wissen, was aus Gehorsam geworden ist, um zu erkennen, was aus ihm werden kann« (Sölle, 1968, S. 15f).

An diesen Grundsätzen orientierte sich Hans-Theo Wrege bei seiner Untersuchung der »Wirkungsgeschichte des Evangeliums« (Wrege, 1981). Ausdrücklich bezog er die Frage nach den Folgen des Schriftgebrauchs in die wirkungsgeschichtliche Untersuchung ein (S. 12ff). Als notwendige Konsequenzen erkannte er:
– Erweiterung der Analyse auf die »außertheologischen Faktoren«;
– Anwendung der Ergebnisse auf die gegenwärtige christliche Praxis im Sinne von Kritik und Veränderung.

Allerdings löste er diese konzeptionellen Ansätze in seiner eigenen Untersuchung nur zaghaft ein. Möglicherweise stand ihm auch seine eigene These der »strukturanalogen Resonanz« im Weg. Diese These besagt, daß Texte »Impulse« in sich speichern, die er im Anschluß an Max Weber als »objektive Möglichkeiten« bezeichnet. Diese kommen in der Wirkungsgeschichte dann wieder zum Zuge und zur Wirkung, wenn die Situation der Ursprungssituation der betreffenden Texte strukturverwandt sei (S. 28 ff). Diese These ist wohl allzu nah am »Sinnpotential« Gadamers angesiedelt und ermöglicht letztlich keine kritische Bewertung wirkungsgeschichtlicher Entwicklungen, weil sie keine inhaltlichen Kriterien benennt.

Im Gegenzug zu einer geistesgeschichtlichen Wirkungsgeschichte, wie Gadamer sie entworfen hat und wie sie wohl auch dem »auslegungsgeschichtlichen« Modell zugrundeliegt, ist wirkungsgeschichtliche Analyse als *Praxisgeschichte* der Überlieferung anzulegen. Sie fragt nicht in erster Linie nach glaubens- oder theologiegeschichtlichen Aspekten der Auslegungsgeschichte, sondern untersucht konsequent die Verwertung von (religiösen) Traditionen in bestimmten historischen

Situationen und Konstellationen. Hier kommt es zu einer Ausrichtung der Wirkungsgeschichte als Ideologiekritik; sie orientiert sich an folgenden Leitfragen: Bei welchen Anlässen, von welchen Personen mit welchen Interessen, mit welchen Folgen sind Bibeltexte verwendet worden?

Die Notwendigkeit dieser Fragestellungen leuchtet gleich ein, wenn man nur einmal nach der geschichtlichen Verwendung von Röm 13 fragt, jenen viel mißbrauchten Ausführungen über die »Obrigkeit«: Wie oft ist kritiklose Unterwerfung unter staatliche Gewalt mit dem angeblich von Paulus geforderten Gehorsam begründet worden – bis hin zur Legitimation der Nazi-Diktatur als »Obrigkeit«.

Im Rahmen dieses Buchs zum biblischen Unterricht wird besonders wichtig die Frage nach der Verwendung biblischer Texte in der christlichen Erziehung; darum werden die Beispiele zu den Basistexten Gen 4 und Mk 5 vorwiegend aus diesem Bereich gewählt (vgl. dazu auch: Berg, 1975, vor allem S. 101 ff).

Eine besonders zentrale Funktion gewinnt die ideologiekritische Analyse der Praxisgeschichte biblischer Tradition im Rahmen hermeneutischer Konzepte, die von einem Befreiungstheologischen Ansatz ausgehen; dies zeigte sich in den Kapiteln II.7-II.9.

c. Wirkungsgeschichtliche Analyse als Frage nach den gegenwärtig wirksamen Kräften und Impulsen der Überlieferung

Ein dritter Typ wurde im Rahmen der Entwicklung des »problemorientierten Religionsunterrichts« entwickelt (zuerst: Berg, 1972; vgl. Berg, 1987). Ausgangspunkt der Überlegungen war die Skepsis vieler Schüler gegenüber dem biblischen Unterricht, weil ihm in ihren Augen ein überzeugender Gegenwartsbezug fehlte. Es zeigte sich aber, daß die Jugendlichen durchaus bereit waren, sich mit glaubwürdig gelebten Beispielen eines biblisch fundierten Glaubens auseinanderzusetzen. Es ist darum zu fragen: wo sind heute einzelne und Gruppen, die sich unter Berufung auf Gott den Schöpfer für die Erhaltung des guten Lebensraums für alle einsetzen? Wo treffen wir Christen, die aus Glauben praktische Friedensarbeit leisten? Wo finden sich Eltern und Erzieher, die ihren Kindern Freiheit gewähren, weil sie getauft sind?

Immer geht es darum, bei solchen Menschen von den heute wirksamen Verhaltensweisen auf die Quellen zurückzufragen: Welche Aufträge motivieren sie – welche Kräfte treiben sie an – welche Hoffnungen halten sie aufrecht? So fragt die wirkungsgeschichtliche Analyse sich von einem biblisch motivierten und inspirierten Handeln durch zu den biblischen Grundlagen und entdeckt, daß sie auch noch heute kräftig wirksam sind. Für diesen Ansatz wähle ich die Bezeichnung »wirkungs- und handlungsorientierter Bibelunterricht« (ausgeführt in Band II, den ich später vorlegen werde).

1.3 Rezeptionsgeschichtliche Konzepte

Vor allem der ideologiekritische Ansatz der wirkungsgeschichtlichen Analyse geht nicht so sehr von der Substanz des Textes und seinem »Sinnpotential« aus, sondern zielt deutlich auf den jeweiligen Rezeptionsvorgang bzw. den oder die Rezipienten eines Textes in einer historischen Situation. Das entspricht auch den neueren Tendenzen in der literaturwissenschaftlichen Forschung (vgl. Grimm, 1977). Nach Grimm ist der Gegenstandsbereich der rezeptionsgeschichtlichen Arbeit »nicht die Untersuchung der Wirkung eines Textes auf verschiedene historische Leserschaften oder jüngere Texte…, vielmehr die Analyse der Wirkungen einer Rezeption in einer historisch meßbaren Zeitspanne. Statt des Textes und seines Einflusses stünde im Zentrum der Darstellung der Rezipient und seine Verhaltensweise« (Grimm, 1977, S. 31). Dabei ist immer vorausgesetzt, daß der Rezeptionsvorgang in einem kulturell-gesellschaftlichen Umfeld erfolgt und von ihm beeinflußt wird.

Natürlich sind Wirkungsgeschichte und Rezeptionsgeschichte zwei Zugangsweisen zum gleichen Prozeß, nämlich zum Weg eines Textes (oder eines Überlieferungszusammenhangs) durch die Geschichte; aber im Blick auf die Untersuchung biblischer Tradition empfiehlt es sich doch, den rezeptionsgeschichtlichen Ansatz stärker zu betonen, um die Gefahr unkritisch-autoritätsgläubiger Wirkungsgeschichtsschreibung zu vermeiden.

Im Rahmen dieser Darstellung wähle ich für den ganzen Zusammenhang des Auslegungs-Konzepts den Begriff »wirkungsgeschichtlich«, weil er wohl am ehesten die verschiedenen Aspekte und Akzentsetzungen, die bei der Untersuchung biblischer Tradition und ihrer Geschichte zu beachten sind, zusammenfaßt.

2 Methoden

2.1 Quellensuche

Bei der von mir vorgeschlagenen stärkeren Akzentuierung der Wirkungsgeschichte als Praxisgeschichte biblischer Texte wird es zunächst einmal darauf ankommen, die Art der Quellen zu bestimmen. Im Anschluß an Alex Stock lassen sich vier Bereiche nennen (vgl. Stock, 1974, S. 38 f):

– Übersetzungen: Angefangen bei der Septuaginta bis hin zu modernen Übersetzungen handelt es sich um wirkungsgeschichtliche Dokumente. Im Blick auf die religionspädagogische Arbeit ist besonders interessant eine Untersuchung der Übersetzungen in Religionsbüchern, aber auch in anderer religiöser Literatur für Kinder (reiches Material in der Untersuchung von Chr. Reents, 1984).

– Kommentare: Dies ist das Untersuchungsgebiet der klassischen Auslegungsgeschichte.

– Homiletische, katechetische und frömmigkeitspraktische Anwendungen: Hier öffnet sich ein sehr ergiebiges Feld: Predigtsammlungen, ältere Religionsbücher,

Vorbereitungswerke, Andachtsbücher, Hauspostillen usw. bieten sich zur Untersuchung an.
- Transformationen: Auch in diesem Bereich kann man mit vielfältigem Material rechnen, z.B. mit Nachdichtungen von Bibeltexten in Liedern, Texten für Oratorien und szenischen Bearbeitungen. Vor allem das Liedgut der Kirchen ist relativ leicht zugänglich und kann auch gut mit Schülern bearbeitet werden. Nicht zuletzt sind Kunst (und Kitsch!) sehr ergiebig im Blick auf Wirkungsgeschichtliche Untersuchungen.
- Zitat und Zitatenkombination: Oft haben biblische Texte in der Form prägnanter Zitate fortgewirkt und sind für bestimmte Zwecke in Anspruch genommen worden; man denke nur an das berühmte »Du bist Petrus...« (Mt 16,18), die bekannte Aufforderung »Seid untertan der Obrigkeit« (Röm 13, 1), das Verdikt »Das Weib schweige in der Gemeinde« (1 Kor 14,34) oder schließlich das Gebot »Ihr Kinder, gehorcht euren Eltern« (Eph 6,1). Gerade das zuletzt genannte Beispiel belegt, wie solche Zitate den Sinn des Textes, dem sie entnommen sind, verkürzen, ja verfälschen können; denn im gleichen Zusammenhang heißt es ja: »Ihr Väter, reizt eure Kinder nicht zum Zorn« (V 4) – eine Bestimmung, die meistens nicht erwähnt wird!

2.2 Fragerichtungen

Die oben notierten vier Fragen zum ideologiekritischen Aspekt entfalten sich folgendermaßen:
- Bei welchen Anlässen ist der Text verwendet worden? In welchen Situationen ist beispielsweise das »Te deum,« das bekanntlich u.a. Elemente von Jes 6 aufnimmt, angestimmt worden? Auf Schlachtfeldern? Bei Ketzerverbrennungen?
- Wer hat in bestimmten Situationen Bibeltexte verwendet? In diesem Zusammenhang wäre beispielsweise von Interesse, welche Gruppen speziell im deutschen Protestantismus einseitig Texte verwendeten, die auf Gehorsam als zentrale christliche Tugend abzielen. Oder welche Kreise kommen immer wieder auf Gen 3 als angeblichen Beleg für eine spezifische Rolle der Frau zurück?
- Welche Interessen bestimmen den Rezeptionsvorgang? Diese Frage hängt eng mit der vorigen zusammen; denn Interessen sind ja meistens Gruppeninteressen und dienen der Durchsetzung oder Stabilisierung bestimmter Positionen. In welchem Interesse wird etwa eine bestimmte Rolle der Frau mit biblischer Überlieferung »legitimiert«?
- Welche Folgen löst die erkannte Rezeption aus? Hier lassen sich oft nur Vermutungen anstellen; aber insbesondere im Zusammenhang der Feministischen Theologie beschreiben Frauen immer wieder, wie sie ein ihnen ständig vermitteltes »biblisches« Bild der Frau internalisiert hatten, bis sie sich mehr oder weniger gewaltsam davon befreiten.

2.3 Analyse von Rezeptionsmechanismen

In der Wirkungsgeschichte biblischer Tradition lassen sich stets wiederkehrende Verfahren erkennen, mit deren Hilfe eine spezifische Sicht vermittelt wird. Vier solcher Mechanismen sind besonders signifikant (ich halte mich noch einmal an Formulierungen von Stock, 1975, S. 38 f):

- *Selektion:* Die Beobachtung, welche Texte in bestimmten Situationen bevorzugt, welche übersehen werden, gehört zu den interessantesten wirkungsgeschichtlichen Untersuchungen, gerade auch im Feld der Religionspädagogik. Ein Beispiel aus der Gegenwart: In der Zeit der Evangelischen Unterweisung bzw. des Kerygmatischen Religionsunterrichts gehörte die Erzählung vom Hauptmann von Kapernaum zu den beliebtesten Inhalten; später wurde er durch die Geschichte vom Zöllner Zachäus ersetzt. Die Gründe sind leicht zu erkennen: Die Wundererzählung zielt auf den (gehorsamen) Glauben an den machtvollen, barmherzigen Gottessohn, eine Einstellung, die durchaus zu den erwünschten und geförderten gehörte. Zachäus dagegen verkörpert eher den Menschen, der in der Begegnung mit Jesus aktiv zu einer neuen Lebensperspektive findet – eine Sicht, die eher zu kritischeren Konzepten des Religionsunterrichts paßt.
- *Kombination:* Auch diese Methode der Verknüpfung von Bibelstellen oder der thematischen Sammlungen war in der Vergangenheit recht beliebt, um bestimmte Sichtweisen der Überlieferung zu festigen; Material bieten die Perikopen-Zusammenstellungen und die liturgischen Texte der Sonntage im Kirchenjahr oder auch Andachtsbücher. Auch ältere Religionsbücher greifen gern zu dieser Methode, deren Dechiffrierung guten Aufschluß über die Intentionen der Verfasser gibt.
- *Adaption:* Texte, die nicht den Interessen oder Wahrnehmungsmustern der Rezipienten entsprechen, werden eingeebnet, entschärft, verharmlost. Das bekannteste Beispiel bietet die Rezeptionsgeschichte der Bergpredigt. Sie ist ja größtenteils nichts anderes als der Versuch, den Anspruch dieser Texte abzumildern, etwa durch die Beschränkung ihrer Gültigkeit für Mönche.
- *Aktualisation:* Der Begriff bezeichnet einen Umgang mit Texten, der sie ausdrücklich als Lösungspotential für Probleme und Konflikte der eigenen Zeit beansprucht; als Beispiel wäre die Aktualisierung der Exodus-Tradition in Befreiungstheologischen Zusammenhängen anzuführen.

2.4 Konzentration auf die kritische Analyse von Materialien zur religiösen Erziehung

Im praktischen Interesse wird es ratsam sein, das Feld Wirkungsgeschichtlicher Arbeit einzugrenzen. Für eine solche Selbstbegrenzung spricht nicht nur die relativ aufwendige Methode, sondern auch das Interesse, die Kenntnisse im eigenen

Fachgebiet gewinnbringend einzusetzen. Für Religionspädagogen legt sich die Konzentration auf die Verwendungssituation »religiöse Erziehung« nahe; und auch dies Gebiet könnte noch einmal eingegrenzt werden: Ich empfehle die wirkungsgeschichtliche Untersuchung vor allem solcher Materialien, deren Auswirkungen noch in die aktuelle Situation hineinreichen. Der Vorteil besteht darin, daß der Bearbeiter die Verhältnisse und Entwicklungen, die sich in den untersuchten Materialien zeigen, oft noch aus eigener Erfahrung kennt und sie darum besser erschließen und einordnen kann.

Welche Quellen stehen für die wirkungsgeschichtliche Analyse zur Verfügung? Wie kommt man an Dokumente heran?

Zunächst einmal wird man sich im eigenen Bestand umsehen: Sind noch Religionsbücher aus der eigenen Jugendzeit vorhanden? Oder solche der Eltern, älterer Kollegen? Hier könnte man sich ohne große Mühe eine eigene kleine Sammlung anlegen.

Beispiele für die Zuordnung von Lehrwerken zu den verschiedenen Konzeptionen des Religionsunterrichts, die nach 1945 entwickelt wurden:
– *Evangelische Unterweisung/Kerygmatischer Religionsunterricht:* »Lasset die Kinder zu mir kommen« (ev, Grundschule); »Erhalt uns, Herr, bei deinem Wort« (ev, Sek.-stufe I); »Glaubensbuch« (kath, Grundschule.)
– *Hermeneutischer Religionsunterricht:* »Arbeitsbuch Religion« 1.-9. Schuljahr (ev); »Wie wir Menschen leben« (kath, Grundschule).
– *Problemorientierter Religionsunterricht:* »Exodus« (kath, Grundschule); »Zielfelder« (kath, Sek.-stufe I); rp-modelle (ev./kath,, alle Schulstufen).

Dieser Grundstock läßt sich vielleicht durch die Sammlung katechetischer Literatur ausbauen (Vorbereitungswerke, Grundlagenliteratur…). Möglicherweise finden sich in der Lehrerbücherei noch manche vergessenen Schätze.

Eine Fundgrube sind auch *Gesangbücher* der Kirchen. Sie transportieren oft über lange Zeit hinweg bestimmte Sichtweisen biblischer Überlieferung und konservieren diese. So findet sich beispielsweise im Liedgut des Evangelischen Kirchengesangbuchs (EKG) zum Thema »Weihnachten« kein einziges Beispiel für den Gedanken, daß die Menschwerdung Gottes auch heute neue Lebensweisen stimulieren und fördern will. – Man könnte also auch eine kleine Sammlung von Liederbüchern zur wirkungsgeschichtlichen Analyse anlegen. (Übrigens: zur besseren Erschließung kann man sich auf Hilfsmittel stützen, z.B. auf die »Konkordanz zum EKG«.)

Unter wirkungsgeschichtlichem Aspekt sind selbstverständlich auch Dokumente der Gegenwart von Interesse: Oft bekommen ältere Beispiele ja erst Profil durch den Vergleich mit heute im Gebrauch befindlichen Religionsbüchern oder anderen Materialien.

Schließlich ist auch noch an die »Klassiker« zu denken; für den protestantischen Bereich liegen die Auslegungen der Reformatoren Luther und Calvin zu vielen biblischen Büchern in relativ gut zugänglichen Editionen vor (E. Mühlhaupt [Hg],

Luthers Psalmen-Auslegung. Göttingen 1959 ff; ders. [Hg], Luthers Evangelien-Auslegung. Göttingen 1951 ff; Johannes Calvins Auslegung der Heiligen Schrift. Neukirchen).

2.5 Beobachtungs- und Analysekriterien

Die Auseinandersetzung mit Beispielen aus der Wirkungsgeschichte eines Textes kann sich weder das Ziel setzen, vergangene Sichtweisen neu zu rezipieren und wiederzubeleben, noch die Absicht verfolgen, diese als geschichtlich überholte Ansichten zu registrieren und zu kritisieren; vielmehr geht es darum, im Gespräch mit der praktischen Rezeptionsgeschichte den eigenen Standort zu überprüfen, die eigenen Verstehensweisen zu bereichern.

Dafür ist es nützlich, Kriterien zu entwickeln, die die Analyse und Einordnung der Dokumente unterstützen.

Drei Gruppen solcher Kriterien bieten sich an:

a. Auf das Verständnis des Textes bezogene Kriterien

Für diese Kriterien ist der Rückgriff auf die Ergebnisse der Historisch-Kritischen Auslegung wichtig; sie hat ja versucht, Verständnis und Intention des Textes in seiner Ursprungssituation herauszufinden.

Ein Dokument der Wirkungsgeschichte ist daraufhin zu prüfen, ob es dieser »historischen Sinnbestimmung« des Textes entspricht, wo es vielleicht davon abweicht, welche Gründe sich dafür erkennen lassen.

Wichtig ist auch, ob ein Dokument Abweichungen vom Bibeltext aufweist, oder ob es auch bei freier Umgestaltung die Autorität der authentischen Überlieferung beansprucht.

b. Auf Grundlinien der biblischen Überlieferung bezogene Kriterien

Die Auslegung eines Einzeltextes ist oft nicht eindeutig; er muß im Rahmen übergreifender Perspektiven und Deutungskategorien interpretiert werden. Dies ergab sich gerade im Zusammenhang der befreiungstheologisch akzentuierten Auslegungsansätze (zusmmenfassed S. 301 ff). Ich weise noch einmal auf einige solcher zentralen Deutungskategorien hin:

– Insgesamt geht es um eine Verständnis der biblischen Überlieferung als befreiende Botschaft. Als grundlegende Symbole bieten sich an:

Exodus (vgl. Relectura);

Prophetie (vgl. Feministische Auslegung, vor allem R.M. Ruether);

die *Christusgeschichte* (Relectura, Feministische Theologie).

340

– Eine weitere Grund-Perspektive ist das Verständnis Gottes als solidarisch Mit-Leidender; diese Sicht macht sich vor allem in der Christus-Geschichte fest (vgl. Relectura; Feministische Theologie – zu den »Grundlinien vgl. vor allem die Ausführungen über die »Grundbescheide« in Kapitel III.1, v.a. S. 427 ff)

Die wirkungsgeschichtliche Analyse wird daher beispielsweise untersuchen, ob das Bild, das das Dokument von Gott oder Jesus zeichnet, den erkannten Grundlinien entspricht oder ob ganz andere Merkmale zentral sind, z.B. Betonung der Macht und Ehre Gottes, die Unterwerfung verlangt.

Alles in allem ist zu prüfen, ob es sich wirklich um eine »Auslegung« handelt, die die Grundaussagen und -intentionen des Textes festhält, oder ob der Text zur Legitimation von Zwecken benutzt und damit funktionalisiert wurde.

c. Auf die Erziehung (angestrebte Wirkung des Textes) bezogene Kriterien

– Grundsätzlich wird zu prüfen sein, ob das Dokument überhaupt auf die Erfahrung der Adressaten zielt oder mehr auf die Vermittlung von Lehr-Sätzen aus ist;
– man muß darauf achten, ob die Auslegung in eine vorgegebene Moral einweist oder zum selbstverantworteten Tun anstiftet;
– es ist festzustellen, ob Angst vor Strafe oder die Freude am gelingenden Leben als Handlungsmotiv hervortritt;
– es muß überlegt werden, ob als Ergebnis der Erziehung eher Ich-Schwäche oder Ich-Stärke zu erwarten ist.

3 Das Beispiel: Gen 4,1-16

Wie bereits angekündigt, werden in diesem Abschnitt schwerpunktmäßig einige Beispiele aus religionspädagogischen Bearbeitungen der Erzählung von Kain und Abel im 19. und 20. Jahrhundert besprochen. Ich beginne aber mit einer Auslegung aus der Zeit der Reformation.

3.1 Klare Ausarbeitung einer theologisch-anthropologischen Analyse: Johannes Calvin

Der Reformator Johannes Calvin hat eine ganze Reihe von Auslegungen biblischer Bücher geschrieben; sie sind größtenteils aus Vorlesungen entstanden. Der Kommentar zur Genesis erschien 1544. Aus der umfangreichen Interpretation von Gen 4 wähle ich einen schmalen Ausschnitt, der sich auf einen Teil von V 5 b bezieht (Calvin, [1956]).

Da ergrimmte Kain. Woher konnte Kain denn wissen, daß seines Bruders Opfergabe mehr wertgeachtet war? Die Juden sind auf den Gedanken verfallen, Feuer vom Himmel habe Abels Opfer verbrannt. Aber wir haben kein Recht, Wunderzeichen anzunehmen, die nicht in der Schrift bezeugt sind, und es ist auch viel wahrscheinlicher, daß innerhalb des geordneten Verlaufs der Dinge Kain zu der Erkenntnis gekommen ist, von der Mose berichtet. Er merkte gar wohl, daß es seinem Bruder besser ging als ihm. Daraus zog er den Schluß, daß Gott jenem gnädig und ihm selbst abgeneigt sei. Wir wissen ja, daß die Gottlosen nichts höher schätzen als den irdischen Segen, und daß nichts andres ihnen mehr am Herzen liegt. Auch dafür ist Kain ein rechtes Beispiel, wie die Gottlosen doch als Gerechte angesehen sein wollen, ja wie sie vor allen Heiligen den Vorrang genießen möchten. Infolgedessen geben sie sich viel Mühe damit, in äußeren Werken Gottes Anerkennung sich zu erringen. Aber ihr Herz bleibt befangen in seinem trügerischen Wesen, und darum sind alle ihre Taten eitel Trug. Ihr ganzer Werkdienst mit all seinem ängstlichen Treiben ist nur Schein. Stellt es sich heraus, daß all ihr Tun vergeblich ist, dann lassen sie oft das verborgene Gift in ihrer Seele zutage treten, murren gegen Gott, ja noch mehr, auch vor der Öffentlichkeit bricht ihr Ärger aus. Wenn sie es könnten, stießen sie Gott von seinem himmlischen Thron. Allen Heuchlern ist dieser Dünkel eigen. Es gehört zu ihrer Natur, daß sie Gott durch ihren Gehorsam sich verpflichten möchten. Weil sie seiner Herrschaft nicht entgehen können, versuchen sie es mit schmeichlerischem Tun und finden es dann ungerecht von Gott, wenn er ihnen nicht zustimmt. Gott aber achtet solches Tun als vergeblich und ganz wertlos. Da fangen sie denn an zu murren und zu toben. Es ist ja nur ihre innere Unfrömmigkeit im Wege, sonst könnten sie Frieden mit Gott haben. Aber sie wollen vielmehr nach ihrem Bedünken Frieden mit Gott machen. Mißlingt ihnen dies, so richtet sich ihr Ärger gegen Gottes Kinder. Eigentlich ergrimmte Kain gegen Gott, aber diese Wut floß auf seinen unschuldigen Bruder über.

a. Zur Form

Calvin gliedert seinen Kommentar nicht nach Sachgesichtspunkten oder nach methodischen Prinzipien, sondern interpretiert den Text anhand ziemlich knapp abgeteilter Sinnabschnitte. Die Auslegung enthält zwei Grundelemente:
– historisch-philologische Erklärung von Begriffen und Sachen;
– vom Text ausgehende Reflexionen über Glauben und Christsein.
Die Darstellung wirkt formal und inhaltlich sehr geschlossen.

b. Zur Absicht

Schon aus der Form lassen sich Intentionen des Kommentars ablesen. In erster Linie geht es um die Ermittlung des sensus literalis, des »Literalsinns« (so bezeichnete man früher die sprachliche und sachliche Erklärung eines Textes). Die Erhebung der Wortbedeutung eines Textes löst den reformatorischen Grundgedanken ein, daß Glauben und Christsein sich ausschließlich am Evangelium auszurichten haben. Im Blick auf die Ergebnisse ist selbstverständlich der Kenntnisstand der Zeit zu berücksichtigen. So ist es für Calvin eine unbefragte Tatsache, daß Mose selbst die »Mosebücher« verfaßt hat; auch ist er überzeugt, daß Gen 4 reale Geschehnisse wiedergibt. Aber es fällt auf, daß er bloße Spekulationen zurückweist und sich strikt am Text selbst orientiert.

Als zweite Intention ist die Anwendung der Schrift auf das Leben zu erkennen; die ganze Auslegung ist klar auf die Grundgedanken der reformatorischen Theologie bezogen. Als Basissatz der reformatorischen Erkenntnis kann wohl der folgende Satz aus dem Römerbrief gelten:

> »Denn wir sind der Überzeugung, daß der Mensch gerecht wird durch den Glauben, unabhängig von Werken des Gesetzes.« (Röm 3,28)

Der freien und freisprechenden Gnade Gottes steht das Mißverständnis der vom Menschen bewirkten Selbstrechtfertigung im Weg. Darauf geht Calvin mit dem Stichwort »Werkdienst« ein, das an zentraler Stelle des Gedankengangs auftaucht. Der Reformator führt aus, daß die »Gottlosen« ihr Leben auf das stützen, was sichtbar und verrechenbar ist. Wird diese Lebensperspektive auf die Beziehung zu Gott angewendet, kommt es zu schweren Schäden, weil an die Stelle der Liebe das Rechnen tritt: Der Mensch will Gottes Liebe am »irdischen Segen« abmessen und er will Gottes Anerkennung durch »Werkdienst« erringen. Weil auf diesem Weg keine Liebe entstehen und bestehen kann, kommen Haß und Auflehnung auf – gegen Gott und die Mitmenschen. Auf der Basis dieser am Evangelium orientierten Auslegung gelingt Calvin eine eindringliche theologisch-anthropologische Analyse der menschlichen Existenz, die sich am Vorfindlichen festmacht und damit ihre Beziehung zu Gott und zum Mitmenschen verfehlt und am Ende zerstört. (Dieser Aspekt wird vor allem auch von der Existentialen Auslegung ausgearbeitet, s.o. Kapitel II.2).

Der ganze Gedankengang zielt darauf ab, den Leser vor dem verfehlten Leben zu warnen und ihn für den Gehorsam gegen Gottes guten Willen zu gewinnen.

c. Einordnung

Calvins Interpretation von Gen 4 ist in Form und Aussage durchaus charakteristisch für die Bibelarbeit der Reformatoren. Dazu notiert Lerch in seiner Untersuchung zusammenfassend: » Die reformatorische Auslegung ist also in formaler Hinsicht dadurch gekennzeichnet, daß der geschichtliche Vorgang und die Anwendung auf das christliche Leben streng aufeinander bezogen sind; das Mittelglied ist die reformatorische Deutung des geschichtlichen Vorgangs« (Lerch, 1950, S. 150).

d. Charakterisierung

Die Genauigkeit der Textarbeit, die Konzentration auf einen zentralen Aspekt des Glaubens und die Schlüssigkeit der anthropologischen Analyse tragen dazu bei, daß Calvins Auslegung von Gen 4 bis heute Kraft und Aktualität besitzt. Damit kann sie auch für heutige Lern- und Erziehungsprozesse fruchtbar werden.

3.2 Die biblische Erzählung als Einweisung in Lehre und Moral: Johann Hübner

Als Grundlage wähle ich das entsprechende Kapitel aus Hübners Biblischen Historien, die von 1714 an in unzähligen Auflagen erschienen und wohl die religiöse Erziehung des 18. und 19. Jahrhunderts nachhaltig beeinflußt haben (Vgl. vor allem Reents, 1984). Mir liegt die 6. Auflage der Bearbeitung von F. Chr. Adler vor, die er 1810 (?) vornahm (Hübner, 1810).

V. Von dem Morde, den Cain an seinem Bruder Abel verübte. 1 B. Mof IV. u. V. J.d. Welt 60 vor Ch. G. 3923.

Die unglücklichen Folgen jener ersten Vergehung zeigten sich gar bald unter der Nachkommenschaft des 1. Adams und der Eva. Ihre Ehe wurde zwar durch Kinder gesegnet: allein schon ihr ältester Sohn Cain 2. artete aus, und führte ein Gott mißfälliges Leben. Abel war aber ganz das Gegentheil von seinem Bru- 3. der, denn er lebte fromm und gottesfürchtig. Jener 4. beschäftigte sich mit dem Ackerbau, und dieser hingegen mit der Viehzucht. Da nun Abel an seines Bruders Cain Leben keinen Gefallen fand, so erwachte schon in des Cains Herzen ein geheimer Widerwille gegen seinen Bruder, den er aber zu entdecken noch keine Gelegenheit hatte. Einstmals fiel es beiden Brüdern ein, dem Herrn ein Dankopfer zu bringen: Cain brachte die 5. 6. Erstlinge seiner Früchte, und Abel die Erstlinge seiner Heerde dar. Gott hatte, wie es sich leicht vermuthen läßt, weit mehr Gefallen an Abels Opfer, der fromm 7. war und ein tugendhaftes Leben führte, als an Cains

8. Opfer, der lasterhaft und ausschweifend lebte; allein
9. eben dieß gab die Veranlassung, daß nun jener heim-
   liche Groll in wirkliche Thätigkeit ausbrach, und Cain
10. ein Mörder an seinem leiblichen Bruder wurde. Hier-
11. auf ließ Gott ein ernstliches Mißfallen gegen Cain
12. über dieses so schändliche Verbrechen blicken; allein Er,
    statt seine Vergehungen zu bereuen, wurde vielmehr ver-
    stockt und fing an, die göttliche Langmuth und Erbar-
13. men zu bezweifeln. Die nämliche Tücke und Bosheit
    zeigte sich nun auch an seinen Nachkommen, die in der
14. heiligen Schrift Kinder der Menschen, zum Unterschie-
15. de der Nachkommen des frommen Seth, welche Kin-
    der Gottes hießen, genannt werden. Letztern erwies
    Gott viel und mannichfaltige Gnade, und das hohe
    Alter, das unter ihnen Einige erreichten, ist ein re-
    dender Beweis, wie das Gute schon hier belohnt und
16. gesegnet wird.

Anmerkung. Obgleich die Chronologie der Urwelt nicht als unumstößlich
gewiß angenommen werden kann, so folgt man doch insgemein dem
hebräischen Original der Mosaischen Schriften. Folglich ist Christus im
Jahre der Welt 3983 geboren.

Anleitung zu katechetischer Unterhaltung.

1. Für was sehn Aeltern und zwar mit Recht ihre Kinder an?
2. Wie hießen sie?
3. Wie waren sie denn beschaffen in Absicht ihrer Sittlichkeit?
4. Welchen Beruf hatten sie sich gewidmet?
5. An was dachten sie?
6. Ist das ein guter Zug des menschlichen Herzens, für empfangene Wohlthaten sich dankbar beweisen?
7. Welches Opfer gefiel Gott am besten? Opfer waren in der alten Welt sehr gewöhnlich und bestanden in Gaben, die man unmittelbar Gott brachte, und durch welche der Opfernde seine Gesin-
   nungen und Gefühle an den Tag legen wollte.
8. Warum?
9. Was zog das Wohlgefallen Gottes an Abels Opfer nach sich?
10. War denn Cain schon vorher seinem Bruder nicht hold gewesen?
11. Zu was wurde am Ende Cain verleitet?
12. Wie benahm er sich dabey?
13. Ward er traurig?
14. Wie hießen Cains Nachkommen?
15. Wie Seths Nachkommen?
16. Wird das Gute schon hier belohnt?

Anwendung und nützliche Lehren.

Mel. Herr, ich habe ꝛc.

Wenn sich die Geschwister lieben,
Jung sich ächter Freundschaft weihn
Und mit Wort und That sich üben,
Stets ein Herz ein Geist zu seyn,
Fern vom Streit, vom Haß und Neide;
Dann sind sie der Eltern Freude.

Wie fein und lieblich ist's, daß Brüder einträchtig bey einander wohnen. Pf. 133., 1.

Neid und Mißgunst sind das Grab aller guten und edlen Empfindungen.

Seyd voll Verträglichkeit, ihr Schwestern und ihr Brüder,
Die Eintracht baut ein Haus, die Zwietracht reißt es nieder.

a. Zur Form

Das Kapitel ist, wie das ganze Buch, in drei Elemente gegliedert:
– Wiedergabe der biblischen Erzählung;
– »Anleitung zu katechetischer Unterhaltung«;
– »Anwendung und nützliche Lehren«.
Der Erzähltext ist eher eine Paraphrase als eine Nacherzählung; es werden zahlreiche Interpretationen eingeschoben; dafür treten die Handlungskomponente und die Gespräche der biblischen Vorlage deutlich in den Hintergrund. Der Schwerpunkt des Textes liegt eindeutig in der Erklärung und Belehrung.
Die »Anleitung« enthält größtenteils Fragen zur besseren Erfassung des Textes; dazu kommen kurze Erklärungen und Aufforderungen zur Wertung (Frage 6).
Die Form der »Anwendungen« zielt auf die Einprägung der »nützlichen Lehren«: Kürze – gereimte Verse.

b. Zur Absicht

Ohne Zweifel ist das Buch (in der Adlerschen Bearbeitung; vgl. Reents, 1984, S. 114 ff) einer gemäßigten Form der Aufklärung verpflichtet; das Ziel der Religion beschreibt der Vers:

Licht für den Geist und Ruh fürs Herz
Macht's Leben froh und lindert Schmerz. (Teil 2, S. 3)

Ein Mensch, der an diesen Segnungen teilhaben und mit Gott Gemeinschaft haben will, muß »fromm und gottesfürchtig« leben – wie Abel. Welche Tugenden erwünscht sind, erfährt der kindliche Leser im Spiegel der negativen Eigenschaften Kains; er »artet aus« (ein Erbteil seiner sündig gewordenen Eltern!) – führt ein Gott mißfälliges Leben – ist neidisch – lasterhaft und ausschweifend und kann darum (!) seinen Groll nicht beherrschen – er ist verstockt – zweifelt an Gottes Güte – er vererbt seine Tücke und Bosheit an seine Nachkommen.

So malt der Text ein wahres Schauerbild an die Wand – den Lesern zur Warnung und Mahnung. Ein Gott wohlgefälliges Leben ist nicht nur geboten, sondern auch vernünftig, weil »das Gute schon hier belohnt und gesegnet wird«.

Der letzte Teil schlägt dann den Bogen in die Erfahrung der Kinder: Die erwünschten Tugenden werden noch einmal in faßlichen Begriffen genannt und eingeprägt. Ziel des christlichen Unterrichts ist nach diesem Beispiel die Einweisung der Heranwachsenden in eine Tugendlehre, die als Wille Gottes ausgegeben und deren Befolgung von ihm sanktioniert wird. Die »Biblische Historie« liefert dazu das Anschauungsmaterial.

c. Einordnung

Dieser Typ der moralisierenden Anwendung biblischer Überlieferung ist im 19. Jahrhundert in beiden Konfessionen weit verbreitet. Die biblische Vorlage der Erzählung von Kain und Abel wird immer drastischer ausgemalt, augenscheinlich um die Abschreckung zu verstärken, die Anwendung auf das Leben der Kinder wird auf zwei Wegen gesucht:

- In vielen Beispielen wird, wie bei Hübner, der Bibeltext stark didaktisierend erzählt, so daß die positiv und negativ sanktionierten Verhaltensweisen bereits im biblischen Zusammenhang auftauchen.
- Eine zweite Spur führt über den oft zitierten Bibelvers: »Wer seinen Bruder haßt, der ist ein Totschläger« (1 Joh 3,15); daran werden dann die Anwendungen der Geschichte auf das Leben der Kinder festgemacht.

d. Charakterisierung

Wie läßt sich dies Beispiel aus der Wirkungsgeschichte von Gen 4 im Verhältnis zu seiner biblischen Vorlage charakterisieren?

Zunächst einmal fällt auf, daß der Bibeltext – jedenfalls in dem mitgeteilten Beispiel – sehr freizügig behandelt wird: Der Autor trägt in den Text hinein, was seinen katechetischen Zwecken dienlich erscheint. Zweifellos sind »Hübners Biblische Historien« in dieser Bearbeitung ein gewisser Extremfall, aber tendenziell ist diese Art der Rezeption verbreitet zu beobachten. Das ist ein gewichtiger Kritikpunkt; denn dem Leser wird ja vorgespiegelt, daß es sich um »Gottes Wort« handele; damit ist die Grenze zur Verfälschung der biblischen Tradition bereits überschritten. – Die vorherrschende moralisierende Sicht der Erzählung ist zwar bereits im Neuen Testament angelegt (s.o. Kapitel 320 f) und in der Wirkungsgeschichtlichen Tradition von Gen 4 breit belegt; aber in diesem Rezeptionstyp ist die moralische Belehrung zum Hauptzweck geworden. Der Bibeltext hat im Grunde nur noch die Funktion der Überhöhung und Sanktionierung.

3.3 Erziehung zur religiös-sittlichen Persönlichkeit: Rudolf Emlein

Das Ziel der Heranbildung zur religiös-sittlichen Persönlichkeit beherrschte die christliche Erziehung vom ausgehenden 19. Jahrhundert bis weit ins 20. hinein. Unter Anknüpfung an Schleiermacher bemühte sich die Religionspädagogik, von Belehrung und Moral (»Wissen und Tun«) loszukommen und die Religion mit dem »Sein und Leben« des Schülers wirksam bildend in Verbindung zu bringen.

Beispiel: Kain und Abel.

1. Die beiden Brüder. Wir legen die Anschauung der Familie zu Grunde und erarbeiten daraus die Gegensätze zwischen Kain und Abel. Also: die Familie, die Eltern, die Kinder. Kain der ältere, Abel der jüngere. Kain ist viel draußen, in Feld und Wald, eigenmächtig; — Abel sanfter, folgsamer, mehr häuslich. Kain wird Ackerbauer — Abel Schafhirt. Kains beginnender Argwohn auf Bevorzugung Abels durch die Eltern.

2. Kains Eifersucht auf Abel. Statt argwöhnisch und unfreundlich zu sein, hätte Kain sich lieber besinnen sollen: „was kann ich besser machen?" Denn er war eben wirklich viel unfolgsamer und eigenmächtiger als Abel. Er machte immer ein finsteres Gesicht und war so unfreundlich gegen seinen Bruder. Manchmal merkte er selbst, daß das nicht recht war. Einmal hat es ihm auch der liebe Gott ganz deutlich und laut gesagt. Das war bei einem Opfer. Was heißt opfern? Dem lieben Gott etwas schenken. Hier: aus Dank für gute Ernte ihm die Erstlinge verbrennen. Gott riecht den Rauch gern. Beobachtung: ob der Rauch aufsteigt oder sich senkt. Je nachdem, hat Gott das Opfer gern oder nicht. Der Rauch von Kains Opfer bleibt auf der Erde. Die Deutung. Kains Grimm. Sein Neid auf Abel. Er sprach kein Wort mehr mit seinem Bruder. Gottes Mahnung an Kain. Bild von der vor der Tür lauernden Sünde.

3. Ermordung Abels. Seit jenem Opfer sind die Brüder verfeindet. Das Schlimme solcher Feindschaft. Jede Kleinigkeit führt zum Streit. Streit zwischen Kain und Abel. Kains Tat! Der Bruder tot!

Kains Entsetzen! Gottes Ruf! Kains Trotz!

4. Kains Bestrafung. Gott spricht die Strafe aus. Das ist auch die dem kindlichen Empfinden angepaßte Ausdrucksweise: ohne Erklärung, ohne nähere Begründung wird der Urteilsspruch gefällt. Jedermann weiß und fühlt: Gott ist diesem Mörder keine Erklärung schuldig. Die Strafe ist eine doppelte. Eine äußere und eine innere, ebenso wie sich auch in der Ruhelosigkeit des Körpers diejenige der Seele ausdrückt.

Bald weicht in Kain der Trotz der Verzweiflung: das ist der Fluch der Sünde. So weit kann es kommen, wenn der Mensch der Lockung der Sünde keinen Damm entgegensetzt.

Kains Bestrafung hat sein müssen. Gott ist unerbittlich gerecht. Aber — habt ihr's nicht auch schon gemerkt? — Die Strafe der Eltern an den Kindern trifft nicht nur die Kinder, sie tut auch den Eltern weh. Gerade weil sie die Kinder lieb haben. Sie müssen strafen, aber sie strafen nicht mehr, als nötig ist. Auch der gerechte Gott ist noch barmherzig: Verleihung des Kainszeichens als eines Schutzzeichens.

Als Beispiel (S.348) wähle ich einen Ausschnitt aus einem Vorbereitungswerk für den biblischen Unterricht von Rudolf Emlein aus dem Jahr 1929, das sich dem »neuen Religionsunterricht im Geiste der Arbeitsschule« verschreibt (Emlein, 1929).

a. Zur Form

Die Anleitung ist sehr einfach aufgebaut: Einer Art Didaktischen Analyse, die sachliche und psychische Voraussetzungen klärt, nach Altersstufen differenziert und das Ziel bestimmt, folgt das praktische Beispiel. Die Darstellung in diesem Teil wählt einen ganz eigentümlichen Stil: Teils gibt der Autor Impulse zum eigenen Erzählen, teils bietet er auch schon fertige Sprachmuster an (»Habt ihr's nicht auch schon gemerkt?«…).

b. Zur Absicht

Das »Gotteserlebnis im Sittlichen« soll im Mittelpunkt der unterrichtlichen Beschäftigung mit der Erzählung von Kain und Abel stehen. Mit psychologischer Raffinesse werden kindliche Erfahrungen so zur Sprache gebracht, daß sich eine zu Gen 4 analoge Situation aufbaut. Dieser Abschnitt ist im erwünschten Lernprozeß besonders wichtig, denn er soll die Schüler auf die Geschichte vorbereiten, indem er ihnen verdeutlicht, daß der Bibeltext ihre eigenen Erfahrungen vertieft und deutet.
Auch in der Bearbeitung der Erzählung dominiert stark der didaktisch-erzieherische Aspekt. Er zeigt sich einmal in der auch hier moralisierenden Zeichnung der Brüder und ihres Verhaltens. Er bestimmt aber auch das Gottesbild: Gott erscheint als »unerbittlich gerecht« und »muß« darum strafen – ebenso wie die Eltern. Offensichtlich baut die Erzählung eine Vorstellung von Gott auf, die erzieherisch brauchbar ist. Auch der Schluß der Erzählung bleibt in diesem Schema: Der Schüler wird zur Wachsamkeit auch gegenüber kleinen Sünden aufgerufen, weil daraus »große Wirkungen« entstehen können. Der Hinweis auf die Vergebung wirkt recht wenig integriert.

c. Einordnung

Auch der in diesem Beispiel erkennbare Rezeptionstyp ist in seiner Zeit weit verbreitet. Seine Hauptmerkmale sind:
- Intensive Auseinandersetzung mit den Inhalten, um die darin transportierten »ewigen Werte« aufzudecken.
- Da diese »für jede Generation in einer zeitgeschichtlich bedingten Einkleidung erscheinen« (aus dem Vorwort des Werks von Emlein), muß die jeweilige Situation mit Hilfe der Bibelwissenschaft geklärt werden.
- Die Applikation erfolgt mit Hilfe einer stark psychologisch orientierten Methodik; bei manchen Autoren überwuchert sie geradezu alle anderen Aspekte des Lernprozesses (z.B. in dem bekannten Erzählbuch von Zurhellen-Pfleiderer).

– Das Erziehungsideal der religiös-sittlichen Persönlichkeit bleibt im Grunde inhaltlich recht unbestimmt und steht darum auch dem massiven Einfluß einer bürgerlich-repressiven Erziehung offen; das zeigt sich letztlich bei allen Vertretern dieses Erziehungskonzepts.

d. Charakterisierung

Auch in diesem Konzept wird die biblische Überlieferung für ein Erziehungsprogramm in Dienst genommen. Nicht umsonst zählte der Religionsunterricht – gemeinsam mit dem Deutsch- und Geschichtsunterricht – im ausgehenden 19. und im beginnenden 20. Jahrhundert zu den »Gesinnungsfächern«, zu jenen schulischen Lehrveranstaltungen also, die den Untertanen die rechte staatstragende Einstellung zu vermitteln hatten. Letztlich kommt es – wie schon bei dem zuerst vorgestellten Ansatz – zu einer Funktionalisierung der Bibel. Das zeigt sich besonders deutlich, wenn wir noch einmal nachfragen, welche Bedeutung eigentlich Gott in der katechetischen Erzählung hat: Er kommt dezidiert ins Spiel, wo es um das Postulat einer »unerbittlichen Gerechtigkeit« geht – eine Sicht, die mit dem biblischen Verständnis der Gerechtigkeit Gottes nichts zu tun hat!

4 Das Beispiel: Mk 5,1-20

Die Dokumente aus der Wirkungsgeschichte des neutestamentlichen Textes sind zwei Zeitabschnitten entnommen: dem beginnenden 20. Jahrhundert und der unmittelbaren Gegenwart. Mit den zeitlichen Zuordnungen verbinden sich die Fragestellungen, unter denen die Texte beobachtet werden können: Die älteren Dokumente sollen auf dem Hintergrund der Tendenzen zur Moralisierung und Psychologisierung gelesen werden, die sich in den Texten zu Gen 4 zeigten. Die Beispiele aus der Gegenwart sind auf die Praxis des Religionsunterrichts bezogen; sie sollen zu einer Prüfung heute wirksamer Rezeptionsansätze anregen.

4.1 Ein ganzheitlich-befreiender Ansatz: Christoph Blumhardt

Johann Christoph Blumhardt (1805-1880) und sein Sohn Christoph Blumhardt (1842-1919) gehören zu den markantesten Personen des christlichen Lebens im 19./20. Jahrhundert. Der *Vater* wirkte als Pfarrer im württembergischen Möttlingen, später in Bad Boll. Er kam durch eigene Erfahrungen zur Überzeugung, daß Christus auch heute noch dämonische Kräfte überwinden kann; sein Wahlspruch war: »Jesus ist Sieger!«. Er löste eine kräftige Erweckungsbewegung aus, zu deren Merkmalen neben einer starken Erwartung des baldigen Anbruchs der Gottesherrschaft auch viele Glaubens-Heilungen gehörten. – Der *Sohn* führte zunächst die Arbeit in der Tradition seines Vaters fort. Er gab aber das Bemühen um Glaubens-Heilungen auf, weil diese ein magisches Mißverstehen fördern konnten. Außerdem erkannte er, daß das Reich Gottes auch durch die praktische Arbeit für Gerechtigkeit vorankommen müsse; darum ließ er sich für die Sozialdemokraten in den Landtag wählen.

Von dem jüngeren Blumhardt sind zahlreiche Auslegungen biblischer Texte in Form von Predigten, Andachten usw. überliefert; es liegen zwei größere Ausgaben vor: die in den 30er Jahren von Lejeune edierte (Lejeune , Band 1-4, 1925 ff) und die von J.J. Harder herausgebrachte Auswahl (Harder, Band 1-3, 1978). Ich ziehe eine (am Anfang leicht gekürzte) Predigt vom 15.März 1914 heran, der nicht Mk 5,1-20 zugrundeliegt, sondern Lk 11,14-28: Heilung eines »Besessenen« und eines folgenden Streitgesprächs über den Vorwurf, Jesus treibe Dämonen durch »Beelzebul« aus. Die Grundmotive Blumhardts zur Rezeption der neutestamentlichen Exorzismus-Erzählungen kommen in diesem Beispiel besonders deutlich heraus.

Die Menschen haben von jeher gefühlt, daß sie vom Bösen oft eingenommen sind, und haben unter allen Völkern ihre Mittel gefunden. Es gibt allerlei Aberglauben und Zauberei, und es hat manchmal etwas zuwege gebracht; aber dann geht es, wie der Heiland hier sagt: der böse Geist fährt aus, und dann findet er keine Ruhe – er ist ja nicht zu Gott gekommen – und so kommt er wieder, und es wird schlimmer nachher als vorher, so daß die Menschen sich selbst Hilfe zu suchen vermeinen, und es ist nicht besser geworden, es sei denn, daß eine Zeit gekommen ist, wie die heutige, daß nicht durch Aberglauben und durch falsche Lehren vom Teufel und wer weiß was, sondern durch die Vernunft Hilfe gesucht wird unter den vielen Übeln der Welt. Die Vernunft ist doch auch ein Licht von Gott, und der Heiland war auch vernünftig. Der Herr Jesus will uns nicht zu dummen Leuten machen, am wenigsten zu abergläubischen Menschen machen. Er will uns die Vernunft geben, das Licht Gottes, das auch in die äußeren Verhältnisse hineinleuchten kann, damit wir Menschen tun können, was in unserer Macht steht – wenn wir selber nur frei bleiben und uns nicht von finsteren Gedanken übertölpeln lassen.

Wir dürfen in jeder Verdunkelung unseres Lebens, in jeder Finsternis unserer Seele, in allen finsteren Gedanken, in aller Trübseligkeit und Schwermut – immer und immer dürfen wir an den Finger Gottes denken, und wenn der sich offenbart und etwas tut an uns, dann werden wir frei, und dann haben wir ein Zeichen vom Reich Gottes. Es ist das durchdringendste Zeichen, das es gibt, wenn der Heiland durch Gottes Finger gesund macht. Wir stutzen oft davor, daß der Herr Jesus so viele Kranke gesund gemacht hat, und können es nicht recht verstehen. Wenn wir es aber ins Auge fassen, daß in den vielen Leiden der Menschen etwas Lebendiges liegt, das sie vergewaltigt, und denken uns: diesem lebendigen Bösen tritt Jesus Christus entgegen und bringt es bei uns zum Abscheiden, dann können wir es gut verstehen, daß eine Menge Krankheiten aufgelöst werden. Auch die Ärzte wollen heute in gewisser Hinsicht in dieser Weise Hilfe bringen und wollen das seelische Leben der Menschen reinigen, damit es vom Bösen frei werde. Ich habe es auch schon erfahren; Gott hat mir auch schon die Gnade gegeben, daß mit einemmal eine Krankheit wie niedersinkt, wie verwelken muß vor dem Licht Gottes, vor dem Heiland, der mit dem Finger Gottes uns berühren kann.

Ein Christentum, in welchem Christus sich nicht tatsächlich an Leib und Seele beweist, dürfen wir nicht hoch anschlagen. Es ist eine Gedankensache, wie auch andere viele Gedankensachen aufkommen und eine Zeitlang Leben zu bringen scheinen, aber nach einiger Zeit hört es wieder auf. Nur die Taten Gottes können dauernd wirken und unser Herz neu machen.

a. Zur Form

Der Text gibt eine Predigt wieder. Charakteristische Merkmale sind: die Einbeziehung der Hörer (»wir«!) – die Verwendung erbaulicher Sprache (besonders signifikant: »Der Heiland«, »der Herr Jesus«), der Gebrauch rhetorischer Mittel (…»immer und immer dürfen wir…«). Allerdings fällt auf, daß Blumhardt diese Mittel sehr sparsam einsetzt. Insgesamt wählt er eine eher nüchterne Sprache; er entwickelt einen reflektierenden Gedankengang, der die Zuhörer zum Mit-Denken einlädt.

b. Zur Absicht

Die Intention des Autors läßt sich schon aus der Form der Predigt ablesen: Ihm geht es in erster Linie um Reflexion. Er will nicht so sehr die Gefühle seiner Hörer bewegen, er will sie überzeugen.
Er geht von dem Phänomen der »Besessenheit« aus: Menschen werden von »finsteren Gedanken«, »von Bösem« eingenommen. Blumhardt weist darauf hin, »daß in vielen Leiden der Menschen etwas Lebendiges liegt, das sie vergewaltigt«. Viele neigen dazu, diese Gedanken und Einflüsse als »Geister« oder »den Bösen« zu dämonisieren, zu personalen Mächten, die durch bestimmte Praktiken zu »bannen« seien – Blumhardt spricht von »Aberglauben«. Damit aber werden sie nicht mehr akzeptiert als etwas, was zur eigenen Person gehört, sondern – in Begriffen der Tiefenpsychologie – abgespalten und verdrängt. Ein Prozeß der personorientierten Auseinandersetzung und Heilung ist nicht mehr möglich. Für diesen Prozeß will Blumhardt offensichtlich seine Zuhörer gewinnen. Die erhoffte Befreiung ist aber nicht nur ein gedanklicher, sondern ein praktisch-ganzheitlicher Vorgang. Darauf weist Blumhardt im letzten Abschnitt der Predigt hin.

c. Einordnung

Der Text ist aus dem Zusammenhang der Arbeit von Blumhardt Vater und Sohn in Möttlingen und Boll zu verstehen. Aus dem heilenden und teilweise auch exorzistischen Wirken der beiden Theologen hatte sich offenbar bei nicht wenigen Gläubigen die Anschauung verstärkt, hier seien Kräfte am Werk, die »den Bösen« besiegen könnten. Blumhardt der Jüngere hat sich mit aller Entschiedenheit gegen solche Ansichten ausgesprochen – das läßt auch die Predigt deutlich erkennen. In den »Gedanken aus dem Reich Gottes«, die er 1895 in den »Vertraulichen Blättern« veröffentlichte, warnte er vor der Dämonisierung gegengöttlicher Strebungen. Er schrieb: »Es ist eine Beeinträchtigung des Glaubens an Gott, wenn des Menschen Sinn sich so lüstern auf Dämonisches und auf satanische Entwicklungen wirft… Wichtiger als der Kampf gegen den Satan ist der Kampf gegen das Unwesen des Menschen«, der sein Leben nicht an Gott ausrichtet und damit anfällig wird für »finstere Gedanken«, die ihn »einnehmen«, ja vergewaltigen (Zitate aus der Biographie von Jäckh, 1950, S. 137).

d. Charakterisierung

Die sichere Analyse, die klare Sprache und der ganzheitliche Praxisbezug geben der Auslegung von Christoph Blumhardt eine erstaunliche Aktualität.

4.2 Die kritische Kraft des Evangeliums: Martin Kähler

Etwa gleichzeitig mit der eben besprochenen Predigt Blumhardts entstand die Auslegung Martin Kählers (Kähler, 1912). Der folgende Text gibt etwa die Hälfte der Auslegung zu Mk 5,1-20 wieder.

Wir forschen nach den Wurzeln unsrer Übel in der Hoffnung, sie auszureuten; aber wie selten gesellt sich zu jener Einsicht auch das Vermögen; wie langsam pflegt die Abhilfe zu kommen. Nicht viele sind mit der Entdeckung jener kleinsten Krankheitserreger zufrieden, seit sich herausgestellt hat, daß die Mittel zu ihrer Vernichtung sich nicht wirksam erweisen. Aus demselben Grunde von alters her die nicht seltenen Gläubigen für jeden Scharlatan, und die Liebhaberei vieler Christen für die Erneuerung, welche man ab und an den Gnadengaben der Heilung verspricht. Aber wie wenig haben sie sich doch in den Gang und Sinn des Heilands hineingefunden. Die Übel fortzuschaffen ist doch der nicht gekommen, in dessen Nachfolge man sein Kreuz auf sich nehmen muß. Und was half es dem armen Tobsüchtigen, wenn ihm der Herr den letzten Anlaß seines Elendes klargelegt hätte; wäre er seiner Befreiung deswegen gewisser gewesen? Was immer er als jenen Anlaß auch ansah, das eine wußte er fortan: wo Gottes Erbarmen sich jemandem zugewendet, da dürfen seiner Wohltat auch die unheimlichsten Mächte nicht im Wege stehen. Was macht es für einen Unterschied, ob diese unheimlichen Mächte andre Namen tragen? Ob es unreine Geister seien; ob es das Naturgesetz sei und seine Gewalt auch in den Entwicklungen des Kulturlebens; ob das finstre Spiel des Zufalls, dem du zum Opfer fällst; unheimlich bleibt diese Welt jedem, der mit geöffneten Augen in die Abgründe der Menschengeschicke sieht, der sich nicht bloß von den freundlichen Bildern schmeicheln läßt — unheimlich bleiben sie jedem, in dessen Sinn nicht die Zuversicht Wurzeln schlägt: keine Macht kann dem Erbarmen Gottes widerstehen und seine Wohltaten hemmen. Vor den belebenden Strahlen dieser Glaubenssonne erbleicht aller Glanz der Aufklärung über den Lauf der Dinge und über die Irrtümer in dem Betracht, seien es wirkliche, seien es vermeinte. Wie auch dein Feind dir heiße, dein Feind ist er darum, weil er eben dieses Zutrauen in deinem Herzen nicht will keimen lassen oder es in ihm erstickt. Und diesem Feind ist nur einer gewachsen; das ist unser Freund, den kein Elend und kein Irrtum, keine Unnützlichkeit und Wahnwitz abschreckt; der dem Besessenen nachgeht wie dem Verirrten, und der keine Seele verloren gibt, solange sein Wort sie erreichen mag.

Keine Seele. Denn die ist es, die er über alles hochhält. Und das zeigt sich uns deutlich, wenn wir den andern Anstand prüfen, der die Leute bei dieser Erzählung stutzen läßt. Das ist doch eine freventliche Vergeudung guter göttlicher Geschöpfe, wenn die Säue ins Meer gestürzt werden; das ist doch ein bedenkliches Eingreifen in fremdes Eigentum. Deckt diese auffallende Erlaubnis Jesu an die bösen Geister nicht das oft mit Recht getadelte und verspottete Verfahren des Krispin, der Leder stahl um dem Armen Schuhe zu bereiten,

Namentlich die Berufung auf die Heiligkeit des Eigentumes wird manchem in die Seele greifen, der des gefährlichen Satzes gedenkt: Eigentum ist Diebstahl. Und doch ist auch das Tun des umstrittenen Krispin nur eine verkehrte Anwendung eines durchaus geltenden Grundsatzes. Wenn die verderbliche Flamme einer Ortschaft droht, wer hat sich gescheut, das nachbarliche Grundstück zu verwüsten, um einen schirmenden Graben zwischen dem zerstörenden Element und dem Reste der Wohnungen zu schaffen? Das nennt man eine rettende Tat. Und ist nicht die Seele mehr als die Nahrung und das Eigentum? (Vgl. Matth. 6, 25). Und an der Vollmacht dieses Mannes, der so unverkennbar mit derselben von Gott ausgerüstet ist, haben nicht einmal die Betroffenen gezweifelt; nur zaghaft bitten sie ihn, aus ihrer Gegend zu ziehen.

Und dieses Verhalten der Gadarener wirft nun vollends sein Licht auf das Tun unsers Meisters. Nicht als wären diese Leute eine sehr absonderliche Gattung; vielmehr spiegelt sich in ihnen kenntlich unser Menschendurchschnitt, der heutige wie der damalige. Was sind wir einander wert? Unsre Selbstsucht lehrt uns einander danach schätzen, was wir einander nützen. Über der Sitte der alten Welt liegen die riesigen Wolken der Sklaverei und der Erbarmungslosigkeit mit dem unheilbaren Leiden. Ist's bei einem aus mit dem Dienste für die öffentlichen Angelegenheiten, für Erwerb oder Wissenschaft, so ist ihm selbst, so ist den andern sein Leben wertlos. Was ist ein einzelner Mensch gegen den reichen Gewinn aus stattlichen Herden, die der Besitzer verhandelt, an deren Genuß die Käufer froh werden mögen! Denselben Grundsatz kann man in tausendfachen Gestalten auch heute noch anwenden sehen und aussprechen hören, nachdem längst „die christliche Moral" es zum allgemeinen „Achtungserfolge" gebracht hat. „Die Dummen werden nicht alle", sagt ein einflußreicher Staatsmann; laßt sie ohne Grämen ausbeuten und untergehen; was bedeuten sie für die Gesellschaft im Vergleich mit den Millionären, welche die Weltausbeutung und und Weltverkehr pflegen. Was ist eine Seele gegen „den Reichtum einer Nation?" Und so bittet man Jesus mit seinen Grundsätzen, mit seiner Mission, welche Kapitalien an einzelne Individuen dem Untergange verfallener Stämme verschwendet und die Wilden nicht zu Kultursklaven erziehen will, mit seiner Vorliebe für Vernachlässigte und Verkommene, die er seinen Gläubigen einpflanzt — man bittet ihn, ein Haus weiter zu gehen, damit man in seinen Kreisen ungestört „Werte schaffen und austauschen" könne.

a. Zur Form

Die kleine Schrift Kählers ist eine gemeindebezogene Auslegung des Markusevangeliums. Sie geht versweise am Text entlang. Sie bietet Erklärungen zum sachlichen Verständnis an, aber auch Gedanken zur Bedeutung des Textes für die Gegenwart.

Die Sprache wirkt eher »erbaulich«. Dieser Eindruck entsteht einmal durch ein bestimmtes Vokabular (»Heiland« »Glaubenssonne«…), wird aber beträchtlich durch den sehr reichlichen Gebrauch von ausmalenden Adjektiven verstärkt. Dazu kommt der Anrede-Charakter des Textes (»Wir«, »Du«).

b. Zur Absicht

Trotz der »Sprache Kanaans« ist deutlich das Interesse des Autors zu erkennen, dem Leser Orientierung im Glauben und Leben zu vermitteln. Zwei Gedanken zeichnen sich in den ausgewählten Abschnitten klar ab:
Einmal die Deutung der Austreibung des »Legion« als Symbol für die Grenzenlosigkeit der von Christus kommenden Befreiung. *Darauf* kommt es an, nicht auf den Vorgang des Exorzismus. Wenn sich die Auslegung darauf konzentriert, wird die Zuordnung zur eigenen Erfahrung ja gerade verhindert.
Der *zweite Gedanke* bezieht sich auf das Verhältnis zum Eigentum; dies ist für Kähler die Grundperspektive der ganzen Perikope (Überschrift: »Seine Schätzung der Güter«). Aus dem Verhalten Jesu leitet Kähler überaus kritische Urteile über den Besitz ab. Indem er den populär-kommunistischen Spruch »Eigentum ist Diebstahl« in die richtige Relation zum Wert eines Menschen bringt, macht er klar: Nicht von der kommunistischen Ideologie geht die Gefahr aus, sondern von dem herrschenden *praktischen Materialismus*. Er steht im scharfen Gegensatz zur befreienden Praxis Jesu, die allen gilt.

c. Einordnung

Die Zuspitzung auf die praktische und ideologiekritische Auseinandersetzung mit der »Heiligkeit des Eigentums« ist besonders bemerkenswert an dieser Auslegung; denn sie wurde in einer Zeit geschrieben, in der bürgerliche Ideologie und Moral mit dem Christentum weitgehend ins eins gesetzt wurden und die Abwehr von Sozialismus und Kommunismus zu den vorrangigen Tugenden gezählt wurde.

d. Charakterisierung

Die erbauliche Sprache verstellt zunächst einmal den Zugang zu Kählers Auslegung. Die beiden skizzierten Gedankengänge heben aber Aspekte des Textes hervor, die oft übersehen werden; das macht dies Beispiel aus der Wirkungsgeschichte von Mk 5,1-20 auch heute noch lesenswert.

4.3 Die Dramatik des kosmischen Kampfes: Anne de Vries

Der holländische Erzähler Anne de Vries hat seine biblischen Geschichten in unzähligen Ausgaben und Auflagen verbreitet; das folgende Beispiel ist dem Band »Großes Erzählbuch der biblischen Geschichte« Band 2 entnommen (Vries, 1960).

Im Lande der Gadarener

Im Bergland am Ostufer des Galiläischen Meeres trieb eine Bestie ihr Unwesen, ein schreckerregender, wilder Mann, vor dem sich jeder fürchtete. Er hatte früher in der Stadt gewohnt, doch war er mit seinen dauernden Anfällen hemmungsloser Raserei für seine Umgebung eine Gefahr geworden. Da hatte man ihn an Händen und Füßen gefesselt, und selbst die Ketten hatte er noch mit übermenschlicher Kraft zerrissen und die Fesseln gesprengt.

Jetzt trieb er sich allein in der Einöde herum und verbarg sich in Höhlen, die man in den Berg gehauen hatte, um dort die Toten zu bestatten. Niemand getraute sich hier vorbeizugehen, jeder floh, wenn er schreiend angestürmt kam. Er war der Schrecken und die Plage der ganzen Gegend.

Kleider trug er schon lange nicht mehr, und anscheinend brauchte er auch kaum Nahrung. Eine unstillbare Wut schien ohne Unterlaß an ihm zu zehren, so daß er sich in wildem Taumel auf jeden stürzte, der in seine Nähe kam, er schonte auch nicht einmal sich selbst. Manchmal sah man ihn hoch oben auf den Felsen stehen, groß und schrecklich hob er sich vom blauen Himmel ab, dann schlug und stieß er sich mit Steinen. Er heulte vor Schmerz und hörte doch nicht auf, bis er schließlich mit einem schrillen Schrei hinter einem Felsen verschwand. In der Stille der Nacht hallte sein Gebrüll zwischen den Bergen wider, wenn er im Dunkeln umherlief, immer voll Unruhe, immer gequält und fortgetrieben von einer seltsamen, schrecklichen Macht.

Nun aber war Jesus in dieses Land gekommen, er war nach der stürmischen Nacht mit seinen Jüngern an der Küste gelandet, und es war noch früh am Morgen, als er mit ihnen den Weg entlangging, der an den Grabstätten vorbeiführte. Jesus wußte wohl, daß dieser Unhold hier hauste, aber er ging ihm nicht aus dem Wege, denn er fürchtete ihn nicht. Er wußte: Dieser Mann war ein unglücklicher Mensch, über den der Satan Macht gewonnen hatte, ein Besessener. Böse Geister hausten in ihm, sie ließen seinen Leib verfallen und quälten seine Seele Tag und Nacht.

Jesus floh nicht, als plötzlich dieser wilde und halbnackte Mensch schreiend und brüllend auf ihn zukam. Ruhig stand er vor seinen erschrockenen Jüngern, mitleidig blickten seine Augen auf den Unglücklichen. Vor dem Blick dieser Augen wurden die bösen Geister ganz klein. Liebe und Mitleid – dagegen vermochten sie nichts.

Da fiel der Besessene Jesus zu Füßen und schrie: *Was willst du von mir, o Jesus, du Sohn Gottes, des Allerhöchsten? Ich beschwöre dich bei Gott, daß du mich nicht quälest!«*

Aber Jesus war gar nicht gekommen, um zu bestrafen. Nein, um diesen armen Menschen aus der Macht des Satans zu befreien, dazu war er an das Ufer des Sees gefahren!

Er fragte ihn: *Wie heißest du?*

Aber der Mann konnte selber nicht antworten, die bösen Geister redeten für ihn.

Legion! schrien sie mit seiner Stimme, denn eine ganze Legion böser Geister lebte in ihm. Da gebot Jesus ihnen, den Mann freizulassen. Und plötzlich verließen sie ihn und fuhren in eine große Herde Schweine, die gerade auf der Hochebene weidete.

Und nun sah es mit einmal so aus, als wäre die Raserei, die bisher den Mann gepackt hatte, in die Tiere gefahren. Verwirrt, quiekend und grunzend rannten sie durcheinander und stürmten dann über das Feld zum Meer. Sie hatten nicht lange zu leiden, dafür hatte Jesus schon gesorgt: Die Küste war steil und der See tief. Nun stürzte sich die ganze Herde die steilen Klippen hinab und ertrank. Und die Männer, die die Tiere gehütet hatten, flohen, von Furcht ergriffen.

Ehrfurchtsvoll sahen die Jünger zu ihrem Meister auf. Wie groß war doch seine göttliche Macht! Nicht nur dem Winde und dem Meer, auch den bösen Geistern aus der Hölle konnte er gebieten!

Aber noch jemand hatte das Wunder mit angesehen, mit großen, staunenden Augen: Der Mann, der zu Jesu Füßen lag. Sein Blick war wieder klar, sein Verstand wieder zurückgekehrt. Die schlimmen Geister, die jetzt die Schweine jagten, waren die gleichen, die ihn so lange und so schrecklich gepeinigt hatten. Jetzt war er von ihnen befreit, er hatte selber gesehen, wie sie von ihm ausfuhren – Jesus hatte ihn geheilt!

Und anbetend blickte er zu ihm auf.

Er lag noch zu Jesu Füßen, nun bekleidet und wieder klar bei Verstand, als die Leute herbeieilten, Bürger aus der Stadt der Gadarener, denen die Schweine gehörten. Die Hirten hatten ihnen erzählt, was geschehen war. Jetzt sahen sie selber den Unglücklichen, der ihnen so viel zu schaffen gemacht hatte. Ein freier und froher Mensch war er jetzt, ein Mensch wie sie alle, und niemand brauchte sich mehr vor ihm zu fürchten. Er ballte nicht mehr die Fäuste, seine hellen Augen sahen vergnügt umher.

Aber an dem Glück dieses Mannes war ihnen weniger gelegen. Jesus galt eine Menschenseele mehr als eine Schweineherde, bei ihnen war es umgekehrt.

Unsere Schweine –! dachten sie, unser Besitz, unser Geld! Wieviel Geld haben wir bloß dabei verloren?

Wohl waren sie jetzt für immer diese böse Bedrohung los, aber das hatten sie schon vergessen. Ja, sie hätten sie sogar mit in Kauf genommen, wenn sie nur ihre Schweine wiederbekämen!

Sie hatten Angst vor Jesus. Am Ende fügte er ihnen noch weiteren Schaden zu, wenn er hierblieb!

Und sie bedrängten ihn, die Gegend bald wieder zu verlassen. Jesus erfüllte ihnen den Wunsch, niemals zwang er sich den Menschen auf. Als er aber mit seinen Jüngern wieder zum Schiff ging, das am Ufer vor Anker lag, folgte ihm der Mann, den er geheilt hatte, und er flehte Jesus an, ihn mitzunehmen, immer wollte er bei ihm bleiben.

Das aber erlaubte Jesus nicht. Denn noch liebte er die Menschen in diesem Lande, diese selbstsüchtigen Sklaven des Geldes, die ihn fortschickten. Der Geheilte sollte hierbleiben, ein lebendiger Beweis für Gottes Macht und Gottes Erbarmen.

Und Jesus sprach zu ihm: *Gehe hin in dein Haus zu den Deinen und verkündige ihnen, wie große Wohltat dir der Herr getan und sich deiner erbarmt hat!*

Der Mann gehorchte. Und als das kleine Schiff wieder nach Westen, nach Kapernaum fuhr, ging er nach Hause. Er durchzog das ganze Land und erzählte überall, wie Jesus ihn von seinen bösen Geistern befreit hatte.

Und alle wunderten sich sehr.

a. Zur Form

Der Erzähler wählt die Form des Nacherzählung des biblischen Textes für Kinder. Die Sprache lädt weit aus, vor allem durch den reichlichen Gebrauch der Adjektive. Sie haben augenscheinlich die Funktion, die Wirkung der Erzählung zu steigern (»schrecklich«; »wild«; »mitleidig« usw.); die gleiche Wirkung erzeugen emotional aufgeladene Substantive (»Bestie«; »Taumel«; »Unhold«). Auch schmückt de Vries Einzelzüge stark aus. Insbesondere erzielt er eine dramatische Spannung durch die Schilderung von Gegensätzen: Da prallen Himmel und Hölle in einem kosmischen Kampf aufeinander – Jesus fürchtet sich nicht wie die erschrockenen Jünger – der gläubige Geheilte steht in grellem Kontrast zu den – sehr ausführlich dargestellten! – eigentumsbesessenen Gadarenern.

b. Zur Absicht

Ganz offensichtlich setzt der Erzähler die starken Farben ein, um die Bedeutung Jesu ins rechte Licht zu setzen: Die Wildheit des »Unholds« – die höllischen Dämonen – ihre Überwindung durch die Liebe… all das soll unterstreichen, wie groß die »göttliche Macht« Jesu ist! Zu ihm muß man »ehrfurchtsvoll aufsehen«, ihm zu Füßen liegen, wie der Geheilte. Jesus wird zu übermenschlicher Größe hochstilisiert; die Menschen, die die Erzählung zeigt, schildert de Vries als besessen, kleinmütig (die Jünger) oder besitzsüchtig (die Gadarener). Hieran kommt der zweite Grundzug der Erzählung zutage: die moralisierende Tendenz. Die Gadarener werden als Leute gezeigt, denen die Schweineherde »mehr als eine Menschenseele galt« – obwohl der Bibeltext dies Motiv nicht benennt!

c. Einordnung

Die Beobachtungen an diesem Einzeltext entsprechen der Gesamttendenz im Erzählwerk von Anne de Vries. Er baut das Bild eines übermächtigen Gottes auf; im Neuen Testament nimmt Christus dessen Stelle ein. Die Menschen werden als ohnmächtig, klein und sündenbeladen dargestellt. Sie können bestehen, wenn sie sich Gott unterwerfen, seine Macht anbeten und seinen Weisungen folgen; diese Weisungen werden stark moralisierend aufgefaßt.

d. Charakterisierung

Insgesamt vertritt de Vries eine stark autoritäre Sicht des Christentums; sie setzt auf Gehorsam und Einfügung in vorgegebene Ordnungen. Die Gefahren für die Entwicklung eines mündigen Glaubens sind unübersehbar: Werden nicht Menschen, denen in früher Kindheit ein solches Verständnis vermittelt wurde – und dann noch so emotional überwältigend wie bei de Vries –, zeitlebens in »infantiler Abhängigkeit« (Freud) von diesem übermächtigen »himmlischen Vater« bleiben – und den Autoritäten, die sich auf ihn berufen?

Die ausschmückende, emotional geladene Sprache läßt dem kindlichen Leser/Hörer keinen Raum für ein eigenes Erleben der biblischen Geschichte, sondern legt ihn auf eine enge dogmatische und moralische Sichtweise fest.

4.4 Einladung zum Miterleben: Karel Eykman und Bert Bouman

Das Erzählbuch wurde von zwei holländischen Autoren gestaltet: Karel Eykman schrieb die Texte, Bert Bouman gestaltete die Bilder (Eykman/Bouman, 1978)

Ein ekelerregender Mensch

Jesus und seine Freunde kamen in ein kleines Dorf. Dort sahen sie beim Friedhof einen Mann, der ganz steif und zusammengeduckt dasaß. Er hatte keine Kleider an. Er sah böse aus und unheimlich. Der Mann lebte am Friedhof in einer Höhle. Er war wirr im Kopf. Oft benahm er sich ganz komisch. Manchmal wurde er wild, daß es die Menschen mit der Angst zu tun bekamen. Er war dann gefährlich. Sie hatten ihn sogar schon einmal mit Seilen und Ketten gefesselt. Er konnte sich aber immer wieder mit Gewalt losreißen und floh dann in die Berge. Jetzt machten die Leute einen großen Bogen um ihn.
Simon und Johannes fanden diesen Mann ekelerregend. Was kann man eigentlich für so einen noch tun?, dachten sie. Jesus wollte zu ihm.
Doch plötzlich begann der Mann zu schreien und mit Steinen zu werfen und zu trampeln.
»Verschwinde!« brüllte er. »Verschwinde! Du bist gut. Du bist von Gott. Da hast du hier nichts zu suchen! Weg mit dir! Ich bin nichts! Ich bin nichts für dich! Bitte, bitte: Geh weg!«
Jesus ging näher auf ihn zu.
Er fragte: »Wie heißt du eigentlich?«
»Alles!«, rief der Mann. »Alles durcheinander! Was weiß ich!«
Er sprang auf, und im selben Augenblick wurde er ganz starr und fiel zu Boden. Sein ganzer Körper zuckte. Der Schaum stand ihm vor dem Mund.
»Komm nur«, sprach Jesus ihn an.
Er schüttelte ihn kräftig. »Nun muß es vorbei sein! Hörst du! Du kannst nicht dagegen an. Aber du sollst wieder gesund sein. Du bist ein Mensch. Ich gehöre ebensogut zu dir wie zu jedem anderen Menschen auch. Glaub das nur.«
In diesem Augenblick gab der Mann einen fürchterlichen Schrei von sich und blieb dann bewegungslos liegen. Die Leute um Jesus erschraken. Sie dachten: Nun ist er tot.
Doch Jesus packte ihn am Arm und stellte ihn auf die Füße. Und auf einmal begann der Mann an Jesu Schulter zu schluchzen. Er weinte sehr lange. Als er sich ausgeweint hatte, war er müde.
Sie gaben ihm zu essen und zu trinken. Sie machten ihn zurecht. Sie gaben ihm von ihren eigenen Kleidern. Nun sah der Mann ganz anders aus. Er strahlte über das ganze Gesicht. Er lachte sie an.
»Wie heißt du?« fragte Jesus wieder.
»Ich heiße Adam«, sagte der Mann.

a. Zur Form

Die Autoren wählen einen Ausschnitt aus der neutestamentlichen Vorlage; die ganze Episode mit der Schweineherde und ihren Besitzern wurde weggelassen; dadurch kommt es zu einer Konzentration auf die heilende Begegnung Jesu mit dem Kranken. Die Autoren sind sehr um eine kindgemäße, alltagsbezogene Sprache bemüht.

Die Illustrationen setzen den erzählten Vorgang deutlich ins Bild: Am Anfang liegt der Kranke nackt, hilflos und verkrampft am Boden, am Schluß hält er sich weinend an Jesus, ganz ge-(er-)löst; ein Grabstein symbolisiert die Befreiung. Die Bilder machen darauf aufmerksam, daß auch dies Beispiel mit Kontrasten arbeitet: Die Jünger, die den Kranken aufgeben – Jesus, der ihn nicht losläßt; Bindung – Lösung.

b. Zur Absicht

Die sprachlichen Mittel weisen auf die Intention hin: Die Autoren wollen einen menschlichen Jesus zeigen, der den möglichen Erfahrungen der Kinder offensteht. Auch die Schilderung der Krankheit und der Heilung sind auf Erfahrungsnähe aus: Der Kranke ist »wirr«, »durcheinander«, hat Anfälle; die Heilung wird nicht wunderbar überhöht, sondern realitätsbezogen erzählt. Dabei kommt es durchaus nicht zu einer platt-rationalistischen »Erklärung« des Vorgangs… das Geschehen bleibt offen, das Wunder wahrt sein Geheimnis. Man kann das bekannte Gedicht von Wilhelm Willms assoziieren (abgedruckt in Kapitel II.5., S. 190):

> wußten sie schon
> daß die nähe eines menschen
> gesund machen
> krank machen
> tot und lebendig machen kann…

Deutlich zeigt sich die Absicht der Autoren: sie wollen ihre Leser in die Jesus-Geschichte verwickeln, einladen, sich mit eigenen Erfahrungen, Ängsten, Hoffnungen einzubringen. Darum sagt der Geheilte am Schluß: »Ich heiße Adam« – Jedermann.

c. Einordnung

Durchgängig ist bei Eykman/Bouman der Versuch zu beobachten, einen menschlichen Jesus zu zeichnen – das springt besonders klar ins Auge bei dem Vergleich mit dem Erzählwerk von Anne de Vries. Damit wird Jesus nicht kleiner, sondern kommt dem Leser näher; er ist eingeladen, sich auf Jesus einzulassen, in ihm die Zuwendung Gottes zum Menschen und zur Welt zu entdecken, eigene Erfahrungen zu machen.

d. Charakterisierung

Der Text von Eykman/Bouman ist ein gelungenes Beispiel einer Rezeption, die nicht festlegt, sondern den Leser/Hörer zum eigenen Erleben anregt und ihm Raum dafür läßt.

4.5 Ertrag

Was hat der Gang durch die Wirkungsgeschichte von Gen 4 und Mk 5, in dem wir einige Bodenproben aus Interpretationen des 16., 19. und 20. Jahrhunderts nahmen, erbracht?

Zunächst einmal ist klarzustellen, was eine solche Untersuchung *nicht* leisten kann: Aus der Beobachtung der Rezeptionsgeschichte *eines einzelnen* Bibeltextes können keine Schlüsse auf die Gesamtentwicklung der Theologie oder Religionspädagogik im betreffenden Zeitraum gezogen werden. Im Gegenteil: Die Interpretation der Beispiele stützt sich auf Informationen, die den Texten nicht ohne weiteres zu entnehmen waren – wie es ja bei allen Interpretationen historischer Dokumente der Fall ist. Dennoch lassen sich einige wichtige Tendenzen ablesen, die auch für die heutige Rezeption biblischer Texte wichtig sind:

a. Die Bedeutung der theologisch-anthropologischen Auslegungs-Perspektive

Gerade die Interpretation Calvins ist wohl so aktuell geblieben, weil sie den Text auf die Situation der menschlichen Existenz vor Gott hin auslegt – 400 Jahre vor dem Aufkommen der Existentialen Interpretation. Eine ähnliche Sichtweise war bei Blumhardt zu beobachten. Dies Beispiel der Wirkungsgeschichte beweist die Fruchtbarkeit dieses hermeneutischen Ansatzes aufs Beste.

b. Die Gefahr der Funktionalisierung

Die Beispiele aus dem 19./20. Jahrhundert zu Gen 4 belegten überdeutlich die Versuchung, biblische Texte in spezifischen Verwendungssituationen den jeweiligen Zwecken anzupassen. Das gilt nicht nur für den Religionsunterricht, sondern in gleicher Weise für die Predigt usw. Die Wirkungsgeschichte lehrt uns gerade in ihren negativen Beispielen, für diese Gefahr sensibel zu werden.

c. Die Gefahr der Moralisierung

Die Gefahr der Moralisierung des Glaubens ist eine ständige ernste Bedrohung des Christseins. Damit ist keineswegs ein Verständnis des Glaubens kritisiert, das die christliche Verantwortung im persönlichen und öffentlichen Bereich ernst nimmt – wohl aber eine Anschauung, die das Christsein mit bestimmten »Tugenden« in Verbindung bringt. Dies wird immer wieder von außen als Erwartung speziell an den Religionsunterricht herangetragen: Er soll zu Treue und Leidensbereitschaft erziehen, zur Achtung des Eigentums und zum friedlichen Verhalten (vgl. die Auslegung von Kähler). Immer dann, wenn sich der Religionsunterricht (die Kirche) auf derartige »Wertvorstellungen« einläßt, entsteht die Gefahr, nicht mehr nach den befreienden und belebenden Impulsen des Evangeliums zu fragen, sondern sich auf die Konservierung bestehender Wertvorstellungen zu konzentrieren. Damit wird dann zugleich die Gefahr der Funktionalisierung der biblischen Überlieferung akut.

5 Chancen und Grenzen der Wirkungsgeschichtlichen Auslegung

Im Zusammenhang der biblischen Hermeneutik nimmt der Wirkungsgeschichtliche Ansatz eine gewisse Sonderstellung ein, weil er den Prozeß der Tradierung über den Rahmen der innerbiblischen Geschichte hinaus verfolgt. Dennoch realisiert er einige Vorzüge der bisher vorgestellten Konzepte:
… er trägt zur Überwindung des Historismus bei und wirft die Frage nach der Bedeutsamkeit eines Textes auf (vgl. Kapitel II.2);
… er macht den Erfahrungsbezug im Vorgang der Überlieferung von Texten fest (vgl. Kapitel II.6).
Die spezifischen Merkmale des Wirkungsgeschichtlichen Zugangs halten die folgenden Punkte fest:

5.1 Fünf Argumente für die Wirkungsgeschichtliche Auslegung

a. Die Wirkungsgeschichtliche Auslegung erschließt neue Sichtweisen des Bibeltextes.

In diesem Zusammenhang bewährt sich Gadamers Prinzip der Erschließung neuer Sinnhorizonte durch die Wirkungsgeschichte. Auch Wreges These von der »strukturanalogen Resonanz« kommt im Blick auf Calvins Genesis-Kommentar durchaus zum Zug; denn er spricht uns wohl auch darum so an, weil in unserer Gegenwart ein starkes Interesse an der anthropologischen Dimension von Glaube und Theologie besteht.
Die Kritik an Gadamer (und Wrege) stellte ja nicht die Fruchtbarkeit der von ihnen gewählten hermeneutischen Ansätze in Frage, sondern nur den damit implizierten Verzicht auf eine kritische Auseinandersetzung, die sich auch die Freiheit nimmt, schlechte Traditionen zu verwerfen. Das unterstreicht die folgende Überlegung.

b. Die Wirkungsgeschichtliche Auslegung macht auf Fehldeutungen des Textes aufmerksam.

Diese Funktion der wirkungsgeschichtlichen Analyse zeigte sich deutlich im Blick auf Texte des 19./20. Jahrhunderts. Aber auch bei so klaren Fehldeutungen gibt es keinen Anlaß für den heutigen Exegeten bzw. Religionspädagogen, das hohe Roß des besseren Verstehens zu besteigen. Denn die Gefahren des Funktionalisierens und des Moralisierens sind unserer Gegenwart keineswegs fremd – und auch am umgestürzten Karren erkennt man die (hermeneutische) Fahrtrichtung, die möglicherweise auch die eigene ist!

c. Die Wirkungsgeschichtliche Auslegung legt die standortgebundene Subjektivität der Interpretation offen und befreit von der Fixierung auf die »richtige« Auslegung des Textes.

Bei näherer Beschäftigung mit der Wirkungsgeschichte biblischer Texte zeigt sich meistens eine erstaunliche Vielfalt und Weite der Zugänge. Man wird diese Weite auch durch historische Urteile begrenzen müssen – da nämlich, wo das Selbstverständnis des Textes verdeckt oder sogar verfälscht wird, wie in den Beispielen 2 und 3 zu Gen 4 und Beispiel 3 zu Mk 5 deutlich zu erkennen ist. Aber in vielen Fällen zeigt sich doch eine Fülle von Verstehensmöglichkeiten, die sich nicht einfach in die Kategorien »richtig« bzw. »falsch« einordnen lassen.

Daraus sind zwei Schlußfolgerungen zu ziehen:

– Die Unterschiedlichkeit der Auslegungen resultiert meistens aus den spezifischen Lebensverhältnissen und Problemstellungen ihrer Entstehungszeit. Dabei spielen oft auch »außertheologische« Einflüsse eine erhebliche Rolle; dies stellten wir z.B. bei der unreflektierten Übernahme von zeitbedingten Erziehungszielen in der Rezeption des 19. und 20. Jahrhunderts fest. Die Rezeptionssituation erschließt sich nur teilweise aus der Analyse der Texte selbst; es müssen allgemeine zeitgeschichtliche Informationen hinzukommen.

– Mit der Feststellung ihrer Zeitbedingtheit sind die Beispiele aus der Wirkungsgeschichte eines Textes nicht einfach überholt. Die faszinierende Vielfalt von überzeugenden Verstehensmöglichkeiten, die oft in der Wirkungsgeschichte ans Licht kommt, befreit von dem Zwang, die allein richtige Auslegung zu finden, und fördert die Bereitschaft, sich auf eine Interaktion mit älteren und neueren Sichtweisen einzulassen (diese Interaktion über Zeit und Raum hinweg ist ein besonders wichtiges Merkmal der Jüdischen Hermeneutik und wird in Kapitel II.13 weiter entfaltet).

d. Die wirkungsgeschichtliche Auslegung fördert die Reflexion des eigenen hermeneutischen Standorts.

Wer wirkungsgeschichtliche Studien nicht nur im Blick auf die jeweiligen Rezeptionsergebnisse betreibt, sondern auch die Rezeptionsvorgänge beobachtet, bemerkt die unterschiedlichen Faktoren, die die Interpretation eines Textes beeinflussen können. Das regt dazu an, den eigenen hermeneutischen Standort zu bestimmen: Welche »Gebrauchsgeschichte« (Stock, 1974, S. 40) hat der Text bereits hinter sich? Welche Erfahrungen habe ich mit diesem Text bereits gemacht? Welche Interessen verfolge ich bei der Interpretation?

e. Die Wirkungsgeschichtliche Auslegung lädt zur Überprüfung
der eigenen Interpretation ein.

Die Konfrontation mit der Vielfalt der Auslegungsmöglichkeiten macht den eigenen Auslegungsvorgang beweglicher. Die Wirkungsgeschichtliche Untersuchung »ist in der Lage, auf bis jetzt verborgene und unausgeschöpfte Impulse in den Texten hinzuweisen. Insofern ist sie auch zur sinnvollen Gestaltung von Gegenwart und Zukunft heranzuziehen« (Wrege, 1981, S. 30).

5.2 Kritische Anfragen

a. Die Wirkungsgeschichtliche Auslegung kann eine unkritische Rezeption
der Überlieferung bewirken.

Vor allem im Zusammenhang der wirkungsgeschichtlichen Prinzipien Gadamers zeigte sich die Gefahr, das »Sinnpotential« eines Textes als ein für alle Mal vorgegebene Größe, die sich in immer neuen Stufen entfaltet, unbefragt hinzunehmen. Dies kann nicht nur die kritische Sicht auf einen einzelnen Text verstellen, sondern auch ganz allgemein ein autoritatives Schriftverständnis fördern. Diese Gefahr ist jedoch zu vermeiden, wenn:
– die Wirkungsgeschichtliche Analyse keine problematischen Rezeptionssituationen ausklammert, z.B. die Benutzung biblischer Texte in einer moralisierenden oder psychologisierenden Religionspädagogik oder auch den Mißbrauch in der Ideologie der »Deutschen Christen«;
– die Wirkungsgeschichtliche Analyse bewußt die vielfältigen Einflußfaktoren bei der Entstehung einer Auslegung beachtet; dann zeigt sich nämlich, daß sich keineswegs immer ein Sinnpotential entfaltet, sondern daß u.U. Interessen und Zielsetzungen im Spiel sind, die mit dem Selbstverständnis des Textes nichts zu tun haben.

b. Die Wirkungsgeschichtliche Hermeneutik erfordert aufwendige Verfahren.

Dieser Einwand ist sicher berechtigt, vor allem in bezug auf die notwendige Rekonstruktion sehr unterschiedlicher Rezeptionssituationen. Der Arbeitsaufwand bleibt aber begrenzt, wenn sich die Analyse, wie vorgeschlagen, auf den zeitlichen und sachlichen »Nahbereich« der religionspädagogischen Rezeption im Umkreis der eigenen Gegenwart konzentriert.

Literatur

Blumhardt, Christoph, Vier Predigtbände, ausgewählt und herausgegeben von Robert Lejeune. Zürich-Erlenbach/Leipzig. 1925-1937.

Blumhardt, Christoph, Ansprachen, Predigten, Reden, Briefe. Neue Texte aus dem Nachlaß, herausgegeben von Johannes Harder. Band 1-3. Neukirchen: Neukirchener Verlag. 1978.

Calvin, Johannes, Genesis. Auslegung der Heiligen Schrift Band 1. Übersetzt und bearbeitet von W. Goeters und M. Simon. Neukirchen: Neukirchener Verlag. 1956.

Calvin, Johannes, Auslegung der Heiligen Schrift. Neukirchen: Neukirchener Verlag. 1932 ff.

Ebeling, Gerhard, Kirchengeschichte als Auslegung der Heiligen Schrift (Sammlung gemeinverständlicher Vorträge 189). Tübingen: J.C.B. Mohr.1947.

Ebeling, Gerhard. Die Geschichtlichkeit der Kirche und ihrer Verkündigung als theologisches Problem (Sammlung gemeinverständlicher Vorträge 207/208). Tübingen: J.C.B. Mohr. 1954.

Emlein, Rudolf, Die Biblische Geschichte (AT und NT) für alle Stufen (Der neue Religionsunterricht II). Langensalza: Verlag von Julius Beltz. 4. Aufl. 1929.

Eykman, Karel/Bouman, Bert, Die Bibel erzählt. Freiburg/Gütersloh: Verlag Herder/Gütersloher Verlagshaus Gerd Mohn. 1978.

Hübner, Johannes, Hübners Biblische Historien zum Gebrauche für die Jugend und in Volksschulen. Umgearbeitet und herausgegeben von Friedrich Christian Adler. Erster Theil: Die Historien des Alten Testaments. Zweiter Theil: Die Historien des Neuen Testaments. Leipzig: J.C. Hinrichs'sche Buchhandlung. Sechste verbesserte und vermehrte Auflage. 1821.

Jäckh, Eugen, Christoph Blumhardt. Ein Zeuge des Reiches Gottes. Stuttgart: Evangelischer Missionsverlag. 1950.

Kähler, Martin, Kommt und sehet. Der Prophet in Galiläa nach Markus. Stuttgart: Verlag D. Gundert. 1912 (Nachdruck: Bad Salzuflen: MBK-Verlag. 1948).

Lerch, David, Isaaks Opferung, christlich gedeutet. Eine auslegungsgeschichtliche Untersuchung (Beiträge zur historischen Theologie 12). Tübingen: J.C.B. Mohr. 1950.

Luther, Martin, Luthers Evangelien-Auslegung. Hg.von Erwin Mühlhaupt. Band 1-4. Göttingen: Vandenhoeck & Ruprecht. 1950 ff.

Luther, Martin, Luthers Psalmen-Auslegung. Hg. von Erwin Mühlhaupt. Band 1-3. Göttingen: Vandenhoeck & Ruprecht. 1959 ff.

Reents, Christine, Die Bibel als Schul- und Hausbuch für Kinder. Werkanalyse und Wirkungsgeschichte einer frühen Schul- und Kinderbibel im evangelischen Raum. Johann Hübner, Zweymal zwey und fünfzig Auserlesene Biblische Historien, der Jugend zum Besten abgefasset... Göttingen: Vandenhoeck & Ruprecht. 1984.

Sölle, Dorothee, Phantasie und Gehorsam. Überlegungen zu einer künftigen christlichen Ethik. Stuttgart: Kreuz-Verlag. 1968.

Vries, Anne de, Großes Erzählbuch der biblischen Geschichte. Band 1: Altes Testament. Band 2: Neues Testament. Konstanz: Friedrich Bahn Verlag. 1960.

Zurhellen-Pfleiderer, Else und Otto, Wie erzählen wir Kindern die biblische Geschichte? Eltern und Lehrern zur Hilfe. Tübingen: J.C.B. Mohr. 1906.

Kapitel 12
Auslegung durch Verfremdung

1 Optionen

1.1 Die Bibelmüdigkeit ernst nehmen und Ursachen erkennen

Beim Propheten Jeremia heißt es einmal:

> »Ist nicht mein Wort wie Feuer,
> spricht Jahwe,
> und wie ein Hammer, der Felsen zerschmeißt?«
> (Jer 23,29)

Von dieser Dynamik des Wortes ist offenbar nicht viel übriggeblieben. Kaum jemand regt sich heutzutage noch über eine biblische Rede auf; und für die meisten Zeitgenossen ist die Bibel ganz offensichtlich längst nicht mehr das »Hausbuch«, in dem sie Rat, Trost und Lebensorientierung suchen. Diese Rolle hat die christliche Überlieferung an andere Orientierungsangebote abgeben müssen.
Es ist wenig sinnvoll, diesen Relevanzverlust der Bibel zu verdrängen oder ihm mit kirchenamtlichen Forderungen nach einer Erneuerung der Orientierung an Gottes Wort zu begegnen. Wichtig ist zunächst einmal, nach möglichen Ursachen zu fragen und dann nach überzeugenden Neuansätzen zu suchen. (Eine ausführliche Analyse und Darstellung bei Berg, 1986.)
Es bieten sich vor allem zwei Erklärungsmodelle an:

a. Ständige Gewöhnung läßt die Überlieferung vergreisen

In einer Analyse christlicher Sprache in der Gegenwart bemerkt Paul Konrad Kurz einmal, daß der christliche Glaube zwar das neue Leben verkünde; »aber das neue Leben wird nicht glaubhaft, weil es sprachlich und stilistisch als Greis daherkommt« (Kurz, 1984, S. 265). Das hängt vor allem damit zusammen, daß immer die gleichen Texte am heutigen Leser/Hörer vorüberziehen: Gewöhnung erzeugt Langeweile – Langeweile sorgt für Überdruß: »Schon wieder das gleiche« – das ist eine häufige Reaktion, auch wenn wir es nicht wagen, dies einzugestehen, meistens wohl nicht einmal uns selbst. Im Grunde weiß man ja immer schon, was ein Bibeltext »uns sagen will«, bevor er überhaupt gehört ist: »Verlorener Sohn« (Lk 15, 11-32): Gott liebt uns, auch wenn wir ihm davonlaufen – »Barmherziger Samariter (Lk 10,25-37): Aufruf zur Nächstenliebe – »Psalm 23«: Gottvertrauen in der Not … Die Texte des Alten und Neuen Testaments sind uns zu nahe gekommen; »overfamiliar« nennt man im Englischen ein Verhältnis, in dem übergroße Vertrautheit eine wirkliche Begegnung nicht mehr aufkommen läßt. Kein Wunder, daß wir kaum noch in der Lage sind, Bibeltexte als »Evangelium« zu hören: Evangelium heißt ja: Nachricht, Neuigkeit.

Der fatale Gewöhnungseffekt verstärkt sich noch dadurch, daß in aller Regel Texte der Überlieferung in festgeschriebenen Verwendungssituationen begegnen: als Perikope im Gottesdienst, als vorgegebener Schriftabschnitt in der täglichen Lesung, als Stoff im Religionsunterricht. Damit sind viele Texte von vornherein in gewohnte, vorhersehbare Wahrnehmungsmuster eingepaßt. Ruhigstellung der Texte und der Leser sind die Folgen.

b. Verschütten des revolutionären Gehalts läßt die Botschaft verkümmern

Die zweite Gefahr ist, daß ein alltagsloses und damit folgenloses Wiederholen der Überlieferung ihr Feuer erstickt. Schon vor 50 Jahren haben die beiden großen jüdischen Gelehrten Martin Buber und Franz Rosenzweig in ihren theoretischen und praktischen Arbeiten zur neuen Verdeutschung der hebräischen Bibel ein wichtiges Ziel darin gesehen, »die Bibel dem Sprachbesitz des deutschen Bürgertums wieder zu entreißen, um sie als Stimme und Botschaft von draußen wieder hörbar zu machen« (So Stock, 1974, S. 124, zu Buber/Rosenzweig). »Bürgerlich« meint in diesem Zusammenhang einen Umgang mit der Bibel, der sie in gewohnte Denkschemata einordnet, sie abgegrenzten religiösen Bereichen zuweist und damit neutralisiert. Ein charakteristisches Beispiel einer solchen bürgerlichen Verkürzung ist der bekannte Satz Bismarcks, mit der Bergpredigt könne man keine Politik machen, weil sie für das praktische Leben zu radikal sei – eine Parole, die bis heute die Konservativen aller Lager im Mund führen. – Es wundert nicht, wenn eine so domestizierte Überlieferung von den meisten Zeitgenossen als irrelevant angesehen wird.

Eine wichtige Methode, die Bibel aus falscher behaglicher Vertrautheit zu rücken und sie als »Stimme und Botschaft von draußen« wieder zu Gehör zu bringen, ist die Verfremdung.

1.2 Den »fremden Blick« gewinnen

Alle, die sich mit der Verfremdung von Texten beschäftigen, beziehen sich ausgesprochen oder unausgesprochen auf Bertolt Brecht, den Erfinder des »V-Effekts«.

Brecht entwickelte seine Theorie im Blick auf die Erneuerung des Theaters und setzte sich zum Ziel, »daß das Ding…, auf welches das Augenmerk gerichtet werden soll, aus einem gewöhnlichen, bekannten… Ding zu einem besonderen, auffälligen, unerwarteten Ding gemacht wird. Das Selbstverständliche wird in gewisser Weise unverständlich gemacht, das geschieht aber nur, um es dann um so verständlicher zu machen« (Brecht, [1967]). Der »fremde Blick«, mit dem Galilei das längst vertraute Bild eines ins Pendeln gekommenen Kronleuchters betrachtete und ihn damit neu sehen lernte, ermöglicht nach Brecht auch heute erst einen produktiv-fragenden Zugang zum jeweiligen Gegenstand.

Folgerichtig versuchen Verfremdungen von Bibeltexten, die eingespielten Wahrnehmungsmuster zwischen Leser und Text zu stören: Staunen, sogar Ärger sind oft die erste Reaktion auf solche Arbeiten. Genau das ist die Absicht einer Verfremdung: Sie will Gewohnheiten aufbrechen, Staunen und Neugier wecken und zur weiteren Auseinandersetzung anregen.

1.3 Sich der Provokation stellen

Nicht selten werden Verfremdungen als starke Provokationen empfunden, als Angriffe auf den eigenen Glauben oder die Autorität der Heiligen Schrift. Daß solche Provokationen durchaus sinnvoll sind und auch dem Duktus der biblischen Überlieferung selbst entsprechen, zeigen die folgenden Hinweise.

a. Die Bibel selbst verfremdet

Das allerwichtigste Vorbild für die Verfremdung von Bibeltexten ist die Bibel selbst. Die bisher vorgestellten hermeneutischen Modelle und methodischen Ansätze in den Kapiteln II.1-II.11 haben ja deutlich hervortreten lassen, daß die biblische Überlieferung nicht als monolithischer Block zeitlos gültiger Wahrheiten zu verstehen ist, sondern als ein höchst vielschichtiges, lebendiges Geflecht von Zeugnissen, Gebeten, Liedern, Geschichten und Bekenntnissen. So hat Israel immer wieder seine Geschichte neu geschrieben, sich mit Fragen und Problemen seiner Gegenwart auseinandergesetzt, indem es die Vergangenheit neu vermaß. Vor allem die Propheten beanspruchten eine radikale Freiheit im Umgang mit der Überlieferung im Sinne einer Aktualisierung für die Probleme ihrer Gegenwart. Der Grund dafür ist nicht Willkür oder so etwas wie »dichterische Freiheit« – ein solches Kriterium kennt der antike Mensch überhaupt nicht, weil nicht die Individualität, sondern die Einbindung in Tradition und Gemeinschaft bestimmend sind. Ihr Interesse hing mit einer spezifischen Entwicklung von Glauben und Gesellschaft zusammen: In der Zeit der vorexilischen Gerichtspropheten war es dazu gekommen, daß Israel die guten Worte der Liebe Jahwes zu seinem Volk zu Leerformeln verdorben hatte, hinter denen sich ein schal gewordener Glaube verstecken konnte. Eines der interessantesten Beispiele finden wir beim Propheten Hosea; er nennt seinen Sohn »Nicht-mein-Volk« – (Hos 1,9 – vgl. auch Kapitel II.6, S. 209 und II.10; S. 307) eine wandelnde Negation der alten Bundeszusage Gottes: »Ihr seid mein Volk« (Ex 19,6 u.ö.). Damit demonstriert er die Tatsache, daß Israel in seinem faktischen Verhalten schon längst nicht mehr Jahwes Volk, sondern ihm zutiefst entfremdet ist. Auf diese Situation der Entfremdung muß der Prophet mit der radikalen Verfremdung der Überlieferung antworten; die *Verfremdung* entlarvt die *Entfremdung*. Nur wer den Schmerz der Destruktion aushält, lernt wieder hören.

Ein solcher befreiend-provozierender Umgang mit dem Überkommenen findet sich überall im Alten und Neuen Testament; diese Bewegung läßt sich nicht auf den Prozeß der innerbiblischen Überlieferung eingrenzen, sondern »drängt über die Zeit hinaus, in der sie abgefaßt und niedergeschrieben wurde. Sie will nicht nur festgestellt, sondern auch weiterbewegt werden in den Horizont unserer Zeit« (Fischer, 1980, S. 141).

Verfremdungen versuchen diese Weiterbewegung nicht in der Form der argumentativen Reflexion, sondern in der produktiven Fortschreibung der Texte selbst – ein Verfahren, das bereits in der biblischen Tradition selbst Tradition hat, wie das Beispiel aus der prophetischen Rezeption der Überlieferung belegte.

b. Provokation ist produktiv

Wie sich zeigte, gehört die provozierende Verfremdung von Überlieferung bereits zum Repertoire der biblischen Schriftsteller selbst. Sie machten die gleiche Erfahrung wie heute Schriftsteller und Künstler: Provokation wird in aller Regel als destruktiv empfunden – schnell ist dann der Vorwurf der Gotteslästerung zur Hand. Dabei bedeutet pro-vozieren nichts anderes als hervor-rufen – nämlich den Adressaten aus lähmenden Sichtweisen und erstarrten Gewohnheiten. Je härter die Krusten, umso stärker muß dann auch der Hammer sein, um sie aufzuschlagen.

Es sind vor allem drei Motive, die heute einen Autor oder Künstler zu einer provokativen Neufassung biblischer Überlieferung anregen:

– Es kann sich um die Selbstbefreiung von einem in Erziehung und Kirche vermittelten Gottesbild handeln, das als zerstörerisch-unterdrückend erfahren wird; bekannte Beispiele: Das Buch »Gottesvergiftung« des Psychoanalytikers Tilmann Moser (Moser, 1976) oder die »Christusübermalungen« von Arnulf Rainer.

– Der Autor bzw. Künstler kann sich das Ziel stellen, den Mißbrauch christlicher Inhalte für wirtschaftliche oder ideologische Zwecke anzuprangern; dies Ziel ist bei vielen Karikaturisten zu erkennen, z.B. bei George Grosz oder Klaus Staeck.

– Es kann das leidenschaftliche Interesse wirksam sein, die Sache des Evangeliums aus Verhärtungen herauszuschlagen, indem man sie »entstellt bis zur Kenntlichkeit« (K. Staeck). Dies Interesse liegt wohl den meisten Verfremdungen aus dem

Verständnis eines kritischen Christentums heraus zugrunde (vgl. vor allem die zahlreichen Beispiele in der Reihe: Berg/Berg, Biblische Texte verfremdet, Band 1-12).
Jedenfalls wäre es gut, wenn sich Adressaten von Verfremdungen immer wieder vor Augen halten, daß »im Modus des Zweifels, der Absage, der Verneinung die biblischen Akten offengehalten oder neu geöffnet werden, die endgültig geschlossen schienen« (Eggers, 1980, S. 18).

2 Methoden

Beinahe unerschöpflich ist die Vielfalt der Methoden, die bei Verfremdungen biblischer Texte zur Anwendung kommen. Im Rahmen dieses Abschnitts können nur stichwortartige Hinweise notiert werden. Die folgenden Erläuterungen beziehen sich in erster Linie auf das Verständnis *vorliegender* Verfremdungen; die Methoden zur Erstellung *eigener Verfremdungen* greifen natürlich auf das gleiche Repertoire zurück, wählen aber meist einen etwas anderen Weg (ausführlich zum Verständnis und zur Produktion von Verfremdungen: Berg, 1986, S. 49-132). Bevor einzelne Verfahren vorgestellt werden, ist das Grundmuster der zum Verstehen eines verfremdenden Textes oder Bildes notwendigen Arbeitsschritte zu klären.

2.1 Drei Schritte zum Verstehen

a. Die Botschaft des Bibeltextes

Die Analyse setzt nicht bei der fertigen Verfremdung ein; diese gewinnt ja ihr eigenes Profil erst durch die Spannung zum Bibeltext, mit dem sie kritisch umgeht. Darum ist in einem *1. Schritt* nach Aussagen und Intentionen des biblischen Überlieferungsstücks in seiner Ursprungssituation zu fragen. Dabei sind seine sprachlichen Mittel und seine innertextliche Geschichte besonders aufmerksam zu untersuchen.

b. Die heutige Rezeptionssituation

In einem *2. Schritt* muß klar werden, wie der biblische Text heute wahrgenommen wird: Welche Gewohnheiten und Denkmuster dominieren? Welche Barrieren und Mißverständnisse haben sich zwischen den Text und die heutigen Leser geschoben? Können wir die Botschaft noch aufnehmen?

c. Die Stoßrichtung der Verfremdung

In einem *3. Schritt* ist nun zu klären, wie eine Verfremdung auf diese Situation eingeht: Welche Absichten des Autors oder Künstlers sind erkennbar? Welche Mittel setzt er ein? Wie dosiert er die Provokation?

2.2 Techniken des Verfremdens

Vor der Darstellung einiger Techniken ist noch die Frage zu klären: Wie kommt eigentlich eine Verfremdung zustande? Dabei lassen sich grundsätzlich zwei Wege unterscheiden: *Entweder* produziert ein Autor oder ein Künstler einen Text bzw. ein Bild als geplante Umgestaltung einer bestimmten Bibelstelle oder eines größeren Überlieferungszusammenhangs (diesen Weg könnte man als *geplante Verfremdung* bezeichnen). Oder ich entdecke einen Text oder ein Bild, die zwar nicht als Verfremdungen einer bestimmten Stelle produziert wurden, sie aber in der Gegenüberstellung erweitern, vertiefen, ihr widersprechen usw. *(ungeplante Verfremdung).*
Die folgenden Hinweise gehen von der explizit geplanten Produktion einer Verfremdung aus.
Verfremdungstechniken lassen sich in drei Arten aufteilen:
— Einmal kann man *am Bibeltext selbst* etwas verändern, um den »fremden Blick« zu bewirken und die Relevanz für die Gegenwart neu aufscheinen zu lassen.
— Zweitens kann man versuchen, die *Umgebung des Textes* zu verändern und ihn so aus dem vertrauten Zusammenhang zu lösen, in dem er traditionellerweise wahrgenommen wird. Eine Rahmung, eine Kombination mit anderen Materialien kann den Text oft schon in ganz neuer Perspektive erscheinen lassen.
— Schließlich kann man die *Situation abwandeln,* in der der Text regelmäßig rezipiert wird. Hier wird meistens am biblischen Text selbst nichts verändert; aber indem er in einer ganz neuen Situation dargestellt wird, ergibt sich fast von selbst das Staunen, die neue Sicht.
Ich gehe nacheinander auf diese drei Wege ein:

a. Veränderungen am Bibeltext

Hier bieten sich sechs Variationsmöglichkeiten an:
— *Veränderungen im Blick auf den Umfang:* Die Vorlage kann verkürzt werden; das führt oft zu einer äußersten Verknappung, die Aufmerksamkeit und Phantasie anregt. Auch Erweiterungen sind eine bekannte Methode; sie werden vor allem bei erzählerischen oder auch bei meditativen Entfaltungen kurzer Vorlagen verwendet und regen zur Identifikation an.
— *Veränderung im Blick auf die sprachliche Form:* Hier kommt es zu mannigfachen Variationen. Als Grundregel wird man festhalten können, daß die Paraphrase nicht ohne Grund die Sprachform der Vorlage verändern sollte. Auf jeden Fall

ist die Umwandlung biblischer Texte in die Einheitsform der »Aussage«, wie es in der Predigt und im Religionsunterricht leider vielfach üblich ist, sehr problematisch, weil sie die sprachliche Dynamik einer Erzählung, eines Liedes oder Bekenntnisses einebnet.

– *Veränderung im Blick auf die Raum- und/oder Zeitperspektive:* Sie kommt überall da zum Zug, wo der biblische Inhalt in einen anderen Lebenszusammenhang transformiert wird. Das zeigt sich besonders deutlich bei Verfremdungen aus der Dritten Welt (vgl. Kapitel II.9 und die dort notierte Literatur!). Natürlich geht es hier nicht nur um die Verlegung des Schauplatzes – das wäre ja nichts weiter als ein oberflächlicher Austausch der Kulissen! Letztlich benutzt jede gute Verfremdung diesen Perspektivenwechsel; er will bewirken, daß der heutige Leser/Hörer die Aktualität der Überlieferung neu entdeckt.

– *Veränderung im Blick auf die Akteure:* Diese Methode kommt häufig bei der Verfremdung narrativer Texte zur Anwendung: Eine zusätzliche Person als Erzähler, als Widerpart, als Erklärer setzen die dargestellten Ereignisse in ein faszinierend neues Licht. Ein wichtiger Vorzug dieser Methode ist, daß sie den Leser/Hörer zur Identifikation mit dem Geschehen einlädt.

– *Veränderung im Blick auf die Intention:* Umkehrung der ursprünglichen Stoßrichtung gehört zu den wichtigsten Methoden, um erstarrte Wahrnehmungsmuster aufzubrechen; wer beispielsweise als »Seligpreisung« liest: »Selig sind die Reichen, denn Geld regiert die Welt« – wird stutzen, sich ärgern und sich (hoffentlich) zu einer neuen Auseinandersetzung mit dem schal gewordenen Bibeltext provozieren lassen. Dabei sieht er sich mit der Frage konfrontiert, welche Maßstäbe faktisch in unserer Welt herrschen, und kann in seiner Situation die Seligpreisung als Bußruf wahrnehmen. Diese Sichtweise wird vor allem auch im Zusammenhang der Relectura notwendig (Vgl Kapitel II.9, S. 280 ff).

b. Veränderungen im Umfeld des Bibeltextes

Im wesentlichen bieten sich zwei Methoden an:
– *Die Rahmung:* Die einleitende Rahmung erzählt oft eine gedachte Situation, in der der Bibeltext einmal als Orientierungsangebot gehört worden sein könnte; es geht also um die Erfindung einer Ursprungssituation. Diese Methode wurde im Kapitel zur Ursprungsgeschichtlichen Auslegung (Kapitel II.6) entfaltet. – Eine andere Form der Rahmung ist die Weitererzählung: Am Beispiel von Gen 4: Wie lebte Kain im Lande Nod? Gab es eine Entwicklung, einen Lernprozeß, eine Umkehr? – Aber auch eine Fortschreibung in die Geschichte bis in die Gegenwart unserer Zeit wäre denkbar. Man könnte beispielsweise eine Geschichte der Entwicklung der Waffentechnik als eine Fortsetzungs-Geschichte von Gen 4 schreiben: Die technische Entwicklung wird immer wieder durch die Erfindung neuer Waffen vorangetrieben – die Bereitschaft zu tötender Aggression stimuliert den Fortschritt! (Vgl. den Text von Chr. Wolf, S. 241.)

– Die zweite Form der Veränderung im Umfeld des Bibeltextes ist die *Kombination mit anderen Bibeltexten:* Diese Methode läßt sich im innerbiblischen Bereich vor allem in den Psalmen beobachten, die Ereignisse aus ganz verschiedenen Situationen der Geschichte Israels verknüpfen. Ebenso wird teilweise in den bereits besprochenen neutestamentlichen Zitaten der Kain-Abel-Geschichte verfahren. Dadurch bekommt der Ursprungstext u.U. eine ganz neue Deutungsrichtung. Nach der gleichen Technik lassen sich heute Text-Kombinationen entwickeln.

c. Veränderungen in bezug auf die heutige Situation

Auch die Veränderung der Rezeptionssituation kann den Blickwinkel, unter dem ein Text wahrgenommen wird, grundlegend verändern und ist damit im weitesten Sinn zu den Verfremdungstechniken zu zählen. Das deutlichste Beispiel zeigt sich im Bibelgebrauch in den Gemeinden der Dritten Welt, der bereits ausführlich dargestellt wurde (Kapitel II.9). Wenn der Arme zum Subjekt der biblischen Überlieferung wird, verändert sich nicht nur die Perspektive, sondern es kommt auch zur Produktion neuer Texte. Die Grundform der situativen Verfremdung ist die Einbeziehung biblischer Texte in Text-Bild-Arrangements beispielsweise in Religionsbüchern, die die Rezeptionssituation zur Sprache bringen. Aus der südamerikanischen Relectura sind vor allem »Vamos Caminando« und der brasilianische Bibelkurs von Carlos Mesters bekannt geworden. – In der Bundesrepublik ist dieser Typ vor allem in thematischen Gottesdiensten vertreten (z.B. Politisches Nachtgebet; vgl. Sölle/Steffensky, 1969), in denen der jeweilige Kontext eine neue Sicht provoziert.

2.3 Die visuelle Verfremdung

a. Bildende Kunst

Kunst, die sich mit christlichen Inhalten beschäftigt, ist mehr als bloße Illustration; denn diese setzt sich lediglich die Aufgabe, einen vorher festgestellten Inhalt deutlicher ins Bild zu setzen, zu veranschaulichen. Damit vermittelt sie nichts Neues über die Sache. Authentische Kunst dagegen geht in eigenständiger Perspektive und autonomer Formsprache auf ihren Gegenstand zu und gewinnt damit den »fremden Blick«. Dadurch kann die künstlerische Auseinandersetzung mit religiösen Themen noch unentdeckte oder verschüttete Ansichten des Gegenstands ans Licht bringen.

b. Die Karikatur

Die Karikatur ist eine der stärksten Waffen gegen festgefahrene Seh-Gewohnheiten und erstarrte Denk-Schablonen (ausführlich dazu: Berg/Berg, 1981, S. 57-127). Das hängt mit ihren charakteristischen Merkmalen zusammen:

- Die Verzerrung der dargestellten Personen und Gegenstände stört die Sehgewohnheiten und weckt Aufmerksamkeit;
- das in der Regel knappe Repertoire an Bildzeichen konzentriert die Aufmerksamkeit auf den springenden Punkt;
- die Stilmittel der Übertreibung und des Kontrasts unterstützen die scharfe Charakterisierung der dargestellten Situation und regen zur Auseinandersetzung an.

Im Gegensatz zum gezeichneten Witz, der nichts als unterhalten will, ist es das Interesse der Karikatur, auf problematische Verhältnisse aufmerksam zu machen und sie ins Licht der Kritik zu stellen.

c. Die visuelle Montage

Auch diese Methode kann recht wirkungsvoll die Stoßrichtung eines Textes so zur Geltung bringen, daß seine Bedeutung für die Gegenwart einleuchtet, z.B. wenn den Schöpfungstexten aus Gen 1 und Gen 2 Bilder der Umweltzerstörung konterkarierend in die Quere kommen; oder wenn Realfotos aus unserer Welt belegen, daß die sozialen Anklagen der alttestamentlichen Propheten aktuell sind, als wären sie heute gesprochen usw.

Die Technik der visuellen Verfremdung ist von einigen Graphikern zu einer eigenen Kunstform entwickelt worden; hier ist vor allem der große Begründer der Fotomontage John Heartfield zu nennen, aber auch Klaus Staeck, der heute in der Tradition Heartfields arbeitet. Bei beiden Künstlern finden sich zahlreichen Motive zu religiösen Themen, die als produktive Interpretationen biblischer Überlieferung gelten können (Heartfield, 1971; Staeck, 1976).

3 Das Beispiel: Gen 4,1-16

Vorbemerkung: Außer den hier vorgestellten Texten bzw. Bildern bietet Kapitel II.5 zwei weitere Verfremdungs-Texte zu Gen 4 an; diese sowie die Texte 3.1. und 3.2. dieses Kapitels sind abgedruckt in: Berg/Berg, 1986, S. 16 ff.

3.1 Josef Reding, der abel song

Der Text (s. in diesem Buch, S. 290) greift die biblische Vorlage nur als Assoziation auf: die Stichworte »abel« und »erschlagen« reichen aus, um die ganze Erzählung zu vergegenwärtigen; das hängt damit zusammen, daß die biblische Geschichte von Kain und Abel weit über die Grenzen des Christentum hinaus zum Symbol tödlicher Aggression geworden ist. Redings Text besteht aus 9 zweizeiligen Strophen. Die Grundform bilden knappe ein- oder zweizeilige Verbotssätze, die apodiktisch, ohne Begründung oder Erklärung formuliert sind. Eigentlich handelt es sich formal und inhaltlich um Entfaltungen des 5. Gebots, die am Bibeltext Gen 4 festgemacht sind. Diese Entfaltungen erweitern nicht nur die biblische Weisung in unsere komplexen Lebensverhältnisse hinein, sondern radikalisieren sie auch: Es geht nicht nur um das Töten, sondern um Lebenszerstörung durch mangelnde Hilfe, durch egoistisches Wahrnehmen des eigenen Vorteils, durch Diskriminierung. Damit steht das Gedicht im Zusammenhang der »Antithesen« der Bergpredigt, die in ähnlicher Weise überlieferte Gebote radikalsieren.

Diese Zuspitzung bewirkt, daß kein Leser sich auf eine Zuschauerrolle im Brudermord-Drama zurückziehen darf, sondern seine eigene Beteiligung erkennen und Bereitschaft zur Umkehr entwickeln muß.

3.2 Hilde Domin, Abel steh auf

Abel steh auf
Es muß neu gespielt werden
Täglich muß es neu gespielt werden
täglich muß die Antwort noch vor uns sein
die Antwort muß ja sein können
Wenn du nicht aufstehst Abel
wie soll die Antwort
diese einzig wichtige Antwort
sich je verändern
wir können alle Kirchen schließen
und alle Gesetzbücher abschaffen
in allen Sprachen der Erde
wenn du nur aufstehst
und es rückgängig machst
die erste falsche Antwort
auf die einzige Frage
auf die es ankommt
steh auf
damit Kain sagt
damit er es sagen kann
Ich bin dein Hüter
Bruder
wie sollte ich nicht dein Hüter sein
Täglich steh auf
damit wir es vor uns haben
dies Ja ich bin hier
ich
dein Bruder

Damit die Kinder Abels
sich nicht mehr fürchten
weil Kain nicht Kain wird
Ich schreibe dies
ich ein Kind Abels
und fürchte mich täglich
vor der Antwort

die Luft in meiner Lunge wird weniger
wie ich auf die Antwort warte

Abel steh auf
damit es anders anfängt
zwischen uns allen

Die Feuer brennen
das Feuer das brennt auf der Erde
soll das Feuer von Abel sein

und am Schwanz der Raketen
sollen die Feuer von Abel sein.

Auch dieser Text greift die alttestamentliche Erzählung nur als Motiv auf, um gegenwärtige Erfahrungen zu deuten und tödliche Verhaltensweisen zu verändern. Damit verfolgt er eine ähnliche Intention wie das Gedicht von Reding.

In der Sicht von Hilde Domin ist der biblische Brudermord Grundsymbol für eine zwanghaft wirksame, sich immer wieder unaufhaltsam fortzeugende Tötungsaggressivität, die bis heute das Leben zerstört. Der beschwörende Dialog »Abel steh auf« bringt den verzweifelten Versuch zur Sprache, diesen Teufelskreis zu durchbrechen, »damit es anders anfängt zwischen uns allen.«

3.3 Alfred T. Mörstedt, Kain und Abel als Harlekine

Das Bild ist sehr klar aufgebaut. Es besteht aus drei Gruppen von Bildzeichen, die streng aufeinander bezogen sind: Die beiden Harlekins, dazwischen das Kreuz; dazu kommt im Hintergrund das angedeutete Zirkuszelt. Die beiden Gestalten und das Kreuz bauen sich aus kleinteiligen Flächen und nervös neben- und übereinander aufgetragenen Strichen auf. Die rechte Figur dominiert: Übergroß füllt sie den Vordergrund aus; die Pose signalisiert Offenheit, wohl auch Erfolg (so sieht ein Künstler aus, der Beifall entgegennimmt!). Die linke Figur steht im Hintergrund, ihre Gestik drückt verkrampfte Verschlossenheit aus (ist die klassische Pose des Imperators Napoleon beabsichtigt?). Die rechte Gestalt steht offensichtlich für Abel, eine weltliche Version des Mannes, dessen »Opfer Jahwe ansieht«. Er ist offenbar »angesehen«, beliebt, findet Aufmerksamkeit und Erfolg. »Kain« steht abseits, ein Erfolgloser, Ungeliebter. Der tödliche Konflikt ist angelegt. Die Maskenhaftigkeit der Gesichter ist wohl nicht nur Teil der »Berufskleidung« des Harlekins; sie könnte auch signalisieren, daß es nicht um einen Konflikt zwischen zwei bestimmten Personen geht, sondern jeder könnte sich hinter den Masken verbergen.

Zwischen Kain und Abel steht das Kreuz. Es wirft Fragen auf: Ist es ein Trennungszeichen, das die Lebensbereiche zerschneidet? Oder symbolisiert das im Nahbereich Abels stehende Zeichen, daß »Gott mit ihm ist«? Oder steht es für das erlittene Unrecht, das mit Kain und Abel in die Welt kommt? Oder weist es auf die neue Lebensqualität der Liebe hin, die mit Christus erscheint und die Chance eröffnen könnte, mit dem Konflikt weiterzuleben?

Das Bild läßt die Fragen offen und regt einen Reflexionsprozeß an.

3.4 Jürgen Rennert, Freispruch: Lebenslänglich.

(Eig.-Ber.) Der nach anfänglichem Leugnen schließlich des Mordes an A. überführte und inzwischen vollauf geständige K. wurde in der kurzen und wenig Aufsehen erregenden Hauptverhandlung aller ihm von G. zur Last gelegten Verbrechen für schuldig befunden. Bei der Urteilsfindung und Strafzumessung ließ sich das Hohe Gericht offensichtlich von der Überzeugung leiten, daß K. in notorischer Weise nicht willens gewesen war, die klaren Ungerechtigkeiten des Schicksals gelassen und selbstbewußt hinzunehmen. Durch die übersteigerte Fixierung auf ein ihm vermeintlich zugefügtes Unrecht verpaßte er die Chance eigener Rechtsetzung und Rechtsbewahrung und verstrickte sich in mörderisches Unrecht. Seine bloß affektive Auflehnung führte, wie so oft, neben der sinnlosen Auslöschung fremden Lebens auch zur Auslöschung der eigenen Identität, zwang ihn zur – subjektiv unbeabsichtigten – Identifikation mit dem unbehobenen Sachverhalt und Gegenstand einstiger Ablehnung.

Das inzwischen rechtskräftig ergangene Urteil lautet auf lebenslänglichen Freispruch unter erschwerten Einkommensbedingungen. Die Kosten des Prozesses gehen zu Lasten der noch zu erwartenden zahlreichen Nachkommen des Angeklagten.

(Aus: Dialog. 1984, S. 30)

Der Text verfremdet die biblische Vorlage formal sehr stark. Er transformiert die Ur-Sage in den Bericht eines Gerichtsreporters. Dadurch wird die Aufmerksamkeit geweckt und auf die Frage nach der Stoßrichtung der alttestamentlichen Überlieferung gelenkt.

Wie in Gen 4 löst die »Ungerechtigkeit des Schicksals« tötende Gewalt aus. Die gewählte Sprache, die die Redeweise von Gerichtsurteilen persifliert, verrät eine selbstgerechte Verurteilung, die die eigene Position nicht in Frage stellt, die Abgründe in der eigenen Psyche selbstgerecht verleugnet. Damit wird gerade die produktive Auseinandersetzung mit dem »Kain in uns« verstellt. – Die Urteilsformulierung (»lebenslänglicher Freispruch unter erschwerten Einkommensbedingungen«) schockiert: darf man so mit der biblischen Überlieferung umgehen? Bei näherer Reflexion wird klar: Nicht der Bibeltext wird scharf angegriffen, sondern eine heute stark dominierende Lebenseinstellung, für die wohl »erschwerte Einkommensverhältnisse« eine härtere Strafe darstellen als ein Leben »fern vom Angesicht Gottes« (Gen 4,16).

3.5 Anhang: Hinweise auf weitere Beispiele

Die Kain-Abel-Thematik wurde von Schriftstellern nicht nur in kleinen literarischen Formen verfremdend aufgegriffen, sondern teilweise auch in umfangreichen Werken bearbeitet (wichtige Hinweise bei Sandberger, 1978). Ich will vier dieser Beispiele stichwortartig benennen:

a. John Steinbeck, Jenseits von Eden

Steinbeck erzählt eine amerikanische Familien-Saga vom Ende des 19. Jahrhunderts bis in die Zeit des 1. Weltkriegs. Die Zwillinge Cal und Aron Trask, aus chaotischen Familienverhältnissen stammend, wachsen in einer Atmosphäre voller Rivalität und Haß heran. Steinbeck geht ausdrücklich von Gen 4 aus; dieser Text ist gleichsam das Urgestein der geschilderten Schicksale, das immer wieder einmal zutage tritt. An Cal und Aron vollzieht sich das Geschick von Kain und Abel aufs Neue – und weitet sich zugleich ins Universale: »Es ist dies doch wohl die bekannteste Geschichte der Welt, denn sie ist jedermanns Geschichte«, sagt einer der Beteiligten (S. 262).

b. Hermann Hesse, Demian

Der junge Sinclair löst sich unter Kämpfen und Schmerzen von der heilen Welt des elterlichen Lebenskreises. Er wird von einem Jungen erpreßt und gequält. Sein Freund Demian befreit ihn von dem Peiniger – und von der Angst. Das grundlegende Symbol, das Demian verwendet, um Sinclair innerlich zu befreien, ist seine

Deutung von Gen 4: Kain ist nicht der Mörder, sondern der Mensch, der sich selbst gefunden und keine Angst mehr hat: Der freie Kain ist Gottes Liebling – Demian bietet ihn Sinclair als Identifikationsfigur an.

c. Wolfgang Hildesheimer, Tynset

Tynset ist kein Roman im herkömmlichen Sinn, sondern eine breit ausholende Erzählung nächtlicher Träume und Gedanken, die auch biblisch/theologische Motive aufgreifen. Der Abschnitt über Kain setzt mit einer Anklage Gottes ein; seine willkürliche Ablehnung des Opfers ist das eigentliche Unrecht – ihm kommt das brandmarkende »Kains«-Zeichen zu. Hildesheimer tritt für Kain ein – gegen eine ihn diffamierende Tradition: »Kain böse und mißgünstig, Abel gut und rechtschaffen –, nein, diese Ordnung nehme ich dem Schöpfer der beiden nicht ab, geschweige denn seinen Chronisten, ich wüßte auch nicht, wer sie abnähme außer den fragefeindlichen Abnehmerverbänden...« (S. 109 f).

d. Robert Wolfgang Schnell, Der gute Kain

Schnell schildert Gen 4 aus der Sicht Kains; er ist der vom Vater zeitlebens Unterdrückte, von seinem Bruder kujonierte. Letztlich wird das bekannte Schema der Schuldzuweisung einfach umgekehrt. Schnell verwendet die bekannten Argumente der Religionskritik, die er Kain in den Mund legt; das macht den Text interessant – wenn auch einseitig.

4 Das Beispiel: Mk 5,1-20

Vorbemerkung: Als Verfremdungen zu der Exorzismus-Geschichte habe ich ein Bild und zwei Texte ausgewählt (neben anderen Beispielen abgedruckt in: Berg/Berg, 1989, S. 56 ff).

4.1 Herbert Falken, Rauschgiftsüchtiger I

Die (großformatige) Zeichnung ist sehr kontrastreich angelegt: Sehr hellen Flächen sind dunkle entgegengesetzt, klaren Linien stark verwischte, eindeutigen Formen mehrdeutige. Dieser formale Bestand entspricht dem Inhalt der Zeichnung: sie zeigt einen Menschen, dessen Wahrnehmung gestört ist, der dabei ist, sein Leben zu zerstören. Er ist von Gegensätzen zerrissen, seine Existenz löst sich auf. Sein Gesicht entstellt ein irres Lachen – ein Zitat aus dem Werk des englischen Malers Francis Bacon, der grausam entlarvende Bilder menschlicher Selbstzerstörung gemalt hat. Der Mensch ist offenbar völlig von seiner Umwelt isoliert – er haust in

379

Herbert Falken , 1975, Nr.10

einem leeren Raum. So ist das Bild von Falken nichts anderes als der Schrei eines gequälten Menschen, der sich aus eigener Kraft nicht mehr retten kann. – Die Verwandtschaft mit Mk 5,1-20 tritt deutlich hervor – wer tritt heute für die »Besessenen« ein?

Der Maler Herbert Falken ist katholischer Priester; er faßt sein bildnerisches Werk als »prophetisch« auf, als Entlarvung des Bestehenden und Impuls zu humanem Interesse.

4.2 Kurt Marti, in gerasa

heulend und nackt in den hügeln gerasas
setzte ein irrwisch aus eiter und wahn
über gräben und bäche und jodelnd
barst seine seele entzwei entdrei

heulend und nackt in den hügeln gerasas
schwang er als brennende fackel
die wunden die er sich selber geschlagen
und sang den toten mit denen er schlief –

doch plötzlich verstummte der lärm
lauter gellt stille als jedes geschrei
erschrocken laufen gerasas bürger zusammen
und hören die hirten atemlos melden:

der nazarener
war da

Die Verfremdung bleibt nahe am Bibeltext und spricht doch den heutigen Hörer unmittelbar an. Ich denke, das hängt mit dem Begriff »Stille« zusammen. Wir kennen die Erfahrung, daß plötzliche Stille erst bewußt macht, wie lärmend hektisch die heutige Lebenswelt sich im Kreis dreht. Diese widerstrebenden Einflüsse reißen die Menschen hin und her und verstören sie. Stille kann erschrecken, weil plötzlich die Frage nach dem Sinn hörbar wird.

4.3 Erich Fried, Der geheilte Gadarener

Der verjagt hat aus mir die Legion meiner Teufel
will mich nicht mitnehmen da die Sauhirten ihn verjagen
(»Tu anderswo deine Wunder
nicht auf Kosten unserer Schweine«)

Der mich genug geliebt hat um mich zu retten
liebt er mich nicht genug um mich bei sich zu haben?
Nie hatte ich genug Liebe
Nur in die leeren Höhlen
der Ungeliebtheit in mir
konnten die Teufel sich setzen
(so wie ich meine Zuflucht hatte in leeren Gräbern)

»Gott ist die Liebe« sagt er
doch wen liebt *er*?
Liebt er nur seine Wunder
und die Herrlichkeit die sein Teil ist?
Liebt er die Menschheit und nicht die einzelnen Menschen?
Liebt er nur den Gedanken an seine Liebe?

Oder gelten die Menschen ihm gleich
und haßt er nur ihre Teufel?
Bin ich ihm gleichgültig wie die ertrunkenen Schweine
und wie die Hirten die von den Schweinen leben?

Ist seine Liebe gar nicht wirklich von hier?
Liebt er nur seinen Vater und seinen Auftrag?

Ich gehe und rufe sein Wunder aus
wie er mir sagte
Ich will ihn lieben
der mich gerettet hat
Aber wie ist diese Liebe
die mich alleinläßt?

Scheinbar unerwiderte Liebe ist das Thema dieser Verfremdung, die aus der Sicht des Geheilten geschrieben ist. In seiner Situation nimmt er sich als Objekt wahr, an dem der Messias seine Macht und Liebe zu allen Menschen demonstriert. Der Text übernimmt damit zunächst einmal die Funktion, ein traditionelles Bild des mit unbegrenzter Liebeskraft versehenen Gottessohnes zu stören und damit einen Reflexionsvorgang im Blick auf das eigene Christusbild auszulösen. Aber auch ganz andere Überlegungen könnten in Gang kommen: Wäre es denkbar, daß Jesus den Geheilten nicht in seine Nähe läßt, weil er eine neue Abhängigkeit (vielleicht sogar eine Obsession) verhindern will? Das, was der Geheilte wohl am dringendsten braucht, ist, daß er wieder »Ich« sagen lernt, sein eigenes Leben findet; darauf machte vor allem die Tiefenpsychologische Auslegung aufmerksam (s.o. Kapitel II.4, S. 162 ff). Dabei sorgt der »Missionsauftrag« für eine weitere intensive Beziehung zum Heiler. Bei einer solchen Sichtweise wäre die Einweisung in die Verkündigung ein Teil des Heilungsprozesses.

5 Chancen und Grenzen der Hermeneutik der Verfremdung

5.1 Drei Argumente für die Hermeneutik der Verfremdung

Die Verfremdung bietet einen ganz eigenen Weg zum Verständnis biblischer Texte an; dennoch können einige positive Merkmale anderer Konzepte auch für diesen Ansatz gelten; z.B.
… er trägt zur Überwindung des Historismus bei, indem er konsequent die Frage nach der Bedeutsamkeit eines Textes aufwirft (vgl. Kapitel II.2);
… er macht ein Angebot zur Selbstreflexion und Identifikation (vgl. Kapitel II.4);
… er zeigt auf, daß der Prozeß der Überlieferung biblischer Texte prinzipiell nie abgeschlossen ist (vgl. Kapitel II.10).
Die drei folgenden Merkmale beziehen sich auf die spezifischen Chancen dieses hermeneutischen Konzepts.

a. Die Hermeneutik der Verfremdung bricht traditionell verfestigte Sichtweisen eines Textes auf.

Die Analyse zu Beginn dieses Kapitels zeigte, daß nicht nur der »garstige Graben« des historischen Abstands und der Erfahrungsverlust verhindern, daß ein biblischer Text heute seine Sache sagen kann, sondern ebenso auch Gewöhnung und Domestizierung. Diese können wohl nur durch Verfremdung aufgebrochen werden, so, wie es im innerbiblischen Überlieferungsprozeß selbst immer wieder geschieht. Diese Verfremdungen schließen Provokation und absichtsvolle Entstellung des Überkommenen ein, nicht um es zu zerstören, sondern um ein heute oft gestörtes Verhältnis zur Bibel bewußt zu machen – eine notwendige Voraussetzung für neue Zugänge.

b. Die Hermeneutik der Verfremdung regt zur Reflexion des Lebensbezugs an.

Die Auseinandersetzung mit einer Verfremdung löst stets die Überlegung aus, was den Autor oder Künstler bewogen haben könnte, den Text zu verändern; sie konfrontiert mit der Frage nach der eigenen Einstellung, nach dem Lebensbezug, den der Rezipient selbst zu diesem Text hat. Das aber sind wichtige Bedingungen für ein neues Verhältnis zur Tradition.

c. Die Hermeneutik der Verfremdung regt zur produktiven Auseinandersetzung mit der biblischen Überlieferung an.

Die Erfahrung beweist, daß sich die meisten Leser, die sich mit vorgegebenen Verfremdungen beschäftigen, zu eigenen Versuchen anregen lassen. Damit erschließt sich die produktive Auseinandersetzung als eine neue Dimension des Verstehens. Der Vorgang des Verfremdens verändert nicht nur die sprachliche Form oder die gewohnte Stoßrichtung eines Bibeltextes, sondern auch das Verhältnis des Rezipienten zu ihm: Er ist nicht länger in die Rolle des passiv Aufnehmenden gedrängt, sondern kommt mit dem Text in ein schöpferisches Gespräch.

5.2. Eine kritische Anfrage

Bei keiner anderen hermeneutischen Konzeption stellt sich die Frage nach willkürlicher Auslegung oder Mißbrauch der biblischen Tradition so nachdrücklich wie bei der Verfremdung: Öffnet sie nicht dem unbedenklich beliebigen Zugriff auf überkommene Texte Tür und Tor?
Dieser Einwand ist unbedingt ernst zu nehmen. Er warnt zunächst einmal vor einem leichtfertigen Herumspielen mit Texten, das nur den modischen Einfall sucht (vgl. Berg, 1986, S. 45 ff). Aber die Bedenken sollten auch den Prozeß des schöpferischen Umgangs mit Tradition nicht vorschnell blockieren. Die Bibel selbst macht

diesen Prozeß vor und zeigt damit: »Es gibt keine tabuisierten Formulierungen, keine zementierte Tradition, sondern einen auf Weitergestaltung, Neugestaltung drängenden Überlieferungsprozeß« (Fischer, 1980, S. 141). Noch deutlicher formuliert einmal der kanadische Theologe Gregory Baum, daß ein wörtliches Tradieren biblischer Sprache schon eine Verfälschung in bezug auf ihre ursprüngliche Absicht bedeuten kann. Pointiert spricht es Anton Grabner-Haider aus: »Ich kann den Text in pietätvoller Weise absterben lassen, aber ich kann ihn in respektloser Weise zum Leben bringen« (Grabner-Haider, 1972, S. 160; dort auch der Hinweis auf Baum). Kriterium der Legitimität und Autorität einer Verfremdung ist also nicht der Wortlaut der biblischen Vorlage, sondern ihre Stoßrichtung in ihrer Ursprungssituation; Treue zur Überlieferung heißt: den Text heute so präsentieren, daß diese Intention in einer veränderten Sprech-Situation wieder zur Sprache kommt.

Literatur

Berg, Horst Klaus, Biblische Texte verfremdet (Band 1). Grundsätze, Methoden, Arbeitsmöglichkeiten. Stuttgart/München: Calwer Verlag/Kösel-Verlag. 1986.
Berg, Sigrid; Berg, Horst Klaus, Biblische Texte verfremdet. Band 2-12. Stuttgart/München: Calwer Verlag/Kösel Verlag. 1988 ff.
Berg, Sigrid; Berg, Horst Klaus, Mit Liedern, Bildern und Szenen im Religionsunterricht arbeiten (Lieder-Bilder-Szenen, Band 10). Stuttgart/München: Calwer Verlag/Kösel-Verlag. 1981.
Brecht, Bertolt, Gesammelte Werke Band 1-20. Werkausgabe edition suhrkamp. Frankfurt: Suhrkamp Verlag. 1967.
Buber, Martin, Zu einer neuen Verdeutschung der Schrift. Beilage zum ersten Band »Die fünf Bücher der Weisung«. Verdeutscht von Martin Buber gemeinsam mit Franz Rosenzweig [1954]. Heidelberg: Verlag Lambert Schneider. 11. Aufl., 1987.
Dialog mit der Bibel. Malerei und Grafik aus der DDR zu biblischen Themen. Begleitender Text von Jürgen Rennert. Stuttgart: Kreuz Verlag. 1986. (Lizenzausgabe der Evangelischen Haupt-Bibelgesellschaft zu Berlin und Altenburg. 1984).
Eggers, Theodor (Hg), Adam, Eva & Co. Ziemlich biblische Geschichten. Düsseldorf. Patmos Verlag. 1980.
Equipo Pastoral de Bambamarca, Vamos Caminando. Machen wir uns auf den Weg. Glaube, Gefangenschaft und Befreiung in den peruanischen Anden. Freiburg (Schweiz)/Münster: Edition Exodus/ edition liberación. 3. Aufl. 1983.
Falken, Herbert, Ecce Homo. Bilder zu Krankheit und Tod (Aachener Beiträge zu Pastoral- und Bildungsfragen 5). Aachen: Einhard-Verlag. 1975.
Fischer, Manfred, Einmischung in innere Angelegenheiten. Stuttgart: Quell Verlag. 1980.
Grabner-Haider, Anton (Hg), Jesus N. Biblische Verfremdungen – Experimente junger Schriftsteller. Zürich/Köln: Benziger Verlag. 1972.
Heartfield, John, Leben und Werk. Dresden: VEB Verlag der Kunst. 3. Aufl., 1971.
Hesse, Hermann, Demian. Die Geschichte von Emil Sinclairs Jugend (suhrkamp Taschenbuch 206). Frankfurt: Suhrkamp Verlag. 1974.
Hildesheimer, Wolfgang, Tynset. Frankfurt: Suhrkamp Verlag.1965

Mesters, Carlos, Vom Leben zur Bibel – von der Bibel zum Leben. Ein Bibelkurs aus Brasilien für uns. Mainz/München: Matthias-Grünewald-Verlag/Chr. Kaiser Verlag. Band 1. 1983.

Mesters, Carlos, Vom Leben zur Bibel - von der Bibel zum Leben. Ein Bibelkurs aus Brasilien für uns. Mainz/München: Matthias-Grünewald-Verlag/Chr.Kaiser Verlag. Band 2. 1983.

Moser, Tilmann, Gottesvergiftung. Frankfurt: Suhrkamp Verlag. 1976.

Rainer, Arnulf, Umkreisen und Durchdringen. Christusgesichter. Hg. von Friedhelm Mennekes. Stuttgart: Verlag Katholisches Bibelwerk. 1986.

Schnell, Robert Wolfgang, Der gute Kain. In: G.Debus (Red.), Almanach 7 für Literatur und Theologie. Wuppertal: Jugenddienst Verlag. 1973. S. 9-18.

Sölle, Dorothee; Steffensky, Fulbert (Hg), Politisches Nachtgebet in Köln. Band 1 und 2. Stuttgart/Mainz: Kreuz-Verlag/Matthias-Grünewald-Verlag. 1969; o.J.

Staeck, Klaus, Die Kunst findet nicht im Saale statt. Reinbeck: Rowohlt Verlag. 1976.

Steinbeck, John, Jenseits von Eden (East of Eden). Übersetzt von Harry Kahn (Ullstein Buch 2895). Frankfurt/Berlin: Verlag Ullstein. 1977.

Kapitel 13
Jüdische Auslegung

Die Bezeichnung dieses Kapitels deutet seine Problematik an: Natürlich gibt es nicht »die Jüdische Hermeneutik«, ebensowenig wie es »die christliche Hermeneutik« gibt. Dazu kommt, daß das überaus reiche Material der Jüdischen Exegese nur zu einem verschwindend geringen Teil durch Übersetzungen erschlossen ist. Dennoch will ich aus zwei Gründen auf einen Überblick nicht verzichten:
– Eine Beschäftigung mit der hebräischen Bibel ohne den ökumenischen Dialog mit den jüdischen Vätern schüttet wichtige Quellen zu;
– die Jüdische Exegese bietet so viele interessante Ansätze, daß es wenig sinnvoll wäre, diese nicht mit einzubeziehen.
Weil die Jüdische Auslegung nicht besonders bekannt ist, werde ich zunächst einige historische Informationen geben und dann der Geschichte der auslegenden Beschäftigung mit Gen 4 einige charakteristische Bodenproben entnehmen. (In etwas anderer Form wurde dies Kapitel bereits in der Festschrift Bochinger/Widmann veröffentlicht: Berg, 1988. – Sehr wichtige Hinweise verdanke ich der Arbeit von J.J. Petuchowski, 1982; vgl. auch Dexinger, 1987. Zum heutigen Verständnis der Hebräischen Bibel, vor allem in der jüdischen Erziehung, vgl. Schoneveld, 1987. Reiches Material aus dem jüdischen Schrifttum bei Gradwohl, 1986 ff.)
Zum neutestamentlichen Text liegen natürlich keine vergleichbaren Auslegungen vor; ich habe einige Materialien zusammengestellt, die Mk 5,1-20 aus dem Zusammenhang der jüdischen Welt verständlich machen, in der er entstanden ist.

1 Zur Geschichte der Jüdischen Hermeneutik

1.1 Die Anfänge

In gewisser Weise lassen sich die Anfänge der rabbinischen Schriftauslegung (vgl. insgesamt: Strack; Stemberger, 1982) in Neh 8-10 beobachten. Dort wird erzählt, wie die nachexilische Gemeinde die »Tora Gottes« als Grundordnung annimmt. Über die Verlesung der Tora heißt es: »So las man denn aus dem Buch, der Tora Gottes, Abschnitt für Abschnitt vor und gab dazu Erklärungen, damit die Leute das

Vorgelesene verstehen konnten« (Neh 8,8). Petuchowski merkt dazu an: »Also begann die Erläuterung des Pentateuchs schon mit seiner ersten Veröffentlichung, und dies hat sich dann durch die Generationen hindurch fortgesetzt« (S. 12). Zur schriftlichen Tora kommt nun die »mündliche Tora« hinzu (Fohrer, 1979, S. 39 u.ö.); seit den frühesten Anfängen ist die dialogische Anlage als ihr charakteristisches Merkmal zu erkennen: Die mündliche Tora (die später in vielen schriftlichen Sammlungen zusammengefaßt wurde) erscheint nicht in Form eines verbindlichen Einheitstextes, sondern als Diskussion derer, die sich um das Verständnis der Überlieferung bemühen.

Dabei kam es im Lauf der Zeit zur Unterscheidung von Halacha und Haggada:
- *Halacha* leitet sich her von hebr. halach: gehen und meint soviel wie (Lebens-) »Wandel«; die Halacha enthält alle Bestimmungen religionsgesetzlicher Art, die sich aus der schriftlichen Tora herleiten. Sie sind als verbindliche Normen anzusehen.
- *Haggada* kommt von higgid: erzählen; sie umfaßt ein facettenreiches Spektrum an Erzählungen, Gleichnissen, Legenden, Lehren, Streitgesprächen usw., die dem Ziel dienen, die Heilsgeschichte so zu vergegenwärtigen, daß sie zum rechten Tun anleitet. Sie ist aber nicht verbindlich.

Die Toralehrer der Frühzeit werden als *Tannaiten* (»Überlieferer«) bezeichnet; am Ende ihrer Wirkungszeit stand die erste verbindliche Zusammenfassung der (vorwiegend) halachischen Bestandteile der mündlichen Tora, die *Mischna* (»Wiederholung; Lehre«); Abschluß etwa am Ausgang des 2. Jahrhunderts n.Chr. Daneben sammelten sich (haggadische) Auslegungen biblischer Bücher in Kommentaren *(Midraschim)* oder in den erläuternden Übersetzungen ins Aramäische *(Targume)*. Die weitere Diskussion und Entwicklung der Halacha auf der Basis der Mischna wird als *Gemara* bezeichnet (»Ergänzung«); sie fand ihren vorläufigen Niederschlag im *Talmud*. Entsprechend den Zentren rabbinischer Schulen in Palästina und Babylonien kam es zu zwei Werken: Der palästinische oder Jerusalemer Talmud wurde gegen Anfang des 5. Jahrhunderts n.Chr. abgeschlossen, der babylonische um die Wende zum 7. Jahrhundert; die babylonische Version setzte sich allgemein durch. Keineswegs darf man sich die beiden Talmudim als systematische Lehrwerke vorstellen; es handelt sich um Sammlungen der verschiedensten Stoffe und literarischer Formen aus mehreren Jahrhunderten; bei der Anordnung beschränkte man sich auf eine relativ grobe inhaltliche Gliederung nach Ordnungen *(Seder)* und Traktaten; augenscheinlich war die lebendige Diskussion im Lehrhaus ein wichtigeres Ordnungsprinzip als eine Systematik der Inhalte.

1.2 Mittelalter

Das Mittelalter muß als Höhepunkt, aber in gewisser Weise auch als Abschluß der traditionellen halachischen und haggadischen Bibelauslegung gelten. Als erste herausragende Gestalt ist Rabbi Salomo ben Isaak zu nennen (1040-1105); er wurde unter dem Namen Raschi bekannt. Raschi schrieb einen Talmudkommentar und einen Bibel-Kommentar, der für unseren Zweck besonders interessant ist (Raschi, Neuausgabe, [1975]). Er schloß sich nicht der zu seiner Zeit vorherrschenden mehr erbaulichen Erläuterung der biblischen Überlieferung an, sondern bemühte sich, den strengen Wortsinn *(peschat)* des Bibelworts zu erklären. In seiner Nachfolge sind die Auslegungen des Rabbi David Kimchi zu verstehen (1160-1235).

Die Auseinandersetzung des Judentums mit der aristotelischen Philosophie läßt sich besonders gut an zwei mittelalterlichen Autoren studieren. Zuerst formulierte Saadja Gaon (882-842) den Grundsatz, daß die Bibel der Vernunft nicht widersprechen könne. Diese Linie nahm zweieinhalb Jahrhunderte später Moses Maimonides (1135-1204) auf. Er entwickelte eine semantische Analyse grundlegender biblischer Begriffe in dem Interesse, ihre philosophische Relevanz zu erweisen.

Ein neuer Aspekt kam durch die Einbeziehung der jüdischen mittelalterlichen Mystik hinzu; hier ist vor allem Moses de Leon (ca. 1240-1305) zu nennen, der Verfasser des Sohar als wichtigstem Werk der jüdischen Mystik im Mittelalter, sowie Moses ben Nachman (genannt Nachmanides, 1194-1270).

Die weitere Entwicklung ist im Grunde über die hiermit erreichten Erkenntnisse nicht hinausgelangt, »die Zeit der klassischen jüdischen Bibelexegese war vorüber. Originelles wurde kaum noch hinzugefügt, und man schrieb Kommentare zu den Kommentaren«, bemerkt Petuchowski (S. 27).

Natürlich haben sich auch jüdische Gelehrte an der Historisch-Kritischen Erforschung der Hebräischen Bibel beteiligt; doch kommen hier die gleichen Methoden zur Anwendung wie in der »christlichen« Exegese.

1.3 Verstehensregeln

Vermutlich hat es schon in der Frühzeit der mündlichen Tora Regeln zur Bibelerklärung gegeben; diese waren vor allem zur Findung und Begründung der verbindlichen Halacha nötig. Die ältesten 7 Regeln *(middot)* werden Hillel d.Ä. zugeschrieben; besonders bekannt wurden:

– Schluß vom Leichteren auf das Schwerere (»…um wieviel mehr…«);
– Analogie;
– Erklärung einer Stelle aus einer anderen;
– Erklärung aus dem Kontext.

Diese einfachen Regeln wurden später zu 13 (Rabbi Ismael zugeschrieben) bzw. 32 middot (Rabbi Elieser zugeschrieben) erweitert.

Die klassische rabbinische Exegese unterschied ziemlich früh zwischen *peschat* und *derasch. Peschat* bezeichnet das wörtliche Verständnis eines Schriftworts, *derasch* seine weitergehende Auslegung. *Derasch* wurde bis in die Zeit Rabbi

Ismaels (um 100 n.Chr.) zur Bezeichnung religionsgesetzlicher und homiletisch-erbaulicher Auslegung mit ethischem Akzent verwendet; später galt nur noch diese als *derasch*, während die gesetzliche Auslegung als *Halacha* bezeichnet wurde. – Die allegorische Auslegung war für den Pentateuch verboten und nur für die Interpretation von Weisheitsbüchern zugelassen (für das Hohelied gefordert). – Im Blick auf den Pentateuch-Kommentar Raschis ist charakteristisch, daß er gegenüber der zu seiner Zeit geläufigen *derasch*-Methode wieder den *peschat* zur Geltung bringen will.

Am Ausgang des 13. Jahrhunderts kam es dann zu einer gewissen Systematisierung der Hermeneutik. Bachja ben Ascher aus Saragossa hielt in seinem Kommentar fest, daß es vier jüdische Arten der Schriftauslegung gäbe:
– *peschat:* wörtlicher Sinn;
– *remes:* haggadische (auch allegorische) Auslegung;
– *derasch:* homiletisch-ethische Auslegung;
– *sod:* geheimer, nicht jedem zugänglicher Schriftsinn (philosophisch oder auch kabbalistisch gefaßt).
Das Merkwort für diese vier Zugänge ist: PaRDeS.

Diese Grundsätze wiesen übrigens eine erstaunliche Nähe zu den hermeneutischen Prinzipien der mittelalterlichen christlichen Theologie auf; sie sprach vom
– buchstäblichen,
– moralischen (tropischen),
– allegorischen und vom
– anagogischen (= eschatologischen)
Schriftsinn.

Anhangsweise ist noch der Hinweis von Interesse, welche Kriterien für die Gültigkeit einer Halacha verwendet werden:
– Es muß feststehen, daß sie schon lange Zeit in Kraft ist und praktiziert wird;
– sie sollte auf eine anerkannte Lehr-Autorität zurückgehen;
– bei umstrittenen Entscheidungen ist ein Mehrheitsbeschluß möglich;
– auch der Schriftbeweis ist wichtig, aber er reicht allein nicht aus, da er widerlegt werden kann.

2 Optionen

Trotz der langen Geschichte der Jüdischen Hermeneutik und der Vielfalt ihrer historischen Ausprägungen lassen sich doch einige gemeinsame Grundzüge erkennen, die ich wie in den bisherigen Kapiteln in Form von Optionen festhalten will. Sie beziehen sich insbesondere auf die *haggadische* Auslegung der Überlieferung, weil die ausgewählten Beispiele zu Gen 4 diesem Text-Typ zuzuordnen sind.

2.1 Narrative Exegese

Was die christliche Theologie seit einigen Jahren unter diesem Stichwort als neuen Weg zur Wiederbelebung der Überlieferung feiert, hat die Jüdische Exegese eigentlich schon immer getrieben: Sie legt sich nicht den Text als Gegenstand objektiver Untersuchung zurecht, sondern nimmt gleichsam am Tisch der biblischen Erzähler Platz und beteiligt sich an ihrem Gespräch. Eine solche Tischrunde zeigt sich in der Haggada; da geht es nicht immer nur mit feierlichem Ernst zu, sondern Witz und Ironie machen sich Raum, nichts wird in ein System historischer oder logischer Stimmigkeit gezwängt. Muß die Halacha sich strengen Regeln unterwerfen, notiert S. Bamberger in seiner Einleitung zu Raschis Pentateuch-kommentar, »so ist die Agada (= Haggada) souverän« (Raschi, S. VI). Eben die Ungezwungenheit dieser narrativen Theologie gibt ihr eine eigentümliche Autorität – die Autorität der Erfahrung und des gelebten Glaubens, die aus ihr atmet. Aber die Freiheit im erzählenden Umgang mit der Tradition findet ihre Grenze im Bibelwort selbst. So beginnt Raschi seinen Kommentar zum Hohenlied mit dem Psalmvers: »Eines hat Gott geredet, zwei Dinge sind's, die ich gehört« (Ps 62,12) und fährt fort: »Derselbe Vers kann verschieden erklärt werden, schließlich bleibt aber doch der Grundsatz bestehen: kein Vers verliert seinen *peschat* (Sabb 63a)« (Raschi [1975], S. V).

2.2. Kommunikative Exegese

Wie dieser Prozeß der narrativen Exegese verläuft, zeigt ein Blick in einen klassischen jüdischen Kommentar. Dort werden meist wenige Bibelverse von einer Vielzahl von Erläuterungen eingerahmt, u.a. von drei aramäischen para-phrasierenden Übertragungen aus talmudischer Zeit (Targume), Anmerkungen zur Orthographie, den Kommentaren von Raschi, Ibn Esra und Obadja Sforno (ca. 1475-1550, Hebräischlehrer Johann Reuchlins) und vielen anderen. Auf diese Weise ist die ganze »Biblia Rabbinica« (hebr. *Miqraoth Gedoloth*) aufgebaut. Sie dokumentiert einen über Raum und Zeit hinweg geführten Dialog der Ausleger über das Bibelwort und auch einen wachsenden Prozeß der Erkenntnis. Dabei wird nichts als »überholt« abgetan und beiseite gelegt, sondern alles bleibt im Gespräch der rabbinischen Väter, die auf das Wort und aufeinander hören. Gershom Scholem bemerkt zur jüdischen Tora-Interpretation: »Es ist gerade der Reichtum an Widerspruch, der lautwerdenden Meinungen, der von der Tradition umfaßt und in unbefangener Weise bejaht wird. Der Möglichkeiten, die Tora zu interpretieren, waren viele, und der Anspruch der Tradition war es gerade, alle auszuschöpfen. Sie bewahrt die widersprüchlichen Meinungen mit einem Ernst und einer Unerschrockenheit, die erstaunlich ist« (Scholem, 1970, S. 102).

Eindrucksvoll ist die dabei gezeigte Offenheit und Toleranz – ein Bild, von dem sich der oft lautstark geführte Disput christlicher Exegeten deutlich kontrastierend abhebt. Die Ursache ist in der Überzeugung zu suchen, daß kein Mensch die Wahrheit für sich beanspruchen kann. In einem mittelalterlichen Traktat heißt es, die Tora habe siebzig Gesichter – siebzig legitime Arten der Auslegung. In einer anderen Tradition ist sogar von sechshunderttausend Möglichkeiten die Rede; denn jeder der sechshunderttausend Israeliten, die einst am Sinai standen, habe von Gott seine eigene Art des Verstehens erhalten. Der Talmud drückt diese Überzeugung in einem wunderbaren Bild aus: Zu dem vom Propheten Jeremia gesprochenen Wort »Ist nicht Mein Wort wie Feuer und wie ein Hammer, der den Felsen zerschmettert?« (Jer 23,29) heißt es: »Was geschieht, wenn der Hammer auf den Felsen aufprallt? Funken sprühen! Ein jeder Funke ist das Ergebnis des Hammerschlages auf den Felsen, aber kein Funke ist das einzige Ergebnis. So kann auch ein einziger Schriftvers viele verschiedene Lehren vermitteln« (nach Sanhedrin 34; mitgeteilt von Petuchowski, 1982, S. 7).

Die Jüdische Hermeneutik geht von dem Basis-Satz aus: Nur Gott besitzt die volle Wahrheit, die Menschen können versuchen, ihr durch das Zusammentragen ihrer »Funken« ein wenig näher zu kommen – ein Gedanke, zu dem die verstrittenen christlichen Konfessionen sich nach langen schmerzhaften Lernprozessen unter dem Stichwort »Konziliarität« durchringen wollen.

2.3 Die Offenbarung ist nicht abgeschlossen

In einer rabbinischen Geschichte wird erzählt, daß Gott Mose auf seine Bitte die Möglichkeit gibt, die Toraauslegung späterer Generationen kennenzulernen. Er gerät in ein Lehrgespräch des berühmten Rabbi Aquiba (ca. 50-125 n.Chr), in dem er sich hinter den Schülern in die letzte Reihe setzt. Nach einer langen Diskussion, der Mose nicht folgen kann, fragt ein Schüler den Rabbi, wie er eine bestimmte Entscheidung legitimiere, da sie doch nicht in der schriftlichen Tora zu finden sei. Rabbi Aquiba gibt zur Antwort: Das ist eine mündliche Anweisung Moses. Mose beschwert sich bei Gott: Wie kommt dieser Rabbi dazu, in meinem Namen etwas zu behaupten, von dem ich selbst nichts weiß? Antwort Gottes: Schweig, so ist es mein Wille.

Diese Geschichte gibt einen sehr guten Einblick in das jüdische Verständnis von Offenbarung und Tradition (vgl. dazu auch den wichtigen gleichnamigen Essay von Gershom Scholem (1970, S. 90 ff). Die Offenbarung ist also nicht in biblischer Zeit zum Ende gekommen, sondern geht weiter. Scholem zitiert Efraim aus Sedykov, einen der klassischen Autoren der chassidischen Literatur: »Bis die (schriftgelehrten) Weisen sie erforschen, heißt die Tora nicht vollständig, sondern bildet nur eine Hälfte, aber durch ihre Forschungen wird die Tora zu einem vollständigen Buch. Denn die Tora wird in jeder Generation nach den Bedürfnissen eben dieser

Generation erforscht, und Gott erleuchtet die Augen der Weisen der betreffenden Generation, (so daß sie) in seiner Tora (das ihr) Entsprechende wahrnehmen« (Scholem, S. 101). Daraus folgt:»Wer sich in Wahrheit mit der Tora befaßt und sie erfüllt, wird betrachtet, als ob er selbst sie am Sinai empfangen hätte« (Tanch. Ree 1). Nach Überzeugung der Väter enthält das Gotteswort vom Sinai also unendlich viel mehr, als ein einzelner Mensch oder eine ganze Generation aus ihm herauslesen kann; es enthält schon alles, was die Menschen in ihrer Zeit an Offenbarung brauchen;»wende die Tora hin und her, denn alles ist in ihr«, lehrt ein alter Meister (Mischna Abhot 5,22). Damit ist auch die Aufgabe der Auslegung klar umrissen:»Die Anstrengung des Wahrheit Suchenden besteht nicht darin, sich etwas auszudenken, sondern vielmehr darin, sich in die Kontinuität der Tradition des göttlichen Wortes einzuschalten und das, was ihm von dort her zukommt, in seiner Beziehung auf sein Zeitalter zu entfalten« (Scholem, 1970, S. 101).

Auf dem Hintergrund dieser Anschauungen ist verständlich, daß sich viele Ausleger zwar um den richtigen Sinn eines Textes, den *peschat,* bemühen, daß aber eigentlich das Interesse nicht sehr groß ist, den Ursprungssinn eines Textes möglichst treffend festzustellen. Denn letztlich kommt es auf jenen Prozeß an, den der große jüdische Gelehrte Leo Baeck einmal mit dem Satz umschrieb:»So schritt die Bibel selber fort, jede Zeit erwarb ihre eigene Bibel« (Baeck, 1960, S. 18).

Dieser Prozeß gibt der Überlieferung eine starke Dynamik, die sie vor Überalterung bewahrt und ihr die Chance offenhält, in jeder Generation erlebbare Wahrheit zu werden.

3 Das Beispiel: Gen 4, 1-16

Die in den vorigen Abschnitten geschilderte Charakteristik der haggadischen Schriftauslegung läßt eine auslegungs- und wirkungsgeschichtliche Analyse nach historischen Kriterien nicht zu. Ein solches Vorgehen würde auch dem Selbstverständnis dieser Auslegung kaum gerecht; ihr Interesse ist ja nicht die historische Einordnung und Absicherung, sie will das lebendige Gespräch schildern und zur Teilnahme einladen.

Dennoch lassen sich einige Fixpunkte markieren, die folgendes Strukturieren nahelegen:

– Beispiele der älteren haggadischen Auslegung zu Gen 4 sind in den um die Zeitenwende entstandenen Schriften »Buch der Jubiläen«, »Apokalypse des Mose« und »Leben Adams und Evas« greifbar.
– Einen breiten Raum nimmt die haggadische Auslegung in den verschiedenen Midraschim sowie im talmudischen Schrifttum ein. Beispiele aus diesem bunten Gemenge werde ich summarisch in einem zweiten Teil vorstellen.
– Ein deutlicher Markierungspunkt ist im Kommentar Raschis gegeben, der in einer Gesamtübersetzung vorliegt.

– Schließlich greife ich die Ausführungen des jüdischen Schriftstellers E. Wiesel heraus, der sich – im Erfahrungs- und Reflexionszusammenhang der Gegenwart – in das Gespräch der rabbinischen Väter einmischt.

3.1 Die ältere Haggada

Das vermutlich um 100 v.Chr. entstandene *Buch der Jubiläen* gibt den Inhalt von Gen 1 bis Ex 12 in paraphrasierender Form wieder. Es enthält einen relativ kurzen Abschnitt über Gen 4,1-16:

Kain und Abel, Adams Kinder (Gen. 4).

4 ¹ Und in der 3. Jahrwoche, im 2. Jubiläum, gebar sie den Kain c und in der 4. gebar sie den Abel und in der 5. gebar sie die Awan d, seine Tochter. ² Und im Anfange des 3. Jubi-läums tötete Kain den Abel, weil [Gott] e aus seiner Hand f das Opfer angenommen, aus der Hand Kains aber g seine Darbringung nicht angenommen hatte. ³ Und er tötete ihn auf dem Feld, und sein Blut schrie von der Erde zum Himmel, indem es über seinen Mörder Klage führte. ⁴ Und Gott schalt den Kain wegen Abels, deswegen, weil er ihn getötet hatte, und machte ihm ein nūch h auf der Erde wegen des Blutes seines Bruders und verfluchte ihn auf der Erde.

5 ⁵ Und deswegen steht in den himmlischen Tafeln geschrieben: Verflucht, wer seinen Nächsten schlägt in Bösem, und alle, die es sehen und hören, sollen sagen: So sei es! und ein Mensch, der [es] sieht und nicht sagt: So sei es! [ist] verflucht i wie [jen]er. ⁶ Und deswegen kommen wir und thun vor dem Herrn, unserem Gott, alle Sünde kund, die im Himmel und [auf] der Erde und die im Licht und in der Finsternis und die überall geschieht.

Die Begebenheit wird sehr knapp erzählt; es wird nur stichwortartig der Handlungsablauf referiert. Daran schließt sich eine kurze Halacha-Reflexion an: Das Verbot hinterlistiger Tötung und das Gebot des Schuldbekenntnisses werden aus der Geschichte abgeleitet.

Schon dieser recht frühe Text zeigt ein charakteristisches Merkmal der rabbinischen Interpretation der Erzählung von Kain und Abel: Die Wortkargheit; fast hat es den Anschein, als gäben die wenigen erzählenden Zeilen nur das Stichwort für die Begründung der Weisungen. Diese Zügelung der haggadischen Phantasie bei Kain und Abel ist durchgehend; »von dieser Episode kann man nicht reden, noch weniger kann man sie kommentieren«, begründet Rabbi Simeon bar Jochai (Schüler Rabbi Aqibas, zitiert bei Petuchowski, 1980, S.54).

Noch zurückhaltender äußert sich die ebenfalls den Pseudepigraphen des Alten Testaments zugeordnete *Apokalypse des Mose* (entstanden im Zeitraum zwischen 20 v. und 70 n.Chr.). Der Brudermord kommt nur indirekt in Form eines schrecklichen Traums vor, der Eva überfällt:

»Ich sah in dieser Nacht
das Blut von meinem Sohn Amilabes,
der Abel heißt,
im Munde seines Bruders Kain zusammenfließen,
und dieser trank es ohne Erbarmen.
Und jener bat,
ein wenig davon ihm zu lassen.
Er aber hörte nicht auf;
er trinkt es ganz hinunter.
Doch blieb es nicht in seinem Leib;
aus seinem Munde floß es wieder aus.«
(Rießler, 1928, S. 138)

Die Eltern finden Abel erschlagen und empfangen die Weisung des Erzengels Michael:
»Erzähl nicht deinem Sohne Kain
das Geheimnis, das du weißt!
Er ist ein Sohn des Zornes.«

Damit verschwindet Kain aus der Geschichte.
Gleichzeitig mit dieser Schrift entstand das *Leben Adams und Evas.* Auch dieser Text kennt Evas Alptraum des blutrünstigen Kain. Aber Adam und Eva können zunächst noch das Schlimmste verhindern; um die Brüder voneinander fernzuhalten, geben sie ihnen die unterschiedlichen Berufe. Lakonisch heißt es dann:
»Doch Kain erschlug hernach den Abel«.
(Rießler, 1928, S. 678)

Erstaunlich schweigsam sind alle bisher vorgestellten Texte im Blick auf mögliche Motive für den Brudermord; auch im Blick auf die Bewertung der Charaktere geben sie sich überraschend schweigsam ... Zur gleichen Zeit formulieren die christlichen Schriftsteller des Neuen Testaments ihre scharfen Urteile, wie sie in Kapitel II.10; s.o.S. 320) notiert wurden.
Und auch der etwa zeitgenössische hellenistisch-jüdische Schriftsteller Flavius Josephus weiß in seinen »Altertümern« Schlimmes über Kain zu berichten: Er sei »tückischen Gemüts« gewesen, »steigerte seine Bosheit« im Laufe der Jahre nach der Verbannung mehr und mehr, »ging jeder Art von Lüsten nach« usw. (Flavius Josephus, Ant. II.1).

3.2 Aus dem Midrasch

Das umfänglichste Material findet sich im Midrasch Genesis Rabba (Bereschit Rabba. Wünsche. Neudruck[1967]; interessantes Material auch bei Aptowitzer,

1922, und Gradwohl, 1987). Nach einer verbreiteten Überlieferung entstand dieser Midrasch etwa im 3. Jahrhundert n.Chr.; eher ist aber wohl an die Zeit des beginnenden 5.Jahrhunderts zu denken, also etwa die Zeit der Abfassung des palästinischen Talmud (vgl. Strack/Stemberger, 1982, S. 255 ff). Doch ist die Abfassungszeit nicht entscheidend, da altes Traditionsgut in reichem Umfang verarbeitet ist.

Der Midrasch schildert den Kampf der Brüder recht anschaulich. Abel erweist sich im Lauf der Auseinandersetzung als der Stärkere; Kain fleht um Erbarmen, er weist auf das Leid der Eltern hin, falls er getötet werde. Abel läßt sich überreden und gibt nach… im gleichen Augenblick schlägt Kain zu und vollbringt den Mord.

Über die Motive gibt es unterschiedliche Anschauungen; im wesentlichen sind es drei Erklärungsversuche:

- Die Brüder streiten um Besitz. Sie haben die Welt unter sich aufgeteilt; Kain nimmt den Grund und Boden, Abel den Rest. Bald kommt es zum tödlichen Streit.
- Die Brüder streiten sich um eine Frau – entweder um Eva oder um die Zwillungsschwester Abels.
  Ursache des mörderischen Konflikts ist wieder die Teilung der Welt, diesmal des ganzen Universums. Kain habe sich für die irdische, sein Bruder für die künftige Welt entschieden. Als der Ältere auch einen Anteil an der anderen Welt verlangt, kommt es zum Streit.
- Als letztes Motiv wird ein Streit über den Jerusalemer Tempel aufgeführt: Jeder der Brüder habe ihn auf seinem Gebiet haben wollen.

Aber ob nun materielle Motive, sexuelle Leidenschaften oder religiöser Eifer angenommen werden, letztlich bleibt die Geschichte unerklärt – wie in der biblischen Erzählung.

Auch der Dialog zwischen Jahwe und Kain ist Gegenstand der haggadischen Phantasie; Kain fragt Gott provozierend, ob der Totschläger Verantwortung trage, nachdem der Herr selbst ihn doch so erschaffen habe, wie er ist. Auch versucht er, seine Vergebung durch den Hinweis auf die sechshunderttausend Juden zu erlangen, die einst in der Wüste Schuld auf sich laden und doch Verzeihung finden würden – eine Argumentation, die einige rabbinische Väter zu der Annahme veranlaßte, Kain habe prophetische Gaben besessen.

Besonders wichtig ist im Midrasch der Gedanke der Umkehr Kains:

»Und Kain ging weg von Gott (V 16) – er ging freudig weg. Da traf ihn Adam und sprach zu ihm: Wie ist das Urteil über dich ausgefallen? Er antwortete: Ich habe Buße getan und mich (mit Gott) ausgesöhnt. Da streichelte ihm Adam das Gesicht und sprach: So groß ist die Macht der Umkehr und ich wußte es nicht!« (Gen. r. 22,28)

Die Beurteilung Kains ist zwar angesprochen, ist aber – gegenüber der späteren Auslegung – noch recht zurückhaltend. Insgesamt zeichnet der Midrasch Kain zunächst noch sehr menschlich – eben als unseren Bruder Kain, in dem wir unsere eigenen Leidenschaften und Verfehlungen erkennen. Erst später wird er zum exemplarischen Ungeheuer, von dem man sich distanzieren kann.

4, 1. Der Menſch hatte erkannt, bereits vor der obigen Sache, bevor er geſündigt und aus dem Garten Eden verſtoßen worden war, ebenſo waren die Empfängnis und die Geburt ſchon vorher geweſen; hätte er geſchrieben ידע אדם, der Menſch erkannte, dann würde daraus hervorgehen, nachdem er verſtoßen worden, bekam er Kinder. — Kain, entſprechend dem קניתי, ich habe erworben, את mit dem Ewigen. Als Er mich und meinen Mann erſchuf, erſchuf Er uns allein, aber bei dieſen ſind wir mit Ihm beteiligt (Nidda 31a) — ... קין את (Ber. rab.) die drei את ſind Hinzufügungen, das lehrt, daß mit Kain eine Zwillingsſchweſter und mit Hebel zwei geboren wurden, darum heißt es, ſie fügte hinzu. 2. Ein Schafhirt, weil der Erdboden verwünſcht worden war, trennte er ſich von deſſen Bebauung. 3. Von der Frucht des Erdbodens, (Ber. rab.) vom Schlechten, eine Agada ſagt (Tanchuma), es war Leinſamen. (Eine andere Erklärung, von der Frucht, von derjenigen, die ihm zuerſt in die Hand kam, nicht von der guten und ausgewählten.) 4. Da wandte ſich, Er neigte ſich ihm zu, ebenſo, Er wandte ſich nicht zu ſeiner Opfergabe, Er neigte ſich ihr nicht zu; ebenſo (Exod. 5, 9), ſie ſollen ſich nicht wenden, nicht hinneigen; ebenſo (Job 14, 6), wende dich von ihm ab, neige dich von ihm hinweg. Er wandte ſich, es kam ein Feuer vom Himmel herab und verzehrte ſeine Opfergabe. 7. Fürwahr, wenn du dich beſſerſt, wie der Targum iſt die Erklärung. Vor dem Eingang lagert die Sünde, vor dem Eingang deines Grabes iſt deine Sünde aufbewahrt. Und nach dir iſt ihr Verlangen, der Sünde, das iſt der böſe Trieb, der immer begehrt und danach gelüſtet, dich zum Straucheln zu bringen. Doch du ſollſt über ſie herrſchen, wenn du willſt, kannſt du über ſie Herr werden. 8. Kain ſprach mit Hebel, er begann mit ihm Worte des Streites und des Haders, um einen Vorwand gegen ihn zu haben, ihn zu töten; es gibt hierbei agadiſche Midraſchim, nur das iſt die Bedeutung des Verſes. 9. Wo iſt dein Bruder Hebel, ſanfte Worte mit ihm zu beginnen, vielleicht würde er zurückkehren und ſagen, ich habe ihn getötet und gegen dich geſündigt. — Ich weiß nicht, er wurde ſo, als könnte er den Sinn des Höchſten täuſchen. Bin ich der Hüter meines Bruders, das iſt die Form einer Frage, ebenſo jedes ה, das mit השמר פה punktiert iſt. 10. Das Blut (Mehrzahl) deines Bruders, (Ber. rab.) ſein Blut und das Blut ſeiner Nachkommen; eine andere Erklärung (Sanh. 37b), er hatte ihm viele Wunden beigebracht, weil er nicht wußte, wo ſein Leben entwiche. 11. Mehr als die Erde, mehr als ſie bereits wegen ihrer Schuld verwünſcht worden iſt, und auch hierbei hat ſie fortgefahren, zu ſündigen, weil ſie ihren Mund öffnete, das Blut deines Bruders aufzunehmen; ſiehe, ich füge ihr neben dir noch eine Verwünſchung hinzu, ſie ſoll ihre Kraft nicht mehr geben. 12. Unſtet und flüchtig, du haſt nicht das Recht, an einem Orte zu wohnen. 13. Iſt meine Sünde zu groß, um ſie zu verzeihen?, (Tanch.) das iſt eine Frage; Du trägſt den Himmel und die Erde, und meine Schuld kann nicht getragen werden (Ber. rab.)? 15. Fürwahr, wer Kain tötet, das iſt einer von den Verſen, die kurzgefaßt ſind, nur andeuten und

nicht erklären. Fürwahr, wer Kain tötet, das ist die Form einer Drohung, so soll ihm geschehen, so und so sei seine Strafe, er erklärt aber die Strafe nicht. — Im siebten Geschlecht soll es vergolten werden, ich will nicht jetzt an Kain Vergeltung üben, am Ende von sieben Geschlechtern übe ich meine Vergeltung an ihm, Lemech wird von seinen Enkeln aufstehen und ihn töten. Aus dem Schluß des Verses, wo er sagt, im siebten Geschlecht soll es vergolten werden, das ist die Vergeltung für Hebel an Kain, lernen wir, daß der Anfang des Verses die Form einer Drohung ist, daß kein Geschöpf ihn verletze. Ähnlich (II Sam. 5, 8), David sprach, wer den Jebuszi schlägt und die Rinne erreicht, und er erklärt nicht, was ihm geschehen solle, sondern der Vers spricht andeutend, wer den Jebuszi schlägt und die Rinne erreicht, zum Tore kommt und es einnimmt und die Blinden, . . . und auch sie schlägt, weil man gesagt hatte, wegen des Blinden und Lahmen kommt David nicht in das Innere des Hauses; wer diese schlägt, den mache ich zum Haupt und Fürsten; hier hat er seine Worte abgekürzt, aber in der Chronik (I, 11, 6) erklärt er, der wird zum Haupt und Fürsten. — Der Ewige verlieh Kain ein Zeichen, Er grub ihm einen Buchstaben Seines Namens in die Stirn. Andere Lesart: Noch eine andere Erklärung, jeder der mich trifft, wird mich töten, die zahmen und wilden Tiere, aber Menschen gab es noch nicht, vor denen er sich fürchten konnte, außer seinem Vater und seiner Mutter, und vor ihnen fürchtete er sich nicht, daß sie ihn töten würden; sondern er sagte, bis jetzt lag die Angst vor mir auf allen Tieren, wie es heißt, und die Furcht vor euch . . . jetzt aber wegen dieser Schuld werden sich die Tiere nicht mehr vor mir fürchten und mich töten, sofort verlieh der Ewige Kain ein Zeichen, Er legte auf alle wieder die Furcht vor ihm. 16. Kain ging hinweg, 16 er ging demütig hinweg, als könnte er den Sinn des Höchsten täuschen (Ber. rab.). Im Lande Nod, im Lande, in das alle Verbannten flüchteten. Im Osten von Eden, dorthin ward sein Vater verbannt, als er aus dem Garten Eden vertrieben wurde, so heißt es, Er ließ lagern im Osten des Garten Eden, Wache zu halten auf dem Wege zum Eingang des Gartens, woraus man lernen kann, daß Adam sich dort befand; und wir finden, daß die Ostseite überall die Mörder aufnimmt, so heißt es, (Deut. 4, 41) damals trennte Mosche . . . im Sonnenaufgang (Ber. rab.); eine andere Erklärung, im Lande Nod, überall, wohin er ging, bebte die Erde unter ihm und sagten die Geschöpfe, weichet von ihm, das ist jener, der seinen Bruder er-
17 schlagen hat.

Der vom Midrasch herkommende Leser dieses mittelalterlichen Kommentars tritt in eine andere Welt: An die Stelle fabulierender Spekulation ist nüchterne Erklärung getreten, philologische Beobachtungen und eine gezielte Auswertung der rabbinischen Tradition sind die Instrumente der Interpretation. Der Herausgeber bemerkt (S. Bamberger: Raschi [1975], S. VII): »Bei dieser Natur des Pentateuchkommentars, vor allem den Peschat festzustellen, um erst dann entsprechende Midraschim daran anzuschließen, muß der grammatikalische und der etymologische Teil einen hervorragenden Platz einnehmen« – ein hermeneutischer Ansatz, der dem Jahrhunderte später formulierten reformatorischen »sola scriptura« erstaunlich nahe ist.

3.4 Ein moderner jüdischer Schriftsteller im Gespräch mit den Vätern: Elie Wiesel

Der jüdische Autor und Nobelpreisträger beschäftigt sich in seinem Buch (Wiesel, 1980) mit Personen der Hebräischen Bibel, die eine besondere Nähe zu heutigen Erfahrungen und seelischen Bewegungen haben; »brüderliche Urgestalten« nennt er sie. Das besondere Merkmal ist die dichte Verbindung von intensiver Reflexion heutiger Konflikte mit dem Gespräch der rabbinischen Väter – dadurch können auch heutige Leser an ihrer Weisheit partizipieren.

Bei der Erzählung von Kain und Abel sind die ungelösten Fragen ganz übermächtig:

»Wir verstehen die beiden nicht, spüren aber dunkel, daß ihr Schicksal uns angeht. Was sie erleben, ist der erste Völkermord und mehr als das Modell für einen Krieg. Ihr Verhalten ist uns nicht fremd. Alles, was sie dazu treibt, nimmt unser eigenes Verhalten in sogenannten Extremsituationen vorweg. Im Grenzbereich konfrontieren sie uns mit einem doppelgesichtigen Wesen, das wir nicht anschauen können, ohne vor Angst zu zittern. Und Angst, das ist der Name für diese Geschichte. Eine grund- und ausweglose Angst, die keine Überwindung und keine Erlösung kennt. Kain und Abel stellen die ganze damalige Menschheit dar. Die Auswahl ist beschränkt auf Mörder oder Opfer, Zuschauer oder Zeugen gibt es nicht. Und Gott? Er ist Richter, Teilnehmer, Komplize.
Aber warum wird uns diese schauerliche Geschichte erzählt? Was haben wir davon, sie zu enträtseln, darzulegen, zu behaupten, zu widerlegen? Keine Erzählung hat so wenig Würde, und kein Ereignis ist bedrückender. Warum muß sich der Mensch von heute, warum muß sich jedermann daran erinnern?« (S. 47)

Wiesels Antwort: Weil es eine exemplarische Menschengeschichte ist, die uns in ein dichtes Geflecht von enttäuschter Liebe und tödlichem Haß, von Versagen und Schuld, von tiefer Verstrickung und lähmender Ausweglosigkeit verwickelt. Das deckt Wiesel durch eine Befragung der beteiligten Personen auf – nicht nur die traditionell als Hauptpersonen auftretenden Kain und Jahwe – alle müssen Antwort geben.

Da sind zunächst die Eltern:

»Adam ist nirgendwo zu sehen. Als seine Anwesenheit dringend erforderlich ist, ist er unauffindbar. In dem Augenblick, da Kain Schwierigkeiten mit Gott und Abel Schwierigkeiten mit Kain hat, ist er nicht da. Als ob ihn die Erziehung und die Probleme seiner Söhne kaum etwas angingen. Er ist zu beschäftigt, der Vater…
Gut, aber wo ist denn Eva? Hat sie auch nur einmal versucht, zwischen Kain und Gott, zwischen Kain und seinem Bruder zu vermitteln? Was macht sie eigentlich, während ihre wilden und frühreifen Kinder eine Mutter brauchen? Sie müßte den Schiedsrichter spielen, mit ihnen schimpfen und zeigen, daß sie sie gern hat.« (S. 51)

So stellt sich die Frage, ob der tödliche Ausgang des Konflikts womöglich durch das Versagen der elterlichen Erziehung zustandekam?

Auch Gott wird befragt:

»Noch viel schwerwiegender sind die theologischen Fragen, die sich stellen. Begeht Gott durch die Zurückweisung der Opfergaben Kains nicht einen Akt der Diskriminierung? Aus welchem Grund bevorzugt er Abel? Weil seine Gaben laut Midrasch von besserer Qualität waren? Sollte für Gott der Wert einer Gabe zählen, auch für Gott? Oder zieht er Abel wegen seiner Schwäche vor – denn Gott liebt die Schwachen – oder wegen seiner Jugend? Will denn sogar Gott der Jugend gefallen?« (S. 51)

Und Kain?

»Gott nimmt Abels, aber nicht Kains Opfergaben an. Dieser leidet darunter und wird völlig verbittert. Gott verstärkt die Strafe noch, indem er sich unwissend stellt, von der Zukunft spricht und dabei ganz die Vergangenheit vergißt, also von dem absieht, was ihn schmerzt. Kain antwortet nicht. Er vergräbt sich in hoffnungsloses Schweigen.« (S. 62 f)

Bleibt noch Abel.

»Abel rührt sich nicht, tut nichts, um seinen Bruder zu trösten, um ihn aufzuheitern oder zu beruhigen. Dabei ist er doch verantwortlich für den Zustand Kains und tut nichts, um ihm zu helfen… Darin liegt die Schuld Abels. Wenn jemand leidet, wenn jemand einsam ist, hat niemand das Recht, sich fortzustellen oder die Augen zu verschließen. Wenn jemand Unrecht erleidet, darf niemand sich abwenden, wer leidet, hat Vorrang.« (S. 63)

So stellt Wiesel vor Augen seiner Leser ein spannungsvolles Drama psychischer Befindlichkeiten, Beziehungen und Beschädigungen auf.

Warum tut er das? Nicht um die Tat zu verkleinern oder zu entschuldigen, sondern um die Leser so in die Geschichte zu verstricken, daß sie sich betroffen in ihr erkennen:
– als versagende Eltern…
– als Abel, der den stummen Schrei des Bruders nicht hört…
– als schließlich rasend aggressiver Kain…
– als Gott, der auf seine Verantwortung angesprochen werden muß?
Erst jetzt kann die Geschichte von Kain und Abel zu einem Teil unserer Lebens-Lerngeschichte werden.

Georg Fohrer charakterisiert einmal die Bedeutung der haggadischen Bestandteile der nachbiblischen Tora so: Es handelt sich um »Erzählungen, die letztlich den gleichen Zweck wie die Halacha haben: Sie wollen den Menschen zum rechten Handeln führen« (Fohrer, 1979, S. 41). Diese alte rabbinische Tradition kluger Lebensorientierung im Horizont des Glaubens und in der Erzähl- und Diskutiergemeinschaft der Väter schreibt Wiesel in seinem Gespräch mit den »brüderlichen Urgestalten« faszinierend produktiv fort.

4 Das Beispiel: Mk 5, 1-20

Wie gesagt, kann zum neutestamentlichen Text keine spezifisch Jüdische Auslegung angeboten werden; ich stelle einige Materialien aus jüdischen Quellen zum
Problem der »Besessenheit« zusammen:

Ursprung der Dämonen

Über den *Ursprung* der Dämonen waren verschiedene Traditionen im Umlauf. Die älteste
Meinung ging dahin, daß die Dämonen die Geister oder Seelen der Riesen seien, die aus
der geschlechtlichen Vermischung der gefallenen Engel mit den Töchtern der Menschen-
kinder Gn 6,1 ff. hervorgegangen waren. Eine andere Ansicht sah in den Mazziqin oder
Schedim ein besonderes Schöpfungswerk Gottes, das in der Abenddämmerung des sechsten
Schöpfungstages ins Dasein gerufen wurde. Als Gott eben im Begriff war, für ihre Seelen
den Leib zu schaffen, trat der Sabbat ein und hinderte ihn, sein Werk an ihnen zu vollenden.
So blieben die Dämonen Geister ohne Leib. Andere nahmen an, daß ein Teil des Turmbau-
geschlechts zur Strafe für seinen Hochmut in Geister und Nachtgespenster verwandelt
worden sei.

Zahl und Gliederung der Dämonen

Die Menge der Dämonen ist unendlich groß, die ganze Welt ist von ihnen erfüllt. Als König
steht an ihrer Spitze Aschmedai, unter dessen Regiment, wie es scheint, Unterführer
kleineren Sippen vorstehen.

Stätten der Wirksamkeit der Dämonen

Als Aufenthaltsort der Dämonen wird ganz im allgemeinen die Erde und die Luft angege-
ben. Insonderheit treiben sie ihr Wesen in Häusern und auf Feldern, in Wüsteneien und in
Ruinen, an Stätten der Unreinheit und an Wasserstellen, endlich im Bereich bestimmter
Bäume und Sträucher.

Die Zeiten der Wirksamkeit der Dämonen

Die Hauptzeit ihrer Tätigkeit ist die Nacht; doch stehen ihnen auch die übrigen Tagesstun-
den zur Verfügung. Man unterschied deshalb von den im Dunkeln wirkenden bösen
Geistern, den Schatten- (Dämmerungs-)Dämonen und den Nachtgespenstern noch die
Morgen- und die Mittagsdämonen. Unter den letzteren war besonders der Qèteb gefürchtet.

Die Aufgabe der Dämonen

Die Dämonen gehören als böse Geister dem Reiche Satans an (vgl. das bei Mt 25,41 B, S.
983 f. Bemerkte). Gleichwohl stehen sie in Gottes Diensten, insofern Gott ihnen Vollmacht
gibt, die Strafen auf Erden zu vollstrecken, die der Sünde wegen über die Menschen
verhängt werden. So bringen sie Plagen und Schädigungen allerlei Art in die Welt: sie
verderben die Seelen durch Verführung zur Sünde, sie untergraben die Gesundheit des
Leibes durch Erregung von Krankheiten, sie beschädigen das Hab und Gut der Menschen

und führen Verarmung herbei, ja selbst noch im Tode peinigen sie die ihnen verfallenen Seelen. – In den Tagen des Enosch, da die Menschen anfingen, den Götzen zu dienen, erhielten die Dämonen zum erstenmal Gewalt über das Menschengeschlecht; diese Gewalt wurde ihnen vorübergehend wieder genommen zur Zeit der Vollendung der Stiftshütte; auch in Salomos Tagen brauchte sich Israel vor ihnen nicht zu fürchten. Endgültig wird ihre Macht in der messianischen Zeit gebrochen werden!

Schutz vor den Dämonen

Schutz gegen die Dämonen gewähren Gott und seine heiligen Engel; Gottes Wort und die Erfüllung seiner Gebote; Amulette, Beschwörungen und die Beobachtung bestimmter Vorsichtsmaßregeln. An Menschen, die unter Ausnützung der gewissen Mittel die Herrschaft über die Dämonen erlangt haben, hat es nie gefehlt (Strack-Billerbeck, 1961).

5 Chancen und Grenzen der Jüdischen Auslegung

5.1 Zwei Argumente für die Jüdische Hermeneutik

Fremd, zuweilen befremdlich erscheint die altrabbinische und mittelalterliche Hermeneutik; gerade die produktive Rezeption bei einem heute lebenden Autor wie Elie Wiesel aber zeigt, welche Chancen für die Erschließung biblischer Überlieferung hier verborgen sind. Nehmen wir die Impulse auf, so zeigen sich Verbindungslinien zu anderen der bisher besprochenen hermeneutischen Ansätze; die Jüdische Hermeneutik

… legt die Bibel in der Erfahrungs- und Erzählgemeinschaft aus (aus Kapitel II.5);
… zeigt auf, daß biblische Texte prinzipiell nicht abgeschlossen sind (aus Kapitel II.10);
… bezieht den Leser in den Prozeß der wachsenden Erfahrung ein (aus Kapitel II.10);
… erschließt neue Sichtweisen des Bibeltextes (aus verschiedenen Kapiteln).
Die spezifische Bedeutung unterstreichen die folgenden Hinweise.

a. Die Jüdische Auslegung versteht die Arbeit an der biblischen Überlieferung als ökumenischen Prozeß.

Die Exegese eines Bibeltextes wächst im Judentum aus dem zeit- und raumübergreifenden Gespräch derer zusammen, die sich um diesen Text versammeln. Die Offenheit des Hörens, die Erwartung, von den Vätern und Genossen etwas lernen zu können, fördert eine produktive Toleranz, die im weitesten und besten Sinne als ökumenisch zu bezeichnen ist. Die christliche Exegese könnte in mehrfacher Hinsicht lernen:

– Sie könnte deutlicher und entschiedener versuchen, sich an diesem Gespräch zu beteiligen – in der Hoffnung, daß ein solches Angebot akzeptiert und eine christliche Sicht der Hebräischen Bibel in der traditionellen Offenheit der Jüdischen Hermeneutik als eine der siebzig Verständnismöglichkeiten der Tora wahrgenommen wird. Petuchowski merkt dazu an: »Jedenfalls soll hier behauptet werden, daß jüdischerseits eine derartige Auffassung der christlichen Exegese mindestens eine theoretische Möglichkeit darstellt, die sich aus den hermeneutischen Voraussetzungen der Jüdischen Bibelexegese ergibt« – wenn auch die Barrieren, die sich aus der langen Verachtung des Judentums durch die christliche Theologie aufstellen, nicht verschwiegen werden (Petuchowski, 1982, S. 135);

– die christliche Exegese könnte sich aber auch zu einer Überprüfung ihres eigenen Selbstverständnisses anregen lassen. Bisher definiert sich wissenschaftlicher Fortschritt immer noch weithin als solistische Aktion, in der ein einzelner möglichst die Arbeit seiner Vorgänger und Kollegen als unzureichend nachweist und seine eigene Lösung als die allein mögliche propagiert. Ein wenig spiegelt sich in solchen Denkweisen auch die Produktions- und Konsumlogik der Wegwerf-Gesellschaft. Die christliche Theologie könnte von der jüdischen lernen, daß die Demut der Kommunikation die Schätze der Überlieferung und des Gesprächs sorgsam aufhebt und darauf achtet, daß sie für den Verstehensprozeß nicht verlorengehen – damit die Bruchstücke der Wahrheit, die einzelne finden, etwas mehr zusammenwachsen in Richtung auf die größere Wahrheit. Grundlegende Merkmale der Jüdischen Hermeneutik sorgen dafür, daß es nicht zu willkürlicher Beliebigkeit kommt (vgl. dazu 4.2.a.).

b. Die Jüdische Hermeneutik sucht konsequent nach der Bedeutung der biblischen Überlieferung für die Gegenwart.

Es ist noch einmal daran zu erinnern, daß nach den Hinweisen von G. Scholem im jüdischen Verständnis sich die Erforschung der Bibel nicht auf das Erfinden neuer Gedanken über den Text konzentriert, sondern sich bemüht, die im Text verschlossene Bedeutung für die Gegenwart im Gespräch herauszufinden. Dies ist wichtiger als das Interesse, die »ursprüngliche Bedeutung« eines Textes herauszufinden. Die Historisch-Kritische Forschung mit ihrer Fixierung auf diese Frage könnte lernen, auch das Suchen nach der heute hilfreichen und orientierenden Wahrheit als Forschung ernst zu nehmen; denn schließlich bezeichnet das Verbum »darasch«, das dem *Derasch* zugrundeliegt, nicht nur im nachbiblischen Judentum die Erforschung der Überlieferung, sondern die Hebräische Bibel selbst verwendet das Wort auch als Ausdruck für intensivste Suchbewegung des Glaubens: »So spricht JAHWE zum Haus Israel: Sucht mich, so werdet ihr leben!« (Am 5,4) – auch das ist »Forschung«.

4.2 Kritische Anfragen

a. Die Jüdische Hermeneutik kann zu willkürlichen Interpretationen eines Textes führen.

In der Tat ist die Jüdische Exegese nicht immun gegen dies Bedenken, das auch bei nicht wenigen »christlichen« hermeneutischen Ansätzen kritisch in Ansatz zu bringen war. Es ist jedoch zu beachten, daß mögliche Willkür durch zwei Merkmale der Jüdischen Auslegung begrenzt wird:

- durch den kommunikativen Charakter der Exegese, die unterschiedliche Positionen nebeneinander stellt und damit als Beitrag eines bestimmten Gesprächsteilnehmers kennzeichnet; das fortwährende Gespräch schließt ja immer die gegenseitige Überprüfung, Kritik und auch die Revision des eigenen Standpunkts ein;
- das Insistieren auf den Peschat macht die Auslegung immer wieder am genauen Verständnis des Textes fest; dies formuliert der Auslegungsgrundsatz: »Kein Vers verliert seinen peschat« (= seinen Wortsinn; Sabb 63).

b. Es liegt zu wenig Material vor, um die Jüdische Auslegung allgemein fruchtbar zu machen.

Dieser Einwand ist schwerlich zu entkräften. Tatsächlich gleicht die jüdische Haggada-Überlieferung weithin einer »Schatzkammer« (so der Titel einer Sammlung altjüdischer Haggada), die gut verborgen und obendrein verschlossen ist. Der Interessent ist auf die wenigen Kostproben angewiesen, wie sie etwa in den benutzten, leicht zugänglichen Arbeiten von Petuchowski und Wiesel vorliegen; außerdem sei noch einmal der Raschi-Kommentar genannt, der in einer verständlichen und preiswerten Übersetzung zur Verfügung steht, sowie auf die geläufigen Editionen altjüdischen Schrifttums (Kautzsch, 1920; Rießler, 1928). Schließlich ist noch die Sammlung von R. Gradwohl zu nennen (Gradwohl, 1986 ff). Bleibt zu hoffen, daß neben den deutschen Ausgaben von Mischna und Talmud auch die reiche erzählerische Tradition des Judentums für die ökumenische Arbeit an der Bibel besser erschlossen wird, etwa durch eine Übersetzung der Biblia Rabbinica!

Literatur

Aptowitzer, V., Kain und Abel in der Agada, den Apokryphen, der hellenistischen, christlichen und mohammedanischen Literatur. Veröffentlichungen der Alex Kohut Memorial Foundation I (1922).
Baeck, Leo, Das Wesen des Judentums. Köln. 6. Aufl. 1960.

Berg, Horst Klaus, Die Schrift im Dialog verstehen. Vorarbeiten für ein Gespräch mit der jüdischen Hermeneutik. In: Büttner, G.; Thierfelder, J. (Hg), Religionspädagogische Grenzgänge (Festschrift für Erich Bochinger und Martin Widmann). Stuttgart: Calwer Verlag 1988. S. 15-34.

Dexinger, Ferdinand, Grundzüge jüdischer Schriftauslegung. In: Langer, W. (Hg), Handbuch der Bibelarbeit. München: Kösel-Verlag. 1987, S. 168-173.

Encyclopaedia Iudaica. Jerusalem: Keter Publishing Hause Ltd. 1971.

Fohrer, Georg, Glaube und Leben im Judentum (UTB 885). Heidelberg: Quelle & Meyer, 1979.

Gradwohl, Roland, Bibelauslegungen aus jüdischen Quellen. Band 1-4. Stuttgart: Calwer Verlag. Band 1-4. 1987 ff.

Josephus, Flavius, Jüdische Altertümer. Übers. H.Clementz. Band I und II. Berlin: Verlag Benjamin Harz. 1923.

Kautzsch, Emil (Hg), Die Apokryphen und Pseudepigraphen des Alten Testaments. 2. Band: Pseudepigraphen. Tübingen: J.C.B.Mohr. 1900.

Miqraoth Gedoloth (Biblia rabbinica). Pardes Publishers. Jerusalem. 1955.

Petuchowski, Jakob J., Wie unsere Meister die Schrift erklärten. Beispielhafte Bibelauslegungen aus dem Judentum. Freiburg: Verlag Herder. 1982.

Raschi, Pentateuchkommentar. Vollständig ins Deutsche übertragen und mit einer Einleitung versehen von Selig Bamberger. Basel: Victor Goldschmidt Verlag. 2. Aufl. 1928 (Nachdruck: 1975).

Rießler, Paul, Altjüdisches Schrifttum außerhalb der Bibel. Übersetzt und erläutert von P.R. Augsburg: B. Filser Verlag. 1928.

Scholem, Gershom, Über einige Grundbegriffe des Judentums (es 414). Frankfurt: Suhrkamp Verlag. 1970.

Schonefeld, Jacobus, Die Bibel in der israelitischen Erziehung. Eine Studie über Zugänge zur Hebräischen Bibel und zum Bibelunterricht in der israelischen pädagogischen Literatur. Neukirchen: Neukirchener Verlag. 1987.

Strack, Hermann; Billerbeck, Hermann, Kommentar zum Neuen Testament aus Talmud und Midrasch. Exkurse zu einzelnen Stellen des Neuen Testaments. Abhandlungen zur neutestamentlichen Theologie und Archäologie. Erster Teil. München: C.H. Beck'sche Verlagsbuchhandlung. 3. Aufl. 1961.

Strack, Hermann; Stemberger, Günter, Einleitung in Talmud und Midrasch. München: C.H. Beck'sche Verlagsbuchhandlung. 7., völlig neubearbeitete Aufl. 1982.

Wiesel, Elie, Adam oder das Geheimnis des Anfangs. Brüderliche Urgestalten. Freiburg: Verlag Herder. 1980.

Wünsche, August, Bibliotheca Rabbinica. Eine Sammlung alter Midraschim. Zum ersten Mal ins Deutsche übertragen. Band 1-5. Leiden, 1880-1885. Neudruck: 1967.

III. Neue Lektüre

Kapitel 1
Erfahrungsbezogene Auslegung –
ein integratives Konzept

Eine erste Frage: Ein (zu) reich gedeckter Tisch?

In den 13 Kapiteln der hermeneutischen Modelle hat sich eine faszinierende Vielfalt der unterschiedlichsten Zugänge zur Bibel gezeigt. Vielleicht sehen wir jetzt wirklich die Stadt vor uns, von der Umberto Eco sprach (siehe Kapitel II.10), die bewohnte Lebenswelt, in die viele Tore führen, einladend geöffnet, dem Einlaß gewährend, der Lust zum Text hat und sich etwas davon verspricht, sich hier einzuleben.

Eins steht jedenfalls fest: Wer sich mit der Existentialen Interpretation oder der Strukturalen Analyse beschäftigt hat, wer mit Fragestellungen der Tiefenpsychologischen Exegese oder mit Interaktionalen Methoden an einen Text herangegangen ist, wer die Dynamik des Befreiungstheologischen oder Jüdischen Verstehens geschmeckt hat – um nur einige zu nennen –, wird sich künftig kaum noch mit hermeneutischer Einheitskost zufriedengeben. Vielleicht ist das schöne Bild vom gedeckten Tisch, das die jüdische Hermeneutik verwendet (»Schulchan aruch« = gedeckter Tisch, heißt ein mittelalterliches Werk, das das Verstehen der Überlieferung methodisch ordnet), am besten geeignet, um sich die Fülle der Verstehensmöglichkeiten zu verdeutlichen: Wer wird sich angesichts der reich gedeckten Tafel denn noch an den hermeneutischen Katzentisch (der Historisch-Kritischen Exegese) nötigen lassen, an der Schmalhans Küchenmeister ist?

Die Fülle der Zugänge zu Texten der Bibel breitet aber nicht nur eine faszinierende Vielfalt aus, sondern schafft auch Verwirrung: Welches Konzept ist angemessen? Gibt es noch ein Zentrum, an dem sich das Verständnis eines Bibeltextes ausrichtet – oder ist es dem methodischen Geschick, der hermeneutischen Kreativität des Auslegers überlassen, welche Seite des Textes sich ihm erschließt?

Eine erste Antwort ergibt sich aus der Abschätzung der Reichweite der einzelnen hermeneutischen Konzepte, die an den Texten Gen 4, 1-16 und Mk 5,1-20 erprobt wurden: es hat sich gezeigt, daß ein einziger Zugang den Reichtum der Erfahrungen und Zusagen, die ein Text in sich schließt, kaum ausschöpfen kann; darum ist es sinnvoll, ja, notwendig, mehrere Ansätze miteinander zu verbinden.

Aber diese Auskunft befriedigt noch nicht; denn: welchen Gesichtspunkten folgt die Auswahl? An welchen Kriterien richtet sich die Verknüpfung mehrerer hermeneutischer Ansätze aus? Ich will diesen Fragen in drei Gedankengängen nachgehen.

Zunächst greife ich noch einmal das Problem der *Erfahrung* auf: »Erfahrungsverlust« war ein wichtiges Stichwort bei der Überlegung, warum die Bibel heute ein »vergessenes Buch« ist.

Kann ein heutiger Bibelleser in den alten Texten noch Leben wahrnehmen: Angst und Hoffnung, Leidenschaft und Wut, Vertrauen und Hingabe, Zweifel und Glauben... Erfahrungen, die auch seine werden könnten?

Von dieser Frage ging die Untersuchung der Auslegungsmethoden und hermeneutischen Ansätze dieses Buchs aus. Es bietet sich an, die bisher vorgestellten hermeneutischen Konzepte abschließend noch einmal unter der Leitkategorie »Erfahrung« durchzugehen, sie unter der Fragestellung zu mustern, was sie für ein erfahrungsbezogenes Verständnis biblischer Texte leisten; dann wird sich vielleicht klarer zeigen, welche sich besonders nachdrücklich empfehlen (Abschnitt 1 und 2).

Aber das reicht noch nicht aus! Denn »Erfahrung« ist ja eine formale Kategorie, die mit sehr unterschiedlichen Inhalten gefüllt werden kann. Die Gefahr der Zersplitterung der Inhalte und des willkürlichen Gebrauchs der Auslegungsmethoden ist durch die konsequente Beachtung des Erfahrungsbezugs noch nicht gebannt, das gesuchte Zentrum, an dem sich die Auslegung ausrichtet, noch nicht gefunden. Es muß ein *inhaltlicher* Aspekt hinzukommen. Ich suche darum in einem zweiten Gedankengang (Abschnitt 3 und 4) nach *Grundlinien* der biblischen Überlieferung – der lateinamerikanische Theologe J.S. Croatto spricht in diesem Zusammenhang von »kerygmatischen Achsen« (Croatto, 1989, S. 64 u.ö.) – auf die hin der einzelne Bibeltext zentriert werden kann.

Abschließend werde ich einige Gesichtspunkte zur *Integration* verschiedener hermeneutischer Ansätze im Sinne einer mehrdimensionalen Auslegung formulieren (Abschnitt 5).

1 Hermeneutische Konzepte als Erschließung von Erfahrung

In diesem Zusammenhang muß es genügen, zur Charakterisierung der verschiedenen hermeneutischen Konzepte knappe Andeutungen zu notieren, die die ausführlicheren Darstellungen stichwortartig zusammenfassen; die Zitate, die den Texten aus Teil II entnommen sind, werden in der Regel nicht noch einmal nachgewiesen.

1.1 Zur Hermeneutik der Historisch-Kritischen Auslegung

Auf den ersten Blick gibt sich die Historisch-Kritische Exegese recht spröde, wenn es um Erfahrung im Vorgang der Texterschließung geht. Es gehört ja zu ihrem Programm, daß der Exeget »seine Individualität in diesem Sinne… gerade ausschalten« soll, wie Rudolf Bultmann in seinem berühmten Aufsatz »Ist voraussetzungslose Exegese möglich?« ausführte (Bultmann, 1957, S. 143); denn diese stört den klaren, objektiven Gang der Erkenntnis.

Aber die Formulierung »… in diesem Sinne« läßt aufhorchen. Was meint sie im Gedankengang Bultmanns? Er führt aus, daß zunächst einmal die spezifischen Gewohnheiten und Neigungen, auch Schwächen des Auslegers, möglichst auszuschalten sind – eine einleuchtende Forderung. Weiterhin besteht Bultmann darauf, daß auch dogmatische Vor-Urteile über einen Text aus dem Spiel bleiben müssen. Diese bedienen sich häufig einer allegorisierenden Methode, die in einem Text einen anderen Sinn liest als der Wortlaut hergibt; es »ist klar, daß in solchen Fällen der Exeget nicht hört, was der Text sagt, sondern ihn sagen läßt, was er, der Exeget, schon vorher weiß« (S. 142).

Hier zeigt sich ein wichtiges Motiv für den Verzicht der Historisch-Kritischen Exegese auf diese Form von »Erfahrung« des Interpreten: Es geht darum, den Text vor Willkür zu schützen, damit er seine Sache sagen kann.

Dieser Grundsatz hat nicht nur die Funktion, die Wissenschaftlichkeit der Textinterpretation und die Feststellung des historischen Text-Sinns zu sichern, sondern kann auch die Eigenständigkeit des Texts schützen. Darauf hat vor allem die Interaktionale Auslegung aufmerksam gemacht (s.u.). Zwar öffnet die Historisch-Kritische Auslegung keine erfahrungsorientierten Zugänge zum Text, aber sie sorgt dafür, daß der Ausleger nicht willkürlich seine Erfahrungen in den Text projiziert; darum ist sie eine unentbehrliche Hilfswissenschaft für ein erfahrungsbezogenes Verständnis der Schrift.

Kein Ausleger kann ganz auf sie verzichten, kann sich aber auch nicht mit ihr zufriedengeben. Dies belegt deutlich die hermeneutische Entwicklung: Alle weiteren Konzepte versuchen auf irgendeine Weise, erfahrungsorientiert vorzugehen… aber sie greifen auch immer wieder auf Fragestellungen und Ergebnisse der Historisch-Kritischen Auslegung zurück.

1.2 Zur Hermeneutik der Existentialen Auslegung

Dies Konzept stützt sich programmatisch auf Erfahrung – wenn der Begriff auch kaum in der typischen Terminologie der Existentialen Interpretation auftaucht. Ihr geht es um die Erhellung der je eigenen Existenz im Licht der Überlieferung. Dieser Vorgang vollzieht sich vor allem in zwei Grund-Schritten:

– Der Ausleger muß von der Frage nach seiner »Eigentlichkeit« – eben nach seiner »Existenz« – betroffen sein. Diese Betroffenheit markiert einen intensiven Lebensbezug; aber damit sie in Gang kommt, muß der Interpret sich gerade von der alltäglichen Erfahrung lösen, weil diese an das »Man« verfallen ist und darum Betroffenheit verhindert. Erfahrung ist in diesem Zusammenhang also als verdichtete, vertiefte Erfahrung zu verstehen, die mit einer Reflexion über die Möglichkeiten und Chancen der eigenen Existenz verbunden ist.

– Die Existentiale Interpretation geht davon aus, daß das gleiche Existenzverständnis auch in den biblischen Texten aufgehoben ist, daß sie sich auf die gleichen Grunderfahrungen und -fragen beziehen und daß sie das Zeugnis von der befreienden und ein »eigentliches Leben« erst ermöglichenden Tat Gottes einschließen. Dies kommt aber nur ans Licht, wenn die Texte nicht nach objektiv feststellbaren Vorgängen befragt werden, sondern nach ihrem Existenzverständnis und damit letztlich nach den Erfahrungen, die zur Entstehung dieser Texte führten.

Es ist deutlich zu sehen, daß die Existentiale Auslegung an Erfahrung interessiert ist, aber – wie oben angedeutet – einen spezifischen Erfahrungsbegriff verwendet: sowohl beim Interpreten wie bei den Texten gilt es, die unmittelbaren Alltagserfahrungen als das »Vorfindliche« zu identifizieren und sie in Richtung auf die existentiellen Grundfragen hin zu interpretieren, die um die Möglichkeit des eigenen Seins besorgt sind.

Allerdings hat dieser Ansatz die kritische Rückfrage auf sich gezogen, ob der Preis, der hier für die Gewinnung der existentiellen Dimension zu entrichten ist, nicht zu hoch ausfällt; denn die Existentiale Interpretation entgeht kaum der Gefahr, die konkrete Wirklichkeit zugunsten der Innerlichkeit des einzelnen zu vergessen.

1.3 Zur Hermeneutik der Linguistischen Auslegung

Die verhältnismäßig spröde Terminologie und die aufwendige Methodik dieses Konzepts signalisieren auf den ersten Blick kein besonders intensives Interesse an Erfahrung. Aber wer sich nicht abschrecken läßt, kann durchaus überraschende Entdeckungen machen. Es zeigt sich nämlich, daß die beiden in Kapitel II.3 vorgestellten Methodenansätze – die Analyse der Erzählperspektiven und die Untersuchung der Handlungsrollen – darauf zielen, ein brauchbares Instrumentarium für die Beschreibung und Analyse von Erfahrungen bereitzustellen.

Das zeigen einige Beispiele:

Die Frage nach der Raum- oder Zeitcharakteristik soll den Leser anregen, sich gleichsam in die Geschichte hineinzubegeben, die Orte aufzusuchen, an denen die Akteure sich aufhalten, ihre Wege mit ihnen zu gehen, ihr Schicksal mit auszuleben; die Untersuchung der Personen im Blick auf ihre Emotionen (Analyseaspekt: Psychologie) und ihre Normen (Analyseaspekt: Werte) lädt ein, sich mit den ihren zu identifizieren, die im Text aufscheinenden Erfahrungen mit ihnen zu teilen.

Die Analyse der Akteure nach dem Aktantenmodell leitet zur genauen Beachtung aller am erzählten Geschehen Beteiligten an – ein Vorgang, der sich als recht produktiv herausstellt; denn in aller Regel berücksichtigt die Auslegung nur die »Hauptpersonen« der biblischen Geschichten, während sich oft Lebensbezug und Erfahrungsgehalt erst aus der Beobachtung der »Randfiguren« erschließen. – Im Rahmen des Aktantenmodells wird auch die Untersuchung der Beziehungen wichtig, die die Personen verbinden; dabei ist auf die unausgesprochenen, verdeckten Beziehungen sorgfältig zu achten.

Die Strukturale Analyse baut also im Text gleichsam unter Laborbedingungen eine Erfahrungswelt auf, die auf konstanten, immer wiederkehrenden Verhaltensweisen und Beziehungskonstellationen basiert. Hierbei ist es sinnvoll, zwischen Tiefenstruktur und Oberflächenstruktur zu unterscheiden. »Tiefenstruktur« meint jenes abstrakte Konstrukt aus Handlungsträgern, Ereignissen einer vorgestellten Welt in Raum und Zeit. Die »Oberflächenstruktur« bezieht sich auf die spezifische Ausarbeitung und Zuordnung jener Elemente in einem Text.

Wahrscheinlich besteht der Reiz der Strukturalen Textsemantik darin, daß einerseits die Analyse den Text zwar in viele Einzelelemente zerlegt, daß diese sich aber bei methodengerechter Anwendung gleichsam vor den Augen des Auslegers zu einem neuen Bild zusammenfügen. Er wird sich den Personen zuwenden, die Perspektiven auswählen, den Beziehungen teilnehmend nachgehen, die ihm interessant erscheinen, ihn ansprechen oder in Frage stellen.

Jedenfalls stellt die Strukturale Analyse ein Instrumentarium bereit, das die methodische Beobachtung von Erfahrungsmaterial in Texten anregt und damit auch eine wesentliche Voraussetzung für ein erfahrungsbezogenes Verstehen schafft. (Es ist sicher kein Zufall, daß Dormeyer eben die Strukturale Analyse benutzt, um sein Konzept der Interaktionalen Bibelarbeit zu entwickeln: Dormeyer, 1978.)

1.4 Zur Hermeneutik der Tiefenpsychologischen Auslegung

Dies vor allem an den Grundzügen der Tiefenpsychologischen Analyse von C.G. Jung ausgerichtete Konzept ist ganz eindeutig auf Erfahrung hin angelegt, und zwar unter doppeltem Aspekt:
– Es geht davon aus, daß in Texten heilvolle Erfahrungen mit ganzheitlichem, integriertem Leben verschlossen sind. Diese entstanden vor allem in der Frühgeschichte der Menschheit, als die Menschen sich noch nicht in Geist und Seele gespalten hatten. Diese Ur-Erfahrungen haben sich im »Kollektiven Unbewußten« versammelt. Sie prägen sich in Archetypen und in symbolischen Bildern aus.

– Dieser Schatz ist für ein heute gelingendes Leben unentbehrlich; jeder hat die Möglichkeit des Zugangs über das Kollektive Unbewußte, so wie ein Tiefbrunnen unzugängliche Quellen erschließt.

Es kommt darauf an, diese Erfahrungen in den Texten zu erkennen und durch geeignete Methoden zu erschließen. – Hier sind vor allem zwei Ansätze zu nennen:

– Die formalisierte Methode, die vor allem auf der Erschließung von Texten auf der Subjekt- und der Objektstufe basiert;
– daneben gibt es die informellen Methoden, die vor allem die seelischen und kreativen Kräfte ansprechen; Vertreter der Tiefenpsychologischen Auslegung sind davon überzeugt, daß diese kreativen Methoden die Kräfte des Kollektiven Unbewußten mobilisieren können – eine Ansicht, die durch Ergebnisse der Hemisphärenforschung gestützt wird.

Diese heilenden Kräfte kommen aber nur dann zur Wirkung, wenn der Leser/Hörer bereit ist, sie durch Öffnung für das Kollektive Unbewußte auf sich einwirken zu lassen.

1.5 Zur Hermeneutik der Interaktionalen Auslegung

Erfahrung kommt in diesem Konzept auf drei Ebenen ins Spiel:

– *Die Vor-Erfahrung der Teilnehmer:*
Eine wesentliche Bedingung für das Gelingen des Auslegungsvorgangs ist, daß die Vor-Erfahrungen der Teilnehmer offen in die Interaktion der Gruppe eingebracht und akzeptiert werden, gerade wenn sie Aggressionen, Widerspruch oder Unverständnis gegenüber dem biblischen Text zur Sprache bringen. Möglichst sollte keine Lebensäußerung ausgegrenzt oder tabuisiert werden, damit die erfahrungsbezogene Interaktion in der Gruppe und mit dem Text in Gang kommt.

– *Die textimplizite Erfahrung:*
Dies ist die zweite Ebene, auf der nach Erfahrung gefragt wird: Welche Erfahrungen könnten zur Entstehung des Textes geführt haben? Welche Spuren sind in der Erzählung erkennbar? Die methodischen Anstrengungen richten sich darauf, diesen Erfahrungen nachzuspüren. Dabei kommt alles darauf an, daß diese nicht einfach die bisherigen Erfahrungen des Lesers/Hörers bestätigen oder überhöhen, sondern neue Dimensionen erschließen. Die erneuernde, heilende Botschaft eines Textes kommt erst zur Geltung, wenn sie dem Leser/Hörer als »fremd« gegenübertritt. Th. Vogt spricht in diesem Zusammenhang von »Gegen-Welten«. Es ist dem Leser oder Hörer aber wenig damit gedient, wenn ihm diese Gegen-Welt als Idee oder Forderung gegenübertritt; es ist wichtig, daß sie als Beispiel oder Anfang erfahrenen, gelebten neuen Lebens erscheint, das die gewohnten Perspektiven, die verfestigte Lebenspraxis in Frage stellt und damit erst neue Erfahrungen ermöglicht.

Dieser Vorgang gelingt aber nur, wenn der Text auf Distanz gebracht wird; denn sonst würde er dem heutigen Leser/Hörer ja nur bestätigen, was er auch ohne den Text schon weiß. Das geschieht mit Hilfe einer Historisch-Kritischen Befragung. Im Gegensatz zur schulmäßigen historischen Exegese ist das Methodeninstrumentarium aber so angelegt, daß die Gesprächsteilnehmer die Auslegung mit Hilfe sachlicher und methodischer Vorgaben selbst vornehmen können; sie sind ausdrücklich als Subjekte des Verstehens angesprochen.

– *Die erfahrungsbezogene Aneignung:*
Die dritte Ebene, auf der Erfahrung ins Spiel kommt, ist die Aneignung der heilenden Dynamik des Textes in der Gruppe. Sie erfolgt durch Aktivierung der kreativen Kräfte und damit im ganzheitlichen Erleben, aber auch durch ein erfahrungs-intensives Gespräch über die neuen Lebensperspektiven.

Das Konzept der Interaktionalen Hermeneutik weist manche Parallelen zur Tiefenpsychologischen Exegese auf, zeichnet sich aber durch die konsequente Einbeziehung der Gruppe als »Erfahrungsraum« und auch durch die deutlicher akzentuierte methodische Arbeit aus.

1.6 Zur Hermeneutik der Ursprungsgeschichtlichen Auslegung und der Materialistischen Auslegung

Bei der Entwicklung der hermeneutischen Konzepte und der darauf bezogenen Methoden wurden die beiden hier genannten Ansätze getrennt dargestellt, weil ihre Stoßrichtungen sich unterscheiden. In Blick auf die Untersuchung ihres Erfahrungsgehalts können sie aber gemeinsam besprochen werden.
Diese Verstehenswege versuchen, die Situation, in der ein Text entstanden ist, genau zu erfassen und als Bedingung für seine Produktion zu verstehen. Dabei ist vorausgesetzt, daß nicht die Geistes- oder Glaubensgeschichte allein oder in erster Linie maßgebend ist, sondern daß die realen Lebensverhältnisse die Entstehung und Gestaltung grundlegend beeinflussen. Anders formuliert: Es geht darum, die Erfahrungen, die in einer historischen »Sprechsituation« wichtig waren und zu einer Auseinandersetzung drängten, zu rekonstruieren und die dann entstandenen Texte als Antworten auf diese Erfahrungen, Probleme und Konflikte hin zu interpretieren.
Die Frage nach der Erfahrung wird also in der Ursprungsgeschichtlichen Hermeneutik deutlich vom heutigen Hörer/Leser weg in den Text bzw. seine Umwelt verlagert. Der Verstehensprozeß lebt von der Grundannahme, daß die Erfahrungen in der Ursprungssituation des Textes und in der heutigen Rezeptionssituation gleiche Strukturen aufweisen und damit auch vergleichbar sind.
Die unter dem Stichwort der Materialistischen Hermeneutik zusammengefaßten Ansätze gehen noch einen Schritt weiter: Sie erkennen in realen Lebenverhältnis-

sen, wie sie den Schilderungen der Bibel zu entnehmen sind, Modelle einer durch den Glauben inspirierten »subversiven Praxis«, von der Impulse für eine heute befreiende Praxis ausgehen. Hier wird also ausdrücklich der Bogen in heutige Erfahrungszusammenhänge geschlagen.

1.7 Zur Hermeneutik der Feministischen Auslegung

Dies hermeneutische Konzept ist vielleicht dasjenige, in dem die Erfahrung am intensivsten in den Auslegungsvorgang einbezogen ist. Es geht vom Grund-Satz aus:

»Der Ausgangspunkt des theologischen Denkens und Handelns ist die Erfahrung gesellschaftlicher Unterdrückung« (Moltmann-Wendel, 1985, S. 77). Die subjektive Erfahrung einzelner Frauen bündelt sich in der Gruppenerfahrung sexistischer Unterprivilegierung. Diese Erfahrung gerät in enge Beziehung zu zentralen biblischen Texten: Auch in den Erzählungen vom Exodus und von der babylonischen Gefangenschaft, vom Wanderprediger aus Galiläa und seinen armen Freundinnen und Freunden geht es um erfahrene Ungerechtigkeit und Unterdrückung, aber auch um die Zusage, daß Gott diesen Armen rettend nahekommt. So fragen sich Frauen – ausgehend von ihrer Erfahrung – mit ihren eigenständigen Sichtweisen und Methoden zu befreiender biblischer Erfahrung durch. Eine besondere Bedeutung gewinnen dabei die biblischen Frauengestalten: An der Selbst- und Glaubenserfahrung von Sara und Mirjam, Maria aus Magdala und Martha von Betanien können Frauen ihr eigenes Verständnis klären und Bilder starker Identität aufgreifen.

Der Weg zu diesen »Müttern« ist allerdings nicht leicht, weil er von der dreifachen Hürde patriarchaler Redaktion, Rezeption und Auslegung der Überlieferung verstellt ist. Hier kommt wiederum Erfahrung ins Spiel, und zwar im Sinne der ideologiekritisch orientierten, wirkungsgeschichtlichen Analyse; erst wenn diese Barrieren schlechter Erfahrung abgeräumt sind, gelingt der Zugang zu befreiender biblischer Geschichte.

Erfahrungsorientiert geht die Feministische Exegese also auf drei Ebenen vor:
– Im Blick auf die Gegenwart als Erkenntnis erfahrener Unterdrückung, aber auch als Offenheit für die heute befreiende Dynamik vergangener Erfahrung;
– im Blick auf die Gebrauchs-Geschichte der biblischen Überlieferung als kritische Auseinandersetzung mit der Erfahrung sexistisch motivierten Mißbrauchs;
– im Blick auf die Rezeption der biblischen Texte als Möglichkeit der Identifikation mit der geschichtlichen Erfahrung selbstbewußter, integrierter Frauen, die sich als Identifikationsgestalten anbieten.

1.8 Zur Hermeneutik der Relectura

Dies in den Gemeinden der Dritten Welt, vor allem in den lateinamerikanischen Basisgemeinden entstandene hermeneutische Konzept weist ganz ähnliche Merkmale auf wie der Feministische Ansatz: Es geht von der Erfahrung der Unterdrückung in der Gegenwart aus und kommt zu einer autonomen Interpretation der Überlieferung, die als vergangene Erfahrung in ihrer Bedeutung für die Gegenwart neu gelesen wird. Vergangener Text und heutiges Leben werden in ihren realen Praxiszusammenhängen miteinander verflochten. Die biblische Geschichte ist für die Christen der Basisgemeinden die Vor-Geschichte heutigen Leidens – die heutige Praxis solidarischen Einsatzes und Kampfes für Veränderung ist zugleich die Folge-Geschichte biblischer Befreiungsgeschichten. So kommt es zu einem ständigen Hin- und Herschwingen zwischen Gegenwart und Überlieferung.

Im Vergleich mit dem Feministischen Konzept wird hier allerdings kaum eine umfassende kritische Auseinandersetzung mit der Rezeptionsgeschichte angestoßen, bleiben die mit dem Text verbundenen Erfahrungen unbearbeitet. Der Erfahrungsbezug zur Gegenwart schließt betont die Erfahrung der Solidarität, Erneuerung und Befreiung in der Gruppe ein – ein Merkmal, das die Hermeneutik der Relectura mit dem Interaktionalen Konzept teilt.

Für Leser aus der »Ersten Welt« wird sie allerdings nur dann fruchtbar, wenn diese bereit sind, ihre eigene Lebenspraxis mit der in den biblischen Geschichten erzählten Praxis in Beziehung zu setzen. Dann zeigt sich, daß sie nicht die »Armen« sind, denen der Ruf der Freiheit gilt, sondern die »Reichen«, die den Ruf zur Umkehr zu hören bekommen. Erst wenn sie diesen akzeptieren und in eine neu ausgerichtete Lebenspraxis umsetzen, können sie den Erfahrungsschatz, den die Relectura bereithält, für sich annehmen.

1.9 Zur Hermeneutik der Intertextuellen Auslegung

Im Rahmen dieses Konzepts versammeln sich drei Ansätze, die das gemeinsame Interesse verbindet, Texte nicht isoliert, sondern in Beziehungen zu lesen, eben intertextuell. Im Rahmen dieses gemeinsamen Interesses akzentuieren die Ansätze aber durchaus unterschiedlich; darum ist bei der Erhebung ihres Erfahrungsbezugs zu differenzieren.

– *Ansatz: Heilsgeschichte:*
   Die Erinnerung an die Verheißungen für die »Väter« hat die Funktion, gegenwärtige Erfahrungen zu deuten: Als Einlösung der Verheißung, als Erneuerung oder Erweiterung der alten Versprechen oder auch als Versagen der jetzt Lebenden vor dem Gewicht und Anspruch der Vergangenheit. Damit können Kräfte der Hoffnung und der Umkehr freigesetzt werden.

– Ansatz: Wachsende Überlieferung:
Bei diesem Denkmodell ließen sich verschiedene biblische Zusammenhänge im Blick auf Wachstumsprozesse beobachten: Die Diachronie der verschiedenen Schichten innerhalb eines Textes – das Anwachsen von Themenkomplexen wie Schöpfung oder Exodus – die Entfaltung komplexer Motive wie beispielsweise »Wasser« – die Anreicherung von Personen durch immer neue Züge. In allen Fällen geht es nicht um die Abgrenzung verschiedener Schichten oder Entwicklungsstadien in dem Interesse, am Ende zum ursprünglichen und damit »echten« Text zu gelangen; es soll vielmehr untersucht werden, welche neuen Erfahrungen jeweils Wachstumsschübe angereizt haben, welche Faktoren dazu führten, daß ein Text in neue Lebens- und Erfahrungsräume hinein weitergebaut wurde.

– Ansatz: Lesen in freier Assoziation:
Diese Form der Intertextualität, vor allem von Roland Barthes höchst anregend und artifiziell gebraucht, ist die am weitesten gehende: Der vorgegebene Text wird »sternenförmig aufgelöst«, d.h. die Phantasie des Lesers/Hörers läßt sich von bestimmten Details dazu inspirieren, andere Texte, die in keinem direkten Zusammenhang mit dem Ausgangstext stehen, zu assoziieren und in die Vorlage »einzulesen«, Verbindungen anzuknüpfen, die dann ein sehr reiches, differenziertes Verständnis ermöglichen.

Die Frage nach Erfahrung richtet sich in allen drei Ansätzen nicht in erster Linie auf den Ursprungstext oder auf den heutigen Rezipienten. Der Interpret spürt mehr den Texten nach, die im Umfeld der biblischen Quelle auftauchen. Teilweise wuchsen die Texte aus der biblischen Vorlage heraus (»Wachsende Überlieferung«), teilweise wurden sie nachträglich mit ihr verbunden (»Heilsgeschichte«), teilweise ergibt sich die Verknüpfung durch freies Assoziieren des Auslegers. Er versucht, herauszufinden, welche Aspekte von Erfahrung sich mit den neuen Texten verbinden, was sie zum Verständnis der biblischen Quelle beitragen.
Es zeigt sich, daß Bibeltexte verlieren, wenn sie als isolierte Gebilde gelesen werden, und gewinnen, wenn sie – nach einer Formulierung von W.Schapp – »in einem Meer von Geschichten schwimmen«; denn sie zeigen sich als Ergebnis immer neuer Erfahrungen. Wie von selbst wird der Leser/Hörer in dies faszinierende Spiel hineingezogen, wird eingeladen, die Erfahrungswelt der biblischen Erzähler in sich aufzunehmen und weiterzuführen. Das wird besonders deutlich im dritten Ansatz: Bei der sternenförmigen Auflösung wird der Leser »zum aktiven Zentrum eines Netzwerks von unausschöpfbaren Beziehungen« (Eco), zum Mit-Produzenten seines Textes.

1.10 Zur Hermeneutik der Wirkungsgeschichtlichen Auslegung

Der Ansatz der Wirkungsgeschichtlichen Analyse setzt die in Abschnitt 1.6 vorgestellten Arbeitsgänge der Ursprungsgeschichtlichen/Materialistischen Auslegung in den nachbiblischen Zeitraum hinein fort. Der für dies Buch gewählte Aspekt ist ein pragmatisch-ideologiekritischer. Grundfrage ist: Wer hat einen Bibeltext zu welcher Zeit mit welcher Absicht benutzt?

Diese Fragestellung erwies sich vor allem im Blick auf das gewählte Untersuchungsfeld »Religionsunterricht« als fruchtbar; es zeigte sich, daß die Rezeption der biblischen Erzählungen teilweise so stark von zeitgebundenen Interessen bestimmt wurde, daß es zu starken Umdeutungen oder sogar Entstellungen der biblischen Texte kam. Aber die Analyse von Texten aus der Gebrauchsgeschichte vor allem von Mk 5,1-20 ließ auch einige interessante Sichtweisen aufscheinen, die heute oft unbeachtet bleiben.

Die Frage nach der Erfahrung ist in diesem Konzept im Zeitraum zwischen dem Abschluß der biblischen Textgeschichte und der heutigen Rezeption angesiedelt. Das bedeutet aber nicht, daß sie für die heutige Auslegung irrelevant sei. Gerade die Beschäftigung mit vergangener Erfahrung, die eine bestimmte Rezeption des Textes auslöste, kann auf heute vergessene oder übersehene Ansichten aufmerksam machen oder auch vor offensichtlichen Fehldeutungen warnen. Weiterhin zeigt die Wirkungsgeschichtliche Analyse auf, daß »außertheologische« Faktoren oft die Interpretation eines Textes nachhaltig beeinflußt haben; diese Einsicht lädt zu einer stärkeren kritischen Berücksichtigung der Erfahrung im eigenen Auslegungsvorgang ein.

1.11 Zur Hermeneutik der Verfremdung

Dieser Ansatz konzentriert sich vor allem auf die Untersuchung gegenwärtiger Erfahrungen mit biblischen Texten.

Zunächst geht es ganz allgemein um die Frage nach der Bedeutung und Funktion biblischer Überlieferung in der Gegenwart. Es zeigt sich, daß der Zugang zur Bibel vielfach verstellt ist; dafür sind vor allem zwei Gründe maßgebend: Die Vorstellung, daß es sich um »heilige« Texte handelt, die mit heutiger Realität nicht viel zu schaffen haben; und die Gewöhnung durch vielfältige Kontakte mit Texten. Dies führt zu einem tiefgreifenden Verlust an Wirklichkeit und damit Erfahrung.

Weiterhin wird die Wirkung einzelner Bibeltexte oder einer thematischen Textgruppe untersucht. Auch hier zeigen sich oft die gleichen Schäden.

Die Hermeneutik der Verfremdung strengt sich an, durch geeignete Maßnahmen verfestigte Sichtweisen biblischer Überlieferung aufzubrechen und neue Möglichkeiten des Lebens- und Erfahrungsbezugs aufzubauen.

Der erste Schritt ist meist eine bewußt schockierende Konfrontation mit einem verfremdenden Text oder Bild. Sie soll den Leser zur Rückfrage an die biblische Überlieferung selbst motivieren und die Entdeckung auslösen, daß die eigene Wahrnehmung schon längst nicht mehr für neue Erfahrungen mit der Bibel offen, sondern zur Gewohnheit erstarrt ist.

In einem zweiten Schritt erfolgt die eingehendere Auseinandersetzung mit der Verfremdung. Sie bietet die Möglichkeit, mit dem Text neue Erfahrungen zu machen; das erreicht sie beispielsweise durch Perspektivenwechsel, durch Aufdecken des revolutionären Gehalts der Überlieferung oder durch verstärkten Realitätsbezug.

1.12 Zur Jüdischen Hermeneutik

Die Jüdische Schriftauslegung bewegt sich im Rahmen einer ausgesprochen kommunikativen Hermeneutik. Die Väter der Tradition versammeln sich am »gedeckten Tisch« des Wortes und treten in ein Gespräch ein. Oft sind sie durch große Entfernungen in Raum und Zeit voneinander getrennt, aber sie reden, streiten, verhandeln in der gemeinsamen Überzeugung, daß niemand die Wahrheit des biblischen Wortes für sich fassen kann, aber daß das Gespräch eine Annäherung an die größere Wahrheit ermöglicht.

Wer sich auf dies Gespräch einläßt, erlebt, daß er wie von selbst in diese Erzähl-und Erfahrungsgemeinschaft einbezogen wird, daß er teilhat an dem Prozeß wachsender Erfahrung. Das zeigte sich ganz deutlich an der Auseinandersetzung Elie Wiesels mit der Erzählung von Kain und Abel, die sich in den Dialog der Väter einmischt und sie auf faszinierende Weise in die Gegenwart fortschreibt. So kommt es zu einer sehr intensiven Anregung der eigenen Erfahrung.

2 Zusammenfassung

2.1 Vorbemerkungen

Der Durchgang durch die Konzepte hat gezeigt, daß im Auslegungsvorgang Erfahrung in dreifacher Hinsicht zu beobachten ist: Im Blick auf die Ursprungssituation, im Blick auf die Wirkungsgeschichte und im Blick auf die Gegenwart.

Das Verhältnis von Ursprungssituation, Wirkungsgeschichte und gegenwärtiger Rezeption will die folgende Grafik verdeutlichen:

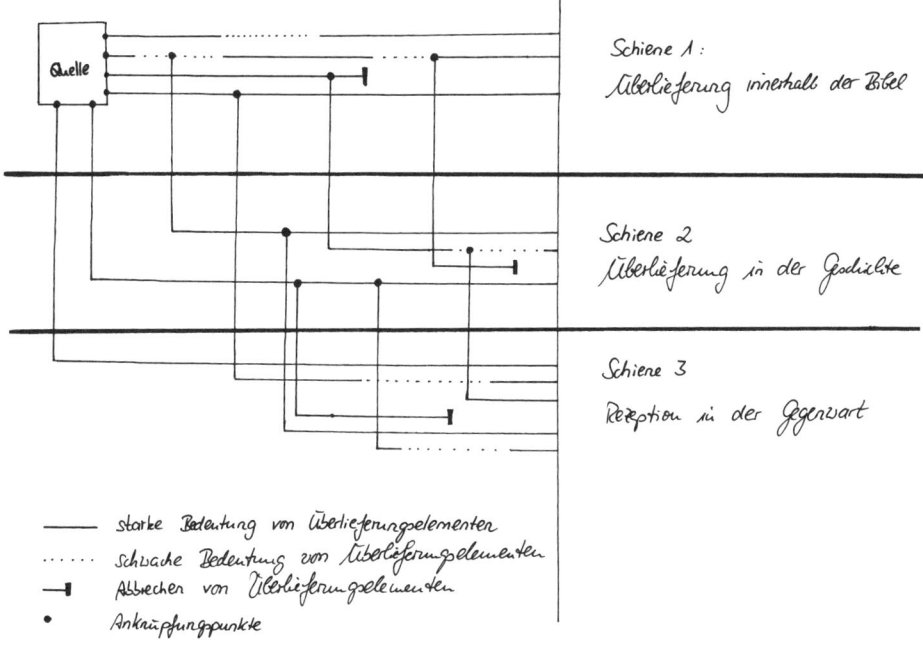

Schiene 1:
Überlieferung innerhalb der Bibel

Schiene 2
Überlieferung in der Geschichte

Schiene 3
Rezeption in der Gegenwart

——— starke Bedeutung von Überlieferungselementen
······ schwache Bedeutung von Überlieferungselementen
——I Abbrechen von Überlieferungselementen
• Anknüpfungspunkte

Erläuterung

Zu »Schiene« 1:
Die Quelle setzt verschiedene Deutungs- und Erfahrungsmöglichkeiten aus sich heraus, die unterschiedlich realisiert werden. Einige dieser Bedeutungsstränge bleiben wohl uneingelöst – andere verlieren nach einiger Zeit an Plausibilität und Kraft, weil sie keinen Bezug zu den Erfahrungen der Menschen mehr haben oder keine neuen Erfahrungen mehr stimulieren können – andere werden unterdrückt, weil sie den Interessen bestimmender Gruppen zuwiderlaufen – einige bleiben lebendig.

Zu »Schiene« 2 und 3:
In der weiteren Rezeptionsgeschichte des Textes werden nun die »Bedeutungsstränge« der Quelle aufgegriffen und weitergeführt; das füllt sie mit neuen Erfahrungen. Dabei kommen nicht nur die Stränge zum Zuge, die sich als die herrschende Sicht durchgesetzt haben, sondern oft werden vergessene oder unterdrückte Aspekte wieder aufgenommen; dies ist im Grunde der Ansatz aller befreiungstheologisch orientierten Auslegungsweisen.
Gehen wir die drei »Schienen« noch einmal unter der Frage durch, was eine erfahrungsbezogene Auslegung leisten kann.

419

2.2 Die Frage nach Erfahrung im Produktions- und Rezeptionsprozeß

a. Erfahrung im Blick auf die Ursprungssituationen

– *Erfahrungsbezogene Lektüre läßt den Lebensbezug eines Textes erkennen:*
Wird ein Text daraufhin befragt, welche Probleme und Konflikte, Zweifel oder Glaubenserkenntnisse seine Produktion angeregt haben könnten, dann erscheint er nicht länger als »heilig« und realitätsfern, sondern gibt zu erkennen, daß er aus dem Leben entstanden ist und auf Erneuerung des Lebens zielt. In diesem Zusammenhang ist noch einmal an die Forderung Luthers zu erinnern, die biblische Überlieferung müsse von einem Lese-Wort wieder zu einem Lebens-Wort werden.

– *Erfahrungsbezogene Lektüre legt die realen historischen Verhältnisse bei der Abfassung eines Textes frei:*
Die Bedeutung dieses Interpretationsansatzes liegt zunächst einmal in der neuen Fragerichtung: Der Text wird nicht, wie in der klassischen Exegese, in erster Linie unter theologischem oder glaubensgeschichtlichem Aspekt ausgelegt, sondern als Antwort auf eine konkrete historische Situation verstanden, insbesondere in Rücksicht auf politische und soziale Verhältnisse. Dies führt nicht nur zu einem deutlicheren Verständnis des Textes, sondern löst auch die Frage nach seiner Funktion im Blick auf reale Veränderungen in der Gegenwart aus; diesen Aufgaben gehen vor allem die Ursprungsgeschichtliche Auslegung und die Materialistische Hermeneutik nach.

– *Erfahrungsbezogene Lektüre deckt die in einem Text eingeschlossenen existentiellen Fragen auf:*
Hier geht es nicht um die konkreten historischen Verhältnisse bei der Produktion des Textes, sondern um die Grund-Erfahrungen, die bei seiner Entstehung wohl im Spiel waren. Diese Aufgabe wird in verschiedenen hermeneutischen Konzepten unterschiedlich akzentuiert: Die Existentiale Auslegung untersucht den Text auf die in ihn eingegangenen Fragen nach der Möglichkeit authentischen Existierens. Die Tiefenpsychologische Hermeneutik bemüht sich, heilsame Ur-Erfahrungen zu erschließen, die in einem Text zur Sprache kommen. Die Linguistische Auslegung entdeckt in der Tiefenstruktur eines Textes Grundkonstellationen menschlichen Verhaltens und interpersonaler Beziehungen.

b. Erfahrung im Blick auf die nach-biblische Rezeptionsgeschichte

– *Wirkungsgeschichtliche Lektüre untersucht die bei der Tradierung eines Textes wichtigen Erfahrungen:*
Dieser Arbeitsgang stellt fest, daß sowohl bei der Entstehung eines Textes, als auch bei seinem Weg durch die Geschichte nicht nur immanent theologische, sondern vor allem auch lebens- und erfahrungsbezogene Aspekte im Spiel waren.

Hierbei ist insbesondere ein ideologiekritischer Zugriff wichtig: Wo haben sich Erfahrungen zur nicht mehr hinterfragbaren Ideologie verfestigt? Wo hat diese das Verständnis eines Textes einseitig festgeschrieben oder entstellt?

– *Wirkungsgeschichtliche Lektüre bietet die Chance, im Gespräch mit den Erfahrungen der Tradition zu lernen:*
Dieser Aspekt erschloß sich vor allem aus der Jüdischen Hermeneutik.

– *Wirkungsgeschichtliche Lektüre fordert zur kritischen Einschätzung des eigenen hermeneutischen Standorts heraus:*
Der Wirkungsgeschichtliche Analyse- und Lernprozeß läßt die Bedingtheit des jeweils eingenommenen Standorts erkennen. Dies gilt natürlich auch für die eigene Position; der Ausleger lernt, nach den ihn bestimmenden Einflüssen zu fragen, seine leitenden Interessen offenzulegen und kritisch mit ihnen umzugehen. Das dürfte nicht nur die Abgewogenheit des eigenen exegetischen Urteils fördern, sondern auch die Gesprächsfähigkeit deutlich verbessern.

c. Erfahrung im Blick auf die heutige Rezeptionssituation

– *Rezeptionsbezogene Lektüre erkennt die eigene Erfahrung als wichtiges Moment im Verstehensprozeß an:*
Ohne Frage ist bis heute die Forderung Bultmanns in Kraft, daß Beliebigkeit, Willkür oder dogmatisches Vorurteil in der Auslegung eines (Bibel-)Textes keinen Platz haben. Aber die Bedeutung der eigenen, konkreten Lebens-Erfahrung des um Verstehen Bemühten für die Erschließung von Überlieferung ist doch mit großem Gewinn von einigen hermeneutischen Konzepten neu entdeckt und akzentuiert worden. Vor allem seien noch einmal die Interaktionale Auslegung genannt sowie alle Ansätze, die sich befreiungstheologisch verstehen.

– *Rezeptionsbezogene Lektüre erkennt in biblischen Texten »Gegenwelten«, die die eigenen Erfahrungen produktiv in Frage stellen und Modelle gelingenden Lebens anbieten:*
Eher traditionell orientierte Auslegungswege fragen biblische Texte nach ihrer »Botschaft«, verstanden als lehrhafte Aussage, Denk- oder Handlungsimpuls. Neuere hermeneutische Konzeptionen gehen eher vom Begriff der »Gegenwelt« aus, die sie in Texten der Heiligen Schrift erkennen. Der Begriff sagt aus, daß die Texte als Modelle geheilten, gelungenen Lebens zu fassen sind, die unsere Erfahrungswelt kritisch beleuchten, aber auch Impulse und Kräfte der Erneuerung aus sich heraus setzen. Konzepte wie die Interaktionale Auslegung, die Feministische Hermeneutik oder auch die Relectura gehen auf diese Weise mit der Überlieferung um.

– *Rezeptionsbezogene Lektüre klärt die Erfahrungen mit dem Text in der Gruppe:*
Traditionelle Hermeneutik geht im Grunde von der Vorstellung des Auslegers als einzelnem aus, der sich um das Verständnis des Textes bemüht. Einige neuere

hermeneutische Modelle haben dagegen das Gespräch und gemeinsame Handeln in der Gruppe als wichtiges Element des Auslegungsprozesses erkannt und konsequent einbezogen; hier ist vor allem wieder an die Interaktionale Auslegung und die Relectura zu denken.

2.3 Übersicht

Die Beobachtungen an den einzelnen Konzepten lassen sich in Form eines Schemas zusammenzufassen:

Legende zum Schema:
E-B: Erfahrungsbezug im Bibeltext
E-Ü: Erfahrungsbezug im Überlieferungsprozeß (innerhalb bzw. außerhalb des Bibeltextes)
E-H: Erfahrung in der heutigen Situation
E-G: Erfahrung in der Gruppe
D: Diachroner Ansatz – S: Synchroner Ansatz – D/S: Mischform

Hermeneutischer Ansatz	D/S	E-B	E-Ü	E-H	E-G
Historisch-Kritische Auslegung	D	–	x	–	–
Existentiale Auslegung	D/S	x		x	–
Linguistische Auslegung	S	x	–	x	–
Tiefenpsychologische Auslegung	S	x	–	x	–
Interaktionale Auslegung	D/S	x	–	x	x
Ursprungsgeschichtliche Auslegung	D	x	–	(x)	–
Materialistische Auslegung	D/S	x	(x)	x	–
Feministische Auslegung	D/S	x	x	x	–
Relectura	S		(x)	x	x
Intertextuelle Auslegung	S	–	x	x	–
Wirkungsgeschichtliche Auslegung	D	–	x	(x)	–
Hermeneutik der Verfremdung	D/S	–	–	x	–
Jüdische Hermeneutik	D	–	x	(x)	(x)

3 Die Frage nach Grundlinien der biblischen Überlieferung

Die bisherigen Untersuchungen haben gezeigt, daß die neuen hermeneutischen Ansätze und Auslegungsmethoden die erfahrungsbezogene Interpretation biblischer Texte stark fördern können.

Die Frage nach Grundlinien der biblischen Überlieferung geht von Beobachtungen an *Inhalten und Themen* der Bibel aus und kann dann vielleicht den eher formalen Erfahrungsbegriff inhaltlich füllen.

Bei dieser Untersuchung kann ich auf bereits veröffentlichte Studien zurückgreifen, die ich in einem ersten Teil sichten will; in einem zweiten Teil werde ich ein eigenes Konzept (»Grundbescheide«) vorstellen.

3.1 Erste Studien

Seit einigen Jahren ist in der Theologie und vor allem in der Religionspädagogik ein lebhaftes Gespräch darüber in Gang gekommen, auf welche Weise Grundlinien der biblischen Überlieferung bestimmt und inhaltlich gefaßt werden und welche Funktion im Verstehens- und Vermittlungsprozeß diese wahrnehmen könnten. Besonders intensiv hat sich mit diesen Fragen eine Arbeitsgruppe unter Leitung von Hans Stock beschäftigt, die von 1973-1977 im Comenius-Institut arbeitete, einer evangelischen Forschungseinrichtung für Bildungs- und Erziehungsfragen (Stock/Kaufmann, 1975 und 1977). Das Untersuchungsprogramm nannte sich »Elementarisierung theologischer Inhalte und Methoden«. Das Stichwort »Elementarisierung« geht aus von der Einsicht, daß die Fülle und Komplexität christlicher Lehre und Theologie die einfachen, eben »elementaren« Grundeinsichten und Bewegungen des Glaubens verdeckt hat, und kennzeichnet den Versuch, solche »Elementaria« wiederzufinden, die die Weite der biblischen Überlieferung konzentrieren und zugleich den heutigen Menschen auf eine elementare Dimension seiner Existenz ansprechen.

Dies war aber kein isoliertes Vorhaben. Gleichzeitig arbeiteten andere evangelische und katholische Theologen und Religionspädagogen an dem Problemkreis und legten Studien und Vorschläge zum Thema vor. Mit diesen Arbeitsvorhaben griff die religionspädagogische Reflexion auf Problemstellungen und Denkmodelle zurück, die bereits in den 50er Jahren in der allgemeinen Bildungstheorie als Frage nach dem »Elementaren, dem Fundamentalen und dem Exemplarischen« bearbeitet wurden (vor allem: Klafki, 1959). Diese Untersuchungen waren angeregt worden durch die Beobachtung, daß bereits damals »Bildung« unter der Fülle der Lerninhalte zu verschwinden drohte. Die zunächst eher lehrplan-methodisch ansetzenden Arbeitsgänge vertieften sich bald zur Frage nach dem wirklich Wesentlichen, letztlich zur Frage nach der tragenden Wahrheit, die eine Generation der nächsten weitergeben kann. Die von diesem Denkansatz ausgehende Theorie bezeichnete

Klafki als »kategoriale Bildung«. Bereits 1960 hatte der evangelische Religions-
pädagoge Hugo Gotthard Bloth diese Fragestellung aufgegriffen und im Blick auf
die spezifischen Inhalte und Aufgabenstellungen des Religionsunterrichts zugespitzt (Bloth, 1960, a und b). Sie kam jedoch in der allgemeinen religionspädagogischen Diskussion zum damaligen Zeitpunkt kaum zum Zuge.
Das Problem war aber nur vertagt; denn die Krise des Religionsunterrichts, die 10
Jahre später voll einsetzte und die als Reaktion darauf entstehenden Konzepte, die
stärker die Situation der Heranwachsenden in die religionspädagogische Reflexion
einbezogen, ließen dann die Fragen nach dem eigentlich Wichtigen und Zentralen
mit umso größerer Dringlichkeit aufkommen.
Die Lösungsvorschläge, die seither vorgelegt wurden, gehen von ganz unterschiedlichen Voraussetzungen aus und verfolgen auch unterschiedliche Interessen.
Im großen und ganzen lassen sich vier solcher Ansätze beschreiben.

3.2 Zusammenfassung fundamentaler Aspekte der Theologie als »Kategorien« (Wolf Dieter Marsch und Wenzel Lohff)

Zunächst meldete sich der evangelische Systematische Theologe Wolf-Dieter
Marsch zu Wort (Marsch, 1973, S. 213 ff). Er entwickelte Kriterien mit der
Funktion, »das Typische, über den Wandel der Zeiten Gültige, Christliches von
Außerchristlichem Unterscheidende und auch in einer aufgeklärten Interpretation
christlichen Glaubens Unerläßliche zusammenzufassen« (217). Als solche Grund-
kategorien bestimmte er:
– Schöpfung;
– Sünde/Gesetz;
– Christus/Rechtfertigung;
– Kirche;
– Eschatologie.
An diesen Begriffen zeigte er, wie sie Grundlinien der Botschaft des Alten und
Neuen Testaments aufnehmen und zentrieren und damit zugleich auch sozusagen
einen Referenzrahmen für die Interpretation von biblischer Überlieferung bilden.
Ein Jahr später erschien die Untersuchung von Wenzel Lohff, die schon deutlicher
den Aspekt der Vermittlung betonte (Lohff, 1974). Für ihn war das Interesse leitend,
die überlieferte Glaubenslehre, die sich als Zusammenfassung der biblischen Über-
lieferung zu verstehen hat, daraufhin zu befragen, »was sie für das Selbstverständnis
des Menschen in der Gesellschaft geleistet hat und heute zu leisten vermag« (21).
Diese anthropologische Interpretation zentraler Symbole ist natürlich auch für
christliche Erziehung und Religionsunterricht höchst interessant. Unter dieser
Funktion stellte Lohff nun folgende »pädagogisch relevante(n) Inhalte christlicher
Glaubensüberlieferung« zusammen (S. 32 ff):

- Offenbarungsgedanke;
- Christliches Verständnis der Bestimmung des Menschen: Schöpfung; Diese wird entfaltet in drei »Anwendungsbereiche«:
  Gestaltung der Triebnatur, Sexualität, Ehe;
  Ordnung des Eigentums;
  Ordnung der Herrschaft;
- Christliches Verständnis der Entfremdung (Sünde);
- Christliches Verständnis der Überwindung von Entfremdung (Versöhnung);
- Grenzaussagen christlicher Hoffnung (Eschatologie).

Diese Vorschläge gaben wichtige Hinweise für die weitere Arbeit, orientierten sich aber wohl insgesamt noch zu sehr an der immanenten Systematik der Theologie, um für die hermeneutische Arbeit fruchtbar zu werden.

3.3 Existentielle Grundfragen in biblischen »Grundworten« (Hans Stock)

Diesen Ansatz hat Hans Stock vor allem auf der Linie der obengenannten Forschungsarbeiten zum Problem der Elementarisierung entwickelt und an neutestamentlichen Texten ausgeführt (Stock, 1981; vgl. auch: Stock, 1979 a und b; in: H.B. Kaufmann/H.Ludwig, 1979). Stock sucht solche Texte aus, die »den Leser auf seine eigene Frage nach Lebenssinn und wahrem Leben, nach Glück und Heil, nach Gott« ansprechen (26). Im Hören und Verstehen dieser Texte ist Jesus »nach dem Geist« präsent. Stock bezeichnet sie daher als »Geist-Jesu-Geschichten«. Die Ausrichtung auf das Kerygma und die Verknüpfung mit heutigen Grundfragen sollen die »biblischen Grundworte« leisten, die Stock als hermeneutischen Schlüssel wählt:
- Glauben und Glauben-Können;
- Erwartung und Erfüllung;
- Versuchung;
- Radikale Gnade;
- Verantwortung und Rechenschaft;
- Nachfolge Jesu – Christsein heute;
- Ewiges Leben.

Stock gelingt es in diesen Arbeiten in eindrucksvoller Intensität und Leidenschaft, die Bewegung der Existentialen Interpretation in diesen »Grundworten« zu zentrieren. Allerdings ist der Ansatz so dicht auf die gewählten exemplarischen Texte bezogen, daß er wahrscheinlich nicht ohne weiteres auf andere Textzusammenhänge übertragbar und als Methode generalisierbar ist.

3.4 Der Bewegung der biblischen Sprache nachgehen: Ingo Baldermann

Streng auf die biblische Überlieferung bezieht sich Ingo Baldermann bei seinem Versuch, Kategorien zu bestimmen (Baldermann, 1978/79/Albers). Er geht davon aus, daß die »Sprachbewegung« der Bibel selbst »vom Komplexen zum immer Einfacheren, ja am Ende zu ganz einfachen und das heißt grundlegenden, elementaren Kategorien zurückführt« (Baldermann, 1978/79, S. 93). Solche Kategorien sind beispielsweise: Rechtfertigung/Gerechtigkeit, Bund, Gottesherrschaft, Schöpfung. Diese Kategorien haben nach seiner Ansicht »gemeinsam, daß in ihnen zugleich theologisch wie anthropologisch Grundlegendes erschlossen wird« (Baldermann, 1978, S. 36); sie sind darum in einer doppelten Weise zu befragen: Nach den biblischen Grunderfahrungen, die sich in ihnen verdichtet haben, und nach den allgemein menschlichen Erfahrungen, die sich in ihnen zeigen. So schließt beispielsweise die alttestamentliche Vorstellung von »rein« und »unrein« die allgemeinmenschliche Erfahrung des Ekels ein; sie erhält aber ihre Tiefendimension dadurch, daß das Kriterium von rein und unrein letztlich die Heiligkeit Gottes ist.

Baldermann nennt als grundlegende Kategorie der biblischen Überlieferung die »Rechtfertigung«, die bedingungslose Annahme des Menschen durch Gott; sie kann heute angesichts der »Leistungsgesellschaft« befreien und ermutigen. – Weiterhin ist die Notwendigkeit eines gewandelten Verhältnisses zu unserer bedrohten Umwelt zu unterstreichen – ebenso im Blick auf die wachsende Anonymität eine neue Sensibilität für die Wirklichkeit des anderen Menschen als Ebenbild Gottes. Dies alles aber ist dem Schüler nicht als »Lehre« zu vermitteln, sondern als Einweisung in eine neue Wirklichkeit. Das leistet nach Baldermann die biblische Sprache. Er erkennt in ihr die Sprache des Glaubens, die auch noch in der Situation der Gefährdung und Bedrohung der Existenz trägt. Er stößt hier auf die elementaren sprachlichen Strukturen der Bibel wie Angst und Freude in den Psalmen, das weisende Wort der Tora, die einfachen Sätze der Spruchweisheit, die Verheißung als Sprache der Ermutigung (vgl. vor allem Baldermann, 1978/79, S. 90 ff).

Baldermanns Vorschläge sind überaus lohnende Versuche, in der Fülle und Komplexität der biblischen Überlieferung das Elementare, das wirklich Tragfähige und Notwendige, zu bestimmen. Der Zugang ist aber nicht allzu leicht. Denn einmal wird – jedenfalls bei den Kategorien bzw. Grundbegriffen – nicht klar, wie sie gewonnen und abgegrenzt werden. Zum anderen bleibt ihre Funktion im Verstehensprozeß unklar. So wird man seine Kategorienbildung als wichtigen Beitrag zur Klärung und Strukturierung der biblischen Überlieferung verstehen können, der aber zur Ausrichtung der Interpretation noch nicht überzeugend beiträgt.

3.5 Bestimmung von Richtpunkten für befreiendes politisches Handeln in Konsequenz des Evangeliums: Jürgen Moltmann

Der systematische Theologe Jürgen Moltmann hat seine Position im Schlußkapitel seines Buchs »Der gekreuzigte Gott« (Moltmann, 1972, S. 293 ff) entwickelt. Moltmann geht davon aus, daß im Sinne einer »politischen Hermeneutik« die biblische Befreiungsbotschaft nicht einfach durch Interpretation zu reflektieren ist; sondern: »Die Freiheit des Glaubens wird in politischen Freiräumen gelebt. Die Freiheit des Glaubens drängt darum zu befreienden Aktionen« (293). Damit diese verbindlich und konkret werden, bestimmt Moltmann »Richtpunkte« in sechs Dimensionen der Wirklichkeit, in denen Freiheit unterdrückt wird (306). Diese Richtpunkte sind für ihn:
- In der ökonomischen Dimension heißt Befreiung soziale Gerechtigkeit;
- in der politischen Dimension geht es um die Anerkennung der Menschenrechte als Grundrechte der Bürger;
- in der kulturellen Dimension bedeutet Befreiung Identität in der Anerkennung anderer;
- im Verhältnis zur Natur heißt Befreiung Frieden mit der Natur im Sinne des Zusammenspiels mit Rücksichtnahme;
- in bezug auf die Sinn-Dimension schließlich zeigt sich Befreiung als »Mut zum Sein«;
- analog zur politischen Befreiung entwickelt Moltmann eine »psychologische Hermeneutik der Befreiung« (268 ff); aus diesem Zusammenhang wäre als weiterer »Richtpunkt« zu ergänzen: Freiheit zur Liebe und zum Mit-Leiden (280).

Da Moltmann diese Richtpunkte in Korrespondenz mit grundlegenden biblischen Befreiungszusagen entwickelt, können sie sehr gut die Stoßrichtungen bestimmen, die die biblischen Texte heute befreiend einschlagen wollen. Es ist jedoch zu prüfen, ob sich solche »Richtpunkte« noch deutlicher mit grundlegenden Aussagen und Zusagen der Bibel verknüpfen lassen.

4 Orientierung an »Grundbescheiden«

4.1 Der Ansatz

Den bisher skizzierten Vorschlägen ist gemeinsam, daß sie versuchen, elementare Einsichten und Erfahrungen in Kategorien zu fassen. Nipkow macht in diesem Zusammenhang darauf aufmerksam (Nipkow, 1982, 207 ff), daß die Bestimmung und Definition von Kategorien ja immer auf die Erhebung eines »allgemeinen Sinn- und Sachzusammenhangs« zielt. Dieser ist nur in Begriffen zu erfassen. Läßt sich der Versuch, »Grundlinien« der biblischen Überlieferung zu finden, auf dies

427

Konzept ein, kann die Überlieferung wohl schnell in ein Konglomerat von Sätzen gerinnen, die als Einsichten oder Lehren verfügbar sind.

Der folgende Vorschlag versucht demgegenüber, näher an der Bibel zu bleiben, indem er sich auf Sprachformen stützt, die Altes und Neues Testament selbst für die elementare Verdichtung von Glaubenserfahrungen und -traditionen verwenden. Eine interessante Sprachform findet sich bei Deuterojesaja:

> So spricht Jahwe, dein Erlöser,
> der dich vom Mutterschoß an gebildet:
> Ich bin Jahwe, der alles gemacht,
> der die Himmel ausgespannt hat ganz allein,
> der die Erde gegründet –
> wer war bei mir?
> Jes 44,24

Dieser kurze Text spricht den Themenkomplex »Schöpfung« an.

Der Spruch läßt einige charakteristische Merkmale solcher biblischen Sprachformen erkennen:
– Er faßt mit ganz wenigen Anspielungen ein weites Spektrum heilsgeschichtlicher Erinnerungen zusammen. Jeder Hörer versteht: es geht um »Schöpfung«. Man könnte diese verdichtende Sprachform daher als »heilsgeschichtliche Abbreviatur« bezeichnen.
– Diese Abbreviatur übt offenbar einen »assoziativen Sog« aus: Der Hörer oder Leser wird angeregt, all das zu aktivieren, was der Zusammenhang »Schöpfung« bei ihm an Kenntnissen, Einstellungen und Emotionen auslöst.
– Die Abbreviatur nimmt in diesem Abschnitt eine bestimmte Funktion wahr, die sich aus der Ursprungssituation des Textes im babylonischen Exil ergibt: Gegen den übermächtigen Herrschaftsanspruch der babylonischen Götter, mit dem Israel konfrontiert ist, setzt Jahwe sein Wort als Trost und Ermutigung: nicht Marduk ist Schöpfer und Herr, sondern Jahwe, er tritt für die Seinen ein – dies geht aus dem Kontext des Spruchs deutlich hervor.
– Die Abbreviatur hat also keinen informativen oder lehrhaften Charakter, sondern die Wendung »Jahwe, der alles gemacht hat« läßt als konzentrierte Erinnerung heilvolle Geschichte so präsent werden, daß sie tröstet und ermutigt. Überhaupt ist charakteristisch für diese Formeln, daß sie nie abstrakt von Eigenschaften Gottes sprechen, sondern sein Verhalten im Interesse seiner Menschen erinnern und aufs Neue zusprechen; sie haben eine personale Qualität.

Um diese Qualität solcher Abbreviaturen kenntlich zu machen, bezeichne ich sie als Grundbescheide und fasse die verschiedenen sprachlichen Ausprägungen in einem knappen charakteristischen Aussage-Satz zusammen. Der besprochene Text aus Deuterojesaja bringt nach diesem Verständnis den Grundbescheid »Gott schafft Leben« zur Sprache.

Ist man einmal auf diese heilsgeschichtlichen Formeln aufmerksam geworden, so entdeckt man sie auf Schritt und Tritt im Alten und Neuen Testament. In aller Regel sind sie in einen umfangreicheren Text eingebaut, in den sie einen bestimmten Erinnerungszusammenhang einbringen. Dabei nehmen sie unterschiedliche Funktionen wahr – man könnte auch sagen: Die Produzenten biblischer Texte – Geschichtsschreiber, Prediger, Psalmisten, Propheten, Weisheitslehrer – verwendeten solche Abbreviaturen, um ihre Texte in eine bestimmte Richtung zuzuspitzen oder bestimmte Absichten zu realisieren. Mit jedem Gebrauch haben sie sich mit neuen Erfahrungen und Erkenntnissen weiter angereichert.

Auf diesen Beobachtungen baut der Versuch auf, Grundbescheide zu bestimmen.

4.2 Ein Ensemble von Grundbescheiden

Nun kommt es darauf an, eine größere Zahl von Grundbescheiden zu identifizieren, die zentrale Zusammenhänge der Überlieferung des Alten und Neuen Testaments erfassen. Natürlich ist das Verhältnis von Grundbescheid und Einzeltext durchaus ambivalent; denn einerseits erwachsen die Grundbescheide, die die Auslegung von biblischen Überlieferungsstücken ausrichten, ja erst aus der Beobachtung vieler einzelner Texte. Gleichzeitig sollen die Grundbescheide die Interpretation der Einzeltexte an Grundlinien ausrichten. Dabei ist von vornherein zu berücksichtigen, daß nach meinem Ansatz in einem Grundbescheid Texte aus dem Alten und aus dem Neuen Testament gebündelt sein sollen.

Die folgende Zusammenstellung (die auch den bereits angesprochenen Komplex »Gott schafft Leben« [Schöpfung] noch einmal aufgreift und weiterführt) berücksichtigt die im vorigen Abschnitt erarbeiteten Merkmale des Grundbescheids; die Bezeichnungen in kurzen Sätzen versuchen, dem personalen Charakter und der geschichtlichen Dynamik der Grundbescheide Rechnung zu tragen; die hinzugefügten Begriffe (Schöpfung…) sind eher als Kürzel gedacht, die die rasche Verständigung erleichtern sollen.

Um das vorgeschlagene Ensemble von Grundbescheiden nicht mit zu hohen Erwartungen zu befrachten, sind ein paar Vorbemerkungen nötig:

– Die Identifikation und Abgrenzung der Grundbescheide versucht, die wichtigsten Linien des alt- und neutestamentlichen Kerygmas aufzunehmen; es sind sicher aber auch andere Formulierungen und Zuordnungen möglich. Die Zusammenstellung ist keine systematisch ordnende Liste, sondern eher ein hermeneutischer Schlüssel, der Einzeltexte in einen sinnvollen biblischen Gesamtzusammenhang bringt und damit Beliebigkeit und Willkür bei der Auslegung begrenzen will.

– Die Hinweise zu den biblischen Erfahrungen, Lebenszusammenhängen und Bekenntnissen, die sich in den einzelnen Grundbescheiden versammeln, erheben natürlich nicht entfernt den Anspruch auf Vollständigkeit oder Abgeschlossenheit, sondern verstehen sich als Assoziationen, die wichtigen Konkretionen und Ausformungen der Grundbescheide nachspüren; sie sind offen für andere Assoziationen und Ausarbeitungen.

– Auch die Zuordnung der biblischen Texte oder Erfahrungszusammenhänge zu den Grundbescheiden ist nicht zwingend; Texte sprechen oft mehrere Dimensionen an, so daß sich in einem Schriftabschnitt die Linien mehrerer Grundbescheide kreuzen können; darauf wird von Fall zu Fall aufmerksam gemacht.

a. Gott schenkt Leben (Schöpfung)

Die Rede von Gott, der das Leben gibt, gehört zum Grundbestand der Überlieferung des Alten und Neuen Testaments. Gleich auf den ersten Seiten der Bibel entfalten der Jahwist und die Priesterschrift ihre Bekenntnisse. Trotz aller Unterschiede, die sich aus den jeweiligen Ursprungssituationen erklären, weisen die beiden Texte aus dem 10. und 6. vorchristlichen Jahrhundert einige charakteristische Gemeinsamkeiten auf:

– Schöpfung bedeutet, daß Gott den Menschen inmitten einer bedrohlichen Umwelt einen Raum bereitstellt, in dem sie in Heil und Glück (Schalom) leben können;

– der gute Lebensraum ist für alle da – das ist der Sinn der universalen Perspektive, die beide Schöpfungs-Texte in Gen 1 und Gen 2 kennzeichnet;

– die Schöpfung bedarf weiterer Bearbeitung, damit sie als Lebensraum erhalten bleibt; dies bezeichnet der Jahwist als »Bebauen und Bewahren«, die Priesterschrift spricht vom Herrschen als »Ebenbild Gottes«, d.h. mit der Fürsorge, die der Schöpfer selbst anwendet.

Die Psalmen nähern sich dem Gott, der Leben schafft, in der Haltung des Lobens und Dankens; sie gewinnen daraus die Zuversicht, daß der Schöpfer auch ihr Leben erhalten werde, und sie unterstreichen, daß Israel daraus die Verpflichtung erwächst, sein Leben an der Weisung des Schöpfers auszurichten.

Schon sehr früh hat Israel die Erfahrung gemacht, daß der geschenkte Lebensraum mißbraucht und der Schöpfer mißachtet wird; das führt zur Entfremdung zwischen Mensch und Kreatur (vgl. Gen 9,1 ff) und zur Sünde. Sie zeigt sich darin, daß der Mensch sich einer Macht unterwirft, die zwanghaftes Handeln auslöst. Letztlich setzt er sich an die Stelle des Schöpfers und maßt sich selbstherrlich die Verfügungsgewalt über Leben und Tod an (Gen 4!). Darum ist das geschenkte Leben immer von der Zerstörung bedroht, die der Mensch selbst auslöst: Der Lebensraum wird zu einer Zone, in der der Tod die Herrschaft ergreift; das bezeugt schon die Erzählung von der Vertreibung aus dem Paradies (Gen 3) und vor allem die Sintflut-Geschichte (Gen 6-9: vgl. die Hinweise zu den »Anti-Schöpfungstexten« in Kapitel II,10, S. 323). – Immer haben die biblischen Propheten und Mahner diese Perspektive der Vernichtung offengehalten. Aber spätestens seit der Heilsbotschaft des exilischen Propheten Deuterojesaja wußte Israel, daß Jahwe auch da, wo das

Leben zur Wüste geworden ist, seine Schöpfermacht wunderbar zum Zuge bringt, damit die Menschen leben (vgl. z.B. Jes 49, 10 ff). Diese Zusagen sind offen für weitere größere Erfüllungen. Sie werden eingelöst in den Wundern der Gottesherrschaft, die Jesus – unter ausdrücklicher Berufung auf Jes 35, 6 ff! – als Zeichen des Neuen Lebens deutet (Mt 11,1-6). Das kämpferische Eintreten Gottes für das Leben findet seinen Höhepunkt in der Auferweckung Jesu, die Christus und die Menschen der Herrschaft des Todes entreißt; folgerichtig nennt Paulus dann auch die Nachfolger Jesu »eine neue Schöpfung« (2 Kor 5,17). Aber auch das Neue Leben bleibt noch offen für die Vollendung durch den, der von sich sagt: »Siehe, ich mache alles neu« (Off 21,5).

b. Gott stiftet Gemeinschaft (Partnerschaft, Bund, Ökumene)

Von Anfang an sind Glauben und Leben in der Bibel kommunikativ bestimmt, partnerschaftlich angelegt. Mann und Frau werden zum Menschen in ihrer ganzheitlichen Zuwendung zueinander, und die Würde der Gottebenbildlichkeit wird den Menschen zugesprochen, die ihr Leben in der Beziehung zu Gott entwerfen. »Dialogische Existenz« nennt Martin Buber diesen Grundzug der biblischen Anthropologie.

Diese von Gott gestiftete Gemeinschaft hat in der Hebräischen Bibel ihre geschichtliche Erscheinungsform in der Beziehung Jahwes zu seinem Volk gefunden: »Ich will euer Gott sein und ihr sollt mein Volk sein« (Lev 26,12) – dies ist vielleicht die konzentrierteste Formulierung, die diese Beziehung ausdrückt. Sie wird stets in zwei Dimensionen wirksam:

– In der Gemeinschaft Gottes mit seinem Volk; schon die Ur-Kunde Israels, das »heilsgeschichtliche Credo«, berichtet, daß aus dem »umherirrenden Aramäer« ein »großes, starkes und zahlreiches Volk« wurde (Dt 26, 5);
– dieser befreienden Gemeinschaft Gottes mit seinem Volk muß dann auch die Kommunikation der Menschen untereinander entsprechen.

Als Begriff für die Gemeinschaft Gottes mit seinem Volk bietet sich »Bund« an – so vor allem in der deuteronomisch-deuteronomistischen Literatur.

Aber das Alte Testament hat eigentlich viel dichtere sprachliche Möglichkeiten gefunden – allen voran das Bild von der Liebesbeziehung zwischen Gott und Israel. Vor allem der in der Mitte des 8. Jahrhunderts lebende Prophet Hosea hat, wie schon mehrfach erwähnt, diese Bilder kräftig ausgearbeitet (s.u. S. 432).

Die Linien laufen vom Alten ins Neue Testament: Das Werk Jesu, die kommende Gottesherrschaft auszurufen, ist unlösbar verbunden mit der Kommunität von Jüngerinnen und Jüngern, mit denen er lebte, feierte und arbeitete. Vor allem der Verfasser des Johannesevangeliums hat dann die Liebe in der Gemeinschaft ins Zentrum gerückt: An ihr zeigt sich die Erlösung, lebt sich der Glaube aus. Sie führt zur ökumenischen Einheit, die ihre Basis in der Einheit mit Gott hat (Joh 17, 20 ff).

Auch die Grundlagen der Gemeinschaft sind im Alten und Neuen Testament nicht in abstrakten Normen fixiert, sondern auf die gelingende oder mißlingende Kommunikation bezogen. Das zeigt sich vielleicht am deutlichsten am Begriff der Gerechtigkeit. Er wird am besten mit »Gemeinschaftstreue« übersetzt und nimmt Maß daran, ob ein Handeln der Gemeinschaft gerecht wird (vor allem: von Rad, 1987 a, S. 382 ff).

Auch Sünde ist letztlich nichts anderes als die Verweigerung und Zerstörung der Gemeinschaft mit Gott und Menschen. Folgerichtig ist Vergebung als Wiederherstellung der Kommunikation aufzufassen – ein Beispiel für viele: Jesus sagt Zachäus die Vergebung an, indem er ihn zu den »Söhnen Abrahams«, also zum Gottesvolk zählt (Lk 19,9).

c. Gott leidet mit und an seinem Volk (Leiden und Leidenschaft)

Aus dem antiken griechischen Denken hat die christliche Theologie das Bild des Gottes übernommen, der in ewiger Ruhe über der Welt und den Menschen thront: unendlich – unsterblich – nicht leidensfähig. Demgegenüber entdeckt eine biblisch orientierte Theologie wieder den Gott, der leidet und leidenschaftlich für seine Leute eintritt; dies hat insbesondere Jürgen Moltmann zur Geltung gebracht (Moltmann, 1972).

Das Leiden Gottes gehört von Anfang an in die Beziehung zu seinem Volk; er »sieht« das Elend seines Volks, er »hört« ihr Schreien, er »kennt ihr Leiden«, so heißt es in der Erzählung über die Stimme Gottes aus dem Dornbusch bei Moses Berufung (Ex 3,7 und öfter). Nach einem tiefsinnigen jüdischen Midrasch erklärt Jahwe, die stechenden Dornen seien ein Symbol dafür, daß er mit seinem Volk leidet. Dies löst bei ihm den leidenschaftlichen Willen zur Rettung aus, er kämpft für die Seinen, um sie zu befreien. »Sehen« und »Hören« sind in diesem Zusammenhang also keine Begriffe, die neutral den Vorgang der Wahrnehmung beschreiben, sondern sie drücken leidenschaftliche Anteilnahme aus. Es gibt zu denken, daß »Sehen« und »Hören« in diesem Sinn noch gehäuft in den Klageliedern der Psalmen vorkommen (z.B. Ps 13,4; Ps 22,6.25): Gott liebt die Unterdrückten und tritt für sie ein.

In diesem Zusammenhang ist auch noch einmal an die schon im vorigen Abschnitt angesprochene Braut-Metaphorik zu erinnern: »Als Israel jung war, gewann ich es lieb« (Hos 11,1)… »Ich verlobe mich mit dir auf ewig« (Hos 3,19). Das ist die Sprache der Liebe, in die der Prophet Jahwes Zuwendung zu seinem Volk kleidet. Aber mit gleicher Intensität und Glut weiß Hosea von Israels Untreue zu berichten (als Symbolhandlung heiratet er eine Prostituierte! Hos 1): Israel läuft anderen »Herren« nach (Baal = Herr) und vergißt Jahwe. Sein glühender Zorn trifft das Volk: »Ich mache sie zur Wüste… ich lasse sie in der Wüste sterben vor Durst« (Hos 2, 3). Aber dies ist nicht der Zorn des Despoten, dem die Untertanen davongelaufen sind, sondern die Trauer des enttäuschten Liebenden. Hosea will sagen: Jahwe thront nicht in ewiger Ruhe und Bewegungslosigkeit hoch über den Menschen – in seiner Liebe hat er sich klein und verletzlich gemacht.

Auch dieser Grundbescheid kommt in der Hebräischen Bibel nicht zur Ruhe; die Geschichte Jesu – von der Menschwerdung bis zum Kreuz – ist ja nichts anderes als die Geschichte der Liebe Gottes, dessen Leidenschaft keine Grenzen kennt.

d. Gott befreit die Unterdrückten (Befreiung)

Das Ur-Datum dieses Grundbescheids ist natürlich der Exodus, die Herausführung der Israel-Leute aus der ägyptischen Sklaverei. Im Grunde ist das ganze Alte Testament nichts anderes als eine lobende Entfaltung dieses Grundbescheids; vor allem die Psalmen bringen die Befreiung immer wieder in Erinnerung: Als Anlaß zum Lob, aber auch als Zeichen der Ermutigung und Impuls zur Hoffnung. Dieser Aspekt ist dann vor allem bei Deuterojesaja von großer Bedeutung; er kann sich die versprochene Befreiung aus der babylonischen Knechtschaft nur als einen zweiten Exodus vorstellen, der allerdings viel gewaltiger sein wird als der erste (vor allem: Jes 52, 11 f).

Israel hat dies Befreiungshandeln auch in der Schöpfung erkannt. Sie ist ja in den alttestamentlichen Texten nicht die von der späteren Dogmatik postulierte creatio ex nihilo; sondern Israel erzählt, daß sein Gott den behüteten Raum für seine Menschen den zerstörenden Mächten abgerungen habe.

Zu den befreienden Taten Jahwes für sein Volk gehört auch die Verleihung der Tora; nicht zufällig wird der Dekalog mit der »Selbstvorstellungsformel« eingeleitet: »Ich bin Jahwe, dein Gott, der dich aus dem Land Ägypten, aus dem Sklavenhaus, herausgeführt habe« (Ex 20,2). Die Gebote sind nun keineswegs als Forderung des Gehorsams aufzufassen, den Israel gleichsam als Dank für die empfangene Wohltat abzuleisten habe, sondern sie sind insgesamt als »Ruf der Freiheit« zu verstehen; sie konjugieren im Blick auf konkrete Lebenssituationen die ermutigende Aufforderung: »Bleibe bei deinem Befreier!«. Denn das Alte Testament weiß, daß das Volk Gottes von neuem unter fremde Herrschaft kommt und in die Sklaverei gerät, wenn es Jahwe die Gemeinschaft aufkündigt – die Hinweise auf Hosea und die fremden »Baalim« sollen hier genügen! Auch im Zusammenleben kann Israel die Freiheit verspielen: Wer anderen die Freiheit verweigert und sie unterdrückt, grenzt sich selbst aus der Freiheitsgeschichte aus! In diesem Zusammenhang bestätigt sich noch einmal die oben notierte These, daß »Ethik« nichts anderes ist als die Aufgabe, die Gaben Gottes als Chancen zum gelingenden Leben für alle auszuleben (s.u. S. 437)!

Befreiung ist auch das Thema des Neuen Testaments:

> »Der Geist des Herrn ruht auf mir, weil er mich gesalbt hat; er hat mich gesandt, den Armen frohe Botschaft zu bringen, den Gefangenen Befreiung zu verkünden...«

läßt Lukas Jesus programmatisch am Anfang seines Wirkens ausrufen (Lk 4,18). Die Evangelien sind voll von Hinweisen, daß das Wirken Jesu befreiendes Handeln ist, vor allem die Wunder; immer wieder wird berichtet, daß Jesus kämpft, um Kranke und »Besessene« zu erlösen; Jesus selbst sagt: »Wenn ich mit dem Finger Gottes Dämonen austreibe, so hat die Herrschaft Gottes bei euch angefangen« (Lk 11,20). Und auch die Auferweckung Jesu wird ja als Befreiung von der Macht der Sünde und als Besiegung der Todes-Herrschaft beschrieben (z.B. 1 Kor 15, 55 ff; Gal 5,1).

e. Gott gibt seinen Geist (Heiliger Geist und Begeisterung)

Es ist ein eigentümlich unbestimmter Begriff, mit dem wir in diesem Zusammenhang zu tun bekommen (vgl. vor allem: Wolff, 1977, S. 57 ff; Lohff, 1974, S. 34 ff). Der hebräische Begriff, den das Alte Testament verwendet, lautet: ruah (fem). Er schließt ganz unterschiedliche Sachverhalte und Erfahrungen ein. Seine Grundbedeutung ist: Wind, meist als kraftvolle Bewegung verstanden, also eher als »Sturm« (z.B. Hes 3,12.14). Der »Geist Jahwes« (von vielen feministischen Theologinnen recht zutreffend auch als »Heilige Geistin« wiedergegeben) bezeichnet seine schöpferische Kraft, die sich als kraftvolle Dynamik auswirkt, beispielsweise in der Schöpfungs-Arbeit (Ps 33,6). Vor allem aber kommt die ruah Gottes im Menschen zur Wirkung. Zunächst einmal bedeutet es nichts anderes als den Atem; der hebräische Mensch ist überzeugt, daß sein Atem und damit seine Vitalität Geschenk Gottes sind, über die dieser allein verfügt (Hiob 34,14 f): Der Geist ist dem Menschen immer schon vorgegeben. Aber das ist nicht alles. Wenn der Geist Gottes auf die Richter, die Rettergestalten in der Bedrängnis, fällt, dann erwachsen ihnen nicht geahnte Kräfte, be-geistert sie ein neuer Mut (z.B. 1 Sam 10,6). Diese Be-Geisterung schließt augenscheinlich auch eine Bevollmächtigung ein, im Auftrag und im Geist Jahwes zu handeln oder – im Fall des Propheten – zu sprechen (z.B. Jes 42,1). Auch die künstlerische Begabung kann durch den Gottesgeist bewirkt sein (z.B. Ex 31,3-5).

So wirkt »die Geistin« kräftig und ungestüm, ungezügelt und doch sanft belebend und begabend: Leben und Geist, sprachliche und künstlerische Fähigkeiten, Vitalität und Kreativität, Mut zum Sein und Hoffnung gegen den Druck der Realität, Kraft zum aufrechten Stehen und der Wille, vorwärts zu gehen, kommen von ihr. Dabei ist wichtig, daß die besonderen Geistes-Gaben immer Dienst-Gaben sind, bestimmt dazu, die Gemeinschaft zu erfreuen, hilfreich anzusprechen, zu retten.

So wird man durchaus auch den Prozeß der Überlieferung als »geistgewirkt« betrachten können – darauf weist insbesondere Lohff hin. Dazu gehört aber nicht nur die Weitergabe der Tradition, sondern auch die produktive Kritik, wie sie sich immer wieder bei den Propheten zeigt.

Auch dieser Grundbescheid weist über die Geschichte Israels hinaus, wenn der Prophet Joel im Namen Jahwes ankündigt, daß der Gottesgeist dereinst alle erfüllen soll (Joel 3,1).

Das Neue Testament knüpft an die überlieferten Geist-Erfahrungen an, vor allem durch die Überlieferung von der Bevollmächtigung Jesu in der Taufe durch die Geist-Verleihung (Mt 3,16f) und die paulinische Charismen-Lehre (1 Kor 12!). Auch das Neue Testament bezeugt die eschatologische Dimension des Geistes, wenn es vom Geist der Auferstehung der Toten spricht (1 Kor 15,44), der schon jetzt die Traurigen mit Hoffnung belebt (vgl. das »Geist-Kapitel Röm 8 und die johanneischen Gedanken zum Geist als »Beistand« Joh 16,5 ff).

Lohff hat die drei Aspekte des Geistes, in denen Gott sich kräftig offenbart, so umschrieben: »Menschliches Leben ist angewiesen auf den Horizont immer schon vorgängig bestehender Überlieferung des Heilsamen – menschliches Leben ist angewiesen auf die schöpferische Kraft der Phantasie und Kritik, die in konkreten Situationen das Heilsame und der Gemeinschaft Dienliche findet und tut – menschliches Leben ist angewiesen auf die Macht des Mutes und der Hoffnung, die in Symbolen die Vollendung menschlicher Bestimmung entwirft und den Menschen in der unermüdlichen Neugestaltung der Verhältnisse vorantreibt« (Lohff, 1974, S. 36).

f. Gott herrscht in Ewigkeit (Gottesherrschaft, Schalom)

Daß Gott der Herr ist und Macht ausübt, hat Israel schon in seiner Ur-Kunde bezeugt, dem bereits genannten »heilsgeschichtlichen Credo«; dort heißt es:

> »Und Jahwe führte uns heraus aus Ägypten mit starker Hand und ausgerecktem Arm, unter großen Schrecknissen, unter Zeichen und Wundern, und brachte uns an diesen Ort und gab uns dieses Land, ein Land, das von Milch und Honig fließt« (Dt 26, 8).

Dies kurze Textstück läßt drei wichtige Merkmale des Grundbescheids »Gottesherrschaft« erkennen:

- Sie ist nicht um ihrer selbst willen da; sie ist nicht die Gewalt des Potentaten, der nichts als seine Macht und Ehre im Sinn hat, sondern wird im Interesse der Menschen ausgeübt; Gottes Herrschaft hat immer eine fürsorgende und rettende Dimension. Sie ist – um den vom jüdischen Gelehrten Rosenstock-Huessy verwendeten Begriff aufzunehmen – »dative« Machtausübung, Herrschaft für andere.
- Sie kommt denen zugute, die unter Bedrückung und Ausbeutung leiden; im Bekenntnis Israels ist es das ganze Volk Gottes, das in der ägyptischen Sklaverei leidet. Später, als es in Israel selbst zur Aufspaltung in eine Klassengesellschaft mit Unterdrückern und Unterdrückten kommt, sind es die »Armen«, denen Jahwes fürsorgendes Herrschen gilt.
- Das Ziel der Gottesherrschaft ist der Schalom, das gute gemeinschaftliche Leben in Frieden, Glück und Gerechtigkeit. »Gott die Ehre geben« heißt darum auch nicht, ihn immerfort zu preisen und zu loben; denn wo sich dies Lob nicht mit Gerechtigkeit für alle verbindet, mißrät es zum abscheulichen Geplärr, das Jahwe nicht hören will (Am 5, 21 ff). Diese Merkmale des Grundbescheids »Gottesherrschaft, Schalom« ziehen sich durch das ganze Alte Testament hindurch; wer

einmal aufmerksam geworden ist, findet überall die Zeichen dieser Herrschaft, beispielsweise in den Schöpfungstexten, die erzählen, wie Jahwe den behüteten Raum für seine Menschen den Chaosmächten abringt (Gen 1 und Gen 2; besonders deutlich: Ps 89,11): Die Grundbescheide »Schöpfung« und »Gottesherrschaft« greifen hier ineinander.

Im Neuen Testament gebrauchen die synoptischen Evangelien »Gottesherrschaft« als Schlüsselbegriff, um Wirken, Verkündigung und Geschick Jesu zu umschreiben (vgl. die Hinweise zu »Gottesherrschaft und Wunder« in Kapitel II.1, S. 86 f). Auch hier zeigen sich die drei Merkmale, die bereits in der Hebräischen Bibel die Schalom-Herrschaft prägen – nicht umsonst kulminiert die Bergpredigt im Spitzensatz, daß den Armen das Reich Gottes zugedacht sei (Mt 5,3). In Jesus verbindet sich mit der Gottesherrschaft der totale Gewaltverzicht Gottes: »Der Menschensohn ist nicht gekommen, daß er sich dienen lasse, sondern daß er diene und gebe sein Leben als Lösegeld für viele« (Mk 10,45).

Hier schließt sich der Kreis zum Grundbescheid »Leiden und Leidenschaft«: Der Schalom kommt in der hingebenden Liebe zur Macht. Sie ist unüberwindlich, sagt Paulus, und »nichts – weder Tod noch Leben… weder Gegenwärtiges noch Zukünftiges… weder Hohes noch Tiefes – kann die Christus-Leute von der Liebe losreißen, die in ihm die Herrschaft angetreten hat« (Röm 8, 38 f).

4.3 Der Grundbescheid – ein wichtiger Moment im biblischen Überlieferungsprozeß. Beispiel: Der Jahwist

Die Produzenten biblischer Texte – Geschichtsschreiber, Prediger, Psalmisten, Propheten, Weisheitslehrer – haben die beschriebenen Grundbescheide in Form von »heilsgeschichtlichen Abbreviaturen« in ihre Texte eingebaut, um diese in eine bestimmte Richtung zuzuspitzen, um ihre Hörer oder Leser in bestimmter Absicht an die Heilstaten Gottes zu erinnern. Die Beobachtungen legen die Vermutung nahe, daß sie darüber hinaus in ihrer Arbeit als Produzenten von Texten sich selbst maßgeblich an solchen Grundbescheiden orientierten. Diese These soll am Beispiel der jahwistischen Pentateuch-Quelle ausgeführt werden, die bereits im Kapitel zur Ursprungsgeschichtlichen Auslegung dargestellt wurde (s.o. Kapitel II.6).

Als Grundkonflikte der Zeit des Jahwisten, der Epoche der ersten Könige in Israel, waren erkennbar:
– Das Aufkommen von Nationalismus und Imperialismus;
– das Aufkommen bürokratischer Herrschaft im Inneren;
– das Aufkommen von Kapitalwirtschaft;
– das Aufkommen »gottgewollter Herrschaft«;
– das Aufkommen kanaanäischer Einflüsse im Glauben.

Wie kann man sich in dieser Situation die Arbeit des Unbekannten vorstellen, der in der alttestamentlichen Wissenschaft unter dem Siglum J (Jahwist) geführt wird?

436

Die folgenden Überlegungen beziehen sich ganz allgemein auf die biblische Textproduktion:

Drei Faktoren werden vermutlich bei der Abfassung eines Textes zusammengewirkt haben:

(a) Bei allen »Autoren« biblischer Schriften (ob sie als Tradenten, Redaktoren, Umgestalter oder Verfasser in einem neuzeitlichen Sinn gewirkt haben) ist sicher ein Berufungsbewußtsein anzunehmen; ob dies auf eine explizite Berufungsvision oder -audition zurückzuführen ist, wie es von Propheten berichtet wird, ist weniger wichtig. Jedenfalls ist davon auszugehen, daß der Autor sich mit Gott und seiner Sache untrennbar verbunden weiß und daß er im Wort Gottes lebt.

(b) Ich vermute, daß sich inhaltlich diese »Sache Gottes« an »Grundbescheiden« festmachte, die die Leitlinien und Richtpunkte der Verkündigungsarbeit vorzeichnen.

(c) Die Orientierung an Grundbescheiden wird dazu geführt haben, daß der »Autor« lernte, seine Gegenwart unter einer kritischen Perspektive gleichsam mit den Augen Gottes zu sehen.

Da werden Fragen aufgekommen sein:

In welchen Lebenssituationen ist die Botschaft des Grundbescheides dringlich? Welche Verhältnisse führen eine Verkümmerung oder Entstellung des Grundbescheides herbei?

Wer ist jetzt vordringlich Adressat des Grundbescheids?

Wie ist der Grundbescheid auszugestalten und neu zu akzentuieren, damit in dieser Situation seine Botschaft zur Geltung und zur Wirkung kommt?

Die unter dieser kritischen Perspektive aufscheinenden Punkte bezeichne ich als *Dringlichkeiten*. Sie nötigen den »Autor« (Sprecher, Propheten), *jetzt* so zu sprechen. Er erinnert an die Lebensgaben, Freiheiten und Chancen, die Gott für alle bereithält, aber er rückt auch vor Augen, daß diese Lebensgaben von egoistischer Beanspruchung bedroht und und immer wieder von neuem für alle zur Geltung zu bringen sind. Eine ähnliche Funktion nehmen übrigens die von Jürgen Moltmann genannten »Richtpunkte« wahr (s.o.): Es geht ihm um die Identifikation von Zuständen oder Verhaltensweisen in der Gegenwart, die die biblische Zusage der Freiheit gefährden, in denen sie darum vordringlich zur Geltung zu bringen sind.

Das hiermit angesprochene richtige Handeln (im biblische Sprachgebrauch:»Das Tun des Gerechten« Ps 119,121 u.ö.) kommt nicht als »Ethik« zum rechten Leben und Glauben hinzu; wer die von Gott gegebenen Lebensmöglichkeiten als Chancen *für alle* wahrnimmt, handelt gerecht. Der Sozialethiker McDonagh hat einen solchen Ansatz mit der prägnanten Begrifflichkeit »gift« und »call« charakterisiert: In den Lebens*gaben* ist die Lebens*aufgabe* mitgesetzt. Wer beispielsweise die Freiheit nur als »Gabe« für sich beansprucht und sie nicht als Aufgabe begreift, setzt sie für sich selbst und für andere aufs Spiel. Das ist wohl der Sinn der biblischen Rede vom Gericht Gottes. Auch wenn der biblische Mensch sich Gott als Urheber des Unheils vorstellt und damit in einem Lohn-Strafe-Schema verhaftet ist, weiß er doch, daß es letztlich der Mensch selbst ist, der den guten Lebensraum zerstört, die Freiheit zu Fall bringt.

Auf dem Schnittpunkt dieser Wirkungsfaktoren kann man sich die Entstehung eines Textes (eine Zusammenstellung, Überlieferung, Umgestaltung…) vorstellen.

Gehen wir mit diesen Beobachtungen und Überlegungen an die Arbeit des Jahwisten heran, dann zeigen sich im Blick auf das gewählte Beispiel des Grundbescheides »Schöpfung« in der früheren Königszeit drei *Dringlichkeiten:*

– Imperialismus und bürokratische Willkür müssen sich an der Aussage der Überlieferung messen lassen, daß »Adam« aus Staub gemacht ist; jeder Versuch verfügender Herrschaft von Menschen über Menschen muß sich in dieser Perspektive als lächerliche Anmaßung entlarven, vor allem, wenn sie sich auch noch als »gottgewollt« gebärdet;

– wer Macht mit Hilfe tötender Gewalt erringen und sichern will, muß sich vor dem Schöpfungsauftrag verantworten, der »Adam« die Aufgaben des Bebauens und Bewahrens und nicht der Vernichtung anweist;

– die Orientierung an der faszinierenden Natur- und Machtreligion des Baalismus erweist sich als Abfall von Jahwe, dem guten Schöpfergott, dem »Adam« sein Leben verdankt.

Angesichts von Defiziten und Entstellungen der Überlieferung, die der Jahwist in seiner Zeit erlebt, gerät der Rückgriff auf den Grundbescheid der Schöpfung zur »gefährlichen Erinnerung« (J.B. Metz), die selbstverständlich gewordene und von vielen akzeptierte Verhaltensweisen und Verhältnisse als Verachtung und Verfehlung der von Gott für alle gedachten und allen zugeeigneten Lebensmöglichkeiten aufdeckt.

Welche spezifische Ausarbeitung der ihm vorgegebenen Traditionen der Jahwist dann wählt, um die erkannten Dringlichkeiten zur Sprache zu bringen, zeigte ich in Kapitel II.6.

4.4 Was können die Grundbescheide für das Verständnis des Überlieferungs- und Auslegungsprozesses leisten?

Nach meiner Überzeugung sind die Grundbescheide ein geeignetes Instrument, um biblische Überlieferung so zu bündeln, daß Thematik und Intentionalität eine gewisse Einheitlichkeit erkennen lassen, ohne daß die geschichtliche Dynamik verlorengeht. Damit wäre dann auch ein hermeneutischer Wegweiser benannt, der der Interpretation eines Einzeltextes die Richtung zeigt.

Ich versuche noch einmal, die wichtigsten Merkmale und Funktionen zusammenzufassen.

a. Die Grundbescheide im biblischen Überlieferungsprozeß

- Grundbescheide sind konzentrierte Verdichtungen von geschichtlichen Erfahrungen mit dem Handeln Gottes; sie schließen eine Vielzahl von Erinnerungen und Geschichten ein, wie eine Nußschale die Nuß;
- sie sind keine Lehrsätze, sondern machen die heilvolle Geschichte präsent, sprechen Mut zu, fordern zum Engagement heraus. Darum stehen sie nicht für sich, sondern sind in konkrete historische Kontexte eingebettet und werden in ihnen wirksam; sie sind kontextorientiert.

Diesen Merkmalen wollen die Bezeichnungen »heilsgeschichtliche Abbreviaturen« oder eben »Grundbescheide« Rechnung tragen, die ich für diese Kurzformeln benutze.

Ich versuchte, anhand der mutmaßlichen ursprungsgeschichtlichen Verhältnisse bei der Entstehung der jahwistischen Quellenschrift zu rekonstruieren, welche Funktion und Wirkung solche Grundbescheide in der Geschichte Israels gehabt haben könnten.

Fünf solcher Funktionen liegen nahe:
- Grundbescheide erinnern an heilvolle Tätigkeiten Jahwes zugunsten seines Volks und stellen die geschenkten Lebensmöglichkeiten vor Augen; damit fordern sie zur dankbaren Vergewisserung heraus;
- sie zeigen damit praktische Lebensmodelle auf, die diesen Gaben entsprechen (z.B. das Paradies; das gute Leben der Befreiten in brüderlich/schwesterlicher Gemeinschaft);
- diese in den Grundbescheiden verschlossenen Modelle des von Gott geschenkten und gewollten Lebens sind oftmals den jeweils herrschenden tatsächlichen Verhältnissen entgegengesetzt; sie wirken daher kritisch und befreiend;
- aber damit ist die Dynamik der Grundbescheide noch nicht erschöpft! Sie geben gleichzeitig Anstöße zu praktischen Veränderungen, die aber nicht in einem ethischen Appell aufgehen, sondern sich auf von Gott angefangene Prozesse, auf Zusagen und Verheißungen stützen können.
- Grundbescheide machen auf die universale Geltung der von Gott geschenkten Lebensmöglichkeiten aufmerksam. Schon in der frühen Königszeit war zu beobachten, daß aus der Freiheit aller die Freiheiten der privilegierten Klasse wurden. Dem stellen sich bevollmächtigte Sprecher wie der Jahwist oder auch der Prophet Nathan (vgl. 2 Sam 12, 1-14) entschieden entgegen: Die Freiheit ist für alle da!
- Diese zunächst *innerhalb* des Gottesvolks ausgerufene Universalität des Heils (Die Lebensgaben sind für alle Mitglieder des Gottesvolkes da!) weitet sich dann in einen Welt-weiten Horizont: Die Schöpfer-Gabe des Lebens im guten Lebensraum gilt *allen Menschen.*

b. Die Grundbescheide in der heutigen Rezeption

Im hermeneutischen Prozeß können sie vier Funktionen wahrnehmen:

Grundbescheide können nicht die Konsensfragen der Theologie lösen, aber sie können die Auslegung der Schrift auf elementare Glaubenserfahrungen konzentrieren:

Karl-Ernst Nipkow hat darauf aufmerksam gemacht, daß die Versuche, elementare Kategorien zu identifizieren, oft mit allzu hohen Erwartungen beladen wurden, insbesondere mit der Hoffnung, gleichsam die Basis-Formel der Theologie zu finden, der alle vernünftig Denkenden zustimmen müßten. Aber: »Das Elementarisierungsprogramm wird überfordert, wenn man meint, damit die Konsensfrage lösen zu können« (Nipkow, 1982, S.198). Darauf deuteten bereits die Unterschiede hin, die sich hinsichtlich der Ausgangslage und der Zielvorstellungen bei den referierten Entwürfen zeigten. Und auch die »Grundbescheide« dürfen nicht den Anspruch erheben, ein hermeneutisches Passepartout gefunden zu haben; ich wies schon einleitend darauf hin, daß auch andere Bestimmungen, Abgrenzungen und Zuordnungen denkbar sind. Aber man wird davon ausgehen dürfen, daß die Grundbescheide nicht ein nachträglich an die Überlieferung herangetragenes Kategorienschema darstellen, sondern an die Basis herankommen, auf denen die biblischen Texte selbst aufruhen. Sie bringen Grunderfahrungen zur Sprache, die die biblischen Menschen mit Gott gemacht haben, von denen her sie die Überlieferung weitergaben und gestalteten, in deren Licht sie neue Erfahrungen im Glauben deuteten. Damit können sie auch heute im Prozeß der verstehenden Aneignung von Tradition die Auslegung auf diese Grunderfahrungen hin zentrieren. Dabei geht es nicht einfach um die Verbindung von Texten und Grundbescheiden im Interesse der Einordnung in ein Schema, sondern die Grundbescheide können durchaus die Auslegung deutlich beeinflussen; dafür zwei Beispiele:

Beispiel 1: Die schlechte Auslegungstradition des »Schöpfungsauftrags« (Gen 1,28) als Ermächtigung zu schrankenloser Ausbeutung wird kritisch korrigiert durch den Grundbescheid »Gott schafft Leben«, der eindeutig einschließt, daß der gute Lebensraum »für alle« da ist und bewahrt werden muß.

Beispiel 2: In der Feministischen Hermeneutik wird das Prinzip der »innerbiblischen Korrektur« vertreten (s.o. Kapitel II.8, S.261); es besagt, daß patriarchale Traditionen in der Bibel (z.B. das berühmte »Das Weib schweige...« Eph 5,21-23) durch andere Texte kritisiert und korrigiert werden. Der Grundbescheid »Gott befreit die Unterdrückten« läßt dann nach solchen Alternativ-Texten Ausschau halten, die Befreiung der Frau ansagen, z.B. Gal 3,28.

Bei einer solchen »Zentrierung« von Texten auf einen Grundbescheid hin sollten zwei Gesichtspunkte beachtet werden:

– Grundbescheide reichern sich in ihrer Geschichte mit immer neuen Erfahrungen und Erkenntnissen an. Werden sie bei der Auslegung eines Einzeltextes herangezogen, um ihn zu »zentrieren«, können folgerichtig nur die Aspekte des

Grundbescheids berücksichtigt werden, die in der Entstehungssituation des Textes bereits entfaltet waren.

– Grundbescheide dürfen den Texten nicht normativ vorgegeben sein, sondern müssen offen und aufgrund neuer Erkenntnisse und Erfahrungen erweiterbar und revidierbar bleiben.

Grundbescheide können die biblische Überlieferung als Nachrichten erschließen, die heute betreffen:
Die sprachliche Ausformung der Grundbescheide als »heilsgeschichtliche Abbreviaturen« zielt auf die Erkenntnis, daß die biblischen Texte nicht Feststellungen und in Sätzen formulierte Wahrheiten enthalten, sondern daß sie geschichtliche Erfahrungen von Menschen in konkreten Lebenszusammenhängen bündeln. »Auslegung« ist also letztlich nicht das Geschäft der Freilegung, Feststellung und Vermittlung von Sätzen über Gott, sondern intendiert den Versuch, mit den Menschen in ein Gespräch einzutreten, deren heilsame Erfahrungen die Texte aufbewahren, um dann zu fragen, ob die Grundbescheide auch für uns heute »gute Nachrichten« sein können. Darin ist allerdings die Bereitschaft inbegriffen, auch solche Nachrichten als heilsam entgegenzunehmen, die unser gewohntes (christliches) Selbstverständnis radikal in Frage stellen.
Voraussetzung für ein solches Gespräch mit dem Text ist, daß das Prinzip der »Kontextorientierung« nicht nur die Auslegung des geschichtlichen Ursprungs leitet, sondern auch die heutige Rezeption. Erst wenn die Situation des Auslegers mit den gleichen kritischen Fragen wie die Ursprungssituation des Textes analysiert wird, trifft der Text. Das zeigte sich vor allem in der Auslegung der Relectura (Kapitel II.9); hier werden – nach der treffenden Formulierung von Ingo Baldermann – »politische Erfahrungen... Schlüssel zu biblischen Texten« (Baldermann, 1984).

Grundbescheide regen dazu an, die Auslegung biblischer Texte als elementares Gespräch zu entdecken:
Die Orientierung an verdichteter Erfahrung lehrt, die Auslegung als Gespräch zu begreifen: Die heute um Verstehen bemühten Leser geraten mit den Menschen ins Gespräch, die in und hinter den biblischen Texten mit ihren Erfahrungen zur Sprache kommen. Damit gewinnt die Kompetenz des theologischen »Laien« erneut Gewicht; denn er fragt nicht historisch distanzierend, sondern betroffen und gesprächsbereit; diese bereits vor 30 Jahren von H.G. Bloth herausgearbeitete hermeneutische Qualität der »Laienfrage« hat Nipkow wieder ins Gespräch gebracht (Nipkow, 1982, S. 201 ff). Damit zeigt sich in einem ganz anderen Zusammenhang wieder die konstitutive Bedeutung der betroffenen Interaktion, die bei verschiedenen hermeneutischen Konzepten maßgebend ist (vgl. vor allem die Kapitel Interaktionale Auslegung und Hermeneutik der Relectura).
Diese Feststellung bestreitet nicht die Notwendigkeit wissenschaftlicher Erforschung der biblischen Überlieferung, aber sie weist ihr den gebührenden Platz

an: Sie ist eine Hilfswissenschaft für das elementare Auslegungsgespräch, die dafür sorgt, daß der Text nicht vorschnell in Anspruch genommen wird, sondern seine Eigenständigkeit bewahrt.

Grundbescheide lösen die Frage nach den Erfahrungs- und Konfliktfeldern aus, in denen heute biblische Texte zur Sprache und zur Sache kommen wollen:
Im biblischen Zusammenhang schließen die Grundbescheide, wie beschrieben, immer die Möglichkeit ein, daß die Menschen die Heilsgaben mißbrauchen und verderben. Dies wirkte sich vermutlich so aus, daß die Tradenten und Gestalter der Überlieferung in ihrer historischen Situation nach den »Dringlichkeiten« fragten, in denen die überkommenen Grundbescheide neu zur Geltung kommen wollten. Damit sind auch die heutigen Leser und Hörer herausgefordert, biblische Texte nicht nur zu interpretieren und in den religiösen Bestand einzuordnen, sondern betroffen nach den »Dringlichkeiten« für uns und unsere Zeit zu fragen; eine ähnliche Funktion nehmen die von Moltmann formulierten »Richtpunkte« wahr (s.o.). Damit gewinnt die Auslegung eine Verbindlichkeit, die dem Leser keine neutrale »Zuschauerhermeneutik« mehr gestattet, sondern ihn herausfordert, »Täter des Wortes« (Jak 1,22) zu werden.
Die Grundbescheide geben der Erfahrungsdimension im Auslegungsprozeß noch einmal tiefere Qualität, lassen ihr Profil kantiger hervortreten:
Erfahrungsbezogene Lektüre ist die Erinnerung an die Befreiungserfahrungen von Menschen in biblischer Zeit. Die Besitzlosen und Unterdrückten vernahmen den Ruf der Freiheit, die Besitzenden und Unterdrücker den prophetischen Ruf zur Umkehr.
Diese Unterscheidung ist auch heute der wichtigste hermeneutische Schlüssel zum Verständnis der Schrift. Die europäischen Bibelleser müssen ihre Situation selbstkritisch in Erfahrung bringen, ihren Standort als Besitzende und Unterdrücker einnehmen und sich in die biblische Geschichte an der Seite der Pharaonen und Philister, der Könige und Besatzer, der Reichen und Selbstgerechten eintragen.
Verweigern sie sich (wir uns!) dem prophetischen Ruf zur Umkehr, verstummt die biblische Stimme, verweigert die Geschichte sich der Erinnerung. – Aber erst, wer eine authentische, aufrichtige Erinnerung an seine Geschichte hat, kann neue Erfahrungen machen; »ohne Aufdecken der Gegenwart mit ihren geschichtlichen Wurzeln gibt es kein Entdecken der Zukunft« (in Anlehnung an G. Lukács).

5 Mehrdimensionale Bibelarbeit – Annäherungen an die Praxis

5.1 Ein einziger Weg genügt nicht!

Bei den vielfältigen Arbeitsgängen und Untersuchungen dieses Buches hat sich immer wieder gezeigt, daß die einzelnen hermeneutischen Konzepte sehr unterschiedliche Aspekte eines Bibeltextes beleuchten, ganz neue oder vergessene Zugangswege eröffnen.

Wer wollte es sich leisten, diese Chancen zu ignorieren? Eine mehr-dimensionale Bibelarbeit bietet sich an, die möglichst viele der neuen Wege ausprobiert, den frisch gebahnten Spuren nachgeht.

Allerdings sieht die Realität noch ganz anders aus!

Zwar sind in den letzten Jahren viele neue Auslegungsweisen entwickelt worden; aber es scheint, daß die Arbeit noch in einer Phase ist, in der es ähnlich zugeht wie in der religionspädagogischen Grundlagendiskussion vor 15-20 Jahren: Es gab viele interessante Neuentwicklungen… und jede kam mit dem Anspruch daher, den glänzenden Stein der Weisen gefunden zu haben, der andere Ideen verblassen ließ. Und heute gibt es den Streit zwischen Historisch-Kritischer Exegese und Tiefenpsychologischer Auslegung (mit beträchtlichem Feldgeschrei), zwischen Feministischer Interpretation und Materialistischer Analyse… Woran mag das liegen? Ich meine, diesen Auseinandersetzungen liegt ein Denken zugrunde, das auch in der Theologie Wahrheit für herstellbar, eindeutig bestimmbar und somit auch für verfügbar hält.

Die Erscheinungsformen eines solchen Denkens sind bekannt: Ein Theologe, ein Exeget zumal, hält seine Methode und die dadurch hergestellte Wahrheit für die allein maßgebliche; darum muß er andere Sichtweisen als unmaßgeblich oder falsch ausgrenzen. Die meisten Theologen und Religionspädagogen sind durch ihre Ausbildung und durch das Gesprächsklima im theologischen Bereich mit solchen Denkweisen behaftet und haben es deshalb schwer, mehrere unterschiedliche Sichtweisen oder sogar kontroverse Deutungsansätze eines Bibeltextes als »wahr« oder »gültig« zuzulassen; so löst beispielsweise eine Methode wie die Interaktionale Bibelarbeit, die ausdrücklich auf die Feststellung eines verbindlichen Textsinns verzichtet, nicht selten bei den Teilnehmern eine deutliche Verunsicherung aus, die sich auch in Aggressionen ausdrücken kann.

Statt einer abgrenzenden und rechthaberischen Hermeneutik, die den Blick auf die eigene Position verengt, ist aber ein neugierig-offenes Denken nötig, das auf Neu-Entdeckungen aus ist, unterschiedliche Zugangswege zur biblischen Überlieferung sucht und produktiv miteinander verbindet.

Ich will versuchen, diesen Grund-Satz noch zu konkretisieren.

5.2 Einige Vorschläge zur Praxis der erfahrungsbezogenen, mehrdimensionalen Auslegung

Was sollte beachtet werden, damit eine mehrdimensionale, erfahrungsbezogene Auslegung biblischer Texte gelingt?

Die folgenden Vorschläge gehen auf die Probleme ein, die sich in Kapitel I.1 gezeigt haben, vor allem auf die Frage: Welche Gründe sind wohl dafür verantwortlich, daß die Bibel heute für viele ein »vergessenes Buch« wird? Die sieben Vorschläge ergeben sich aus Beobachtungen und Gedanken, die in verschiedenen Kapiteln dieses Bandes entwickelt wurden. Sie sollen hier noch einmal im Zusammenhang notiert und in ihrer Bedeutung für die erfahrungsbezogene Methodenwahl geprüft werden.

a. Das Einfache Lesen beachten

Dieser Vorschlag ist vielleicht für alle diejenigen besonders wichtig, die sich durch eine erfahrungslose, belehrende wissenschaftliche Exegese nicht angesprochen oder auch bevormundet fühlen.

Der Aufruf zum Einfachen Lesen wurde zuerst im Zusammenhang der Interaktionalen Auslegung als Vorschlag formuliert, die alleinige Vorherrschaft der Historisch-Kritischen Exegese in der Interpretation biblischer Texte aufzugeben. Im Blick auf die Texte schließt dieser Vorschlag die Zurückdrängung historisierender und rationalisierender Sichtweisen ein. Im Blick auf die heutigen Leser bedeutet »einfach Lesen« die Befreiung von Bevormundung durch eine Zunft professioneller Interpreten.

Erheblich schärfer haben diese Befreiung einige Theologen formuliert, die in der Beschränkung der Auslegung auf die Historisch-Kritische Auslegung nicht nur eine Verengung, sondern eine Zerstörung des adäquaten Zugangs zur biblischen Überlieferung erkennen. Die scheinbar neutrale, mit dem Anspruch objektiver Wissenschaft verbundene »Zuschauerhermeneutik« ist zugunsten einer stellungnehmenden Lektüre aufzugeben, die für die Unterdrückten Partei ergreift.

Der Vorschlag, die Bibel einfach zu lesen, wird also in verschiedenen Spielarten und Reichweiten vertreten, vor allem von den Konzepten
- Interaktionale Auslegung;
- Feministische Auslegung;
- Materialistische Auslegung.

b. Die Bibel als fremdes Buch lesen

Leser, denen die biblische Überlieferung so vertraut ist, daß sie sie nicht mehr als »newspaper« wahrnehmen können, brauchen den »fremden Blick«. Erst wenn mir ein Text als Fremder gegenübertritt, bin ich bereit, ihn sein Wort sagen zu lassen, die in ihm verschlossene »Gegenwelt« wahrzunehmen. Es geht also darum, die Bibel immer wieder als ein Dokument zu lesen, das von fremden Zeiten, Menschen und Erfahrungen erzählt.

Das wird nur möglich sein, wenn absichtlich Distanz zwischen Leser und Text gelegt wird, wenn er merkt, daß er einen Weg zurücklegen muß, um sich einem Text zu nähern.

Dies Weg-Prinzip ist ein wichtiger hermeneutischer Grundsatz.

Neben den Historisch-Kritischen Methoden eignen sich auch Maßnahmen zur Verlangsamung des Wahrnehmungsprozesses, z.B. das »schrittweise Lesen« oder die »Göttinger Stufentechnik«. (Schrittweises Lesen: Der Text wird in kleine Abschnitte gegliedert, die nacheinander bearbeitet werden. – Göttinger Stufentechnik: Die Auseinandersetzung erfolgt in vier Schritten: Einfälle – Gefühle – Assoziationen – Zusammenfassung. Vgl. Barth/Schramm, 1977, S. 166 ff.)

Bei sehr bekannten Texten (oder Lesern/Hörern mit sehr guten Bibelkenntnissen) empfiehlt sich die Arbeit mit Verfremdungen. Ihr Interesse ist, durch geeignete Maßnahmen verfestigte Sichtweisen biblischer Texte aufzubrechen und neue Perspektiven anzubieten. Das geschieht meist durch Konfrontation des Lesers mit einem Text oder Bild. Diese Medien sollen Verwunderung, Ärger oder Protest auslösen und dadurch die bewußte und kritische Rückfrage an den biblischen Text selbst provozieren.

Die Aufgabe, die Bibel als fremdes Buch zu lesen, kommt vor allem in folgenden hermeneutischen Konzepten zum Zug:
– Historisch-Kritische Auslegung;
– Interaktionale Auslegung;
– Hermeneutik der Verfremdung.

c. Den Text nicht auf eine Aussage festlegen

Diese Forderung ergibt sich bereits aus einer methodengerechten Handhabung der Historisch-Kritischen Auslegung; denn die Entdeckung der textimmanenten Diachronie macht darauf aufmerksam, daß ein einziger Text in seinen verschiedenen Schichten sehr unterschiedliche, ja vielleicht sogar widersprüchliche Sichtweisen einschließen kann. Die oft im Umfeld der Historisch-Kritischen Auslegung vorgenommene Fixierung des Textes auf einen »Skopus« widerspricht daher den Voraussetzungen dieses hermeneutischen Konzepts!

Vor allem die Linguistische Auslegung legt den Verzicht auf die Bestimmung eines einzigen »Skopus« für einen Text nahe. Sie erkennt ihn als »Textwelt«, die den Leser zum identifikatorischen Einlesen und Einleben einlädt.

Es ist zu lernen, daß das Beharren auf einer fixierbaren Mitte eines Textes den Ausleger letztlich zum Herrn des Textes macht, den Meister, der festlegt, was der Text zu sagen hat, seine Vieldeutigkeit und Vielschichtigkeit verengt, seine Lebendigkeit, die immer noch neue Offenbarungen bereithält, ruhigstellt.

Letztlich bedeutet der Verzicht auf Eindeutigkeit nichts anderes als Respekt vor dem Reichtum der biblischen Überlieferung, die sich nicht auf eine Sinnbestimmung fixieren läßt.

Dieser Vorschlag ist für die Bibelleser interessant, die Schwierigkeiten mit der weithin üblichen Methode haben, biblischen Texten bestimmte Lehren oder Forderungen zu entnehmen und sie damit auszutrocknen. Wer die mit diesem Rat verbundenen Chancen zu Neudentdeckungen wahrnehmen will, sollte auch bereit sein, die dadurch ausgelöste Verunsicherung auszuhalten.

Die Empfehlung, den Text nicht auf *eine* Aussage festzulegen, wird vor allem durch folgende Konzepte unterstützt
– Historisch-Kritische Auslegung;
– Linguistische Auslegung;
– Interaktionale Auslegung;
– Jüdische Hermeneutik.

d. Die Bibel in die Gegenwart fortschreiben

Erfahrungsverlust ist die entscheidende Ursache für die Bibelmüdigkeit – das zeigte sich im ersten Kapitel dieses Buchs. Wo biblische Geschichten als »heilige Texte« erscheinen, die in lebensferner Autorität erstarrt sind, kommt kein erfahrungsbezogenes Gespräch mit der Überlieferung zustande. Jede Auslegung muß an der Belebung des Erfahrungsbezugs interessiert sein; darauf bezogen sich auch die ersten drei Vorschläge. Jetzt soll es noch einen Schritt weiter gehen: Die Bibel ist nicht fertig, ein für alle Mal abgeschlossen, sondern muß in die Gegenwart fortgeschrieben werden.

Dieser Ansatz wird nicht an die Bibel als ein ihr fremdes Prinzip herangetragen, sondern knüpft an die Tradierungs-Bewegungen des Alten und Neuen Testaments selbst an: Überlieferung ist dort ja nicht die Weitergabe immer der gleichen Inhalte; wir konnten beobachten, daß sich im Raum der Bibel Geschichten, Gestalten, Motive in einem faszinierenden Prozeß durch die Geschichte bewegen – sich fortwährend aus neuen Erfahrungen nährend – anderes hinter sich lassend – im ständigen Wandel begriffen.

Dieser Prozeß ist nicht abgeschlossen, sondern drängt auf Weitergestaltung über die Zeit hinaus, in der die biblische Überlieferung niedergeschrieben wurde.

Der jüdische Gelehrte Leo Baeck hat diesen Vorgang einmal so beschrieben: »So schritt die Bibel selber fort, jede Zeit erwarb ihre eigene Bibel« (s.o. Kapitel II.13, S. 392). Dieser im Blick auf das jüdische Traditionsverständnis formulierte Grund-Satz hat auch christliche hermeneutische Konzepte angeregt, vor allem rezeptionsorientierte Ansätze wie:
– Intertextuelle Hermeneutik;
– Interaktionale Auslegung;
– Hermeneutik der Verfremdung.

e. Bibeltexte als Modelle und Inspiration gelingenden Lebens verstehen

Viele Bibelleser sind enttäuscht darüber, daß die Auslegung sich oft damit zufrieden gibt, biblische Überlieferung auf ihre Lehre zu befragen oder als Mitteilungen über vergangenes Geschehen einzuordnen. Ihnen kommt es darauf an, in Texten Erfahrungen von Menschen zu entdecken, die ihr Leben im Glauben deuten und deren Leben gelingt, weil sie vom Glauben inspiriert sind. Dann können sie auch heute neue Erfahrungen anstoßen und Lernprozesse inspirieren.

Allerdings ist ein wichtiger hermeneutischer Grundsatz zu beachten: Die Bibel hält auf Lebensfragen heutiger Menschen nicht einfach Glaubensantworten bereit; oftmals stellt sie »Gegen-Welten« vor Augen, Modelle gelungenen Lebens, die unsere eigenen Erfahrungen kritisch beleuchten. Man wird nach Bibeltexten suchen, denen »die Kraft zum Aufsprengen verfestigter Situationen innewohnt« (Langer, 1987, S. 215).

Die Grundbescheide können diese Suche anstoßen und klären; denn sie erinnern ja an die Lebenschancen, die den Menschen zugedacht sind, und beleuchten gleichzeitig kritisch Lebensverhältnisse, die diese Chancen verfehlen oder egoistisch nur für sich selbst beanspruchen (vgl. die oben in Abschnitt 6.4.b notierten Hinweise und Beispiele).

Es ist dem Leser oder Hörer allerdings wenig damit gedient, wenn ihm biblische »Gegen-Welten« als Ideen oder Forderungen gegenübertreten; es ist wichtig, daß sie als Beispiel oder Anfang erfahrenen, gelebten neuen Lebens erscheinen, das die gewohnten Perspektiven, die verfestigte Lebenspraxis in Frage stellt und damit erst neue Erfahrungen ermöglicht.

Die hiermit angezielte »Umkehr zum Leben« wird freilich nur dann in Gang kommen, wenn der heutige Bibelleser die Überlieferung konkret »kontextorientiert« aufnimmt, wie es beispielsweise die Materialistische Auslegung nachdrücklich vertritt; er muß »politische Erfahrungen als Schlüssel zu biblischen Texten« kritisch reflektieren (vgl. Baldermann, 1984). Dies ist vor allem von der Relectura in Lateinamerika zu lernen, aber auch von Gruppen in der »Ersten Welt«, die biblische Überlieferung in praktisch-politischer Absicht gebrauchen (s.o. Kapitel II.9, S. 382). Hier kann der »Relevanzverlust«, dem die Bibel heute ausgesetzt ist, aufgefangen werden!

Der Vorschlag, Texte als Modelle und Inspiration gelingenden Lebens zu verstehen, wird vor allem von folgenden hermeneutischen Konzepten in unterschiedlicher Akzentuierung wahrgenommen:

– Materialistische Hermeneutik;
– Feministische Auslegung;
– Hermeneutik der Relectura.

f. Die Bibel im ganzheitlich-kommunikativen Erleben verstehen

Dieser Vorschlag ist für alle die Leser gedacht, denen die gewohnte Auslegung der biblischen Überlieferung zu einseitig kognitiv angelegt ist. Gegen die »Verkopfung« können einige Methoden gezielt eingesetzt werden:

– *Verfahren wählen, die dem Leser helfen, sich selbst bewußt wahrzunehmen:*
Hier sind z.B. alle jene Vorschläge zu nennen, die die Verstärkung der sinnlichen Sensibilität als Voraussetzung für »Erfahrung« im Auge haben; ich denke vor allem an Otto Betz und Hubertus Halbfas (z.B. Betz, 1977 und 1987; Halbfas 1982).

– *Verfahren wählen, die Leser und Text ins Gespräch bringen:*
Interessant ist der Vorschlag der Interaktionalen Bibelarbeit, den Text als Dialogpartner zu begreifen, mit dem ich ins Gespräch komme. Ich gehe spontan auf einen Text zu, spreche mit ihm über meine Gefühle und Erfahrungen, öffne mich für mögliche Antworten.

– *Verfahren wählen, die den Text im erfahrungsnahen Gespräch auslegen:*
Es geht darum, daß im Gruppengeschehen die eigene Erfahrung intensiv ins Spiel kommt und daß neue Erfahrungen aus dem Text im Gespräch geprüft, vertieft, verleiblicht werden können. – Dieser Ansatz schließt ausdrücklich den Verzicht ein, eine einzige Auslegung als »richtige« verbindlich zu machen – diese Anregung berührt sich mit dem unter c. notierten Vorschlag (s.o. S. 445 f). Damit wird der Verstehensprozeß nicht der Willkür ausgesetzt; aber es wird die Einsicht ernst genommen, daß die Wahrheit nicht ein für allemal feststellbar ist, sondern im Dialog derer aufscheint, die vom Wort betroffen sind.

– *Verfahren wählen, die alle Sinne ansprechen:*
Biblische Texte müssen ganzheitlich aufgenommen werden. Diese These entfaltet sich in zwei Richtungen:
Einmal: Die biblische Sprache ist ernst zu nehmen. Oft geht in der Vermittlung der biblischen Überlieferung in Unterricht, Predigt usw. ihre unverwechselbare Sprachgestalt verloren; dann wird die »gute Nachricht« zum Lehr-Text, das Wort Gottes zum Zitat. Die biblische Sprache ist aber nicht nur ein Informations- und Bedeutungsträger, dessen Sprachgestalt beliebig ausgetauscht werden kann. Weil die Bibel Anrede ist, weil sie den Glauben bekennend, lobend, klagend ins Wort setzt, muß diese »Sprachbewegung« soweit wie möglich auch in der heutigen Aneignung zum Zug kommen. Biblische Sprache ist selbst schon »Geschehen«, das ganzheitlich anspricht. Es sollte beispielsweise selbstverständlich sein, daß Psalmen gesprochen oder gesungen oder feiernd und nacherlebend gestaltet werden – daß Geschichten erzählt (und nicht nur »besprochen«) werden – daß eine Prophetenrede als Ansprache gestaltet wird…
Auch die heutige Rezeption ist so oft wie möglich ganzheitlich anzulegen. Alle Formen der kreativen Gestaltung sind auszuschöpfen: Spielen – Malen – Tonen – Verklanglichen – körpersprachlich Erleben…
Diesen ganzheitlichen Zugang unterstützen vor allem:
– Interaktionale Auslegung;
– Feministische Auslegung;
er ist aber auch charakteristisch für die
– Hermeneutik der Relectura.

g. Keinen neuen »Heilsweg« festlegen

Wer einen neuen Weg entdeckt, neigt dazu, ihn als den allein gangbaren, zum Ziel führenden, eben als neuen »Heilsweg« auszugeben – von dieser Beobachtung ging dieser letzte Teil des Kapitels aus. Die Folgen sind bekannt: Neue Einseitigkeiten, unduldsame Rechthaberei, Verlust an Kommunikation und Erfahrungsaustausch. Es ist wichtig, daß wir die Vielzahl der Wege wiederentdecken und lernen, daß wir der Mitte der Bibel nur in immer neuen An-Gängen auf verschiedenen Wegen näherkommen. Aber dies ist nicht die Arbeit des Sisyphos, der die vergebliche Arbeit immer neu beginnen muß und nie ans Ziel kommt, sondern jeder der Wege hält neue faszinierende Sichtweisen, überraschende Erkenntnisse, produktive Verunsicherungen bereit – das wollte dies Buch zeigen.

In der Praxis wird es sich nahelegen, mit solchen Ansätzen anzufangen, die der eigenen Ausgangslage am besten gerecht werden, den persönlichen Problemen am ehesten Klärung versprechen. Dabei kann es nützlich sein, Ansätze zu kombinieren, die von sehr unterschiedlichen Optionen ausgehen und entsprechende Methoden bereitstellen: Materialistische und Tiefenpsychologische Auslegung, Ursprungsgeschichtliche und Linguistische usw.

Zum Schluß eine persönliche Erfahrung: Wenn ich unsicher bin, welchen Ansatz ich wählen sollte, halte ich mich an einen Hinweis von Jean Cocteau; er notiert einmal: »Die meisten Quellen sind mit dem Stromlauf nicht einverstanden«; und Georges Casalis bemerkt: »Gegen den Strom schwimmen – ist das nicht die beste Weise, an die Quelle zu gelangen?« (Zitiert bei Gollwitzer, 1980, S. 45 f). Die beiden Zitate geben einen wichtigen Hinweis für die Auslegung biblischer Texte. Sie unterstellen, daß »Ströme« oft nichts mehr von ihren Quellen wissen. Übertragen auf die hermeneutische Fragestellung: Oft laufen die »Ströme« der persönlichen Vorentscheidungen und Sichtweisen des Lesers, aber auch die des religiösen und politischen Common sense, also dessen, was »man« glaubt und wie »man« handelt, den Grundlinien der Bibel zuwider. Darum versuche ich, bei der Wahl des hermeneutischen Ansatzes und bei der Auslegung nicht im Strom der schon längst festgestellten und anerkannten Sichtweisen mitzuschwimmen, sondern einen Text hartnäckig daraufhin zu befragen, wo er meinem Vorverständnis entgegenläuft, meine Gewohnheiten stört, meine Interessen durchkreuzt – das könnte der richtige Weg zur Quelle sein.

Kapitel 2
Die Bibel – das eine Wort

Die Bestimmung von Grundbescheiden, die ich im letzten Kapitel versucht habe, geht davon aus, daß Altes und Neues Testament letztlich eine Einheit bilden, daß von der ersten bis zur letzten Seite der Bibel die gleichen grundlegenden Erfahrungen und Bekenntnisse zur Sprache kommen. Letztlich ist die ganze Bibel als *ein* Text aufzufassen, der in immer neuen Schüben gewachsen und zusammengefügt worden ist (vgl. Croatto, 1989, S. 66 ff. Er unterstreicht vor allem »die hermeneutische Bemühung der Urkirche, *einen* einzigen Text [aus »Altem« und »Neuem« Testament. HKB] zu schaffen, S. 69). Diese Einheit der Schrift ist aber keineswegs unbestritten. Kritische Einwände entzünden sich vor allem an der Frage: Ist die Hebräische Bibel eigentlich ein Buch für Christen – vom gleichen Rang wie das »Neue« Testament?
Die Antwort auf diese Frage scheint selbstverständlich: Natürlich ist das Alte Testament ein Buch für Christen – das belegt ja schon ein Blick in die gedruckten Bibelausgaben. Aber dieser schlichte Hinweis klärt noch längst nicht, wie Christen mit diesem Teil der Bibel umgehen, wie sie ihn einschätzen.
Darüber ist zu allen Zeiten in den christlichen Kirchen lebhaft diskutiert und teilweise erbittert gestritten worden. Es kann nicht die Aufgabe dieses Abschnitts sein, die Diskussion im einzelnen darzustellen und zu werten. Ich konzentriere mich darauf, einige Grundpositionen zu umreißen und unter Bezug auf die entwickelten hermeneutischen Ansätze zu besprechen.
Ich setze mit einem kurzen Überblick über die Geschichte der Ablehnung bzw. Abwertung des Alten Testaments ein, weil sich daran am deutlichsten die unterschiedlichen Positionen zeigen; anschließend stelle ich mit dem Konzept der »Wachsenden Überlieferung« eine eigene These vor.

1 Die Ablehnung des Alten Testaments

Bereits im 2. Jahrhundert n. Chr. verwarf Markion, der Sohn eines Bischofs aus Synope, die hebräische Bibel leidenschaftlich. Er erkannte im Gott Israels nur den Schöpfer und den Gott der Gerechtigkeit, der Vergeltung übt ohne jede Gnade. Ihn muß der abtun, der die Liebe Gottes in Christus erfahren hat; damit aber ist auch das Alte Testament für die Christen bedeutungslos geworden. Hier wird zum ersten Mal der Versuch unternommen, Altes und Neues Testament gegeneinander zu setzen. Das gelingt aber nur, wenn beide je auf einen Grundbegriff gebracht werden, der die scharfe Polarisierung ermöglicht. Bezeichnenderweise kann Markion aber seine These nur durchhalten, indem er die dogmatisierende Zensur auch auf das Neue Testament anwendet und alle Teile daraus entfernt, die seiner Sicht der Liebe Gottes widersprechen.

Diese extreme Position hat sich nicht durchgesetzt, ist aber lehrreich für die weitere Geschichte, weil sie zeigt, daß generelle Zuordnungen der beiden Testamente immer nur auf Kosten relativ pauschaler Typisierungen gelingen.

Einige charakteristische Beispiele:

Unter theologischem Aspekt ist die Aufteilung der Testamente nach den Begriffen »Gesetz« und »Evangelium« sehr geläufig. »Gesetz« – natürlich dem Alten Testament zugeordnet – gilt dann als eine durch Christus und sein Evangelium überwundene Glaubens- und Lebensweise oder übernimmt die Funktion, den Christen ihre Unfähigkeit zum Gehorsam und damit ihre Erlösungsbedürftigkeit zu demonstrieren. Die Dialektik von Gesetz und Evangelium diente bekanntlich den Reformatoren zur Kennzeichnung des Heilsgeschehens nach evangelischem Schriftverständnis; doch haben Luther und die anderen Reformatoren diese Dialektik keineswegs auf die beiden Teile der christlichen Bibel aufgeteilt, sondern sie als spannungsvolle Polarität *innerhalb* der beiden Testamente verstanden wissen wollen; Melanchthon hat sich sogar ausdrücklich gegen die pauschale Typisierung der beiden Teile des Kanons gewandt (vgl. Gunneweg, 1977, S. 102 f). – Eine spezifische Ausarbeitung dieser Ansicht habe ich bereits bei der Einschätzung des Alten Testaments im Rahmen der Existentialen Auslegung skizziert (vgl. Kapitel II.2. S. 100 f). Bultmann hatte zunächst das Alte Testament im ganzen als »Gesetz« abgewertet; in späteren Stellungnahmen qualifizierte er die Hebräische Bibel als »Buch des Scheiterns«, weil Israel den ewigen Sinn des Leben innerweltlich, eben im Rahmen der Geschichte des Volkes, realisieren wollte. – Ganz ähnlich hatte übrigens unter philosophischem Aspekt bereits Immanuel Kant argumentiert: Das Gesetz des Alten Bundes gehe uns nichts mehr an, weil es national verengt sei und dem Vergleich mit der universalen Moral des Christentums nicht standhalten könne. – Eine charakteristische Formulierung dieser Verwerfung ist die berühmte Aussage des evangelischen Theologen Adolf von Harnack in seinem Buch über Markion (1920): »Das Alte Testament im 2. Jahrhundert zu verwerfen, war ein Fehler, den die große Kirche mit Recht abgelehnt hat; es im 16. Jahrhundert beizubehalten, war ein Schicksal, dem sich die Reformation noch nicht zu entziehen vermochte; es aber seit dem 19. Jahrhundert als kanonische Urkunde im Protestantismus noch zu konservieren, ist die Folge einer kirchlichen und religiösen Lähmung.«

Eine spezifische Spielart der Ablehnung der Hebräischen Bibel hat sich im Zusammenhang neuerer hermeneutischer Konzepte entwickelt. In der Feministischen

Auslegung kommt es gelegentlich zu anti-judaistischen (und damit auch anti-altte-stamentlichen) Tendenzen: Jahwe wird als tyrannischer Despot gezeichnet und die Religion Israels zum starren Gesetzes-Gehorsam verzeichnet (z.B. Sorge, 1987, S. 116 ff;149; vgl. Kapitel II.8). Zu ähnlichen Verzerrungen kann es im Rahmen Tiefenpsychologischer Ansätze kommen (z.B. Wolff, 1975, S. 75 ff). Natürlich lösen die genannten hermeneutischen Konzepte nicht notwendig anti-alttestament-liche Tendenzen aus (Zur Differenzierung vgl. die Hinweise bei Setel, 1989, S. 186; Korenhof, 1989, S. 15 ff; Fander, 1986, S. 304 f; vgl. Kapitel II.8).

Die andere Variante der Abwertung des Alten Testaments entsteht, wenn es in die Linie einer Religion oder Philosophie des Fortschritts eingezeichnet wird. So kommt es im Zeitalter der Aufklärung zu einer breiten Ablehnung der Hebräischen Bibel, weil das »mosaische Gesetz« Dokument einer bornierten Religion sei, das Leben Israels weithin unsittlich und sein Glaube bloß diesseitig orientiert (vgl. z.B. Lang, 1980, S. 223 f). Aber auch innerhalb der christlichen Theologie ist dies Denkmuster durchaus vertreten; so findet der Holländische Katechismus im Alten Testament ei-ne »in Christus überwundene, niedrigere Stufe der Glaubensgeschichte« oder Karl Rahner bezeichnet im »Lexikon für Theologie und Kirche« (1957) den Alten Bund für »gescheitert«, die Selbstmitteilung Gottes sei hier »noch nicht endgültig«. Dabei darf nicht verkannt werden, daß eine der Wurzeln für die Abwertung des Alten Te-staments bereits im Neuen Testament selbst liegt. Vor allem das Verheißung-Erfül-lung-Schema basiert ja auf der Voraussetzung, daß die (alttestamentliche) Verhei-ßung durch die Einlösung im Christusgeschehen nun abgegolten und damit überholt sei (vgl. die Darstellung und Diskussion in Kapitel II.10).

In diesem Zusammenhang ist daran zu erinnern, daß der Kampf um die Geltung des Alten Testaments zu keiner Zeit eine akademische Lehrdiskussion gewesen ist, sondern stets in die unselige Geschichte der Auseinandersetzung zwischen Chri-stentum und Judentum verwoben gewesen ist, eine Geschichte, in der die Kirche immer wieder die Synagoge als die Blinde und Verstockte dargestellt hat, wie es beispielsweise die berühmten Plastiken am Straßburger Münster zeigen. Und es ist sicher kein Zufall, daß die Ausrottung der Juden durch die Faschisten in Deutsch-land und der hemmungslose Kampf gegen das Alte Testament zusammenfielen.

Es ist leicht zu sehen, daß alle Spielarten der Abwertung oder Verwerfung der Hebräischen Bibel durch eine einseitige Schematisierung zustande kommen, die ihrem Selbstverständnis und der Vielfalt ihrer Lebens- und Glaubensäußerungen in keiner Weise gerecht wird.

Wie aber kann ein sachgerechteres Verständnis gefunden werden?

2 Lösungsansätze

In dem bereits mehrfach genannten Kapitel zur Intertextuellen Auslegung habe ich die »klassischen« Vorschläge der Typologie und des Verheißung-Erfüllung-Schemas charakterisiert. Aus dem Zusammenhang der hermeneutischen Konzepte, die bisher vorgestellt wurden, bieten sich zwei andee Ansätze an.

2.1 Strukturanalogie

Der von Carl Heinz Ratschow in der hermeneutischen Arbeit verwendete Begriff der Strukturanalogie (vgl. Kapitel II.10, S. 309) hält fest, daß die beiden Teile des Kanons im gleichen Sprach- und Erfahrungsraum entstanden, von analogen Grundsituationen der menschlichen Existenz ausgehen, in die gleichen geschichtlichen Traditionen und Zusammenhänge eingespannt sind. In seinem Aufsatz »Das Alte Testament in der Verkündigung der Kirche« hat H.D.Preuß diese Strukturanalogie so charakterisiert: »Das Alte Testament ist die Tradition, in die hinein Christus sich inkarniert« (Preuß, 1968, S. 78).

2.2 Wachsende Überlieferung

Dies Konzept habe ich im Rahmen der Intertextuellen Hermeneutik entwickelt (Kapitel II.10). Es grenzt sich deutlich ab gegen jenes Fortschrittsdenken, das das Verhältnis der Testamente nur als ständiges Vorangehen begreifen kann, das die leeren Hülsen abgebrauchter Wahrheiten hinter sich zurückläßt.

Ich will dagegen Überlieferung mit dem Bild der wachsenden Stadt umschreiben: die verschiedenen Generationen machten unterschiedliche Erfahrungen – waren mit Konflikten konfrontiert – entwickelten neue Bedürfnisse – entdeckten neue Fähigkeiten… lauter Anstöße, neue Häuser zu den alten hinzuzubauen, sie zu bewohnen und zu benutzen, ohne daß die alten abgerissen wurden und verfielen.

Der Begriff der wachsenden Überlieferung kann verschiedene Erscheinungsformen biblischer Textgeschichte und Tradierungsprozesse klären:

- Textimmanente Diachronie (die einzelnen Schichten innerhalb eines Textes werden als Zugewinn von Erfahrungen interpretiert);
- wachsende Themen (z.B. Schöpfung; Exodus), denen immer neue Erkenntnisse zuwachsen;
- komplexe Motive (z.B. Wasser, Erde), die immer wieder andere Bedeutungen in sich aufnehmen;
- wachsende Personen (z.B. die Gestalt des Propheten), in denen die Schicksalsfügungen und Glaubenserfahrungen vieler sich sammeln.

Dieser Wachstumsprozeß kommt im Alten Testament nicht zur Ruhe, sondern greift auf das Neue über.

Wenn Christen in der weiträumigen Stadt der biblischen Überlieferung nun vorwiegend die Häuser des Neuen Testaments bewohnen, sollten sie sich daran erinnern lassen, daß die Hebräische Bibel noch ganz andere Erfahrungsräume bereithält, die nicht ohne Not leerstehen sollten. Das Verhältnis der Testamente wäre aus christlicher Sicht also als eine Einladung zu verstehen, die Glaubenserfahrungen der

Väter neu zu entdecken und sich neu in ihnen einzuleben. Martin Buber notiert: »Die Bibel will als Ein Buch gelesen werden, so daß keiner ihrer Teile in sich beschlossen bleibt, vielmehr jeder auf jeden zu offengehalten wird; sie will ihrem Leser als Ein Buch in solcher Intensität gegenwärtig werden, daß er beim Lesen oder Rezipieren einer gewichtigen Stelle die auf sie beziehbaren... erinnert und sie alle für ihn einander erleuchten und erläutern« (Buber, 1954, S. 13). Ingo Baldermann knüpft an diese Bemerkung an und erkennt in diesem innerbiblischen Dialog der Texte untereinander ein didaktisches Prinzip, das den Leser der Überlieferung zum eigenständigen Verstehen anleitet: »Er wird nicht zum Empfänger widerspruchsfrei geordneter theologischer Lehre degradiert, sondern er soll in diesem Dialog lernen...« (Baldermann, 1980 S. 269 f).

Was könnten Christen denn lernen, wenn sie die Häuser der Hebräischen Bibel (wieder) beziehen und bewohnen? Ich versuche eine Antwort am Beispiel des biblischen Grundbescheids »Gott befreit die Unterdrückten (Befreiung)«. Wird er allein aus dem neutestamentlichen Kontext aufgefaßt, gerät er schnell in die Gefahr unkonkreter Rede: Die von Christus bewirkte Befreiung gerät allzu leicht zu einem geistlichen Geschehen, das allein in der Innerlichkeit des einzelnen zur Wirkung kommt. Diese Tendenzen zur »Verflüchtigung« (vgl. z.B. Miskotte, 1963, S. 183 u.ö.) werden gleich aufgefangen, sobald wir die »Häuser der Tora« betreten; denn dort erfahren wir unmißverständlich, daß Befreiung von der Seite Gottes immer konkret und praktisch in einer unverwechselbaren historischen Situation angesagt ist und zur tätigen Konkretion hin drängt. Und es ist sicher kein Zufall, daß in den 70er Jahren viele Christen ihre praktische Arbeit für Frieden und Befreiung an Texten des Alten Testaments ausrichteten, sich von der Exodus-Überlieferung inspirieren und von den Befreiungszusagen Jahwes ermutigen ließen.

Eine wechselseitige Beziehung der ersten und der zweiten Hälfte der *einen* Bibel ist nicht mehr auf typisierende Polarisierungen und pauschale Wertungen angewiesen, sondern begreift die Einheit der Schrift als einen Wachstums- und Lernprozeß, der das Verständnis des Alten und des Neuen Testaments vertieft und bereichert.

Von hier aus gewinnt auch die Dialektik von Verheißung und Erfüllung noch einmal eine neue Sicht – darauf hat Baldermann (1980, S. 273 ff) aufmerksam gemacht. Sie wird aus dem Schematismus von »Vorhersage und Eintreffen« befreit; Jesus »erfüllte« die Worte der Propheten, indem er ihre Bilder des kommenden Messias produktiv mit dem Bild und der Erfahrung des leidenden Gottes verknüpfte – und nicht einfach bestimmte Worte als »Weissagungen« auf sich bezog; er »erfüllte« die Tora, indem er ihre tiefe Menschlichkeit ans Licht brachte und kreativ-kritisch auslebte – und nicht einfach die Weisungen der Hebräischen Bibel rezitierte; er »erfüllte« die Klagepsalmen, indem er die in ihnen ausgesprochene Gottverlassenheit auf sich nahm und zu Kreuze trug... die Beziehungen und Verknüpfungen lassen sich leicht vermehren und eröffnen einen höchst spannenden Entdeckungsgang zwischen den Testamenten, der prinzipiell nicht abschließbar ist und auch den heutigen Leser zum produktiven Verstehen einlädt.

Anhang

»Steckbriefe« zu den dreizehn hermeneutischen Modellen

In der folgenden Übersicht biete ich Kurzzusammenfassungen zu den einzelnen Modellen an. Diese »Steckbriefe« haben vor allem die Funktion, den Leser an die wichtigsten Optionen und Methoden zu erinnern, die in den dreizehn Kapiteln von Teil II entfaltet wurden. Eine solche schnelle Orientierung kann beispielsweise beim Studium der exemplarischen Auslegungen zu Gen 4, 1-16 und Mk 5, 1-20 von Nutzen sein; sie kann bei Rück- und Querverweisen eine schnelle Vergewisserung bieten oder bei eigenen Auslegungen als »Check-Liste« dienen.
Die »Steckbriefe« sind nur sinnvoll in Verbindung mit den ausführlichen Begründungen und Erläuterungen zu benutzen.

Steckbrief 1: Historisch-Kritische Auslegung

1 Allgemeine Charakteristik

Die Historisch-Kritische Auslegung ist die älteste Auslegungsart der biblischen Überlieferung. – In ihren Anfängen geht sie bis in die Zeit der Aufklärung zurück und wurde in ihren Methoden immer stärker differenziert und verfeinert. Sie ist die Basis jeder wissenschaftlichen Interpretation biblischer Texte.

Ihr Ziel ist es, die Entstehung eines Textes als historischen Prozeß aufzuhellen und seine Bedeutung zur Zeit seiner Entstehung zu klären (»Historische Sinnbestimmung«).

2 Methoden (s.o. Kapitel II.1, S. 41-62)

1. Textkritik
Wie läßt sich eine Fassung des (hebräischen bzw. griechischen) Textes feststellen, die dem Ur-Text möglichst nahekommt?

2. Entstehungsgeschichte des Textes
a. Literarkritik
   Sind sprachliche und sachliche Unstimmigkeiten im Test zu erkennen, die auf verschiedene Entwicklungsstufen (Bearbeiter) schließen lassen?
b. Überlieferungskritik
   Ist ein *vor-schriftliches* Stadium des Textes wahrscheinlich? Läßt sich eine vor-schriftliche Version (in Umrissen) rekonstruieren?
c. Quellen- und Redaktionskritik
   Läßt sich eine Entwicklung des Textes *nach seiner Verschriftlichung* erkennen? Wie ist die Komposition des Zusammenhangs zu verstehen, in dem er steht?

3. Formales und inhaltliches Vorgaben-Repertoire des Textes
a. Form-und Gattungskritik
   Welche geprägten sprachlichen Formen verwendet der Text?
b. Traditionskritik
   Auf welche geprägten inhaltlichen Elemente (Motive, Bilder, Themen…) greift der Text zurück?

4. Bestimmung des historischen Orts
Läßt sich die Entstehung des Textes (einzelner Wachtums-Stufen) einer bestimmten historischen Situation zuordnen?

5. Klärung von Einzelaspekten
a. Begriffe: Welche wichtigen Begriffe sind erkennbar? Wie lassen sie sich philologisch und sachlich erklären?
b. Sachfragen: Welche Sachen (Personen; Handlungen; Orte; Namen…) müssen zum besseren Verständnis des Textes geklärt werden?

6. Historische Sinnbestimmung
a. Bestimmung der grundlegenden inhaltlichen Aussagen.
b. Bestimmung der Intention des Textes zur Zeit seiner Entstehung.

Steckbrief 2: Existentiale Auslegung

1 Allgemeine Charakteristik

Die Existentiale Auslegung verfolgt das Interesse, biblische Überlieferung so zu erschließen, daß sie den heutigen Leser in seiner Existenz betrifft. Sie basiert auf der Annahme, daß die Texte des Alten und Neuen Testaments die gleichen menschlichen Grund-Fragen thematisieren, die auch den heutigen Leser bewegen: Glück – Sorge – Angst usw. Bultmann, einer der Hauptvertreter dieses Konzepts, bezeichnet solche Grund-Fragen als Existentialien.

Diese sind in der biblischen Überlieferung in religiösen Vorstellungen und Sprachformen verschlüsselt (Bultmann: »Mythen«); damit ihr Existenzsinn sichtbar wird, ist die biblische Tradition zu »entmythologisieren«, d.h. die »Mythen« sind nicht zu »eliminieren«, sondern daraufhin zu interpretieren, welche Grund-Fragen in ihnen zur Sprache kommen.

2 Methoden (s.o. Kapitel II.2, S. 101-104)

1. Erster Auslegungsgang: Die historische Differenz wahrnehmen
Im Zuge der Existentialen Auslegung ist es wichtig, die Grund-Fragen nicht vorschnell an die Texte heranzutragen. Darum ist zu fragen: Wie können biblische Texte mit Hilfe der Historisch-Kritischen Auslegung so interpretiert werden, daß ihr geschichtliches Profil nicht verwischt wird?

2. Zweiter Auslegungsgang: Die »mythischen« Elemente des Textes identifizieren
Welche inhaltlichen und sprachlichen Elemente des Textes sind »mythisch«? Sind sie bestimmten religionsgeschichtlichen Mythen zuzuordnen?

3. Dritter Auslegungsgang: Existential verstehen
Welches Existenzverständnis liegt den Mythen zugrunde? (z.B. steht im Zentrum der kanaanäischen Fruchtbarkeitsreligion mit dem Hauptgott Baal die Kraft und Stärke der Gottheit; hier ist als Existenzverständnis Anbetung der Macht vorauszusetzen).

4. Vierter Auslegungsgang: Fragen und gefragt werden
Welche Lebenseinstellungen des heutigen Lesers stellt der Text in Frage? Welche Entscheidungen stößt er an? Welche Veränderungen in den Einstellungen oder im Verhalten wären die Konsequenz?

Steckbrief 3: Linguistische Auslegung

1 Allgemeine Charakteristik

Die Linguistische Auslegung greift literaturwissenschaftliche Verfahren auf und wendet sie auf die Interpretation biblischer Texte an. Sie fragt nicht nach der Entstehung oder dem historischen Ort eines Textes, sondern betrachtet ihn als in sich abgeschlossenen sprachlichen Organismus (»Textwelt«), der in sich verständlich ist. Sie faßt einen Text als ein System von Beziehungen zwischen verschiedenen sprachlichen Elementen auf, die sich in immer wiederkehrenden Strukturen erfassen und beschreiben lassen.

Der Leser ist eingeladen, sich in diese Textwelt einzuleben, eigene Erfahrungen in ihr zu entdecken und neue Sichtweisen wahrzunehmen.

2 Methoden (s.o. Kapitel II.3, S. 121-125)

1. Analyse der Erzählperspektiven

a. Raum-Charakteristik

Aus welcher Perspektive spricht der Erzähler? Verändert diese sich im Text?

b. Zeit-Charakteristik

Aus welcher Zeit-Perspektive wird erzählt (z.B. verlangsamend oder summmarisch – retrospektiv oder synchron?)

c. Innenwelt-Charakteristik

Spricht der Erzähler aus der Perspektive (eines) der Beteiligten? Oder erzählt er aus der Sicht des »Zuschauers«?

d. Rede-Charakteristik

Lassen sich charakteristische Sprachmuster erkennen? Geben wechselnde Stilebenen Auskunft über die Beziehung der Personen zueinander?

e. Werte-Charakteristik

Welche Wertmaßstäbe sind im Text zu erkennen? Welche leiten den Erzähler? Kommt es zu Veränderungen innerhalb des berichteten Geschehens?

2. Analyse der Akteure

a. Der Text als »Rollenspiel«

Welche typischen Muster der Beziehungen zwischen den Personen lassen sich erkennen? (Zuwendung und Hilfe – Unterordnung – Gegnerschaft – Ausgeglichene wechselseitige Beziehung)

b. Das Aktantenmodell

Welche Stellung nehmen die Personen in der folgenden Grundkonstellation ein:

Subjekt   –   Objekt (einer Handlung)
Adressant   –   Adressat (einer Handlung)
Adiuvant (Helfer) –   Opponent (Gegner) (in einer Handlung)?

Steckbrief 4: Tiefenpsychologische Auslegung

1 Allgemeine Charakteristik

Auch die Tiefenpsychologische Auslegung setzt sich das Ziel, einen lebensbezogenen Dialog zwischen Überlieferung und heutigem Leser anzubahnen. Sie stützt sich dabei auf die Tiefenpsychologie, vor allem auf die Grundsätze und Methoden von Carl Gustav Jung. Das Konzept geht davon aus, daß die Menschheit in ihrer Frühgeschichte gute, heilvolle Erfahrungen mit ganzheitlichem, integriertem Leben machte. Diese Erfahrungen haben sich im »Kollektiven Unbewußten« versammelt. Sie formieren sich in »Archetypen«, symbolischen Bildern, Mythen und auch biblischen Texten. Diese Erfahrungen können mit Hilfe geeigneter Methoden erschlossen werden und orientierend und heilend zu einem gelingenden Leben beitragen. Die Methoden basieren letztlich auf der folgenden hermeneutischen Differenzierung: Texte geben nicht nur äußere Ereignisse wieder, die auf der »Objektstufe« der Interpretation zu erfassen sind, sondern spiegeln auch Vorgänge innerhalb der Psyche; sie sind auf der »Subjektstufe« zu beschreiben).

2 Methoden (s.o. Kapitel II.4, S. 147-150)

1. Informelle Methoden
Eine tiefenpsychologisch orientierte Textinterpretation kann auf alle Methoden zurückgreifen, die Texte erfahrungsbezogen und ganzheitlich erschließen, z.B. Freie Assoziationen – kreative Nach-gestaltungen – Zugang im Spiel (vgl. dazu auch die im Steckbrief zur Interaktionalen Bibelarbeit genannten Methoden).

2. Ein Vorschlag zur wissenschaftlich reflektierten Interpretation
(in Anlehnung an Drewermann)
a. Amplifikation (»Anreicherung«): Welche archetypischen Bilder enthält der Text? Auf welche Mythen nimmt er Bezug? Welche kreativen Gestaltungen hat der Text in seiner Gebrauchsgeschichte erfahren?
b. Symbolische Deutung: Wie lassen sich die im Text geschilderten Ereignisse (Objektstufe) unter intrapsychischer Perspektive verstehen?
c. Erkennen der grundlegenden Konstellation und des Konflikts: Welche psychische Konstellation eröffnet der Text (meist aus dem Anfang erkennbar).
d. Wahl der zentralen Figur(en): Welche Person ist die »ICH-Figur«?
   Gerade der intrapsychische Interpretationsansatz erfordert es, eine Person aus dem Textes als »ICH-Figur« zu wählen; die anderen Personen und Vollzüge sind dann als verschiedene Aspekte dieser einen Person zu deuten.
e. Beobachtung der inneren Entwicklung: Wie lassen sich die Ereignisse als intrapsychische Entwicklungen interpretieren?
f. Die »Verdichtungs- und Zeitrafferregel«: Die Texte drängen oft komplexe und andauernde psychische Entwicklungen in einer Erzählung auf wenige Augenblicke zusammen (z.B. werden Heilungsprozesse in der Regel als spontan ablaufende Geschehnisse dargestellt. Dies muß durch die Tiefenpsychologische Auslegung erkannt und »dechiffriert« werden. Darum ist zu fragen: Wie lassen sich die Geschehnisse als Prozesse (in einem Menschenleben, in der Geschichte…) verstehen?
g. Beziehung auf das eigene Leben: Welche Impulse zur Erkenntnis oder Veränderung der eigenen Lebensverhältnisse gehen vom Text aus?

Steckbrief 5: Interaktionale Auslegung

1 Allgemeine Charakteristik

Interaktion hat in diesem Konzept eine doppelte Bedeutung: Der Text gilt nicht als »Untersuchungsgegenstand«; es wird ein Dialog des Lesers mit ihm angestrebt. Und: Die Interpretation ist nicht Sache des einzelnen, sondern geschieht in der Gruppe, wobei das Interaktionsgeschehen der Gruppe in den Verstehensprozeß einbezogen ist: Der einzelne Teilnehmer kann seine Fragen vorbringen, seine Vorbehalte formulieren, seine Einsichten im Gespräch auf die Probe stellen.

Die Interaktionale Auslegung geht in drei Schritten (Phasen) vor: *Zunächst* geht es um eine erste spontane Annäherung der Teilnehmer an den Text. In einer *zweiten Phase* muß er aber wieder auf Distanz gebracht werden, damit es nicht zu einer Projektion von Vor-Erfahrungen und Erwartungen kommt; dadurch würde der Text ja sein eigenes Profil verlieren. Eine *dritte Phase* dient dann der »Gestaltwerdung« des Textes; hier geht es vor allem um die ganzheitliche Aneignung seiner orientierenden und heilenden Impulse.

2 Methoden (s.o. Kapitel II.5., S. 178-186)

1. Phase: Erste Annäherung
- Intensives Hören;
- Rendezvous mit dem Text (den Text als personales Gegenüber wahrnehmen);
- Dialog mit dem Text;
- Lebensgeschichtliche Ortung (Welchen Ort hat der Text in der Lebensgeschichte?);
- Assoziationen; Metapher-Meditation;
- Schreibmeditation/Interaktionales Schreiben;

2. Phase: Erarbeitung
- Västeras-Methode (Sammlung von Beobachtungen, Fragen usw. zum Text);
- Strukturierung des Textes;
- Textvergleich;
- Fragenkataloge;
- Textatelier (Zusammenstellung mit Texten, die das Bedeutungsspektrum erweitern);
- Linguistische Auslegung;
- Erarbeitung von schriftlichem Informationsmaterial;
- Identifizierende Erschließung (eine oder mehrere Personen des Textes werden genauer beobachtet; u.U. Dialog zwischen Text- Personen).

3. Phase: Gestaltwerdung/Verleiblichung
- Spielen; Interview oder Dialog mit einer Person des Textes;
- Identifikation mit einer Person des Textes;
- Weitererzählen; Verfremdung; Arbeit mit Verfremdungen;
- Bildbetrachtung;
- Gestalterische Techniken;
- Musikalische Gestaltungen; Pantomime; Tanz.

Steckbrief 6: Ursprungsgeschichtliche Auslegung

1 Allgemeine Charakteristik

Dieser hermeneutische Ansatz verfolgt das Ziel, die geschichtlichen Verhältnisse zu klären, unter denen ein Bibeltext entstanden ist. Dabei soll nicht in erster Linie nach der Geschichte der religiösen Anschauungen oder der Glaubensauffassungen, sondern nach den realen Lebensverhältnissen gefragt werden.

Das Interesse ist, die Produktionssituation eines Textes soweit zu erhellen, daß er als Antwort auf die »Provokation der Situation« kenntlich wird. Diese Fragestellung untersucht also die mögliche Funktion eines Textes in einer geschichtlichen Situation; der Text wird als Dialog zwischen dem Produzenten (Sender) und Adressaten (Empfänger) aufgefaßt. Es kann erwartet werden, daß mit der Klärung der Produktionssituation auch die Bedeutung des Textes in der heutigen Rezeptionssituation klarer zu erkennen ist.

Die für die Beschreibung der Ursprungssituation nötigen Informationen sind in der Regel den Texten nicht direkt zu entnehmen, sondern müssen aus verschiedenen historischen Quellen erschlossen werden.

2 Methoden (s.o. Kapitel II.6, S. 204-210)

1. Untersuchung nach pragmatischen Gesichtspunkten (Sender-Empfänger-Modell)
– Welche Absichten des Textproduzenten sind erkennbar?
– Welche Normen werden bevorzugt?
– Gibt der Text (direkt oder indirekt) Verhaltensanweisungen?
– Welcher Art sind die Sprechakte (z.B. befehlen; werben; raten; bitten…)?

2. Geschichtliche »Sprechzeiten« identifizieren
Diese Untersuchung setzt nicht beim Einzeltext ein, sondern fragt nach Anlässen in der Geschichte Israels und des Urchristentums, in denen besonders intensive Aktivitäten der Textproduktion zu beobachten sind (z.B. die Zeit der ersten Könige Israels; das 8./9. Jahrzehnt nach Chr. als Entstehungszeit der synoptischen Evangelien).

3. Erschließung der Sprechzeiten als »Ursprungsgeschichtliche Felder«
– Welche realen Lebensverhältnisse sind zu beobachten?
– Welche Zustände, Entwicklungen oder Konflikte könnten einen Autor zum »Sprechen« stimuliert haben?
– Welche Ziele könnten einen Autor geleitet haben?

4. Einen Bibeltext ursprungsgeschichtlich untersuchen
– Welche Funktion hat der Text wohl in dem erschlossenen ursprungsgeschichtlichen Feld?
– Auf welche Fragen will der Autor wohl eine Antwort geben?
– In welchem Konflikt nimmt er Stellung?
– Welche Absichten lassen sich erkennen?
– Welche realen oder gedachten Gesprächspartner könnte der Text im Auge haben?
– Welche Mittel setzt der Autor ein, um seine Hörer/Leser anzusprechen?

Steckbrief 7: Materialistische Auslegung

1 Allgemeine Charakteristik

Die Materialistische Auslegung ist eine Variante der Ursprungsgeschichtlichen. Auch sie versucht, die Produktion eines Textes aus seiner Entstehungssituation heraus verständlich zu machen. Das Interesse ist, die Überlieferung als den Bericht von einer befreienden Praxis zu verstehen, die auch zu neuer Praxis anstiften will.

Die Befreiung ist in theologischer Sicht eine Befreiung von »Götzen« wie Machtstreben, Gewinnsucht usw.; sie wirkt sich praktisch als Befreiung von politisch-ökonomischen Verhältnissen aus, die von solchem Götzendienst hervorgebracht und ideologisch unterstützt werden.

Es lassen sich zwei Arbeits-Linien unterscheiden:

Die *deutschsprachige Linie* knüpft an der Historisch-Kritischen Exegese an und geht von deren Methodenrepertoire aus. Sie verbindet dies mit Analyse-Methoden des Historischen Materialismus.

Die *französischsprachige Linie* verbindet Methoden des Strukturalismus mit Verfahren des Historischen Materialismus.

2 Methoden (s.o. Kapitel II.7, S. 233-237)

Das Methodenrepertoire im Bereich der Materialistischen Auslegung ist entsprechend den unterschiedlichen Ansätze sehr vielfältig.

Exemplarisch nenne ich einige Fragen aus einem Vorschlag von Kuno Füssel (s.o.S. 237):

— »Welche Rolle spielen generell Texte bei der Vermittlung zwischen individueller Lebenspraxis und den Gesetzmäßigkeiten der drei gesellschaftlichen Instanzen Ökonomie, Politik und Ideologie?

— Inwieweit sind die Erzähltexte der Bibel die Spuren der gesellschaftlichen Prozesse, aus denen heraus sie entstehen?

— Welche Praxis kommt in diesen Texten zum Ausdruck?

— Was wollen die Erzählungen beim Hörer, Leser ihrer bzw. unserer Zeit bewirken? Welche Strategien verfolgt insbesondere Jesus in diesen Erzählungen?

— Wie gelingt es den biblischen Texten, gegen die herrschenden Mächte eigene subversive Politik zu verfolgen und welche Grundsätze bringen sie dabei ins Spiel?

— Wie können subversive Erzählungen den Anfang einer neuen gewaltlosen Veränderungspraxis auf den drei gesellschaftlichen Ebenen (Produktion, Zirkulation, Konsumtion) bilden?

— Unter welchen historischen und gesellschaftlichen Bedingungen kann die subversive Erzählgemeinschaft zum Subjekt revolutionärer Veränderung werden?«

Steckbrief 8: Feministische Auslegung

1 Allgemeine Charakteristik

Feministische Theologie versteht sich als Befreiungstheologie. Ausgangspunkt der theologischen Reflexion und der hermeneutischen Arbeit ist die Erfahrung der Unterdrückung von Frauen in einer von Männern dominierten Gesellschaft.

Darum ist der *erste Zugang* zu biblischen Texten ein kritischer; feministische TheologInnen entlarven, wie die Texte mißbraucht wurden/werden, um diskriminierende Urteile und unterdrückende Verhaltensweisen zu belegen (z.B. die Erzählung vom Sündenfall in Gen 3).

Feministische Auslegung ist (*zweitens*) daran interessiert, biblische Tradition von patriarchalen Überlagerungen zu befreien und neu zu interpretieren, z.B. die Aussagen zum Gottesbild.

Schließlich will die Auslegung die biblischen Frauengestalten als Identifikationsfiguren (»Mütter«) heutiger Befreiung wiederentdecken und rehabilitieren.

Insgesamt orientiert sich die feministische Auslegung am Maßstab der prophetisch-befreienden Linie der biblischen Überlieferung.

2 Methoden (s.o. Kapitel II.8, S. 260-263)

1. Historisch-Kritische Methoden
Wie können Methoden der Historisch-Kritischen Auslegung so eingesetzt werden, daß patriarchale Überlagerungen der biblischen Texte beseitigt und der Zugang zu den Quellen freigelegt wird?

2. Innerbiblische Korrektur
Welche Kriterien bieten sich an, um Bibelstellen, die Frauenüberlieferungen verdrängen oder diskriminieren, durch andere zu ersetzen?

3.Verfremdungs-Methoden
Welche traditionellen verhärteten Sichtweisen können Verfremdungen aufbrechen, welche neue ans Licht bringen?

4. Personalisieren der Tradition
Welche Chancen für ein erfahrungsbezogenes Verständnis der Überlieferung bietet der Vorschlag, Texte aus der Perspektive der beteiligten und betroffenen Frauen zu lesen?

5. Feministische Transformation
Welche biblischen Vorstellungen und Begriffe sind traditionell so einseitig »vermännlicht«, daß ihre weiblichen Aspekte neu bewußt zu machen sind? (z.B. Geist – »Geistin«).

6. Perspektivenwechsel
Kann ein Dialog mit biblischen Personen, vor allem Frauen, eine personale Beziehung zwischen Leser und Überlieferung anbahnen?

Steckbrief 9: Lateinamerikanische Auslegung (Relectura)

1 Allgemeine Charakteristik

Auch dieser Ansatz geht, wie die Feministische Auslegung, von der Unterdrückungserfahrung Leidender und ihrem Befreiungskampf aus: Hier sind es die Campesinos, die armen Bauern in den lateinamerikanischen Ländern.

Dort ist in den letzten Jahren eine Art der Bibellektüre entstanden, die neue Zugänge zur Tradition erschlossen hat.

Drei Merkmale sind charakteristisch:

- Der Standort, von dem aus die Bibel gelesen wird, ist die eigene Praxis;
- das Interesse, aus dem heraus die Bibel gelesen wird, ist die Befreiung von Ausbeutung und Unterdrückung;
- der Ort, an dem die Bibel gelesen wird, ist die Solidargemeinschaft der Leidenden und Kämpfenden.

Sie lesen die Bibel als ihre Geschichte, in der von Unterdrückung, aber auch von Befreiung berichtet wird und die zum neuen Leben inspiriert.

Dies Verständnis findet seinen Niederschlag in der Auslegungspraxis; stets ist das Gespräch über den Bibeltext in eine Textur aus Erfahrungsberichten von Leiden und Kampf, von Kontemplation und Aktion einbezogen; die Relectura ist eine stark kontextorientierte Auslegung.

Die Christen der Ersten Welt können diese Relectura nicht einfach nachahmen, vor allem, weil sie nicht in der Welt der Leidenden sind; sie müssen den befreienden Ruf der Bibel als Ruf zur Umkehr aus ungerechten Lebensverhältnissen hören.

2 Methoden (s.o. Kapitel II.9, S. 282-286)

Die Vielfalt der Methoden kann man in vier Bereiche aufteilen:

1. Methodenbereich: Narrative Erschließung
Hier geht es darum, die beiden »Kontexte« Bibel und Gegenwart erzählend zu vergegenwärtigen und miteinander in Beziehung zu setzen. Neben eigene Erzählungen der Gesprächsteilnehmer treten Texte, Bilder, Lieder usw.

2. Methodenbereich: Kritische Reflexion
Unter diesem Stichwort wird die Situation der Teilnehmer kritisch analysiert; Leitfragen:
- Welches ist meine Situation?
- Was hat diese Situation verursacht?
- Welche Veränderungen sind notwendig?

3. Methodenbereich: Dialogische Verarbeitung
Hier berührt sich die Relectura (die Praxis in Lateinamerika, aber auch die erwünschte neue Praxis bei uns) mit der Interaktionalen Auslegung (zu Grundsätzen und Methoden s. dort).

4. Methodenbereich: Ganzheitliche Erschließung
Auch dieser Methodenbereich wurde bereits im Rahmen von Steckbrief 5 vorgestellt

Steckbrief 10: Intertextuelle Auslegung

1 Allgemeine Charakteristik

Die Intertextuelle Auslegung geht den Beziehungen zwischen Texten nach und untersucht, welche neuen Aspekte sich daraus für das Verständnis der Texte ergeben.
Solche intertextuellen Beziehungen lassen sich nach drei Arten differenzieren:

— Viele Bibeltexte setzen sich aus mehreren Schichten zusammen, die in ganz unterschiedlichen Zeiten entstanden sind; diese Schichten lassen sich als »Texte im Text« verstehen, deren Beziehung zueinander interessante Aufschlüsse geben.

— Viele Bibeltexte haben eine »Nachgeschichte« innerhalb der Bibel; sie werden in späterer Zeit wieder aufgegriffen und weitergeführt; aber auch bestimmte Themen, Motive oder Personenbeschreibungen werden in der Geschichte weitergeführt.
Diese innerbiblischen Entwicklungen werden unter ganz verschiedenen Aspekten gedeutet (z.B. traditionell nach dem Denkmodell »Heilsgeschichte« oder dem Denkmodell »Verheißung und Erfüllung«). Besonders fruchtbar ist die Interpretation nach dem »Wachstumsmodell«: Biblische Texte, Themen oder Personen wachsen in immer neuen Schüben, nehmen neue Erfahrungen in sich auf; damit wächst ihre Bedeutungsfülle.

— Als Intertextuelle Auslegung wird auch das Lesen in freier Assoziation bezeichnet (Barthes: »Sternenförmige Auflösung« eines Textes): Der heutige Leser assoziiert Einfälle, Eindrücke, andere Kenntnisse zu dem biblischen Text und kann dadurch neue Sichtweisen gewinnen.

2 Methoden (s.o. Kapitel II.10, S. 317-319)

1. Methoden zum Ansatz: Textgeschichte als Geschichte von Texten
Hier sind aus dem Bereich der Historisch-Kritischen Auslegung vor allem Methoden der überlieferungs- und redaktionskritischen Analyse anzuwenden.

2. Methoden zu den Ansätzen: Wachsende Themen (z.B. Schöpfung; Exodus; Passion) – Wachsende Motive (z.B. Die beiden Brüder) – Wachsende Personenbeschreibungen
Arbeit mit der Konkordanz; Verweisstellen im Bibeltext heranziehen; viele solcher »Themen« sind in Abhandlungen zur Theologie des Alten und Neuen Testaments bearbeitet. Mittelfristig lohnt es sich, eigene Zusammenstellungen solcher Themen usw. anzulegen!
Bei der Verwendung von Themen, Motiven und Personenbeschreibungen in einem bestimmten Text ist zu fragen: Welche inhaltliche Ausformung liegt vor? Welche Funktion hat das Thema (...) in diesem Zusammenhang? Welche Erfahrungen könnten diesen Gebrauch herbeigeführt haben? Welche neuen Aspekte des Themas (...) werden sichtbar?

3. Methoden zum Ansatz: Lesen in freier Assoziation
— »green-light-stage«: Alle Einfälle werden zunächst ungeprüft gesammelt; nicht nur literarische und künstlerische Beispiele heranziehen, sondern auch praktische, z.B. zur Turmbaugeschichte Gen 11; Hinweise auf menschlichen Größenwahn in Vergangenheit und Gegenwart (Gentechnologie...).

— »red-light-stage«: kritische Sichtung und Auswahl; Grundkriterium sollte wieder sein, nur solche Assoziationen aufzugreifen, die der »historischen Sinnbestimmung« des Textes nicht widersprechen.

Steckbrief 11: Wirkungsgeschichtliche Auslegung

1 Allgemeine Charakteristik

Die Wirkungsgeschichtliche Auslegung verfolgt die Spur eines Textes durch die nach-biblische Geschichte bis in die Gegenwart. Dabei soll nicht in erster Linie die theologisch-reflektierende Auseinandersetzung mit dem Text in Kommentaren usw. (»Auslegungsgeschichte«) verfolgt werden, sondern eher seine »Praxisgeschichte«. Leitfrage ist: Wer hat den Text in welcher Situation mit welcher Absicht verwendet? Diese Frage hat auch immer einen ideologiekritischen Aspekt; dann spitzt sich die Frage zu: Wozu wurden Bibeltexte benutzt bzw. mißbraucht?

2 Methoden (s.o. Kapitel II.11, S. 336-341)

1. Bereitstellung von Quellen

Ich schlage vor, sich auf die Praxisgeschichte im religionspädagogischen Bereich zu konzentrieren. Hier sind vor allem Schulbücher, Katechismen, Lehrer-Handreichungen, Lieder usw. zu untersuchen.

2. Bestimmung von Analysefragen

- Bei welchen Anlässen ist der Text verwendet worden?
- Welche Personen bzw. Gruppen haben den Text benutzt?
- Welche Interessen lassen sich erkennen?
- Welche Folgen löst dieser Gebrauch aus? (z.B. Gehorsamsbereitschaft als »christliche Tugend«)

3. Analyse von Rezeptionsmechanismen

- Selektion bestimmter Texte;
- Kombination mit anderen Texten;
- Adaption (Anpassung der Texte an den gedachten Zweck);
  Aktualisation (z.B. einseitiger Gebrauch als »Problemlösungspotential«).

4. Bestimmung von Beobachtungs- und Analysekriterien

- Auf das Verständnis des Textes bezogen:
  Wird die praktische Auslegung des Textes seinem Selbstverständnis gerecht (Maßstab: »Historische Sinnbestimmung; vgl. Historisch-Kritische Auslegung)
- Auf Grundlinien der biblischen Überlieferung bezogen:
  Wird der praktische Gebrauch des Textes den grundlegenden Impulsen der Bibel gerecht? (Vgl. »Grundbescheide«: Kapitel III.1)
- Auf die Wirkung des Textes (z.B. Erziehung) bezogen:
  Wird die angestrebte Wirkung den Grundaussagen der Bibel gerecht? (Z.B. sind Angst oder Unterwerfung als »Erziehungsmaßnahmen« aus dem Alten und Neuen Testament nicht zu begründen!)

466

Steckbrief 12: Auslegung durch Verfremdung

1 Allgemeine Charakteristik

Die Verfremdung geht von der Beobachtung aus, daß die biblische Überlieferung für viele Menschen die Fähigkeit verloren hat, sie als eine Nachricht anzusprechen, die sie betrifft. Als Ursachen können Gewöhnung an die Bibel und die Einordnung in festgelegte Wahrnehmungsmuster gelten.

Durch Verfremdungen soll erreicht werden, daß Bibeltexte in neuer Sicht aufscheinen, wieder frag-würdig werden.

Da Verfremdungen verhärtete Perspektiven aufbrechen wollen, wirken sie häufig stark provokativ; dies muß als produktiv erkannt und akzeptiert werden, wenn die Dynamik der biblischen Überlieferung wieder freikommen soll.

2 Methoden (s.o. Kapitel II.12, S. 370-374)

1. Der methodische Dreischritt
(1) Welche Grundaussagen enthält der Bibeltext, auf den sich die Verfremdung bezieht?
(2) Wie wird der Bibeltext heute gewöhnlich wahrgenommen?
(3) Welche neue Sicht bietet die Verfremdung an? Was will sie erreichen?

2. Techniken der Verfremdung
(1) Veränderungen am Bibeltext
– Verkürzt oder verlängert die Verfremdung die Vorlage?
– Verlegt die Verfremdung das Geschehen in andere Räume oder Zeiten?
– Werden die Personen verändert? Werden Akteure weggelassen oder hinzugefügt?
– Nimmt die Verfremdung die Aussageabsicht des Bibeltextes auf oder verändert sie sie (z.B. »Selig sind die Reichen…«)?

(2) Veränderungen im Umfeld des Textes
– Stellt die Verfremdung den Text in einen neuen Rahmen? Was verändert sich dadurch?
– Wird der Text mit anderen kombiniert? Welcher Zug tritt dadurch deutlicher hervor? Was verwischt sich?

(3) Veränderungen im Blick auf die heutige Situation
– Stellt die Verfremdung den Text in eine neue gegenwärtige Erfahrungs- und Konfliktsituation (z.B. in problemorientierte Einheiten in Religionsbüchern oder thematischen Gottesdiensten)? Welche Aspekte werden dadurch betont?

3. Die visuelle Verfremdung
– Bildende Kunst
– Karikatur
– Visuelle Montage

Steckbrief 13: Jüdische Auslegung

1 Allgemeine Charakteristik

Die Jüdische Auslegung ist in langer Tradition gewachsen, wobei sie ihre wichtigsten Grundsätze und Regeln bis zur Zeit des Mittelalters ausgebildet hat.

Grundsätzlich ist zwischen Halacha und Haggada zu unterscheiden:

Halacha meint die verbindliche Interpretation der Überlieferung im Sinne der Religionsgesetzgebung; sie hat in der Tradition ihren Niederschlag in den großen Werken der Mischna und des babylonischen bzw. des palästinensischen Talmud gefunden.

Haggada betrifft die mehr erzählend-vergegenwärtigende Auslegung; sie soll zum rechten Tun anleiten, ist aber nicht verbindlich wie die Halacha.

2 Grundsätze und Methoden (s.o. Kapitel II.13, S. 389-392)

1. Vier Ansätze

Die Jüdische Auslegung kennt vier Wege zum Text:

- peschat (wörtlicher Sinn);
- remes (haggadische Auslegung);
- derasch (predigende Auslegung mit ethischem Akzent);
- sod (geheimer, nicht jedem zugänglicher Sinn, mystisch oder philosophisch gefaßt).

Merkwort für die vier Wege: PaRDeS.

2. Die Jüdische Auslegung ist narrative Auslegung

Die Auslegung geschieht nicht so sehr als Analyse eines Textes, sondern als Aufgreifen der Erzählfäden, Weiterspinnen der Motive, Anknüpfen an Erfahrungen; Kriterium bleibt aber immer der Wortsinn (peschat).

3. Die Jüdische Auslegung ist kommunikativ

Die Diskussion um das Verständnis der Schrift ist nicht kontrovers, sondern kommunikativ: Keine Verständnisweise wird als »überholt« beiseite gelegt, sondern bleibt im Gespräch. So sammelt sich in der Auslegungsgeschichte eine Fülle an Zugängen und Sichtweisen, die ein einseitiges Verständnis verhindern.

4. Die Offenbarung ist nicht abgeschlossen

Die Jüdische Auslegung geht davon aus, daß die Offenbarung mit der Kanonisierung der Überlieferung nicht abgeschlossen ist, sondern im Gespräch derer weitergeht, die sich um die Wahrheit bemühen.

5. Quellen

Da die Jüdische Auslegung größtenteils nur in hebräischer Sprache vorliegt, kann sie nur in Ausschnitten erschlossen werden. Neben den Auswahlsammlungen ist besonders auch auf die Arbeiten von Elie Wiesel hinzuweisen, der im Geist der Tradition gegenwartsbezogene Auslegung von Texten aus der Hebräischen Bibel geschrieben hat.

Literaturverzeichnis

Vorbemerkung: Literatur, die im Anschluß an die einzelnen Kapitel in Teil II zusammengestellt ist, wird hier nicht noch einmal aufgeführt.

1. Literatur zur Auslegung

Balz, Horst; Schneider, Gerhard, (Hg), Exegetisches Wörterbuch zum Neuen Testament. Band 1-3. Stuttgart: Verlag Kohlhammer. 1980.

Berg, Sigrid; Berg, Horst Klaus (Hg), Biblische Texte verfremdet. Band 1-12. Stuttgart/München: Calwer Verlag/Kösel-Verlag. 1986 ff.

Daraus:

Berg, Sigrid; Berg, Horst Klaus (Hg), Wer den Nächsten sieht, sieht Gott. Das Grundgebot der Liebe. (Biblische Texte verfremdet 3). Stuttgart/München: Calwer Verlag/Kösel-Verlag. 2. Aufl. 1988.

Berg, Sigrid; Berg, Horst Klaus (Hg), Frauen (Biblische Texte verfremdet). Stuttgart/München; Kösel-Verlag/Calwer Verlag. 1987.

Berg, Sigrid; Berg, Horst Klaus (Hg), Wege nach Golgatha (Biblische Texte verfremdet 10). Stuttgart/München: Calwer Verlag/Kösel-Verlag. 1989.

Berg, Sigrid; Berg, Horst Klaus (Hg), Der Himmel auf Erden. Wunder und Gleichnisse. (Biblische Texte verfremdet 11). Stuttgart/München: Calwer Verlag/Kösel-Verlag. 1989.

Berger, Klaus, Exegese des Neuen Testaments. Neue Wege vom Text zur Auslegung (UTB 658). Heidelberg: Quelle & Meyer. 1977.

Busslinger-Simmen, Helen, u.a., Urgeschichten (Ökumenischer Arbeitskreis für Bibelarbeit: Bibelarbeit in der Gemeinde 5). Zürich/Köln: Fr. Reinhard Verlag/Benziger Verlag. 1985.

Conzelmann, Hans; Lindemann, Andreas, Arbeitsbuch zum Neuen Testament (UTB 52). Tübingen: J.C.B. Mohr. 9. Aufl. 1988.

Egger, Wilhelm, Methodenlehre zum Neuen Testament. Einführung in linguistische und historisch-kritische Methoden. Freiburg//Basel/Wien: Herder Verlag. 1987.

Fohrer, Georg, u.a., Exegese des Alten Testaments. Einführung in die Methodik (UTB 276). Heidelberg: Quelle & Meyer. 2. Aufl. 1976.

Frankemölle, Hubert, Biblische Handlungsanweisungen. Beispiele pragmatischer Exegese. Mainz: Matthias-Grünewald-Verlag. 1983.

Gnilka, Joachim, Das Evangelium nach Markus. Mk 1-8,26. (Evangelisch-Katholischer Kommentar zum Neuen Testament II,1) Zürich/Einsiedeln, Köln/Neukirchen: Benziger Verlag/Neukirchener Verlag. 1978.

Gunkel, Hermann, Genesis übersetzt und erklärt (Göttinger Handkommentar zum Alten Testament I,1). Göttingen. Vandenhoeck & Ruprecht. 6. Aufl. 1922.

Gunneweg, Antonius H., Geschichte Israels bis Bar Kochba (Theologische Wissenschaft Band 2). Stuttgart: Verlag W. Kohlhammer. 1972.

Illies, Joachim (Hg), Brudermord. Zum Mythos von Kain und Abel. München: Claudius-Verlag. 1975.

Jenni, Ernst; Westermann, Claus (Hg), Theologisches Handwörterbuch zum Alten Testament. Band I/II. München/Zürich: Chr. Kaiser Verlag/Theologischer Verlag. 1984.

Jeremias, Joachim, Jerusalem zur Zeit Jesu. Kulturgeschichtliche Untersuchung zur neutestamentlichen Zeitgeschichte. Göttingen: Vandenhoeck & Ruprecht. 2. Aufl. 1958.

Kertelge, Karl, Die Wunder Jesu im Markusevangelium. Eine redaktionsgeschichtliche Untersuchung (Studien zum Alten und Neuen Testament Band XXIII). München: Kösel-Verlag. 1970.

Koch, Klaus, Was ist Formgeschichte? Neue Wege der Bibelexegese. Neukirchen: Neukirchener Verlag. 1964.

Lang, Bernhard, Ein Buch wie kein anderes. Einführung in die kritische Lektüre der Bibel (Biblische Basisbücher 31). Kevelaer/Stuttgart: Verlag Butzon & Bercker/Verlag Katholisches Bibelwerk. 1980.

Leipoldt, Johannes; Grundmann, Walter (Hg), Umwelt des Urchristentums. Band I-III. Berlin: Evangelische Verlagsanstalt. Band I: 4. Aufl. 1975. Band II: 4. Aufl. 1975; Band III: 4. Aufl. 1976.

Léon-Dufour, Xavier, Wörterbuch zum Neuen Testament. München: Kösel-Verlag. 1977.

Lohfink, Gerhard, Jetzt verstehe ich die Bibel. Ein Sachbuch zur Formgeschichte. Stuttgart: Verlag Katholisches Bibelwerk. 12. Aufl. 1983.

Neue Jerusalemer Bibel. Einheitsübersetzung mit dem Kommentar der Jerusalemer Bibel. Freiburg. Verlag Herder. 1985.

Noth, Martin, Geschichte Israels. Göttingen: Vandenhoeck & Ruprecht. 2. Aufl., 1954.

Ohler, Annemarie, Gattungen im Alten Testament. Ein biblisches Arbeitsbuch. Band 1 und 2. Düsseldorf: Patmos-Verlag. 1972.

Pesch, Rudolf, Das Markusevangelium. Kommentar zu Kapitel 1,1-8,26 (Herders theologischer Kommentar zum Neuen Testament 1). Freiburg: Verlag Herder, 4. Aufl. 1984.

Pesch, Rudolf, Der Besessene von Gerasa. Entstehung und Überlieferung einer Wundergeschichte (Stuttgarter Bibelstudien 56). Stuttgart: Verlag Katholisches Bibelwerk. 1972.

Rad, Gerhard von, Theologie des Alten Testaments. Band 1 und 2 (Kaiser Traktate NF 2; 3). München: Chr. Kaiser Verlag. 9.Aufl. 1987.

Rad, Gerhard von, Das erste Buch Mose (Das Alte Testament Deutsch 2/4). Göttingen: Vandenhoeck & Ruprecht. 6. Aufl. 1961.

Reicke, Bo; Rost, Leonhard (Hg), Biblisch-historisches Handwörterbuch. Band I-IV. Göttingen: Vandenhoeck & Ruprecht. 1962 ff.

Rendtorff, Rolf, Das Alte Testament. Eine Einführung. Neukirchen: Neukirchener Verlag. 1983.

Schenke, Ludger, Die Wundererzählungen des Markusevangeliums (Stuttgarter Biblische Beiträge). Stuttgart: Verlag Katholisches Bibelwerk o.J. (1974).

Schmithals, Walter, Das Evangelium nach Markus. Kapitel 1-9 (Ökumenischer Taschenbuch-Kommentar zum Neuen Testament 2,1. GTB Siebenstern 503). Gütersloh: Gütersloher Verlagshaus Gerd Mohn. 1979.

Schweitzer, Eduard, Das Evangelium nach Markus (Das Neue Testament Deutsch Band 1). Göttingen: Vandenhoeck & Ruprecht. 17. Aufl. 1989.

Steck, Odil Hannes, Exegese des Alten Testaments. Leitfaden der Methodik. Neukirchen: Neukirchener Verlag. 12. Aufl. 1989.

Steiner, Anton; Weymann, Volker (Hg), Wunder Jesu (Bibelarbeit in der Gemeinde. Themen und Materialien). Basel:F. Reinhardt Verlag/Zürich-Köln: Benziger Verlag. 1978.

Stenger, Werner, Biblische Methodenlehre (Leitfaden Theologie 18). Düsseldorf: Patmos Verlag. 1987.

Stolz, Fritz, Das Alte Testament (Studienbücher Theologie. Altes Testament). Gütersloh: Gütersloher Verlagshaus Gerd Mohn. 1974.

Strecker, Georg; Schnelle, Udo, Einführung in die neutestamentliche Exegese (UTB 1253). Göttingen: Vandenhoeck & Ruprecht. 1983.

Theißen, Gerd, Urchristliche Wundergeschichten. Ein Beitrag zur formgeschichtlichen Erforschung der Evangelien. Gütersloh: Gütersloher Verlagshaus Gerd Mohn. 1974.

Theißen, Gerd, Lokalkolorit und Zeitgeschichte in den Evangelien. Ein Beitrag zur Geschichte der synoptischen Tradition (Novum Testamentum et Orbis Antiquus 8). Freiburg (Schweiz)/Göttingen: Universitätsverlag/Vandenhoeck & Ruprecht. 1989.

Weimar, Peter; Zenger, Erich, Exodus. Geschichten und Geschichte der Befreiung Israels (Stuttgarter Bibelstudien 75). Stuttgart: Verlag Katholisches Bibelwerk. 1975.

Weiser, Alfons, Was die Bibel Wunder nennt. Ein Sachbuch zu den Berichten der Evangelien. Stuttgart: Verlag Katholisches Bibelwerk. 1975.

Westermann, Claus, Genesis (Biblischer Kommentar Altes Testament Band I). Neukirchen: Neukirchener Verlag. 1974.

Wolff, Hans-Walter, Das Kerygma des Jahwisten. In: ders., Gesammelte Studien zum Alten Testament (Theologische Bücherei 22). München: Chr. Kaiser Verlag. 1964 (S. 345-373).

Wolff, Hans-Walter, Das Alte Testament (Themen der Theologie 7). Stuttgart: Kreuz-Verlag. 1970.

Wolff, Hans- Walter, Anthropologie des Alten Testaments. München: Chr. Kaiser Verlag. 3. Aufl. 1977.

Zimmerli, Walter, 1.Mose 1-11 (Die Urgeschichte). Zürcher Bibelkommentare. Zürich: Theologischer Verlag. 1943.

2. Literatur zu Fragen der Hermeneutik

Baldermann, Ingo, Zum Verhältnis von Anthropologie und Theologie im Religionsunterricht. In: Baldermann, Ingo; Nipkow, Karl Ernst; Stock, Hans, Bibel und Elementarisierung (Religionspädagogik heute, Band 1). Aachen: Haag + Herchen Verlag. 1979. S. 9-21.

Baldermann, Ingo, Elementare Psalmentexte im Unterricht. In: Baldermann, Ingo; Nipkow, Karl Ernst; Stock,Hans, Bibel und Elementarisierung (Religionspädagogik heute 1). Aachen: Haag + Herchen Verlag. 1979. S. 23-35.

Baldermann, Ingo, Engagement und Verstehen. Politische Erfahrungen als Schlüssel zu biblischen Texten. In: Der Evangelische Erzieher 1984 (Heft 2), S. 147-157.

Baldermann, Ingo, Die Bibel – Buch des Lernens. Grundzüge biblischer Didaktik. Göttingen: Vandenhoeck & Ruprecht. 1980.

Baldermann, Ingo, Der Gott des Friedens und die Götter der Macht. Biblische Alternativen. Neukirchen: Neukirchener Verlag. 1983.

Barth, Hermann; Schramm, Tim, Selbsterfahrung mit der Bibel. Ein Schlüssel zum Leben und Verstehen. München/Göttingen: Verlag J.Pfeiffer/Vandenhoeck & Ruprecht. 1977.

Barthes, Roland, Das Reich der Zeichen (es NF 77). Frankfurt: Suhrkamp Verlag. 1981.

Baudler, Georg, Thesen zu Grundfragen des Religionsunterrichts. In: Biehl, Peter; Baudler, Georg, Erfahrung – Symbol – Glaube. Grundfragen des Religionsunterrichts (Religionspädagogik heute 29). Aachen: Haag + Herchen Verlag. 1980. S. 9-35.

Baudler, Georg, Symbolbildung und Korrelation. Zu Peter Biehls Entwurf einer kritischen Symbolkunde. In: Biehl, Peter; Baudler, Georg: Erfahrung – Symbol – Glaube. Grundfragen des Religionsunterrichts (Religionspädagogik heute 29). Aachen: Haag + Herchen Verlag. 1980. S. 123-138.

Berg, Horst Klaus, Hoffnung lernen. Beobachtungen und einige Vorschläge zum Unterricht im Alten Testament. In: Goßmann, K.(Hg), Dreißig Jahre religionspädagogische Reform. (Festschrift H.B.Kaufmann). Gütersloh: Gütersloher Verlagshaus Gerd Mohn. 1987. S. 63-75.

Berg, Horst Klaus, Plädoyer für den biblischen Unterricht. In: ru, 1972, S. 6-13.

Berger, Peter L., Auf den Spuren der Engel. Die moderne Gesellschaft und die Wiederentdeckung der Transzendenz. Frankfurt: S. Fischer Verlag. 1970.

Betz, Otto, Elementare Symbole. Zur tieferen Wahrnehmung des Lebens. Freiburg: Verlag Herder. 1987.

Betz, Otto, Religiöse Erfahrung. Wege zur Sensibilität. München: Verlag J. Pfeiffer. 1977.

Betz, Otto (Hg), Zugänge zur religiösen Erfahrung. Düsseldorf: Patmos Verlag. 1980.

Biehl, Peter, Anmerkungen zu Georg Baudlers Beitrag Symbolbildung und Korrelation. In: Biehl, Peter; Baudler, Georg, Erfahrung – Symbol – Glaube. Grundfragen des Religionsunterrichts (Religionspädagogik heute 29). Aachen: Haag + Herchen Verlag. 1980. S. 139-140.

Biehl, Peter, Erfahrungsbezug und Symbolverständnis. Überlegungen zum Vermittlungsproblem in der Religionspädagogik. In: Biehl, Peter; Baudler, Georg, Erfahrung – Symbol – Glaube. Grundfragen des Religionsunterrichts (Religionspädagogik heute 29). Aachen: Haag + Herchen Verlag. 1980. S. 37-121.

Biehl, Peter, unter Mitarbeit von Ute Hinze und Rudolf Tammeus, Symbole geben zu lernen. Einführung in die Symboldidaktik anhand der Symbole Hand, Haus und Weg (Wege des Lernens 6). Neukirchen: Neukirchener Verlag. 1989.

Biehl, Peter;Baudler, Georg, Erfahrung – Symbol – Glaube. Grundfragen des Religionsunterrichts (Religionspädagogik heute 2). Aachen: Haag + Herchen Verlag. 1980.

Bloth, Hugo Gotthardt, Die elementare Struktur der Evangelischen Unterweisung. In: Die Evangelische Unterweisung. 1960. S. 65-72.

Bloth, Hugo Gotthardt, Die elementare Struktur der Laien-Bibel. In: Die Evangelische Unterweisung. 1960. S. 94-100.

Buber, Martin, Der Mensch von heute und die jüdische Bibel. In: Buber,M.; Rosenzweig, F., Die Schrift und ihre Verdeutschung (1936). Zitiert aus: Buber, M., Werke, Band 2, München/Heidelberg: Kösel-Verlag/ Verlag Lambert Schneider, 1964. S. 849-869.

Buber, Martin, Zu einer neuen Verdeutschung der Schrift. Beilage zum ersten Band DIE FÜNF BÜCHER DER WEISUNG. Verdeutscht von Martin Buber gemeinsam mit Franz Rosenzweig. Heidelberg: Verlag Lambert Schneider. 11. Aufl. 1987.

472

Bultmann, Rudolf, Ist voraussetzungslose Exegese möglich? (1957). In: ders., Glauben und Verstehen. Band III. Tübingen. 3. Aufl. 1965. S. 142-150.

Bultmann, Rudolf, Weissagung und Erfüllung [1949]. In: ders., Glauben und Verstehen. Band II. Tübingen: J.C.B. Mohr, 5.Aufl. 1968. S. 162-186.

Casper, Bernhard, Alltagserfahrung und Frömmigkeit. In: Christlicher Glaube in moderner Gesellschaft. Teilband 25. Freiburg: Verlag Herder. 1980. S. 38-72.

Croatto, J. Severino, Die Bibel gehört den Armen. Perspektiven einer befreiungstheologischen Hermeneutik (Ökumenische Existenz heute 5). München: Chr. Kaiser Verlag. 1989.

Dormeyer, Detlev, Die Bibel antwortet. Einführung in die Interaktionale Bibelauslegung. München/Göttingen: Verlag J.Pfeiffer/Vandenhoeck & Ruprecht. 1978.

Ebeling, Gerhard, Die Bedeutung der historisch-kritischen Methode für die protestantische Theologie und Kirche. In: ZThK 1950, S. 1-46.

Eicher, Peter, Offenbarung, Zur Präzisierung einer überstrapazierten Kategorie. In: Bitter,G.; Miller, G. (Hg), Konturen heutiger Theologie. Werkstattberichte. München: Kösel-Verlag 1976. S. 108-134.

Gadamer, Hans-Georg, Wahrheit und Methode. Tübingen: J.C.B. Mohr. 2. Aufl. 1965.

Gollwitzer, Helmut, Historischer Materialismus und Theologie. In: Schottroff, W.; Stegemann, W. (Hg), Traditionen der Befreiung. Sozialgeschichtliche Bibelauslegungen. Band 1: Methodische Zugänge. München/Gelnhausen: Chr. Kaiser Verlag/Burckhardthaus-Verlag. 1980. S. 13-59.

Gottwald, Norman K., Sozialgeschichtliche Präzision in der biblischen Verankerung der Befreiungstheologie. In: Schottroff, L. und W. (Hg), Wer ist unser Gott? Beiträge zu einer Befreiungstheologie im Kontext der ersten Welt. München. Chr. Kaiser Verlag. 1986. S. 88-107.

Grimm, Gunter, Rezeptionsgeschichte (UTB 691). München: Wilhelm Fink Verlag. 1977.

Gunneweg, Antonius H.J., Vom Verstehen des Alten Testaments. Eine Hermeneutik (Grundrisse zum Alten Testament. Ergänzungsreihe 5). Göttingen: Vandenhoeck & Ruprecht. 1977.

Halbfas, Hubertus, Bibel und Mythos/Symbol. In: Langer, W. (Hg), Handbuch der Bibelarbeit. München: Kösel-Verlag. 1987, S. 68-80.

Halbfas, Hubertus, Das dritte Auge. Religionsdidaktische Anstöße. Düsseldorf: Patmos Verlag. 1982.

Hauff, Jürgen u.a. (Hg), Methodendiskussion. Arbeitsbuch zur Literaturwissenschaft. Band 1 und 2. Frankfurt: Athenäum Fischer Taschenbuch Verlag. 1973.

Hollenweger, Walter J., Erfahrungen der Leibhaftigkeit. Interkulturelle Theologie 1. München: Chr. Kaiser Verlag. 1979.

Hollenweger, Walter J., Umgang mit Mythen. Interkulturelle Theologie 2. München: Chr. Kaiser Verlag. 1982.

Jauß, Hans-Robert, Literaturgeschichte als Provokation der Literaturwissenschaft. In: ders., Literaturgeschichte als Provokation (edition suhrkamp 418). Frankfurt:Suhrkamp Verlag. 1970. S. 144-207.

Kraus, Hans-Joachim, Geschichte der historisch-kritischen Erforschung des Alten Testaments von der Reformation bis zur Gegenwart. Neukirchen: Neukirchener Verlag. 2. Aufl. 1969.

Kraus, Hans-Joachim, Systematische Theologie im Kontext biblischer Geschichte und Eschatologie. Neukirchen: Neukirchener Verlag. 1983.

Kümmel, Werner Georg, Das Neue Testament. Geschichte der Erforschung seiner Probleme. Freiburg/München: Verlag Karl Alber. 2. Aufl. 1970.

Kurz, Paul Konrad, Gedichte lesen – Gedichte verstehen. Beilage zu: ders.(Hg), Wem gehört die Erde? Neue religiöse Gedichte. Mainz: Matthias-Grünewald-Verlag. 1984.

Laing, Ronald, D., Phänomenologie der Erfahrung (edition suhrkamp 314). Frankfurt:Suhrkamp Verlag. 1969.

Langer, Wolfgang (Hg), Handbuch der Bibelarbeit. München: Kösel-Verlag. 1987.

Lorenzer, Alfred, Das Konzil der Buchhalter. Die Zerstörung der Sinnlichkeit. Eine Religionskritik (Fischer-TB 7340). Frankfurt: S. Fischer Verlag. 1984.

Marti, Kurt, Kommt das Heil von unten? Gedanken zum Verhältnis von Heiligem Geist und Materialismus. In: Sölle, D.; Schmidt, K.(Hg), Christentum und Sozialismus (Urban-TB 609). Stuttgart: Verlag W. Kohlhammer. 1974. S. 36-48.

Marti, Kurt, Entfremdung und Erfahrung in Theologie und Literatur. In: ders., Grenzverkehr. Neukirchen: Neukirchener Verlag. 1976. S. 92-107.

McDonagh, Gift and Call. Towards a Christian Theology of Morality. St. Meinrad, Indiana. 1975.

Miskotte, Kornelis Heiko, Wenn die Götter schweigen. Vom Sinn des Alten Testaments. München: Chr. Kaiser Verlag. 1963.

Moltmann, Jürgen, Der gekreuzigte Gott. München: Verlag Chr. Kaiser. 1972.

Müller, Paul-Gerhard, Einführung in Praktische Bibelarbeit (Stuttgarter Kleiner Kommentar. Neues Testament 20). Stuttgart: Verlag Katholisches Bibelwerk. 1990.

Nipkow, Karl Ernst, Grundfragen der Religionspädagogik. Band 1: Gesellschaftliche Herausforderungen und theoretische Ausgangspunkte (Gütersloher TB 105). Gütersloh: Gütersloher Verlagshaus Gerd Mohn. 1975.

Nipkow, Karl Ernst, Grundfragen der Religionspädagogik. Band 3: Gemeinsam leben und glauben lernen. (Gütersloher TB Siebenstern 756). Gütersloh: Gütersloher Verlagshaus Gerd Mohn. 1982.

Perls, Fritz, Grundlagen der Gestalt-Therapie. Einführung und Sitzungsprotokolle (Leben lernen 20). München: Verlag J. Pfeiffer. 1976.

Preuß, Horst D., Das Alte Testament in der Verkündigung der Kirche. In: Deutsches Pfarrerblatt 1968, S. 73 ff.

Ramsey, I.T., Religious Language. New York. 2. Aufl. 1963.

Ratschow, Carl Heinz, Der angefochtene Glaube. Anfangs- und Endprobleme der Dogmatik. Gütersloh: Gütersloher Verlagshaus Gerd Mohn. 2. Aufl. 1960.

Ritter, Werner H., Glaube und Erfahrung im religionspädagogischen Kontext. Die Bedeutung von Erfahrung für den christlichen Glauben im religionspädagogischen Verwendungszusammenhang. Eine grundlegende Studie. Göttingen: Vandenhoeck & Ruprecht. 1989.

Roth, Heinrich, Die originale Begegnung als methodisches Prinzip. In: ders., Pädagogische Psychologie des Lehrens und Lernens. Hannover: H. Schroedel Verlag. 9. Aufl. 1966, S. 109-117.

Sandberger, Jörg Viktor, Die Erzählung von Kain und Abel im Horizont gegenwärtiger Erfahrung. In: Festschrift für Friedrich Lang. Manuskript. 1978. S. 637-670.

Schultz, Hans Jürgen (Hg), Sie werden lachen – die Bibel. Überraschungen mit dem Buch. Stuttgart: Kreuz-Verlag. 1975.

Sölle, Dorothee, Die Hinreise. Zur religiösen Erfahrung. Texte und Überlegungen. Stuttgart: Kreuz Verlag. 3. Aufl. 1976.

Sölle, Dorothee, Gott denken. Einführung in die Theologie. Stuttgart: Kreuz Verlag. 1990.

Stock, Alex, Textentfaltungen. Semiotische Experimente mit einer biblischen Geschichte. Düsseldorf: Patmos-Verlag. 1978.

Stock, Alex, Umgang mit theologischen Texten. Methoden, Analysen, Vorschläge. Zürich/Einsiedeln/Köln: Benziger Verlag. 1974.

Stock, Hans, Evangelientexte in elementarer Auslegung. Göttingen: Vandenhoeck & Ruprecht. 1981.

Stock, Hans, Theologische Elementarisierung und Bibel. In: Kaufmann,H.B.; Ludwig (Red), Die Geistesgegenwart der Bibel. Elementarisierung im Prozeß der Praxis. Münster: Comenius-Institut. 1979. S. 14-28.

Stock, Hans, Theologische Elementarisierung und Bibel. In: Baldermann, Ingo; Nipkow, Karl Ernst; Stock, Hans, Bibel und Elementarisierung (Religionspädagogik heute Band 1). Aachen: Haag + Herchen Verlag. 1979. S. 75-86.

Stuhlmacher, Peter, Vom Verstehen des Neuen Testaments (Grundrisse zum NT. NTD Ergänzungsreihe 6). Göttingen: Vandenhoeck & Ruprecht. 1979.

Theißen, Gerhard, Argumente für einen kritischen Glauben, oder: Was hält der Religionskritik stand? (Theologische Existenz heute 202). München. Chr. Kaiser Verlag. 1978.

Thiele, Johannes, Bibelarbeit im Religionsunterricht. Ein Werkbuch zur Bibeldidaktik. München: Verlag J. Pfeiffer. 1981.

Tillich, Paul, Symbol und Wirklichkeit (Kleine Vandenhoeck-Reihe 151). Göttingen: Vandenhoeck & Ruprecht. 1962.

Vogt, Theophil, Bibelarbeit. Stuttgart: Verlag W. Kohlhammer. 1985.

Weder, Hans, Neutestamentliche Hermeneutik. Zürich: Theologischer Verlag. 1986.

Wink, Walter, Bibelarbeit. Ein Praxisbuch für Theologen und Laien. Stuttgart: Verlag W. Kohlhammer. 1982.

Wink, Walter, Bibelauslegung als Interaktion. Über die Grenze historisch-kritischer Methode (Urban-TB 622) Stuttgart: Verlag W. Kohlhammer. 1976.

Wolff, Hanna, Jesus der Mann. Die Gestalt Jesu in tiefenpsychologischer Sicht. Stuttgart: Radius-Verlag. 1975.

Wrege, Hans-Theo, Wirkungsgeschichte des Evangeliums. Erfahrungen, Perspektiven und Möglichkeiten. Göttingen: Vandenhoeck & Ruprecht. 1981.

Zahrnt, Heinz (Hg), Gespräch über Gott. Die protestantische Theologie im 20. Jahrhundert. Ein Textbuch. München: Piper Verlag. 1968.

Zahrnt, Heinz, Die Sache mit Gott. Die protestantische Theologie im 20. Jahrhundert. München. Piper Verlag. 1966.

Begriffe

Autoren

485

Quellennachweis

S.190 Aus: Wilhelm Willms, der geerdete himmel. Verlag Butzon & Bercker, Kevelaer [7]1986, Nr. 5.5

S.288 Karikatur Andy. © Andreas Locher, Zollikon

S.290 Josef Reding, der abel-song. Aus: Arnim Juhre (Hg.), Weil wir von Hilfe leben. Jugenddienst-Verlag, Wuppertal 1974

S.323 © Nikolas Maroulakis, Athen

S.375 Aus: Hilde Domin, Gesammelte Gedichte. © 1987 S. Fischer Verlag GmbH, Frankfurt am Main

S.376 Alfred T. Mörstedt, Kain und Abel als Harlekine. Aus: Dialog mit der Bibel, Evang. Haupt-Bibelgesellschaft zu Berlin und Altenburg, Berlin 1984

S.380 © Herbert Falken, Stolberg/Rhein

S.381 Aus: Kurt Marti, geduld und revolte. die gedichte am rand (Bd. 3 der von Ingeborg Drewitz herausgegebenen Reihe: »Dichtung im ausgehenden Zwanzigsten Jahrhundert«). © RADIUS-Verlag GmbH, Stuttgart 1984 – Aus: Erich Fried, Beunruhigungen. Quartheft 129. Verlag Klaus Wagenbach, Berlin 1984